원풍모방 노동운동사

원풍모방 노동운동사

초판 1쇄 발행 | 2010년 10월 9일

기획 | 원풍모방노동운동사발간위원회 · 민주화운동기념사업회
정리 | 김남일
펴낸이 | 김영숙
편집 | 엄기수 박지연 김기중

펴낸곳 | 도서출판 삶이보이는창
출판등록 | 1997년 12월 26일 제 18-48호
주소 | (150-901)서울시 영등포구 영등포동2가 94-141 동아빌딩 402호
전화 | 02) 848-3097   팩스 | 02) 848-3094
홈페이지 | www.samchang.or.kr

ⓒ원풍모방노동운동사발간위원회 · 민주화운동기념사업회, 2010

원풍모방 노동운동사

기획

원풍모방노동운동사발간위원회

민주화운동기념사업회

정리

김남일

삶이보이는창

그녀가 죽었을 때, 사람들은 그녀를 땅 속에 묻었다.

꽃이 자라고, 나비가 그 위로 날아간다……

체중이 가벼운 그녀는 땅을 거의 누르지도 않았다.

그녀가 이처럼 가볍게 되기까지, 얼마나 많은 고통을 겪었을까!

– 베르톨트 브레히트, 「나의 어머니」 전문

개정판을 내면서

원풍모방 노동조합운동을 『민주노조 10년』이란 제목으로 엮어낸 지 23여 년이 흘렀다.

늘 충분하지 못하다는 생각을 하고 있던 차에 민주화운동기념사업회의 지원을 받아 『원풍모방 노동운동사』란 제목으로 개정판을 내게 되어 새로운 감회를 느끼게 된다.

경제 개발이란 미명하에 착취와 억압이 판을 치는 암흑 시대 노동자의 삶은 고통 그 자체였다. 우리는 인간으로서 최소한의 삶을 보장받기 위하여 어둠을 뚫고자 민주노조운동을 싹 틔우고 정착시키려 피나는 노력을 다하였다. 모든 민주화운동이 겪었듯이 우리의 노력은 80년 봄 신군부의 가혹한 폭력을 이겨내지 못하는 아픔을 겪어야 했다. 그러나 우리는 포기하지 않았다. 목숨이 붙어 있는 한 삶의 현장 곳곳에서 우리들의 저항을 멈추지 않겠다는 신념으로 불태우며 살아 오늘에 이르렀다.

이번 개정판에는 『민주노조 10년』에 다 기록하지 못한 시대별 정치적 상황과 노동운동의 특징 및 사례를 요약 정리하였다. 그리고 무엇보다도 조합원들의 증언을 토대로 한 당시의 상황과 활동 내용을 보다 상세하게 보완하는 데 중점을 두었다. 이번 개정판을 내면서 43명의 조합원들이 그동안 고단하게 살아온 생애를 녹취하여 2권의 기록물을 제작하였다. 그리고 11권 분량의 『원풍모방노동조합운동자료집』을 제작하여 『원풍모방노동조합운동사 육성채록집』과 함께 민주화운동기념사업회 자료실에 기증 보관하였다. 이 같은 자료는 70년대 민주노조운동과 노동자들의 생활상을 들여다보는 데 필요하고 소중한 자료가 될 것이라 믿는다.

개정판을 내면서 그동안 70년대와 80년대를 온몸으로 살아온 조합원 모두에게 감사드린다. 특별히 옆에서 묵묵히 참고 기다려준 가족들에게 감사를 드린다. 그리고 그 기나긴 세월 동안 우리들의 곁에서 힘이 되어주신 사회 각계각층의 민주인사 여러분들에게도 감사드린다. 끝으로 개정판을 내는 데 수고를 아끼지 않은 김남일 작가에게도 감사드린다.

우리는 앞으로도 원풍 노동자로 살아온 모든 것들을 마음속 깊이 간직하고, 할 수 있는 모든 힘을 다해 함께 사는 밝은 사회를 위하여 최선을 다할 것이다.

2010. 10. 7

원풍모방노동운동사발간위원회

『원풍모방 노동운동사』 발간에 맞추어

–부서지지 않는 이름, 원풍노조

1982년, 독재권력의 탄압에 의해 노동조합을 파괴당한 원풍모방 조합원들이 모여 손을 맞잡고 불렀다는 노래가 아직도 제 입을 맴돕니다.

사라진다는 것 부서진다는 것
구멍이 뚫리거나 쭈그러진다는 것
그것은 단지 우리에게서 다른 모양으로 보일 뿐
그것은 깊은 바닷속 물고기처럼
지느러미 하나라도 잃지 않고
이 세상 구석구석 살아가며
끝없이 파란 불꽃을 퉁긴다
사라진다는 것 부서진다는 것
그것은 단지 우리에게서 다른 모양으로 보일 뿐

박정희의 철권통치에 맞서 치켜든 민주노조의 깃발, 전두환 정권의 삼청교육대와 합동수사본부의 탄압에 맞서서 지켜낸 민주노조의 깃발, 1982년 추석을 앞두고 찢겨진 민주노조의 깃발을, 이제 스스로 내리면서 불렀다는 김준태의 시 「이 세상에서 사라지는 것은 하나도 없다」에 이미영이 곡을 붙인 노래……

1980년대 초반 원풍모방 노동조합이 세상에서 버림받고 끝내 사라지고 있을 때 처절하게 깨져 하나의 밀알이 되지 않으면, 땅에 떨어져 싹이 트지 않으면, 전태일, 김경숙, 5월 광주의 영령이 그러하듯이 때론 누군가 사라지지 않으면 세상의 변화는 없다는 것을 원풍모방 노동조합 조합원들은 몸으로 알고 있었습니다.

1982년 추석 며칠 전부터 1983년 설까지 일어난 기록들을 몇 번을 다시 읽어보았습니다. 처음에는 1980년대에 대하여 깊은 환멸을 감출 수가 없었습니다. 피도 눈물도 없이 자행되는 자본과 권력의 탄압, 홀로 견디기에 너무 힘들어 내민 도와달라는 손길을 외면한 교회, 그리고 민주노조의 깃발을 외롭게 지키고자 했던 20대 초반의 젊은 노동자들의 슬픔을 생생하게 읽을 수 있었습니다.

그러나 시대에 대한 환멸을 지우게 한 것은 다름 아닌 원풍모방 조합원들의 외로움을 넘어서고자 하는 의지, 다시 일어나 노동 현장과 사회의 민주화를 이루어내고자 하는 치열한 삶들이었습니다. 이들의 헌신이 있었기에 그나마 민주노조의 깃발을 자랑스럽게 흔들고 있는 지금 시대가 있지 않을까 하면서, 아직도 험난한 민주화와 민주주의 여정에 원풍모방 노동조합의 기억과 기록이 도움이 될 것이라 믿습니다.

원풍노조와 함께한 분들과 이 기록을 위해 노력한 모든 분들의 건승을 기원합니다.

2010년 10월

민주화운동기념사업회 이사장 함세웅

이 책은 노동조합운동사다. 노동운동의 한 중요한 단위로서 노동조합이 어떻게 탄생했고, 성장했으며, 나아가 탄압을 견뎌냈는가 하는 것 등이 당연히 초점이다. 원풍모방 노동조합은 이 모든 과정을 거쳐 민주적인 노동조합의 상징으로 한 시대를 풍미했다. 우리가 이들에게 감히 '민주노조의 전설' 이라는 이름을 부여하는 것도 이 때문이다.

이 책을 집필하면서 특히 다음과 같은 점을 반영하고자 나름대로 노력했다.

첫째, 방대한 자료를 새롭게 정리하여 원풍모방 노동조합의 역사 서술에 빈 구석이 없게끔 힘을 쏟았다. 1970년대 민주노조 중에서 원풍모방 노동조합처럼 자기 역사를 제대로 기록하고 자료를 보관해둔 곳은 없다고 할 정도로 자료는 풍부했다.

둘째, 이미 지나간 시대의 역사를 서술하느니만큼 오늘의 독자를 위해서라도 당대의 시대적 상황을 읽어내고 그것의 의미 맥락을 짚어내고자 애를 썼다. 장담할 수는 없지만, 이로써 당대 상황에 익숙하지 않은 독자들도 원풍모방 노동조합의 운동을 당대의 맥락 속에서 충분히 파악할 수 있을 것이다.

셋째, 노동조합의 구성원들, 즉 조합원들의 목소리를 가능한 한 풍부하게 담아내려고 했다. 독재정권은 '국가'의 이름을 내걸고 그들을 '국가를 보릿고개에서 구한 자랑스러운 전사'로 호명했다. 하지만 그렇게 호명되는 순간, 그들의 구체적인 실존은 삭제되게 마련이었다. 민주노조 역시 마찬가지다. 민주노조의 역사가 차지하는 실체적 위력을 인정하지만, 그 속에서는 개별적인 여성 노동자들의 실존보다는 큰 흐름으로서 운동이 지배적일 수밖에 없다. 이 책에서 그 양자를 두루 포섭하겠다는 것은 욕심이다. 그러다가는 두 마리 토끼를 다 놓칠 수 있기 때문이다. 개인적인 관심은 다른 형태의 책으로 묶어내는 게 마땅할 것이다. 그렇더라도 소설가로서 나는 가능한 대로 그들의 이름을 불러주고 싶었다. 하위주체로서 그들의 목소리가 결국 민주노조로서 원풍모방 노동조합의 실체라는 생각을 저버릴 수 없었기 때문이다.

　긴 시간 함께 작업해온 원풍 식구들에게 두루 감사의 뜻을 전한다.

2010년 9월

김남일

차례 원풍모방 노동운동사

책을 펴내며 | 원풍모방노동운동사발간위원회 | 6
| 민주화운동기념사업회 | 8
집필자의 말 | 김남일 | 10

제1부
초창기 한국모방 노동조합 (1963~1971)

제1장 | 한국견방의 노동조합 결성 시도
전후 섬유산업의 현황 | 19
한국견방의 노동조합 결성 시도 | 22

제2장 | 한국모방 최초의 노동조합
노동조합 결성의 배경 | 26
섬유노조 한국모방분회 결성 과정 | 31
손후기 분회장 체제의 노동조합 | 34
섬유노조 한국모방지부 승격 | 43
최초의 노동쟁의 신고 | 49
정영오 지부장 체제의 성과 | 51
강금옥 사건 | 54
집행부의 한계 | 56

제3장 | 경영진의 교체와 노동조합의 위기 |
회사의 경영진 교체 | 60
어용노조의 운명 | 64

별지 1 | 원풍노조 조합원들은 무슨 책을 읽었나 | 68
별지 2 | 기숙사 이야기 | 72

제2부
민주노조 태동기 (1972~1974)

제1장 | 퇴직금받기투쟁위원회 |

원가절감운동과 회사의 일방적 경영 | 81
영등포 도시산업선교회의 개입 | 85
퇴직금받기투쟁위원회의 결성과 투쟁 | 89

제2장 | 한국모방 노동조합 정상화 투쟁
산업화 초기 노동 현실과 교회의 각성 | 96
산선과 JOC | 101
한국모방 내 신자들의 모임 | 104
노동조합 정상화 투쟁위원회 결성 | 109
8·9 파업농성 | 113

제3장 | 민주노조의 출범
민주노조의 전야 | 122
민주노조의 탄생 | 124
노동조합 정상화 투쟁의 의의 | 128
회사 측의 부당한 보복 공세 | 130
9·3 사태 | 135
명동성당 농성 투쟁 | 140
「국가보위에 관한 특별조치법」 위반 제1호 구속 | 148
10월 유신과 노동 현장 | 154

제4장 | 기업 도산과 노동조합의 대응
또 하나의 시련–경영 부실의 심화 | 159
김낙중 사건과 지동진 지부장의 연행 | 165
회사 부도와 기업주의 해외 도주 | 169
수습대책위원회 구성 | 172
수습대책위원회의 경영권 인수 | 176
사주의 회사 정상화 복안과 수습대책위원회의 입장 | 181
노조의 기업 정상화 촉구 투쟁 | 187
지부장 구타 사건과 그 파장 | 189
노동자들에 대한 참혹한 인권유린 | 192
긴급조치와 노동 현실 | 195

제5장 | 노사 공동경영 체제의 출범
회사 측의 새로운 제안 | 200
노동조합의 공동경영 참가 결정 | 203
새로운 실험에 쏟아진 관심 | 206
새 출발을 위한 정지작업 | 210
노동조합 집행부의 교체 | 214
공동경영 체제의 와해와 노동조합의 위기 | 217

제6장 | 노동조합의 회사 정상화 투쟁과 공매처분
조합원 총회와 새로운 투쟁 | 220
정부의 개입과 회사의 공매처분 | 223

별지 3 | 원풍노조가 세운 신기록, 진기록 | 227

제3부
민족노조 정착기 (1975~1979)

제1장 | 한국모방 노동조합의 마지막 시련
전임 지부장의 공금횡령 사건 | 235
회사 비서실의 노동조합 파괴 음모 | 239
원풍 노사의 첫 대면 | 241

제2장 | 원풍모방 노동조합의 출발
첫 시련, 지부장의 돌연한 구속 | 245
구치소 항의방문 투쟁 | 248
1975년도 새 집행부 구성과 겨울공화국 | 254
전술로서의 준법투쟁 | 257
단체협약 개정을 둘러싼 마찰 | 261

제3장 | 민주노조로 다시 서는 원풍모방 노동조합
1976년도 임금인상 투쟁과 서울시의 조정 결정 | 267
긴급조치하 민주노조운동 | 273

원풍모방 노동조합의 교육활동 | 276
소모임 활성화 | 278
제2공장 조업 단축 | 286
국가원수 모독 혐의 연행 사건 | 288
상여금 요구 투쟁의 이면 | 294
노사 상생 발전의 조건 | 297
노동자는 역사발전의 주역 | 300
1977년도 임금인상 투쟁 | 304
1977년 대의원대회 | 308
신용협동조합 설립 | 311

제4장 | 민주노조의 선봉 원풍모방 노동조합
섬유노조의 사당화 | 316
동일방직 똥물 사건 | 320
부활절 사건과 장남수의 구속 | 322
정면대결 : 섬유노조 대 원풍노조 | 325
섬유노조 전국대의원대회의 파행 | 331
조합원들의 연이은 연행 | 332
양성공 상여금 투쟁 | 338
1979년도 임금인상 투쟁 | 340
조합원 분열 행동과 징계 | 348

제5장 | 유신체제의 종언
크리스천아카데미 사건과 박순희 부지부장 | 351
섬유노조를 법정에 세우다 | 357
탈춤반의 결성과 맹활약 | 358
원풍모방 탈춤반의 문화사적 의미 | 373
YH 사건과 한 노동자의 죽음 | 375
외부세력 침투실태 특별조사단 | 378
10·26 사태와 YWCA 위장결혼식 사건 | 382
성탄절 기념 탈춤 공연 | 386

별지 4 | 누가 원풍모방의 노동자인가 | 389
별지 5 | 원풍모방 입사 과정 | 396
별지 6 | 원풍노조 탈춤반을 회고하며 | 399

제4부
민주노조 탄압기 (1980~1982)

제1장 | 서울의 봄과 원풍모방 노동조합
신민당 개헌공청회 | 409
김영태 위원장 퇴진 운동 | 414
1980년도 임금협상 | 418
산업복지와 조합원들의 자부심 | 421
서울의 봄, 사북의 겨울 | 425
노동기본권 확보 전국궐기대회 | 428
5월 14일 농성 해산 전말 | 434

제2장 | 노동계 정화 조치와 연이은 노동조합 탄압
5월 광주와 원풍모방 조합원들의 성금 | 440
노동계 정화 조치 | 443
정화 조치에 대한 반발 | 447
합동수사본부의 총체적 탄압 | 452
범진사에서 있었던 일 | 457
강제해고와 귀향 조치 | 463
죽음의 삼청교육대 | 466
회사 측의 노동조합 무력화 책동 | 471
원풍산업 두 노동조합 통합 책동 | 473
지부장과 부지부장의 신변 변화 | 479
힘 잃은 단체교섭 | 483
기숙사생들의 관악산 산책 소동 | 486
특별기금 처리와 노조 통합대회의 승리 | 489
조선방직쟁의 탈춤 공연 | 491
QC 운동 강화와 조작된 해고 | 493

회사의 노동쟁의 발생 신고 | 495

제3장 | 안팎의 시련에 부닥친 노동조합
조직 분열과 새 집행부 출범 | 498
노동자의 적, 노동부 | 506
산선에 대한 마녀사냥 | 511
야만적인 집단폭력 사태 | 514
원풍노조의 여론투쟁 | 516
자체 역량 강화교육 | 522
회사의 노동쟁의 발생 재신고 | 527
김성구 폭행 사건 | 533
담임들의 반조직 행동 | 535

제4장 | 운명의 9·27 사건
해고, 감금, 그리고 폭력 | 538
노조의 긴급대책과 외부 인사 면회 실패 | 545
노조의 투쟁선언 | 549
자루에 담겨 버려진 조합장 | 551
농성 둘째 날 | 556
농성 셋째 날 | 560
농성 넷째 날 | 563
믿었던 성직자의 냉대 | 565
통곡과 원한의 밤 | 567
최후의 새벽 | 570

제5장 | 원풍노조의 최후
산선 모임과 투쟁 계획 수립 | 576
제1차 출근투쟁 | 579
제2차 출근투쟁 | 584
원풍노조 남부경찰서 지부 | 588
공포의 대림동 거리 | 592
끊이지 않는 불법연행과 폭력 | 594

관제언론의 횡포 | 598
달라진 산선 | 600
조합원에 대한 성분 분석과 탄압 | 605
반인륜적 사표 강요와 귀향 작전 | 610
간부들의 구속 | 615

별지 7 | 민주노조 설립 이후 원풍모방의 임금 및
　　　　노동조건 수준 | 619
별지 8 | '여공' 들이 다닌 학교 | 621
별지 9 | 원풍의 남성 노동자 | 630

제5부
법외노조 활동과 명예회복 투쟁 (1983~2010)

제1장 | 고난의 장외투쟁
차가운 거리 | 637
왜곡보도의 절정 | 639
마지막 탈춤 | 643
공장이여, 안녕 | 646
블랙리스트의 족쇄 | 649
법정투쟁 | 654
최후진술 | 658
교도소 안팎의 투쟁 | 663
영등포 산선과의 결별 | 666

제2장 | 한국노동자복지협의회 창설
『원풍회보』 발간 | 673
유화국면과 공개운동의 활성화 | 681
노동운동의 새로운 흐름 | 683
원풍의 집 | 687
한국노동자복지협의회 출범 | 690
원풍 해고자들의 1년 | 694

한국노동자복지협의회의 활동과 균열 | 703

제3장 | 급변하는 노동운동의 현실
구로동맹파업과 서울노동운동연합 | 708
한국노협의 역할과 한계 | 712
한노련 결성과 그 이후 | 715
변화하는 노동운동과 원풍모방 조합원들 | 718

제4장 | 원풍노조의 명예회복 투쟁
원풍노조 조합원들의 원풍 밖 인생 역정 | 722
원풍노조 조합원들의 복직투쟁 | 727
민주화운동으로서의 원풍모방 노동조합운동 | 730
마지막 복직투쟁 | 735

별지 10 | 명예회복된 원풍노조 조합원들 | 739
별지 11 | 원풍, 아름다웠던 우리 젊은 날 | 740
별지 12 | 원풍과 맺은 인연: 조지송, 이창복 | 747
별지 13 | 자랑스러운 어머니들 | 761
별지 14 | 진실·화해를 위한 과거사정리위원회의 결정 | 764

주석 | 768

【부록】
기획 좌담회 1 | **우리가 걸어온 30년** | 785
기획 좌담회 2 | **딸들이 말하는 '엄마 이야기'** | 815
원풍모방 노동조합 약사 | 827
참고서지 목록 | 839

제1부

초창기
한국모방 노동조합
(1963~1971)

제1장 | 한국견방의 노동조합 결성 시도

제2장 | 한국모방 최초의 노동조합

제3장 | 경영진의 교체와 노동조합의 위기

제1장 한국견방의 노동조합 결성 시도

전후 섬유산업의 현황

원풍모방의 모태는 1953년에 설립된 한국견방주식회사였다.

그 무렵 3년에 걸친 동족상잔의 총성이 간신히 멈추었으나, 그것은 완전한 종전이 아니라 말 그대로 일시적 휴전에 지나지 않았다. 전쟁이 휩쓸고 간 폐허 위에서 당장 급한 것은 먹고사는 일이었다. 일을 하려는 사람들은 어디나 넘쳐났지만 일자리는 턱없이 부족했다. 예를 들어 1955년의 경우 14세 이상 생산연령 인구는 1263만 명으로 1949년의 1177만 명에 비해 근 90만 명 늘어났으나, 5인 이상 사업체는 4344개 종업원 수 25만여 명으로 1949년의 7404개 26만여 명에 비해 오히려 줄어들었을 정도였다.[1] 그나마 일제 때부터 풍부한 생산 경험이 있어 미국의 원조를 집중적으로 받아온 섬유산업의 경우는 상대적으로 사정이 나은 편이었다. 1947년에 이미 미군정의 점령지역 구호원조자금, 즉 GARIOA 자금을 지원받았고, 1948년 대한민국 정부 수립 이후에도 미국 ECA(경제협력처) 원조의 직접적인 수혜 대상이었기 때문이다. 원조자금은 특히 해외에서 원면과 같은 원자재를 도입하는

데 집중되어, 일제의 철수로 인한 수급 부족 현상을 상쇄할 수 있었다.

물론 참혹한 전쟁의 여파는 섬유산업이라고 비켜가지 않았다. 면방직 공업은 약 70퍼센트 정도의 피해를 입었다. 부산과 대구의 조선방직과 대구의 삼호방직 등 극소수 공장만이 참화를 피할 수 있었다. 이에 따라 전후 원조자금도 섬유산업의 생산기반을 복구하고 원면의 수급을 원활히 하는 데 집중되었다. 1953년 6월 이후에는 특히 새로운 기계를 도입하는 데 많은 원조자금을 배당했다. 이때부터 섬유업계는 낡은 기계를 보수하기보다는 영국과 미국 등지에서 최신 기계를 도입하여 생산성을 획기적으로 늘려나갈 수 있었다. 소모방(梳毛紡; 5cm 이상의 비교적 긴 양털섬유를 잘 빗어서 실로 만드는 방적공정) 업계 역시 1960년까지 제일모직이 200만 달러, 대동모방이 100만 달러, 경남모방이 80만 달러, 한국견방이 48만 달러, 전남방직이 30만 달러 등의 원조자금을 지원받아 시설을 대폭 확충했다. 소모방업계에 대한 외자 투하액만 1960년 기준으로 최소한 500만 달러를 돌파했던 것이다.[2] 그러나 이런 과정에서 곧 구매력이 생산량을 따라가지 못하는 웃지 못할 현상까지 발생한다. 원조경제의 주도권을 쥐고 있던 관료들이 신구 자본가들과 유착하여 자신들의 사욕을 채우려 한 데서 일어난 필연적인 결과였다. 즉, "1950년대 자유당 치하의 방직공업은 미국 잉여농산물 원조에 의한 값싼 원면의 도입과 관련하여 가장 중요한 이권의 하나"[3]였던 것이다. 원조경제 하에서는 원료 자체를 수입에 의존할 수밖에 없는데다가 제품의 특성상 지속적인 소비가 보장된 이른바 삼백(三白)산업, 즉 제당(설탕), 제분(밀가루), 면방직공업이 가장 큰 특혜를 입었다. 이들 분야에서는 기존의 생산업자들이 '한국제분공업협회', '대한제당협회', '대한방직협회' 등 카르텔을 구성하여 독점권을 행사했다. 이들은 제조업자를 대표하여 원료 도입자금을 불하받아 이를 산하기업에 나눠주는 형식을 취하였는데, 그 과정에서 신규 업체의 진입 방해, 원료의 독점, 환차익 등을 통해 막대한 이윤을 챙겼다. 하지만 공룡처럼 급성장한 결과, 삼백 산업은 1957~1958년경이면 벌써 포화 상태에 이르고 만다.

박정희 정권 당시 청와대 경제수석을 지낸 한 테크노크라트(경제관료)도 현장에서 목격한 이러한 부조리의 연쇄 고리를 생생하게 증언한다.

해방 후 미국정부는 무상 또는 장기유상으로 원면을 원조했다. 매해 3000만 달러 이상의 원면이 도입되었다. 그런데 이 원면 배정 과정에서 업자 간에 이해관계가 생긴다. 원면 배정을 받는다는 것 자체가 큰 이권이 되던 시절이다. 많이 받아야 이익이 많다. 그러니 업자 간에 싸움이 나고 잡음이 나올 수밖에 없었다. 체면도 예의도 없이 관계 당국에 애원하고 미국 원조기관에 굽실거렸다. 몇 년을 이렇게 싸우고 난 후 결론이 나왔다. 시설용량 비례로 원면을 할당한다는 궁여지책이었다. 이렇게 되면 결과는 뻔하다. 무슨 수를 쓰든 자기 공장의 시설 용량을 키우는 쪽으로 가게 되는 것이다. 기계는 실제로 움직이지 않아도 좋다. 기계 목록에만 들어가면 시설 용량이 증가하고 그만큼 원면 배정을 더 받게 된다. 그래서 40년 이상 된 고철도 한몫을 보게 되는 것이다.[4]

사실 면방직공업은 해방 직후부터 비리의 온상이었다. 1950년대 16개 면방직공장 중 단지 두 곳만을 제외하고 14개가 해방 전 일본인이 소유하고 있던 이른바 적산(敵産)이었다. 그 귀속재산의 처리 과정에서 관료, 친일기업인, 지주 등의 정경유착이 광범위하게 이루어졌다. 그들은 이후 미공법(PL) 480조에 의한 원조경제 하에서 다시금 낮은 이자의 원조물자 배당과 세금 감면 등 특혜를 입고 고속성장의 가도를 달렸다. 연 금리 3~8퍼센트로, 이는 당시 사채금리가 연 20~30퍼센트, 일반금리가 연 18~25퍼센트이던 것에 비해 엄청난 특혜였다. 그 결과, 면방직공업은 1954년부터 1957년까지 연평균 19퍼센트의 성장률을 보이며 국가 기간산업으로서 기틀을 확고히 다졌다. 1958년 국회의원 선거를 앞두고 태창방직이 1억 환, 조선방직이 1억 5000만 환의 선거자금을 집권 자유당에 제공하는 것도 차라리 자연스러운 일이었다.

한국견방의 노동조합 결성 시도

1953년 휴전 무렵만 해도 우리나라에 소모방 업체는 전무했다. 그러던 것이 불과 1년 사이에 전주방직, 마산방직, 동양모방, 대명모방, 제일모직 등 5개 업체가 대거 등장한다. 한국견방도 1953년 8월 21일 김재현(40%), 단사천(40%), 최주호(20%) 등 3인의 대주주가 공동 출자한 자본금 500만 원으로 설립되었지만, 시설 발주가 늦어 1956년 방적기 4828추를 설치하면서 본격적으로 업계에 진출한다. 한국견방은 특히 폭발적으로 수요가 급증한 소모방 제품 생산에 집중했다. 국내 수요가 포화 상태에 이른 1958년부터는 해외시장까지 개척하여 소모사 6000파운드를 미국에 수출하는 등 눈부신 성장세를 보였다. 1958년 11월 14일에는 자본금을 1000만 원 증자했고, 1959년에는 총 2500만 원으로 증자했다.

한편, 전 산업에 걸쳐 노동조건은 매우 열악했다. 한 예로, 1957년 보건사회부 주관으로 전국 각지 101개 사업장에 대해 실시된 임금 및 생활실태 조사에서, 노동자들의 월평균 생활비 중 월평균 수입이 차지하는 비중을 살핀 결과 32.5퍼센트의 적자가 확인되었다.[5] 노동조건 또한 열악하여 제조업 노동자들은 1일 평균 10시간 이상의 노동을 강요받았으며, 의료후생 시설의 혜택도 거의 받지 못했다. 그나마 실업자가 어디고 넘쳐나는 상황이었기에 직장이 있다는 것만으로도 위안을 삼을 수밖에 없었다.

1950년대 섬유산업의 노동 현실도 마찬가지로서, 원조경제 체제하 자본가들이 온갖 특혜를 누린 것과는 정반대 상황이었다. 예컨대 1952년, 전쟁 중이라는 특수한 상황에서 발생한 부산 조선방직의 쟁의[6]는 섬유 노동자들의 노동조건이 얼마나 열악했는지 단적으로 보여준다. 조선방직은 해방 이전 일본인 소유 회사로 부산과 대구에 각기 공장을 두고 있었던 정부 귀속기업이었다. 그중 부산 공장은 종업원 6000명으로 국내 최대 방직공장이었다. 문제는 1951년 이승만 대통령의 후광을 등에 업은 강일매가 거의 강압적으로 경영권을 인수한 이후 발생한다. 그는 신규 사원 120명을 채용하는 대신 20년 이상 근무한 60세 이상 숙련공 20명을 무단 해고시켰으며, 임금인상과 관련한 상공부 지시를 어기면서까지 기존 사원들에게는 인상 임금을 지급하지 않았다. 뿐만 아니라 종업원들에게 후생용으로 지급하던 광목을 지급하지 않았고, 욕설과 구타를 예사로 했다. 나아가 노동조합의 어용화를 꾀하는 등 노동자들의 분노를 살 만한 행태를 수도 없이 저질렀다. 이에 조선방직 노동자들은 여공들을 중심으로 1952년 1월 21일 대규모 항의시위를 펼치기에 이르렀다. 이들의 쟁의는 사회여론의 관심을 불러 모아 국회 차원의 진상조사단까지 구성되었다. 하지만 이승만 정권은 노동조합 간부들을 포함하여 쟁의 주동자들을 구속하는 등 폭력적 탄압을 자행했다. 그러나 노동자들은 끈질기게 투쟁을 전개하여, 3월 12일에는 6000여 종업원들이 일치단결하여 파업을 전개했다. 이 쟁의는 정부 수립 이후 당대까지 가장 치열한 노동쟁의로 기록되는 바, 당시 대한노총의 총재이기도 한 이승만 대통령의 반노동자적 노동정책에 대한 강력한 저항의 표시이기도 했다.

조선방직의 쟁의 과정에서 또 하나 특기할 만한 점은 대한노총의 위원장 전진한이 이승만 정권과 맞서 투쟁을 지속해나갈 능력이 없음을 자인한 채 스스로 파업 중단을 촉구하고 국제기관에 호소하는 길도 막았다는 사실이다. 해방 직후 좌경화되었던 전평(조선노동조합전국평의회)의 소멸 이후 새로 건설된 대한노총 산하 미성숙한 노동조합이 지니는 한계는 1956년 대구 대한방직의 쟁의에서도 그대로 재현된다. 이 경우, 노조 상층부의 어용화가 자본의 본질을 폭로하고 조합원들의 이익을 확보하는 데 가장 커다란 걸림돌로 작용했다.[7] 어용적인 노동조합 세력은 살인적인 노동을 하면서도 생활비의 절반에도 못 미치는 저임금(서울지역 노동자의 경우, 총수입 중 본인의 본수입이 차지하는 비율이 1952년 46%, 1954년 54%, 1956년 52%, 1958년 47%였다)을 받고 있는 노동자들을 위해 투쟁하기는커녕 오히려 조합비나 뜯어먹는, 현대판 불가사리와 다름없었다. 특히 섬유산업에서 어용노조가 발흥했던 이유는 앞서 살펴본 바와 같이 전후 섬유산업의 재건 과정에서 정경유착이 광범하게 이루어졌기 때문이다. 부패한 자유당 정권은 어용노조를 양산했으며, 동시에 그들로부터 자신들의 물적 토대를 확보했던 것이다.

이런 상황에서 한국견방에서도 노동자의 권리를 찾기 위한 움직임이 존재했다. 1957년 철공부에 근무하던 노덕규가 중심이 되어 노동조합을 결성하려 했으나 노동자들의 호응이 미미해 실패하고 말았다. 이는 타 회사에 비해 한국견방의 임금 조건이 상대적으로 나은 편이었기 때문이라고 알려지고 있다. 이어 1958년에는 양수장에 근무하던 한○○가 또다시 노동조합 결성을 시도했다. 그러나 부산 부두노조 간부까지 지낸 그는 회사의 매수공작에 걸려들어 돈을 얻어먹은 뒤 스스로 물러나고 말았다.

제**2**장 한국모방 최초의 노동조합

노동조합 결성의 배경

한국견방은 4월혁명과 5·16 군사쿠데타를 겪으면서도 꾸준한 성장을 거듭했다. 1961년에는 킹텍스[8]라는 상표를 등록했는데, 이는 한국견방이 골덴텍스의 제일모직, 노블텍스의 경남모직, 카멜텍스의 대한모방과 더불어 모직업계의 강자로 성장했음을 의미했다. 그러나 이런 성장의 이면에는 부패한 권력과 자본의 추악한 결탁이 내재되어 있었다. 한국견방의 대주주 단사천은 1960년 4월 혁명 이후 부정축재자 조사 명단에 포함되었다. 이승만 정권의 앵무새 역할을 하며 부정부패에 앞장선 〈서울신문〉에 운영자금을 제공한 혐의 등이 드러났기 때문이다. 5·16 군사쿠데타 이후인 1961년 7월 21일에는 국세청이 1000만 환 이상 세금 고액 체납자 116명의 명단을 발표하면서 강도 높은 사찰을 예고했다. 이때 한국견방은 다시 1억 6000여 만 환의 체납액으로 사장인 김재현이 명단에 올랐다.

한국견방의 위기는 1961년 8월 24일 김재현이 사망하고 최주호가 새로운 사장으로 취임하면서 찾아왔다. 이 무렵 주주들 간에 분열과 갈등이 일어났으며, 1962년 3월 25일에는 직포공장에 불이 나서 약 2억 원 이상의 큰 손해를 보았다. 이로 인해 직포과와 가공과에 근무하는 노동자들이 휴직하는 사태가 발생했다. 엎친 데 덮친 격으로, 1963년에 들어서면서는 심각한 외화 부족 현상에 직면한 정부가 강력한 수입제한 조치를 단행하는 일까지 벌어졌다. 1962년 원모 수입에 배정된 외화가 900만 달러였던 데 반해, 1963년에는 360만 달러로 크게 줄었던 것이다. 국내 수요량의 3분의 1 정도밖에 되지 않는 금액이었다.[9] 이 때문에 원모 전량을 수입에 의존하던 소모방업계는 크나큰 타격을 입지 않을 수 없었다.

1963년 국민 1인당 GNP가 고작 100달러(한 달에 8.3달러)였는데, 이것도 전년도에 비해 15퍼센트가 는 액수였다. 그러나 그해 미국의 원조와 차관 중단으로 인한 외환위기가 닥쳐오면서 극심한 인플레가 발생했다. 도매물가 상승률은 30.3퍼센트나 됐으니, 가뜩이나 어려운 서민들의 생활은 말이 아니었다. 사실, 경제기획원에서는 1962년 제1차 경제개발 5개년 계획을 발표하고 수출주도 경제를 정책의 중심축으로 설정했지만, 1962년과 1963년은 그 성과가 아주 미미했다. 이는 경제의 성장 잠재력을 웃도는 지나친 목표 설정, 화폐개혁 실패와 그에 따른 경제적 혼란, 농산물의 흉작, 개발 인플레 발생, 수입 수요 급증과 미국의 원조 감소 혹은 중단으로 인한 외환위기 등이 복합적으로 작용했기 때문이다.

이런 상황에서 양모 파동의 직격탄까지 맞은 한국모방(1963년 초 한국견방에서 개칭) 경영진은 그 부담을 노동자들에게 일방적으로 떠넘기는 것으로써 위기를 타개하려 했다. 이에 따라 노동자들은 화재로 인한 휴직 사태에 이어 다시 조업 단축을 감수해야 했다. 회사 측에서는 특히 당시 임금이 높았던 여성 노동자들을 줄이기 위해 그들을 힘든 작업장에 배치시키는 등 궁극적으로 사표를 내고 회사를 떠나게 하는 술책을 사용하기도 했다. 그 결과, 임금은 낮아지고 노동시간은 12시간 이상으로 늘어나게 되었으니, 노동자들의 불만은 크게 증대했다.

당시 수출을 중심으로 한 자본 축적과 이를 기초로 한 공업 발전은 한국의 상황에서 채택하기 매우 힘든 정책이었다. 1961년의 경우, 1차 산업이 GNP, 즉 국민총생산에서 차지하는 비중이 무려 43.8퍼센트인데 반해 2차 산업인 광공업은 14.9퍼센트에 지나지 않았다. 노동자들 역시 비숙련 노동자가 절대 다수였으므로 노동생산성은 당연히 낮을 수밖에 없었다. 나아가 국내 자원이 부족했기 때문에 원료 수급을 절대적으로 외국에 기대야 했다. 이런 여러 가지 조건은 결국 박정희 군사정권이 시도한 수출과 공업 위주 경제개발정책이 저임금과 강력한 차별적 수출지원정책을 밑바탕에 깔고 있음을 증명한다. 왜냐하면 그 이외에는 달리 국제경쟁력을 높이는 방법이 존재하지 않았기 때문이다.[10] 저임금 노동자들의 광범위한 존재를 전제로 한 이러한 정책은 당연히 저농산물 정책을 기반으로 할 수밖에 없으므로 농민의 희생 또한 불가피했다. 한마디로 1960년대의 경제개발은 계획 단계부터 이미 노동자와 농민의 절대적인 희생을 담보로 진행되었던 것이다.

이는 여러 가지 통계로도 금세 확인된다.[11] 예를 들어 1965년의 경우 노동자들의 주당 노동시간은 57.1시간으로, 이는 미국의 41.2시간, 서독의 44.1시간, 일본의 44.3시간 등에 비해 엄청나게 높은 수치였다. 하다못해 아시아의 필리핀이나 태국 등도 43~45시간에 불과했다.

[표1] 아시아 각국의 주당 노동시간(1963~1970년) 12)　　　　　　　(단위: 시간)

	1963	1964	1965	1966	1967	1968	1969	1970
한국	50.3	56.0	57.0	57.4	53.8	57.6	56.3	54.0
필리핀	43.6	43.4	45.6	46.7	46.7	42.1	42.0	–
싱가포르	47.7	47.3	47.2	47.4	47.4	48.3	49.2	48.7
태국	45.7	45.7	45.7	46.2	51.3	–	47.8	47.7

자료: ILO 노동통계연감, 1970.

이렇게 세계 최고 수준(ILO 통계에 잡힌 국가 중 실제 1위)의 살인적인 노동에 시달리면서도 임금은 얼마나 받았을까. 제조업의 시간당 임금 수준은 1962년의 경우 한국이 0.115달러인 데 반해, 미국은 2.32달러, 서독은 0.73달러, 일본은 0.34달러였다. 미국과는 무려 20분의 1 수준이었으며, 서독의 6분의 1, 일본의 3분의 1 수준이었다. 그리고 이 격차는 1960년대 내내 크게 좁혀지지 않았다. 직종별 임금을 비교하면, 1970년 한국의 여성 방적공이 받는 임금이 58엔인데 일본과 홍콩은 144엔, 서독은 493엔이었다.

4월혁명으로 막을 연 1960년대는 노동운동에서도 민주화의 요구가 거세게 반영되기 시작한 시기였다. 4월혁명 자체는 전후 미국의 무상원조로부터 시작된 소비재 중심의 정경유착 산업체제 진척에 따른 중소기업의 도산, 미국의 잉여농산물 도입에 따른 농촌경제의 마비, 실업의 증대 등 이승만 정권의 경제운용정책의 파탄 위에서 일어났다. 하지만 혁명의 구체적 진행 과정에서 그러한 모순의 실제적 담지자인 노동자, 농민, 도시빈민, 그리고 중소기업인들은 배제된 채 학생과 지식인 중심의 비생산계층의 정치적 항의운동이라는 성격만 강조되었다. 그렇더라도 4월혁명은 자립경제의 구축, 정치적 부패 청산, 통일에 대한 열망 등 민족적 자각과 더불어 반봉건적 상태에서 여전히 헤어나지 못하던 기층민중의 의식 또한 폭발적으로 일깨우는 데 크게 기여했던 게 사실이다. 혁명이 성공한 이후 민주당 정부가 곧바로 부정축재자 조사에 착수한 것도 이런 배경에서였다.

국민들은 이미 전후 자본의 축적 과정에서 광범한 부정부패가 자행되었음을 알고 있었고, 4월혁명은 이에 대한 철저한 청산을 요구했던 것이다. 노동자들 역시 마땅히 자신들에게 돌아와야 했을 경제적 이익을 가로챈 자본가들에 대한 분노를 일시에 폭발시켰다. 그리하여 노동쟁의만 놓고 보더라도, 1960년 4월부터 1961년 5월까지 발생 건수는 282건으로 1953년부터 1959년까지 연평균 41건이었던 것에 비해 무려 6.8배에 이르렀다.[13] 이 시기에는 어용노조를 민주화하려는 움직임도 거세게 전개되는 바, 부두노련과 철도노련을 비롯해서 많은 노동조합들이 개편되고 교원노조와 은행노조 등 지식인 노동조합들이 새롭게 결성된다. 그러나 1961년의 5·16 군사쿠데타는 이와 같은 지식인과 기층민중의 민주적, 민족적 요구를 한꺼번에 제압하고, 관료와 재벌이 다시금 수직적 경제정책의 중심이 되는 반동의 시작이었다. 이로써 이 땅의 노동운동은 또다시 기나긴 어둠의 터널을 통과해야 했다.

하지만 군사정권은 쿠데타에 대한 국내외 압력이 비등하자 어쩔 수 없이 민정 이양을 서두르게 된다. 그리하여 1962년 12월 6일 계엄령을 해제한 데 이어, 1963년 1월 1일을 기하여 정치활동도 허용했다. 노동자들도 비로소 노동조합 결성이나 노동쟁의 등을 통해 그동안 억눌려 왔던 분노를 표출할 수 있게 되었다. 그러나 그것은 일시적인, 말하자면 눈 가리고 아웅하는 식의 사탕발림에 지나지 않았다. 군사정권은 1963년 4월 17일 노동조합법, 노동쟁의조정법, 노동위원회법을 개정한다. 노동조합 운영에 대한 국가의 개입을 강화하며 노동쟁의를 규제하고 제한하는 데 초점을 맞춘 개정이었다. 이에 대해서는 어용인

한국노총조차 강력히 반발할 정도였다.

섬유노조 한국모방분회 결성 과정

당시 영등포는 서울의 대표적인 인구 밀집 지역이자 공장지대로 빠르게 성장하고 있었다. 즉, 인구는 55만 명(1964년 기준)을 넘어서 서울 전체 인구의 약 7분의 1을 차지했고, 1963년의 경우, 제조업체 수는 573개에 종업원은 2만 9000명에 이르렀다. 1962년에는 498개 사업체에 종업원이 2만 4395명이었고, 1964년에는 552개 사업체에 종업원은 4만 명을 넘어섰다.[14] 하지만 노동조합이 있는 사업체 수는 극히 적었다.

이런 상황에서 한국모방 노동자들은 다시금 노동조합을 결성하려는 움직임을 시작했다. 지난 시기에 이미 두 차례에 걸쳐 노동조합을 만들려다 실패한 경험이 있었던 노덕규, 이응준, 손후기 등 남성 노동자들이 새로운 노동조합 결성의 움직임을 이끌었다. 특히 이응준은 부산 섬유노조 감찰부장과 서울 구로동 모 염색공장에서 노조 문화부장을 지낸 경험이 있어, 말하자면 주동자 중의 주동자였다. 이들은 과거의 실패를 거울삼아 자신들의 금반지를 팔아 자금을 마련하는 한편, 현장 조직도 하나하나 확대해나갔다. 노동조합 설립이 한두 사람의 의욕만으로는 불가능하다는 사실을 잘 알고 있던 이들은 특히 현장의 관리자 격인 담임들의 호응을 얻어내기 위해 많은 노력을 기울였다. 그 결과, 송영제(가공), 김문경(경비), 오오근(전력), 정영운(방화책임자), 김기연(정사과 담임), 정치구(전방), 김선옥 등이 노동조합 결성 준비위원회를 구성하게 되었다. 이렇게 현장 조직이 어느 정도 완성되자 준비위원회의 대표자들은 섬유노조 본부를 방문하여 협조를 요청했다.

이는 당시의 특수한 노동조합 설립 방식 때문이었다.

1961년 5·16 군사쿠데타로 집권한 군사정권은 곧바로 5월 23일 다른 사회단체들과 함께 노동조합에 대해서도 일제히 해산 명령을 내렸다. 그로부터 3개월 후인 8월 3일 「근로자의 단체 활동에 관한 임시조치법」을 공표하여 노동조합 재건을 지시했는데, 전제 조건은 자신들이 지명한 9명의 노조간부들이 중심이 되어 산별노조를 만들라는 것이었다. 지명을 받은 9명의 간부들은 중앙정보부에서 약 한 달간 훈련을 받은 뒤 곧바로 노동조합 재건에 착수했다. 그들은 군사정권이 지정한 대로 산별노조를 업종별 단일노조 방식으로 빠르게 조직하기 시작하여, 8월 25일에는 벌써 11개 산별노조를 결성했다. 그런 바탕 위에서 8월 31일 이규철을 위원장으로 하는 한국노동조합총연맹(한국노총)이 출범할 수 있었다. 결국 산별노조는 노동자들의 자주적 의지를 결집하여 노동조합을 결성해야 하는 가장 기본적인 조직 원칙조차 무시한 태생적 한계를 고스란히 떠안고 있었던 것이다.[15]

산별노조의 조직체계는 본부 산하에 지부와 분회를 두는 것을 기본으로 하여 구성되었다. 그러나 구체적 내용은 산업별로 달랐다. 섬유노조(위원장 김광수)는 면방, 생사, 모화섬, 직물, 의류 등 5개 업종 영역을 아우르면서 산하에 지부를 사업장 지부와 지역지부로 나누어 설치했다. 사업장 지부는 일정 규모(1000명) 이상의 조합원을 가진 사업장을 대상으로 했으며, 지역지부는 일정 규모 이하의 조합원을 가진 사업장을 분회로 하여 행정구역별 또는 주요 지역별로 구성했다. 1967년의 경우 지부 및 분회 수는 86개였다. 이러한 조합 체계의 최정점은 당연히 조합본부였다. 조합본부는 의결기구로 대의원대회와 중앙위원회를, 집행기구로 중앙집행위원회를 두고 있었다. 이 중 대의원대회는 최고의결기구로서, 각 지부별 조합원 수와 조합비 납부 실적을 기준으로 배정된 대의원들로 구성되었다. 이 같은 조직 체계에서는 각 지부와 분회가 일상적인 운영, 선거, 징계, 단체교섭, 노동쟁의에 이르기까지 거의 대부분의 활동을 본부의 지휘와 통제를 받아 행하지 않으면 안 되었다.[16] 사실, 이것이야말로 군사정권이 노동조합 재건 과정에서 굳이 산별노조 체제를 도입한 가장 중요한 이유였다. 군정 당국의 지명으로 조직 재건에 참여했던 한 인사는 "군정 당국의 핵심적인 관심은 노조라는 골치 아픈 조직을 어떻게 통제할 것인가 하는 것이었다"[17]고 증언했다.

아직 독자적인 사업장 지부로서 존립할 만큼 노동자 수가 많지 않았던 한국모방은 지역지부인 서울지역지부에 속한 분회 형태로 출범할 수밖에 없는 처지였다. 준비위원들은 이렇게 상급 산별노조 본부를 통해 설립 절차 따위를 배우는 한편, 이와는 별도로 현장에서 비밀리에 노동자들을 대상으로 가입원서에 도장을 받는 작업을 해나갔다.

뒤늦게 이 사실을 안 회사 측의 방해 공작도 본격화되었다. 회사 측은 가입 인원을 최대한 줄이는 데 총력을 기울이는 한편, 주동자에 대한 탄압도 서슴지 않았다. 이응준을 일반 노동자들이 접근하기 어려운 온실 근무자로 발령한 것도 한 예였다. 그럼에도 불구하고 노동자들의 움직임은 멈추지 않았다. 이에 회사는 노동조합 결성 자체를 막을 수 없다는 사실을 인식하고 새로운 전술을 시도했다. 즉, 노동조합을 무력화하려고 한 것이다.

당시 대부분의 노동자들은 당연히 이응준을 노동조합 대표로 밀고 있었는데, 회사 측은 노동조합 결성 준비위원 중 김기연에게 접근하여 이응준과 노덕규를 제거하는 작업을 전개했다. 김기연은 생산부 현장 조직의 실권자로서 나름대로 힘이 있었다. 그는 다른 준비위원들을 설득하여 이응준과 노덕규를 분회장 후보에서 사퇴시키고 대신 손후기를 밀었다. 손후기는 1931년 마산 출생으로 중학교를 졸업한 뒤 고무회사에 다니다가 전후 대구의 삼호방직과 대전의 대전방직을 거쳐 1959년 한국모방에 입사한 인물이었다. 이응준과 노덕규는 아직 결성도 하지 않은 노동조합이 분열되어서는 안 된다는 생각에 분회장 후보를 사퇴했다.

결국 1963년 9월 28일, 손후기를 분회장으로 하는 한국모방 최초의 노동조합이 '전국섬유노동조합 서울지역본부 한국모방분회'라는 긴 이름을 달고 출범한다. 결성식이 열린 회사 식당에는 600여 명의 노동자들이 '조합원'의 자격으로 참석했다. 그 자리에는 회사 측에서 이종용 공장장과 이재도 상무가 참석했으며, 섬유노조 서울지역지부 간부들과 이종남 국회의원도 자리를 함께했다. 원래 손후기를 분회장으로 앉히는 대신 노덕규는 총무부장에, 이응준은 임원의 직책을 맡기로 약속이 되어 있었다. 그러나 이날 결성식에서는 손후기 분회장, 김기연 부분회장, 김칠만 총무부장 체제가 구성됨으로써, 결성 준비 과정을 실질적으로 이끌었던 2명의 주동자는 완전히 배제된 채 회사 측의 입맛에 맞는 노동조합이 결성되었다. 이응준은 이후에도 회사 측으로부터 집중적인 견제와 감시를 받다가 근무시간 중 졸았다는 이유로 해고당하고 만다.

손후기 분회장 체제의 노동조합

노동조합 결성 이후 회사는 임금을 30퍼센트 인상하여 첫 출범한 손후기 분회장 체제에 힘을 실어주는 듯 보였다. 그러나 그뿐, 노조사무실도 없고 상근자도 없어서 조합원들은 전과 크게 다른 점을 느낄 수 없었다. 다달이 월급에서 꼬박꼬박 조합비가 빠져나가는 게 다르다면 다를 뿐이었다. 손후기 분회장 체제는 노사협의 제도도 만들지 못했기 때문에 임금인상과 같은 중요한 사항에 대해서도 회사 측의 일방적인 결정을 그대로 추인하고 쫓아가는 실정이었다. 말 그대로 유명무실한 수준이었다. 조합원들은 마음 놓고 불평을 드러내지도 못했다. 제대로 된 교육 한번 받아보지 못한 조합원들은 자칫 해고될까 두려워할 수밖에 없었던 것이다.

한국모방 최초의 노동조합이 어떤 성격을 지녔는지는 1965년 6월에 열린 연차대회에서 손후기 분회장이 발표한 다음과 같은 발언(경과보고)에서 잘 드러난다.

> 우리 회사는 사장님의 눈부신 활약으로 해외시장 개척에 거보를 내디뎌서 1964년도 수출 목표량을 초과하였고, 금년도 목표 250만 달러 중 오늘 현재 약 85만 달러가 수출되었음은 우리 회사의 자랑이 아닐 수 없습니다. 이에 따라 임금인상이 두 차례에 걸쳐 있었는데, 제1차는 1964년 7월 21일에 평균임금(일당) 75원에서 97원으로, 제2차는 1965년 5월 21일에 정기 승급제도 개선과 함께 평균임금 97원 35전에서 106원 85전으로 인상 지급되었습니다.

박정희 정권은 수출지상주의 경제정책을 펼쳐 1964년에는 수출 1억 달러를 달성했다. 이를 기념하여 11월 30일을 수출의 날로 설정했는데, 1965년 제2회 수출의 날에 한국모방은 국무총리상을 수상했다. 그런데 수출 목표를 초과 달성한 것이 오직 경영자의 '눈부신 활약'

덕분이라는 인식은 도무지 노동조합 책임자의 그것으로 여겨지지 않는다. 손후기 분회장 체제의 한국모방 노동조합이 자주성에 바탕을 둔 민주적 노동조합과는 처음부터 거리가 멀었다는 사실을 단적으로 보여준다. 어쨌거나 손후기 분회장 체제는 출범한 이후 처음 2년간 임금인상이라는 측면에서는 나름대로 성과를 거둔 것처럼 보이기도 한다. 그러나 속을 들여다보면 불평등한 현실이 쉽게 드러난다. 한 예로 상여금의 경우, 회사는 사원들에게는 연 최고 1000퍼센트까지 지급하는 반면, 공원들에게는 고작 100퍼센트를 지급했던 것이다.

1966년도 임금인상은 여성이 90원 88전에서 112원으로, 남성이 155원에서 178원으로 결정되었다. 남녀를 합해서 평균 20퍼센트가 인상된 셈이었다. 얼핏 적지 않은 인상이라고 생각할 수 있겠지만, 그해에는 제품 가격 하락과 판매 부진을 이유로 추석 상여금, 월동비 보조금, 연말 상여금이 아예 지급되지 않았다. 따라서 생활고에 시달리는 대다수 조합원들은 불만을 품지 않으려야 않을 수 없었다. 임금실태를 살펴보면, 특히 남성과 여성의 임금 격차가 엄청나게 크다는 사실을 확인할 수 있다. 한국모방 노동자의 호봉은 30급으로 나뉘는데, 예를 들어 1966년 4월의 경우, 남성은 최하가 23급(일급 118원)이며 최고 급수인 1급(248원)도 4명이나 된다. 반면 여성은 최하 30급(81원)부터 시작해서 최고가 고작 13급(176원)이었다. 대부분의 여성 노동자는 30급에서 18급 사이에 몰려 있는 형편이었다. 상대적으로 학력이 높은 남성 노동자들이 대개 기술직에 근무하는 현실을 고려하더라도 불평등이 꽤 심하다고 아니할 수 없다.

[표2] 임금실태표(1966년 4월분) (단위: 원)

급수	일급	남자		여자		종합	
		인원	금액	인원	금액	인원	금액
1	248	4	972			4	972
2	238	5	1,190			5	1,190
3	231	2	462			2	462
4	226	8	1,808			8	1,808
5	221	7	1,547			7	1,547
6	214	3	642			3	642
7	209	6	1,254			6	1,254
8	204	8	1,632			8	1,632
9	198	9	1,782			9	1,782
10	193	7	1,351			7	1,351
11	188						
12	181	3	543			3	543
13	176	7	1,232	2	352	9	1,584
14	170	31	5,270	1	170	32	5,440
15	164	6	984	2	328	8	1,312
16	158	4	632	5	790	9	1,422
17	153	2	306	9	1,377	11	1,683
18	148			34	5,032	34	5,032
19	141	8	1,118	29	4,089	37	5,207
20	135	1	135	28	3,690	29	3,825
21	129	16	2,064	28	3,612	44	5,676
22	123	10	1,230	53	6,519	63	7,749
23	118	1	118	42	4,956	43	5,074
24	113			94	10,622	94	10,622
25	107			57	6,099	57	6,099
26	102			53	5,406	53	5,406
27	97			49	4,753	49	4,753
28	91			76	6,916	76	6,916
29	86			62	5,332	62	5,332
30	81			10	810	10	810
계		148	26,272	634	70,853	782	97,125

이런 호봉 체계는 상여금에도 그대로 적용되어 남녀 임금 격차를 더욱 크게 만든다. 29~30급에게 500원이 지급되는 추석 상여금이 1~14급에는 2000원이 적용되는 바, 여기에 해당하는 여성 노동자는 전체 여성 노동자 634명 중 13급 2명, 14급 1명에 불과하다. 평균임금은 월급으로 쳐서 남성 5340원과 여성 3360원 정도였다. 당시 일반미 중품 80킬로그램 한 가마의 도매가가 약 3400원 정도 했으니, 여성 노동자들은 한 달 내도록 일해봐야 쌀 한 가마를 겨우 살까 말까 한 형편에 지나지 않았다. 1966년도에 입사한 염색과의 이필남은 2800원을 월급으로 받아서 쌀도 봉지쌀을 사 먹어야 했다. 그것도 가게에 가서 외상으로 사는데 창피해서 안 나오는 모기 소리로 겨우 말을 꺼내곤 했다. 남성 노동자들 역시 생활에 충분한 임금을 받지 못했다.

문제는 비단 임금만이 아니었다. 간판만 내건 노동조합은 곧 조합원들로부터 철저히 외면을 받기 시작했다. 노동조합이 조합원 대신 회사와 지역지부의 눈치만 살핀다는 것을 어느 평조합원이라도 다 알게 되었기 때문이다. 그렇다고 조합원들은 이에 대해 조직적이고 체계적으로 항의를 할 힘과 능력이 없었다. 노조 교육은 전무했고, 대의원조차 지극히 비민주적인 방식으로 선출되었기 때문이다. 많은 조합원들이 담임에게 물어봐서 정해주는 대로 대의원을 뽑는 게 상례였다.

노동조건도 열악했다. 당시 노동시간은 12시간 2교대로, 특히 나이 어린 여성 노동자들에게는 엄청난 노동 강도로 작용했다. 교대를 하는 경우에는 무려 18시간을 근무하기도 했다. 저녁반은 보통 오후 6시에 시작해서 12시간 근무 후 다음 날 새벽 6시에 퇴근하는데, 일요일에는 6시간을 더해서 다음 교대자들의 교대 시간을 맞춰주어야 했던 것이다. 그렇지 않으면 일요일에도 최소한의 자유시간이나마 확보할 수 없었기 때문이다.

1주일에 무려 78시간의 노동시간!

법정 근로시간을 따진다는 것이 무의미할 정도로 장시간 노동이지만 노동자들에게는 선택의 여지가 없었다. 당시 어느 회사나 비슷했고, 평화시장 같은 영세 사업장은 훨씬 조건이 열악하다는 사실을 알고 있었기 때문이다. 이필남은 잠이 부족했던 게 무엇보다 힘들었다고 증언한다. 얼마나 졸린지 화장실에 들어가 선 채로 잔 적도 있었다. 그래도 공정의 특성상 염색과는 자투리 시간이나마 있어서 몰래 실을 쌓아두는 창고에 들어가서 잠을 자기도 했다. 물론 그러다가 반장한테 걸리면 크게 야단을 맞게 마련이었다.

1966년에 입사해서 정방과에서 근무한 이영자는 입사 초기 힘들었던 점을 이렇게 증언한다.

그런데 한 24명인가 뽑았어, 그때. 정방만. 그 정방이 왜냐하면 일이 힘들기 때문에 오래 버티지들을 못해. 그래 갖구 12명, 12명 해서 갑반 을반으로 한대. 그런데 뭐라 그러느냐면 갑반은 저기 낮반이고, 을반은 밤에 하는 거래. 그래서 저는 낮에만 할래요. 밤에는 못해요. 그랬더니 일주일씩 나눠서 하는 거래. 그래서 얼떨결에 을반이 된 거야. 인제 을반으로 12명이 들어갔는데 세상에, 이 나이 먹도록 시골에서 농사지으면서 농사일 바쁠 때 농사일하는 그런 거는 해봤지만, 이렇게 막 기계 소리에 들어가자마자 기겁을 하는 줄 알았어. 기계 소리도 너무 심하고 냄새도 이상한 냄새두 나구 막 이러죠. 그래서 12시간을 하는데 다리가 아파서 미치겠어요, 다리가. 5시간, 6시간이 지나니까 이게 인제 막, 계속 서 있는 거야. 어디 기대지도 못하지, 계속 걸어 다니라고 그러지. 걸어 다녀야지. 어, 인내의 한계가 오는 거야. 다리가 아파서. 그래가지고는 이 다이 사이에 이렇게 쪼그리고 앉았어. 진짜 너무너무 다리가 아파서. 눈물이 찔끔찔끔 나는 거야. 그런데 앉은 지 1초도 안 돼서 야! 호루라기 확 부는 거야. 깜짝 놀라서 일어나서 보니까 벌써 막 줄 두 개짜리 세 개짜리[18])들이 막 와서 이러잖아요. 아호, 이거는 돈도 돈이지만 다리가 아파서 세상에 사람이 살구 봐야지 (웃음) 돈 버는 거 못하겠다 이러는 거야. 내일 가면 난 안 올 거야. 오늘만 어떻게 어떻게 채우고 내일 안 올 거야. 이 마음을 먹고 집엘 가면은, 딱 집에를 가면은 그렇잖아. 돈은 벌어야 되고 그 시간이 되면 또 나와요. 그렇게 저렇게 버텨서 해서 한 달 월급을 탔더니, 이천 팔백 원이야. 일요일 날 막 18시간씩 이렇게 해갖구 이천 팔백 원, 이천 팔백 원도 안 됐던 거 같애. 이천 칠백 얼마.

-원풍모방노동조합운동사 발간위원회, 『원풍모방노동조합운동사 육성채록집』 제1권, 217쪽.
(이하 이 책에 수록된 증언은 모두 책 제목 없이 '제1권, 217쪽' 과 같은 식으로 표기)

작업 환경은 부서에 따라 차이가 났는데, 직포과의 경우 옆 사람이 뭐라고 말하는지 알아들을 수 없을 정도로 시끄러웠다. 귀마개를 주었지만 귀찮아서 하는 사람이 거의 없었다. 전방의 경우, 카드기나 보빈(bobbin)에서 일을 할 때 쇠로 된 빗으로 양모를 빗질하는데 졸다가 혹은 자칫 실수로 거기에 손이 딸려 들어가는 경우도 있었다. 방직공장의 특성상 먼지도 많이 나서 결핵 환자도 적지 않았지만 정사과 김중순의 경우처럼 대부분 발병 사실을 숨겼다. 실 감는 북이 핑핑 날아가서 눈을 다치는 사고가 발생하기도 했다. 가장 심각한 부서는 염색과였다. 작업 과정에서 물을 많이 만지기 때문에 습진은 다반사였다지만, 무엇보다 염색 과정에서 인체에 유해한 화학물질을 다량으로 사용하는 게 가장 큰 문제였다. 당시 염색과에 근무했던 남성 노동자 박칠성은 이렇게 증언한다.

> 6가 중크롬산[19]이란 건데, 이것이 어떤 화학물질인데, 예, 6가 크롬,[20] 뭐냐고 그러면 까맣게 염색을 한 걸 갖다가 더욱 붉은 색으로 나와요. 근데 염료를 애낄라고, 원가를 줄일라고 빨갛게 나오는 걸 다시 중크롬산을 처리하면 까맣게 돼요. 중크롬산이 그렇게 냄새는 독하지 않은데 상당히 그게 해로운 모낭이에요. 그 외에 빙초산은 보통이고 또 여러 가지 있습니다. 유산이라는 거, 황산이라고 그러나요? 그것도 이렇게 염색을 하는 건데, 물에다 풀어주면 갑자기 하면 폭발해요. 굉장히 독합니다. 그리고 그 맑은, 인제 포르말린이란 게 있어요, 포르말린, 그것도 화학물질인데요, 포르말린이라는 이건 뭐 제품이 완전히 좀먹지 말라고 처리하는 과정인 모낭이에요. 그때도 사용하지만 염색과도 사용해요. 눈이 따갑고 자꾸 기침이 나는 것 같고, 눈이 굉장히 따가워요. 그 아주 좋지 못한 물질인데, 염색과에서 암 종류로 죽은 사람들이 거의 아마 영향을 받았을 거예요. 죽었어요. 많이 죽었어요.
>
> ―제1권, 169쪽. 인용자 임의로 약간 정리.

충격적인 증언이다. 여성 노동자 이필남도 염색과에서 근무한 사람들이 나중에 특히 암으로 죽은 경우가 적지 않았다는 박칠성의 증언에 동의했다. 그런데도 노동자들은 물론이고 노동조합에서도 염색과의 작업환경과 공정을 문제로 삼은 적이 없었다.[21]

현장에서는 반장이나 담임이 왕이었다. 그들이 호봉 급수를 결정했기 때문에 권한은 실로 막강했다. 화장실조차 허락을 받아야 갈 수 있었고, 일요일에도 의무적으로 근무해야 했다. 견디지 못하는 사람들은 스스로 회사를 떠나는 수밖에 없었다. 회사에 대한 불만은 노동조합에 대한 불만으로 이어졌다. 조합원들은 다달이 조합비를 내는데, 노동조합에 가입해서 얻는 보람이라곤 1년에 한 번 야유회에 참석하는 것 정도였다. 조합비가 어떻게 어디에 쓰이는지도 불분명했다. 분회장이 조합비를 사사로이 술값으로 쓰거나 집안 살림에 보탠다는 소문이 돌기도 했다.

이런 상황에서 1966년 5월 정기 연차 대의원대회가 열렸다. 이날 대회에서는 분회장 선거가 예정되어 있었는데, 평소 손후기 분회장의 노동조합 운영 방식에 비판적이던 전력계의 이규설이 분회장으로 입후보했다. 그는 "현 집행부는 조합원에 대한 관심도 없을 뿐만 아니라, 조합 활동을 어떻게 해야 하는지도 모르는 자격이 없는 집행부이고, 또 조합비 사용에 있어서도 정확성이 없으며, 지역지부의 의무금[22]마저 납부하지 않는 등 분회장으로서 책임과 의무를 다하고 있지 않기 때문에 조합원의 한 사람으로서 가만히 보고만 있을 수 없어 분회장에 출마한 것"이라고 출마의 변을 밝혔다. 회의장 분위기는 심상치 않게 돌아갔다. 당황한 회사 측에서 각 부서장을 통해 대의원들에게 은근한 압력을 넣어 기존 체제를 유지하도록 유도했다. 이에 이규설은 신상발언 후 후보직을 사퇴하고 말았다.

그리하여 이날 대회는 부분회장 김칠만, 정영오, 이병호, 총무부장 윤창수, 조직부장 장용학, 문선(문화선전)부장 이강성, 조통(조사통계)부장 김선옥, 부녀부장 정계련 등을 간부로 선임한 채 회사 측의 바람대로 막을 내렸다. 총 28명의 대의원 중 18명이 찬성했고, 반대 5표, 기권 5표였다. 물론 분회장은 여전히 손후기였다.

섬유노조 한국모방지부 승격

1963년 노동조합이 출범할 당시 한국모방의 현장 노동자(공원) 총수는 600여 명이었다. 그러던 것이 회사가 꾸준히 성장함에 따라 종업원 수는 급증하여 1967년에는 1400여 명까지 늘어났다. 게다가 1966년과 1967년의 종업원 수를 비교한 [표3]을 보면 그 증원이 얼마나 빨리, 그리고 큰 규모로 이루어졌는지 쉽게 짐작할 것이다.

[표3] 한국모방 종업원 변동 현황
(단위: 명)

1966년 5월 30일				1967년 5월 30일			
과별	공원 수	직원 수	계	과별	공원 수	직원 수	계
방적과	356	17	373	방적과	661	18	679
염색과	58	6	64	염색과	114	6	120
가공과	68	4	72	가공과	135	4	139
직포과	192	3	195	직포과	319	5	324
원동과	39	7	46	원동과	42	7	49
검사과	34	2	36	검사과	55	4	59
총무과	34	14	48	총무과	45	15	60
창고과	27	4	31	창고과	28	5	33
기타	19		19	기타	19		19
계	827	57	884	계	1,418	64	1,482

자료:1967년 5월 30일 노동조합 대의원대회 경과보고 자료

불과 1년 사이에 현장 노동자 수가 827명에서 1418명으로 무려 591명이나 늘어난 것이다. 이는 회사가 그만큼 빠른 속도로 성장했다는 사실을 입증한다.

사실, 1960년대 섬유산업은 박정희 정권의 강력한 지원을 바탕으로 내수산업에서 수출산업으로 그 입지를 확고하게 구축해 나아갔다. 제1차 경제개발계획 기간인 1962년부터 1966년까지 섬유산업의 성장

률은 연평균 10.6퍼센트로 제조업 전체의 성장률 14.8퍼센트에는 미치지 못했으나, 1967년부터는 수출용 섬유의 생산 비중이 급증하여 향후 제2차 경제개발계획 기간 중에는 연평균 21.2퍼센트라는 경이적인 성장세를 나타내게 된다. 이에 따라 고용 인원도 급증하여, 1962년 10만 9000여 명에서 1970년에는 20만 5000여 명으로 거의 두 배까지 증가세를 보인다. 우리나라 총수출 중 섬유산업이 차지하는 비중도 1962년 14.2퍼센트에서 1970년 40.8퍼센트로 급증하는 바, 섬유산업이 박정희 정권이 추진하는 수출주도형 경제발전 전략의 핵심 산업으로서 그 위상을 확보했음을 알 수 있다.

물론 섬유산업의 주종은 1950년대 말 이미 내수를 충당하고 일찍 수출시장을 개척한 면방직이었다. 1960년대 초 섬유공업 중 면방이 차지하는 비중은 생산액 기준으로 40퍼센트 이상이었다. 이에 반해 모방은 상대적으로 미미하여, 1963년의 경우, 모방 계통의 종업원 수는 채 1만 명이 되지 않는 9628명으로 섬유산업 전체 노동자 수의 10분의 1에도 못 미쳤다. 당시만 해도 양복지와 같은 소모방 제품은 아직 사치품에 속하여 값이 싸다고 무조건 팔리지 않는 특성을 지녔는데, 수출시장에서 한국산 모방 제품은 소비자의 기호, 촉감, 색상, 디자인 등 모든 면에서 충분한 경쟁력을 확보하지 못했기 때문이다. 어쨌든 모방의 생산액은 더욱 미미하여 전체 섬유산업 생산액의 1.6퍼센트 정도에 지나지 않았다. 하지만 정권의 강력한 지원을 발판으로 모방업계 역시 급속한 성장의 길을 걷게 되는 바, 1964년 수출액이 79만 달러였는데, 이듬해에는 318만 달러, 1967년에는 455만 달러에 이르렀다.

한국모방 역시 급속한 성장 가도를 질주하고 있었다. 1966년 제3회 수출의 날 기념식에서도 제1, 2회에 이어 연속적으로 표창(동탑산업훈장)을 받았는데, 특히 1966년의 경우 그 전해에 비해 무려 488퍼센트의 성장세를 보여 재계를 깜짝 놀라게 할 정도였다. 그 과정에서 조합원 수가 급증한 전국섬유노동조합 한국모방분회는 규약에 따라 지부로 승격하는 자격을 갖추게 되었다. 그리하여 1967년 5월 30일 지부 승격대회를 거행하기에 이르렀다. 그러나 이날 대회는 지부 승격 자체보다도 손후기 분회장의 조합비 부당사용 의혹이 첨예한 쟁점으로 부각되었다. 사실 분회장의 조합비 유용 의혹은 노동조합이 설립된 이후 연례행사처럼 제기되어온 상태였다. 그럼에도 노조 집행부는 그동안 한 번도 조합비 사용 내역을 제대로 밝힌 바가 없었다. 이는 출범 당시부터 어용화된 노동조합의 태생적 한계를 고스란히 입증하는 사례였다.

한국노총 산하 산별노조 체제하에서 말단 단위노조의 어용화와 무력화는 진작 예견되어온 바이기도 했다. 앞서 살폈듯이, 5·16 군사정권이 4·19 이후 민주당 정권 아래서 탄생했던 자율적인 기존 노동조합들을 모두 불법화시켜 버리고 17개 산별노조의 집합체인 한국노총을 발족시킨 것은 노조 활동을 철저히 정부의 통제하에 두려고 했던 기도에 다름아니었다. 실제로 한국노총은 군사정권의 강력한 영향력 하에 들어갔다. 노동자의 권익보다는 정부의 노동정책에 순응하는 한국노총과 산별노조 체제하에서는 이미 노동조합의 활성화나 민주적인 노동조합 운동을 기대할 수 없었다. 말단의 단위노조는 자율적인 활동이 거의 봉쇄된 가운데, 기업가 측과 유착한 귀족적 노조간부에 의해 좌지우지되는 현상을 피하기 힘들었다.

섬유노조 소속 한국모방분회의 사정 역시 크게 다르지 않았다. 그리하여 손후기 분회장을 포함한 노조 집행부에 대한 조합원들의 불만은 날로 팽배해졌고, 급기야 한국모방분회 해산과 지부 승격을 겸한 이날 대의원대회를 집행부 성토장으로 바꿀 만큼 극에 달했다. 50명의 대의원이 참석한 이날 대의원대회에서는 결산 보고 때부터 강력한 반발이 터져 나왔다. 지난 대회 때 분회장 후보로 입후보한 바 있던 원동과의 이규설이 총대를 메고 나섰다.

(섬유노조 서울지역)**지부장** 결산 보고에 이의가 있는 분은 말씀하시오.
대의원(이규설) 결산 보고서의 상세한 내역을 말해 주시오.
의장(손후기) 수많은 전표를 일일이 이 자리에서 설명하는 것은 불가능하니 후일에 자세히 알 수 있습니다.
대의원(이규설) 대회시 보고보다는 적어도 3개월마다 전 조합원이 알 수 있도록 결산을 해달라.
의장(손후기) 차후부터는 사정위원이 있으니 수시로 알 수 있도록 되어 있다.

대의원들의 반발은 예산 심의 때에도 이어졌다. 중간에 손후기는 자신이 며칠에 걸친 피로로 인해 의장직을 수행할 수 없노라 말하기도 했으나 대의원들은 사안의 중요성을 감안하여 의장 직무를 계속하라고 압박했다. 결국 손후기는 의장으로서 회의를 계속 주재했다.

대의원(정시규) 결산에서 본 바 앞으로 조합비는 1퍼센트 이상 공제할 필요가 없다고 본다. 1.5퍼센트 공제는 무리라고 생각된다.
대의원(이규설) 조합원들의 이익을 위해서 사용하지 않는 조합비는 1퍼센트도 아까운 생각이 있다.

대회는 이런 식으로 강력한 비판의 목소리가 터져 나오는 가운데 진행되었다. 평조합원들의 관심도 대단하여, 현장에서 근무하는 틈틈이 짬을 내어 대회장인 식당으로 몰려와 진행 상황을 지켜보았다. 손후기 분회장은 특히 조합비 사용 내역을 따지는 대의원들의 요구를 묵살하면서 오히려 막말로 조합장을 욕보인다고 분개했다. 이렇게 되자 일부 대의원 쪽에서도 고성을 질렀고, 사태는 걷잡을 수 없을 만큼 악화되었다. 결국 섬유노조 본부의 간부인 노진호가 중재에 나서 손후기 분회장의 사퇴를 촉구하기에 이르렀다. 공장장도 어쩔 수 없다고 판단하여 이에 동조하자, 손후기는 마침내 사퇴 의사를 밝히지 않을 수 없었다. 그는 자신과 같은 고향 출신인 정영오 부분회장을 후임으로 천거하며 사퇴했다. 그는 신상발언을 통해 이렇게 말했다.

"본인이 조합 일을 맡아본 지도 어언 4년이 되었습니다. 그동안 여러분의 협조로 대과 없이 지냈음을 다행으로 생각하면서 오늘 뜻깊은 지부 승격대회를 마침과 동시에 본인은 이만 이 직을 사임하고자 하오니 널리 이해하여 주심을 바랍니다. 끝으로 비록 직은 사임할지라도 계속 협조하여 드리겠음을 약속합니다."

이런 결과는 비록 필연적이었으나, 회사 측은 물론이고 기존 집행부와 반대파도 일이 이렇게까지 급속히 진행되리라고는 전혀 예상하지 못했다. 이규설을 중심으로 한 반대파도 미리 신임 지부장 후보를 염두에 두고 있지 않았다. 따라서 회의 막바지에 이르러 대의원들은 우왕좌왕 갈피를 잡지 못했으며, 신생 한국모방 지부의 초대 지부장을 누구로 할 것인지 결정할 수도 없었다. 물론 회사 측에서는 손후기가 민 정영오 부분회장을 지지했으나, 대의원대회는 차후 회의를 다시 소집하여 지부장을 선출하는 쪽으로 가까스로 결론을 내리고 폐회했다.

이후 6월 3일, 신생 전국섬유노동조합 한국모방지부는 8명의 간부가 참석한 가운데 정영오를 신임 지부장으로 확정하고 손후기를 고문으로 추대했다. 정영오는 6월 7일자로 행정관청인 영등포구청에 대의원대회 결과 보고와 함께 임원 변경 신고를 했다.

- 지부장: 정영오
- 부지부장: 장기상, 변영휴
- 총무부장: 방효인
- 조직부장: 신용조
- 교육선전부장: 주우진
- 조사통계부장: 조민자
- 쟁의부장: 최특복
- 무임소부장: 박영상
- 부녀부장: 김갑준
- 사정위원: 이덕상, 임영호, 남영환

간부 중 여성은 조민자, 김갑준, 남영환 등 3명에 불과했다. 1966년 10월 31일 현재 총 조합원 수 1019명 중 남성이 159명, 여성이 860명으로 여성이 남성보다 무려 5.4배 많은 현실을 전혀 반영하지 못하고 있는 것이었다. 이 점에서는 정영오 신임 지부장 체제도 전임 손후기 분회장 체제와 크게 다른 면모를 보여주지 못했다.

현장 조합원들은 그때까지 집행부가 새로 바뀌었다는 사실을 알지 못했기에 이규설을 비롯한 몇몇 대의원들을 내세워 강력히 반발했다. 그러나 이들의 반발은 회사 측의 강력한 압력에 의해 저지당하고 말았다. 정영오 신임 지부장은 6월 6일부터 약 한 달간 동요하는 조합원들을 달래고 갈등을 수습하기 위해 20여 차례 회의를 갖는 등 나름대로 사태 해결에 전력했다. 이는 조합원들의 합의 대신 회사 측의 지원으로 선출된 지부장으로서 어쩔 수 없는 선택이었다. 이렇듯 우여곡절 끝에 들어선 신임 집행부는 전임 집행부의 재정상 문제까지 고스란히 떠맡은 채 가까스로 출범할 수 있었다. 이때 정영오 지부장의 직함은 공식적으로는 지부장 직무대리였다.

최초의 노동쟁의 신고

1960년대 정부는 수출기업에는 갖가지 특혜를 주는 반면, 노동자에게는 국제 경쟁에서 이기기 위해 어쩔 수 없이 저임금을 감내해야 한다는 논리를 고수했다. 이런 저임금 정책을 유지하기 위해서는 특히 쌀값이 싸야 했기 때문에 저곡가 정책은 필연적이었다. 저곡가 정책을 뒷받침한 것은 미국의 잉여 농산물 수입이었고, 이 때문에 농촌은 급속히 파괴되어갈 수밖에 없었다. 도시근로자 소득을 훨씬 상회하던 농가 소득은 1965년을 기점으로 낮아지기 시작했다. 그리하여 1963년에 농가 소득과 도시근로자 소득의 비율이 116대 100이었던 것이 1967년에는 60대 100으로 크게 역전되고 말았다. 전국 방방곡곡에서 견디다 못한 농민의 자식들이 도시로 몰려들었다. 그들을 기다리는 것은 쥐꼬리만 한 봉급, 세계 최장의 노동시간, 그리고 열악한 작업 환경 등이었다. 노동청의 통계에 따르면, 산업재해자 수는 1964년 1489명에서 1971년 4만 4545명으로 7년 사이에 무려 30배 가까이 증가했다. 이스트를 잔뜩 집어넣은 호빵처럼 날마다 부풀어 오르는 거대 도시, 서울. 총인구 가운데 도시 인구가 차지하는 비중은 1960년대 10년 동안 31퍼센트에서 43퍼센트로 증가하고, 특히 서울 인구는 같은 기간 9.8퍼센트에서 17.6퍼센트로 두 배 가까이 급증한다. 거기서 저임금 노동자들은 정부와 자본가들로부터 '산업역군', '수출전사'라는 새 이름을 얻었다. 그러나 정작 그들의 요구는 단순했다. 그따위 허울 다 필요 없고, 열심히 일할 테니 제발 먹고는 살 수 있게 해달라는 것이었다.

한국은행 보고에 따르면, "임금이 크게 상승했다는 1967년에도 제조업 노동자의 93퍼센트, 광업 노동자의 88퍼센트가 당시 조사 연도의 실제생계비 2만 1370원에 크게 미달하는 임금을 받고 있으며, 특히 제조업 노동자의 70퍼센트, 광업 노동자의 50퍼센트가 식료품비 9180원에 미달하는 임금을 받고 있다"고 했다.[23] 한국모방 노동자들, 특히 남성 노동자의 60퍼센트 정도에 불과한 임금을 받는 여성 노동자들의 경우도 크게 다를 리 없었다.

정영오 집행부가 이끄는 한국모방 노동조합의 첫 번째 과제는 섬유노조 제7차 중앙위원회 결의에 따라 회사 측에 임금인상을 요구하고 교섭을 시작하는 일이었다. 당시 한국모방 노동자들의 평균임금은 127원 95전으로 동일 업종인 대한모방의 149원 86전에 비해 22원 남짓 적었다. 그나마 처음 입사한 양성공은 6개월간 고작 60원을 받았을 뿐이었다. 노동자들은 불만을 가질 수밖에 없었고, 이는 노동조합에게도 적지 않은 부담으로 작용했다. 정영오 집행부는 회사 측과 몇 차례 교섭을 시도했지만, 결과는 신통치 않았다.

1967년 7월 24일, 노동조합은 마침내 임금인상을 위한 노동쟁의 발생 신고를 행정관청에 제기한다. 1963년 노동조합이 설립된 이래 최초의 사례가 되는 셈이었다. 그런 만큼 노조나 회사나 긴장하지 않을 수 없었다. 특히 회사 측은 상대적으로 임금이 높은 사원들을 동원하여 각 부서별로 찾아다니며 노동자들을 설득하려 시도했다. 그들이 입에 올리는 말은 단순했다. "회사가 어려운 판에 과도한 임금인상을 요구하면 회사로서는 문을 닫을 수밖에 없다. 그렇게 되면 종업원들은 직장을 잃고 실업자가 되어 거리를 헤매거나 고향으로 돌아갈 수밖에 없다"는 것. 이에 대해 정영오 집행부는 "회사가 쉽게 문을 닫지는 못할 테니 안심하고 임금인상을 위한 쟁의에 찬성표를 던지라"고 조합원들을 설득했다.

드디어 투표 당일, 방적과 전방 앞에 투표함이 놓이고 조합원들은 질서정연하게 역사적인 투표에 참여했다. 주변에서는 회사 측 간부들이 모두 나와 상황을 지켜보았다. 투표를 하는 조합원들 중에는 자신이 조합원인지도 모르는 사람은 물론, 노동조합이 무엇인지도 모르고, 심지어 지부장이 회사 측 부장급인 줄 아는 사람들까지 수두룩했다. 그래도 임금을 올려야 한다는 데에는 굳이 반대할 사람이 많지 않았다. 결과도 예상대로였다. 대부분의 조합원들이 쟁의에 찬성표를 던졌던 것이다. 당황한 회사 측은 즉시 태도를 바꾸었다. 노조 집행부에게 임금인상에 관한 교섭을 재개하자고 제의했던 것이다. 8월 18일, 회사와 노동조합은 마침내 임금인상에 합의했다. 여자 양성공 60원, 본공 128원의 임금은 각기 80원과 185원으로 올라, 평균 46퍼센트라는 파격적인 인상률을 기록하게 되었다. 조합원들은 환호했다. 당연히, 그때부터 노동조합에 대한 인식은 크게 달라지기 시작했다.

정영오 지부장 체제의 성과

정영오 집행부가 이끄는 노동조합은 임금인상에 성공한 여세를 몰아 그동안 숙원이었던 사업을 하나하나 해결해나가기 시작했다. 1967년 9월 25일에는 식당 근처에 처음으로 노조사무실이 설치되었다. 아울러 지부장의 상근도 이루어졌고, 사무실에 상시적으로 근무하는 서기까지 두게 되었다. 사무실 한 편에는 '도서관'까지 갖추어 조합원들에게 개방했다.[별지]1 참고 뿐만 아니라 회사 측과 교섭하여 연월차 휴가 제도를 비로소 도입했고, 12시간 2교대의 작업 방식을 8시간 3교대 방식으로 바꾸는 데에도 성공했다. 작업 방식이 2교대에서 3교대로 바뀐 것은 종업원들에게 엄청난 변화였다. 2교대 때는 사적인 시간을 챙길 틈이 없었지만, 3교대가 되고 나서는 갑자기 시간이 남아도는 것처럼 느껴질 정도였다. 나중에 드러나는 바이지만, 3교대 작업 방식은 한국모방 노동조합이 민주노조로서 거듭나는 데 결정적인 조건으로 작용하게 된다. 예를 들어 청계피복 노동조합은 10년 뒤인 1977년 풍천화섬 사건으로 총무부장 양승조가 구속되자 파업을 감행한다. 이때 한 영세사업장의 공장장이 "노조 활동도 좋고 다 좋다. 그런데 왜 우리 공장만 정지되어야 하나? 싸움도 공장마다 차출해서 해라"하며 볼멘 소리를 한다. 이에 대해 노조간부들은 할 말이 없었다. 이때 그들은 지원투쟁에 나선 원풍모방 노동조합이 부지부장인 박순희에게 원풍 같으면 이런 경우 어떻게 하느냐고 묻는다. 박순희는 아주 간단히 대답한다.

"우린 1일 3교대야."

사실 원풍모방 노동조합이 훗날 다른 회사 노동조합의 투쟁에도 적극 동참할 수 있었던 것이 바로 3교대와 무관하지 않았다. 작업하는 조합원들은 작업을 하고, 쉬는 조합원들이 지원투쟁에 나서는 것. 이에 대해 청계피복노조 간부들은 1일 2교대조차 실시하지 못하는 자신들의 처지를 한탄할 수밖에 없었다.[24]

12월 30일에는 1000명이 넘는 여성 노동자들이 애타게 기다리던 기숙사까지 준공하여, 그때까지 회사 근처에서 힘들게 자취 생활을 하던 노동자들에게 큰 기쁨을 안겨주었다. 특히 이 기숙사는 두고두고 여성 노동자들의 사랑을 받게 되는데, 그만큼 절실했던 시설이었기 때문이다.[별지]2 참고

정영오 집행부 체제의 순항은 1968년에도 이어졌다. 노조는 노동절[25] 기념행사를 계기로 회사 측에 염색과와 가공과의 위생수당 지급과 시설 개선을 요구했으며, 무급이었던 구정 휴무를 유급으로 하는 데에도 합의했다. 이런 성과를 바탕으로 정영오 직무대리는 1968년 6월 21일 지부 승격 이후 처음 열린 연차 대의원대회에서 직무대리라는 꼬리표를 떼고 정식 지부장으로 새롭게 출발할 수 있게 되었다. 이날 지부장 선거에는 가공과의 이강성이 입후보하여 경선을 벌였다. 이강성은 서울공고 출신들과 회사 측이 노동조합에 부당하게 간섭하는 행태를 비판하며 표를 구했다. 사실 학교가 가까이 있던 서울공고에서는 해마다 많은 수의 졸업생을 입사시켰는데, 그러다 보니 그 무렵에는 서울공고 출신들이 회사 내에서 무시 못할 영향력을 행사하고 있었던 것이다. 하지만 정영오 직무대리는 총 71표 중 54표를 얻어 14표를 얻은 이강성을 여유 있게 따돌리고 지부장에 임명되었다.

이날 대의원들은 활발한 토의를 전개한 끝에 다음과 같은 사항들을 개선해 달라고 회사 측에 요구하기로 결의했다.

- 퇴직금 누진제 실시.
- 저축금을 퇴직보험으로 대체.
- 역부공의 수당 인상.
- 양성공의 수련 기간을 기존 6개월에서 3개월로 단축.
- 매점, 미장원, 목욕탕, 공중전화, 우체통 등 후생, 오락, 편의 시설 설치.

- 외출, 조퇴 시간을 특근수당에서 공제하지 말 것.
- 연차 유급휴가 실시.
- 사원과 공원의 임금 동시 인상.

대회 이후 정영오 지부장이 이끄는 집행부는 회사 측과 협의한 결과, 양성공의 수련 기간을 3개월로 단축하며, 외출, 조퇴, 결근 시간을 특근수당에서 공제하지 않는 등의 몇 가지 요구사항에 대해 합의하는 데 성공했다. 이는 조합원들이 제대로 된 노동조합이 얼마나 소중한지 새삼 깨닫게 되는 계기로 작용했다.

강금옥 사건

정영오 지부장은 직무대행 시절부터 따지더라도 짧은 기간에 적지 않은 성과를 거둔 게 틀림없었다. 그 결과, 애초 어용노조를 이끌던 손 후기 전임 분회장이 추천하고 회사 측에서도 지지한 사람이라는 비판도 어느 정도 불식할 수 있었다. 그러나 조합원들이 무엇보다 큰 관심을 기울일 수밖에 없는 임금인상 문제에 대해서만큼은 큰 성과를 이끌어내지 못했다. 노동조합은 이미 4월 5일에 양성공 초임 135원, 본공 270원이라는 평균임금을 제시했지만, 회사 측은 차일피일 협의를 미루고만 있었다. 노동조합은 결국 6월 20일 서울지방노동위원회에 쟁의발생 신고를 다시 하지 않을 수 없었다. 이어 6월 21일 대의원대회에서는 임금인상이 관철되지 않을 경우 쟁의권을 섬유노조 본부에 위임하기로 결의했다. 그러자 회사 측에서는 다시 협상에 나서 7월 15일 양성공 초임 120원, 본공 260원에 임금 협정을 체결했다. 그러나 회사 측은 그런 협정을 스스로 무효화하는 해괴한 태도를 보였다. 그러더니 상여금 지급까지 전면 중지했다.

조합원들의 불만은 걷잡을 수 없이 커져갔다. 특히 임금인상과 상여금 문제에서 뚜렷한 해결책을 내놓지 못하는 노조 집행부에 대해 노골적인 비판의 목소리가 높았다. 어느 때부터는 지부장이 감히 현장 순회를 다닐 수도 없는 지경까지 이르렀다.

그런 배경에서 8월 30일, 이른바 '강금옥 사건'이 터졌다. 강금옥은 정사과에 근무하던 고참 여성 노동자로, 그 무렵 기숙사에 입주해 있었다. 그녀는 한 푼도 오르지 않은 월급봉투를 받아들자마자 분통을 터뜨렸다.

"내가 책임질 테니 이 따위 월급봉투는 돌려줘버리자."

기숙사 동료들의 심정도 마찬가지였다. 임금이 오르기만을 기다리며 죽어라고 일한 지난 1년의 시간들이 억울했다. 새파란 나이, 또래들이 학교에 다닐 때 기계 앞에 붙어 서서 쏟아지는 잠을 쫓으며 일을 했다. 때로는 현장 관리자들로부터 차마 입에 담을 수도 없는 모욕적인 말까지 들었고, 일요일이라고 언제 한 번 마음껏 쉬어본 적도 없다. 화창한 봄날 산으로 들로 놀러 가는 것은 언감생심 꿈도 꾸지 못했다. 추석이며 설날, 고향에 내려가는 것도 차비 때문에, 선물 때문에, 동생들 용돈 때문에 포기할까 망설이고 또 망설였다. 퇴근 후 기숙사 옥상에 올라가면 저 멀리 남쪽 하늘에 병든 어머니의 얼굴이 아른거렸고, 그러다 보면 저도 모르게 주르륵 눈물이 흘러내려 두 뺨을 적시곤 했다. 이런 현실과 정서를 공유하고 있던 강금옥과 동료들은 쉽게 의견을 모았다. 밤 10시를 기해 파업에 들어가기로 결정한 것이다. 교대 시간이라 사람들이 가장 많이 모이기 때문이었다. 마침내 밤 10시, 정사과 여공들은 일제히 기계 앞을 떠났다. 소문은 삽시간에 공장 전체로 퍼져나갔다. 하지만 강금옥은 물론 어느 누구도 파업을 어떤 식으로 진행해야 할지 계획도 없었고 알지도 못했다. 운동장으로 나가 그저 옆의 눈치만 보면서 '우' 하고 외치며 이리저리 몰려다닐 뿐이었다. 회사 간부들이 뛰쳐나와 위협을 가하기 시작했다. 그러자 대열은 금세 멈칫거렸다.

결국 파업은 실패로 끝났다. 이튿날부터 회사 측의 감시가 한층 엄격해졌다. 화장실에 간다고 해도 시간을 잴 정도였다. 강금옥은 주동자로서 경찰에 고발 조치되었고, 얼마 후 해고당하고 말았다. 강금옥 사건은 실패로 끝났지만 나름대로 의미 있는 사건이었다. 무엇보다 노동조합이 제 구실을 다하지 못하는 상황에서 노동자들 스스로 자신들의 권리를 찾기 위해 주체적으로 일어섰다는 사실이 중요했다. 계획도 없이 파업을 시도해 단발성 해프닝처럼 막을 내렸지만, 특히 한국모방 종업원의 절대 다수를 차지하는 여성 노동자들에게 그 사건은 쉽게 꺼지지 않을 불씨로 남게 되었기 때문이다.

집행부의 한계

1968년도 단체협약은 연말에 가서야 체결되었다. 12월 30일, 회사와 노동조합은 조합원에 대한 정기 승급제도를 마련하고 2호봉씩 승급을 실시하는 선에서 임금 협상을 마무리했다.

1969년도 대의원대회는 6월 24일에 열렸다. 이날 대회에서 정영오 지부장은 단독으로 입후보하여 44표 가운데 40표를 얻어 무난히 재선에 성공했다. 하지만 결산 보고에서는 전년도 예산이 216만 원인데 결산은 308만 원으로 무려 100만 원 가까이 초과 지출된 것에 대해

지적이 있었다. 아울러 상급 조합에 내야 할 조합비 7개월 치가 미납된 사실에 대해서도 지적을 받았다. 이런 지적들에 대해서 지부장 쪽 대의원들은 과도 지출은 그만큼 활동을 열심히 했다는 뜻이라고 두둔하기도 했다. 정영오 지부장은 예산을 초과해 지출한 것을 순순히 시인하고, 앞으로는 예산 범위 안에서 지출할 것을 다짐하며 위기를 넘겼다.

이날 대회에서는 또한 일부 대의원들이 여성 조합원들의 상조회 가입 문제, 조합원 교육 문제, 소비조합 문제 등에 대해서도 건의했다. 하지만 그런 것들은 임금인상과 퇴직금 누진제도 문제에 비해 큰 의미를 지니지 못했다.

대의원(고윤석) 임금인상 문제에 대하여 전력을 다할 것은 물론 교섭 내용을 밝혀 주십시오.

의장 맹렬히 교섭 중이나 어려운 점이 많습니다. 회사 사정과 금년도 우리나라 경제 정세가 아주 나쁘기 때문에 임금 문제나 모든 근로조건에 대하여 노사 간에 서로 이해와 인내를 가지고 교섭에 임하고 있습니다.

대의원(노분예) 퇴직금 누진제도에 대해서 교섭이 부진하다고 하는데, 지부장의 노력이 약한 것이 아닌지요.

의장 퇴직금 누진제도는 우리 전 종업원이 열망하는 것입니다. 회사 중역과 사장님께서 조금만 기다려 달라고 하니 형편상 좀 기다려 볼 수밖에 없습니다.

이날 지부장이 임금 문제와 퇴직금 문제에 대해 한 발언은 단순한 노사 협조 차원을 넘어서서 노동조합의 향후 진로까지 의심해보게 할 만큼 중요한 의미를 지니는 것이었다. 그러나 한국모방 노동조합의 구성원들은 아직 그런 점까지 짚고 넘어갈 만큼 비판의식을 갖고 있지 못한 형편이었다. 이날 대회에서는 다음과 같은 내용의 '결의문'을 채택했다.

오늘 뜻깊은 한국모방 지부 제2년차 대회를 맞이한 우리들은 전통적인 반공정신을 다시 한 번 굳게 다짐하면서 안으로는 조직의 단결력을 일층 강화하여 조합의 자주성을 확립하는 한편 밖으로는 노동기본권을 침해하려는 움직임에 대해서 분쇄할 투쟁태세를 갖추고 급변하는 최근의 노동정세에 다음과 같은 목표 아래 전진할 것을 결의한다.

1. 우리는 전통적인 반공정신을 더욱 강화하고 일면 국방 일면 건설의 이중과업을 완수하여 북괴의 발악적인 준동과 만행을 여지없이 분쇄한다.

2. 우리는 정의와 인도에 입각한 경제적 생활권을 쟁취하고 사회적 지위를 확립하기 위하여 전국섬유노조의 깃발 아래 굳게 뭉쳐 강력한 사회 세력을 형성하는 데 앞장선다.

3. 우리는 조합의 민주적 운영과 기능을 강화하기 위해 단결력을 더욱 발휘하는 동시에 전국섬유산업 노동자의 상징이며 집결체인 우리 조합의 회관을 건립하는 데 적극 참여한다.

4. 우리는 생존권을 쟁취하기 위한 금년도의 임금인상 투쟁과 각종 노동조건의 향상을 위한 금년도 업종별 통일단체협약 갱신 체결 투쟁에 임하여 조합의 방침과 지시에 따라 일사불란한 행동의 통일을 기해 소기의 목적을 기어이 관철할 것을 다짐한다.

5. 우리는 노동기본권을 침해하며 법정 근로기준을 대폭 저하시

키려는 대한상공회의소의 전세기적 노동법 개악 책동을 분쇄하는 한편 정부와 경제인 단체에서 임금을 부당하게 억제하려는 불합리한 시도를 분쇄하기 위하여 끝까지 투쟁한다.

6. 우리는 노사 공동의 이익과 국민 경제의 발전을 촉진하기 위해 노동생산성 향상에 힘쓰는 동시에 근대적인 노사협의 제도의 실현으로 산업평화에 이바지한다.

박정희 대통령이 집권 연장을 위해 3선 개헌안을 강력하게 밀어붙이고 있던 시대적 상황을 고려하더라도, 이와 같은 결의문은 노동조합의 그것이라는 실감을 전해주지 못한다. 반공정신을 강조하는 조항이 가장 먼저 나오는 것이야 당시의 억압적인 사회 분위기에서 어쩔 수 없었다고 할 수 있다. 사실 5·16 군사쿠데타 이후 노동조합 재편 과정에서 산별노조 체제가 채택될 때, 노동운동의 기조는 철저한 반공주의와 국가 우선의 노동조합주의, 정치적 중립과 경제우선주의 등이었기 때문이다. 당연히 정치투쟁과 계급투쟁주의를 철저히 배제했다. 그렇더라도 임금인상 투쟁보다 조합원들에게 먼 나라 일처럼 여겨질 섬유노조의 회관 건립 문제를 앞세운다든지 하는 점은 정영오 지부장 체제가 지니는 한계를 스스로 드러내는 것이라고 아니할 수 없다.

제**3**장 경영진의 교체와 노동조합의 위기

회사의 경영진 교체

1968년 이래 임금인상 문제가 전혀 해결되지 못하고 있던 것에 대해 회사 측은 대내외 사정이 그만큼 어려워졌기 때문이라고 강조했다. 그러나 1968년도 수출액이 539만 달러였던 데 비해 1969년도 수출액은 516만 달러였다. 이렇게 볼 때 회사 사정이 크게 나빠졌다고만 할 수는 없었다. 물론 경영이라는 측면에서 오직 수출액만 놓고 판단할 수는 없을 것이다. 회사 측의 주장을 곧이곧대로 받아들인다 하더라도, 국제수지의 악화와 같은 외부적인 요인을 완전히 무시할 수는 없겠지만, 1969년에 찾아온 경영 악화가 섬유업계 전반에 걸친 문제라고 할 수만도 없었다. 더 결정적인 문제는 한국모방 대주주들의 방관과 갈등, 탈세 등 그릇된 회사 경영에서 비롯되었다고 해야 할 것이다.

실제로 대주주 단사천과 최주호 등은 제지회사 등을 설립하기 위한 준비에 여념이 없어 한국모방의 운영에는 크게 관심을 기울이지 않았다. 단사천은 1914년 황해도 서흥군 출신으로 해주고보를 중퇴하고 19세 때 단신으로 월남한 뒤 23세에 해성직물을 설립해 사업에 뛰어든 대표적 월남 1세대 기업인이었다. 1958년에 한국제지를 창업한 그는 특히 이른바 '송상(松商: 개성상인)' 계열 사업가답게 현금 동원 능력이 가장 뛰어났던 재계의 숨은 실력자로, 재벌들도 급전이 필요할 때는 그에게 도움을 요청했을 정도였다. 현금 외에 부동산도 많아 1970년에는 개인종합소득세 납부 랭킹 7위에 오르기도 했다.[26] 1914년 전북 임실 출생의 최주호는 서울대 농대를 졸업한 후 1961년 김재현이 사망한 뒤 회사를 인수하여 사장에 취임하면서 섬유업계의 강자로 떠올랐다. 1966년에는 당시 군에 있던 장남 최낙철을 소령으로 예편시킨 뒤 자신의 후계자로 키우려고 했는데, 정작 한국모방 감사로 재직하던 최낙철은 섬유업에 크게 관심이 없었다. 그리하여 1966년 부친으로부터 3000만 원을 지원받아 계성제지를 설립한다. 최주호는 1968년 한국나일론을 인수했고, 1978년에는 우성건설 회장을 역임한다.[27] 다른 주주들 역시 자본을 투자하기보다는 파벌적인 경영을 통해 자기들의 실속을 챙기는 데에만 관심이 있었다.

때마침 섬유노조는 1969년에 대한방직협회와 함께 구성한 방직공업중앙노사협의회를 통한 교섭을 갖고 한국모방을 포함한 16개 면방회사에 대해 본공 일당 평균 253원에서 325원으로, 양성공 125원에서 160원으로 인상해줄 것을 요구했다. 그러나 대한방직협회는 금융비용 증가 등의 경영상의 난점을 이유로 한 달이 넘도록 대안조차 제시하지 않았다. 이에 섬유노조는 7월 1일을 기해 노동쟁의 발생 신고를 하며 압박을 가했고, 전국 각 사업장에서 파업 가부투표를 실시하여 97퍼센트의 압도적인 지지를 확보했다. 아울러 연장 휴일근로 거부, 휴식시간 이행 등 준법투쟁도 병행했다. 지루한 대치 끝에도 좀처럼 해결의 실마리가 보이지 않자, 섬유노조는 9월 9일을 기해 총파업을 선언했다. 이에 대해 사용자 측은 방림방적과 태평방직, 그리고 금성방직에서 직장폐쇄라는 초강수로 맞섰다. 그로부터 노사 간의 대립은 극한으로 치달아, 섬유노조의 전국적 총파업과 사용자 전체의 공격적 직장폐쇄가 유일한 결말인 듯 보였다. 그러자 중앙정보부가 조정에 나섰고, 결국 9월 17일 가까스로 임금인상에 합의하게 되었다. 본공과 양성공의 8시간 평균 기본급을 각기 302원, 150원으로 하여 8월 1일자부터 소급 적용한다는 내용이었다.[28]

섬유업계 경영자들이 이런 식으로 공격적인 노사 교섭을 하는 가운데, 한국모방 노조 집행부는 전혀 딴 세상을 살고 있었다. 만일을 위한 어떤 비상 대책도 마련해두기는커녕, 설사 정기적인 상집회의를 열어도 조합비 사용 문제 따위만 놓고 시간만 보내기 일쑤였다. 그러다 보니 현장에서는 이미 정영오 지부장의 신뢰가 땅에 떨어져서, 대놓고 '막걸리 지부장'이라는 비아냥거림마저 나오는 실정이었다.

그런 과정에서 회사의 운명도 급전직하로 치달았으니, 1970년 6월 11일 전 경리 담당 총무부장 최순규가 회사 공금 1억여 원을 횡령한 혐의로 구속되었다. 이어 8월 6일에는 국세청이 탈세 혐의로 한국모방을 포함해 단사천 소유의 4개 회사에 대해 세무사찰에 착수했고, 9월 25일에는 거액의 원자재를 시중에 유출한 혐의를 포착하여 조사를 하기 시작했다. 그리하여 마침내 한국모방은 고액을 체납한 혐의로 1억여 원의 세금을 추징당한다. 한마디로 1970년은 한국모방 경영진에게 최악의 한 해였다. 그때 자산 총액이 27억여 원으로 평가되었고, 부채 총액은 은행의 장단기 차입금을 포함하여 무려 21억 원에 달했다. 노동자들이 현장에서 뼈 빠지게 일을 한 보람치고는 참으로 참혹한 결과였다. 그 결과, 회사의 경영진은 명목상 대표인 백태하, 황문상 등에 이어 1970년 12월 청와대 경호실 차장 출신의 박용운으로 바뀌게 되었다.

지난 1년 재계 판도 변화에서 의외성의 으뜸을 꼽으라면 아마 사채왕 단사천 씨의 핀치를 들 수가 있을 것이다. 단 씨의 베일에 가려 있긴 하지만 단단한 재력은 지난봄까지만 해도 최대의 현찰 동원력을 가진 것으로 평가되었었다. 그러나 4월 이후 단 씨의 철 옹성이 멍들고 있다는 얘기가 재계에 널리 유포되기 시작했다. 급 기야 그는 지난 11월 4대 복지 메이커의 하나요 자신이 대주주로 되어 있는 한국모방을 연세생산성 맨션아파트를 짓고 있던 부동산 업자 박용운 씨(연세개발)에게 넘기고 말았다. 한국모방의 경영주 교체는 대체로 세 가지 각도에서 분석되고 있다. 그 하나는 외부에 알려진 것만큼 단 씨의 재력이 든든하지 못했다는 얘기고, 그 둘은 한국모방 탈세에 따른 국세청의 세무사찰 결과 1억 원의 세금을 추징당해 기업이 크게 멍들어버렸을 것이라는 추측이다. 세 번째 이유는 경영진과의 불화설로 되어 있다. 어쨌든 이 사채왕은 이와 같은 불운의 복합 원인에 의해 핀치에 몰려 있는 것은 숨길 수 없는 사실인 듯하다.[29]

새로운 대표이사 박용운은 군 출신답게 모든 문제를 군대식으로 처리했다. 특히 노동조합에 대한 이해나 협력 의사 같은 것은 전혀 찾아볼 수 없는 인물이었다. 그는 회사를 인수하자마자 자신의 친인척을 요직에 기용하는 등 대대적인 인사를 단행했는데, 이렇듯 과감한 조치들은 대부분 현장 관리자인 대의원들로 하여금 두려움마저 갖게 만들었다.

어용노조의 운명

　1971년이 되어도 임금인상과 퇴직금 문제는 여전히 제자리에서 맴돌았다. 노조 집행부는 이 문제를 해결할 능력은 물론 적극적인 의지 또한 없었다. 회사 측에서 응해주지 않는다는 이유로 2년간이나 단체협약을 갱신하지 못하는 게 그 분명한 증거였다. 노동조합의 방만한 운영 또한 문제였다. 다달이 조합원 월급에서 1.5퍼센트를 떼어 모은 조합비 330여만 원은 조합원의 권익 신장이나 복지에 쓰이는 대신 간부들의 접대비, 섭외비, 기밀비, 조직비, 수당, 야유회비 등으로 총지출의 42퍼센트인 약 141만 원을 지출하는 식이었다. 조합원들의 교육에는 고작 1.7퍼센트인 5만 7500원 만을 지출했다. 이는 새삼스러운 게 아니었다. 정영오 지부장이 들어선 이후 해마다 되풀이되는 일이었다. 예컨대 1968년 노동조합의 수지결산서를 보면, 조합원 교육비가 2만 4000원 책정에 1만 7500원 지출, 선전비가 1만 2000원 책정에 2만 9500원 지출, 기타 행사비가 6만 원 책정에 17만 4143원 지출, 접대비가 2만 4000원 책정에 4만 9975원 지출, 섭외비가 6만 원 책정에 18만 311원 지출 식이었다. 그런 과정에서 정영오 지부장은 조합원 교육비나 선전비보다 훨씬 많이 책정된 6만 원의 기밀비만큼은 알뜰하게 다 지출했다. 뿐만 아니라 그는 섬유노조에 납부해야 할 의무금마저 장기간 내지 않고 있었다.

　이런 가운데 7월 4일 정기 대의원대회가 열렸다. 대의원들은 본부에 납부해야 할 의무금 미납 문제와 퇴직금 및 임금인상 문제를 둘러싸고 집행부를 거세게 비판했다. 아울러 결산 보고서에 나타난 지부장의 기밀비 집행 내역과 행사비에 대해 자세히 따져 묻고 경비를 축소하라고 촉구했다. 대회는 점심도 거른 채 이어졌고, 대의원들은 전에 없이 많은 질문으로 집행부를 압박했다. 이에 대해 정영오 지부장은 변명으로 일관했는데, 그런 변명은 조합원들로 하여금 비난의 수위만 높이게 할 따름이었다. 그는 이미 한 노동조합의 운명을 책임진 지부장으로서의 자격을 스스로 포기하고 있었던 것이다.

7월 10일 상집회의에서 그는 이렇게 말했다.

"기업 운영상 금년에는 임금인상 문제의 해결이 힘들게 되었는데, 회사의 자금 사정이 원활하지 못해 곤란을 면치 못하는 형편이니 조합원들에게 잘 주지시켜 사기를 앙양시켜주기 바란다."

조합원들의 비난이 거세지자, 회사 측은 8월 16일자로 조윤희, 이덕우, 김기곤, 김종선, 김광옥, 배춘식, 이길우 등 염색과와 가공과의 대의원 7명을 해고했다. 하나같이 대의원대회에서 집행부를 비판하는 내용의 발언을 한 대의원들이었다. 그런데도 조합원들은 항의조차 변변히 하지 못했다. 회사와 어용노조에 맞서 조직적인 반발을 할 만큼 힘을 갖추지 못했던 것이다. 해고자들만이 출퇴근 시간에 맞춰 노조사무실과 운동장 등나무 밑에서 항의 농성을 했을 뿐이었다. 정영오 지부장은 그들 앞에 얼굴 한 번 비추지 않았다. 결국 그들은 3개월분 해고수당을 받고 힘없이 물러서고 말았다.

1967년 6월 3일 지부 승격과 더불어 지부장을 맡아 한국모방 노동조합을 이끌어오던 정영오는 초기에는 나름대로 열성을 갖고 운영해 나가려고 노력했다. 그리하여 기숙사 완공, 노조사무실 설치, 지부장 상근제 확보, 3교대 작업 방식 채택 등 몇 가지 뚜렷한 업적을 남기기도 했다. 그러나 조합원들에게 가장 중요한 임금 문제와 같은 난제에 부딪쳤을 때, 그는 제대로 해결할 능력을 보여주지 못했을 뿐만 아니라 오히려 번번이 회사 측의 입장을 이해해 달라고 설득하는 데만 애를 쓰는 것처럼 보였다. 나아가 전임 집행부가 불투명한 재정 문제 등으로 물러났음에도, 조합비를 부당하게 지출하고 본부에 납부해야 할 의무금을 계속해서 미납하는 등 또다시 재정 문제에 관한 한 돌이킬 수 없는 '실수'를 저질렀다.

현장에서는 이미 그와 관련한 지부장의 여러 '비밀'이 공공연하게 회자되고 있었다. 염색과의 박칠성은 이렇게 증언한다.

> 66년도에 입사했는데, 그때도 노조가 있었습니다. 노조 위원장이 누구냐 하면 정영오 씨라고 나이 지긋한데 사십이 넘었을 거예요. 노동조합은 노동자를 위해 힘쓰는구나, 간단히 그렇게 알았죠. 근데 가만히 내역을 보니까 그게 아니고 어용노조, 시키는 대로, 이름 그대로였어요. 이 이가 돈을 잘 써요. 자기도 남자지. 워낙 술도 좋아하고 막 쉽게 쓰는 걸 우리가 눈치를 챘어요. 그 입을 막기 위해서 날 나오라고 그래. 왜 그러냐 하니까 뭐 한잔 한다나? 따라가니까 술도 내놓고 뭐도 내놓고 한참 시시덕거리고, 여자들 갖다 놓고 말이야. 내가 양심에 찔리는데, 노동조합에서 돈을 다 걷어가지고 이런 데 쓰라는 게 아닌데 하고 속으로 생각했지요. 다른 이들도 참석했을 거예요, 거기. 그래서 노조비를 거의 다 탕진했어요. 노동운동 하는 데서, 교육이라는 뭐 시키는 데 지출하려는 걸 다 썼습니다. 그러고서 하는 말은 꼭 우리 노동자를 위하는 것 같이, 요번에 돈을 안 올려 주면 사장이고 뭐고 저 굴뚝에다 거기다 올려놓고 매놓을 거야, 하면서 말이에요. 입으로다 뻥뻥대면서. 사실은 그렇지도 않은데, 그런 용기들도 없는 사람들인데. 그때서부터 노동조합은 정영오 씨를 불신했잖아요.

─제1권, 222~223쪽. 인용자가 임의로 정리

어쩌면 정영오 지부장의 운명은 출범 초기부터 예정되어 있었을지 모른다. 그는 조합원들의 자주적인 선택이 아니라 회사 측의 지원으로 지부장 자리에 앉게 되었던 바, 그런 그에게 철저히 노동자의 처지에서 조합을 이끌어나가 달라고 요구하거나 기대하는 것 자체가 무리였다. 그의 잘못은 무능하다는 데 있다기보다 노동조합의 지도자는 거대한 자본과 맞서 약자일 수밖에 없는 노동자들의 권익을 옹호함으로써 존재한다는 가장 기본적인 원칙조차 스스로 무시한 데 있었다.

　1972년 1월 21일, 섬유노조는 제39차 중앙위원회를 열고 의무금을 장기간에 걸쳐 100만 원이나 체납한 정영오 한국모방 지부장에게 책임을 물었다.

　'지부장 자격정지.'

　당연한, 어쩌면 더 일찍 내려졌어야 할 결정이었겠지만, 이로써 한국모방 노동조합은 1963년 출범 이후 최대의 위기를 맞이하게 되었다.

원풍노조 조합원들은 무슨 책을 읽었나

원풍모방 노동조합은 1967년 사무실을 마련함과 동시에 한쪽 벽면을 5단 책장으로 채우고 책을 비치하기 시작했다. 어떤 조합원들은 도서관이라 부르기도 했지만 사실 그 정도 규모는 아니었다. 노동조합은 정기적으로 도서를 구입해 비치했고, 조합원들은 점심시간이나 퇴근 후 거기서 책을 빌려다 보았다. 이영자는 교선부장 시절 조합비로 책을 구입하러 다니던 때가 무척 행복했노라 기억한다. 이혜영이나 김향자도 책에 환장했다. 그들에게 책은 못 이룬 꿈이었다. 책 빌려 읽는 재미에 노조사무실에 들르는 조합원들도 많았다. 이로써 한국모방 여성 노동자들의 생활에도 일대 변화가 찾아오게 되었다. 한국모방 시절에 입사한 이영자(정방B)는 '도서관'이 특히 자신의 의식에 어떤 영향을 끼치게 되는지 다음과 같이 행복하게 증언한다.

그래서 그 노동조합이 제일 처음에 66년도에 들어가서 67, 8년에 이때 노동조합이라는 걸 알기 전에, 처음 양성공 들어가고, 한 1, 2년 그 사이에서는 그냥 노동조합에 가면은 도서목록이 있었어요. 처음에 기숙사 짓자마자 기숙사 들어갔는데 그 책 빌려보는 게 그렇게 좋더라구요. 하여튼 나는 무슨 마음으로 살았느냐면, 나하고 똑같이 공부한 친구들은 고등학교에 들어가서 열심히 저만큼 달려가고 있는데, 걔들이 걸어갈 때 나는 죽기 살기로 달려가도 걔들을 앞지르지 못할 테니까. 남는 시간에 뭐래도 하나라도 읽어야

된다, 그게 강박관념처럼 다가왔어요. 노동조합에 가서 거의 다 진짜 다 안 빼놓다시피, 하여튼 거의 다 읽었던 거 같애요. 거의 다 내 손을 거쳐서, 하여튼 그걸 다 읽었던 거 같애. 책을 읽을 때는 행복했다고 할까 그런 거가 있어요. 그런 마음들이 책을 통해서 얻지 못하는 교육 현장에 가갖구 배우지 못하는 것들도 내 나름대로 책을 통해서 세상 보는 눈을 좀 키운 거는 많이 있었구나 그런 생각이 들더라구요.

－제1권, 256쪽

원풍모방 노동조합 조합원들은 어떤 책을 즐겨 읽었을까

1972년 정용오 지부장이 지동진 지부장에게 인계한 도서목록에는 『무림천하』, 『무명소』, 『사자후』, 『의협지』 등 무협지, 『근로기준법 해석예규』, 『노사교섭 법률실무』, 『산재보험관계법령』 등 실무서적, 『밤에도 뜨는 태양』, 『사랑과 이별이 흐르는 강』, 『젊음이 밤을 지날 때』

등 대중소설이나 에세이, 『왕비열전』, 『태평양전쟁』과 같은 전집류, 그리고 몇 종류의 사전 등이 포함되어 있었다. 대중소설가 박계형과 이어령, 『빙점』을 쓴 일본 작가 미우라 아야코(三浦綾子) 등은 원풍 조합원들에게도 인기였다.

1982년 임태송은 전철 안에서 유인물을 돌리다가 공안에게 걸렸는데, 나중에 경찰이 가방을 뒤져 마침 갖고 있던 김지하 시집을 불온서적이라며 빼앗아갔다.

1982년 9·27 사태 이후인 10월 17일 심현옥의 집에 여러 명의 형사들이 들이닥쳐 조합장의 소재와 출근하지 않은 이유를 캐묻고 방을 수색했다. 그들은 니코스 카잔차키스의 『자유냐 죽음이냐』, 재일조선인 노동운동가 김태엽의 『투쟁과 증언』 등 책 두 권을 압수해서 가져갔다. 물론 압수수색 영장은 없었다.

탈춤반은 조직력이 가장 강한 소모임 중 하나라고 할 수 있는데, 그들은 정기적으로 모임을 갖고 학습을 했다. 그때 선택한 책들 중에는 조세희의 『난장이가 쏘아올린 작은 공』, 『알려지지 않은 이야기』, 유동우의 『어느 돌멩이의 외침』, 월간 『대화』, 김낙중의 『한국 노동조합 운동사』, 『알기 쉬운 노동조합』, 『노동자의 길잡이』, 그리고 『전태일 평전』 등이 포함되어 있었다. 탈춤반의 장남수는 원풍에 들어가기 전 원풍에 이미 다니던 언니 장희수가 소개해준 월간 『대화』와 『어느 돌멩이의 외침』, 그리고 석정남의 『공장의 불빛』을 읽었다. 장남수는 그런 책들을 읽으며 "나는 내가 바로 석정남이며 유동우이며 전태일"이라고 생각했다.[30] 원풍모방에 입사한 이후에는 노동조합에서 『노동자의 길잡이』, 송기숙의 『자랏골의 비가』, 황석영의 『객지』, 김춘복의 『쌈지골』 등을 빌려다 열심히 읽었다. 그러면서 문학전집이 어쩌고 괴테가 어쩌고 토론을 벌이기도 했다. 노동조합에서 김지하의 『오적』을 보고 그것을 복사해서 갖고 다니다가 방용석 지부장에게 혼나기도 했다. 당시 금서였기 때문이다.

다음은 원풍 조합원들이 근 40년 만에 기억해낸 도서들의 목록이다.

잉게 숄, 『아무도 미워하지 않는 자의 죽음』/『프랑스혁명사』/ 리차드 보이어 외, 『미국 노동운동비사』/ 업톤 싱클레어 『정글』/ 『드레퓌스』/ 김준호 편역, 『경제사 입문』/ 리영희, 『8억 인과의 대화』, 『전환시대의 논리』/ 김구, 『백범일지』/ 알렉스 헤일리, 『말콤 엑스』(상,하), 『뿌리』/ 송효순, 『서울로 가는 길』/ 신동엽, 『신동엽전집』/네루, 『세계사편력』/『노동의 철학』/ 유인호, 『한국경제의 실상과 허상』/ 메어리 존스, 『마더죤스』/『조셉 카르덴』/ 하워드 파스트, 『자유의 길』/ 이규호, 『앎과 삶』/ 막심 고리끼, 『어머니』/ 프란츠 파농, 『대지의 저주받은 자들』/ 다까이 또시, 『나의 여공애사』/『여공 20년 후』/ 장준하, 『돌베개』/『마틴 루터 킹』/ 에리히 프롬, 『자유로부터의 도피』/ 박순동, 『암태도 소작쟁의』/『전봉준』/ 에리히 프롬, 『소유냐 삶이냐』/ 마가렛 생거, 『이유 있는 반항』

기숙사 이야기

원풍모방 115호실 기숙사생들의 야유회

원풍모방에 기숙사가 처음 생긴 것은 1964년이지만, 1000명(기공
당시 예상 수용 인원은 400여 명)이 넘는 노동자를 수용할 수 있는 기숙사
가 완공된 것은 1967년 12월 30일 정영오 집행부 때였다. 기숙사는
1109 건평의 지하 1층 지상 3층 건물로, 1층에 20개, 2층과 3층에 각
기 23개씩 총 66개의 방이 있었다. 1층은 A반, 2층은 B반, 3층은 C
반이 사용했으며, 한 방에 12명에서 16명까지 배정되었다. 방마다 캐
비닛(옷장)이 8개씩 있어서 2명당 하나씩 돌아가고, 실장은 따로 하나
를 사용했다. 실장은 당연히 창가 최고 좋은 자리를 차지하게 마련이
고, 신참은 대개 문가 자리가 돌아갔다. 기숙사 1층에는 강당이 있었
는데, 거기에 TV와 탁구대가 있었다.

기숙사 관리를 맡은 사감이 있었지만, 노동조합이 민주화되면서부터는 기숙사생들이 자치 규약에 따라 자율적으로 운영했다. 1977년 7월 YH무역에서는 회사가 일방적으로 기숙사생들의 방 배치를 해서 커다란 물의를 빚었다. 회사 측은 생산직 노동자의 90퍼센트 이상이 기숙사 생활을 하는 현실에서 기숙사생들이 각 반별로 모여 있는 것이 노조의 힘을 키웠다고 판단했던 것이다. 이에 대해 YH노조는 강력히 대응했고, 결국 회사는 근로기준법에 명시되어 있는 대로 기숙사 자치회를 구성하는 데 동의한다.[31]

원풍모방의 경우에도 이미 1976년 방용석 지부장이 이른바 국가원수 모독 혐의로 구속될 때 기숙사 사감 문제가 도마에 오른 적이 있었다. 방용석 지부장은 회사 측이 기숙사 사감을 교체하여 조합원들에 대한 통제권을 강화하려 한다고 주장했다. 거꾸로 회사 측은 기숙사생들의 단결력이 강하기 때문에 결국 노조의 가장 큰 힘이 된다고 생각했다. 이에 따라 기숙사 사감 교체와 그 이후 자치회 해체라는 수순을 밟으려 했던 것이다.

어쨌든 이후 노조가 민주적으로 굴러가면서 사감의 역할을 자치회가 대신할 수 있었다. 그래서 종전에는 1주일에 1~2회만 허용되던 외출이, 정해진 입사(入舍) 시간(대개 밤 10시)만 지키면 언제든지 자유롭게 바뀌었다. 토요일과 휴일에는 외박도 가능했다.[32]

원풍모방 기숙사는 다른 회사에 비길 수 없을 만큼 시설이 좋았다. 기숙사생들은 특히 중앙난방식 체제로 24시간 뜨거운 물이 나와 언제든지 목욕을 하고 빨래를 할 수 있었던 게 가장 좋았노라 입을 모은다. "이화여대 기숙사 못지않았다"라거나 "호텔 같았다", "천국이 따로 없었다"라는 말까지 나올 정도였다. 옷을 다리거나 말릴 수 있는 '아이롱실(다림실)'도 각기 2층과 3층에 있었다.

숙사 생활 들어갔는데 진짜 호텔이구 목욕탕이 있는 게 너무 놀래가지고, 그지? 완전 일반 목욕탕, 돈 내고 하는 데처럼. 너무너무 좋고 날아갈 거 같더라구요. (웃음) 그리고 방에 딱 들어갔는데 열 명인가 열한 명인가 그랬는데, 방이 깨끗했어요. 너무너무 방이 깨끗해가 세상에 이런 데가 없네, 속으로 세상에 이런 데가 없네, 진짜 천국이라 마. 회사도 천국이고 기숙사도 천국이고 너무 좋았어요. 그래 촌에 엄마한테 편지를 쓰면, 엄마 나는 너무 좋다카면서 그제, 자랑을 많이 하고 있잖아요. 그동안 쌓였던 그런 부분들이 진짜 내가 너무 표현할 수 없을 정도로 즐겁고 감사하고 이런 부분이 많이 들었어요.

－제1권, 347쪽 인용자 약간 정리. 김영희

기숙사생들은 그 좋은 데서 무엇을 했을까.

김향자는 선배 언니들이 퇴근 후에 뜨개질을 많이 했다고 기억한다. 대개 시집갈 준비를 하는 것이었다. 신랑 친구들한테 선물할 도장집이나 식탁보를 짜고, 십자수도 놓고 액자도 만들었다. 이옥순도 십자수 놓은 베갯잇, 망사 수놓은 밥상보, 책상보, 장롱고리, 도장집 등 오만 것을 트렁크에 가득 넣어놓은 선배들이 많았다고 기억한다. 김향자는 그런 틈에서도 노조사무실에 있는 도서관에서 책만 빌려다 읽었다. 외출 나갈 사람은 나가고, TV를 볼 사람은 밑에 내려가서 TV를 보았다. 방송은 채널을 고정시켜 놓았기 때문에 TBC만 나왔다. 홍옥선, 장형숙, 김중순은 탁구를 좋아해서 탁구를 많이 쳤다.

이옥순은 ‘○표 돈계’에 대한 기억을 말한다. 월급날이면 계모임에 참가한 6명이 각자 1000원씩 내놓고 6개의 종이쪽지 중 하나를 고른다. 거기에 ○표가 들어 있는 사람이 6000원을 타는 것이다. 그밖에도

원풍모방 기숙사생 바자회에서 기숙사 자치회 B반 임원들

밍크이불계며 금반지계 등 온갖 종류의 계가 다 있었다. 영양 보충을 위해서 닭고기를 놓고 하는 계까지 있었다.[33] 그러나 기숙사 생활의 백미는 오후반 같은 경우 10시에 퇴근한 다음에 하는 가보시끼[34]였다. 돈을 추렴해서 먹고 싶은 것을 외상으로 사온 다음에 월급 타면 갚는 것이었다. 이혜영은 식당 밥은 안 먹어도 밤마다 가보시끼를 무척 많이 했다고 기억한다. 기숙사생들이 돌아가면서 당번을 정해 먹을 것을 사오는데, 뽀빠이 과자나 200원짜리 커다란 봄길빵을 많이 사다 먹었다. 대림시장에서 부침개 같은 것도 많이 사다 먹었다. 계란을 한 판 사서 스타킹에다 넣어 목욕탕 스팀에 쪄서 나눠먹기도 했다. 월급날 그 돈이 적잖이 나가곤 했다.

알뜰한 기숙사생들은 아예 거기 참가하지 않았고, 눈치가 보일까 봐 일부러 옥상에 올라가 버리곤 했다. 기숙사 옥상에 올라가면 고향 생각이 절로 나게 마련이었다.

기숙사 옥상을 올라가면은 관악산이 보이잖아요. 관악산이 돌산이잖아요. 그런데 우리 마을이 산이 높아서 바로 거길 올라가면 그 산이 금광을 했었어요. 돌산이에요. 거길 올라가면 딱 우리 동네 거예요. 저기만 넘어가면 우리 동네가 있을 거 같고, 엄마 아빠가 계실 거 같고. 참 가겠다고 말은 못하고…… 가겠다 말은 못하고. 어린 마음에 아무한테도 얘기 못하고 내 혼자 생각했지만, 여기서 있다가 못 다닌다고 그만 가면은 자존심이 상하고, 불이라도 나면 좋겠어. 그러면은 갈 명분이 생각이 생기잖아요, 어디. 제가 못 있어서 간 게 아니라 거기 불이 나서 못 있어서 온 게 되잖아요. 아, 이 공장 불도 안 나나 그런 생각이, 어렸을 때 그런 생각까지 했었어요.

-제1권, 122쪽. 김향자

김예희는 집에서 편지만 오면 울었다.

그 시각, 기숙사 안에서는 처녀들이 드러누워 종알종알 이야기를 나누었다. 고향 이야기도 하고, 남자 이야기도 많이 했다. 기숙사생들 간에는 친자매 이상으로 가깝게 지낸 커플들이 적지 않았다. 그러다가 질투를 한다든지 해서 다툼이 일어나기도 했다. 명절 때 자기네 집에 가는 대신 커플의 고향집에 가는 경우까지 있었다. 추석 때 A의 집에 갔다면 설날에는 B의 집에 가는 식이었다. 노동조합에서도 이 문제가 자칫 조합원들 간의 결속력을 해칠 수 있다고 판단해서 종종 인간관계 훈련을 교육 프로그램 안에 포함시켰다.

노동조합은 기숙사를 매우 중요하게 생각했다. 여러 사례로 보더라도 기숙사는 언제나 투쟁의 동력이 실질적으로 보존되어 있는 '저수지'였다. 그런 동력을 유지하기 위해 대의원들은 밤에도 교육을 받으러 나가는 때가 많았다. 1981년 9월 22일, 이옥순은 당시 노조 지부장이던 이무술에게 허락을 얻어 기숙사생 100여 명을 데리고 관악산으로 몰래 산책을 나간다. 침울한 분위기에 젖어 있던 조합원들에게 활력을 불어넣어 주려던 목적에서였다. 이 사건으로 장병숙, 김복기, 이옥순, 박정숙 등이 연행되거나 출두하여 조사를 받았다. 이옥순은 노사 교섭에 질질 시간만 끄는 회사에 항의하려던 뜻도 있었다고 기억한다.[35] 이는 기숙사가 노동조합에서 얼마나 중요한 기능을 하는지 단적으로 보여주는 하나의 사례라고 하겠다.

제2부

민주노조 태동기
(1972~1974)

제1장 | 퇴직금받기투쟁위원회

제2장 | 한국모방 노동조합 정상화 투쟁

제3장 | 민주노조의 출범

제4장 | 기업 도산과 노동조합의 대응

제5장 | 노사 공동경영 체제의 출범

제6장 | 노동조합의 회사 정상화 투쟁과 공매처분

제**1**장 퇴직금받기투쟁위원회

원가절감운동과 회사의 일방적 경영

한국경제는 1960년대 두 차례의 경제개발계획을 통해 연평균 8.8 퍼센트의 고도성장을 이룩했다. 특히 제조업과 사회간접자본의 성장률은 연간 20퍼센트에 이르렀다. 1970년 7월에는 경부고속도로가 개통되어 성장한국의 상징으로 간주되었다.

그러나 한국경제는 1969년을 기점으로 심각한 도전에 직면한다. 경제개발의 중심축이었던 수출이 1970년부터 증가세가 크게 낮아지면서 경기 침체에 빠지게 된 것이다. 게다가 만성적인 무역수지 적자는 외채 상환 문제와 더불어 우리 경제의 큰 부담으로 작용했다. 제1차 경제개발계획 기간 54.3퍼센트였던 투자 재원의 해외 의존도는 제2차 경제개발계획 기간 39.5퍼센트로 비율은 줄어들었으나, 그 절대액은 크게 증가했다. 차관과 외국인 투자를 합쳐 외자도입 총액은 약 3억 달러에서 약 22억 달러로 늘어났던 것이다. 특히 1967년 이후에는 원리금 및 과실 송금액의 경상수지에 대한 비율, 즉 총부담율이 거의 10퍼센트에 고정되어 국제수지 균형을 크게 압박하는 요인으로 정착되었다. 다시 말해 경제는 성장하고 수출은 늘어도 지속적인 국제수지 적자를 초래할 수밖에 없는 경제구조가 형성되었던 것이다.[1]

그런 가운데서도 3선 개헌을 통해 장기집권에 돌입한 박정희 정권은 1972년부터 제3차 경제개발계획을 밀어붙이기 시작했다. 이때부터는 성장의 한계치에 다다른 경공업보다는 철강, 석유화학, 기계공업 등 중화학공업 육성에 박차를 가했다. 물론 수출드라이브 정책은 전혀 바뀌지 않았으니, 이를 위해 저곡가·저임금 정책의 기조 역시 그대로 이어졌다. 한마디로 수출 기업을 위해서는 모든 것을 주겠다는 것인데, 그건 당연히 노동자·농민에게 돌아가야 할 몫을 희생시킨다는 전제 위에서나 가능한 논리였다. 예를 들어 1972년 8월 3일 정부는 「경제의 안정과 성장을 위한 긴급명령 제15호」, 이른바 '8·3조치'를 발동한다. 이를 통해 당시 기업이 안고 있던 3352억 원의 사채를 동결하고 고금리 대출금을 저리의 장기 분할상환으로 대체해주었지만, 노동자들의 임금은 동결했다.[2]

이런 배경은 한때 흔들리던 한국모방에게도 재기의 기회로 작용했다. 취임 이후 박용운 사장은 은행에서 특별융자를 얻어 자본금을 증자하기 시작했고, 사무직 직원들에 대한 대대적인 인사 개편을 실시했다. 물론 현장의 사정은 개선되지 않았다. 조합원들이 간절히 바라는 임금인상은 전혀 이루어지지 않았고, 퇴직자들에게 퇴직금은 물론 임금의 일부를 회사에 맡기고 매월 이자를 타오던 예수금도 지불하지 않았다.

당시 한국모방 노동자들의 노동조건은 최악의 상태였다. 1972년의 경우, 여자 양성공의 일당은 140원으로 잔업수당과 휴일 특근수당을 합쳐도 월급은 5000원 정도에 불과했다. 1972년에 입사한 홍옥선(정사과)의 월급은 4700원이었다. 1971년 11월 한국모방에 입사한 박혜숙

(전방과)은 배우고 싶은 욕망 때문에 영등포 한림학원 숙녀반에 1년 정도 다니는데, 기숙사비와 학원비를 떼고 나면 늘 돈이 부족했던 것으로 기억한다. 물론 시골에 보낼 돈은 없었고, 학원에 오갈 때는 차비를 아끼느라고 두세 시간을 걸어야 했다. 본공 역시 상황은 마찬가지여서, 같은 업종의 경남모직이나 대한모방이 평균 450원인 것에 비해 한국모방은 321원으로 거의 30퍼센트나 적은 액수였다. 연말에 한 번 주던 상여금도 2년째 한 푼도 주지 않았다. 회사는 경영난 타개와 원가절감을 이유로 노동자들을 더욱 가파른 생존의 벼랑으로 내몰았다.

- 10분 지각하면 1시간 30분에 해당하는 임금 삭감.
- 3년 이상 근무하지 않을 경우, 입사 때부터 퇴사 때까지 무료로 제공하는 중식대를 공제.
- 1년에 2벌씩 주던 작업복을 2년에 1벌로 줄여 제공.
- 작업화 등 작업 소모품은 노동자가 알아서 구입.
- 퇴직금은 퇴직 후 6개월 후에 지급.

이미 1971년 상반기부터 항간에는 '구두쇠 작전'이라는 말이 나돌기 시작했고, 하반기부터는 원가절감운동이 '조용한 실천'에 옮겨졌다.[3] 박용운 사장은 "무엇보다 전 사원의 이해와 참여가 중요합니다. 모두가 아껴 쓰고 능률을 높이자고 생각할 때 원가 10퍼센트 절감이란 어려운 일이 아닌 것"이라고 말했다. 이를 위해 회사는 기술 부문의 생산성 제고에도 돌입, 기계의 회전도를 높여 대당 생산량을 크게 높였다. 현장에서 작업은 서서 한다는 원칙 아래 의자까지 치웠다. 처음 '몇 마디의 불평'도 없지 않았으나 작업복 차림의 중역들이 '솔선수범'하자 이제는 밑의 여공들까지 경영합리화의 필요성을 이해하고 있다는 게 회사의 주장이었다. 기계의 회전도를 높이는 또 하나의 방법으로 교대 식사제를 채택, 식사 때마다 기계를 쉬게 했던 '폐단'을 없앴다. 이 때문에 사장 이하 관리직 직원은 전원 도시락을 지참하여 식사를 한다는 것이었다. 이는 사원들의 참여의식과 긍지를 높이는 데 도움이 되었다고 주장했다. 이런 회사 측의 '노력'으로 1972년도 3월 5일 하복지 첫 출하에서 75퍼센트 이상의 실적을 올렸다. 회사는 예년의 실적이 50퍼센트 선을 맴돌았고, 다른 회사들도 이 선을 넘는 회사가 많지 않은 현실에서, 이는 지난 한 해의 노력이 결실을 맺은 것이라 스스로 평가했다. 원가절감운동은 사소한 곳까지 실시되어, 본사와 문서 송달을 위한 봉투도 적당히 한 번 쓰고 버리는 일은 사라지고 평균 5~6회 재사용하는 게 이미 습관이 되었다. 박용운 사장은 특히 해외 시찰을 통해 얻은 경험을 바탕으로 회사 내에 '쇼룸'을 설치하여, 해외 바이어들에게 영상으로 회사를 소개하고 즉석에서 패션쇼까지 할 수 있게 했다. 이로써 지난날 기생파티 등에 쏟았던 비용을 20분의 1로 줄일 수 있었다고 주장했다.

외부에는 마치 대단한 경영 비법처럼 보이는 이런 식의 원가절감운동은 실제로는 조합원들의 동의를 전혀 받지 않은 채 강행되고 있었다. 현장에서 의자를 치워 하루 종일 서서 일하게 하고, 점심도 교대로 먹게 하는 식의 경영은 그야말로 '노동자들의 피와 땀을 쥐어짜자'는 군대식 발상에 불과했다. 하지만 의무분담금을 내지 않은 관계로 이미 상급노조로부터 자격정지를 받은 정영오 지부장은 최소한의 개선책조차 내놓지 않고 있었다. 이런 가운데 회사 경영진과 어용화된 노조 집행부 양쪽 모두에게 전에 없이 강력한 도전이 될 움직임이 곳곳에서 감지되기 시작했다. 그중 하나는 지극히 자연발생적인 차원에서 불씨가 당겨졌는데, 결과적으로는 누구도 예상하지 못했던 폭발력을 발휘하게 된다.

영등포 도시산업선교회의 개입

1972년 초 몇몇 퇴직자들이 모였다.

그들은 대개 박용운 사장이 취임한 직후인 1971년 1월 이후 퇴사한 노동자들로, 당연히 받아야 할 퇴직금을 한 푼도 받지 못하고 있었다. 회사를 아무리 찾아가도 헛수고였으니, 돈이 없다는 이유로 차일피일 미루기만 할 뿐이었다. 노동조합 역시 어떤 힘도 써주지 않았는데, "회사가 어렵다는데 우리라고 어쩌겠느냐. 게다가 당신들은 이미 조합원도 아니잖는가" 하는 식으로 뻔뻔한 대답만 들려주었다. 때리는 시어머니보다 말리는 시누이가 더 밉다고, 무능을 넘어서서 이제 아예 대놓고 회사의 입장만 앵무새처럼 되뇌는 노동조합이 꼭 그런 셈이었다. 그때까지 퇴직자 261명이 받지 못한 퇴직금은 1518만 원 정도였다. 물론 예수금까지 합하면 금액은 훨씬 늘어날 터였다. 예수금은 주로 월 3부 이자를 준다는 회사 측의 '달콤한 말'에 속아 맡겨두었던 돈이었다.

퇴직자들은 당장 내일 먹을 것을 걱정해야 할 만큼 어려운 상태에 있었다. 그들은 더 이상 회사 측이나 노동조합에 어떤 기대나 희망도 걸 수 없다고 판단했다. 그들 중에서도 박용온, 유명순, 박영혜 등 7명의 퇴직자들은 좀 더 적극적으로 자신들에게 닥친 문제를 해결하고자 백방으로 뛰어다녔다. 그리하여 4월 12일 영등포 도시산업선교회(산선)를 찾아가 조언도 받고 대책도 논의했다.

그들이 상급단체인 섬유노조 본부나 한국노총을 놔두고 산선을 찾아간 것은 꽤 의미 있는 일이었다. 대부분 한국모방 노동조합 평조합원에 지나지 않았던 그들은 섬유노조나 한국노총이 어디에 붙어 있는지조차 잘 몰랐다. 설사 알았다 하더라도 어용화된 한국모방 노동조합의 꼴을 볼 때 그들이라고 딱히 신뢰를 줄 만한 구석이 별로 없었다. 그런 형편에서 정부 기관인 노동청은 겁이 나서라도 감히 찾아갈 엄두조차 내지 못했던 것이다.

영등포 산선은 일찍부터 노동자들을 대상으로 한 이른바 '산업전도'를 활발하게 전개해왔다. 1958년 예수교장로회 총회 결의에 따라 영등포에 영등포지구 산업전도위원회를 세운 게 효시였다. 산업전도는 말 그대로 전도에 비중이 주어져서, 공장지대의 노동자들이 교회를 가까이하고 하나님을 만날 기회를 만드는 데 초점이 있었다. 예를 들어 1962년 산업전도위원회 소속 한 전도사의 글을 보면 산업전도의 목표가 어디에 있었는지 좀 더 분명하게 느낄 수 있다.

> 여러분! 주어진 환경 속에서 조금도 구애받지 말고 기계 앞에서 실을 뽑으며, 양단, 광목, 기지를 짜면서도 얼마든지 예배를 드릴 수 있다는 것을 믿고, 맡겨진 사명에 충실할 때 이것이 곧 예배드리는 일이요, 신앙생활이라는 것을 알아야 하겠다.[4]

이러한 산업전도는 1968년을 기점으로 '산업선교'에 자리를 내준다. 지난 10년간의 활동을 점검한 결과 전도만으로는 노동조건과 환경, 노동자의 구원이 불가능함을 자각하고 새로이 '도시산업선교'(Urban Industrial Mission)로 이름을 바꾼 것이다.[5] 특히 1970년 전태일 사건이 크게 영향을 미쳐, 이때부터는 실무자 중심의 산업전도 활동에서 노동자를 중심으로 한 활동으로 선교 방식이 대폭 달라진다.

즉, "그리스도의 구원의 복음을 전한다"는 '복음화' 보다는 "역사 속에서 하나님의 나라를 건설한다"는 '인간화'로 나아가고, "노동자들이 노동 현장에서 당하는 문제를 스스로 인식하고 해결해나갈 수 있도록 훈련하고 조직하는 일"을 산업선교의 주 사업으로 삼게 되는 것이다.[6] 조지송 목사는 "산업선교를 어떻게 하느냐?"는 질문에 대해 "노동자를 탄압하고 괴롭히는 자로부터 욕을 먹는 데서부터 시작한다"고 대답하는데, "그럼 욕을 먹는 방법은 무엇이냐?"는 이어지는 질문에 대해서는 "노동자들의 이익을 위해 일하면 된다"고 대답한다.[7]

영등포 산선은 '평신도 산업선교 교육'이라는 이름으로 노동자들과 좀 더 적극적으로 만나고 노동 문제를 끌어안는 데 많은 노력을 기울였는데, 이는 영등포의 특수한 현실을 반영한 것이기도 했다. 1970년을 전후하여 영등포의 인구는 100만을 넘어서며, 제조업체 수는 빠르게 증가했다. 제조업체는 총 1000여 개에, 수출업체는 155개로 전국 수출액의 무려 12퍼센트를 차지할 정도였다. 하지만 노동조합이 결성되어 있는 곳은 고작 76곳에 불과했다. 영등포 산선은 노동자들을 대상으로 노동 교육에 전력하여 1970년을 전후하여 3년간 약 1만 2000여 명의 조직가를 훈련시켰으며, 경인지역 산선과 더불어 약 100여 개의 기업에 노동조합을 조직했다.[8]

이 과정에서 영등포 산선은 한국모방 노동자들과도 일정한 관계를 맺고 있었다. 박영혜는 한국모방에 다니면서 1967~1968년경 영등포 산선을 처음 만난다.[9] 처음에는 회사와 가까운 대림장로교회에서 모임도 갖고 주기도문을 영어로 배우기도 했다. 그때도 명칭은 도시산업선교회로 감리교의 김경락, 안광수 목사가 모임을 이끌었다.

당시 근로조건은 하루 12시간 노동뿐 아니라 잔업, 특근을 하며 어떤 때는 '타임'('타이밍'-인용자)이라는 잠 쫓는 알약을 먹고 24시간 노동을 하는 일도 빈번하게 있었던 때로, 한 달 월급이 2000원~3000원(?) 내외였다. 그 시기 대부분의 근로자들은 재정적으로나 시간적으로 여가를 알차게 보낼 만한 형편도, 이렇다 할 교육도 제대로 받을 수 있는 기회가 없는 터에 산업선교회에서 제공한 예배, 교육 프로그램, 여가 선용을 위한 프로그램은 일에 찌들어 피로해진 심신이 활기를 되찾고 새로운 일에 대한 기쁨을 얻는 좋은 시간이 되기도 하였다.

따라서 영등포 산선은 한국모방 노동자들에게 완전히 낯선 단체만은 아니었다. 박영혜는 특히 산선에서 만든 신용협동조합운동에 매력을 느껴 열심히 활동했다. 한국모방 동료들에게 신용협동조합(신협)을 소개하고, 조합원들이 영등포 산선까지 직접 가지 않더라도 저금을 할 수 있도록 도와주는 일도 했다. 그녀는 1972년 조지송 목사의 권유로 한국모방을 그만두고 영등포 산선에서 신협 일을 전담하게 된다. 박영혜는 자기가 신협 일을 맡을 무렵 영등포 산선의 20평 남짓 되는 사무실은 아침부터 밤늦게까지 각 회사별로 소모임을 하느라고 늘 북적거렸다고 기억한다. 이를 볼 때 한국모방 노동자들도 상당수가 이미 산선에 자주 드나들었을 것이다. 한국모방의 퇴직자들도 아마 박영혜와 같은 동료들을 통해 산선을 상급노조나 노동청보다 훨씬 친밀하게 느꼈을 것이 분명하다. 박영혜도 퇴직할 때 밀린 퇴직금을 받지 못했는데, "목사님의 말씀을 듣고 보니 이 일을 해결해야 할 사명(?)을 느끼고 퇴직금을 받지 못한 사람들끼리 모여 산선의 도움으로 퇴직금받기 투쟁을 끈질기게" 벌이게 된다.

퇴직금받기투쟁위원회의 결성과 투쟁

4월 18일, 28명의 퇴직자들이 다시 영등포 산선에 모여 '한국모방 퇴직금받기투쟁위원회(투쟁위원회)'라는 조직을 발족시켰다. 위원장에 박용온, 총무 유명순, 서기 박영혜의 인선도 마무리했다. 그들은 퇴직 자들의 힘을 결집하는 게 가장 중요하다고 판단하고 연락 임무를 분담했다. 이튿날, 박용온 등 퇴직자 28명은 처음으로 '한국모방 퇴직금받 기투쟁위원회'의 이름을 내걸고 '진정서'를 작성하여 이를 노동청장에게 발송했다. 이들 진정인 28명의 총퇴직금액은 223만 5590원이었다. 이들은 근로기준법 제2장 제30조 규정에 퇴직한 종업원이 퇴직금을 요구하면 회사는 14일 안으로 지불하게 되어 있는데도 회사는 수백 명의 퇴직자들에게 1년 가까이 지불하지 않고 있음을 밝혔다. 아울러 이들은 퇴직금을 두고 회사 측이 모욕적인 언동을 일삼았으며 그로 인해 마음의 상처를 크게 받았음도 지적했다.

"이날 와 보라" "저날 와 보라" 하는 속임수에 헤아릴 수 없을 만 큼 회사 정문에 찾아가서 구걸 행각을 하지 않을 수 없었습니다. 이에 그 속임수가 도에 지나쳐서 수많은 퇴직자들은 분노를 느끼 게 되어 사회적인 문제로까지 대두하게까지 악화되었습니다. (중략) 수십 억(?)의 회사를 운영하는 회사가 "돈이 없어서 못 주겠다" 는 이유가 정말 이유가 될 수 있을까요? 돈을 못 주면서도 미안하 다는 말은커녕 소위 회사의 간부라는 문채휴 차장은 퇴직금을 받으러 온 사람들에게 "이것들 다 뭐 하는 사람들이냐. 내보내라"는 야만적인 언사를 사용하고 있으며 몇 푼 되지 않는 돈을 몇 달 만에 내주면서 거지에게 주는 식으로 내던지며 "이것이라도 받으려면 받고 싫으면 그만두라"는 모욕적인 언동을 취하고 있는 것은 숙녀가 아니고 쌍년이라도 너무 지나친 신사의 쌍소리로 들을 수밖에 없습니다. 그런 간부 밑에서 청춘을 살아온 저희들이 저주스럽기만 합니다.

끝으로 이들은 "자신들을 대한민국의 주권을 가진 국민"으로 보아주기를 부탁하며, "정당한 요구가 관철될 때까지 온갖 방법을 동원하여 행동할 각오"가 서 있다고도 밝혔다. 그들은 같은 날짜로 다음과 같은 '청원서'도 작성하여 사회 각계에 보냈다.

봄이 왔어도 우리들의 마음은 우울하기만 합니다. 왜 우리는 불철주야 뼈 빠지게 노동하고 임금의 일부인 퇴직금을 받지 못하고 회사 정문에서 기웃거려야 하나요? 여성의 몸으로 직업전선에서 몸 바쳐 일한 우리에게 한국모방주식회사가 저지른 잘못은 너무나 잔인한 행위가 아닐 수 없습니다. 우리는 참다못해 별지와 같은 진정서를 노동청장 앞으로 제출하고 그 사본을 귀하에게도 보내드립니다. 약한 여성 근로자들이(약 300명 퇴직자와 상당수의 예탁금자) 법의 보장을 받아 신속한 시간 안에 퇴직금과 위탁한 금액을 받을 수 있도록 적극 협력해주시기 바랍니다. 약자라는 이유만으로 법이 보장한 대우를 받지 못한다면 차라리 살아간다는 것조차 의미가 없는 것 같아요. 법이 "정말 법이 되도록" 적극 힘써주시기 바랍니다. 첨부한 진정서를 읽어주세요. 그러면 우리들의 억울한 사정을 엿볼 수 있을·것입니다. 감사합니다.

노동청은 어떤 회신도 보내오지 않았다. 회사 측의 반응도 냉담하기는 마찬가지였다. 이때부터 투쟁위원회의 발걸음은 더욱 빨라졌다. 4월 28일, 그들은 영등포 산선에 다시 모여 대책을 논의했다. 이때 조민자, 이형희 등 9명의 퇴직자가 투쟁위원회에 새로 가입했다. 그들이 받아야 할 퇴직금은 총 90만 8300원이었다. 이들은 5월 5일자로 다시 노동청장에게 질의서를 보냈다.

> 문의하옵는 것은 한국모방에서 퇴직금을 받지 못해 애쓰고 있는 수많은 사람들이 있는 중에 71년도 여름에 퇴사하고도 아직 퇴직금을 못 받고 있는데 지난 71년도 12월 중순께 퇴사한 사람이 퇴직금을 받았다고 하는 사람이 있습니다. 어떤 조건으로 퇴직금을 먼저 받을 수 있었겠는지요? 여기에 관한 특별한 법이 있습니까?

그러나 이러한 질의에 대해서도 반응은 없었다. 그러자 이번에는 종교계가 직접 나서기로 하고, 5월 12일 영등포 산선과 한국 가톨릭노동청년회(이하 JOC)[10] 공동명의로 사회 각계에 '안내장'을 보냈다. 그리하여 5월 17일 서울천주교중앙협의회 6층 JOC 사무실에 여러 사회단체들이 모인 가운데 대책위원회가 열렸다. 한국산업선교연합회, 한국노사문제연구협회, 고대노동문제연구소, 민주수호청년협의회, 가톨릭신학생회, 숙대학생회 등이 참가했고, 이들은 향후 법적·재정적 측면에서 투쟁위원회의 활동을 적극 돕기로 결의했다. 물론 여론을 불러일으키는 것도 이들의 역할이었다. 이날 대책위원회 소식은 여러 신문에 소개되었고, 그러자 노동청도 반응을 보이지 않을 수 없었다. 그제서야 한국모방 윤원희 부사장은 "한국모방 전체 종업원 3000여 명 중 유동인원(퇴직과 취직)이 100명이나 된다. 노동청 근로감독관실에서 조사한 250명(900만 원) 중 216명에 대한 퇴직금은 이미 지불했고, 34명(200만 원)만 지불을 못하고 있으나 이것도 곧 지불하겠다"고 변명했다. 그러나 노동청은 퇴직금 체불액이 200명분 900만 원이라고 발표했으며, 5월 20일자로 박용운 사장을 근로기준법 위반 혐의로 입건하고 검찰에 송치했다.

노동청이 이렇듯 발 빠르게 움직이면서 박용운 사장이 입건되었지만, 퇴직금을 받는 일은 그것과 또 별개의 문제였다. 이에 투쟁위원회는 대책위원회의 도움을 얻어 민사소송을 제기하기로 결정했는데, 때마침 이영환 변호사가 무료 변론을 맡고 나서주었다. 이어 국제합동법률사무소도 소송 대리인이 되어줄 것을 약속했다. 그러나 정작 고발을 당한 회사 측은 눈 하나 깜짝하지 않았다. 그들은 자기들 나름대로 법률 자문을 받아 "1년이고 2년이고 재판을 질질 끌 테니 어디 한 번 해볼 테면 해보라"는 식으로 나왔다. 사실 검사도 설사 처벌을 한다고 해도 벌칙은 아주 가벼울 거라는 식의 반응을 은근히 내비치기도 할 정도였다. 당시 회사의 노무 관리를 담당하는 최병철의 책상에는 법원으로부터 날아온 퇴직금 지급 명령 서류가 수북이 쌓여 있었으나, 그것을 걱정하는 중역은 아무도 없었다고 말하기도 했다.

어쨌든 투쟁위원회는 퇴직자들에게 저간의 사정을 알리며 함께 소송에 참여해야 퇴직금을 받을 수 있다는 사실도 주지시켜 동조자를 늘려나갔다. 그리하여 6월 12일에는 총 71명이 투쟁위원회에 합류했다. 아울러 정부와 사회 각계에 '진정서'를 보내 자신들의 사정을 널리 홍보했다. 하지만 청와대를 비롯한 정부 부처에서는 한결같이 해당 민원을 "노동청으로 이첩하였으니 양지하시라"는 대답만 돌아왔을 뿐이었다. 노동청은 다시 영등포지방사무소에 사건을 위임했다는 대답을 했고, 영등포지방사무소는 자기들로서는 검찰에 고발하는 것밖에는 할 수 있는 일이 없다고 대답했다.

재판은 언제 시작되어 언제 끝날지 몰랐다. 마냥 기다릴 수만도 없는 데다 회사와 노동청의 태도에 분개한 퇴직자들은 7월 초부터 직접 회사를 찾아가 농성을 벌이기 시작했다. 첫날, 18명의 여성 퇴직자들이 농성을 벌였다. 회사 측에서는 수위와 간부들을 동원하여 그들을 정문 밖으로 끌어냈다. 이튿날도 마찬가지였다. 노량진경찰서에서 간부들이 나왔지만, 그들은 퇴직자들을 설득해서 해산시키는 데에만 관심이 있었다. 사흘째 되던 날, 그날도 17명의 퇴직자들이 농성을 벌였는데, 경찰은 기동대를 동원하여 그들 중 13명을 연행했다. 그중 10명은 약 다섯 시간 후에 석방되었고, 투쟁위원회 위원장 박용온, 총무 유명순, 서기 박영혜 등 3명은 주동자라 하여 하룻밤 구류를 산 뒤 약식재판 끝에 1인당 1500원씩 벌금 4500원을 내고 풀려났다.

회사는 "투쟁위에서 탈퇴하고 퇴직금을 받아간 사람이 있다. 너희들도 진작 눈물로 호소했다면 주었을 것"이라면서 퇴직자들 사이를 이간질하기도 했다. 여전히 그들은 강자였고, 반성의 기미는 눈곱만큼도 보이지 않았다. 투쟁위원회로서 할 수 있는 것은 항의 농성을 하거나 사회 여론에 호소하는 일밖에 없었다. 7월 25일에는 여성단체에도 '진정서'를 보냈다. 나아가 8월 8일에는 「지성인들에게 드리는 말씀」이라는 제목의 호소문도 발표했다. 박용온 위원장 외 78명의 퇴직금 600만 원을 받을 수 있도록 회사 측에 압력을 넣어 달라는 내용이었다.

이와 더불어 투쟁위원회는 다음과 같은 내용의 독특한 '호소문'을 발표하기도 했다.

너와 나는 싸워야 할 처지도 못 되고 또 싸울 만한 이유도 없는 데 왜 때려야 하고 왜 맞아야 하는지…… . 어쨌든 간에 인간적인 면에서 사과를 한다. 어제까지만 해도 쓰거나 달거나 한솥의 밥을 먹지 않았는가. 네가 나를 괴롭히면서 오히려 네 마음이 내 마음보다 아파한 것을 나는 마음 깊이 알고 있다. 이제 우리는 한 사람의 죄가 얼마나 많은 사람에게 피해를 준다는 것을 배웠다. 성경에 보면 이런 말이 있다. 나와 네가 알아둘 만한 이야기 같아서 소개한다.

"욕심이 잉태한 즉 죄를 낳고, 죄가 성장한 즉 사망을 낳느니라."

너는 나를 '돈 몇 푼 받으려고 치사하게 논다'고 비웃지 말아주기를 바란다. 나도 너와 같이 나라의 장래를 생각해야 한다는 것을 너도 인정하겠지. 나는 초등학교 다닐 때 친구와 싸우다가 선생님께 벌을 받은 일이 있다. 내가 친구 뺨을 때리면 친구는 내 뺨을 때리도록 하는 것이었어. 처음에는 멋쩍어서 손만 갖다 댔지만 나중에는 큰 싸움이 되었다. 모든 학생들은 웃고 선생님도 웃고 끝났지만, 지금의 너와 나와의 싸움은 웃고 용서해줄 사람이 없어 서글프다. 그저 한 마디 "나를 용서하라"고 말하고 싶다. 너도 그럴 것이라고 믿겠다.

이 마음으로 우리는 계속 싸우자. 네가 죽든지 내가 죽든지 우리의 현실이 개선될 때까지.

「한국모방 주식회사 수위 및 예비군에게 드리는 메시지」라는 제목의 이 '호소문'은 자본가의 노예처럼 노동자들을 막아서는 수위와 회사 내 예비군들이 실은 한솥밥을 먹는 '친구'라는 사실, 그럼에도 불구하고 싸울 수밖에 없는 현실이 얼마나 서글픈지 절절하게 드러낸다. 양쪽 다 그 싸움의 결과를 알고 있었다. 다만 어린 시절의 체벌 경험과 달리, 이번에는 어느 누구도 웃어줄 사람이 없다는 것. 결국 투쟁위원회는 "네가 죽든지 내가 죽든지 우리의 현실이 개선될 때까지" 싸우자고 선언할 수밖에 없었다.

8월 22일, 투쟁위원회는 한층 비장한 결의를 내비친 '진정서'를 작성했다. 거기에는 이렇게 적혀 있었다.

우리를 도와주십시오.
우리는 이제 무슨 짓을 할지 모를 정도로 흥분해 있습니다.
우리는 대한민국 법이 살아 있는 한 끝까지 투쟁하겠습니다.
신이 살아 있는 한 우리는 꼭 승리할 것을 확신합니다.

그 '진정서'는 마침내 '대통령 각하'까지 언급했다. 그래서일까 노동청도 빠르게 반응을 보내왔다. 9월 5일까지 21명분을 지급하도록 회사에 제의하겠다는 것이었다. 이에 대해 투쟁위원회는 거부 의사를 분명히 밝혔다. 총 79명의 투쟁위원회 퇴직자 중 21명분만 처리하겠다는 것은 조직을 약화시키겠다는 의도로밖에 보이지 않는다는 것. 따라서 79명 전원이 동시에 해결되지 않으면 투쟁을 계속하겠다는 각오도 덧붙였다. 아울러 이번에는 산선과 JOC 공동 주관으로 각계 인사 1000여 명을 초청하여 대규모 대책회의를 갖자고 초청장을 발송했다. 그러자 중앙정보부가 개입해서 너무나 간단하게, 회사 측으로부터 퇴직자 전원의 퇴직금을 지급하겠다는 약속을 받아냈다. 그런 다음에도 회사는 여전히 미적거렸다. 10월 9일, 퇴직자 50여 명이 회사로 몰려가 농성을 시작했다. 당황한 윤원희 부사장은 영등포 산선의 조지송 목사를 불러 금고 안에 있던 현금을 확인시켰고, 이튿날 퇴직금 전액을 영등포 산업선교회관(산선회관)으로 옮겨 경찰의 입회 아래 사흘에 걸쳐 모두 지급했다.

제**2**장 한국모방 노동조합 정상화 투쟁

산업화 초기 노동 현실과 교회의 각성

퇴직금받기투쟁위원회는 퇴직자들의 자연발생적 조직으로 출발했으면서도 쉽게 흐트러지지 않고 끈질기게 투쟁을 전개하여 마침내 승리를 거둘 수 있었다. 이는 비단 당사자들만의 승리가 아니었다. 그들의 투쟁을 지켜본 다른 노동자들에게도 새삼 각성의 계기로 작용했고, 어용화된 노동조합은 차라리 없는 게 낫다는 사실도 확실히 인식할 수 있었다. 투쟁위원회가 산선이나 JOC와 같은 종교 단체와 적극적인 관계를 맺은 사실 또한 중요한 의미를 지닌다. 이로부터 좀 더 체계적이고도 민주적인 노동운동의 필요성이 제기되었기 때문이다. 사실, 투쟁위원회의 결성을 전후하여 이들 종교 단체를 중심으로 여러 형태의 소모임 활동이 활발하게 추진되고 있었는데, 이런 소모임들은 장차 민주적인 노동조합운동의 맹아로 자리매김한다.

당시 한국노총 산하 노동조합들은 출퇴근 시간 공장 앞에서 노동조합의 필요성과 연락처 등이 적힌 16절짜리 등사판 유인물을 나눠주는 것으로 조직 활동을 해나가는 게 일반적이었다. 그러나 이 방식은 위에서 아래로 기계적인 절차를 통해 노동조합을 구성하기 때문에 노동자의 이해를 전제로 하는 진정한 의미의 자주적 노동조합을 이끌어내기에는 여러모로 한계가 있었다. 반면 산선이나 JOC와 같은 종교 단체들은 조직 대상을 특정화하는 것부터가 달랐다. 즉, 그들은 무작위로 모든 노동자들을 대상으로 하기보다 당시 수적으로 압도적이면서도[11] 남성보다 훨씬 열악한 노동조건에 처해 있던 여성 노동자들을 주요 대상으로 삼았다. 조직 방식 또한 소모임 조직 방식이었다. 같은 회사, 같은 부서 노동자들 위주로 7~9명 단위의 소모임을 먼저 조직해서, 이들이 스스로 문제를 찾아내고 스스로 그 문제를 해결하도록 의식화 교육을 시키는 데 초점을 맞추었다.

소그룹 활동을 통해 노동자들은 가족과 고향을 떠나와 객지 생활을 하는 가운데 상실했던 공동체에의 소속감을 회복할 수 있었고, 너무도 일찍 꺾여 버렸던 향학열과 자기향상 욕구 등을 부분적이나마 채울 수 있었으며, 결국에 가서는 노동 문제에 대한 인식, 조직 활동의 경험 등을 할 수 있었다. 따라서 소그룹 활동은 자연스레 초보적인 노동조건 개선투쟁으로 연결되었고, 노동조합이 결성되는 경우에는 조직의 강력한 뿌리가 되었다.[12]

방용석은 종교 단체들이 특히 1970년 11월 13일 전태일 열사 분신 사건과 1971년 광주대단지 사건을 계기로 산업현장에 적극적으로 개입하기 시작했다고 분석한다.

4·19 학생혁명이 일어나고 민주정부가 있고서 그런 과정을 겪었음에도 불구하고, 기층 민중들에 대한 생활상에 대해서는 일반

교회라든지 지식인들의 관심이 별로 없었어요. 정치적 관심만 있는 것이지 삶의 질을 높여야 되겠다 뭐 이런 건 없었어요. 그러니까 전태일 사건 같은 경우가 생각지도 못한 게 터진 거예요. 당시 그러면서 그 당시에 교회나 이런 부분들이 이른바 빈민운동, 또는 산업선교운동이라고 하는 것을 시작을 해요. 그 이전에는 뭐했느냐? 그 이전에는 산업전도를 했었어요. 그것이 결국은 교회 다니는, 저 공장 다니는 노동자들도 예수 잘 믿게 해야 되겠다는 생각이 교회의 활동 목표였어요. 근데 이 두 가지 사건을 계기로 그 이후에 산업선교회, 빈민선교회라는 이름으로 바꾸면서 활동을 시작한 것이고……

－제2권, 417쪽

당시 방한한 미국의 저명한 조직이론가 솔 앨린스키가 광주대단지의 빈민들이나 청계피복 노동자들의 삶이 감옥보다 나을 게 없다고 말해 우리 성직자들에게 꽤 충격을 던져주기도 했다.

1970년 11월 13일 전태일의 분신으로 청계피복 노동자들의 실상이 백일하에 드러날 때까지 대부분의 서울 시민들은 자기네 이웃에 그토록 열악한 현실이 존재하고 있었다는 사실을 전혀 인식하지 못했다. 설사 알고 있었더라도 외면하고 싶었을 것이다. 시골에서 올라온 앳된 여공들이 햇볕도 들어오지 않고 허리도 마음대로 펼 수 없는 비좁은 다락방에서 숨 쉴 때마다 먼지를 마시면서 하루 16시간 이상 죽어라 일을 하는 현실, 저녁 무렵이면 눈이 침침해져서 바늘을 보고 싶은 마음마저 들지 않고 앞으로 4시간이나 더 일을 해야 한다는 생각에 새삼 해가 지면 둥지로 돌아가는 새들을 부러워하게 되는 현실, 그러고도 쥐꼬리만 한 월급을 위해 온갖 비인간적 대접에도 아무 소리 못하다가 끝내 미싱대 위에 피를 왈칵 쏟으며 쓰러지는 현실, 그 역시 청계피복의 별 볼 일 없는 노동자였던 전태일은 스스로 죽음을 선택함으로써 거대도시 서울의 한복판에서 태연히 자행되는 야만적인 경제성장제일주의를 통렬히 비판했던 것이다.

사건 바로 직전 〈경향신문〉(1970년 10월 7일자)은 「근로조건 빵점 평화시장 피복공장—골방서 하루 16시간 노동—소녀 등 2만여 명 혹사」라는 제목의 기사를 통해 이미 '전태일'의 운명을 예견한 바 있었다.

> 당시 평화시장 내 피복공장은 400여 개였다. 근로자는 미싱사, 재단사, 조수 등 2만 7000여 명이었다. 작업장은 건평 2평 정도에 재봉틀 등 기계와 함께 15명을 한데 넣고 작업을 해 거의 움직일 수 없을 만큼 비좁았다. 이 작업장은 본래 한 층을 아래위로 나눈 통에 천장의 높이가 겨우 1.6미터밖에 안 돼 허리를 펼 수가 없을 정도이고, 조명 상태가 나빠 작업실에 있다가 나오면 눈을 똑바로 뜰 수 없을 지경이었다. 이러한 환경 속에서 하루 13~16시간씩 노동자들은 노동을 하고, 첫째 셋째 일요일을 제외하고는 한 달 내내 일을 해야 했으며, 여성의 생리휴가나 특별휴가는 생각할 수도 없는 형편이었다. 특히 13세 정도의 어린 소녀들이 대부분인 조수의 경우 4~5년 전 월급 3000원을 그대로 받고 있었다. 옷감에서 나는 먼지가 가득 찬 방 안에서 하루 종일 일을 함으로써 폐결핵, 신경성 위장병까지 앓고 있어 성장기에 있는 소녀들의 건강을 크게 위협하고 있었다.

1968년 서울특별시는 인구 및 산업의 분산을 위한 위성도시 건설을 목적으로 이른바 '광주대단지사업종합계획'을 수립했다. 1973년까지 총 56억 원을 투자하여 인구 35만 명을 포용하는 신시가지를 조성한다는 내용이었다. 그러나 당초 서울시 판자촌에 거주하던 철거민들을 이주시키려던 계획은 토지 가격 논란, 무허가 건물 난립, 도시계획선 및 유보지 침범 건축 행위 등 범법 행위자가 속출하면서 위기를 맞이했다. 1970년 12월 당시 1만 7341세대, 8만 6705명이 이주하였으나 이 중 7832세대, 3만 9160명이 가건물이나 천막 혹은 판잣집 등에 거주하고 있었고, 방한시설을 전혀 갖추지 못한 경우도 2041세대, 1만 205명이나 되었다. 그런 상황에서 이듬해 7월 7일 서울시가 전입자에 대한 분양지 대금의 일시 납입을 통지하자, 주민들의 불만은 일시에 표출되고 말았다. 격분한 주민들은 8월 9일 대책위원회를 구성하고 서울시장과 협의하기를 제안했다. 사건은 8월 10일 11시 40분경 회의가 진행되는 도중 발생했다. 1만 5000여 명의 주민이 회의가 열리는 성남출장소를 포위한 채 돌을 던지고 불을 지르기 시작한 것이다. 시위대는 오후 2시 40분경 성남지서를 파괴하고 경찰차를 전소시켰으며 시영버스와 경기여객 버스 등 8대의 차량을 탈취했다. 시위는 오후 6시 기동경찰이 도착하여 가까스로 진압되었지만, 그 충격과 후유증은 엄청났다. 한마디로 광주대단지 사건은 생계의 벼랑 끝에 내몰린 도시빈민들이 행정 당국은 물론 자신들을 패배자로 간주하는 세상의 편견에 대해 인간다운 삶을 요구하며 항거한 전대미문의 투쟁이었다.

이 두 가지 사건은 당대 지식인들에게 엄청난 충격을 던져주었다. 자신들이 결국 그들 노동자와 도시빈민의 희생 위에서 존재한다는 사실을 확인하고 인정하는 것은 매우 고통스러운 경험이었다. 그 고통의 경험은, 아직 극소수이긴 했지만, 존재의 전이를 통해서라도 그들과 함께하고자 한 일단의 지식인 노동자들을 배출하기도 한다.

한국 교회도 큰 충격을 받았다. 신앙과 현실의 괴리는 일부 그리스도인들에게 참회와 각성의 계기로 작용했다.

산선과 JOC

이로부터 한국 교회는 본격적인 현실참여의 길로 나아가기 시작했다. 산선과 JOC도 이런 맥락에서 살필 수 있다.[13]

앞서도 살폈듯이, 산선은 경제적 착취가 횡행하는 노동 현장에서는 그리스도의 복음을 알려도 생활고에 시달리는 노동자들이 외면할 수밖에 없다는 현실을 인정하고, 산업민주주의의 실현에 총력을 기울여 왔다. 조지 오글 목사[14]가 1960년대 인천에서 처음 활동을 개시한 이래, 주로 공장이 밀집한 경인 지역에 뿌리를 내렸다. 특히 1968년 아시아기독교협의회에서 '산업전도'라는 종전의 목표가 '산업선교'의 개념으로 전환되면서 우리나라에서도 '도시산업선교'가 이른바 '하나님의 선교(Missio Dei)' 입장에서 본격화된다. 1970년을 전후해서는 영등포 산선(장로교)을 비롯해서 경수 산선(감리교), 인천 산선이 활발한 활동을 전개하고 있었다. 박형규 목사의 수도권특수지역선교회가 주로 청계천과 중랑천 등 대도시 슬럼가를 중심으로 도시빈민 사역에 초점을 두었다면, 이들 산선은 철저히 노동 문제에 강조점을 두었다. 노동자 성서 연구와 예배, 노동자 그룹 활동, 노동자들의 노동조건 개선을 위한 활동, 노동조합운동과 의료지원 활동 등의 다양한 활동이 정부의 탄압과 방해, 그리고 교회 내부의 오해와 불신 등 갖가지 어려움 속에서도 활발하게 전개되었다.

1958년에 창립한 JOC는 1968년 강화도 심도직물에서 가톨릭 신자인 노동자 300여 명을 해고한 사건에 전미카엘 신부[15]가 처음 개입한 것을 시작으로 노동 문제에 적극적인 관심을 기울였다. 김수환 추기경도 "억눌리고 고통받는 노동자들을 위해 스스로 십자가를 진 연약한 소녀들과 JOC 회원들에게 존경을 표할 따름입니다. 여러분의 노력은 헛되지 않을 것입니다. 그것은 교회의 역사가 증명합니다"라고 하여 JOC 회원들의 노력을 격려하기도 했다.[16] 그 이전 JOC의 활동은 구제, 교육(여차장, 윤락여성, 넝마주이), 조사(식모 실태조사)와 같은 테두리를 크게 벗어나지 못했던 것이다. 그 후 JOC는 창시자 벨기에 까르뎅 신부의 가르침을 이어받아, 노동자들이 스스로 자기 문제를 인식하고 스스로 해결할 수 있는 능력을 배양하는 데 초점을 맞추었다. 까르뎅 신부는 "생명 없는 물질은 공장에서 값있는 상품이 되어 나오지만, 이 세상에서 가장 고귀한 인간은 그곳에서 한갓 쓰레기로 변하고 만다"고 하면서 일찍부터 노동 현장의 비참함을 지적했는데, 노동자들이 그런 현실을 극복하고 '하나님의 모습을 닮은 존귀한 인간'으로 다시 태어나도록 하는 데 큰 힘을 보탰던 것이다.[17]

직포과의 박순희(아녜스)는 입사 전 대한모방에 다녔다. 독실한 가톨릭 집안에서 태어난 그녀는 상급 학교에 진학하지 못하게 되자, 사춘기 시절의 울분으로 "하느님은 없다. 내가 하고자 하는 것도 결국 안 들어주고. 결국은 내가 공장에 갔는데 무슨 놈의 하느님이 있느냐"고 생각하며 한동안 교회에 나가지 않았다. 그러다가 친구의 권유로 JOC와 처음 만난다.

그때가 가톨릭노동청년회를 알리는 일반 회였어요. 그런데 거기에서 노동자들이 보호받을 수 있는 노동자에 대한 법이 있고 노동자들은 하나님의 창조사업에 정말 조력자로서 노동자야말로 하나님께서 정말 원하시는 일을 하는 사람들이다. 막 그런 말을 막

신부님이 하시고 강복도 주고 그래. 그때 내가 감명을 받았어요.
어머, 우리 천주교에도 이런 게 있었구나. 나는 노동자의 노자도
얘길 안 하는 줄 알았는데 그러면서, 내가 반항심에서 이랬던 것들
이 뭐랄까 느껴지면서 그때 내가 많이 울었어요. 왠지 울음이 나더
라구.

-제1권, 309쪽

이후, 그녀는 JOC 팀 모임에 열성적으로 참여한다. 거기서 대한모
방, 동화염직, 화창레이스 등의 동료 노동자들을 만나게 되고, 자기가
다니던 대한모방에서 스스로 '세븐클럽'이라는 이름의 소모임을 꾸린
다. 나중에 그녀는 JOC 남부연합회 회장까지 지낸다.

이렇듯 산선과 JOC는 우리나라의 산업화 초기 생산의 주역인 노동
자가 자각하고 노동조합을 통해 새로운 삶을 설계할 수 있도록 하는
데 적지 않은 기여를 한다. 다만, 산선이 노동 문제에 대해 활발하게
문제 제기를 하는 편이라면, JOC는 차분하게 조직확대운동에 매진하
는 편이라는 분석도 있었다.

1960년대만 해도 종교계는 노동계, 특히 한국노총과 협조적인 관계
를 유지하고 있었다.[18] 노동조합 결성을 산선 실무자들이 적극 돕는가
하면, 한국노총의 교육에 산선이나 JOC의 실무자들이 강사로 참석하
기도 했다. 세계교회협의회(WCC)가 나서서 독일 교회로부터 20만 달
러를 지원받아 한국노총의 교육원 건립을 돕기도 했다. 하지만 1970
년대에 들어서면서 이러한 협조 관계는 끊어졌다. 노동자들이 참혹한
고통을 당하는 현실에서 교회는 더 이상 어용화된 한국노총을 받아들
일 수 없기 때문이었다.

전태일 분신 이후, 1970년 11월 20일, 서울 지역 대학생 일동 명의

로 발표된 '조사(弔辭)'가 이미 한국노총과 노동귀족들을 통렬하게 비판한 바 있었다.[19]

> 이 저주받을 무리들아! 노동조합 귀족들아! (중략) 그대들의 노동복 속에 때 묻지 않은 하얀 와이셔츠는 무엇을 말하며, 조합강령을 높이 들고 있는 그대들의 위선적인 손은 무엇을 의미하는가! 청계천 연변 2만 7000 노동자를 위하여, 한국노총과 16개 산별노조는 무엇을 하였는가! 그대들은 100만 노동자들의 노고 위에 군림하는 노동귀족은 아닌가!

한국모방 내 신자들의 모임

한국모방에는 1970년을 전후하여 가톨릭의 도요안 신부[20], 영등포산선의 조지송 목사, 경수 산선의 안광수 목사 등과 관계를 맺고 소모임 활동을 시작한 노동자들이 존재했다. 이들은 뜻을 같이하는 노동자들과 소모임을 만들어 새로운 형태의 민주적 노동조합을 건설하는 것을 목표로 꾸준히 공부를 해나가기 시작했다.

1970년 6월 20일에는 한국모방과 세미코어의 가톨릭 신자 12명으로 구성된 JOC의 무궁화팀이 발족한다. 처음 이들의 모임은 도림동 공소인 수도원 성당에 청소년들이 많은데 이렇다 할 모임 하나 없으니 만나서 대화를 나누며 '영혼의 양식'도 얻자는 데 뜻을 모아 소박하게 출발했다. 회장은 세미코어의 이순임(스콜라스티카), 서기는 역시 세미코어의 문순자(수산나), 회계는 한국모방의 김연순(데레사)이었다. 이들은 1주일에 한 번씩 모였는데 그때마다 회비 200원씩을 냈다. 7월에는 무궁화팀이 중심이 되어 일반인과 신자들이 모이는 '대화의 광장'을 열었는데, 35명이나 참석하여 이들을 크게 고무시켰다. 무궁화팀은 이듬해인 1971년 6월 20일 의용촌에서 8명이 투사선서식을 한 후 예비팀[21] 발족을 서두른다. 그리하여 김연순, 송옥순, 정춘녀, 조화순, 이순애, 조삼년 등이 주동이 되어 매주 한 차례 모임을 갖고 준비해오다가 7월 11일 총 15명으로 예비팀 소나무를 결성한다. 이들은 때마침 발생한 한국모방 대의원 부당해고사건에 대해 조사하여 그중 1명의 대의원 이길우가 가톨릭 신자임을 알아내고 그를 통해 노동조합의 문제점에 대해서 알아보기로 결정한다. 8월 15일 8명의 투사가 전원 참석한 무궁화팀 모임에서는 '관찰' 결과를 다음과 같이 보고했다.

- 한국모방 노동자들이 대의원을 뽑아서 당선된 분들이 노동조합의 대의원대회에서 정당한 발언을 한 사람들 중 8명을 해고시켰으며, 그 중에 1명의 남자 분은 우리 가톨릭 신자란다.
- 한국모방 노동조합은 공원의 편을 드는 게 아니라 회사의 편을 든다고 한다.
- 임금도 인상되지 않고 좋은 의견을 대의원이 발언하거나 질문하면 회사에 연락, 해고나 자진사퇴를 수리하도록 한다고 한다.

이에 대해 무궁화팀은 첫째, 노동조합에 대하여 지부장이 노동자들을 대변해서 조그마한 일이라도 하고 있나 계속 살피고, 둘째, 해고된 사람들을 도울 수 있는 방법을 자신들 힘만으로는 부족하지만 교우 해고자(이길우)에게 상세히 알아보기로 '판단'하고 '실천'하기로 결정한다.[22] 이들은 8월 20일 모임에서 한국모방 노동조합이 어용이며 본부에 노조비도 내지 않았으며, 정의를 위해 발언한 대의원들에게 자진사퇴하도록 지부장이 말했다고 관찰 결과를 발표했다. 아울러 이듬해 (1972년)에 지부장 선거와 대의원 선거가 있으므로 그때를 위해 준비하자고 판단을 내린다. 나아가 8월 30일에는 한국모방 내 전체 가톨릭 신자들의 모임 성우회를 발족하고 회장에 조화순(율리안나), 부회장에 김연순을 선출한다. 이후 무궁화팀은 성우회와 자주 모임을 갖는다.

이들은 1972년부터 노동조합을 민주화하는 데 좀 더 적극적으로 힘을 기울인다. 1월 23일 모임에서는 이제부터 자신들이 직접 노동조합에 임원으로 들어가 활동을 하기로 하고, 특히 노동조합 선거에서 노동자를 진정으로 대변할 수 있는 사람을 선출할 수 있게 조합원들을 계몽한다는 데 뜻을 모은다. 이날 성우회의 조율리안나, 김데레사, 송루시아(옥순) 등은 지동진, 정상범, 이한규 등 회사의 경비원들과 접촉한다. 그들은 회사의 경비원들이 본래 회사의 첩보원들이라고 약간 의심하고 있었다. 지동진은 "왜 한국모방 문제도 많은데 외부에서 활동하려 하느냐? 또 지난번 해고된 데 대하여 관심을 가져봤냐? 한국모방 5월 지부장 선거에 대해 아느냐?"고 질문하며, 자기들을 믿고 같이 일해보자고 제의했다. 성우회는 확답 대신 계속 관찰해보기로 결정한다. 당시 한국모방 내에는 성우회 회원이 43명, 산업선교 회원이 70명, 신용조합 회원이 50명 정도 있었는데, 성우회는 이들이 어용 노동조합을 민주적으로 바꾸는 데 큰 힘을 발휘할 수 있다고 판단한다.

개신교 쪽에서는 영등포 산선이 조지송 목사를 중심으로 활동하고 있었다. 1970년 입사한 방용석은 시험실 개발과에서 일하고 있었는데, 마침 퇴직금받기투쟁위원회의 투쟁을 지켜보게 된다. 그 과정에서 그는 아는 이의 소개로 조지송 목사를 찾아간다.

아, 이건 너무하구나. 퇴직금을 안 주는 걸 가지고 사람을 저렇게 잡아가고 때리고 이렇게 할 수 있나 하는 그런 게 생긴 거죠. 그리고 이제 그러면서 영등포 산업선교에 가서 조지송 목사를 한 번 만난 거예요. 누가 소개를 해줘서. 그래 갔더니 성경 공부 때 이렇게 내가 두꺼운 성경을 딱 끼고 나타났댔어요. 후에 얘기지만 조지송 목사가 아, 문제아가 하나 왔구나. (웃음) 산업선교 오니까 성경 가지고 오는 사람도 없는데 이거는 신구약 성경을 남들이 보라고 떡 들고 이러고 노트까지 하나 갖고 와서 하는 얘기 다 적어가면서 질문하고 그러니까. 아, 저거 문제로구나 생각했다는 거 아냐. 근데 그때 성경공부가 일반교회에서 설교하는 내용이나 이거하고 달랐어요. 그니까 다 기억은 안 나지만, 한 토막만 얘기한다면, 예수가 어떤 상황에서 태어났느냐. 식민지 국가에서 태어났고, 어떤 계층에서 태어났느냐, 누구를 위해서 일했느냐, 예수의 꿈은 뭐였느냐, 이런 것 중심으로 성경 공부를 한단 말이야. 근데 일반교회는 뭐냐면 천당이 어떠냐, 죄가 뭐냐, 회개가 뭐냐, 성령이 뭐냐, 은혜가 뭐냐. 이런 중심으로 하니깐 이거하고는 영 다르단 말이야. 사실은. 그래서 그 성경 공부를 하고 났는데 에, 이 노동조합 정상화 투쟁위원회라는 게 만들어졌어요.

–제2권, 419~420쪽, 방용석

영등포 산선과 JOC가 노동 현장에 적극적으로 개입하기 시작한 뒤, 대한모방과 한국모방 등에도 소모임이 생기기 시작했다. 전방과의 황선금은 한국모방에 입사하기 전 1972년부터 대한모방에 다녔는데, 회사에서는 그때 벌써 '이상한 교회'에 가서 공부하지 말라고 했다고 증언했다. '이상한 교회'란 바로 영등포 산선이었다. 12시간 맞교대라 1주일에 무려 72시간 이상을 근무하는데, 저녁 근무반은 일요일 아침에 6시간을 더 하고 아침반은 일요일 낮12시부터 6시간을 더 해야 했다. 결국 총노동시간은 78시간이 되는 셈이었다. 이토록 장시간 노동을 하다 보면 잠이 너무나 부족해서 기계 앞에 서 있어도 마치 물속에 들어가 있는 것처럼 늘 몽롱하게 마련이었다. 그래도 예전 크라운제과 같은 조그만 공장에 다니던 때를 생각하면, 작업시간이 정해져 있다는 사실 자체가 큰 위안이었다. 문제는 그런 살인적인 노동에 시달리는 노동자들에게 회사가 매달 1회, 기숙사에 사는 노동자에게는 매주 1회 작업시간 이후에 강제로 예배를 보게 한 데 있었다. 교회에 다니지 않는 노동자도 무조건 참가해야 했다. 만일 이를 어기면 기숙사생들에게 외출 금지 조치나 변소 청소, 풀 뽑기 등 강제 노동을 벌칙으로 부과했다. 회사 측의 이런 관행에 대해 산선에서 소그룹을 하고 있던 임경자라는 여공이 반기를 들었고, 나중에는 다른 그룹들과 연대하여 항의 데모까지 조직한다.[23] 이렇듯 특히 영등포 산선은 벌써 소모임 활동을 통해 노동 문제에 적극적으로 개입하고 있었던 것이다. 한국모방에 산선의 소모임이 생기기 시작한 것도 1971년이었는데, 아직 노동조합이 민주화되기 이전이었기에 밖으로 드러낼 수는 없었다. 신구교 양쪽에서 고루 전개한 이런 산업선교의 영향으로 한국모방 노동자들의 의식 수준은 날로 높아졌다.

2월 6일 영등포 신길동에 있는 살레시오 수녀원에서 산업선교의 책임을 진 성직자들의 모임이 열렸다. 회의 결과, 한국모방 내 관련 노동자들을 세 반으로 나누어 A반은 안광수 목사, B반은 조지송 목사, C반은 도요안 신부가 맡아서 지도하기로 합의했다. 물론 목표는 한국모방 노동조합의 민주화였고, 활동 시한은 6개월로 잡았다. 이로써 어용의 극을 치닫던 한국모방 노동조합을 탈바꿈시킬 목적의식적인 움직임이 본격화되는 것이었다.

앞서 방용석이 조지송 목사를 만난 것처럼, 박순희(아네스)는 서울대교구 노동사목위원회 도요안 신부를 만나 생의 극적인 전환을 이루게 된다. 그녀는 그 만남을 이렇게 기억한다.

> 그렇게 하면서 재미를 들이다가 제가 70년 11월 13일 전태일 열사 분신 소식을 듣고 너무 겁먹었어요. 너무 깜짝 놀라고 막 그래서 나는 그걸 알고 싶지 않다고, 너무 무서워. 내가 더 깊이 했다가는 저런 일을 당할 수도 있겠다. (웃음) 그래서 너무 무서워가지고 도요안 신부님이 지도신부였어요. 말하자면 미국 분인데 JOC 지도신부야, 남부 연합회. 근데 이분이 자꾸만 전태일 그 얘기를 해주고 싶어서 틈만 있으면, 근데 난 자꾸 도망만 다녔어. 안 듣고 싶은 거야. 그런데 어느 날 퇴근을 하고 갔는데 아주 용케 걸린 거야. 전태일 어머님 이소선 여사하고 전태일 열사하고 소모임을 같이했던 바보회 친목회를 했다는 임현재, 이승철이, 김영문이, 어머니, 그렇게 네 사람하고 왔는데[24] 내가 어떻게 안 들어가? 신부님 사무실에 들어가 하여튼 오리지날로 들었지. 뭐 전태일 열사가 어떻게 하고 죽을 때까지 죽 듣구. 그래 너무 무서운 거야, 더.

-제1권, 310쪽

노동조합 정상화 투쟁위원회 결성

퇴직금받기투쟁위원회가 끈질기게 싸워나가는 동안, 한국모방 내에 이렇듯 종교단체와 연계를 맺은 소모임들도 꾸준히 늘어났다. 초창기에 샛별, 소띠, 빅토리 등으로 시작해서 쥐띠, 뿌리, 역부공, JOC 모임, 성우회, 친목회 등 20여 개 조직으로 확대되었다. 이들 조직들은 서로 간에 긴밀한 관계를 맺으면서 때를 만들어나갔다. 그런 가운데 회사 내에서는 수위 지동진의 존재가 단연 돋보였다. 그는 활발하게 움직이면서 노동조합을 정상화해야 한다는 소신과 의지를 숨기지 않았다. 소모임들 쪽에서는 그런 그를 처음에는 회사 쪽 프락치가 아닌가 오해하기도 했지만, 시간이 흐르면서 오해는 사라졌다. 문제는 그가 조합원이 아니라는 점이었다. 그는 회사 내 실권자로 알려진 문채휴 영업부장 집을 은밀히 찾아가서 현장 부서로 옮겨줄 것을 간청했다. 장차 해외 취업을 하려 하는데, 그러기 위해서는 현장에서 기술을 익힐 필요가 있다는 설명으로 문채휴를 설득했고, 드디어 염색과로 부서 이동을 할 수 있었다.

회사 쪽은 곧 그런 결정이 실수였음을 깨닫는다. 1972년 7월부터 노동조합 정상화를 위한 움직임이 본격화되는데, 그 한복판에 지동진이 있음을 파악하게 되었기 때문이다. 그때부터 회사 측은 지동진을 해고시키기 위한 명분을 찾기에 여념이 없었다. 그 무렵 지동진은 야간 근무를 끝낸 뒤에도 노동조합 정상화를 위해 부지런히 이런저런 사람들을 만나야 했고, 그 때문에 늘 잠이 부족하게 마련이었다. 회사 측은 바로 그런 지동진을 잡아내려고 하룻밤에도 십여 차례나 염색과를 순시했다. 그럴 때마다 같은 부서의 여성 노동자들이 경계를 서주어 한 번도 적발되지 않았다. 그러자 회사 측은 지동진을 주간반으로 만들어 낮에 사람들을 만날 기회를 아예 차단하려고 했다. 푹푹 찌는 날씨에 제초작업을 시키는 등 비상식적 근무를 시키기도 했다. 하지만 지동진은 묵묵히 그런 시련을 이겨냈고, 조합원들은 그의 그런 모습에 더 많은 신뢰를 보냈다.

지동진은 5월에 열리기로 되어 있던 대의원대회에 큰 기대를 걸었으나, 정영오 지부장은 아무런 이유도 밝히지 않은 채 대회를 연기했다. 그런 채로 5월 30일이 지나, 정영오 지부장의 법적인 임기는 끝나 버렸다. 이에 지동진은 지부장 선거에 입후보할 것을 선언하며 대의원 대회의 개최를 촉구했다.

7월 2일, 김갑준, 송옥순, 조삼년, 정상범, 홍말순 등 소모임 대표 65명이 영등포 산선에 모여 '한국모방 1200명 조합원 구제위원회'를 결성했다. 이들은 전 조합원들을 상대로 서명운동을 전개하기로 결정했는데, 이는 노동조합 정상화 투쟁의 본격적인 출발을 알리는 신호탄이었다. 그리하여 7월 6일 하루에만 1047명의 서명을 받는 데 성공했고, 이를 바탕으로 7월 7일 다음과 같은 내용의 '결의서'를 발표했다.

1. 피땀 흘려 일해 받은 봉급 중에서 매월 1.5퍼센트(전체 25만 원 정도)를 조합비로 내고 있지만 지난 2년 반 동안 정영오 지부장은 회사 측에서 체결하지 않는다는 이유로 단체협약을 체결하지 않아 사실상 노동조합은 없는 상태에 있으며 기능이 마비되어 있다.

2. 대의원대회에서 조합원을 위한 입장에서 정당한 발언을 한 대의원은 정영오 지부장과 회사 측의 압력으로 무참하게 해고당하고 마는 일들이 허다하다.

3. 이러한 형편에서 우리는 노동조합의 정상적 운영과 부당한 회사 측의 인사이동 및 해고를 당한 동료들을 구제하기 위하여 강철같이 단결한다.

4. 우리는 전국섬유노동조합이 이 이상 희생당하는 우리의 1200명의 조합원을 방관하지 말고 하루속히 대의원 선출과 대의원대회를 소집하여 한국모방 노동조합을 부활시켜주기 바란다.

만일 조속한 시일 내에 아무 대책이 없을 시는 우리 1200명 조
합원은 일제히 노동조합에서 탈퇴할 것이며 우리 조합원의 정
당한 활동을 거부하는 한국모방주식회사로부터 전원 퇴사할 것
을 선언한다.

어용노조를 갈아치우려는 노동자들의 발걸음은 더욱 빨라졌다.

7월 9일, 김갑준을 비롯한 60여 명의 노동자들은 다시 모임을 갖고
'구제위원회'의 명칭을 '한국모방 노동조합 정상화 투쟁위원회(투쟁위
원회)'로 바꾸었다. 이는 단순한 명칭 변경을 넘어서서 노동조합의 민
주화에 전력하겠다는 의지의 표현이었다. 투쟁위원회가 가장 시급하
게 생각한 문제는 지동진에 대한 회사 측의 탄압을 저지하는 일이었다.

7월 10일, 투쟁위원회 대표 정상범 외 7명의 노동자들은 윤원희 부
사장과 면담을 갖고 지동진을 노량진 제2공장으로 전출하려는 기도
를 그만두라고 요구했다. 이에 대해 회사 측은 마지못해 투쟁위원회의
요구를 수락한다고 밝히지 않을 수 없었다. 투쟁위원회는 여세를 몰아
곧바로 대의원대회 소집 요구 투쟁에 돌입했다. 조합원들의 서명을 받
아 직접 섬유노조에 대회 소집을 요구하기로 한 것이다. 투쟁위원회는
회사 측의 극심한 방해에도 불구하고 전체 조합원의 3분의 2에 해당
하는 887명의 서명을 받아냈고, 7월 14일 섬유노조에 대의원대회 소
집요구서를 제출했다.

하지만 회사 측의 방해 공작은 더욱 집요해졌다. 생산부장은 2명 이
상 모이지 말라, 변소에 갈 때에도 반장에게 보고하라, 야간 순찰을 강
화하라는 등 13개 조항의 특별 지시 사항을 발표했다. 섬유노조 역시
미온적인 태도를 보였다. 이에 투쟁위원회는 섬유노조 위원장에게 5
개 항의 결의문을 보내는 한편, 7월 18일부터는 매일같이 20~70명씩

조를 짜서 섬유노조 본부를 찾아가 대회 소집을 요구하는 농성을 벌였다. 7월 24일까지 농성이 계속되자 본부 임원들은 다 도망가고, 본부 건물에는 여성 사무원들만 남아 자리를 지키게 되었다. 사태가 이렇게 확대되자, 섬유노조는 노진호 위원장이 "8월 10일까지 대의원대회를 소집하고, 그때까지 어떠한 인사이동이 있을 때에는 부당노동행위로 고발하겠다"며 회사 측에 항의했다고 투쟁위원회 대표에게 알려왔다.

이런 상황에서 회사는 당시 유행하던 아폴로 눈병을 핑계로 기숙사생들의 외출 금지령을 내리고, 8월 8일자로 지동진을 노량진 공장으로 전격 전출시켜버렸다.

8 · 9 파업농성

노동자들의 분노는 극에 달했다. 두려움을 떨쳐내고 정면 대결을 벌여야 할 때가 다가왔음을 인식했다. 8월 8일, 투쟁위원회는 노동조합 상무집행위원회 명의로 대통령에게 보내는 '호소문'을 작성했다. 거기에는 저임금, 부당해고, 퇴직금, 대의원대회 지연, 조합비 유용, 지동진에 대한 부당한 전출 등 회사와 기존 노동조합의 갖가지 문제점들이 적시되어 있었다.

8월 9일, 투쟁위원회는 오후 2시 퇴근반부터 파업투쟁을 전개하기로 결정했다. 그날은 새벽부터 억수 같은 소나기가 쏟아졌다. 새벽 6시에 출근하는 노동자들은 일반 사원들이 출근하기 전 동료들에게 귓속말을 통해 부지런히 파업 소식을 알렸다. 정읍 출신으로 1972년에 입사한 직포과의 박순애는 당시 아직 양성공 신분이었다. 그래서 오히려 회사 측의 감시로부터 자유로울 수 있었다. 그녀는 이리저리 뛰어

다니며 소식을 전하는 연락병 노릇을 했다. 오전 내내 현장은 숨막힐 듯한 긴장감에 휩싸였다. 마침내 오후 2시, 작업 교대를 알리는 벨 소리가 울리자 퇴근자와 출근자 사이에 작업 교대가 빠르게 이루어졌다. 퇴근조 600여 명은 식사를 하는 둥 마는 둥 하고 달려나갔다. 그때까지 비가 쏟아지고 있었지만, 노동자들은 누구 하나 아랑곳하지 않았다. 총무과 사무실 앞마당은 순식간에 뜨거운 열기로 가득찼다.

"지동진에 대한 전출 명령을 철회하라!"

누군가가 외친 이 말이 최초의 함성을 이끌어냈다.

"노동조합 활동을 보장하라!"

함성은 이어졌고, 사무실에서는 놀란 사원들이 뛰쳐나왔다. 어느새 경비원들도 달려왔지만 기세에 눌려 그저 멍청하게 구경만 할 뿐이었다. 대열 앞에서 누군가가 광목천에 검은 글씨로 쓴 플래카드를 펼쳐 들었다. 함성과 똑같은 내용이 적혀 있었다. 얼마 후 사원들과 경비들이 한 중역의 지시에 따라 행동을 개시했다. 그들은 노동자들의 대열에 뛰어들어 순식간에 플래카드 하나를 빼앗아버렸다. 이어 남은 하나의 플래카드를 빼앗으려고 달려들었는데, 노동자들은 필사적으로 저항했다. 마침 들고 있던 우산이 훌륭한 무기가 되었다. 결국 '노동조합 활동을 보장하라!'는 내용이 적힌 플래카드는 확보할 수 있었다. 대열은 이제 그 플래카드를 가운데에 놓고 질퍽거리는 땅 위에 그대로 주저앉았다. 둥근 원형의 대열 안에는 지도부가 앉았고, 체격 조건이 좋은 노동자들은 원 주변에서 사원들의 진입을 막아냈다.

그런 상태에서 누군가가 미리 준비한 '8·9 농성선언문'을 읽기 시작했다.

현명하신 조합원 여러분, 지금 우리들은 법이 보장하는 정당한 노동의 대가와 인간적인 대우를 받고 있다고 생각하십니까? 아니면, 오늘날 국가비상사태와 보위법을 역이용하여 우리 노동자들을 착취하고 우리 저마다의 인권을 유린당하고 있다고 생각하십니까?

저는 현명하신 조합원 여러분의 판단력에 호소하는 바입니다. 우리들은 우리들의 자치기구인 노동조합이 썩을 대로 썩고, 부패한 것을 보고 뜻한 바가 있어 금년 초부터 지금까지 오랫동안 조직활동을 하던 중 7월 초순에 지부장 출마를 선언한 사람과 그 일을 위하여 노력하고 협조한 여러 사람을 회사 측에서 비인도적이고 비합법적인 방법으로 처리하려고 하는 것을 현명하신 조합원 1085명의 서명으로 우리들의 자유로운 노동활동을 보장받은 지한 달 만에 또다시 1085명의 인권을 무시하고 비인도적이고 비도덕적이고 비합법적인, 지동진 씨의 노량진 인사이동 처사를 보고 남의 일인 양 수수방관만 하고 있어야겠습니까? 지금까지 속고 속인 섬유노조 본부에만 의지하여 기다리고만 있어야겠습니까?

우리는 지금이야말로 우리들의 잃어버린 권익과 유린된 인권을 되찾기 위하여 일어서 굳게 뭉쳐야 할 때라고 믿어 의심치 않는 바입니다.

현명하신 조합원 여러분,

뭉치면 살고 흩어지면 죽는다는 말이 있습니다. 우리 모두 일어서 굳게 뭉쳐 일로매진합시다.

−1972년 8월 9일 한국모방 노동조합 정상화 투쟁위원회

노동자들은 함성과 박수로 선언문을 받아들였다.

1969년 이른바 3선 개헌을 힘으로 통과시킨 박정희 정권은 1971년

의 대통령 선거와 국회의원 선거에서 가까스로 승리를 거두긴 했지만, 속을 들여다보면 패배와 다름없는 충격적인 결과였다. 온갖 관권과 금품을 다 동원한 상태에서도 박정희는 신민당의 김대중 후보에게 '의외의 강타'를 당했는가 하면, 곧이어 치러진 제8대 국회의원 선거에서는 여야 의석 비율이 113대 91로 백중지세를 이루었기 때문이다. 그와 동시에 사법 파동, 광주대단지 사건, 한진 노동자들의 KAL 빌딩 점거 사건, 학생 데모 등이 꼬리를 물고 이어졌다. 위기를 느낀 박정희 정권은 1971년 10월 15일 위수령 발동, 12월 6일 국가비상사태 선포, 12월 27일 「국가보위에 관한 특별조치법」 공포 등 민주주의를 노골적으로 파괴하는 비상식적인 방식을 통해 간신히 국면을 타개해나가기에 급급했다. 특히 「국가보위에 관한 특별조치법」은 대통령 개인의 권한으로 국민의 물자와 노동력을 강제로 동원할 수 있게 한 것으로, 식민지시대 일제의 이른바 국민총동원령과 필적하는 악법 중 악법이었다.[25] 예를 들어 동법 제9조는 노동자들이 단체교섭권이나 단체행동권을 행사할 때 미리 주무 관청에 조정을 신청해야 한다고 못을 박음으로써, 사실상 노동자들의 정당한 권리 행사를 원천적으로 봉쇄했다.

한국모방의 노동자들은 정권의 이러한 행태에 편승해 노동자들의 정당한 목소리를 억누르려는 어떠한 형태의 기도까지 단연코 거부한다는 뜻을 분명히 밝힌 것이었다. 이어 발표된 '결의서'는 사장 박용운에게 다음과 같은 4개 조항을 촉구하는 내용이었다.

1. 비인도적이고 비합법적인 지동진 씨의 노량진 공장 인사이동을 즉각 철회하라.
2. 1085명의 인권을 유린하지 말라.

3. 눈병을 핑계로 우리들의 정당한 노동운동을 방해하지 말고 기
   숙사 외출 금지를 즉시 철회하라.
4. 자유로운 노동조합 활동을 보장하고 여하한 방법으로도 간섭하
   지 말고 적극 협조하라.

노동자들은 하나하나 조항이 발표될 때마다 뜨거운 함성과 박수로
호응했다. 아울러 "우리들의 요구가 관철되지 않는 한 우리들은 어떠
한 극한 투쟁도 불사할 것을 선언하는 동시에 결의한 바와 같이 1085
명 전원이 한국모방 주식회사로부터 전원 퇴사할 것을 선언한다"는
마지막 결의에도 우레와 같은 함성으로 지지의 뜻을 보냈다. 이어 한
노동자가 나서서 노래를 부르자고 했다. 아마 산선이나 JOC에서 소모
임 활동을 하는 노동자일 터였다.
"제목은 〈우리 승리하리라〉입니다. 미국의 흑인들이 인권을 찾기
위해 부르던 노래입니다."
노래를 아는 사람이 거의 없었기 때문에 몇 차례 따라 부르기 연습
을 했다. 쉬운 곡조에 단순한 가사였기 때문에 농성자들은 금세 따라
부를 수 있게 되었다. 여전히 비가 내리는 가운데, 합창 소리가 널리
퍼져나갔다.

   (1절) 우리 승리하리라/ 우리 승리하리라/ 우리 승리하리 그날
에/ 오, 참 맘으로 나는 믿네/ 우리 승리하리라
   (2절) 두려움이 없네/ 두려움이 없네/ 두려움이 없네 그날에/
오, 참 맘으로 나는 믿네/ 우리 승리하리라

〈우리 승리하리라〉(We Shall Overcome)는 원래 미국 흑인들이 19세

기 후반부터 부르던 복음성가로서, 피터 시거 등이 채록한 후 널리 퍼져나가기 시작한 노래였다. 이제 그 노래를 한국의 초라한 노동자들이 부르다 가슴이 벅차 펑펑 눈물을 쏟았다. 울먹이면서도 악착같이 노래를 따라 부르는 노동자들도 있었지만, 대개는 다 울음으로 노래를 대신하고 있었다. 두려움은 진작 사라졌고, 비록 초라한 노동자들이지만 손에 손을 잡고 앞으로 나아가면 '그날'이 반드시 오리라는 것을 그들 모두 참마음으로 느꼈다.

갑자기 경비실 쪽이 소란스러워졌다. 경비원들이 누군가의 출입을 막아서고 나선 것인데, 알고 보니 몇 명의 기자들이었다. 정문으로 들어오지 못하게 된 기자들은 울타리를 넘어 들어오려다가 경비원과 사원들에게 붙들려 구타를 당했다. 특히 〈동아일보〉 기자는 하얀 와이셔츠가 다 찢어지고 얼굴이 피투성이가 될 정도로 많이 맞았다. 일이 그 정도로 진행되자, 노량진경찰서에서도 형사들이 왔다. 회사 측에서 중재를 요청해서 찾아온 것이었다. 결국 박우만 상무실에서 교섭이 시작되었다. 투쟁위원회에서는 정상범 대표가 참석했다. 회사 측에서는 지동진의 원직 복귀만 빼고는 다 들어주겠노라 제의했다.

교섭은 결렬되었다. 정상범은 자리에서 벌떡 일어나며 회사 측을 향해 소리쳤다.

"우리는 물러서지 않는다. 승리할 때까지 싸울 것이다."

그와 동시에 품속에서 등산용 칼을 꺼내 자기 손을 탁자 위에 올려놓고 힘껏 내리쳤다. 그가 다시 칼을 치켜드는 순간, 협상장에 있던 사원들이 우르르 달려들었다. 그의 손가락은 완전히 잘리지 않았다. 빗맞았던 것이다. 회의장은 아수라장이 되었다. 잠시 후 형사들이 정상범을 양쪽에서 붙들고 회의장을 빠져나왔다. 그런 다음 승용차에 정상범을 강제로 실으려 하자 흥분한 노동자들이 달려들었다. 그때 정상범

이 손가락을 잘라 혈서를 쓰려 했다는 소식이 전해지자 노동자들의 흥분은 극에 달했다. 어느 순간, 형사 1명의 입에서 외마디 비명이 터져 나왔다. 누군가가 현장에서 실을 끊어낼 때 쓰는 갈고리칼로 형사의 팔뚝을 내리쳤던 것이다. 형사의 팔뚝에서는 시뻘건 피가 흘러나왔다. 사태가 어떻게 진행될지 아무도 모르는 순간이었다. 형사들은 겁을 집어먹고 정상범의 연행을 포기했다. 그 순간에도 정상범의 손가락에서는 피가 줄줄 흘러 동여맨 헝겊을 붉게 물들이고 있었다. 투쟁위원회 간부들은 그제야 사태의 심각성을 눈치채고, 흥분한 노동자들을 진정시키려고 애를 썼다.

"우리 조금만 참읍시다. 여기서 더 흥분했다간 그동안 우리가 쌓아온 모든 노력이 물거품이 될지 모릅니다. 우리 차분하게 몇 시간만 더 기다립시다."

오후 6시가 되자, 주간 근무자들이 농성에 가세했다. 사장 박용운이 고급 외제차를 타고 나타난 것도 그 무렵이었다. 사원들은 90도 각도로 허리를 굽혀 인사를 하며 충성심을 표시했다. 노동자들은 더욱 큰 목소리로 구호를 외쳤다.

"지동진의 전출 명령을 철회하라!"

"노동조합 활동을 보장하라!"

청와대 경호실장 출신의 박용운도 노동자들의 기세에 눌려 슬그머니 사무실 안으로 몸을 피했다. 때마침 퇴근하던 남성 노동자들이 현장 주변에서 물끄러미 그 모든 광경을 지켜보고 있었다. 그러자 정사과의 유월순이 다가가 소리쳤다.

"당신들은 노동자가 아닙니까? 왜 농성에 참여하지 못하고 구경만 하는 것입니까? 여러분이 참여하면 우리의 승리는 훨씬 쉬워질 수 있을 텐데 왜 참여하지 못합니까?"

남성 노동자들은 얼굴이 홍당무처럼 벌게지며 주춤주춤 뒤로 물러서기만 할 뿐이었다.

저녁 7시, 공장의 모든 불이 일제히 꺼졌다. 작업조들도 더 이상 기다릴 필요를 느끼지 못하고 파업에 동참한 것이었다. '와' 하는 함성이 전 공장을 뒤덮었다. 그와 동시에 곳곳에서 노동자들이 뛰쳐나오기 시작했다. 농성 인원은 순식간에 1400여 명으로 늘어났다. 먼저 농성하고 있던 노동자들은 환호성을 지르며 그들을 맞이했다. 이제 노동자들은 심기일전하여 애국가를 부르기 시작했다. 농성장에는 일시에 숙연한 분위기가 감돌았다. 지도부는 그 사태가 무엇을 뜻하는지 잘 알고 있었다. 총파업! 그것은 국가비상사태가 선포되고 국가보위법이 발동되어 모든 형태의 파업이 '불법화'된 상태에서 벌어진 최초의 대규모 파업이었다. 그 결과가 어떻게 될지, 아무도 짐작할 수 없는 형편이었다.

그런 가운데 가공과만은 파업을 못한 채 노동자들이 계속 일을 하고 있다는 소식이 전해졌다. 남성 노동자들이 출입문을 막아선 채 강제로 작업을 진행하고 있었기 때문이다. 흥분한 노동자들 중 50여 명이 가공과를 향해 달려가 돌을 던지고 고함을 질렀다. 출입구 옆 수정실의 철문이 쉽게 부서졌다. 그 틈을 타서 가공과 노동자들도 농성에 합류할 수 있었다. 이제 회사 측은 말 그대로 속수무책이었다. 물론 그 와중에도 문채휴 영업부장은 사진기를 들고 다니면서 파업 현장을 채증하기에 여념이 없었다. 일부 관리자들은 소용도 없는 설득을 하러 이리저리 돌아다녔지만, 그건 이미 훗날 자신들의 충성심을 입증하기 위한 형식적인 절차에 지나지 않았다. 섬유노조 본부에서도 몇 사람이 나타났고, 회사 임직원들 사이에 노동부 관리들도 끼어들었다.

밤 10시, 회사 측의 제의로 다시 교섭이 시작되었다. 회사 측은 태도를 바꾸어 지동진의 전출 명령을 취소하겠다고 말했다. 노동자 대표들은 문서로 밝혀줄 것을 요구했다. 아울러 대의원대회 개최 일자까지 명시하라고 다그쳤다. 노량진경찰서 측에서는 이번 사태에 대해 노동자들에게 어떠한 책임도 묻지 않을 것을 약속했다.

밤 11시, 노동자들은 만세를 부르며 서로 부둥켜안았다. 마침내 승리한 것이었다. 그와 더불어 8시간 반 만에 농성도 끝이 났다. 현장도 정상적으로 돌아가기 시작했다. 작업에 들어간 노동자들은 힘든 줄도 몰랐다. 그들은 어느새 익숙해진 노래 〈우리 승리하리라〉를 콧소리로 흥얼거리면서 기계 사이를 뛰어다녔다.

제**3**장 민주노조의 출범

민주노조의 전야

8·9 파업농성은 한국모방 노동조합이 민주화하는 과정에서 결정적인 분수령이 된다. 그날 노동자들은 두려움을 떨치고 파업농성에 돌입했고, 온갖 방해와 협박에도 불구하고 투쟁을 지속하여 마침내 승리의 열매를 쟁취했다. 그것은 권위주의 정권이 모든 집회를 금지한 소위 국가비상사태라는 엄중한 현실 속에서 감행된 실로 극적인 투쟁이었다.

1971년 국가비상사태가 선포되자, 한국노총은 주저 없이 다음과 같은 태도를 드러냈다.

> 우리는 국가비상사태의 선포를 충심으로 환영하고 지지한다. 우리의 주된 목표는 정부가 강력한 국가, 빠른 경제성장을 이루도록 돕는 것이라고 믿는다. 노조의 이익은 그다음 문제다. 국가 없이는 노동조합도 없을 것이다.[26]

노동자의 이익을 대변해야 하는 최상급 기관마저 겁에 질려 이런 인식을 드러낼 때, 한국모방 노동자들은 노동의 최일선 현장에서 외롭지만 끈질기게 투쟁하여 결국 승리의 드문 경험을 하게 된 것이었다. 그러나 아직 완전한 승리가 찾아온 것은 아니었다. 그들 앞에는 여전히 넘어야 할 산이 수두룩했다.

8월 11일, 회사 게시판에는 대의원 선출과 대의원대회 개최를 알리는 공고문이 변영휴 부지부장 명의로 게시되었다. 대의원은 14일에 선출하고, 대의원대회는 17일 오전 10시 회사 식당에서 개최한다는 내용이었다. 점심시간이 되자, 수많은 조합원들이 공고를 보러 몰려들었다. 가장 큰 관심은 지부장으로 입후보한 두 사람의 후보자에게 쏠렸다. 한 사람은 염색과의 지동진이었고, 다른 한 사람은 전방보전 담임 이한철이었다. 물론 이한철은 회사 측에서 적극적으로 미는 사람이었다. 그때부터 노사 양측에서 치열한 물밑 선거전이 시작되었다. 회사는 담임들을 대의원으로 선출하기 위해 혈안이었다. 돈도 풀고, 때로 협박과 회유를 통해 조합원들을 설득하려 애썼다. 반면 투쟁위원회는 현장에서 신임을 받으면서도 부서를 통솔할 수 있는 조장급 여성 노동자를 대의원으로 선출하기 위해 전력을 다했다. 문제는 대회 이후에 분명히 닥쳐 올 탄압을 의연하게 견뎌 낼 신념이 있어야 한다는 점이었다.

8월 14일, 긴장 속에서 대의원 선거가 치러졌다. 각 부서와 반별로 실시된 투표는 다음 날 새벽에야 끝이 났다. 투표가 진행되는 동안 회사 측은 사원들과 담임을 동원하여 공포 분위기를 조성하기도 했다. 그러나 이미 승리의 경험을 한 노동자들에게 그런 위협쯤은 아무것도 아니었다. 개표 결과, 남자 13명, 여자 29명 등 총 42명이 대의원으로 선출되었다. 이제 그들의 손에 한국모방 노동조합의 운명, 아니 1400명 노동자들의 운명이 달려 있게 된 것이다. 회사는 대의원을 자기편으로 포섭하려 기를 쓸 게 뻔했다. 투쟁위원회는 이길 자신이 있었지만 투표가 끝날 때까지 방심은 절대 금물이라고 판단하여 나름대로 표관리에 돌입했다. 회사 주변 의용촌에 여관을 잡아놓고 투표 당일까지 합숙하기로 결정했다. 대의원들은 출근에서 퇴근까지 집단적으로 행동했다. 밤 10시와 새벽 6시에 퇴근하는 대의원들은 동료들이 밖에서 기다렸다가 함께 여관으로 가곤 했다. 여관에서는 회의 진행법과 발언 내용 등을 부지런히 학습했다.

민주노조의 탄생

8월 17일, 수많은 노동자들이 그토록 기다리던 대의원대회 날이 밝았다.

변영휴 부지부장이 재적 42명 중 41명 참석으로 성원이 되었음을 발표하고 섬유노조 한국모방지부 제10년차 대의원대회의 개회를 선언했다. 섬유노조에서는 부위원장과 조직국장, 조직부장, 쟁의부장 등 4명이 내빈으로 참석했다. 개회 선언 직후, 의장이 회의 진행 경험이 없음을 이유로 임시의장을 선출해달라고 요청하자, 이한철은 부지부장이 계속 진행해줄 것을 요청했다. 재청은 없었다. 지동진이 곧바로 조삼년 대의원(전방 시험실)이 왜 참석할 수 없게 되었는지 말해달라고 요청했다. 의장은 조삼년 대의원이 작업 이외에는 식당에서 밥을 먹을 수 없게 되어 있는 회사 규정을 어긴 것으로 안다고 대답했다. 이에 부당하다는 의견이 오가고 해명 여부를 두고 논란이 오갔으나, 지동진이 기타 토의에서 다시 다루기로 하는 선에서 1차 마무리를 지었다. 의장은 다시 한 번 경험 부족을 이유로 임시의장 선출을 요구했다.

이에 정상범이 긴급 발언을 요청했다. 섬유노조 본부 임원(조직국장)을 임시의장으로 하자는 긴급 동의였다. 이에 대해 이한철은 부지부장이 계속 의장직을 수행하는 게 좋겠다고 발언했다. 의장은 두 가지 안에 대해 투표를 실시했다. 6대 30. 정상범이 제출한 동의안이 압도적 표차로 받아들여졌다. 이때 이미 지부장 투표의 결과도 드러난 것이나 다름없었다.

임시의장이 섬유노조 본부 조직국장으로 교체되었다. 결산 승인과 예산안 심의에 이어 가장 중요한 임원 선출 순서가 다가왔다. 임시의장은 선거 사찰과 감표 위원으로 후보자가 각각 2명씩을 지명하도록 했다. 이한철은 오을택과 안종식을, 지동진은 정상범과 명선옥을 지명했다.

임시의장 투표 방법을 말씀하시기 바랍니다.

대의원(정상범) 소문에 의하면 투표지에 비밀표시로 누가 누구를 찍었는지 차후에 알 수 있도록 K라든가 O표, 또는 투표지 도장 찍은 앞에 두 자 뒤에 한 자를 적는다든지 하는 소위 암호 투표를 하라는 지시를 했다는 소문이 있는데, 반드시 도장 찍은 후면에 입후보자를 기입할 것과 어떠한 표시가 있으면 통상 관례상 무효가 되오니 무효표로 간주할 것과 투표가 끝나면 투표 용지는 끝난 즉시 신임 지부장이 보관할 것을 동의합니다.

재청이 있자, 임시의장은 지지하는 후보자의 성 한 자만을 적도록 확인한 뒤, 투표가 시작되었다. 투표는 철저히 비밀투표로 진행되었다. 투표가 끝나고 긴장 속에 임시의장이 결과를 발표했다.

"재적 42명 중 투표자 41명에 지동진 33표, 이한철 8표로 지동진 동지가 지부장에 선출되었음을 선포합니다."

순간, 대회장에는 짧은 침묵이 흘렀다. 곧바로 대의원들 중 누군가가 흐느끼기 시작했다. 그러자 많은 여성 대의원들이 탁자에 고개를 파묻고 따라 흐느꼈다. 그 흐느낌의 의미를 모르는 사람은 없었다. 임시의장이 신임 지부장에게 의장 권한을 넘겨주었다. 지동진은 묵묵히 걸어나갔다. 그는 임시의장과 악수를 나눈 다음 대의원들을 향해 깊이 허리를 굽혀 인사를 건넸다.

"여러분에게 진심으로 감사의 인사를 드립니다. 여러분, 우리 모두는 승리한 것입니다. 오늘을 위하여 우리는 싸워온 것입니다. 오늘이 있기까지 싸워온 여러 대의원 동지들과 조합원들 모두의 수고를 절대로 잊지 않겠습니다."

어느새 지동진의 목소리도 떨리고 있었다. 눈에는 눈물이 글썽거렸다. 대의원들은 또다시 감격에 겨워 훌쩍거리기 시작했다. 잠시 후 지동진은 다시금 입을 열었다. 이번에는 좀 더 냉정한 목소리였다.

"오늘이 지나면 회사 측의 탄압은 더욱 심해질 것입니다. 그러나 본인은 어떠한 탄압이 닥쳐온다고 해도 이겨낼 것임을 여러분 앞에서 분명히 밝혀두고자 합니다. 여러분, 우리 모두 단결합시다."

지동진 신임 지부장의 쩌렁쩌렁한 목소리가 울려퍼지자, 그때까지 마지못해 남아 있던 회사 측 관리자들은 말없이 대회장을 빠져나갔다. 진정한 승리의 의미를 모르는 자들은 패배조차 인정할 줄 모르는 법이었다.

회의는 점심시간도 넘겨가며 계속되었다. 새로운 지부장이 뽑혔다는 소식이 구경 온 조합원들의 입을 통해 각 부서로 전달되었다. 조합원들은 환호성을 질렀지만, 점심시간이 끝나자 기쁨을 이어나갈 틈도 없이 다시 작업에 매달려야 했다. 감시의 눈초리가 한층 날카로워지리라는 것쯤은 다들 알고 있었기 때문이다. 조합원들은 작은 꼬투리도 잡히지 않으려고 기쁜 마음도 감춘 채 작업에만 열중했다.

대회장에서는 신임 지부장의 사회로 상집위원과 회계 감사위원, 그리고 본부에 파견할 대의원들을 뽑는 절차가 진행되었다. 본부 조직국장은 전형위원을 선출한 후 그들이 선출한 대의원을 인준받는 게 절차임을 알려주었다. 신임 지부장이 전형위원을 선출하라는 동의가 있자, 지동진 신임 지부장은 자신을 포함해 이정우, 김문자, 김영수, 정상범 등 모두 5명의 전형위원을 지명했다. 약 10분간의 휴회가 있은 뒤, 전형위원들이 신임 임원들을 발표했다.

- 부지부장: 김갑준, 홍성병, 진화순
- 총무부장: 이정우, 명선옥
- 조직부장: 김문자, 장복진
- 교선부장: 방용석, 나연자
- 조사통계부장: 김영해, 이필남
- 쟁의부장: 장인숙, 홍말순
- 부녀부장: 강순례, 권경숙
- 회계 감사위원: 이문희, 정춘녀, 나양숙
- 본부 파견 대의원: 지동진, 김갑준, 홍성병, 진화순

투표 결과, 찬성 33표, 반대 2표, 기권 6표로 신임 임원진이 구성되었다. 남녀 비율은 전임 체제와 크게 달라졌다. 이제는 조합원의 성별 구성 비율을 거의 그대로 반영하고 있었다. 훗날 1970년대 전반에 걸친 민주노조들의 투쟁 과정에서 여성 노동자들이 차지하는 절대적 비중을 고려할 때, 이는 한국모방 노동조합이 비로소 민주노조로 다시

민주노동조합 태동기에 상무집행위원회와 대의원 단합대회

태어났음을 입증하는 증거의 하나였다. 이후에도 많은 안건이 토의되었다. 대의원들은 그동안 입이 있어도 제대로 말할 수 없었던 요구 조건들을 거침없이 드러냈다.

역사적인 대의원대회는 그렇게 막을 내렸다.

노동조합 정상화 투쟁의 의의

한국모방 노동조합의 '정상화'는 어용노조가 말 그대로 제자리를 찾아간 것에 불과했지만, 몇 가지 점에서 매우 중요한 의의를 지닌다.

첫째, 정권의 폭압적인 노동정책에도 불구하고 산업 현장에서 민주주의의 기본 가치를 구현할, 이른바 1970년대 민주노조운동의 출발을 의미했다. 1961년 군사쿠데타 이후 한국노총 산하 모든 산업별 노조들은 군사정권의 입맛에 맞게 길들어 노동자들의 권익을 제대로 보호하지 못하거나 노동 현장의 참혹한 실상을 오히려 왜곡하는 데 한몫 거들어온 게 사실이다. 한국모방 노동조합의 정상화는 곧 노동조합의 민주화로서 청계피복, 동일방직 등과 더불어 연이어 터져 나올 노동조합 민주화운동의 선봉이라는 역사적 역할을 담당한다. 실제로 이후 1970년대 내내 콘트롤데이타, 반도상사, 해태제과, 방림방적 등의 많은 노동조합들이 한국모방의 뒤를 이어 민주노조로 서기 위한 투쟁을 지속했고, 삼원섬유, 대일화학, 동남전기, 태광산업, 유림통상 등에서는 노동조합을 새롭게 결성하고 민주노조로 새롭게 자리 잡는 투쟁을 이어나갔다.

둘째, 종교계의 지원을 일부 받긴 했지만, 한국모방 노동조합 정상화 투쟁 과정에서 노동자들은 노동운동의 주체로서 자기인식을 확립한 것은 물론이고, 노동자의 자주적 조직으로서 노동조합이 얼마나 귀중한 것인지 새삼 깨닫게 되었다. 이는 이후 한국모방 노동조합의 활발한 활동을 통해 더욱 구체적으로 증명된다. 실제로 한국모방 노동자들은 경제적 생활 향상은 물론이고 자본과 권력으로부터 비인간적 대접을 받던 현실에서 벗어나 스스로 인간다운 인간으로 다시 서는 '놀라운' 경험을 하게 된다.

셋째, 1970년 전태일 사건 이후 새롭게 각성한 종교계의 지원을 통해 의식화된 노동자들이 노동운동의 새로운 주축으로 서게 되는 계기로 작용했다. 개신교의 산선과 천주교의 JOC는 나름대로 선교의 사각지대인 노동 현장에 뿌리 내리고 있었다고 자임했는데, 전태일의 분신은 그런 인식 자체에 커다란 허점이 있음을 증명했다. 사실 산선과 JOC는 그때까지 '산업사회의 구원'(개신교)이니 '노동자의 구원'(가톨릭)이니 순전히 전도의 차원에서 노동 현장을 대상화했던 것에 불과했다. 그러나 그들 스스로 노동현장에 뛰어들어 체험한 결과, 노동자 스스로 자기 문제를 바라보고 스스로 해결하는 게 무엇보다 중요하다는 점에 대해서는 어느 정도 공감대를 이루어냈다. 전태일 사건은 이런 인식을 구체적으로 실천하는 데 결정적 계기로 작용했고, 한국모방 노동조합의 민주화 투쟁 과정은 동일방직과 더불어 가장 중요한 사례였다. 그로부터 예배, 상담, 봉사, 평신도 교육 차원을 넘어서서 노동자들에 대한 의식화 교육과 구체적으로 조직을 구성하고 이끌어갈 수 있는 노동운동 지도자 양성 교육 등이 그들의 주요한 선교 방식으로 자리 잡게 되었다.

회사 측의 부당한 보복 공세

하지만 민주노조가 갈 길은 아직 멀었다. 일차적 승리를 통해 모든 가능성을 자기 것으로 하는 계기를 마련하긴 했지만, 동시에 반동과 탄압의 모든 가능성 또한 더욱 거세질 게 뻔했기 때문이다. 낙관보다는 부정 쪽으로 무게 추가 많이 기우는 게 당대의 솔직한 현실이었다. 그 현실은 대의원대회가 끝난 직후 곧바로 나타났다. 투표를 통해 신임 지부장이 탄생하자마자 대회장을 빠져나간 회사 측 관리자들은 도무지 인정하고 싶지 않은 현실에 대해 전에 없이 강력한 보복 조치로 대응하기로 결정했다. 대책회의를 진행하는 동안 박용운 사장의 책임 추궁을 피해 보려는 얄팍한 심사가 서로 간에 상승작용을 하여 점점 거친 반응으로 나타났고, 결국 어이없고 또 낯간지러운 보복 조치들을 태연히 자행하기에 이른다.

대의원대회 다음 날인 8월 18일, 회사는 장이권과 장대권 두 사람의 임시공을 해고했다. 그다음 날에는 무려 13명의 조합원들에 대해 징계 조치가 내려졌다. 누가 보아도 속이 빤히 들여다보이는 부당 징계였지만, 회사는 눈 하나 깜짝하지 않고 이런 따위의 징계를 지속했다. 그 결과, 8월 28일까지 총 41명에 대해 부당한 징계 조치가 내려졌다.

[표4] 1972년 한국모방 부당 징계 조치자 명단

일자	성명	직위(노조, 현장)	현장 부서	징계내용
8.17	조삼년	대의원, 조장	전방B	해고
8.18	장이권	임시공	창고	해고
	장대권	임시공	창고	해고
8.19	이상숙	대의원, 지도공	전방B	직위해제
	김영순	대의원, 부조장	후방A	후방에서 식당으로 부서 이동
	권경숙	부녀차장, 부조장	후방A	위와 같음
	유월순	대의원, 지도공	후방B	위와 같음
	최정숙	대의원, 지도공	후방B	위와 같음
	마명숙	조합원, 지도공	가공	가공반에서 주전으로 부서 이동
	정상범	총무부장	직포	직포에서 창고로 부서 이동
	방용석	교선부장	개발	개발에서 전방보전으로 부서 이동
	김갑준	부지부장, 조장	개발A	위와 같음
	장복진	조직차장, 부조장	직포	직위해제
	임지순	대의원, 기장		직위해제
	차윤순	대의원, 부조장		직위해제
	강순례	부녀부장, 조장	소모A	해고
8.20	이정우	총무부장, 반장	전방C	권고사직
8.21	김안기	중대장, 사원	총무	해고
	이한규	경비원		해고
	송옥순	대의원, 지도공	후방C	해고
	박정희	대의원, 지도공	정방B	직위박탈
	조영순	교선차장, 부조장	정방C	직위해제
	이문희	회계 감사	가공	가공에서 창고로 부서 이동
	명선옥	총무차장, 기장	전방A	부서 이동 후 해고
	나연자	교선차장, 조장	정방A	위와 같음
	김문자	조직부장, 조장	정방B	위와 같음
	나승열	대의원	전방B	권고사직

일자	성명	직위(노조, 현장)	현장 부서	징계내용
	김영해	조사통계부장, 조장	후방A	후방에서 식당으로 부서 이동
	정춘녀	대의원, 지도공	후방B	위와 같음
	김영금	조장	후방C	위와 같음
	안중자	대의원, 지도공	후방A	위와 같음
	김정순	대의원, 지도공	후방A	후방에서 전방보전으로 부서 이동
	권중례	대의원, 지도공	후방B	위와 같음
	이승애	대의원, 지도공	후방C	위와 같음
	간정숙	대의원, 지도공	후방C	위와 같음
	조성애	대의원, 지도공	전방보전	반 이동
	김상분	조합원	전방보전	전방보전에서 후방보전으로 이동
	홍말순	쟁의차장	개발C	해고
8.23	이현숙	대의원, 조장	소모	반 이동
8.28	강귀자	대의원	가공	반 이동

이 모든 징계는 당연히 노동조합 정상화 투쟁을 저지하기 위한 의도에서 비롯된 것이었다. 그러다 보니 누가 봐도 어이없고 가당치 않은 이유로 내려진 징계가 대부분이었다. 예를 들어 8월 18일 해고당한 임시공 장이권, 장대권은 형제이며 동시에 쟁의부장 장인숙의 오빠들인데, 장인숙이 대의원대회에 참석하는 것을 막지 못했다는 이유로 해고당했다. 나승열도 교선차장 나연자의 오빠로서 동생을 설득하지 못했다는 이유로 권고사직을 당했다. 예비군 중대장 김안기의 해고에 대해서는 지부장과 친하다는 이유 이외에는 어떤 이유도 쉽게 찾을 수 없었다. 대의원 송옥순은 심한 무좀 때문에 양말을 벗다가 경비원에게 적발되어 근무 태만으로 해고당한, 그야말로 말도 안 되는 사례였다. 현장은 살벌한 전쟁터처럼 변했다. 관리자들과 경비원들이 시도 때도 없이 돌아다니며 공포 분위기를 조성했고, 조금만 잘못해도 욕설과 고함이 쏟아졌다.

8월 22일, 식당.

현장에서 부서 이동을 당해 식당으로 온 김영해, 정춘녀, 김연순 등 8명의 조합원들은 점심시간을 맞이하여 눈코 뜰 새 없이 바빴다. 그런 가운데서도 조합원은 물론이고 사원들에게도 상냥한 웃음을 잊지 않았다. 마침 전방보전으로 쫓겨가서 청소 작업을 맡게 된 명선옥, 홍말순, 김명숙 등 노조간부 5명이 들어왔다. 그들은 식탁 사이사이를 돌아다니면서 오히려 조합원들을 격려했다. 그들의 왼쪽 가슴에는 하나같이 '인내는 쓰다. 그러나 그 열매는 달다'라고 쓴 리본이 달려 있었다. 조합원들은 그들의 손을 잡고 반갑게 대화를 나누었다. 그때 갑자기 총무과 직원 몇 명이 다가오더니 그들을 사무실로 개 끌듯 끌고 가버렸다. 문채휴 부장이 그들 앞에 나타났다.

"야, 이 빨갱이 같은 년들아! 이것들이 아직도 정신을 못 차렸네? 이 지독한 년들! 누가 니들 맘대로 회사 기지를 잘라 이런 걸 만들라고 했어? 회사 물건을 니들 맘대로 써도 되는 거야?"

문채휴는 여성 간부들의 앞가슴에 달려 있는 리본을 거칠게 확 잡아채면서 욕설을 퍼부었다.

"니년들은 지금부터 몽땅 해고야! 이 도둑년들!"

홍말순이 나섰다.

"이 천은 회사 게 아니에요. 왜 확인해보지도 않고 누명을 씌우는 겁니까? 자, 잘 보세요. 회사 어느 부서에서 이런 천을 사용하는지 말해보세요."

그러나 소용없는 항변이었다. 문채휴는 더욱 기고만장해져서 소리쳤다.

"시끄러워, 이년들아! 이제 니년들은 끝난 거야. 집에 가서 있다가 애새끼나 낳고 살라구. 그게 제일 속편할 거야."

문채휴는 노무과장에게 해고 조치를 하도록 명령하고는 사무실을 나가버렸다. 과연 그 길로 5명의 노조간부들(명선옥, 홍말순, 나연자, 김명숙, 김문자)은 해고당하고 말았다. 차마 회사 물품을 무단으로 사용했다는 혐의를 뒤집어씌울 수는 없었는지, '불법 부착물 부착'을 해고 사유로 내세웠다. 회사는 이렇게 무법천지였다. 문채휴는 지동진 지부장에게도 협박을 일삼았다.

"네 뒤에 중앙정보부 직원과 형사들을 붙여놓았으니, 어디 얼마나 해먹는지 두고 보자."

회사는 온갖 치사한 방법으로 조합원들을 괴롭혔다. 여자용 화장실 앞에 여자 경비원을 배치하여 출입자의 사용 시간까지 일일이 조사하는가 하면, 전방보전의 김명숙 대의원에게는 대의원직을 사퇴하지 않으려면 기숙사에서 퇴사하라는 압력을 가하기도 했다. 실제로 기숙사 사감은 수용 인원 900명의 기숙사에서 400명을 퇴사시키겠다고 을러대면서 노동조합 탈퇴와 회사 명령에 대한 복종을 강요했다.

이런 조처들에 대해 8월 21일 노동조합은 다음과 같은 6개 조항을 회사 측에 요구하고, 만일 받아들여지지 않으면 조합원 총회를 열어 단호히 대처하겠다고 경고했다.

1. 해고자 전원을 복직시킬 것.
2. 부서 이동자 전원을 원직으로 복직시킬 것.
3. 경비원의 현장 순찰을 중지할 것.
4. 역부공[27] 지위박탈자를 환원시킬 것.
5. 개발과 해체 조치를 중단할 것.
6. 기숙사생들에 대한 탄압을 중지할 것.

이에 대해 회사 측은 사규에 의한 정당한 조처라고 하면서 노동조합의 요구를 전면 거부했다. 지동진 지부장 체제의 노동조합은 8월 26일 조합원 총회를 열어 이 문제를 규탄하기로 결의했다. 아울러 그날 총회에는 사회 각계의 인사들을 초청하여 회사 측의 불법적이고 부당한 반노동자적 작태를 고발하기로 결의했다. 퇴직금받기투쟁위원회 시절의 경험이 있는 데다 종교계와 긴밀한 관계를 맺고 있어 노조는 여론전에 자신이 있었다.

노동조합은 상무집행위원회(상집위) 명의로 '호소문'도 작성했다. "불법적인 탄압 내지 박해함을 더 이상 참을 수 없어 뜻있는 분을 모시고 피맺힌 눈물로 하소연을 하고자 하오니 공사다망할 줄 사료하오나 꼭 참석하시와 무지한 저희들의 앞날의 자세를 선도하여 주시옵길 기원"한다는 말로 운을 뗀 '호소문'은 그동안 회사 측이 저지른 갖가지 부당한 처사를 낱낱이 고발하고 있었다. 노량진경찰서에서 자기들이 중재에 나설 테니 일주일에서 열흘 정도 냉각기를 갖자고 제의를 해왔다. 노조는 이에 응했다. 그러나 열흘이 지나도록 아무런 조치가 취해지지 않았다. 결국 중재란 것이 노량진경찰서의 지연 전술에 불과했다는 사실만 입증되었을 뿐이었다.

9·3 사태

5·16 군사쿠데타로 집권한 박정희 정권은 자신의 태생적 한계를 호도하고 장기 집권을 유지하기 위해 반공과 근대화를 정권의 가장 핵심적인 이데올로기로 내세웠다. 이를 위해 군, 경찰, 중앙정보부, 행정관청, 경제기구, 교육기관, 심지어 법률 제도와 어용 문인단체에 이르

기까지 가능한 모든 기구와 제도를 동원했다. 경제 분야에서는 재벌과 한국노총이 가장 중요한 동원 기구로 존재했다. 반면 경제개발을 위한 계획의 입안에서부터 그 수행 과정, 성과 배분에 이르기까지 국민의 참여를 철저히 배제했다.[28] 이러한 '동원과 배제'의 원칙은 말단 노동 현장까지 어김없이 관철되었으니, 자본은 자신의 독점적 이익을 확보하기 위해 노동을 철저히 배제했고, 이를 위해 가능한 모든 수단을 동원했다.

한국모방의 경우, 자본이 동원한 수단에는 말도 안 되는 사규(社規)로부터 계급적으로 당연히 노동자인데도 불구하고 어쩔 수 없이 자본의 하수인 노릇을 하게 된 경비원까지 두루 포함되었다. 생산의 주역이면서도 그 결과물의 배분으로부터는 철저히 배제된 노동자들은 어용노조를 거부하고 자신들의 주체적 의지로 새로운 집행부를 선택했다. 이렇게 출범한 신생 한국모방 노동조합은 강력한 자본의 동원 체제와 맞서 싸워 이기지 않으면 생존조차 위협받을 처지였다.

9월 1일 오후 7시, 노동조합은 대림동에 있는 한 중국 음식점에서 비밀리에 상집회의를 개최했다. 상집간부 15명이 전원 참석했다. 상집간부들은 회사 측의 악랄한 보복 조치에 대해 효과적인 대책을 수립하지 않으면 노동조합으로서 존립 자체가 위협받는 상황임을 논리에 앞서 온몸으로 먼저 체득하고 있었다. 그들은 장장 열네 시간에 이르는 마라톤 회의 끝에 9월 3일 오전 6시를 기해 일요일 특근 작업을 전면 거부하기로 결정했다. 마침 수출품 선적 만기일이 며칠 남지 않았기에 그 정도 파업만으로도 회사는 상당한 타격을 입을 것이었다. 상집간부들 대다수가 현장에서 잔뼈가 굵은 조장이었기에 찾아낼 수 있는 전술이었다.

그날 오전 10시경부터 현장에는 9월 3일 작업 거부를 알리는 유인물이 각 부서 간부들에 의해 비밀리에 전해지기 시작했다. 간부들은 조합원들을 한 사람씩 화장실로 불러 유인물을 전달했다. 오후 2시경에는 식당에도 살포되었다. 2시 출근반에게 공개적으로 알리기 위해서였다. 퇴근자들은 그렇게 받은 유인물을 몸 안에 감추고 기숙사로 올라갔다. 야간반 근무자에게 알려야 하기 때문이었다. 회사 측은 뒤늦게 사태의 심각성을 깨달았지만 마땅한 대처 방안이 없었다. 기계가 멈추면 그만이었다. 협박으로 사태를 되돌리던 시절은 이미 지났다. 조합원들은 이미 정영오 지부장 체제에서 온갖 수모를 당하던 어제의 그들이 아니었다. 오늘, 그들은 노동조합을 자기들의 것으로 생각했다. 따라서 무슨 수를 써서라도 지켜야 할 소중한 존재였다. 자본에 맞서, 주체로서의 자각과 의지가 노동의 새로운 무기로 등장한 것이었다.

총무과 사무실은 갑자기 부산해졌다. 본사에서도 급히 중역들과 수출부서 간부들이 달려왔다. 무슨 수를 써서라도 기계를 돌려야만 하는 상황이었다. 수출 선적을 맞추지 못하면 신용이 떨어지는 것은 물론 손해배상까지 해야 하기 때문이었다. 다급해진 그들은 노사협의회를 갖자고 제안했다. 노조 측에서는 지동진 지부장 혼자 참석했다. 한 시간이 훨씬 지난 후, 지동진 지부장이 굳은 표정으로 나왔다. 협상은 결렬되었고, 이제 힘 대 힘의 대결만이 남아 있었다.

노조간부들은 중국 음식점에 다시 모여 결전에 대비한 마지막 전술회의를 열었다. 그들은 회사 앞 지도를 그려놓고 예상 가능한 회사 측의 전술과 그에 맞서 효과적인 대처 방법을 토의했다. 그 결과, 여섯 갈래의 출근길에 각기 간부 2명씩을 3중으로 배치하기로 결정했다. 그날 밤, 회사 측 간부들과 반장, 담임들은 조합원들을 설득하기 위해 밤새도록 대림동 일대를 누비고 다녔다. 비가 내려서 그런지 그들의 모습에서는 평소의 기세등등함을 찾아보기 어려웠다.

짙은 어둠 속에 D데이 H아워가 시시각각 다가오고 있었다. 새벽 4
시, 대림동 회사 앞 골목골목에는 이미 노조간부들이 모습을 드러내기
시작했다. 그 시각, 회사 생산부 사원들은 한 사람도 빠짐없이 사무실
에서 대기 중이었다. 5시가 지나자 출근하는 노동자들이 하나둘 나타
났다. 거의 대부분 남성 노동자들이었는데, 간혹 여성 반장이 담임들
의 손에 이끌려 괴로운 표정으로 출근하는 모습도 눈에 띄었다. 5시
30분경, 기숙사에서 웅성거리는 소음이 회사 밖까지 들려왔다. 여성
기숙사생들이 출근을 하지 않자 사원들이 기숙사로 몰려간 것이었다.
회사 밖에서 기다리던 노조간부들은 입술이 바짝바짝 타들어갔다. 생
각 같아서는 당장 뛰어올라가 지원을 해주고 싶었지만, 맡은 바 임무
때문에 그럴 수 없었다. 오직 조합원들의 의지를 믿을 뿐이었다. 그렇
게 마침내 6시가 되었다. 노조간부들은 안도의 한숨을 내쉴 수 있었
다. 기숙사에서는 회사 측 사원들만 내려왔기 때문이었다. 나중에 파
악한 바에 따르면, 기숙사 내 66개의 방 중 야간반이 이미 출근한 20
개 방을 제외하고 나머지 46개의 방은 하나같이 안에서 굵은 철사로
문을 꽁꽁 걸어 잠근 채 사원들의 진입을 악착같이 막아낸 것이었다.
이제 작업 중인 조합원들만 퇴근하면 되는 상황이었다. 그러나 시간이
지나도록 퇴근하는 사람의 모습은 보이지 않았다. 사원들과 담임, 반
장 등 일부 남성 노동자들이 출입문 바깥에서 몽둥이를 들고 지켜 섰
기 때문이었다.

이영자는 정방과 반장이었다.

근데 6시쯤 되니까 어디서 이 사람들도 무슨 소리를 들었는지
정보를 들었는지, 막 주임도 아침에 6시도 안됐는데 출근을 했더
라구요. 했는데 기계를 끄고 나가면 이게 불법이기 때문에, 기계는

그냥 둔 채로 보이콧 한 채로 나가야 돼요. 나가야 되는데 전방은 후방을 쳐다보고, 후방은 전방을 쳐다보고 서로 지금 눈치들을 하니까 누구 하나 스타트만 하면 와 하고 다 나가는데, (복도에서 다 보여) 응, 그거를 못하고 서로 눈치들을 보고 있는 거야. 보고 있는데 담임들하고 남자들은 팔짱 끼고 나와갖구 있을 때, 살벌하게 이러고 있을 때……

─제1권, 231쪽

10분쯤 지났을까, 갑자기 현장에서 '와' 하는 함성이 터져나왔다. 그와 동시에 모든 기계의 가동이 중단되었다. 여성 조합원들은 각목에 두들겨 맞으면서도 출입문을 박차고 밖으로 뛰쳐나왔다. 기계 소리 대신 함성과 울부짖는 비명 소리만이 대림동의 새벽하늘을 갈랐다. 밤새 힘겹게 일을 한 조합원들은 눈물을 펑펑 쏟으면서 기숙사로 올라갔다. 식당도 매점도 문을 닫았기에 꼼짝없이 굶어야 했다. 회사 밖에서도 대세는 이미 판가름난 뒤였다. 출근자들은 거의 없었다. 그럼에도 곳곳에서 크고 작은 충돌이 이어졌다. 골목을 지키던 강순례 부녀부장은 경비원 곽평두에게 몹시 얻어맞고 대림파출소로 연행되었다가 대동병원으로 옮겨졌다. 허벅지에 심한 타박상을 입은 그녀는 전치 1주의 진단을 받고 입원을 해야 했다.

회사 측은 전면 파업에 대한 보복 조치로 무기한 휴업을 알리는 공고문을 써서 경비실 유리창에 내붙였다. 그런 다음 사이렌까지 울리며 경비원들과 사원들을 동원하여 파업을 주도한 노조간부들을 잡으러 핏발 선 눈으로 대림동 일대를 헤매기 시작했다. 그런 한편, 회사 측에서는 이철희 전무가 나서서 지동진 지부장에게 교섭을 제의해왔다. 지부장은 회사에 들어갔다가 얼마 후 피투성이가 된 채 병원으로 후송되었다. 회사 안으로 들어서자마자 20명 남짓한 중역들과 간부들이 달려들어 마구잡이로 폭행을 가했던 것이다. 지동진 지부장은 전치 2주의 상해를 입었다. 그러나 입원을 하고 있을 상황이 아니었다. 무엇보다 기숙사생들이 걱정이었다. 그들은 아침도 거른 채 농성을 계속하고 있었기 때문이었다. 언제 누가 탈진할지 몰랐다.

명동성당 농성 투쟁

오후 4시, 노조간부 20명이 영등포 산선에서 대책회의를 갖고, 기숙사에 있는 조합원들을 밖으로 나오게 하는 게 급선무라고 판단했다. 그런 다음 명동성당으로 몰려가 농성을 이어나가자는 게 결론이었다. 상황은 급박하게 돌아갔다.

양성공 박순애는 그날의 상황을 이렇게 증언한다.

아마 이때가 9월 3일 사건인가 봐요. 7시가 되니까 서로들 눈치를 보다 있다가 어떻게 하나가 끄니까 다 끄고 막 뛰어서 정사과로 갔더니 거기 다 모여 있더라구요. 회사 중역들도 벌써 군데군데 다 있더라구요. 유인물이 들켰다고 그래서 중역들이 알게 됐다고. 중역들이 '여기서 너희들이 나가면 회사가 문을 닫든지 어떻게 할 거다, 알아서 해라' 그래서 우리는 기숙사로 다 들어갔어요. 일을 언제 할지도 모르고 안 할지도 모르고 잠들은 안 자고 그렇게 방에 모여서 있는데, 오후쯤 되니까 기숙사 바깥에서 뭐가 막 웅성웅성 하는 게 들리더라구요. 산 밑이거든요. 그때 여기 돌멩이를 던졌다고 그러더라구. 바깥하고 안하고 연락이 안 돼 가지구 기숙사 바깥에서 돌멩이에 글씨를 써서 던져준 게 인자 보니까 수단과 방법을 가려서 정문까지만 나와라, 요런 내용이었던 거 같애요. 그래갖구 나갈려고 하니까 기숙사 문을 사감이 잠가갖구 못 나갔어요. 옥상으로 올라가서 유리문 요렇게 열어논 데 고 밑으로 다들 빠져서 경비실까지 나갔어요.

−제1권, 329쪽. 인용자 임의로 정리

"정문으로 나와라"라는 현수막은 산선에 모인 노조간부들이 만든 것이었다. 방용석과 장복순이 그걸 들고 회사로 달려갔다. 기숙사 주변에는 이미 회사 측 사원들이 진을 치고 있었다. 노조간부들은 애가 탔다. 결국 노조간부 2명이 기숙사 뒤편 어느 가정집 지붕으로 올라가서야 현수막을 펼쳐 보일 수 있었다. 10여 명의 다른 노조간부들이 일제히 소리를 질렀다.

"정문으로 나와라!"

기숙사에서 그 소리를 들었다. 각 층, 각 반 조합원들은 일제히 창가로 몰려들어 환호성을 질렀다. 몇 시간밖에 안됐지만, 그새 동료들이 제 피붙이처럼 여겨졌다. 조합원들은 문을 열고 복도로 달려나갔다. 덩치가 큰 사감이 고래고래 소리를 지르며 막아섰지만, 조합원들의 기세를 누를 수는 없었다. 여기저기 유리창이 깨지는 소리가 들렸다. 2층에서 뛰어내리는 조합원들도 있었다. 사감은 황급히 현관문을 열었다. 900명의 조합원이 순식간에 현관으로 몰려들었다. 그 틈에 잽싼 조합원들 600여 명은 경비들을 밀치고 밖으로 뛰쳐나갔다. 나머지 300여 명은 또다시 감금되고 말았다.

1971년 입사한 전방과의 박혜숙은 식당이 문을 닫아 밥을 못 먹은 채 매점에서 짱구하고 뽀빠이 등 과자를 사서 먹고 겨우 허기만 면한 뒤 명동성당으로 갔다. 염색과에 다니던 이필남도 그날 현장에 있었다. 근 40년 만의 증언 도중 이필남은 갑자기 울음을 터뜨렸다.

이필남 지금까지 진짜 이야기를 한 번도 그걸 못했는데……. 싹 몰려왔었어. 왔는데 내가 딱 놓고 나가야 되는데 안 논 거야, 이게. 눈치를 보다가 우리 염색과는 그냥 일했어. (울음)

정영례 아니, 가족들 얘기하는데 왜 울어?

이필남 아니, 그날 아침에 전부 굶었는데 염색과 사람들만 빵을 사다 멕였어. 그게 나도 그때 어리구 그래갖구 그 빵을 먹었어. (울음) 그 빵을 먹구 퇴근하고 기숙사에 갔는데 기숙사 문이 다 잠겼잖아, 그날. 나도 그날 기숙사에 있었잖아. 잠겼는데 밖에서 인제 나오라는 플래카드도 걸리고 하여튼 우리는 창도 없었고, 기숙사 문이 다 잠기니까 그 미는 창문으로 그리루 다 빠져서 거의 신발도 안 신고 간 사람도 많고, 그렇게 하구서 명동성당으로 그때 한 육백 명 갔지요?

−제1권, 231~232쪽. 중간 부분 인용자 임의로 생략.

염색과는 워낙 남성들이 많고 평소 분위기 자체가 살벌했다. 이필남은 대의원으로서 자신이 맡은 임무를 다하지 못했다는 사실을 평생 죄책감으로 안고 살았다. 사실 그녀가 크게 잘못한 것도 없었다. 기계를 놓을 때 두려워서 함께 놓지 못한 것뿐이었다. 그리고 동료들이 굶으면서 싸우고 있는데 빵을 사다가 자기네 반 식구들에게만 먹인 것뿐. 이필남은 그 빵이 목구멍에 걸려 제대로 먹지도 못했을 것이다. 그렇지만 결국 이필남이 소속된 염색과도 기숙사로 들어갔다가 명동성당으로 가는 길에 합류했다.

명동성당으로 가는 길 자체가 쉬운 게 아니었다. 명동성당이 같은 서울 하늘 아래 있다지만, 시골에서 올라와 대림동, 신길동, 대방동, 신림동, 구로동, 독산동, 가리봉동 언저리만 누비던 조합원들로서는 딴 나라를 찾아가는 것과 다름없었다. 돈도 문제였다. 기숙사에 있다가 황급히 뛰어나오느라고 옷도 제대로 걸치지 못한 조합원들도 적지 않았다. 신발을 잊어버린 조합원도 있었다. 그런 판에 차비라고 제대로 챙겨올 수 없었다. 다행히 그런 사태를 미리 예견하고 산선에 갔던 대의원들이 조지송 목사로부터 돈 2만 원을 빌려, 길을 안내할 20명의 대의원들이 각자 1000원씩을 나눠 갖고 있었다. 버스 차장(안내원)은 두 눈을 휘둥그레 뜨지 않을 수 없었다. 승객들이 마구 올라타는데, 그 차림이란 게 하나같이 거지꼴이었기 때문이다. 그래도 차장들은 금세 사정을 눈치챘다. 허름한 옷차림의 노동자들이 실은 하루 18시간의 살인적인 중노동, 쥐꼬리만 한 저임금, 그리고 사회적 편견에 시달리는 자기들과 처지가 크게 다르지 않게 보였다. 그래서일까, 차례도 지키지 않고 마구잡이로 올라타는 노동자들을 너그럽게 대해주었다. 난생 처음으로 서울 도심을 구경하는 조합원들이 적지 않았다. 그들은 명동성당으로 가는 줄도 모른 채 앞사람의 옷자락만 꼭 붙들고 있었다. 길을 잃어버리면 큰일이었으니까. 실제로 양성공 박순애는 어디로 가는지도 모르고 따라가다 보니 거기가 바로 명동성당이었노라 증언했다.

퇴계로 2가에서 하차한 노동자들은 진작 기가 죽은 채 노조간부들의 뒤만 좇아서 충무로와 명동 거리를 바삐 걸어갔다. 시민들은 갑자기 나타난 그들을 보고 좋은 볼거리나 되는 양 수근거렸다. 영문을 모르는 교통경찰관은 건널목을 잘 건널 수 있도록 교통 통제도 해주었다.

오후 7시, 명동성당 안에는 미사포도 쓰지 않은 20대 여성 노동자들이 무려 600명이나 모여 말없이 앉아 있었다. 성당 측에서는 갑자기 들이닥친 그들이 누군지 알 리 없었다. 그 시각, 대림동 공장 앞에서는 정상범 부지부장과 여성 노조간부 2명이 노량진경찰서로 연행되었다. 영락교회 앞에는 경찰기동대 수백 명이 배치되어 경비를 서고 있었다. 그들은 한국모방 노동자들이 그리로 나타날 것이라 굳게 믿고 있었다. 그러나 그건 경찰이 문자 연행된 노조간부들이 둘러댄 소리에 불과했다. 한 시간여의 미사가 모두 끝났다. 신자들은 다들 집으로 돌아갔다. 이제 성당 안에는 오로지 600여 명의 여성 노동자들만 남아 자리를 지키고 있었다. 남성은 단 2명. 지동진 지부장과 방용석 교선부장뿐이었다. 이윽고 바깥소식이 들려왔다. 수백 명의 경찰기동대원들이 성당을 에워싸고 있다고 했다. 성당 안마당에도 이미 많은 정사복 경찰들이 들어와 있었다. 사복경찰 수십 명은 주동자를 찾기 위해 아예 성당 안까지 들어와 이리저리 살피고 다녔다. 치외법권의 성소라는 개념은 오만한 그들에게 존재하지도 않았다.

성당의 주임신부는 사제관 앞에서, 그리고 관리인으로 보이는 30대 청년은 성당 안에서 소리치기 시작했다.

"여러분, 이제 미사가 끝났으니 빨리 집으로 돌아가십시오. 왜 여러분들의 문제를 남의 성당까지 갖고 와서 이런 식으로 합니까? 회사에 가서 하든지 아니면 여러분의 교회에 가서 해결하십시오. 거룩한 성당에서는 이러는 게 아닙니다. 그러니 빨리 돌아가십시오."

전혀 예상치 못한 태도였다. 오갈 데 없는 조합원들은 큰 죄라도 지은 듯 고개를 떨군 채 묵묵히 앉아 있을 뿐이었다. 속으로 흐느끼는 조합원들도 있었다. 황량한 벌판 한가운데 추위를 가릴 옷 한 벌 없이 내동댕이쳐진 느낌이었다. 아무도 손을 뻗지 않았다. 오직 그들만이 서로 어깨를 기대고 모여 앉아 추위를 피할 따름이었다. 고개를 들어 보면 거룩한 명동성당 안에는 주동자를 찾아내려 기를 쓰는 사복경찰들의 분주한 모습만 보일 뿐이었다.

갑자기 성당 안이 캄캄해졌다. 조합원들이 아무런 반응을 보이지 않자 성당 측에서 불을 꺼버린 것이었다. 그렇게 얼마나 시간이 흘렀을까. 출입문 쪽에서 와자지껄한 소리가 들리더니 불이 다시 켜지고 펑펑 플래시가 터지기 시작했다. 기자들이었다. 조합원들은 그제야 안도의 한숨을 내쉴 수 있었다. 기자들이 누가 대표냐고 물었다. 의자 밑에 숨어 있던 지동진 지부장과 방용석 교선부장이 모습을 드러냈다. 지동진 지부장의 얼굴은 엉망진창이었다. 그는 그런 얼굴로 기자들의 인터뷰에 응했다. 농성을 하게 된 이유와 과정, 그리고 요구조건 등에 문답이 오갔다. 기자들은 마지막으로 언제까지 농성을 할 계획이냐고 물었다.

"우리의 요구조건이 관철될 때까지 계속할 것입니다. 우리는 더 이상 물러서려야 물러설 곳도 없습니다."

이렇게 말하는 지동진 지부장의 표정에는 굳은 결의가 묻어났다. 기자들이 물러간 후, 파란 잠바 차림의 깡마른 사내가 농성장에 나타났다. 40대로 보이는 그는 지동진 지부장과 몇 마디 나누더니 조합원들 앞에 섰다.

"여러분, 여러분은 회사의 대표가 여러분의 요구를 들어주겠다는 확답을 듣기 전까지는 이 자리를 떠나서는 안 됩니다. 힘이 들더라도 참아내야 합니다."

주변에 있던 형사들이 그를 강제로 끌어냈다. 바로 영등포 산선의 조지송 목사였다. 그는 경찰에 연행되어 성당 별관에 있다가 몇 시간 후에 풀려났다. 조지송 목사는 1964년 영락교회의 후원으로 영등포지구 산업전도 전임목사로 취임하면서 당산동에 도시산업선교회를 세웠다. 이후 노동자들의 주체적인 의식을 일깨우는 데 초점을 맞춘 노동자 교육에 주력했다.

얼마 후, 중부경찰서장이 앞에 나섰다.

"여러분, 이와 같은 행동은 법에 어긋나는 행동입니다. 여러분이 요구하는 문제들은 회사에서 해결해야 할 문제들이지 성당에서 해결할 수 있는 문제가 아닙니다. 우리 경찰은 수천 명 학생들이 데모하는 것도 다 막아냈습니다. 지금이라도 마음만 먹으면 저 뒤에 경찰만 가지고도 10분 안에 여러분들을 모두 연행할 수 있습니다. 그러나 여러분이 지금이라도 회사로 돌아간다면 법적인 책임을 묻지 않도록 하겠습니다. 끝내 돌아가지 않는다면 연행할 수밖에 없습니다. 자, 그러니 모두 자리에서 일어나 밖으로 나가시기 바랍니다."

이미 완전무장한 경찰 수백 명이 성당 안까지 들어와 있었다. 그런 판에 경찰서장이 위협적인 말을 하니 조합원들은 겁에 질릴 수밖에 없었다. 밖에는 경찰 버스도 십여 대 와 있었는데, 창가에는 수갑이 주렁주렁 매달려 있었다. 위협적인 분위기가 이어지는 가운데 방용석 교선부장이 입을 열었다.

"서장님, 질문 있습니다."

"질문은 필요 없고 여러분은 회사로 돌아갈 것인지 안 돌아갈 것인지만 결정하시기 바랍니다."

서장이 더욱 위협적인 목소리로 결단을 촉구했다. 방용석 교선부장이 앞으로 나섰다.

"조합원 여러분. 나는 여러분에게 한 가지 제안하려고 합니다. 이제 우리 모두 돌아갑시다. 그런데 우리는 돌아갈 곳이 없습니다. 밥도 주지 않고 구박만 하는 회사로 돌아갈 수는 없습니다. 지금 이 시각에 정상범 동지와 홍말순 동지가 경찰에 연행되었다는 소식이 전해져 왔습니다. 그런데 우리가 어떻게 회사로 돌아갈 수 있겠습니까? 이제 성당에서 나가라고 하니 우리는 집으로 돌아갈 수밖에 없습니다. 돈 몇 푼 벌어보려고 고향과 부모 곁을 떠나온 우리가 서러움만 가득 안은 채 부모 곁으로 가야 합니다. 여러분, 이와 같은 우리들의 아픈 심정과 서러움을 달래기 위해서라도 이 성당의 책임자이신 김수환 추기경님을 모시고 예배라도 드리고 돌아가는 것이 어떨까 생각합니다."

조합원들은 우레와 같은 박수로 동의를 표시했다. 20여 분 동안 살벌한 말로 조합원들을 설득하고 협박하던 경찰서장의 말은 한순간에 물거품이 되어 버렸다. 그 순간 경찰들이 방용석을 향해 우르르 달려들었다.

"저놈이다! 저놈이 주동자야. 잡아라!"

조합원들도 가만히 있지 않았다. 의자를 박차고 와 몰려나가며 경찰을 둘러쌌다. 그렇게 양측의 몸싸움이 한동안 이어졌다. 방용석 교선부장은 가까스로 연행을 모면할 수 있었다. 이제 조합원들은 의자에 다소곳이 앉아 있던 자세를 버리고 마지막까지 저항할 뜻을 분명히 내비쳤다. 문제가 점점 심각해지자, 중앙정보부 요원이라는 자가 중재에 나섰다. 그는 성당까지 온 회사의 이철희 전무로부터 네 가지 사항을 이행하도록 책임지겠다는 약속을 받아내고, 이를 지동진 지부장에게 전달했다.

1. 조합원들에 대한 보복 조치는 일체 하지 않는다.
2. 해고자는 9월 10일까지 원직에 복직시킨다. 단, 해고자 3명은 노동위원회의 결정에 따른다.
3. 부서 이동자는 9월 9일까지 전원 원래 부서 직책으로 환원시킨다.
4. 기타 사항은 노사 합의에 따른다.

농성장 뒤편에는 어느새 이창복 JOC 회장, 안광수 목사, 그리고 섬유노조 간부들이 와 있었다. 지동진 지부장은 그들을 한 번 바라본 뒤 중재안을 받아들였다. 날짜가 지난 12시 30분, 마침내 조합원들은 농성을 풀고 경찰 버스에 올라탔다. 경찰 백차가 앞에서 호위하며 도심을 가로질렀다. 회사에 돌아오니 새벽 1시가 넘어 있었다. 여전히 비가 내리고 있었다. 조합원들이 버스에서 내리자, 회사에서 기다리고 있던 사원들이 손가락질을 하며 욕설을 퍼부었다.

"세상이 니네들 마음대로 되는 줄 아니? 한심한 년들!"

하루 종일 밥을 굶은 조합원들의 귀에는 욕설조차 제대로 들어오지 않았다. 식당으로 들어가자마자 피로를 못 이겨 다들 쓰러지고 말았다.

"이년들, 그래도 밥은 먹겠다고? 어디, 밥 한 톨 먹을 수 있나 보자구."

회사 중역은 길길이 날뛰면서 소리쳤다. 조합원들에게 절대로 밥을 주지 말라고 명령을 내렸다. 그러나 함께 따라온 기관원이 뭐라고 말하자 마지못해 식사를 제공했다. 세 끼니를 거른 조합원들은 걸신들린 듯 허겁지겁 밥을 먹었다. 그 시각, 농성 해산 과정에서 경찰들에게 심한 폭행을 당한 정사과의 유월순 대의원은 의무실에 누워 있었고, 지동진 지부장과 방용석 교선부장은 각각 노조사무실과 예비군 중대 사무실에서 노동청, 경찰의 조사를 받고 있었다.

오전 4시가 넘어서야 조합원들은 해산하고 기숙사로 올라갈 수 있었다. 참으로 긴 하루였다.

「국가보위에 관한 특별조치법」 위반 제1호 구속

한국모방 신임 집행부가 주도한 9월 3일의 파업과 명동성당 농성

사건은 단순한 노사 문제의 차원을 넘어서 사회적으로 적지 않은 반향을 불러일으켰다. 신문은 "노조 개편 이후 이에 불만을 품은 회사 측이 노조간부 해고, 작업부서 이동, 경비원의 작업장 잠복근무 등 부당노동행위를 자행하고 있어 수차에 걸쳐 시정을 요구했으나 반응이 없어 일요일 특근을 거부하고 사회정의에 호소하기 위해 명동성당에서 농성을 벌이게 됐다"는 지동진 지부장의 발언을 포함해, 사건의 전말을 비교적 소상히 보도했다. 회사 측이야 당연하지만, 정권 측도 긴장하지 않을 수 없었다. 당시 국가비상사태가 엄연히 지속 중이었으며, 노동자들의 단체교섭권과 단체행동권의 행사는 「국가보위에 관한 특별조치법」에 따라 엄격히 금지되고 있었기 때문이다. 말하자면 9·3사태는 일개 섬유공업 사업장에서 일어난 노사분규 차원을 넘어서 정권의 권위에 대한 도전으로 비쳐질 수도 있는 문제였다. 생존권이 위협받는 한, 노동자들은 실정법의 권위조차 언제든 무시할 수 있다는 신호로 읽힐 수 있기 때문이었다.

이에 따라 명동성당 농성을 가까스로 마무리한 이후 정권은 사태의 책임을 엄중히 캐기 시작했다. 노량진경찰서는 지동진 지부장을 비롯해 14명의 간부를 연행하여 조사를 시작했다. 현장은 또다시 술렁거리기 시작했다. 농성을 풀 때 중앙정보부까지 나서서 일체의 보복을 하지 않겠다고 약속하고서 만 하루도 지나지 않아 이를 정면으로 어겼기 때문이었다. 조합원들은 흥분했고, 제2의 투쟁을 전개해야 한다는 쪽으로 의견이 모아지고 있었다. 그러던 차 9월 4일 오후 늦게 지동진 지부장을 포함해 12명의 간부들이 풀려났다. 하지만 정상범 총무와 방용석 교선부장은 파업과 농성을 주도했다는 이유로 「국가보위에 관한 특별조치법」 위반, 그리고 「집회 및 시위에 관한 법률」 위반 혐의를 뒤집어쓴 채 영장이 발부되어 구속 송치되었다. 1971년 12월 27일 법

률이 발동된 이후 「국가보위에 관한 특별조치법」 위반 혐의로 영장이
신청된 것은 두 사람이 처음이었다.

이에 대해 야당인 신민당의 대변인 김수한 국회의원은 9월 5일 기
업의 행패를 용납할 수 없다는 내용의 특별 성명을 발표했다. 그는 "최
근 일부 기업들이 비상사태와 보위법을 악용, 근로자에 대한 비인도적
학대는 물론, 행패가 날로 심해지고 있음은 용납할 수 없는 일"이라고
비난하며, 그 예로 한국모방 사태를 꼽았다.

> 1500명의 조합원을 가진 영등포구 소재 한국모방은 해마다 지
> 급했던 상여금은 물론, 해직된 종업원의 퇴직금 지급을 거부하고
> 이를 요구한다고 직장 예비군을 동원, 폭행을 가하는가 하면 노조
> 지부장이 회사 요구대로 선출 안 됐다 해서 노조간부를 해고했다.

조의창 노동청장도 이례적으로 회사 측에 경고의 메시지를 보냈다.

> 일부 기업인들이 정부의 8·3 긴급명령을 잘못 인식하여 기업
> 윤리를 망각, 근로자들의 임금을 충분히 지불할 능력이 있는데도
> 이를 체불하고 있으며 법을 역이용, 부당노동행위를 자행하고 있
> 다고 지적하고, 만일 사회질서 유지 및 국민 총화에 조금이라도 지
> 장을 일으키는 기업인들은 법에 의해 조처하겠다.

8·3 긴급명령으로 보듯이 기업에게는 엄청난 혜택을 주면서 노동
자들에게는 일방적인 희생만 강요한다는 비판이 이는 가운데 일어난
한국모방 사태는 정권으로서는 어떻게든 파장을 최소화시켜야 할 '뜨
거운 감자'였다. 그리하여 노동자들의 분노를 누그러뜨리기 위해서라

도 기업주에 대해서도 본보기 차원의 징계가 불가피했다. 노동청장은 한국모방주식회사 기업주를 근로기준법 위반 혐의로 고발했다. 당황한 회사 측은 서둘러 9월 6일 노동조합과 함께 다음과 같은 내용의 '협정서'를 체결했다.

1. 지부의 자주적인 활동을 보장한다.
2. 9월 30일까지 단체협약을 체결한다.
3. 9월 3일 회사 측이 약속한 4개항을 이행한다.

김수한 국회의원은 9월 8일 제84회 임시국회 본회의 대정부질문을 통해 한국모방 사태를 거론하며 구속자들의 석방을 촉구했다. 이에 대해 김종필 국무총리와 신직수 법무부 장관은 정상을 충분히 참작해서 조치를 취하겠다고 답변했다. 정치적인 측면에서 볼 때, 이렇듯 유화적 태도는 박정희 정권이 통치권 차원에서 추진한 이른바 '7.4 남북공동성명' 이후 9월 13일 서울에서 열기로 한 제2차 남북적십자회담에 행여 나쁜 분위기를 미치지 않기 위해서 어쩔 수 없이 취한 선택이었다고 볼 수 있다.

1972년 7월 4일 남한의 이후락 중앙정보부장과 북한의 김영주 노동당 조직지도부장이 서울과 평양에서 동시에 발표한 이 성명은 통일의 원칙으로, "첫째, 외세에 의존하거나 외세의 간섭을 받음이 없이 자주적으로 해결하여야 한다. 둘째, 서로 상대방을 반대하는 무력행사에 의거하지 않고 평화적 방법으로 실현하여야 한다. 셋째, 사상과 이념 및 제도의 차이를 초월하여 우선 하나의 민족으로서 민족적 대단결을 도모하여야 한다"고 밝힘으로써 자주·평화·민족대단결의 3대 원칙을 공식 천명했다. 공동성명은 이밖에도 상호 중상비방과 무력도발의 금지, 다방면에 걸친 교류 실시 등에 합의하고, 이러한 합의사항의 추진과 남북 사이의 문제 해결, 그리고 통일 문제의 해결을 목적으로 이후락 중앙정보부장과 김영주 조직지도부장을 공동위원장으로 하는 남북조절위원회를 구성, 운영하기로 합의했다.

이 '7·4 남북공동성명'은 휴전 이후 통일에 관해 남북이 합의한 최초의 공동성명으로 역사적 의미를 지닌다. 성명이 발표되자 실향민들은 마치 내일 당장 통일이 이루어지기라도 할 것처럼 흥분에 들떴고, 정권의 결단에 엄청난 지지를 보냈다. 박정희 정권의 독재에 대해 비판의 칼날을 멈추지 않았던 야당과 민주화운동 세력도 지지 의사를 표명하지 않을 수 없었다. 그러나 이러한 역사적 의미는 통일 논의를 각기 권력기반 강화에 이용하려는 남북한 권력자들의 숨은 정치적 의도로 인해 처음부터 어느 정도 한계를 지니고 있었던 것 또한 분명한 사실이었다.

어쨌거나 정권의 의지가 확인된 이상, 회사 측으로서도 서둘러 반응을 보이지 않을 수 없었다.

9월 9일, 부서 이동이 된 노조간부 권경숙 등 19명이 원래의 부서로 환원되었고, 조삼년, 강순예, 송옥순은 해고 19일 만에 복직되었다. 조합원들은 구속된 노조간부와 해고된 조합원, 그리고 부상당한 조합원들의 치료를 위해 모금운동을 전개했다. 이는 노조 지부에서도 모르게 조합원들이 현장에서 자발적으로 행한 것으로, 시련을 함께 겪으면서 노동조합 동지들 사이에 벌써 끈끈한 동지애가 생겼음을 증명하는 사례였다. 조합원들은 총 9만 원의 성금을 모아 전달했다. 아울러 조합원들은 수십 명씩 조를 짜서 구치소에 가 구속된 두 노조간부를 집단적으로 면회하기도 했다.

이 정도만 보더라도 한국모방 노동자들이 투쟁을 통해 얼마나 빨리 성장하게 되었는지 알 수 있다. 사실, 그 당시까지 조합원들은 이름만 조합원이었지 노동조합이 무엇인지조차 제대로 배워본 적이 없었다. 지동진 지부장을 지부장이라고 부르니까 회사의 '부장'인 줄 알았던 조합원들도 적지 않았을 정도였다. 그런 상태에서 조합원들은 직접 몸으로 겪고 싸우는 과정에서 노동조합이 무엇인지, 그리고 그것을 왜 지켜야 하는지 스스로 깨치게 된 것이었다.

1972년 7월에 입사한 양성공 양승화가 이를 증언한다.

> 그때는 한국모방이었어요. 그때는 노동조합을 잘 몰랐고, 아마 오픈 샵[29]이 아니고 유니온 샵이었던 거예요. 그래서 아마 들어오면 누구나 노동조합원이 되는 거야. 자동으로 되는 거였는데. 근데 72년도에 7월 달에 들어갔는데, 8월 달서부터 데모를 하더라구요. (폭소) 그땐 우리는 잘 몰랐어요. 8월 달에 비도 많이 오고 그러니까 우산 들고 다니다가 데모하는 데 쫓아다니고 이러면 우리한테 그 사무실에 있는 사람들이 쟤네들은 아무것도 모르면서 왜 저렇게 쫓아다니는지 모르겠다구. 느넨 뭐 알구 다니냐고 이러면서 그런 데 다니면 안 된다고 그렇게 얘기하구 그랬어요. 아 이게 뭐 저렇게 해야 뭐 임금인상도 되고 뭐가 된다니까, 하여튼 좋은 거라니까 쫓아다닌 거였죠. 진짜 아무것도 모르고 그냥 쫓아다녔어요. 그래서 인제 노동조합을 데모하는 거부터 시작이 돼서 쫓아다니면서 가게 된 건데, 그래서 노동조합을 알았던 거 같아요.
>
> ─제1권, 90쪽. 인용자 임의로 정리

9월 15일, 구속되었던 정상범 총무와 방용석 교선부장이 기소유예로 석방되었다. 서슬 푸른 국가보위법도 정권의 이해관계에 따라 이렇듯 맥을 못 춘 셈이었다. 두 사람은 9월 18일자로 원직에 복귀했다.

9월 26일, 지동진 지부장은 정영오 전 지부장과 인수인계서를 작성하고, 수입결의서와 실제 지출액과 차이가 나는 노조비 65만 1484원, 결산서에 명시된 초과액 25만 260원, 증빙서가 위조된 금액 9만 3850원 등과 분실도서 금액 2만 1710원을 포함해 총 139만 6175원을 정해진 기일 내에 상환할 것에 합의했다. 이에 따라 정영오는 우선 자신의 퇴직금 46만 9285원을 지동진 지부장에게 지불해주라는 위임장도 작성해 회사 앞으로 제출했다.

10월 8일에는 명선옥 총무차장이 복직했다. 해고된 지 44일 만의 일이었다.

10월 유신과 노동 현장

박정희 정권은 체제를 유지하기 위해 끝없이 새로운 통제수단을 개발하고 동원해야 했다. 겉으로 보면 강철처럼 강한 정권인 양 보이지만, 속으로는 그만큼 정통성이 결여되어 있음을 스스로 반증하는 일이었다.

10월 17일, 신문들은 다시 한 번 호외를 발행했다.

- 헌법기능 비상국무회의서 수행
- 박 대통령 특별선언 전국에 비상계엄
- 평화통일 지향 개헌

그동안에도 보기만 해도 간이 오그라드는 특별조치들을 여러 차례 경험한 국민들이었지만, 이번만큼은 그저 어리둥절한 상태로 사태를 받아들이지 않을 수 없었다. 이미 지난해 발동된 비상사태가 여전히 유효한 상태에서 또 무슨 이유로 이런 '특별선언'을 하고 '비상계엄' 까지 발동하는지 쉽게 납득할 수 없었기 때문이다. 어쨌든 국회는 해산되고, 정당과 정치행위는 중지되었다.

그것이 한국현대사에서 가장 치욕적인 '거사'를 위한 사전 조치였음을 쉽게 깨달았던 사람은 거의 없었다. 아직 '유신'이라는 생소한 단어는 등장하지도 않았다. 훗날 밝혀진 바에 따르면, 최규하를 좌장으로 하는 특별보좌관들이 이 '10·17 대통령특별선언'을 '10월 유신'이라고 부르도록 건의했고 박 대통령도 이에 찬동했다고 한다. 정부는 10월 27일 국무회의 의결을 거쳐 "10·17 조치를 10월 유신으로 개념화하여 모든 유신작업을 계속 진행할 것"이라고 발표했다. 일본의 메이지 유신을 떠올릴 수밖에 없는 이 '유신'이라는 단어는 이제껏 한국현대사를 장식한 어떤 단어들보다 막강한 힘을 갖게 된다.

- 11월 21일 개헌 국민투표 실시. 91.5퍼센트 찬성.
- 12월 15일 통일주체국민회의 대의원 선거 실시.
- 12월 23일 통일주체국민회의, 세종문화회관에서 제8대 대통령 선출. 2359명 투표, 2357명 찬성, 2명 무효.
- 12월 27일 박정희, 제8대 대통령 취임. 유신헌법 공포.

숨 가쁘게 이어지는 '초법적' 정치 일정의 결과, 이해 연말에는 바야흐로 본격적인 유신시대가 막을 열게 되었다. 정신없이 정권이 시키는 대로 따라가던 국민들은 곧 사태의 진상을 파악하게 된다. 어떤 이름, 어떤 명분을 내걸든지, 결국 유신체제는 3선만으로도 모자라 죽을 때까지 권좌에 있고자 한 박정희의 장기집권에 대한 야욕이 빚어낸 한국현대사의 끔찍한 비극에 지나지 않았다. 1971년 대통령 선거에서 야당 후보 김대중이 박정희 후보는 선거에서 이기면 이른바 '총통제'를 시도할 거라며 맹공을 퍼부은 바 있는데, 이제 그 예언이 현실에서 여실히 증명되는 셈이었다.

노동 현장에도 당장 10월 유신의 여파가 밀어닥쳤다.

10월 20일 한국노총은 '10·17 대통령 특별선언'에 대해 「구국 통일을 위한 영단을 적극 지지한다」는 제목의 성명서를 발 빠르게 발표했다. 이어 12월 29일에는 한 발 더 나아가 「노동조합의 유신적 체제 개선과 입법 방향에 관한 건의서」를 작성하여 정부에 제출한다. 이 건의서에 따르면 예를 들어 지역 조직은 "정부 시책에 집단적으로 협력할 능동적 태세"를 갖춰야 한다고 되어 있다. 이미 한 해 전인 1971년 12월 7일에도 "국가가 있고서야 노동운동도 발전할 수 있다"고 주장하며 국가비상사태 선언을 지지한 전력으로 볼 때 어쩌면 당연한 일이었다. 하지만 이는 전태일 사건에 충격을 받고 1971년 7월 24일 이른바 「노총 신풍운동 추진요강」[30]을 통해 "민주적이며 자주적인 운동 자세를 확립하여 정치권력의 힘에 의한 운동 자세를 지양하고 어용과 귀족적인 노동운동을 배격"한다고 발표하던 때의 '충정' 마저 스스로 무너뜨리는 행태라 아니할 수 없었다. 결국 한국노총은 노동자의 이름을 제멋대로 내걸면서 유신의 첨병이기를 자임했던 것이다.

한국모방은 9월분 임금을 주면서 인상분을 지급하지 않았다. 이로써 노사 관계는 또다시 악화일로를 걷게 된다. 현장에서 생산량은 다달이 50퍼센트씩 감소했다. 더 나아가 노동조합은 12월 15일 일요일 특근작업을 전면 거부하기에 이르렀다. 회사는 12월 16일 정상범 총무와 방용석 교선부장을 박우만 상무실로 불러 해고통지를 했다. 해고 사유를 묻는 당사자들에게 박우만 상무가 내민 것은 9월 15일자로 지동진 지부장이 회사 사장에게 보낸 '확약서'였다.

확 약 서

조직부장 서리 정상범

교육선전부장 방용석

상기 2명은 1972년 9월 3일 사태로 말미암아 검찰에 입건되었으나 회사에서 고소를 취하하고 이들을 구제함에 있어 앞으로 상기 2명이 본 회사에 근무할 경우 자진사표를 제시하게끔 책임질 것을 확약하나이다.

1972. 9. 15

한국모방주식회사 사장 귀하

전국섬유노동조합 한국모방 지부 지부장 지동진

직인까지 선명하게 찍힌 엄연한 '확약서'였다. 당황한 두 사람은 인정할 수 없으며 싸움은 이제부터 시작이라고 소리치며 상무실 문을 박차고 나왔다. 그런 다음 곧바로 지부장에게 상집회의 개최를 요구했다. 회의는 점심시간도 거른 채 두 시간 넘게 이어졌다. 난데없이 해고통지를 받은 두 사람은 회사 측의 결정을 절대 받아들일 수 없다고 주장했고, 대의원들 역시 적극적인 동조의 뜻을 표했다. 그러던 중 본사에서 백래진 부사장이 직접 찾아와 갑자기 화해를 요청했다. 당연히 해고 조치도 백지화하겠다고 말했다. 갑작스런 태도 변화를 묻는 질문에 그는 이렇게 대답했다.

"지금까지는 노사 관계를 잘 모르는 박 상무가 일을 맡아 문제를 악화시켜 왔지만, 나는 다르다. 나는 노조에 대한 이해의 깊이가 다르다. 따라서 앞으로 원만하게 관계를 유지시켜나갈 자신이 있다."

부사장은 현장에서 곧바로 정상범과 방용석 두 사람에 대한 해고 조치를 철회했다. 불과 4시간 반만의 일이었다. 해고도 복직도 번갯불에 콩 구워 먹듯 이루어졌다. 정확한 내막이야 알 수 없지만, 회사 측에서는 두 사람에 대한 해고 조치가 자칫 9·3 사태의 재판을 불러올까 겁을 집어먹은 것만은 분명했다.

파란만장한 1972년 한 해가 이렇게 저물었다. 한국모방 노동조합은 이제 회사의 의지를 노동자들에게 관철시키는 사이비 노조의 성격을 완전히 벗어던지고, 조합원들 스스로 자신들의 의지를 관철시키는 소중한 통로이자 삶의 무대로서 새롭게 탈바꿈했다.

제4장 기업 도산과 노동조합의 대응

또 하나의 시련 – 경영 부실의 심화

숱한 시련 끝에 한국모방 조합원들은 노동조합을 정상화하는 데 성공했다. 그리하여 1973년 3월 10일 노동절 행사는 그야말로 새로운 기분으로 치러낼 수 있었다. 이날 기념식에서는 고문단도 추대했는데, 하나같이 노동 문제에 특별한 관심을 갖고 있던 사회 저명인사들이었다.

- 이문영: 고려대학교 노동문제연구소 소장, 교수
- 정병채: 기독교 인권옹호협회 회장, 변호사
- 박청산: 한국 노사문제연구협회 회장
- 김수한: 신민당 국회의원

이날, 조합원들은 노래자랑을 통해 그동안 갈고 닦은 노래 실력을 유감없이 뽐내기도 했다. 19명의 참가자들이 〈늦기 전에〉, 〈삼다도 처녀〉, 〈바다가 육지라면〉, 〈아랫마을 이쁜이〉, 〈여고시절〉, 〈갈대의 순정〉 등을 불러, 대림동 하늘에 모처럼 웃음꽃이 활짝 피게 만들었다.

하지만 시련이 끝난 게 아니었다. 이번에는 회사의 경영 문제가 불안감을 몰고 왔다. 확인되지 않은 소문이 입에서 입으로 전해지면서 노동조합도 긴장하지 않을 수 없었다. 그러던 중 4월 6일 마침내 우려하던 일이 현실로 나타나고 말았다. 정부가 "금융 정상화 및 기업풍토 정화를 위해 반사회적 기업인 73명과 이들이 경영주로 되어 있는 81개 기업체의 명단을 공개하고, 이 날짜로 앞으로 5년간 일체의 금융지원 중단, 은닉재산 및 대출금의 사회 유출 등에 대한 집중 조사, 탈세에 대한 추징 등 포괄적이고 광범위한 제재 조치를 단행키로 결정했다"고 발표한 것이다. 여기에 연세개발주식회사와 연세화학공업주식회사 대표의 직함으로 한국모방 대표이사 박용운이 포함되었다.

사실, 이 같은 사태는 충분히 예견할 수 있었던 일이기도 했다. 권위주의 정부 스스로 친기업 정책을 표방하며 기업에 온갖 형태의 금융특혜를 주고 기업인에게만 절대적으로 유리한 경영 환경을 조성해왔기 때문이다. 1972년에 단행된 이른바 '8·3조치'는 개발독재국가에서나 볼 수 있는 전형적 관 주도 친기업 정책이었다. 그에 따라 많은 기업들이 체질 개선을 통해 건실한 경쟁력을 확보하기보다는 은행에 손을 벌려 손쉽게 자본을 확보하고 사업 규모를 확대하는 데 주력했다. 그 결과가 마침내 반사회적 기업주와 부실기업의 양산으로 나타난 것이었다.

경영자들은 경영 외적인 특혜와 저임금에 의존하여 이윤을 축적하는 경향을 갖게 되었으며, "그 결과 경영자는 자기합리화에는 치중할망정 진정한 합리화에는 소홀하였고, 경영이념의 빈곤은 기업의 사회적 책임을 경시하거나 망각하는 경향으로 나타나게 되

1973년 노동절 행사에서 인사말을 하는 지동진 지부장

었다.” ‘기업은 망해도 기업주는 산다’ 라는 말은 여기서 유래한 것
이었다.[31]

한국모방의 경우, 이 사태에 대해 박용운 대표이사만 책임이 있는
것은 아니었다. 이미 1968년부터 주주들의 이권 다툼으로 경영이 어
려워진 바 있고, 그런 와중에서 1971년 전문경영인 대신 군 출신인 백
태하, 이수복, 박용운 등이 이사회를 장악하면서 경영은 더욱 악화되
었기 때문이다.

[표5] 한국모방 수출액 (단위: 1,000달러)

	1969	1970	1971	1972	1973. 1~7
스 웨 터	4,262.4	1,979.3	2,417.2	2,866.8	1,170.9
합 섬 사	716.3	1,186.6	1,503.3	1,984.5	922.5
소 모 사	97.6	61.6	149.1	1,450.1	672.1
복 지	89.0	10.2	60.8	329.9	245.3
계	5,165.5	3,281.6	4,169.0	6,651.6	3,204.2

[표5]에서 보듯이, 한국모방은 1970년을 고비로 수출액이 급격하게 늘어났다. 그럼에도 불구하고 경영수지는 매년 악화되었으니, [표6]에서 보듯이 적자폭은 1970년의 1억 9900만 원에서 1971년에는 무려 그 세 배에 달하는 5억 7900만 원으로 크게 늘어났다.

[표6] 한국모방 손익계산서 개요 (단위: 100만 원)

	1970	1971	1972	1973
매 출 액	2,427.0	2,279.7	3,033.2	1,525.3
매출 원가	2,110.7	1,981.7	2,902.9	1,359.4
매출총이익	314.7	298.0	122.7	165.8
일반관리비	335.2	457.5	474.1	194.5
영업외수익	298.9	107.6	255.1	50.1
영업외비용	478.3	527.8	402.9	207.0
당기순이익	-199.9	-579.7	-499.1	-184.4

이러한 적자폭 증가는 특히 일반관리비와 영업외비용(부채) 증가에 기인한 것으로, 이는 기업의 외부적 요인보다는 내부적 요인에 의해 적자가 발생하고 있음을 의미한다.

실제로 1970년 12월 박용운 사장이 한국모방을 인수할 당시에는 자산 27억 원에 부채는 21억 원이었으며, 그중 은행 부채는 7억 원에 불과했다. 박용운 사장은 회사를 인수한 후 자본 투자는 한 푼도 하지 않았고, 한국모방을 3개 회사, 즉 성환통상, 한모복장 등으로 분류하여 운영하는 한편, 연세개발주식회사와 연세화학주식회사를 운영했다. 이것은 순전히 은행 융자를 좀 더 많이, 또 쉽게 끌어들이기 위한 방편이었다. 그 결과, 한국모방의 부실은 걷잡을 수 없이 심화되어, 1973년에는 자산 21억 원에 부채는 3년 전 인수 당시보다 갑절이 는 45억 원이 되었다. 부채 중에서 은행 빚이 차지하는 금액도 36억 원으로, 처음보다 무려 5배나 늘어났다. 실로 기막힌 경영이 아닐 수 없다.

같은 기간 동종 업체들은 대호황 속에 흑자 경영을 구가했다. 1967년부터 1971년까지 섬유와 의류 산업의 연평균 성장률이 28.5퍼센트였고, 1972년에는 36.2퍼센트, 1973년에는 무려 39.9퍼센트였다.[32] 그런 상황에서 한국모방은 공장을 100퍼센트 가동하면서도 적자와 부채만 눈덩이처럼 키워갔던 것이다. 이는 물론 대부금과 이익금이 회사에 투자되기보다 어디론가 물 새듯 흘러가버렸다는 것을 의미했다. 이런 사태에 대한 책임은 당연히 박용운 사장을 비롯한 회사 경영진에게 있겠지만, 회사의 부실경영을 제대로 견제하지 못한 어용노조에게도 일정 부분 책임이 돌아간다고 아니할 수 없었다. 한마디로, 한국모방의 경영 위기는 악덕 기업주가 어용노조와 결합하여 만들어낸 최악의 시나리오였다.

4월 6일 이후 회사 분위기는 급속히 나빠졌다. 박용운 대신 백래진이 사장으로 취임했지만, 회사의 경영에는 이미 커다란 구멍이 뚫린 상태였다. 다달이 늦게 지급되던 월급이 3월치가 4월 25일경에나 지급된다는 소문이 돌자, 조합원들의 불안감은 전에 없이 팽배해졌다. 노동조합으로서도 무엇인가 대책을 세우지 않으면 안 되었다. 하지만 뾰족한 수가 있을 리 없었다. 상집회의를 열어 의견을 모았지만, 임금을 서둘러 지급해달라고 요구하자는 것 이외에는 신통한 해결 방안이 없었다.

4월 20일, 노동조합은 지부장 명의로 '호소문'을 작성하여 조합원들의 어려운 사정을 각계에 알렸다. 1500명 조합원들의 서명날인까지 받았지만, 솔직히 전망은 그리 밝지 못했다. 어쨌든 이렇듯 예전과 다르게 조합원들이 일치단결해서 노동조합의 투쟁 지침을 따르는 모습을 보이자, 노동청을 비롯한 관계기관에서 오히려 사태 수습에 나섰다. 결국 그 이튿날인 4월 21일 노사 양측은 교섭위원회를 열고 근로감독관 입회 아래 다음과 같은 내용의 '협정서'를 체결했다.

1. 1973년 3월분 급료는 4월 21일까지 지불하고, 동년 4월분은 5월 10일까지 지불하고, 동년 5월부터는 단체협약에 명시된 매월 말일에 전액 지불한다.

2. 단체협약 사항 중 정기승급은 1973년 4월 21일부터 시행한다.

3. 노조간부에 대한 차별대우에 대하여는 1973년 4월 21일부터 시정한다.

4. 조합비 및 상조비에 대하여는 향후 발생분은 매월 급료 지불시에 지불토록 한다.

5. 퇴직금 지불 방안

가) 1972년 8월 16일 이전 퇴직자 114명에 대한 퇴직금 528만 8824원 정은 회사안과 같이 1973년 7월 말까지 지불한다.

나) 1972년 8월 17일 이후부터 1973년 4월 19일간 퇴직자 232명에 대한 퇴직금 1196만 5437원 정은 월간 약 250만 원씩 분할, 1973년 말까지 지불한다.

다) 1973년 4월 20일 이후 퇴직금에 대하여는 매월 말 분할 청산하여 1973년 7월 30일까지 지불하고, 동년 8월 1일 이후 퇴직자는 법정 기일 내에 지불키로 한다.

라) 상기 지불 예정 금액은 각기 지불일자 별로 은행도 어음을 발행하여 노조 지부와 합동으로 은행에 보관키로 한다.

6. 기타 결의문 3항은 협정 외의 사항이므로 본 협정에서 제외한다.

7. 호소문 및 조합원이 날인한 유인물 전량을 회사 입회 하에 즉시 소각 처분한다.

8. 향후 노사 간에 문제점이 발생하였을 시는 사전 회사에 서면 통

고하여, 이로부터 7일간의 검토 기간을 두고 1차 5일간, 2차 5일간, 3차 5일간 전후 3회에 걸쳐 대화 기간을 두고 협정 처리하되, 3차 대화에도 실패하였을 시는 5일간의 냉각기를 둔다.

이로써 노동조합은 유인물을 배포하지 않는 대신 특히 퇴직노동자들의 권익을 보호하는 데 성공했다. 회사 경영진에도 일부 변화가 있었다. 노동조합 정상화 투쟁 과정에서 누구보다도 악질적으로 조합원들을 탄압하던 영업부장 문채휴는 원사를 몰래 빼돌린 혐의로 추궁을 받자 사표를 내고 잠적해버렸다. 총무담당 상무 박우진과 경리담당 상무 최홍근도 사표를 냈다. 한때 조합원들을 탄압하는 데 앞장서던 이들이 이제 노동조합의 단결력 앞에서 힘없이 물러서게 된 것이었다.

김낙중 사건과 지동진 지부장의 연행

5월 4일, 지동진 지부장이 갑자기 사라졌다.

노동조합에서 알아보니 무언가 수상한 점이 속속 드러났다. 전날 오후 7시 30분 대의원 송옥순이 회사 노무과장 박대석의 안내로 찾아온 7명의 기관원에 의해 집에서 연행되어 갔고, 조직부장 조삼년은 5월 4일 오전 10시경 낯선 남녀가 찾아와 지부장이 부른다 하여 따라나섰다가 역시 행방이 묘연해졌다는 사실이 밝혀졌다. 노동조합은 일단 지동진 지부장의 행방불명이 이 두 사람과 연관이 있을 것이며, 따라서 노동조합 정상화 투쟁을 주도한 이들을 어딘가 치안 부서에서 연행해 간 것이라 판단했다. 송옥순은 한국모방 내 가톨릭 교우 모임인 성우회의 회장직을 맡고 있었으며, 조삼년 역시 성우회 총무로서 송옥순과 더불어 정상화 투쟁 당시 핵심 활동가 중 한 사람이었기 때문이다.

노동조합은 이미 한 매듭이 지어진 문제에 대해 다시금 비열한 탄압이 전개된다는 판단에 새삼 긴장하면서도, 여기저기 사라진 3명의 간부에 대한 행방을 수소문했다. 그러다가 마침내 세 사람이 중앙정보부에 연행되었다는 사실을 알게 되었다. 뜻밖에도 김낙중과 연관이 된 혐의였다. 김낙중은 이문영 고문이 소장으로 있는 고려대 노동문제연구소 사무국장으로서, 노중선 연구원과 함께 중앙정보부에 연행되어 조사를 받고 있었다. 두 사람은 공교롭게도 지난 3월 10일 노동절 행사 때 이문영 고문의 추대장을 받아간 바 있었기에, 이번 사건이 심상치 않다는 사실을 직감했다. 다행히 송옥순, 조삼년 두 사람은 이틀 만에 석방되어 회사로 돌아왔다. 그들의 얼굴에서는 전과 달리 무척 긴장된 표정을 읽을 수 있었다. 사실 다른 곳도 아닌 남산(중앙정보부)에 갔다 왔다는 사실 자체만으로도 다른 노조간부들조차 쉽게 곁을 주기 힘든 게 당시의 상황이었다. 멀쩡한 사람도 거기 갔다 오면 진실 여부와 상관없이 '빨갱이'가 되어버릴 수 있다는 게 공공연한 비밀이었다.

노동조합은 5월 8일 제15차 상집회의를 열고 대책을 논의하고 다음과 같은 사항들을 결의했다.

- 전 조합원의 연대 서명으로 호소문을 각계에 발송한다.
- 5월 9일부터 상집간부, 대의원, 조합원 순으로 단식항의를 확대한다.
- 그래도 석방되지 않을 경우에는 전 조합원이 중앙정보부를 향하여 행진한다.

한국모방 조합원들은 지동진 지부장에 대한 신뢰가 대단했다. 그들은 정권 측이 지부장을 행여 조직사건에 연루시키려 하는 기도를 처음부터 인정하지 않았던 것이다. 사실, 박정희 정권은 이미 수도 없이 많은 조직사건을 터뜨렸는데, 그런 행태가 자꾸 반복되자 세간에서는 정권이 위기에 부닥칠 때마다 미리 준비하고 있던 공안사건을 하나씩 꺼내 국민들의 시선을 돌리려 한다는 비판이 나올 정도였다. 한국모방 노동조합은 이번 사건 역시 그렇게 끌고 갈 가능성이 많다고 판단하여, 처음부터 강력하게 맞서 나가는 수밖에 없다고 결의하게 된 것이었다. 상집간부들이 호소문을 만들어 각계에 발송한 이후인 그날 밤 10시경, 지동진 지부장이 회사로 돌아왔다. 그는 조사 내용에 대해서는 일절 발설하지 않았다.

5월 24일 중앙정보부는 고려대 노동문제연구소 사무국장 김낙중을 간첩활동 혐의로, 고려대생 정발기 등 10명의 학생을 반국가단체 조직, 불온유인물 살포 등의 혐의로 구속하는 등 도합 13명을 반국가활동 혐의로 구속, 검찰에 송치했다고 발표한다.

그중 김낙중에 대한 검찰의 주된 공소 사실은 다음과 같았다.

> 정발기 등 전 한맥회 회원을 포섭, "우리나라는 제도상의 잘못으로 노동자 농민의 권익이 보장되지 않고 빈부의 격차가 심해가고 있다. 동조세력을 확보, 결정적 시기에 인민봉기를 일으켜야 한다"고 교양, 1972년 7월 여름방학 때 정발기 등 학생들을 강원도 흥국탄광에 보내 교양받은 대로 실천하도록 배후조종했다는 것 등.

10월 22일 결심공판에서 김낙중은 무기징역을, 노중선은 징역 10년, 자격정지 10년을 각각 구형받았다. 이어 11월 1일에 열린 선고공판에서는 김낙중이 징역 7년, 자격정지 7년을, 노중선이 징역 5년, 자격정지 5년을 선고받았다. 이 사건은 유신체제 출범 이후의 최초의 대규모 학생사건(일명 'NH회의 학원 침투 간첩단 사건')으로 주목을 끌었다. 훗날 이 사건 역시 박정희 정권하의 다른 많은 공안사건들과 마찬가지로 실체와 다르게 부풀려져 결국 정권의 위기국면 타개용 조작사건 중 하나로 기록된다.

어쨌든 한국모방 지동진 지부장과 관련된 혐의는 김낙중이 "북한의 사회제도가 우월한 듯이 허위사실을 선전하고 노동자의 권익 보장을 위해 적극 투쟁하라고 지시"를 내렸다는 것인데, 그런 보도에도 불구하고 조합원들은 지부장에 대한 신뢰를 전혀 거둬들이지 않았다.

이렇듯 어수선한 가운데 5월 30일 한국모방 노동조합 정기 대의원 대회가 열렸다. 1972년 7월 노동조합이 민주화된 이후 처음 열리는 대회였다. 게다가 회사가 심각한 경영 위기를 맞이한 이후 처음으로 열리는 대회이기도 했다. 그런 만큼 조합원들의 관심은 여느 때보다 컸다. 이날 대회에는 48명 대의원 중 47명이 참석했고, 박청산, 김수한 고문, 도요안 신부와 함께 섬유노조 본부 이풍우 사무처장 외 다수의 간부들, 각 지부 지부장 다수가 내빈으로 참석했다. 조합원 약 100여 명도 관심을 갖고 방청했다. 지동진 지부장은 개회사를 겸한 기념사를 통해 자신이 지부장으로 선출된 이후 9개월여 동안 "노동자에 의한, 노동자를 위한, 노동자의 노동조합"을 만들기 위해 나름대로 노력해왔음을 밝히고, "초는 자기 몸을 태워서 빛을 내고, 소금은 자기 몸을 녹여서 맛을 낸다"며 대의원과 조합원들의 단결과 헌신이 필요하다고 강조했다.[33] 이날 대회는 섬유노조 본부가 지부를 지원하지 않으면 의무금을 납부하지 않는 것은 물론, 탈퇴하는 것까지 포함하여 강력히 싸워나갈 것임을 결의했다. 이로써 한국모방 노동조합은 과거의 수동적인 자세를 털어내고 당당한 주체로 서겠다는 뜻을 분명히 밝힌 셈이었다.

새로 선출된 임원은 다음과 같았다.

- 부지부장: 정상범
- 총무부장: 방용석
- 교선부장: 전상렬
- 교선차장: 이영자
- 조직부장: 조삼년
- 쟁의차장: 신순자
- 회계감사: 송옥순
- 본부 파견 대의원: 지동진, 정상범, 방용석, 강순례

회사 부도와 기업주의 해외 도주

6월 2일, 가장 우려했던 사태가 현실이 되었다. 자산의 두 배가 넘는 부채를 감당하지 못하고 부도가 발생한 것이었다. 백래진 사장은 이미 이런 사태를 예견하고 그 당시 많은 기업인들이 그러했듯 거액을 챙겨 들고 홍콩으로 달아나버렸다. 충무로 본사는 직원들이 출근하지 않아 텅 비어버렸다. 사태가 이렇게 된 것이 직접적으로 누구의 책임인지 모르는 사람은 없었다.

박용운 씨는 지난 70년 불황과 부실경영으로 20억 원의 부채를 안고 있는 한국모방을 인수했으나 당시 박 씨는 큰 자금을 부입한 흔적도 없이 계속 자기자금보다 은행 및 개인차(個人借) 등 타인 자

본 의존도가 높았고, 이로 인해 부채는 오히려 배가된 데다 사세는 확장하지 못한 채 손을 떼게 됐다는 것. 그러나 작년 8·3조치 이후는 금리 압박도 줄어들었고 경기도 호전됐는데 방대한 매출기업을 도산으로 몰고 간 것은 박 사장 자신이 부실 운영을 했기 때문이라는 것이 업계의 공론이다.[34]

이러한 상황이 나타나게 된 배경에는 경영주로 하여금 그런 식의 말도 안 되는 경영을 하게 만든 정부의 정책도 깔려 있었다.[35] 즉, 1960년대부터 실시한 수출주도 경제는 당연히 수출업체에 유리한 여러 가지 지원책이 필수적인데, 세제와 융자와 같은 금융상 특혜 및 저곡가 정책 등 정책적 수단의 일방적 동원이 대표적이었다. 예를 들어 우리나라의 경우 제도금융권과 사채시장 사이의 금리 차이가 매우 크다. 따라서 은행에서 융자를 받을 수 있다는 것 자체가 많은 기업에게는 상당한 이익을 보장해주며, 그 결과 기업 경영에서 가장 중요한 것은 기술 개발이나 생산성 향상보다도 이러한 융자 혜택을 받을 수 있는가 없는가 하는 점이었다. 문제는 그 과정에 이권이 개입하게 마련이어서, 관리가 부실해지고 경영이 악화되는 사례가 발생하는 것을 피하기 힘들다는 것이다. 박정희 정권은 이런 부실기업이나 불량기업을 수시로 정리하곤 했으나, 워낙 금융시장의 왜곡이 심해 경제가 성장해도 기업의 재무구조 악화를 피할 수 없었다. 이에 앞서 수차 밝힌 바처럼 1972년 8월 3일의 기업사채 동결과 같은 특단의 조치가 불가피해지는 것이다. 한국모방을 인수한 박용운 사장은 이런 식의 특혜금융과 기업에 대한 특별 조치의 가장 큰 수혜자인 동시에, 그로 인해 결국 회사의 재무구조를 건실하게 꾸려가기보다는 손쉽게 외형을 키우려 한 부패 무능 기업인의 전형이라 하겠다.

6월 5일자 〈경향신문〉은 「부채 40억 한국모방 도산 직전 현, 전 사장 모두 해외로 도피」라는 제하에 다음과 같이 보도했다.

한국모방이 경영부실로 도산 직전에 있음이 밝혀졌다. 5일 현재 한국모방의 전 시설은 완전히 중단되고 있다. 업계에 의하면, 한국모방은 전 사장 박용운 씨가 71년 인수한 후 누적된 부채액이 40억 원에 달하고 있으며, 최근 박 씨가 반사회적 기업인으로 당국의 수사를 받자 백래진 씨가 대표로 취임했으나 경영 상태는 더욱 악화되었다 한다. 한국모방의 종업원들은 이와 같은 사태에 직면, 노조를 중심으로 대책위원회를 구성하여 사후 대책을 협의하고 있는데 사원 급료는 2개월분, 공원 급료는 1개월분이 체불되어 있다. 종업원들은 박용운 씨와 백래진 씨가 도입 원모마저 싼값에 처분하고 각각 미국과 일본으로 도피했다고 주장하고, 사내 기숙사에 있는 1000여 여공들의 생계를 위해 당국의 조치를 요망하고 있다. 그런데 한국모방의 총자산은 35억 원으로 부채액에도 미달하고 있다.

언론 보도가 잇따르자 공장에는 계약업자들이 떼로 몰려와 작업 중에 있는 제품을 회사 밖으로 내가느라 아수라장을 이루었다. 자칫 시간에 늦으면 사채업자들에게 물건마저 빼앗길 우려가 있기 때문이었다. 회사는 말 그대로 패닉(공황) 상태에 빠져버렸다. 누구보다도 현장에서 일하는 노동자들이 가장 심각한 타격을 입었다. 5월분 급료도 지급받지 못한 상태인데, 회사 통장에는 현금은 한 푼도 없이 부채만 약 42억 원이나 남아 있었다. 하다못해 회사 식당을 운영해오던 업자마저 밀린 식대를 지불하지 않으면 식사 제공을 중단할 수밖에 없다고 엄포를 놓았다. 거기에 전기요금, 수도요금 체납 통지서까지 날아와 언제 단전, 단수가 될지조차 알 수 없는 지경이 되었다. 창고에 수출용 원자재는 금세 바닥을 드러내고, 임직(賃織), 임방(賃紡), 임염(賃染), 임가공(賃加工)[36]을 의뢰한 업체들도 자기 물건을 챙기는 데 여념이 없었다. 그야말로 문을 닫는 것은 시간 문제였다. 그럴 경우, 대방동 1공장과 노량진 2공장을 합쳐서 2500명에 이르는 노동자들의 실직은 물론이고, 밀린 임금과 퇴직금, 심지어 회사에 저축한 돈과 예수금마저 송두리째 날아갈 판이었다.

수습대책위원회 구성

이렇듯 절체절명의 위기 상황에서 노동자들이 기댈 곳은 오직 노동조합뿐이었다. 그것은 어떤 면에서 회사 측도 마찬가지였다. 어쨌든 공장을 가동해야 조금이나마 빚을 갚아나가며 한 가닥 희망이라도 걸어볼 수 있기 때문이었다. 평소에는 눈엣가시처럼 보이던 존재가 이제는 아쉬워 손을 빌리는 존재로 탈바꿈한 셈이었다. 노동조합도 상황을 잘 인식하고 있었다. 우선, 조합원들을 동원하여 회사의 정문과 후문을 봉쇄했다. 어떤 물품이든 누구의 소유이든 더 이상 물품이 빠져나가는 것을 막아놓고 봐야 했기 때문이다. 뒤늦게 찾아온 채권자들은 그렇게 해서 일단 출입을 저지당했다.

6월 2일, 종업원들이 동요하는 가운데 지동진 지부장은 방용석 총무부장과 함께 노동청 서울사무소를 방문하여 대책을 협의했다. 또한 윤원희 부사장과 함께 이란사와 스웨터를 내보내는 조건으로 제일은행으로부터 4000만 원 자금 지원을 요청했다. 이날 오후에는 남부경찰서에서도 사태 조사차 회사를 찾아왔다. 저녁 7시 30분에는 이란사

2만 8000킬로그램이 수출되고, 스웨터도 1만 장 매출을 올렸다는 소식이 전해졌다.

노동조합은 6월 3일 비상 상집회의를 열었다. 어떤 경우에도 회사의 폐업을 막는다는 결의를 다졌고, 조합원들에게는 동요하지 말 것을 요청했다.

6월 4일에는 노조간부와 현장 책임자, 회사 사원급을 망라하는 수습대책위원회를 발족했다.

위원장 지동진(노조 지부장)

부위원장 이규성(정사과장), 조삼채(방적과장), 김문영(가공주임), 김양석(직포주임), 표형길(염색주임), 박승배(전력주임), 박노황(공무과장), 이석규(소모주임), 백남호(창고대리), 김한욱(창고주임), 박대석(노무과장), 김문경(경비주임)

총무 김칠만(방적대리), 정상범(노조 부지부장), 방용석(노조 총무부장)

고문 김용백(생산차장), 윤정섭(영업차장)

상무집행위원 이규성, 김칠만, 백남호, 정상범, 방용석

수습대책위원회는 제일 먼저 수많은 사람들이 생존을 위협받는 절박한 상황에 대해 채권자와 당국의 선처와 협조를 요청하는 '탄원서'를 작성했다.

이 나라 이 겨레의 앞날을 위하여 불철주야 노력하시는 귀하께 삼가 경의를 표합니다.

저희 2000여 한국모방 종업원은 100억 불 수출목표 달성과 1000불 소득의 목표 달성을 위해 산업전선의 최첨단에서 최선을

다했으나, 지난 4월 6일 반사회적 기업인으로 공개되고, 최근 일 간 신문이나 방송에 수배 중에 있는 반사회적 기업인 박용운 회장 과 고액을 횡령하고 홍콩으로 도주했다는 백래진 대표이사로 말미 암아 과거 산업전선에서 맹활약하던 한국모방 자체가 1973년 6월 2일 은행 부도 사태까지 야기되고 와사 상태가 됨으로써 저희 2000여 종업원과 그 가족 1만 여 명이 생계에 심각한 위협을 받고 있어 이를 수수방관할 수 없을 뿐 아니라 우리 전 종업원과 그 가 족의 사활과 직결됨으로 73년 6월 4일 전 종업원으로 구성된 수습 대책위원회를 구성하여 회사의 실정과 종업원의 연명책 및 각오를 밝히면서 전 종업원이 서명날인하여 탄원서를 제출하오니, 사회 적 문제가 일어나지 않도록 적극 협조해주시기 바랍니다.

수습대책위원회에서는 1) 회사는 공장 시설을 가동, 운영하고 관리하 는 권한을 당분간 대책위원회로 위임하고, 2) 대책위원회는 업자와 수탁 품 계약을 하여 수입 가공으로 생계유지를 도모하며, 3) 회사가 차압이 될 경우에는 수탁품에 대해서 차압에서 제외하는 보장책을 요청했다.
수습대책위원회가 '탄원서'에서 밝힌 자체 가동 및 수입 계획은 다 음과 같았다.

[표7] 한국모방 수습대책위 자체 가동 및 수입 계획

부서	가동율	기간	수입금
방모	100%	월	3,000,000원
방적	50%	월	15,000,000원
직포	60%(50대)	월	4,200,000원
염색	60%(아크릴)	월	5,000,000원
가공	10만 야드	월	4,000,000원
계			31,200,000원

수습대책위원회는 한국모방을 성업공사로 넘겨 공개입찰을 하려 한다는 소문에 대해 민감한 반응을 보였다. 그 경우 체불임금은 물론이고, 10년 이상 근무한 종업원들의 유일한 노후대책인 퇴직금 약 2억 원마저 해결될 길이 사라지기 때문이었다. 따라서 위와 같은 생계 유지책이 정상적으로 운영되기를 간곡히 희망한다고 밝혔다. 아울러 지부장은 윤원희 부사장과 함께 제일은행 측을 만나 당장 급한 기숙사생 식사 문제, 벙커C유, 전기, 수도 등에 대한 지원액 1500만 원과 종업원 급료 중 절반인 2100만 원을 포함하여 총 3600만 원을 지원해줄 것을 요청했다. 아울러 수습대책위원회는 윤원희 부사장 등을 만나 회사의 법률상 책임을 지는 대표이사에 취임할 것과 경영권의 위임을 요청했다. 이에 윤원희 부사장, 이철희 전무, 박문환 상무는 협의 끝에 1)회사의 임방, 임직, 임염, 임가공에 대한 물품 반출입 통제, 2)금전 출납의 통제, 3)노무관리의 통제, 4)기타 제반사업의 관리사항을 6월 7일자로 수습대책위원회에 위임했다. 윤원희 부사장은 사장으로 취임했다.

6월 7일, 수습대책위원회는 종업원 총회를 소집하여 회사 이사회 결의사항과 회사 측의 위임사항 등을 공개하고, 당면한 어려움을 해결하기 위해서는 정부의 정책적 지원이 절실하다는 데 뜻을 모았다. 그리하여 대통령, 재무부장관, 상공부장관, 국회의장, 제일은행장 등에게 '탄원서'를 내기로 결의했다. 이 '탄원서'는 6월 4일의 것과 유사하지만, 특히 눈앞에 닥친 어려움을 좀 더 절절하게 묘사해서 눈길을 끌었다. 가령, "회사 내에 있는 1만 원 이상의 가치가 있는 물건은 거의 전부 밖으로 내다 팔아먹고", "차량은 세금을 내지 않아 매도 조치 불가능함"과 아울러 "수도, 전기 요금 등 공공요금을 미납하여 단수, 단전하겠다고 관계처에서 날마다 찾아오고", "수출용 원자재는 바닥이 났으며", "임방, 임직, 임가공을 의뢰했던 업자들은 회사가 도산 상태에 접어들자 모두 찾아갈 뿐만 아니라" 심지어 "직기에 작업 중인 복지나 가공 중인 복지를 작업 중인 상태로 실어버렸기 때문에", "기계와 시설은 완전 정지되어 녹슬고" 있다는 식이었다.

이 '탄원서'에서는 다음과 같은 사항을 요구조건으로 내걸었다.

1. 종업원의 퇴직금 확보와 생계유지를 위하여 앞으로의 공장 운영을 다음과 같이 수습대책위원회에서 관리 운영코자 한다.
가) 공장시설의 가동운영 관리권을 당분간 대책위원회에 위임해 줄 것.
나) 업자와 수탁품 계약을 하여 여기서 생긴 이익금으로 생계를 유지하고자 하는 바, 수탁품은 회사 재산과 별도로 취급하여 회사 재산에 대한 차압에서 제외하도록 관계기관에 지시하여줄 것.
2. 제일은행 등 관계 은행에 대하여 공장 가동을 위한 최소한의 운영자금 지원대책을 지시하여줄 것.
3. 근본대책이 수립되어 정상 가동될 때까지 법적 조치(공매처분 등)를 연장해줄 것.

수습대책위원회의 경영권 인수

회사 창고에는 제일은행이 물품대를 미리 지불한 수출용 물품(이란사)이 쌓여 있었다. 수습대책위원회는 제일은행과 교섭을 벌여, 만일 제일은행 측이 물품을 인수해가지 않을 경우 종업원들의 5월분 급료 지불을 위해 부득이 현물로 임금을 지불할 수밖에 없다는 사실을 분명히 밝혔다. 또한 경남섬유에서 수입한 양모 수십 만 파운드가 세관 통관을 위하여 창고에 보관 중인 바, 이 물건에 대한 대금도 지불할 것을 요구하고, 만일 응하지 않을 경우 자체적으로 가공하겠다고 통보했다. 결국 제일은행과 경남섬유 측은 수습대책위원회의 요구를 받아들여 5600만 원을 지불했다. 수습대책위원회는 이 돈으로 밀린 5월분 임금을 지불하고, 식비 문제도 해결함으로써 종업원들을 심리적으로 크게 안정시킬 수 있었다.

〈서울경제신문〉(6월 19일자)은 「숨죽인 황금의 시설」이라는 제하에 한국모방 사태를 다루면서, 회사가 지닌 능력이 부도로 인해 사장되는 것을 안타깝게 생각한다는 내용의 기사를 실었다. 이에 따르면, 한국모방은 "시내 영등포 요지의 5만 평 대지에 방적시설 1만 4428추와 직기 90대에 부대시설로 염색 및 가공시설과 스웨터 직제 시설까지 있으며, 1만 추의 증설 허가까지 받은 바 있는 시설은 수출산업체로서 손색이 없다"고 했는데, 실제로 "월간 방적사 50만 파운드, 염색 30만 파운드, 가공 20만 야드, 직포 12만 야드의 생산 능력을 보유하고 있는 외에 스웨터와 봉제품도 상당량 생산"하고 있었다. 방적사만 하더라도 월간 매상고가 10억 원에 달하여 부채만 없다면 순익이 3억 원에 달한다. 특히 아크릴사는 판매 가격이 계속 상승하고 있어 없어서 못 팔 지경이라는 것. 염색과 가공시설 또한 국내에는 절대량이 모자라기 때문에 충분히 승산이 있는 시설이었다. 스웨터와 봉제품도 수출 호전으로 수익성이 높았다.

따지고 보면 한국모방의 각종 시설은 모두 인기제품을 생산하는 것이며, 특히 요즘은 증산할수록 수익은 더욱 늘어나기 때문에 동업계에서는 최대한의 생산을 하고 있는 실정이다. 이처럼 아까운 시설들을 정상 가동하기 위해서는 부채는 차치하고도 수출금융 10억 원, 경영자금 2억 원, 도합 12억 원이 시급히 확보돼야 한다.

그러면서 "요는 당국이 한국모방을 재건하는 데 얼마나 적극적이고도 필요한 조치를 취하느냐에 달려 있는 것 같다. 이를테면 채권자인 은행이 조속히 공매를 단행하여 견실업자가 인수하도록 처리하는 것도 한 가지 방법"이라면서, 현재 업계에서는 조건만 맞으면 한국모방을 인수할 만한 업체가 5개 이상 있다고 쓰고 있다.

이런 배경에서 수습대책위원회를 실질적으로 이끌어나가는 노동조합은 6월 16일 전에 없던 대규모 조합원 교육을 실시했다. '역경 속에서의 근로자의 정신 자세 확립' 이라는 주제로 돈보스코 회관에서 열린 이날 교육에는 상집위원과 대의원, 반장급 조합원 등 모두 합해 200여 명(남 37명, 여 170명)이 참가했다. 경수 산선의 안광수 목사와 도요안 신부도 자리를 함께했다. 참석자들은 부도 사태의 원인이 노동자가 아니라 경영진의 부패와 무능력에 있다고 분석하고, 어려운 때일수록 조합원들이 일치단결하여 실직을 막고 노동의 대가를 찾아야 하며, 이를 위해 수습대책위원회 활동을 적극적으로 지원해야 한다고 의견을 모았다. 이틀간 무려 26시간에 걸쳐 이루어진 교육과 대토론회는 조합원들이 지위와 상관없이 상호신뢰를 바탕으로 노동조합을 강화시켜나가는 중요한 계기가 되었다.

한편 회사 측은 6월 18일 윤원희 대표이사와 이철희, 최홍근, 고재선, 박문환 이사가 참석한 가운데 정식으로 이사회를 열어 대책을 논의한 결과, 다음과 같은 점에 합의했다.

- 상근이사 전원을 평이사로 바꾸고 무보수제로 한다.
- 사무관리직 사원을 전원 휴직시키되, 잔무 정리상 우선 70퍼센트만 시행한다.
- 체불 노임과 실직 사태의 구제를 위하여 새로운 경영주가 인수하여 정상 가동될 때까지 임방, 임직으로 운영하되, 운영권을 수습대책위원회에 위임한다.

 이사들은 "경영진의 부덕한 소치로 폐사 운영이 완전 마비되었음"을 솔직히 인정하고, 이상과 같은 결의에 따라 6월 19일자로 영등포 공장의 수탁업무 운영권을 수습대책위원회에 위임한다는 위임장을 제시했다. 이로써 수습대책위원회의 임직, 임방, 임염, 임가공에 대한 수탁운영권이 비로소 법적 효력을 갖게 된 것이었다. 아울러 6월 19일 제일모직과 임직 계약(Row White 22만 7040파운드)을 체결함으로써, 현장은 모처럼 활기를 찾게 되었다.
 일시적으로 일감을 얻었다고는 하지만, 당연히 좀 더 근본적인 대책을 찾아야 하는 과제가 수습대책위원회의 몫으로 남았다. 이제 이사회로부터 수탁운영권까지 위임받았으니 더 이상 남만 바라보고 있을 여유도 없었다. 수습대책위원회는 정부와 사회 각계에 한국모방 사태의 해결을 위해 관심과 협조, 그리고 지원을 촉구하는 일이 무엇보다 중요하다고 판단, 6월 26일 종업원 총회를 열어 다시금 '호소문'을 채택했다.

1. 국가정책적인 차원에서 수출 증대와 고용 안정을 위해 제3의 참신한 경영진을 물색해줄 것.
2. 그렇지 않으면 제일은행의 관리기업체로서 운영체계를 바꿔

줄 것.

3. 법원관리 운영체계로 바꿔줄 것.

4. 위와 같은 사항을 당장 이행하기 어려우면 은행이자와 사채, 관
세금을 5년 거치, 10년 상환 조건으로 동결해줄 것.

이런 가운데 제일모직과 맺은 임직, 임방 계약분에 대한 작업 과정
에서 뜻하지 않은 마찰이 일어났다. 제일모직 측이 기술자를 파견하면
서 기계 배치도 자기들 임의로 바꾸려 했기 때문이었다. 한국모방 종
업원들은 그런 식의 요구를 받아들일 수 없었다. 작업 방식을 변화하
는 가운데 실직이 현실화될 수 있으며, 장차 한국모방이 정상화되더라
도 제일모직에게 밀릴 수 있다는 우려 때문이었다. 제일모직은 삼성재
벌 산하 기업으로 1954년 설립되었는데, 1973년 당시 대표는 이병철
회장의 첫째아들 이맹희였다. 그러나 1966년 이른바 한비사건, 즉 한
국비료 공장을 건설하면서 요소비료 공정에 쓰이는 사카린 원료를 밀
수입해 시중에 판매한 사건으로 책임을 지고 경영 일선에서 물러났던
이병철 회장이 다시 경영 일선에 복귀하면서 대표도 바뀌게 된다. 제
일모직은 이렇듯 막강한 권력을 배경으로 자기 식대로 한국모방에서
임방, 임직 사업을 전개하려 했던 것이다. 현장에서는 불만의 목소리
가 쏟아져 나왔다. 그러나 한국모방은 어디까지나 약자였다. 윤원희
사장이 나서기도 했지만, 지동진 지부장도 제일모직의 태도에는 반대
의 뜻을 굽히지 않았다. 사퇴 의사까지 표명하면서 강력하게 맞섰다.
결국 6월 27일 지동진 지부장이 제일모직에 찾아가 담판을 벌여 분쟁
의 요소를 제거함으로써 사태는 일단락되었다.

이후에도 수습대책위원회는 할 일이 태산 같았다. 전기요금, 수도
요금 등의 체납에 대처해야 했고, 하다못해 소방 시설마저 확보할 여

력이 없어 당국에 연기를 요청하는 등 자고 나면 또 '진정서'를 쓰는 게 일일 정도였다. 상공부에 대해서는, 가령 100퍼센트 화섬사(아크릴사)는 규정상 50퍼센트는 직수출, 50퍼센트는 국내에 공급하게 되어 있으나, 회사 사정을 감안하여 100퍼센트 직수출할 수 있도록 허가해달라는 식의 실제적인 요청을 하기도 했다. 다시 말해, 화이트 아크릴사를 240만 파운드(월간 약 30만 파운드)분에 한하여 전량 수출할 수 있게 해달라는 것이었다.

이런 노력이 조금씩 결실을 맺기 시작했다. 예를 들어 상공부는 수습대책위원회의 임가공이 노는 시설을 이용하여 수출에 기여하고 종업원의 급료를 지급하기 위해서 필요한 조치로 인정, 한국소모방협회에 최대한 협조해줄 것을 지시했던 것이다. 노량진 공장(성한통상주식회사)은 주 생산품인 스웨터에 대해서 쿼터가 없기 때문에 공장이 완전 휴무 상태였다. 이에 대해 수습대책위원회는 2만 타만 쿼터를 배정해주어 종업원들이 생계를 꾸려갈 수 있도록 배려해달라고 상공부에 요청했다. 아울러 노동조합은 노량진 공장 종업원의 노동조합 가입을 승인하고, 김종학을 부지부장으로 하는 임원진도 선출했다.

사주의 회사 정상화 복안과 수습대책위원회의 입장

8월 7일, 무더위가 전국을 펄펄 끓게 만드는 가운데 서울지방법원 영등포 지원의 집달리들은 채권자 이강성의 요구로 에어컨 4대, 대형 냉장고 2대, 생산관리과 선풍기 3대 등 회사 내 여러 비품들을 차압했다. 수습대책위원회는 손 놓고 바라볼 수밖에 없었다.

8월 13일에는 더 난감한 사태가 벌어졌다. 국세청에서 들이닥쳐 그동안 수습대책위원회가 진행해온 회사 운영 내역을 조사하기 시작한 것이다. 윤원희 사장과 이철희 전무가 난감한 표정으로 이 사실을 노동조합에 알렸다. 노동조합은 즉시 국세청 직원들에게 면담을 요청했으나 거절당했다. 당시 회사는 물량 확보가 어려워 영세업자들의 제품을 50퍼센트 정도 생산하고 있었다. 이는 관례로 보아 국세청에서도 충분히 짐작하고 넘어가 줄 수 있는 일이었다. 노조간부 10여 명이 세무조사를 하고 있는 회의실로 몰려갔다. 조사관들은 소파에 앉아 수박을 먹고 있었고, 경리와 부장은 서류뭉치를 들고 설명하느라 땀을 뻘뻘 흘리고 있었다. 노조간부가 면담을 요청하자 세무 조사관은 일언지하에 거절했다.

"우리는 회사 운영을 조사하는 것이지 노조하고는 상관없습니다."

이때, 성미 급한 노조간부 1명이 다짜고짜 탁자를 뒤집어엎으며 소리를 질렀다.

"야, 이 개새끼들아! 세무조사를 하려면 회사가 정상적일 때 박용운이가 도둑질을 해먹지 못하도록 했어야 할 거 아냐? 그때는 놀고 있다가, 왜 우리 노동자들이 망해가는 회사를 살려보겠다고 이 더운 여름날에도 땀 뻘뻘 흘리며 일하는 데 와서 지랄이야, 지랄은? 뭘 얼마나 얻어 처먹겠다는 거야, 엉?"

회의실은 아수라장이 되었다. 조사관들은 혼비백산해서 그대로 달아나 버렸다.

그런 가운데 제일모직, 제일은행, 대농 등과 회사 인수 문제가 오갔다. 쉽게 결론날 수 있는 문제는 아니었다. 무엇보다 회사 사주 박용운의 의지가 중요했다. 비록 임방에 의한 것이지만, 회사가 어느 정도 가동에 들어가자 경영진들은 박용운을 찾아갔다. 그 무렵 박용운은 국내로 들어와 체포되었다가 병보석을 이유로 명동 성모병원 한 병실에 입원 중이었던 것이다.

9월 14일, 이사회는 박용운이 제시한 세 가지 회사 정상화 복안을 확인했다.

첫째, 회사 주식을 100퍼센트 매매하되 모든 부채를 책임질 수 있는 자에게 회사를 넘기는 방법.

둘째, 회사를 현 상태로 두고 경영진만 바꾸는 방법.

셋째, 정부의 새마을사업에 헌납하는 방법.

이사회는 첫째 안과 둘째 안을 채택하고 논의를 계속하기로 결정했다. 그러나 속을 들여다보면 실상은 달랐다. 그들은 경영권을 포기하고 회사를 제3자에게 완전히 양도할 뜻이 없었다. 시간을 끌다가 유야무야 경영진만 바꾸는 선에서 일을 마무리하고자 했다. 당연한 일이지만, 자본가들의 눈에는 생계에 허덕이는 노동자들이 전혀 보이지 않았던 것이다.

10월 4일 수습대책위원회에서는 반장 이상으로 구성된 소위원회를 긴급 소집하여 이 사안을 논의했다. 이날 회의에서는 첫째 안만 받아들이기로 결정하고 다음과 같이 결의했다.

1. 9월 14일 이사회 결의사항 중 회사의 주식을 100퍼센트 실력 있는 자에게 매매한다는 첫째 안을 제외하고는 어떠한 방법도 인정할 수 없다.

2. 회사 주식을 100퍼센트 양도하는 권한을 수습대책위원회에 위임할 것.

3. 수습대책위원회의 이러한 결의사항을 10월 5일부로 사주 및 이

사진에게 통보하고, 10월 6일 오후 6시까지 그 결과를 밝히지 않으면 10월 7일 12시 전 종업원에게 결과를 보고하고 10월 8일자로 대정부 건의문을 발송하며, 수습대책위원회에서 맡은 임방, 임직, 임가공 등의 계약 중지와 동시에 차후 야기되는 사태에 대하여 하등의 책임을 지지 않는다.

4. 공매처분이 되기 전에 퇴직금, 예수금, 국민저축 등 약 2억 5000만 원에 대한 보장을 받기 위하여 현 사주 및 이사진에 대해 투쟁을 전개한다.

5. 수습대책위원회는 타 채권자들의 채권 확보를 위한 행위에 대하여 방해를 하지 않는다.

박용운은 오직 자본의 행방에만 관심이 있었다. 그는 병원으로 찾아간 수습대책위원회 관계자들에게 외국인에게 회사를 양도하기 위해 궁리 중이라는 등, 은행에 골탕을 먹이는 게 최선의 수습책이라는 등 허풍을 늘어놓았다. 그러다가 결국 그는 실력 있는 제3자에게 회사를 양도한다는 위임장을 10월 6일 써주겠다는 데 동의했다. 수습대책위원회가 회사 양도 문제를 서두른 것은 그 무렵 고조되는 석유파동의 여파로 경기 침체가 지속되고 은행으로부터 특별지원을 받기 어렵다는 현실적 어려움 때문이었다.

실제로, 사주 박용운이 위임장을 써주기로 한 10월 6일 세계가 우려하던 아랍과 이스라엘 간에 이른바 중동전쟁이 발발했다. 시나이반도와 골란고원에서 이집트와 시리아가 각기 이스라엘에 대한 기습 공격을 감행한 것이다. 바야흐로 제4차 중동전쟁이 시작된 것이었다. 세계는 어느 쪽이 전쟁에서 승리하는가 여부보다는 유가의 향방에 더 큰 촉각을 기울였다. 전황이 불리해질 경우, 아랍이 내걸 수 있는 가장 강력한 무기는 바로 석유였기 때문이다.

이처럼 경제 전망이 한 치 앞도 내다볼 수 없을 만큼 위태로운 상황에서, 사주 박용운은 교활한 자본가의 속성을 다시 한 번 그대로 드러냈다. 수습대책위원회에 위임장을 써준다는 이유를 내걸고 자기 병실로 이사들을 소집한 그는 회장 윤원희, 사장 백승빈, 이사에 강대원, 강태홍, 정경자를 선임했다. 윤원희를 제외하곤 모두 새 인물이었지만 박용운의 속셈은 뻔한 것이었다. 회사를 제3자에게 매각하는 대신, 새 경영진을 통해 자기 식대로 처리를 해나가겠다는 뜻이었다. 사실, 정경자는 부인, 강대원은 비서실장, 강태홍은 계열사인 한모복장 사장이었다. 소식을 전해들은 종업원들은 분노로 들끓었다. 수습대책위원회는 10월 10일로 예정된 백승빈 사장의 취임식을 거부했다. 대신 종업원 총회를 열고, 회사의 횡포를 규탄했다. 종업원들도 제 입으로 한 약속을 하루 만에 뒤집어엎은 박용운에 대해 성토했다.

10월 11일 신문 지상에 신임 사장과 이사진의 명단이 공표되었다. 남부경찰서장은 노동조합과 경영진 양측을 서장실로 불러 중재에 나섰다. 그러나 일단 취임 이후에 이 문제를 다루자는 백승빈 사장의 주장으로 협상은 결렬되었다. 수습대책위원회는 다시 '탄원서'를 작성했다. 여기서는 부도 발생의 근본 원인을 따지고, 종업원 급료에서 공제한 국민저축 등을 회사가 유용한 점에 대해 책임소재를 밝혀달라고 요구했다. 아울러 신임 사장 취임의 전제 조건으로 다음과 같은 네 가지를 제시했다.

1. 현직 종업원의 퇴직금 약 1억 5000만 원을 은행에 예치할 것.
2. 이미 발생한 퇴직자의 퇴직금 약 4000만 원을 즉시 지불할 것.
3. 예수금 약 3800만 원을 즉시 상환할 것.

4. 종업원의 봉급에서 공제한 국민저축금 약 1200만 원을 즉시 은행에 입금할 것.

하지만 이날 밤 수습대책위원회는 백승빈 사장과 다시 담판을 벌이고, 박용운의 측근자는 이상에서 제외하고 다른 문제는 취임 이후에 처리한다는 데 동의하는 선에서 10월 12일 사장의 취임식을 인정해주었다. 이로써 수습대책위원회의 역할은 모두 끝났다. 10월 17일, 현금 1300여만 원과 미수금 1500여만 원, 그리고 향후 3개월간의 작업량을 신임 경영진에게 넘겨주고 공식적으로 해체를 선언한 것이다. 부도 발생 이후 6월 7일부터 10월 17일까지 4개월간 악전고투를 거듭하면서 종업원들의 최소한의 생계나마 보장해주었고, 아울러 임가공을 통해서라도 공장을 가동해 온 공로는 적지 않은 것이었다.

공교롭게도 그날을 기해 중동전쟁은 '석유전쟁'으로 비화되었다. 전황이 불리해진 아랍권이 휴전을 제의했는데도 이스라엘이 이를 거부하자 곧바로 국제적 압력 수단으로 석유 무기화를 들고 나온 것이었다. 국내 신문들도 이 사실을 다급하게 제1면 톱기사로 알렸다.

"원유가 17% 일방 인상 선언"(〈동아일보〉 10월 17일)

"원유 월 5%씩 감산"(〈경향신문〉 10월 18일)

아랍국들은 OPEC(석유수출국기구)를 통해 이스라엘을 지원하는 국가에 대한 석유 수출 금지, 산유량 20퍼센트 감산, 종전의 원유 1배럴당 3달러 2센트에서 3달러 65센트로 유가 인상 등을 발표함으로써 오일쇼크의 방아쇠를 당겼다. 이로써 OPEC는 서방의 메이저 석유자본들이 독점하고 있던 원유 가격의 결정권을 장악했고, 이른바 자원민족주의가 세계 경제의 한 축을 뒤흔들 수 있다는 점을 여실히 보여주었다.

노조의 기업 정상화 촉구 투쟁

11월 12일, 회사는 10월 30일 이전 퇴직자들에 대한 퇴직금을 지불했다. 그러나 새로운 경영진의 '성의'는 거기까지였다. 그들 역시 1원 한 장 보태지 않고, 수습대책위원회가 힘들게 얻어온 임방 계약금만으로 적당히 넘기려는 태도를 보였다. 이에 노동조합은 12월 7일 임시 대의원대회를 열고 이 문제를 집중 추궁했다.

전상열 새로운 사장이 은행 문제를 빙자하여 지금까지 자기자본 1원의 투자를 하지 않고 회사가 어렵다고만 하여 상여금에 대해 미온적인 태도를 취하고 있는 것으로 알고 있습니다. 그러므로 새로운 사장님이 전 사주 박용운 씨와 같은 기업주가 아니라는 것을 증명할 수 있도록 우리가 요구하는 150퍼센트에 대한 구체적 답변이 있기를 촉구합니다.

방용석 총무차장님의 축사 중에 회사 사정이 곤란 운운한 것은 순전히 종업원을 우롱하는 발언이며, 임방 계약금만 가지고 어떻게 얼렁뚱땅 해보려는 약은 수법에 불과한 것입니다. 그리고 상여금을 주긴 주되 퍼센트 수를 밝힐 수 없다는 것은 연말에 거지에게 적선하듯 몇 천 원 정도로 입을 싹 닦아버리려는 빤히 들여다보이는 잔꾀밖에 되질 않는 것입니다. 이러한 마당에 우리 조합원들로서는 새로운 경영진이 들어온 후 지금까지의 모든 상황을 설명하여 회사 정상화를 촉구하는 대정부 건의안을 12월 8일 제출할 것을 요구합니다.

장복진 더 이상 속아가면서는 일을 할 수 없습니다. 우리 조합원들의 결의를 나타내기 위하여 현재 1일 12시간씩 근무하는 부서를 포함한 전 공장의 조합원들이 근로기준법에 명시된 주 12시간 이상의 잔업을 거부하는 운동을 전개할 것을 제의합니다.

방용석과 장복진의 제의는 출석한 대의원 43명의 만장일치로 통과되었다. 이에 따라 12월 8일부터 조합원들은 "회사를 정상화시켜라"라는 리본을 달고 출퇴근했다. 아울러 '2천 종업원에게 드림'이라는 제목의 유인물을 돌려 투쟁방침을 천명했다. 생산량은 50퍼센트로 급감했다. 사정이 이렇게 돌아가자 경영진은 눈에 뻔히 보이는 술수로 위기 상황을 모면해보려고 시도했다. 지동진 지부장과 정상범 부지부장, 그리고 방용석 총무를 시내 요정으로 초청하여 회유하려 했지만 노조 지도부를 설득할 수는 없었다. 결국 회사 측은 손을 들고 말았다. 12월 11일 70퍼센트 상여금 지급에 합의한 뒤, 12월 22일 이를 지급한 것이다.

12월 15일, 대한민국 정부는 외무부 성명을 통해 중동 문제에 관한 놀라운 정책 변화를 선언했다.

1. 국제분쟁은 무력 아닌 평화적 협상을 통해서 해결해야 한다.
2. 이스라엘은 67년 전쟁과 이번 전쟁에서 점령한 영토로부터 철수해야 한다.
3. 팔레스타인인의 정당한 주장은 인정되고 존중돼야 한다.
4. 이 지역 모든 국가의 주권 영토보전 독립과 평화로운 생존권은 존중돼야 한다.

초등학교 교과서에서 '젖과 꿀이 흐르는 땅'으로서 이스라엘의 키부츠를 가르치고 지난 몇 차례 중동전 당시 이스라엘인들의 놀라운 애국심을 찬양하는 데 주저함이 없었던 대한민국 정부조차 이렇듯 백팔십도 달라진 친아랍 정책을 선언할 수밖에 없었다. 그만큼 '오일쇼크'

의 위력은 막대했던 것이다. 그해 연말, 석유 한 방울 나지 않는 대한민국의 국민은 생애 가장 추운 겨울을 보내기 위해 마음의 각오부터 단단히 다져야 했다.

한국모방 노동자들에게도 전에 없이 추운 겨울이 닥쳐왔다. 그러나 몸으로 체감하는 추위가 '자본'의 야만적 폭력으로 더욱 심해질 줄 예상했던 사람은 아무도 없었다.

지부장 구타 사건과 그 파장

파란만장한 1973년의 마지막 날, 회사 측은 중역들과 간부급 사원들, 그리고 노조간부들 약 70명을 사내 쇼룸에 초청하여 송년회를 열었다. 노사 모두 지난 일을 잊고 새해에는 더욱 심기일전하여 일하자는 뜻에서 마련된 자리인 만큼 분위기는 모처럼 화기애애했다.

전혀 생각하지도 못한 문제가 터진 것은 정작 송년회가 끝난 뒤였다.

오후 5시, 송년회가 끝나고 헤어지는 자리에서 지동진 지부장은 백승빈 사장에게 정중한 인사를 건넸다. 그러자 백승빈 사장은 "동생, 술한 잔 같이 더 하세" 하고 동행할 것을 요청했다. 이에 지동진 지부장은 차에 올라탔다. 차 안에는 백승빈 사장이 운영하던 오퍼상 태평연합상사의 윤성일 전무도 함께 타고 있었다. 그런데 차가 정문 앞에 이르자, 백승빈 사장은 차를 세우더니 다짜고짜 지동진 지부장을 주먹과 발길로 두들겨 패기 시작했다. 윤성일 전무도 이에 가세했다. 갑작스런 구타에 미처 대응할 자세도 되어 있지 않은 지동진 지부장으로서는 속수무책이었다. 때마침 지나가던 여성 조합원 몇이 이 광경을 목격하고 말렸지만, 백승빈 사장은 이들에게도 주먹을 휘둘렀다. 그런 틈에서도 조합원들은 가까스로 지동진 지부장을 빼돌릴 수 있었다. 백승빈 사장은 벽돌까지 집어들고 쫓아오며 소리쳤다.

"이 새끼, 죽여 버린다!"

취기에 일어난 우발적 사건이라기에는 너무나 험악한 상황이었다. 그동안 지동진 지부장이 이끄는 노동조합에 대한 울분이 얼마나 컸는지, 그 속을 고스란히 드러내는 행패라고 아니 볼 수 없었다. 백승빈 사장은 노동조합을 사업의 동반자로 생각하기는커녕 자기가 마음대로 회사를 운영해나가지 못하도록 사사건건 방해하는 '적'으로 간주하고 있었던 게 틀림없었다. 30여 분이 지나서, 지동진 지부장은 겨우 근처 대동의원에 입원, 치료를 받을 수 있었다. 10일 이상의 치료를 요한다는 진단이 나왔다. 사건 소식은 삽시간에 퍼졌다. 노동조합은 우선 기숙사에 사실을 알렸다. 기숙사생들은 귀향도 중단하고 새해가 밝자마자 긴급회의를 열어 백승빈 사장을 규탄했다. 회사 측이 마련해준 신정맞이 파티도 거부했다.

노동조합은 1974년 1월 3일, 지부장이 입원해 있는 병실에서 제9차 상집회의를 열었다. 이날 회의에서 노조간부들은 이번 사건이 민주적 활동을 지향하고 경영 정상화를 촉구하는 노동조합을 파괴하려는 책동이라는 데 의견을 모으고, 긴급 대의원대회를 열어 대책을 마련하기로 결의했다.

1월 4일, 노조사무실에서 대의원 긴급 간담회가 열렸다. 이 자리에는 대의원과 반장, 담임 등 조합원 70여 명과 노동청의 근로감독관 3명, 섬유노조의 조직부장이 참석했다. 백승빈 사장과 회사 측에 대한 성토가 오가는 가운데, 문어희 근로감독관은 참고발언을 통해 '노동청에서도 이 사건을 중대시하여 구속영장을 청구했고, 그에 따라 백승빈 사장은 구속 상태에서 조사를 받고 있다'고 보고했다. 참석자들은 박수로 동감의 뜻을 밝혔다.

이날 회의는 다음과 같은 결의사항을 만장일치로 통과시켰다.

1. 치안당국은 지부장을 구타한 가해자를 엄중히 처벌하여 다시는 이런 악덕 기업주가 생기지 못하도록 해줄 것을 강력히 요구한다.
2. 사장 백승빈과 윤성일 전무는 전 종업원에게 1월 5일 공개 사과하고 국민 앞에 매스컴을 통해 사과하라.
3. 기업주는 회사 정상화에 대한 확고한 자세와 복안을 밝히고, 정상화에 따르는 모든 문제점은 정부가 책임을 져라.
4. 노동조합은 1974년 1월 5일 14시에 회사 운동장에서 총회를 열고 노동청장을 출석케 하여 근로자 인권 보호에 관한 특별 방침을 공개하게 한다.

사건이 이렇게 확대되어가자 노동청과 남부경찰서의 발길도 바빠졌다. 그 결과, 1월 5일자로 백승빈 사장은 구속되고 윤성일 전무는 불구속 입건되었다. 이로써 백승빈 사장은 근로자를 폭행한 사용자가 근로기준법 위반으로 구속되는 첫 번째 선례를 남기게 되었다. 남부경찰서 박영기 서장은 김수한 의원을 대동하고 노동조합을 찾아와 설득에 전력했다. 노동조합은 백승빈 사장이 이미 구속되었음을 감안하여, 조합원 총회를 연기하기로 결정하고 이를 공시했다.

노동자들에 대한 참혹한 인권유린

하지만 이것으로 노동자들의 분노를 완전히 가라앉힐 수는 없었다. 사회 여론 역시 비등했다. 종교계는 1월 5일 17개 단체가 돈보스코 회관에 모여 긴급 대책회의를 갖고 노동 현장에서 자행되는 야만적 인권유린 행위를 한목소리로 규탄했다. 이들은 전태일 열사 분신 사건 이후에도 노동 현실은 조금도 나아지지 않았으며, 한영섬유 김진수 피살사건, 유림통상과 태광섬유 노조간부 구타 및 해고사건, 마산수출자유지역에서 벌어진 일본인 기업주의 한국인 노동자 집단구타사건, 버스 여차장에 대한 몸수색과 인권유린 사태, 미국인 전자업체에서 일어나는 여공들의 시력 저하, 각종 안질 발생 사태 등을 그 사례로 들었다. 말하자면 지동진 지부장 구타 사건을 일개 사업장에서 어쩌다 일어난 우발적인 사건이 아니라 노동자들을 희생양으로 삼아 경제발전을 추구하는 우리 사회의 구조적 모순이 드러난 사건으로 간주한다는 뜻이었다.

특히 한영섬유 노동자 김진수 피살사건은 우리 사회의 노동자들이 얼마나 끔찍한 상황에 처해 있는지 보여주는 대표적인 사례였다. 영등포 대방동에 있는 한영섬유 노동자들은 1970년 12월 28일 섬유노조 의류지부 한영섬유 분회를 결성했다. 이에 회사 측은 공장장 유해풍을 중심으로 노골적인 노동조합 파괴공작에 돌입했다. 유해풍은 폭행사건으로 퇴사한 정진헌 등 3명을 재입사시켜 회사 내에 공포 분위기를 조성하는 한편, 분회장 김용욱을 포함하여 간부 4명을 사칙 위반 혐의를 내걸어 해고했다. 이에 노동조합은 강력히 반발하여 1971년 3월 쟁의 발생을 신고했다. 일이 이렇게 되자, 1971년 3월 18일 유해풍이 데려온 3명은 제일 말을 안 듣는다고 판단한 김진수더러 술을 먹자고 불러내어 시비 끝에 드라이버로 머리를 찔렀다. 김진수는 뇌 수술까지 받았으나 100여 일 만인 5월 16일 끝내 숨을 거두고 말았다.

이 사건은 처음에는 제대로 알려지지 않았으나, 영등포 산선의 김경락, 안광수 목사가 끈질기게 추적한 끝에 마침내 노조 파괴에 앞장선 이들의 자술서와 공장장 유해풍이 3명에게 써준 각서를 입수하여 비로소 공론화되기 시작했다. 결국 6월 25일 한영섬유 노동자 김진수의 장례가 치러질 수 있었지만, 사건이 표면화되는 과정에서 회사 측은 물론이고 당연히 노동자의 편에 서야 할 한국노총과 섬유노조가 보여준 미온적인 태도는 지탄을 받아 마땅했다. 이 사건을 계기로 지난 시기 꾸준히 협력 관계를 이어오던 한국노총과 종교계는 결정적으로 대립하게 된다.

1973년 12월 10일, 한국도시산업선교회연합회(회장 김영승 목사)는 제25회 세계인권선언의 날을 맞이하여 한국 노동자들이 당하는 심각한 노동 현실을 고발하고, 미국과 일본 정부에도 시정을 촉구하는 건의서를 보냈다. 마산수출자유기업의 일본 기업인들이 한국 노동자들에 대해 저임금 및 작업 중 구타 등 인권을 유린하고 있으며, 미국 전자업체에 종사하는 노동자들은 입사 당시 1.2였던 시력이 1년 만에 0.2~0.9로 떨어졌고 80퍼센트 이상의 여공이 눈병에 걸렸으나 회사 측에서는 아무런 대책도 세워주지 않고 있기 때문이었다.[37]

태광산업 여성 노동자들은 야간작업 도중 간부의 호출을 받고 나갔다가 성추행을 당했다. 아무런 경계심 없이 호출에 응했다가 보일러실 부근에서 당하고 만 것이었는데, 알고 보니 그런 식으로 당한 여성 노동자가 무려 20~30명에 달했다. 태광산업 노동자들은 또한 노동조합 결성 후 회사 측으로부터 무수히 폭행을 당했고, 한 남성 노동자는 고막이 터졌다. 1972년 12월 1일 노동조합이 이른바 국가비상사태 하에서 최초의 농성을 벌이자 회사 사원들은 물론 계엄군까지 합세해 무자비한 진압을 자행했다. 이들은 동부경찰서로 연행되어 각목으로 무참하게 구타를 당했다.

버스 차장(안내양)들은 공장 노동자들에 비해 훨씬 열악한 노동조건에 시달리고 있었다. 완벽한 인권의 사각지대에 놓여 있기 때문이었다.[38] 밤 12시에서 1시에 잠을 자 새벽 4시에서 5시 사이에 일어나기 때문에 항상 잠이 부족할 수밖에 없는 데다, 운행 중 일어나는 사고에 대해서는 무조건 차장의 잘못을 물었으며, 식사 시간도 없이 허겁지겁 마치 '논산훈련소의 군인'처럼 허연 깍두기와 간장, 기껏해야 콩나물과 된장국이 전부인 식사를 해야 했으며, 겨울에는 누구 하나 동상에 걸리지 않는 사람이 없을 정도였다. 무엇보다 가장 치욕스러운 것은 돈을 훔쳤다는 이유로 아무 때나 몸수색을 강요하는 일이었다.

어쩌다 손님에게 받은 차표와 요금 등을 영업소에 바칠 때 지도반이 계산했던 것과 차이가 생길 때는 정말로 말 못하는 고초와 수모를 당한다. 우리들은 심한 추궁을 당하기도 하고 심지어는 알몸에 수색을 당하기도 한다. 가슴을 치며 통곡하고 싶도록 억울한 일이다.[39]

새벽 2시경 신장운수 소속 시외버스에 근무하는 안내양 60명은 발가벗기는 몸수색에 항의하여 기숙사를 탈출하였다. 그들은 8킬로미터가량 걸어 노동청으로 몰려가 12시간 동안 농성했다. 그들은 회사 측이 안내양을 기숙사에 가둬놓고 7시간 동안 옷을 벗기고 몸수색을 했다고 항의했다.[40]

지동진 지부장 구타 사건을 계기로 모인 종교계 단체의 대표들은 '신구교 노동문제 공동협의회'라는 이름으로 이런 비인간적 노동 현실을 고발하며 다음과 같이 결의했다.

1. 기업인이 노동자들을 폭행하게 된 분위기에 대하여 정부 당국은 전폭적인 책임을 지고 이러한 풍토를 개선하도록 기업인들의 전근대적인 봉건적 사고방식을 철폐하고 민주헌정질서를 확립하라!
2. 한국노총과 전국섬유노동조합은 노동자들의 기본권 보장을 위해 일하지 못할 바에는 즉시 해체하고 노동자를 착취하는 제2의 기구로 전락한 사실을 400만 노동자와 전 국민 앞에 사죄하라!
3. 정부는 노동자들의 자율권을 보장하고, 이를 침해하는 일체의 행위를 중지하고 제도적 모순을 즉각 시정하라!
4. 우리 천주교회와 기독교회는 노동사회에서의 인권유린 문제들에 대하여 앞으로 구체적인 활동을 전개할 것이며, 우리의 모든 잠재력을 총동원하여 산업사회 정의 수립에 총력을 경주할 것이다.

긴급조치와 노동 현실

때마침(1974년 1월 8일) 대통령 긴급조치 제1호가 선포되었다. 지난 1973년 연말, 지식인들이 중심이 되어 이른바 '개헌 청원 100만인 서명운동'을 선포하고, 1월 7일 61명의 문인들이 "대다수 동포가 빈곤과 압제에 시달리는 시기에 침묵을 지킬 수 없다"며 개헌 서명을 지지하고 나서자 곧바로 취한 조치였다. 정국은 빙하기로 돌입했다. 도대체 무얼 하자고 해도 할 수가 없었다. 긴급조치는 말 그대로 '일체의 행위와 언동'을 금했기 때문이다.

1. 대한민국 헌법을 부정, 반대 왜곡 또는 비방하는 일체의 행위
2. 대한민국 헌법의 개정 또는 폐지를 주장, 발의, 제안 또는 청원하는 일체의 행위
3. 유언비어를 날조, 유포하는 일체의 행위
4. 전 1,2,3항에서 금한 행위를 권유, 선동, 선전하거나 방송, 보도, 출판, 기타 방법으로 이를 타인에게 알리는 일체의 언동

만일 이 조치를 위반하거나 비방하면 법관의 영장 없이 체포, 구속, 입수, 수색하며 15년 이하의 조치에 처하는데, 그것도 법원이 아니라 비상군법회의에서 심판, 처단한다는 것이었다.

1972년 연말에 선포된 유신헌법이 이미 절대군주 시대에나 가능했을 무소불위의 권리를 대통령에게 부과하는 것은 물론, 국민들에게는 무진장한 의무를 부과한 바 있었다. 즉, 통일주체국민회의를 통한 '대통령 간선제'를 수용할 의무, 그나마 그렇게 선출되는 대통령의 임기가 6년으로 늘어나고 연임 불가 조항이 폐지되어 한없이 그 대통령 밑에서 살다 죽을 의무, 견제기능이 완전히 상실된 꼭두각시 국회를 멀거니 바라볼 의무, 사법권 독립을 요원한 희망을 갖고 기다릴 의무, 고문을 통한 자백에 근거한 처벌을 감내할 의무, 노동자 단체행동 금지의 의무, 온갖 침묵과 복종과 동원의 의무 등등.[41] 한마디로 유신체제의 성립은 "곧 노골적인 폭력의 제도화를 의미했다. 이는 사회구조 전반에 걸친 왜곡과 억압은 말할 나위도 없고 국민 개개인의 일상생활과 의식구조에까지도 지대한 파급효과를 발휘"한다.[42] 그러나 그것으로도 부족했던지, 박정희 정권은 법 조항을 만들었을 이들조차 설마 자

기들 살아생전에 구경할 날이 있을까 싶었던 '긴급조치'라는 수단까지 꺼내들고 다시금 절대적인 침묵과 절대적인 복종을 강요하고 나선 것이었다. 1월 13일, 개헌운동을 주도한 장준하, 백기완이 긴급조치 제1호 위반 혐의로서는 첫 번째 사례로 구속되었고, 함석헌, 안병무, 계훈제, 법정 스님 등이 연행되었다.

이런 상황에서 한국노총은 1월 19일 17개 산별노조 위원장과 10개 시도협의회 의장들이 회동한 가운데 노총 최고간부확대회의를 열고 1월 5일자 신구교 노동문제 공동협의회의 결의문에 대해 논의한 후 반박성명을 냈다. 그리하여 1월 21자 〈동아일보〉에는 양측이 함께 지면을 차지하는 기묘한 모습이 연출되었다. 즉, 신문에 기사화되어 실리지도 못한 1월 5일 신구교 노동문제 공동협의회의 입장 발표는 이날 사회면에 "근로자 인권유린 잦아", "신구교 노동문제협 구실 못한 노총 등 해체 결의"라는 기사로 비중 있게 실린 반면, 이를 반박하는 한국노총의 주장은 자신들이 돈을 낸 광고 형태로 같은 지면 하단을 장식한 것이다.

한국노총의 성명서는 "일부 종교인의 직분을 망각한 노동조직 행위를 엄중 경고하면서 만일 그들이 분별없는 책동을 계속할 때에는 우리의 조직력을 총동원하여 이를 분쇄할 노총의 결의를 내외에 밝힌다"고 하면서 다음과 같이 주장했다.

1. 우리 노총과 17개 산별노조는 그 어떤 외부세력으로부터도 침해받을 수 없는 합법적이고 자주적인 노동단체이다.
2. 종교인들은 종교인으로서 자기 직분에 충실할 것이며 그렇지 않으면 종교를 떠나 직접 노동운동에 종사하거나 정치 또는 사회운동에 몸 바쳐 일하는 등 스스로의 거취를 명백히 하여야 할 것이

며 우리의 순수한 노동운동을 간섭하지 말라.

3. 소위 '신구교 노동문제 공동협의회'의 1월 5일자 결의문에서 우리 노동단체를 모독한 도전적인 망언을 즉각 취소하라.

4. 우리는 노동단체에 침투하여 선량한 노동자들을 선동함으로써 건전한 노동운동의 방향을 흐리게 하고 조직의 분열과 노사 간의 분규를 야기시키고 있는 지각없는 일부 종교인들의 맹성을 촉구하면서 만일 그들이 그와 같은 행동을 계속할 때에는 우리의 조직력을 총동원하여 단호히 응징할 것을 전국의 60만 조직노동자의 이름으로 경고한다.

5. 우리 각 조직은 일체의 부조리를 제거하고 조직을 점검 재정비하는 동시에 미조직 분야를 완전 흡수하여 모든 불순세력의 조직 침투를 분쇄할 완벽한 태세를 갖춘다.

한국모방 노조 지부장 구타 사건을 계기로 이렇듯 수면 위로 떠오른 종교단체와 한국노총의 갈등은 향후 더욱 심해지는데, 양측의 날카로운 성명전은 특히 1975년 중후반까지 여러 차례 집중적으로 되풀이된다.

1월 22일 비상보통군법회의의 검찰부는 김경락(37, 도시산업선교회 목사), 인명진(28, 도시산업선교회 목사), 임신영(32, 교회 부목사), 이해학(29, 주민교회 전도사), 김진홍(33, 활빈교회 전도사), 이규상(35, 수도권특수선교위원회 전도사), 박윤수(29, 창현교회 전도사), 김성일(32, 전도사), 홍길복(29, 전도사), 박창빈(30, 전도사), 윤석규(26, 모학관 지도보조원) 등 종교인 11명을 긴급조치 제1호 위반 혐의로 구속했다. 이어 고작 보름여 만인 2월 6일 비상군법회의를 열어 김진홍, 이해학, 이규상, 김경락에게 징역 15년 · 자격정지 15년을 구형하고, 인명진, 박윤수에게는 징역

10년·자격정지 10년을 구형했다. 신문은 이들의 혐의 사실에 대해 어떤 내용도 밝히지 못하고 있는데, 그들은 바로 한국노총이 주장한 바 "노동단체에 침투하여 선량한 노동자들을 선동함으로써 건전한 노동운동의 방향을 흐리게 하고 조직의 분열과 노사 간의 분규를 야기시키고 있는 지각없는 일부 종교인"들이었다. 긴급조치가 발동된 1974년 1월의 풍경은 이렇듯 살벌했다.

노동 현장도 마찬가지였다. 유신체제는 1960년대와 마찬가지로 반노동자적 체제였다. 1960년대의 경우 당시 사회경제적 여건에 비추어 볼 때 국가가 전면에 나서서 노동자계급(및 농민)을 통제하고 억압할 절대적인 필요는 없었다. 그러나 1970년대에 들어서면 자본에 대한 특혜적 정책들을 유지하면서도 노동자계급(및 농민)을 좀 더 직접적으로 억압 통제할 필요가 있게 되고, 또 본격적으로 중화학공업화를 추진하기에 앞서 노동운동 세력이 확대되고 강화되는 것을 미리 저지할 필요가 생긴다. 유신체제는 특히 이러한 측면에서 그 폭력성을 노골화하는 것이다.[43]

국민의 자유롭고 자발적인 동의 없이 강압적으로 장기집권을 꾀하던 박정희 정권의 처지에서는 단위노조에서 일어난 하나의 사건조차 허투루 보아 넘길 수 없었다. 그것이 종교단체의 조직적 개입을 불러온다면 더욱 신경을 써야 했다. 하지만 어떤 가공할 '긴급조치'로써도 과거와 달라지기 시작한 1970년대 노동운동의 새로운 양상과 성격을 쉽게 제압할 수 없다는 것은 분명해졌다. 한국모방 지동진 지부장 구타 사건은 이런 점에서도 하나의 획기적 의미를 지닌다.

제5장 노사 공동경영 체제의 출범

회사 측의 새로운 제안

1974년 1월 15일, 임시 주주총회가 열렸다. 이 자리에는 병원에서 퇴원한 지동진 지부장과 방용석 총무부장이 참석했다. 이 주주총회는 물론 노동조합이 경영 정상화를 위해 소집을 요구했던 것이다. 총회에서는 우선 폭행의 당사자 백승빈 사장의 사표를 수리하고 윤원희 회장을 대표이사 사장으로 재임명했다.

사주 박용운은 회사 정상화 방안을 제시했다.

1. 회사의 재산은 1973년 9월 말 현재 감정원 감정가격 기준으로 21억 원이지만 부채는 약 44억 원이다. 설사 실제 자산 추정액이 약 40억 원이 된다 해도 부채가 워낙 많기 때문에 선뜻 나서서 매입할 사람은 없을 것이다.
2. 현 상태로는 자금을 더 내놓을 사람도 없으므로 현 상태대로 1개월 동안만 방치하면 문을 닫을 수밖에 없고, 그렇게 되면 공매처분이 될 것이다.

3. 노사가 단결하면 재기할 가능성이 아주 없는 것도 아니다. 대주
   주인 박용운이 회사 주식 총 190만 주 중 20퍼센트에 해당하는
   38만 주를 노조에 무상으로 양도하고, 조합원 대표를 경영에 참
   여하게 하여 종래 수습대책위원회가 취했던 방식으로 성의껏 운
   영한다면 정부에서도 배려가 있을 것이므로 충분히 재기할 수 있
   을 것이다.

사주 박용운의 제안은 자신의 주식을 일정 부분 노동조합에게 양도
한다는 것을 전제로 하고 있기 때문에 전과 달리 검토해볼 만한 소지
를 갖고 있었다. 노동조합이 경영에 참가한다는 것 또한 노조로서는
예상하지 못했던 제안이었다. 그렇지만 워낙 사주 박용운에 대한 불신
이 높았던 터라 이런 제안이 무슨 배경에서 나오게 되었는지 따져보지
않을 수 없었다. 어쨌든 이 새로운 제안에 대해 노조에서는 20여 일에
걸쳐 여러 형태의 모임을 통해 검토에 들어갔다. 특히 제안의 배경과
만일 제안을 받아들이는 경우와 거부하는 경우 각기 어떤 장단점이 있
는지 여러모로 살펴보았다.

첫째, 회사를 양도받을 사람이 있는가 — 부채가 많아 없을 것이다.
둘째, 은행 관리기업으로 될 수 없는가 — 석유파동으로 인해 섬유
    업계가 전반적으로 불황에 시달리고 있기 때문에 은행에서 나
    서지 않을 것이다.
셋째, 현재의 경영진에서 해결할 수 있는가 — 은행 부채를 해결할
    수 없을 것이다.
넷째, 제안을 거부한다면 — 경영진은 물러설 수밖에 없고, 따라서
    결국은 공매처분될 것이다.

다섯째, 공매처분이 된다면 다음과 같은 문제가 제기될 것이다.

가) 현재 재직 중인 근로자의 퇴직금 약 2억 원은 어떻게 지급받을 것인가.

나) 이미 퇴직한 근로자의 미지급액 약 2000만 원은 어떻게 할 것인가.

다) 종업원 예수금 약 8000만 원과 국민저축금 약 1500만 원은 어디서 돌려받는가.

라) 공매처분 기간의 급료와 1000여 명 기숙사생들의 식사 문제는 어떻게 해결할 것인가. 급료는 월 4000만 원, 식대는 월 400만 원, 합계 4400만 원이며, 공매처분 기간이 3개월까지 연장될 경우 그 합계액은 무려 1억 3200만 원에 달한다.

마) 공매처분될 경우 종업원의 고용승계와 단체협약의 계승 문제는 어떻게 해결할 것인가.

바) 공매처분 기간 문제의 해결을 위해 어떻게 할 것이며, 만일 해결되지 않을 경우 회사 측과의 대립으로 인하여 발생하는 문제는 어떻게 할 것인가.

노동조합은 회사 측의 이번 제의가 사주의 손에서 떨어져나갈 게 분명한 회사를 노동자들의 힘을 빌어 어떻게든 붙잡아보려는 속셈이 깔려 있다고 판단했다. 즉, 회사 측은 자본을 새로 끌어들일 능력도 없는 데다 대외신용도마저 떨어져 현 상태로는 채권자들이 가만 놔두지 않을 터였다. 그렇게 되면 회사는 공매처분이 되고 경영진은 회사를 포기해야 하는 것이다. 회사 측은 침몰 직전의 회사를 이렇게나마 붙들어 놓은 수습대책위원회의 능력에 기대를 걸었다. 노동조합을 경영에 끌어들이면 은행부채의 상환을 유예받거나 몇 년간 연불상환할 수 있는 특별 조치의 혜택도 기대해볼 수 있다. 사주 박용운은 영악한 자본가였다. 모든 조건이 자기에게 불리한 상황에서, 평소 그토록 대립하던 노동조합을 끌어들여서라도 위기를 모면해보려고 결심했을 터였다.

회사 측의 이런 속셈이 뻔히 보였지만, 노동조합으로서도 뾰족한 대안은 없었다. 회사 측의 제안을 거부하고 공매처분에 들어갈 경우 조합원들의 희생이 너무 컸다. 3억여 원에 달하는 퇴직금, 예수금, 국민저축금 등을 받는 게 어려워지기 때문이었다. 물론 새로운 사업주에게 기대를 걸어볼 수도 있겠지만, 그 역시 자본가로서 노동자들의 처지를 우선하여 문제를 풀어가려 하지는 않을 것이다. 그러면 설사 해결이 된다고 하더라도 그동안 노동자들이 감당해야 하는 고통과 희생이 만만치 않을 터였다.

노동조합의 공동경영 참가 결정

결국 노동조합은 회사의 제안을 받아들이기로 결정하고, 지동진 지부장을 공동 경영진으로 파견하는 문제와 주식 양도 문제를 확실히 처리해야 한다는 뜻을 회사 측에 전달했다. 그리하여 2월 12일, 회사 측은 사주인 박용운까지 참석한 가운데 임시 주주총회를 열고 주식 190만 주 중 20퍼센트(한국모방 주 20%, 성한통상 주 20%)인 38만 주를 노동조합에 무상양도하고, 지동진 지부장을 회사의 전무이사로 선임하고 2월 14일자로 발령을 내기로 결의했다.

노동조합은 2월 15일, 임시 대의원대회를 열었다. 재적 대의원 51명 가운데 유고 11명(퇴직 10명, 휴직 1명), 결석 6명, 출석은 34명이었다. 이 자리에는 이춘선 섬유노조 위원장과 회사 측에서 김완수 부사장 등이 참석했다. 김종학 부지부장이 의장직을 수행했다. 먼저 경영에 참가하게 된 지부장이 제출한 사표 처리 문제가 토의에 부쳐졌다. 이에 대해 방용석 총무부장은 지부장의 경영참가가 단체협약에 의한 것이므로 조합원의 자격은 계속 유지되는 것이라 말했다. 따라서 사표는 일단 접수는 하되 노동조합에서 보관하기로 의견을 모았다.

다음으로 지부장 직무대리 보선에 관한 문제가 토의에 부쳐졌다. 지동진 지부장은 지부장 유고시에는 규약상 부지부장이 직무를 인계받아야 하나, 현재 정상범 부지부장이 방위 소집으로 휴직 중이며, 김종학 부지부장은 노량진 공장에서 근무 중이므로 여러 가지 어려운 점이 많다고 밝히고 의견을 구했다. 이에 이필남 대의원이 누구보다 업무 파악에 밝은 방용석 총무부장을 직무대리로 추천했다. 방용석은 노량진 공장에 있어도 지부장 직무대리로서 능력은 충분히 있는 김종학 부지부장을 추천했다. 의장인 김종학 부지부장은 영등포 공장의 업무에 대해 밝지 못하다는 이유로 방용석 총무부장을 추천했다. 결국 지부장 직무대리 선출 문제는 이문희 대의원의 의견대로 무입후보 무기명 투표로서 결정하게 되었다. 결과는 방용석 31표, 김종학 1표, 무효 2표였다. 이로써 방용석 총무부장이 지동진 지부장의 직무대리로 선출되었다. 이후, 방용석 신임 직무대리가 의장직을 맡아 노동조합의 경영참가라는 중요한 문제를 놓고 대의원대회를 이끌어나갔다.

전상열 노동조합이 경영에 참가하게 된 것은 우리나라에서선 처음 시도되는 일이라고 생각이 듭니다. 그러한 입장에서 솔직히 저희들은 당황하지 않을 수 없으며 불안해하지 않을 수 없는 것입니다. 그러므로 외국의 경우 어떻게 하고 있으며 무엇이 문제점인가에 대하여 본조 교선부장으로 계시는 표 부장님의 참고발언을 부탁드립니다.

표응삼[44)] 참고발언을 하겠습니다. (중략) 영국에서는 노동조합이 경영에 참가할 때 참가자는 노동조합 위원장직을 버리고 개인 자격으로 참가하지만 독일, 불란서에서는 노동조합 위원장 자격으로 참가합니다. (중략) 한국모방의 경우의 해석으로써는 단체교섭에 의한 경영 참가이므로 조합원 자격은 가지고 참여해야 하며, 소환할 수 있는 소환권과 정기적인 보고를 들을 수 있는 체계를 단체협약과 사규에 명문화시켜야 할 필요성이 있다고 생각합니다.

이론적 차원에서 살피면, 노동자의 경영참가는 여러 형태로 이루어질 수 있다.[45)] 독일에서는 종업원평의회가 감독회와 이사회에 참가하여 기업의 전략적 수준의 의사결정에 개입하며 경영에 관련된 정보를 얻는다. 스웨덴은 노동자이사제를 통해 노조의 입장을 제시하고 기업 경영에 관해 적극적으로 참가한다. 이러한 형태의 경영참가는 대체로 노동운동이 강하고 좌파정권이 집권한 나라에서 제도화되어 왔다. 이와 달리 자본에 참가하는 방식도 있는데, 종업원지주제가 대표적이다.

종업원지주제는 노동자에게 회사의 주식을 구매하여 소유하게 함으로써 노사 협조의 물질적인 기반으로서 기능하게 할 수 있다. 이를 잘 이용하면 경영참가의 성격을 가질 수 있는바, 예를 들어 주주총회에서 노동자들의 대표를 통해 의견을 개진하거나 의결권을 행사하는 경우 등이다. 물론 현실적으로는 노동자가 소유하는 주식의 비율이 높은 편이 아니고, 주주총회에서 노동자를 집단적으로 대표할 수 있는 제도가 구비되어 있는 것도 아니기 때문에 많은 법적·제도적 보완이 필요한 실정이다. 종업원지주제는 미국에서 많이 시행 중이다. 어쨌든 노동자의 경영참가는 그만큼 노동운동 발전의 반영이고 조합원의 이익을 지키는 데에도 필요하지만, 노동조합에 악영향을 초래할 수도 있다. 따라서 노동조합의 역량에 맞는 경영참가의 형식과 내용을 잘 선정하는 것과 아울러, 대안을 제시할 수 있는 역량과 전문성을 기르는 것이 필요하다.

한국모방 노동조합은 참고발언을 들은 후 안건 토의에 들어가 먼저 주식양도에 관한 건을 토의했다. 그 결과, 총 190만 주 중 38만 주를 조합원 개개인 앞으로 양도하게 된다면 여러 가지 문제점이 있으므로 조합원 대표기관인 노동조합 앞으로 양도받을 것을 동의하고 만장일치로 통과시켰다. 이사 파견 역시 단체교섭에 의한 파견이므로 조합원 자격으로 파견하는 것을 명백히 하고 파견자를 지동진 지부장으로 하는 것을 동의하고 이 역시 만장일치로 통과시켰다.

이로써 노동조합의 공동경영참가라는 초유의 사태에 대해 어수선하고 심지어 불안해하던 분위기를 나름대로 분명하게 정리할 수 있는 바탕은 마련된 셈이었다. 조합원들은 방용석 지부장 직무대리의 새 집행부가 회사 측 경영에 참가하게 된 지동진 전임 지부장과 더불어 이제껏 우리나라에서는 어떤 노조도 경험해보지 못한 낯선 상황을 잘 헤쳐나가기를 희망했다.

새로운 실험에 쏟아진 관심

한국모방이 선택한 노사 공동경영 체제 시도는 여러모로 주목을 끌기에 충분했다. 노사 관계가 대립과 반목, 갈등으로 점철되고 있던 상황에서 노사 협력의 새로운 장을 열었다는 점, 사주가 자신이 소유한 주식을 일부나마 무상으로 양도했다는 점, 노동조합 대표가 전무로 경영에 참가한다는 것 자체가 우리 현실에서는 처음 맞이하는 생소한 경험이라는 점이 부각되었다.

경영에 노조 첫 참여
한국모방사 소유주 20% 무상 양도

한국모방주식회사(사장 윤원희)는 그동안의 경영악순환을 지양하고 노사 연합경영체제를 확립하기 위해 회사가 소유한 전체 주식의 20%를 종업원에게 무상으로 양도키로 하고 노조 지부장 지동진 씨를 전무이사로 발탁, 경영에 참여토록 했다. 한국모방 측은 지난 12일 열린 임시 주주총회에서 이 같이 결의했다고 밝혔는데, 근로자가 경영에 참가키로 된 것은 지금까지 유례가 없는 일이다. 한국모방의 자본금은 9억 5000만 원(액면가 500원 총 190만 주)으로 박용운 씨가 대주주인데 20% 양도에 따라 2500여 종업원들은 39만 주(한 사람당 152주)를 받게 된다.

한국모방은 73년 6월 제일은행 빚 40억을 걸머진 채 사장이 해외로 도주, 파산 지경에 이르렀으나 노조 측이 운영권을 인수, 하청 형태로 비정상적인 가동을 해왔다.

–〈동아일보〉 1974년 2월 19일자

경영의 새활로를 모색하는 한국모방 전무 지동진 씨 노사협조 체제를 이룩

"새로운 기업풍토를 조성할 수 있는 전기라고 생각하고 최선의 노력을 다하겠습니다."

국내 최초로 노조 경영참가제를 채택, 경영의 새 활로를 모색하고 있는 한국모방 노조 대표 지동진 전무의 취임소감이다.

"우선은 경영주를 중심으로 노사가 일치단결하고 노조로서는 책임있는 활동을 벌여 회사를 정상궤도에 끌어올리는 데 주력해야 겠습니다."

20퍼센트의 주식을 무상으로 노조에 양도한 사주의 결정은 당장 이익 배당을 받을 수 없다 해도 근로자의 참여의식을 높일 수 있는 계기가 되었다고 지동진 전무는 말한다. 이미 서독 등 몇몇 선진국은 오래 전부터 노조 대표의 이사회 참여가 기틀을 잡고 있지만 이제 겨우 가족경영 체제를 탈피하려는 현 국내 기업풍토에서는 그 배경에 불가피성이 있었다 해도 혁신적인 조처임에 틀림없다는 관계자들의 평이다.

지 전무 역시 이러한 사실은 너무나 잘 알고 있다고 강조하면서 "그렇기 때문에 책임이 더욱 무거워진다"고 말한다. "우리 회사의 노사경영 참가제에는 오랫동안의 악순환 때문에 그 성과를 이미 예측하기가 극히 어렵습니다. 그러나 우리 근로자들은 자신들의 생계대책과 기업의 사회적 책임을 다해보려는 일념으로 이 제도에 찬성, 일대 전기를 시도한 것입니다."

분쟁을 지양하고 대화 위주의 노사 관계와 근로자의 창의적인 참여를 강조하는 지 전무는 평소 구상했던 내용을 조심스럽게 피력한다. 우선 임금을 제때에 지급토록 하고 근로기준법 및 단체협약의 철저한 준수가 이뤄져야 하겠다는 것. 이 길만이 노사 간의 신의를 확립하는 방법이라는 소신이다. 또한 노동자의 창의적인 의견을 신속히 파악, 이를 사전 협의를 통해 경영에 반영하여 노동 생산성 향상에 주력하겠다는 것이다. 이와 같은 노력 끝에 얻어지는 성과는 전 사원에게 공정히 배분하여 새로운 기업풍토의 시범을 보이겠다는 의지다.

"물론 지난해 노조가 잠깐이나마 경영을 맡았던 경험은 앞으로 큰 도움이 될 것입니다. 많은 부채와 어려운 여건이 가로놓여 있지만 사장으로부터 공원에 이르기까지 일치단결할 때 회사의 재건은 그렇게 어려운 문제는 아닐 것으로 확신합니다."

지난해 6월부터 4개월 동안 회사의 운영권을 인수받아 임금을 50퍼센트 정도까지 올려주면서도 흑자를 냈다는 데서 약간의 자신을 갖는다는 지 전무는 무엇보다도 협조체제 구축이 급선무라고 말한다.

－〈매일경제신문〉 1974년 2월 20일자

이렇듯 언론은 우리나라 최초의 노사 공동경영 체제의 출범을 비중 있게 다뤘다. "국내 첫 노사연합 경영제", "노조원 경영 참가 실시", "노조원을 전무로", "재기 위한 총력전", "노사공영체제 갖춰", "관심 끄는 노사공동운영제", "노조 대표를 전무로" 등의 표제로 실린 대부분의 기사는 일단 호의적이거나 최대한 중립적이었다.

그러나 비판적인 시선도 없지 않았으니, 특히 자본의 이익을 반영하는 경영자 측은 불편한 심기를 노골적으로 드러내거나 싸늘한 반응을 보였다. 예를 들어 〈경영회보〉는 "경영은 원래 경영자가 해야 하는 것이고, 근로자들은 경영참가보다 기업 내 노사협의회의 기능을 강화하는 것이 바람직하다"고 밝히면서, "근로자와 사용자는 서로의 입장을 지키면서 협의해야 한다는 것이다. 더욱이 경영의 원리는 이윤의 극대화를 위한 기술인데 어떻게 노조 지부장과 전무 위치가 양립할 수 있겠는가" 하고 논박까지 주저하지 않았다. 백번 양보하더라도 노동조합의 경영참가는 먼 훗날의 꿈으로서, 당대 우리 현실에서는 성급하며 혼란만 불러온다는 게 그들의 주장이었다.

새 출발을 위한 정지작업

2월 18일 한국소모방협회와 IWS(국제양모사무국. International Wool Secretariat) 주최로 아시아 지역 모방공업에 관한 특별강연이 열렸다. IWS 일본지부 경제조사부장 키타하라(北原彰曠)는 이 초청 강연에서 아시아 지역 모방공업의 미래가 상당히 밝다고 전망했다.[46] 아시아의 총 모방 방적시설의 97~98퍼센트가 극동인 일본, 한국, 자유중국(대만)에 집중되고 있는데, 그중 한국의 방적 능력은 그동안 가장 빠른 속도로 성장했으며, 1980년에는 106만 추에 달해 1972년 규모의 2.5배로 증가할 것으로 예측된다는 것이다. 또한 자유중국의 경우도 1980년에 32만 추에 도달, 1971년 규모의 2.7배로 늘어날 것이다. 일본은 이미 포화 상태에 이르러 특별한 증설 없이 300만 추에 이를 것인데, 따라서 일본이 양모시장에서 차지하는 비중도 1971년 85퍼센트에서 1980년 69퍼센트로 떨어질 것이다. 제직시설은 한국이 1980년에 5700대로 예측되는 바, 1972년에 비해 3배 성장을 보일 것이다. 양모소비도 2만 3000톤으로 3배 증가가 예상된다. 일본은 엔화 절상으로 양모공업의 국제경쟁력이 불리해지고 수출은 줄어드는 반면, 모제품 수입은 급격히 증가할 것이다. 이때 수입 증가분은 모두 인접국이 감당할 것이다. 한국과 자유중국은 원모로부터 제조한 제품과 일본으로부터 수입한 모사로 제조한 제품 수출에서 지리적 이점까지 있어 급격한 교역 증대가 예상된다는 게 강연의 요지였다.

하지만 이와 같은 낙관론만 믿고 내일을 기대하기에는 당장 눈앞의 현실이 너무 어두웠다. 키타하라의 강연을 소개한 당장 다음 날 신문은 "방모업계 조업단축 우려"라는 제목으로 해외시장으로부터 주문이 격감하고 내수경기가 침체하는 등 국내외 제반 여건 악화로 1973년

2000여 만 달러 수출 실적을 올려 호경기를 맞이했던 국내 50여 방모 업체들이 1974년에 들어 전체 수출의 70퍼센트를 차지하는 일본으로부터 주문이 격감하면서 큰 어려움을 겪고 있고, 그나마 기대할 만한 내수시장도 화섬에게 침식당해 어려움이 가중되고 있다고 보고했다.

이렇듯 혼란스러운 상황에서 노동조합의 어깨는 무거웠다. 경영에 참가하게 되었다고는 하지만, 다시 생각하면 당대적 현실에서는 그것 자체가 그만큼 회사가 어렵다는 사실을 반증하는 것이기 때문이다. 따라서 노동조합으로서는 경영진이 남겨놓은 눈앞의 난제들을 하나하나 풀어가는 한편, 당장 생계에 압박을 당하고 있는 조합원들의 절박한 현실도 어떻게든 하루속히 타개해나가야 했다. 물론 아무리 좋은 경우라도 조합원인 노동자들은 누구보다 큰 희생을 각오하지 않으면 안 되었다. 노동조합은 당장 발등의 급한 불부터 꺼나가기로 결정했다. 즉, 공매처분을 막고, 땅에 떨어진 경영주의 신용 때문에 막막하기만 한 운전자금 조달에도 적극 나서야 했던 것이다. 이것은 당연히 사주가 짊어져야 하는 책임이었으나 경영에 참가하기로 한 이상 이제 노동조합이 그 책임을 분담하지 않으면 안 되었다. 사주 박용운이 노린 것도 바로 이 점이었다.

노동조합은 우선 회사 측과 공동 명의로 '진정서'를 작성하여 대통령에게 제출했다. 회사 측의 입장이 반영된 만큼 전에 없던 표현들까지 등장했다.

오랫동안 악순환을 거듭하여 오던 당 한국모방주식회사는 박 대통령 각하의 총화체제에 부응하며 국민경제 발전에 기여코자 전 경영진과 2000여 노동자들은 혼연일체가 되어 회사의 정상 운영을 기하기 위해 새 출발을 다짐하게 되었습니다. 사주 측은 주식 20%

를 무상으로 노조에 양도하여주고 노조 대표에게 중책을 맡기는 노조 경영참가제의 길을 열어놓았으며, 2000여 노동자들은 분쟁을 지양하고 대화 위주의 노사 관계를 이룩하는 동시에 창의적인 참여를 약속함으로써 경영면에서 일대 전환을 가져오게 되었습니다.

그동안 당사의 운명을 걸머져오던 대주주인 박용운 씨는 회사의 정상 운영을 백방으로 모색하여 오던 중 무엇보다 노사분쟁 요인을 근절시키고 산업평화를 유지함은 물론, 노사협조체제가 건전하게 이루어짐으로써 소기의 성과를 거둘 수 있다는 결론을 얻게 되었습니다. 그리하여 노조의 경영참가제를 구상하기에 이르렀고, 결국 자기주 중에서 전 주식 20%에 해당하는 주식을 노동조합에 무상으로 쾌히 양도하는 용단을 보이게 되어 실현을 보게 된 것입니다. 박용운 사주의 이와 같은 용단에 따라 2월 12일에 소집된 임시 주주총회는 노동조합에서 추천한 지부장인 지동진 씨를 이사로 선임하는 한편 2월 14일에 열린 이사회에서는 경영상 중요 직책인 전무이사로 선임 취임토록 하여 당사에서 우리나라 최초의 노조 경영참가제가 실현을 보게 되었습니다. 이에 대해 회사의 정상 운영을 갈망하여오던 노조 측에서도 수차의 회의를 통하여 논의한 끝에 회사 측의 조치를 전적으로 환영하면서 과거 본의 아니게 사회적인 물의를 일으켰던 분쟁을 지양하고 명실공히 일체감을 갖고 경영에 참가, 현 윤원희 사장을 중심으로 한 경영진에 적극 협조하여 책임있는 활동을 다함으로써 기어이 정상적인 운영을 회복하여보자고 다짐하여 일어서게 되었습니다.

당사의 노조 경영참가제를 통한 경영쇄신은 허다한 문제점을 내포하고 있는 실정에 비추어볼 때 성과의 정도를 예측할 수 없으나 저희들 노사 양자는 2000여 노동자와 수만의 관련 생활자의 생계 대책을 열어주며 기업의 사회적 책임을 다하여보자는 일념하에서 무조건 손을 잡고 일대전기를 시도하게 된 것입니다. 노사협력 체제를 갖춘 당사의 경영 방침은 앞으로 임금의 정기 지불과 근로 기준법 및 단체협약의 철저한 준수로 노사 간의 신의, 성실을 확립 해나가는 한편, 노동자의 광범한 창의적인 참여를 기하며 사전 협의 방식으로 대화의 폭을 넓히며 노동생산성 향상에 주력하여 그 성과를 공정하게 분배하는 조치를 과감히 수행하여 새로운 기업풍 토의 시범을 보일 생각입니다.

부실화된 기업을 살리고자 이번에 이룩된 노사 간의 굳은 협력 에 대해서 국민 여러분의 깊은 이해와 협력을 바라며 특히 정부에 서는 새 출발에 대하여 정책적인 비중을 크게 다루어 과감한 지원 을 아끼지 않는다면 2000여 노동자들과 경영자인 저희들에게 더 욱 용기를 주리라 믿는 바입니다.

3월 25일에는 다시 한 번 2251명 종업원 명의로 '진정서'를 만들어 대통령에게 보냈다. 이 '진정서'에서는 정부가 관여하여 특히 다음과 같은 사항을 해결해줄 것을 요구했다.

1. 은행차입금 29억 1500만 원을 5년 거치, 5년 분할상환 연이율 8퍼센트에 거치 기간 이자 전액(24억 8142만 원) 면제하는 장기 성 차입금으로 전환하여줄 것.
2. 노후시설 교체와 시설 보완을 위하여 700만 불(28억 원)의 장단 기성 외자 조기 도입을 승인하여줄 것.
3. 현재 극도로 노후되어 있는 시설 보수용으로 2억 원을 중장기 긴급대출하여줄 것.

4. 은행에 불입하지 못하고 있는 연체이자 1억 3482만 9000원을
   면제하여줄 것.

회사는 이렇듯 약 84억 원의 긴급한 금융지원을 필요로 하는 외에 사채, 자재대금, 예수금, 미불금 등 무려 12억 9339만 9000원을 어떻게든 해결해야 할 과제를 안고 있었다. 결국 회사의 회생 여부는 노사 간의 협조 차원을 넘어 정부가 이 문제를 어떻게 처리해 주느냐에 달려 있다고 볼 수 있었다. 솔직히 이런 식의 처리는 회사 측의 도덕적 해이와 직결되기 때문에 정부로서도 선뜻 나서기가 곤란한 측면이 많았다. 그러나 한국모방 노사경영체제는 이미 언론을 통하여 꽤 많은 주목을 끌고 있는바, 정부로서도 무조건 모르쇠할 수만은 없으리라 생각했다. 한국노총과 전국섬유노조도 각기 비슷한 내용의 '진정서'를 대통령에게 보내 실질적인 협조를 요청했다. 하지만 노사 공동경영 체제가 출범한 지 3개월이 지나도록 정부 당국에서는 아무런 반응도 보이지 않았고, 회사 측에서도 특별한 노력을 기울이지 않았다.

노동조합 집행부의 교체

그러던 중 돌발 사태가 벌어졌다.

6월 6일 지동진 전무가 노사 대표급 50여 명이 모인 가운데 정부에 보낸 진정서는 90퍼센트가 해결된 것이나 마찬가지이며 따라서 회사 재건은 반드시 이루어질 거라고 말했다. 이에 참석자들은 박수로 환영의 뜻을 표했는데, 지동진은 자기가 할 일은 다했으니 이제 사표를 내겠다고 밝혔다. 참석자들은 어리둥절할 뿐 그 말의 진의를 전혀 짐작

조차 할 수 없었다. 과연 이튿날부터 지동진은 출근하지 않았다. 소문이 퍼지자 현장의 분위기는 들끓었다. 당장 노조간부들을 붙잡고 지동진의 진의가 무엇이냐고 묻는 질문이 빗발쳤다. 대부분의 간부들은 지동진의 갑작스러운 사퇴의 변이 어디에서 비롯되었으며 무슨 뜻인지 설명해줄 능력이 없었다.

일부 간부들은 나름대로 짚이는 바가 있었지만 쉽게 그 속을 털어놓을 수도 없었다. 사실, 지동진은 5월 28일에 이미 사의를 표명한 바 있었다. 그것은 일부 조합원들 사이에서 지동진이 최근에 집을 구입했는데 자금의 출처가 분명하지 않다는 소문이 돌았기 때문이었다. 그러나 진위 여부도 불확실한 그런 민감한 문제를 공공연히 드러낼 노조간부는 아무도 없었다. 어쨌든 지동진은 노조간부들의 설득으로 6월 10일 다시 출근했다.

노동조합은 6월 11일 조합원들의 지대한 관심 속에 정기 대의원대회를 열었다. 이 대회의 가장 중요한 안건은 임원 보선이었다. 대의원들은 행정적인 절차상 지동진 전무가 지부장 직을 계속 유지하는 게 불가능하다고 진작 판단했기에 이미 제출된 사표를 수리한 다음, 무입후보 무기명 투표 결과에 따라 방용석 지부장 직무대리를 지부장으로 선출했다. 방용석 신임 지부장은 "여러분들은 한국모방의 뿌리라는 것을 깊이 명심하시고 노동조합 속에 어떤 흑점을 남기지 않도록 다같이 합심하고 노력해주실 것을 부탁드린다"는 내용의 인사말을 한 다음, 의장으로서 권한을 위임받아 회의를 주재했다.

이날 선임된 간부는 다음과 같다.

- 부지부장: 공석
- 총무부장: 전상열

- 총무차장: 김진화
- 교선부장: 이문희
- 쟁의차장: 유막순
- 회계감사: 한상분, 하동연
- 본부 파견 대의원; 방용석, 전상열, 강순예

임원 선출 후, 전상열 대의원은 다음과 같은 문제를 제기하며 동의를 구했다.

"청원서 문제가 90퍼센트 되어 있다고 알고 있습니다. 아직까지 이 문제가 해결되지 않는 것은 박용운 사주가 반사회적 기업인이었기 때문인 것으로 알고 있습니다. 현 노동조합에 있는 20퍼센트의 주식을 제외한 나머지 주식을 현 이사진과 종업원 대표가 공동 관리하게 해줄 것을 요구하고, 13일까지 응하지 않을 경우 각 은행에 질권설정되어

1974년 한국모방 노동조합 상무집행위원회의 모습-노동조합 사무실

있는 주식을 은행에서 유입하게 하는 안을 정부 당국에 진정할 것을 동의안으로 제출합니다."

이는 노동조합과 경영진이 은행이나 정부 당국과 교섭하는 과정에서 사주 박용운이 반사회적 기업인으로 낙인 찍힌 사실이 걸림돌이 되는 현실을 고려하여 주식 처분권을 위임해달라고 사주에게 요구하는 것이었다. 사주는 이에 응해 6월 14일자로 주식 110만 8986주에 대한 관리 일체를 위임했다. 이 주식 처분권을 위임받은 사람은 윤원희 사장, 김완수 부사장, 지동진 전무, 김대원 상무, 방용석 지부장 등이었다.

공동경영 체제의 와해와 노동조합의 위기

경영진과 노동조합이 사주 박용운의 주식 처분권까지 위임받음으로써 회사를 제3자가 인수할 수 있도록 하는 데 필요한 조치들은 어느 정도 갖춘 셈이었다.

7월 9일 국무총리실에서 노동정책 담당관이 면담을 요청해와 만난 자리에서, 방용석 신임 지부장은 수차 진정서와 청원서 등을 통해 밝힌 대로 정부가 특별지원을 해주기를 요구하고 있지만, 만일 그게 용의치 않다면 차선의 방도를 받아들일 수밖에 없는데, 그 경우 회사 정상화 원칙으로 "첫째, 회사가 과거처럼 군인 출신이 맨주먹으로 인수해서는 안 되며, 둘째, 재력이 넉넉한 양심적인 기업인이 인수하기를 희망한다. 셋째, 새로운 기업인이 인수하기 전까지는 은행에서 관리하는 기업으로 운영되기를 바란다"는 점을 분명히 밝혔다. 방용석 지부장은 면담 이후 김수한 국회의원을 통해 국무총리실의 진의를 파악해본 결과 회사의 공매처분은 기정사실이라고 판단했다. 7월 13일 재무부가 한국모방의 '청원서'를 제일은행에 넘겨 처리하라고 조치한 회신은 이를 분명히 입증하는 증거였다. 이때부터 노동조합은 공매처분에 대한 대책을 논의하고, 7월 24일 제1채권자인 제일은행에 대해 새로운 기업이 인수할 경우 조합원들의 고용 승계 및 각종 미지급금을 깨끗이 처리하고 단체협약도 이어받을 것을 강력하게 요구했다.

회사 분위기는 다시 한 번 크게 흔들렸다. 7월분 임금이 체불되는가 하면, 8월 19일에는 8월 15일 박정희 대통령 저격 사건과 육영수 여사 절명 여파로 온 나라가 뒤숭숭한 가운데[47] 경영진들이 공장 가동을 위해 수입한 기계 부품(인하쥬브, 트라베라, 카드와이야 등)을 불법으로 팔아먹으려다 노동조합의 거센 항의로 원상회복되는 등 불미스러운 일들이 속출했다. 자본의 속성이 여지없이 드러난 셈이었다. 겉으로는 노사협조체제 구축 운운하며 사탕발림 같은 말들을 늘어놓으면서도 실제 속으로는 어떻게든 자신들의 손해를 줄이려고 기회만 엿보고 있었던 것이다. 이런 상황에서 제일은행 측은 공매처분과 관련하여 아무런 반응을 보이지 않았다. 회사 분위기는 최악으로 치달았다. 조합원들은 걷잡을 수 없이 번지는 소문에 일이 손에 제대로 잡히지 않았다.

8월분 임금도 열흘이나 늦게 지불되었다. 조합원들의 불만은 극에 달했다. 이에 노동조합은 지동진 전무를 출석시킨 가운데 상집회의를 열고 9월분 임금은 반드시 추석 전에 지급되어야 한다고 요구했다. 지동진은 영업수금 지연으로 재정 상황이 악화되어 불가능하다고 답변했다. 노조간부들은 생산 실적으로 보아 임금이 지불될 수 없다는 답변은 받아들일 수 없으며, 이 경우 책임은 무성의한 경영진이 져야 한다고 압박했다. 이 때문에 노조간부들과 지동진 사이에 심한 언쟁이 벌어졌다. 이튿날 지동진은 전무직 사표를 낸 채 출근하지 않았다. 이로 인한 충격은 적지 않았다. 신임 방용석 지부장 체제는 조합원들의 동요를 수습하는 한편, 조합원들의 생계유지를 위해서라도 하루빨리 경영 정상화를 이룩해야 하는 이중의 중차대한 과제를 걸머지게 되었다.

이런 가운데 추석은 코앞으로 다가왔다. 조합원들의 불안과 불만은 더욱 커져만 갔다. 회사가 상여금은커녕 임금조차 제 날짜에 지급하지 않았기 때문이었다. 노조로서도 더 이상 회사 측의 성의만을 기대할 수 없는 처지였다. 그리하여 9월 26일 노조간부와 다수 조합원들이 참여한 확대회의를 열어 강력한 투쟁을 벌이기로 결의했다. 9월 28일 까지 임금이 지불되지 않을 경우 전 조합원은 귀향을 중지하고, 노사 공동경영 체제가 실시된 이후 처음으로 실력 행사에 돌입한다는 내용 이었다. 조합원들은 막바로 농성 준비에 들어가 "노동자들에게도 명절이 있게 하라", "내 고향으로 날 보내 달라"와 같은 내용을 적은 현수막을 만들기 시작했다. 조합원들의 태도가 이토록 완강해지자, 회사 측과 관계기관의 발걸음이 바빠졌다. 그 결과 제일은행 측이 2000만 원을 지급하여 9월 28일 오후 임금을 지급했고, 조합원들도 추석 휴가를 무사히 지낼 수 있었다.

추석 이후인 10월 4일, 회사 측은 회사 정상화를 위하여 1973년도와 같은 수습대책위원회를 만들어 운영해나가자고 제의했다. 이에 대해 노조는 일언지하에 거절했다. 이제 눈 가리고 아웅하는 식의 미봉책으로 회사의 정상화를 기대할 수는 없었기 때문이었다. 근본적인 해결책만이 유일한 대안이었다. 필사즉생(必死則生). 망하는 기업은 차라리 제대로 망하게 하는 것이 오히려 회생의 기회가 될 수 있을지 몰랐다. 물론 그것은 한국 최초로 시도된 노사 공동경영 체제의 와해를 의미하는 것이기도 했다. 형식은 그럴싸했지만, 사실 노조의 힘과 능력이 제대로 비축되지 않은 상태에서 사주의 교활한 수습책에만 의존해서 시도한 실험이 어쩔 수 없이 갖는 한계였다.

제**6**장 노동조합의 회사 정상화 투쟁과 공매처분

조합원 총회와 새로운 투쟁

노동조합은 10월 8일 임시 대의원대회를 소집했다. 노사 공동경영 체제가 깨진 상황에서 노동조합이 선택할 수 있는 길은 하나밖에 없었다. 조합원의 단결된 힘으로 난관을 정면돌파해 나아가는 것, 그 하나였다. 이날 대회에서는 전무직 사표를 낸 채 출근을 하지 않고 있는 지동진 전 지부장의 거취를 둘러싸고 문제 제기가 있었으나, 방용석 지부장은 그 문제까지 거론하기에는 시기가 적절치 않으니 차후 다른 방법으로 해결을 도모하자고 제의했다.

10월 11일 오후 2시, 회사 운동장은 1500여 조합원들로 가득찼다. 조합원 총회가 열리는 것이었다. 조합원들은 노동조합의 결정에 따라 작업을 전면 중단한 채 총회에 참석했다.

"정부여 국회여, 근로자의 소리가 들리지 않는가"

"정부는 악덕 기업주 박용운을 처벌하라"

"제일은행은 회사 부실에 대한 책임을 져라"

"정부는 노동자의 생존권을 책임져라"

조합원들이 손에 든 피켓과 현수막의 내용은 노사 공동경영 체제가 확실하게 붕괴되었음을 생생하게 입증하고 있었다. 20퍼센트의 주식 양도와 노조 대표의 경영참가로 위기를 모면해보려 했던 사주 박용운은 다시 악덕 기업주로서 제자리를 찾았다. 무엇보다 제일은행의 이름이 거론된 게 특이했다. 회사가 부실 경영을 해서 결국 파탄 지경에 이르게 된 데에는 고양이에게 생선을 맡긴 제일은행의 책임도 크다는 사실을 본격적으로 지적하기 시작한 것이었다. 이는 물론 공매처분을 앞두고 채권자인 제일은행을 압박하기 위한 새로운 전술이기도 했다. 아울러 노동조합은 정부와 국회에 대해서도 더 이상 방관자의 태도를 접고 사태 해결에 적극 나서줄 것을 강력히 촉구했다.

방용석 지부장은 개회사를 통해 "오늘 회사가 이 지경이 된 데에는 정부가 반사회적 악덕 기업주 박용운을 싸고 돌았기 때문이며, 제일은행으로 하여금 21억 원짜리 회사에 35억 원 이상의 금융 지원을 해주었기 때문"이라며 책임이 어디에 있는지 분명히 지적했다.

섬유노조 방순조 위원장도 격려사를 통해 정부의 적극적인 지원을 받을 때까지 조합원들이 일치단결하여 싸워나가야 한다고 북돋웠다. 노동조합의 초청을 받아 연단에 선 정명채 변호사는 법률적 측면에서 보더라도 노동조합의 주장이 합리적이라고 말했다. 결의문에 포함된 통계자료들(연도별 수출 실적표와 1970년과 1974년 9월 30일 현재의 부채명세서) 역시 이를 구체적으로 입증하고 있었다. 따라서 조합원들은 책임 소재가 "악덕 기업주 박용운의 경영 부실과 주먹구구식으로 무책임한 은행대부 관계 및 정부 당국의 감독 불충분"임을 명백히 밝혔다.

이날 채택된 '결의문'은 다음과 같은 요구도 담고 있었다.

1. 정부 당국은 29개월 동안 약 22억 원의 부채를 증가시킨 반사회
   적 기업인 박용운을 조사하여 부실의 원인을 만인 앞에 공개하
   고 회사를 즉각 정상화시켜라.
2. 한국모방의 제1채권자인 제일은행은 거액 대출로 인한 회사 부
   실임을 시인함과 아울러 책임을 지고 회사 정상화와 근로자의
   생계 문제를 해결하라.
3. 기업주는 회사 정상화와 근로자의 생계 문제를 책임질 수 있는
   대책을 세우라.
4. 정부 당국은 한국모방의 거대한 산업시설과 2000여 근로자가
   국가 경제발전에 이바지할 수 있도록 조속 해결하라.

이로써 노동조합의 새로운 투쟁전략은 분명해졌다. 뜨뜻미지근한
미봉책으로 사태를 지연시키기에는 조합원들의 처지가 너무 절박하
다는 사실을 반영한, 말하자면 최후의 선택이었다. 총회에서는 공매처
분에 들어갈 때 자칫 조합원들의 희생이 발생할 경우를 대비해 이에
대한 대책도 충분히 마련해줄 것을 요구했다.

1. 제일은행은 실력 있고 양심적인 기업인으로 하여금 회사를 인수
   토록 할 것.
2. 제일은행의 관리기업으로 해줄 것.
3. 제일은행에서 공매처분을 하되, 근로자에게 퇴직금, 예수금, 저축
   금, 고용승계, 휴업기간 발생시 휴업수당 등을 선보장하여줄 것.

정부의 개입과 회사의 공매처분

방용석 지부장 체제의 한국모방 노동조합이 사태를 어떻게 보고 어떤 식의 투쟁을 벌여나갈지는 조합원들의 총의를 통해 명백해졌다. 이에 대해 그동안 방관만 하던 정부의 태도에 변화의 조짐이 감지되기 시작했다. 진정서를 보낸 지 일주일 만에 정부 민원상담실로부터 진정서 처리 문제를 재무부로 이첩했다는 내용의 회신을 받은 것이었다. 이는 사소한 듯 보이지만 노동조합이 회사 정상화를 요구하며 투쟁을 전개한 지 꼬박 2년 만의 반응으로, 정부에서도 이제 실질적인 대책을 마련할 수밖에 없다는 사실을 입증하는 셈이었다.

10월 28일, 한층 긍정적인 신호가 포착되었다. 재무부가 "한국모방 정상화 대책이 채권은행에서 검토되고 있다"는 회신을 다시 보내온 것이었다. 이는 당대의 정치적 상황을 어느 정도 반영한 결정으로 해석된다. 유신체제가 긴급조치를 통해 더욱 강고한 억압 통치를 시도했지만, 종교계를 비롯한 각계각층에서 쏟아져 나오는 민주화에 대한 요구를 다 제압할 수는 없었다. 9월 23일 천주교가 정의구현사제단을 구성하여 인권과 민주주의 회복에 앞장설 것을 선언한 가운데, 가을로 접어들면서 대학가도 거센 도전을 시도했다. 10월 24일에는 〈동아일보〉 기자들이 '자유언론실천선언'을 함으로써 언론자유화 투쟁의 불씨를 당겼다. 11월 18일에는 고은, 이문구, 박태순, 윤흥길, 조해일, 이시영, 송기원 등 문인들이 광화문 네거리에서 시위를 벌이며 이른바 「문인101인 선언」을 발표하고 '자유실천문인협의회'(현 한국작가회의)를 발족시킨다. 8월 15일 육영수 여사 저격사건을 계기로 조성된 추모 분위기를 틈타 일시 유화정책을 시도했던 정부로서는 더 이상 쓸만한 카드도 많지 않았다. 여기에 노동자들까지 본격적으로 가세한다면 정국의 향방은 어디로 나아갈지 예측할 수 없는 상황이었다. 재무부가 한국모방 정상화 대책 마련에 적극적으로 나선 데에는 이런 배경과 아울러 거듭되는 투쟁을 통해 단련된 한국모방 노동조합의 '힘'도 어느 정도 작용했다는 점을 부정할 수는 없다.

11월 13일, '한국모방 정상화 대책'이라는 제하에 경제장관 간담회에서 합의된 사항이 재무부장관 명의로 제일은행장에게 발송되었다. 방향을 잡은 정상화 대책이 급물살을 탄 것이었다. 재무부 공문에는 "빠른 시일 내에 회사의 정상화를 기하도록 조치하라"는 전제 하에 인수에 따른 관계 부처의 지원대책의 방향도 구체적으로 명시되어 있었다. 즉, 국세청은 "인수자가 종업원의 채권 변제를 위하여 지급한 금액(2억 4100만 원)을 세법상 손비처리토록 하고, 종업원이 인수자로부터 변제받은 채권은 한국모방으로부터 변제받은 것으로 간주"하며, "인수 시점에서 체납된 조세 및 공과금은 해당기관에서 결손 처분토록 한다"고 되어 있었다. 이에 따라 노동조합은 제일은행 측에 노동자 문제 보장을 위한 합의각서를 요구했다.

제일은행은 이를 거부하고, 11월 19일 채권은행으로서 특별금융부장 명의로 된 공문과 함께 재산관리요원 10명을 파견했다. 이로써 노동조합과 제일은행이 처음으로 직접적인 '대화'를 시작하게 된 셈이었다. 노조는 노동자 문제를 보장해주지 않는 한 어떤 공매 절차 수순도 허용할 수 없다고 결의하고, 우선 은행 측 재산관리요원의 출입이나 감정 자체도 결코 받아들일 수 없음을 밝혔다. 일이 이렇게 되자 노동청은 11월 20일 섬유노조에 공매처분에 관한 "고용승계, 기퇴직자의 퇴직금 보장, 국민저축금 환불 및 휴업발생시 휴업 보상 등 노조 측의 희망사항이 관철되도록 조처하고 있으니 당해 노조 지부에 지시하여 채권은행의 공매처분이 순조롭게 이루어지도록" 협조해줄 것을 공문으로 요청했다. 결국 제일은행은 노동조합 측의 요구를 받아들인다는 내용으로 노동청장에게 다음과 같은 공문을 발송했다.

1. 한국모방에 현재 종사하고 있는 근로자는 특별한 결격사유가 없는 한 새로운 인수자에게 그 고용이 승계되도록 한다.
2. 한국모방 Co.의 근로자에 대한 퇴직금(기퇴직자에 대한 미불 퇴직금과 고용 승계자에 대한 퇴직금 포함)은 그 지불이 보장되어야 한다.
3. 한국모방 Co.에서 국민저축조합법에 의하여 근로자로부터 징수하고도 관계기관에 납입하지 아니한 국민저축금은 그 지불을 보장하여야 한다.
4. 담보 물건의 인계인수 절차 수행에 따라 휴업할 경우가 발생할 때에는 그 휴업수당의 지급이 보장되어야 한다.

이상 4개 조항은 한국모방 노동조합이 10월 25일자로 노동청장에게 공문을 보내 요구한 각서와 일치하는 것으로, 노동조합의 요구조건이 완전히 충족된 셈이었다.

이후 회사의 공매처분은 빠르게 진행되었다. 12월 27일, 서울지방법원 영등포지원에서 경매가 실시되었다. 그 결과, 한국모방은 경합자인 제일모직(응찰가 23억 원)을 제치고 원풍그룹 대표 이상순에게 29억 7500만 원으로 낙찰되었다. 〈매일경제신문〉은 12월 28일자 1면 기사에서 이를 다루었다. 주채권자인 제일은행이 인수를 희망한 국내업체 3, 4곳과 교섭을 해왔는데, 노동조합의 반발로 그동안 적극적이었던 서울통상과 국제화학이 떨어져 나가고, 결국 원풍산업이 인수를 하게 되었다는 것.[48] 이때 물권(物權)은 대지 3500평, 소모방적 시설 1만

4 428추, 직기 90대, 염색기 40대, 폭출기 2대, 울톱메이킹 시설, 카딩기 5대, 콤밍 15대가 포함되었다. 이로써 1958년 간판을 새로 달고 출발한 한국모방주식회사는 15년여 만에 다시 간판을 내리게 되었다.

노동조합 역시 1963년 9월 28일 전국섬유노동조합 서울지역본부 한국모방분회로 출발한 이래 손후기, 정영오, 지동진 체제를 거쳐 방용석 지부장 체제로 새로운 국면을 맞이하게 되었다. 그러나 지부장이나 노조간부들의 수직적 권위로 움직이는 노동조합이 아니라 조합원의 총의에 바탕을 둔 진정으로 민주적인 노동조합으로 재탄생하는 것이 절실한 시점이었다.

원풍노조가 세운 신기록, 진기록

한국노동운동사에서 원풍모방 노동조합이 남긴 흔적은 여러 가지 측면에서 확인된다. 원풍만이 할 수 있었던 일도 있고, 원풍이 최초로 했거나 혹은 양적으로 가장 크게 한 일들도 수두룩하다. 물론 많은 경우 투쟁적 측면의 반영일 테지만 그렇더라도 어떤 경우는 마치 한 편의 개그 프로그램을 보는 듯한 느낌을 던져주기도 한다. 여기에 원풍이 세운 각종 신기록, 진기록을 소개한다. 물론 과학적인 검증을 거치지 못한 채 주관적 판단에 의한 것들도 포함되어 있을 수 있음을 감안하고 재미삼아 훑어보시기 바란다.

국가보위법이 발동된 상태에서 최초의 대규모 파업

1972년 8·9 사태. 국가비상사태가 선포되고 국가보위법이 발동되어 모든 형태의 파업이 '불법화' 된 상태에서 벌어진 최초의 대규모 파업이었다.

「국가보위에 관한 특별조치법」 위반 혐의로 영장이 신청된 첫 사례

1972년 9월 4일 정상범 총무와 방용석 교선부장은 「국가보위에 관한 특별조치법」 위반, 그리고 「집회 및 시위에 관한 법률」 위반 혐의로 구속 송치되었다. 1971년 12월 27일 법률이 발동된 이후 「국가보위에 관한 특별조치법」 위반 혐의로 영장이 신청된 것은 두 사람이 처음이었다. 이와 동시에 한국모방도 9월 7일 노동청에 의해 노동조합법 제

39조, 근로기준법 제7조 등 위반 혐의로 「국가보위에 관한 특별조치법」 발효 이후 기업주로서는 처음으로 입건, 검찰에 송치되는 기록을 남긴다.

우리나라 최초로 노동조합에 의한 회사 운영

1973년 6월 4일 노조의 공동경영 참가. 도산 위기에서 수습대책위원회를 구성하고 회사 이사진으로부터 회사 운영권 인수. 우리나라 최초로 노조에 의한 회사 운영 시작. 이 사건은 큰 화제를 몰고 와 당시 신문지면을 크게 장식했다.

가장 활발하게 활동한 공장 탈춤반

원풍모방 탈춤반은 공장 탈춤반으로는 1978년 12월에 결성된 반도상사에 이어 1979년 1월 두 번째로 결성되었다. 그러나 활동의 질과 양이라는 측면에서 보면 단연 당대 최고의 공장 탈춤반이었다. 이는 문화운동을 정리한 각종 책자나 논문 등을 통해 두루 입증된다. 탈춤 대본을 가장 많이 기록하여 남긴 공장 탈춤반이기도 하다.

특별기금을 가장 많이 비축한 노동조합

노동조합은 일반적으로 장차 있을지도 모르는 쟁의나 특별한 사태를 대비하여 쟁의기금을 포함한 특별기금을 비축해야 한다. 그러나 우리나라 노동조합의 현실은 이와 관련해 매우 느슨했던 게 사실이다. 원풍노조는 민주노조 결성 이후 이 부분을 철저히 유지해 나가고자 노력했다. 그 결과 1970년대 그 어떤 민주노조에 비해서도 특별기금을 가장 많이 비축한 노조가 되었다. 방용석 지부장과 박순희 부지부장이 1981년 수배를 끝내고자 안기부에 자진출두했을 때, 수사관들은 "노동조합의 재정을 꼼꼼히 수사했는데 허점 하나 없을 뿐만 아니라 기금도 너무 많아 그것들이 오히려 정부로서는 문제가 될 수밖에 없는 거"라고 말하기도 했다. 이 기금은 1982년 9·27 사태 이후 회사로부터 쫓겨난 조합원들이 법외노조 활동을 포함하여 민주적 노동운동을 대중적으로 확산·전개하는 데 실질적으로 매우 큰 힘의 원천이 된다.

1970년대 민주노조 중 가장 오래 버틴 노동조합

원풍노조는 1970년대 민주노조 중 가장 오래 버틴 노조 중 하나였다. 회사 밖으로 쫓겨난 이후에도 이들은 다른 민주노조들보다 훨씬 조직적이고도 끈질기게 버텼다. 소식지도 가장 많이 발간했다고 볼 수 있다.

가장 많은 조합원 강제해고

원풍노조는 1982년 9·27사태로 모두 559명이 강제해고되어, 단일 기간에 가장 많은 조합원이 강제해고된 기록을 갖게 된다.

블랙리스트 코드 넘버 1

원풍노조는 이른바 블랙리스트에 가장 많은 조합원들이 올라가는 기록을 남긴다. 리스트에는 회사별 코드가 붙어 있었다. 원풍은 당연히 코드 넘버 1이었다.

1980년 노동계 정화 조치로 인한 삼청교육, 최대 인원

원풍노조는 1980년 이른바 노동계 정화 조치로 인한 삼청교육에 4명의 간부가 끌려간다. 이는 노동조합과 관련해서 가장 많은 숫자다.

가장 많은 조합원들 명예회복

원풍노조는 가장 많이 해고되었기에 훗날 가장 많은 조합원들이 명예회복을 하는 기록도 보유한다.

가장 많은 소모임

원풍노조는 1970년대 민주노조 중 가장 많은 소모임을 운영했다.

광주항쟁 당시 모금운동을 벌인 유일한 노동조합

광주항쟁 당시 조직적으로 모금운동을 벌인 노동조합은 원풍이 유일했다. 이 때문에 원풍노조는 2007년 5월 제27주년 5·18민주화 운동을 기념하기 위해 '(사)오월 어머니집'이 마련한 제1회 '오월 어머니상' 수상자로 선정되는 영광을 안았다.

나라가 인정해준 한 지붕 두 노조 위원장

원풍산업은 원풍모방과 원풍타이어 노동조합을 통합하려는 부당 노동행위를 자행했다. 하지만 타이어 측 박장길 부지부장이 회사 측이민 정대원 지부장을 누르고 공동위원장으로 당선되었다. 원풍모방 노동조합의 끈질긴 노력이 결실을 본 것이었다. 통합대회 직후 박장길은 공동위원장 직을 사퇴했다. 그러나 노동부는 공동위원장 명의로 된 설립신고서를 교부했다. 이로써 원풍산업은 공식적으로 위원장이 둘인 우리나라 최초의 기형적인 노동조합으로 역사에 남는 진기록을 세우게 된다.

조합원의 해고는 '노사합의'로만 가능하다

원풍노조는 단체협약에 "조합원의 해고는 노사합의하에 가능하다"

고 조항을 명문화했던 유일한 노조였다. 즉, 회사가 조합원을 해고할 때에는 노조와 '협의' 가 아니라 '합의' 해야 한다는 것으로, 이는 어떤 민주노조도 쟁취하지 못한 조항이었다. 실제로 장남수의 경우 1978년 원풍과 상관없는 이른바 부활절 사건에 연루되어 징역을 살고 나왔지만, 그해 단체협약에서 제정된 이 조항 때문에 원직에 그대로 복직되었다. 그때 장남수와 함께 구속되었다가 석방된 다른 사업장 노동자들은 모두 해고되었다.

계엄군을 물리친 기숙사생들

1980년 계엄하에서 군인들이 원풍노조 간부 연행을 위해 기숙사에 난입하려다 기숙사생들의 강력한 저항에 밀려났다. 아마 이런 사례는 원풍이 유일할 것이다.

유신 치하 구치소 항의방문 시위투쟁

1975년 방용석 지부장이 구속되었을 때, 원풍노조 조합원들은 무려 1400여 명이 대로를 걸어 영등포구치소까지 가서 석방투쟁을 전개했다. 서슬 푸른 유신정권 하에서 대학생들이든 노동자들이든 백주대낮에 이렇게 공공연한 조직적 시위를 벌인 사례는 전무하다. 이 때문에 관할 남부경찰서에서는 원풍 노조원들을 일컬어 '벌떼들' 이라며 혀를 내두르기도 했다.

업무방해죄, 노동운동 탄압의 도구로 첫 적용!

민주노총이 펴낸 『민주노조, 투쟁과 탄압의 역사』를 보면 구속 노동자 명단이 나온다. 그 첫 인물은 방용석이다. 방용석에게 1972년 9월 적용된 구속 사유는 '업무방해' 였다. 사실 1970~80년대까지만 해도 노동운동가들의 구속·해고 사유 중에 업무방해죄는 그리 많지 않았다. 형법 314조(업무방해)가 노동운동과 파업을 와해시키는 수단으로 군림하기 시작한 건 1989년 이후부터다. 김기덕 변호사(법무법인 새날)는 "1980년대 말 검사들이 노동 현장의 파업에 업무방해죄를 적용하면서 유행처럼 번졌다"고 말했다.(〈한겨레21〉, 2009.12.11 제789호 참고)

노동청, 자체 사법권 발동하여 폭행 사업주 첫 구속!

1974년 1월 4일 상오 노동청은 지동진 노조 지부장을 때린 한국모방 백승빈 사장을 근로기준법 제7조(근로자 폭행금지조항) 등 위반 혐의로 구속했다. 노동청이 폭행 기업주를 구속한 것은 1953년 근로기준법 제정 이후 처음 있는 일인데, 노동청의 한 관계자는 "부당노동행위가 늘어나 이같이 자체 사법권을 발동한 것"이라고 밝혔다.(〈경향신문〉 1974년 1월 4일자 참고)

제3부

민주노조 정착기
(1975~1979)

제1장 | 한국모방 노동조합의 마지막 시련

제2장 | 원풍모방 노동조합의 출발

제3장 | 민주노조로 다시 서는 원풍모방 노동조합

제4장 | 민주노조의 선봉 원풍모방 노동조합

제5장 | 유신체제의 종언

제1장 한국모방 노동조합의 마지막 시련

전임 지부장의 공금횡령 사건

방용석 지부장 체제의 노동조합은 회사 정상화 대책에 몰두하면서도 출범 초기부터 내부에서 불거진 또 하나의 문제를 감당해야 하는 어려운 과제를 안고 있었다.

노동조합 내부의 문제는 노사 공동경영 체제의 한 축을 맡으라고 파견한 지동진 전임 지부장을 둘러싼 소문에서 비롯했다. 전무로 발령받은 지동진 전무가 주택을 구입했는데 그 자금의 출처를 놓고 일부 조합원들이 의심의 눈길을 보내기 시작했다. 9월 23일 상집회의에서는 지동진 전무가 종업원들의 체불임금 문제에 대해 적극성을 보이지 않는다는 점을 들어 방용석 지부장이 질책하자 둘 사이에 언쟁이 오간 적도 있었다. 지동진 전무는 이런 의혹에 대해 명확히 해명하지 않은 채 지부장직 사퇴와 출근 거부로 불편한 심기를 표출했다. 그때부터 지동진 전무에 대한 의혹은 더욱 증폭되어 방용석 집행부는 노동조합에 대한 신뢰 때문에 반드시 진실을 밝히고 문제가 있다면 바로잡아야 할 필요성에 직면했다.

1974년 10월 29일 상집회의에서는 지동진 전무가 회사 공금을 유용한 사실을 공식적으로 확인했다. 즉, 지동진 전무는 수습대책위원회 시절인 1973년 8월 13일 화섬사 4만 lb(파운드)를 업자 전○○에게 1파운드당 470원씩 매각하여 1400만 원은 현금으로 받고 350만 원은 미수금으로 처리했는데, 현금으로 받은 1400만 원 중 600만 원을 자기 명의로 인출했다는 것이다. 명목은 회사 비상금 조였다. 지동진 전무는 수습대책위원회가 해산한 뒤에도 이를 숨기고 반납하지 않았다. 뒤늦게 사실을 파악하게 된 노동조합은 10월 6일 상집회의에서 이런 사실을 처음으로 공론화하고 600만 원 반납을 요구하기에 이르렀던 것이다. 지동진 전무는 자신에 대한 의혹이 불거지자 방용석 지부장을 회유하려 했으나 거절했다. 결국 지동진 전무는 10월 7일 회사 앞 영화제과에서 방용석 지부장을 만나 600만 원 횡령 사실을 시인했다. 지동진 전무의 해명에 따르면, 150만 원은 성한통상 급료로 지불했고, 100만 원은 자기가 집을 사는 데 유용했으며, 300만 원은 JOC 회장(이창복)에게 대여해주었고, 50만 원은 현찰로 보관하고 있다는 것이었다. 이로써 지동진 전무에 대한 의혹 중 적어도 한 가지는 사실로 판명된 셈이었다. 그로부터 조사를 해본 결과, 몇 가지 의혹이 더 드러났다.

가) 1973년 9월 21일에도 화섬사 3만 파운드를 업자 윤○○에게 350원씩 매각하여 1050만 원을 받았는데, 파운드 당 단가 차액 120원에 의한 약 360만 원으로 판명되지만, 업자나 지동진 공히 파운드 당 350원으로 지불하고 매각했다고 진술하고 있어 많은 의문점은 있으나 진실을 정확히 밝힐 수는 없었다.

나) 노조 지부장 시절, 총 1243만 2000원의 접대비 중 정당한 명목 없이 인출한 금액이 220만 원 존재한다.

다)지동진이 주택을 350만 원에 구입하면서 가구, 냉장고, TV 등을
약 100만 원에 매입한 점에 대해서도 비난 여론이 있었다.

이밖에도 몇 가지 의혹이 존재했으나, 10월 24일 상집회의는 1243
만 2000원을 변상하라고 결의했다. 이날 지동진은 100만 원을 정상범
에게 주었다고 답변했는데, 정상범은 이에 대해 자신은 전혀 받지 않
았다고 펄펄 뛰면서 혈서를 쓰겠다고 하여 소동이 일어나기도 했다.
또 지동진과 정상범은 윤원희 사장과 함께 10월 15일에 이미 치안국
외사과로 연행되어 1972년도에 수출용 원자재 약 7만 파운드를 유출
하고 관세법을 위반한 혐의로 조사를 받은 바 있었다. 이들 3명은 10
월 18일자로 불구속 입건되었다. 어쨌든 10월 29일에 다시 열린 상집
회의는 10월 24일 반환을 요구한 금액 중 410만 원은 유용 착복했다
는 확실한 증거가 없기에 확인된 금액, 즉 1973년 8월 13일 수습대책
위원회 시절의 횡령액 600만 원과 상기 의혹 중 확인된 '나' 항에 대해
서만 반납하라고 요구했다. 이에 대해 지동진은 1974년 11월 6일
500만 원, 11월 13일 200만 원, 11월 16일 120만 원 등 세 차례에 걸
쳐 820만 원과 이자 4975원을 정상범 부지부장을 통해 입금 조치를
완료하고 회사를 떠났다. 노동조합은 이 금액('경리착오 최종 확정금'이
라 지칭)을 전액 회사에 인계했고, 회사는 이 금액으로 전 종업원에 대
한 월동비 명목으로 1인당 4000원씩 지급했다.

12월 3일, 이 문제로 임시 대의원대회가 열렸다.

방용석 지부장은 의장을 맡아 회의를 진행하면서 "회사 못지않게
노동조합도 많은 문제점이 뒤따르기에 이런 기회를 통해서 한국모방
노동조합의 방향도 새로운 각도와 정신에서 어떤 결의를 해야 하지 않
을까 생각"한다며, 지동진 전 지부장의 횡령 사실을 간부로서 미연에

방지하지 못한 책임을 지고 사퇴서를 제출했다. 대의원들은 비통한 마음으로 회의에 임했다.

홍성병 역대 지부장이었던 정영오 씨가 부정한 사실에 전 조합원은 울분을 느끼고 좀 더 참신하고 획기적인 노동조합을 결성하기 위해 지동진 씨를 지부장으로 피선했다고 생각합니다. 그러기까지는 많은 피눈물과 고통이 따랐다는 것은 누구도 부인 못할 사실이라고 생각합니다. 돈을 얼마를 부정했다는 것에 미련을 두고 싶지는 않습니다. 다만 그 사람의 명예, 출세, 사리사욕의 제물이 되기 위해 조합원들이 피땀 흘려 싸웠다고는 생각지 않습니다. 이런 오점을 어떻게 하면 씻을 수 있을까 하는 생각에서 하루빨리 참신한 노동조합을 만들기 위해서는 현 집행부 전원의 사표를 요구하고 싶습니다.

의장 먼저 밝혀 드린다면 제 자신은 이미 사퇴할 의사를 여러분에게 이미 밝힌 바 있고, 여러분들이 요구하기 이전에 집행부 전원 사표가 이미 저에게 전달되어 있습니다. 그 점을 참고하시기 바랍니다.

대의원대회는 사표를 수리하고 홍성병을 새 의장으로 선임하여 새로운 집행부를 선출하는 투표 절차에 들어갔다. 그 결과, 방용석 38표, 무효 2표, 기권 2표로 방용석이 지부장에 재선되었다. 조합원들은 방용석 지부장에게 책임을 물었지만, 그래도 위기에 처한 노동조합을 새로 일으켜 세우는 데 그가 필요하다는 인식에서 다시 한 번 기회를 준 것이다. 이로써 방용석 지부장은 노동조합이 더는 지부장을 비롯한 일부 간부들의 부정한 행태에 휘둘리지 않고 진정으로 조합원을 위한, 조합원의 노동조합이 되도록 일신해야 할 과제를 떠안았다. 사실, 어용과 민주의 차이는 종이 한 장에 불과했다. 지부장이 백에 아흔아홉을 잘하더라도 아차 하는 순간 하나의 실수 때문에 그동안 쌓아온 모든 노력이 수포로 돌아갈 수 있었다. 그리고 그런 틈을 노려 노동조합을 어용화하려는 세력이 기승을 부린다는 것은 이미 몇 차례의 사례가 익히 증명하는 바였다.

이날 대회에서는 아울러 회사가 정상화되고 노동자의 요구사항이 보장되는 조건에서 공매가 되었을 때 주식 38만 주가 무효화된다고 해도 이의를 제기하지 않기로 뜻을 모았다.

회사 비서실의 노동조합 파괴 음모

회사는 비서실을 중심으로 이 모든 과정에 대해 촉각을 곤두세운 채 첩보를 수집했다. 그중 전직 방적과장 조삼채가 12월 5일자로 진술한 첩보에 따르면, 12월 3일 임시 대의원대회 현장에서는 방용석 지부장을 비롯한 상집간부들에 대한 비리 혐의로 언쟁이 있었다.

"(방용석 지부장은) 지난 추석에 윤 사장으로부터 5만 원, 또 누구로부터 2만 원 등 도합 17여만 원을 받아 착복했으니 너도 다 같은 도적놈이 아니냐?"

"기타 상집간부들은 모두 2만 원씩 받았으니 모두 다 같은 도적놈이다."

조삼채는 이런 사실을 비서실에서 진술서로 작성하면서, 이 문제를 만일 "회사에서 처벌하지 않으면 본인이 경찰에 고발하여 부정부패를 뿌리뽑겠다"고 자신만만하게 진술했다. 회사는 이를 토대로 작성한 이른바 12월 6일자 '내사보고'에서 전임 지동진 지부장과 정상범 부지부장에 대해서는 물론 '방용석 부정사건 보고'라는 항목도 따로 만

들어 이렇게 채웠다.

- 지난 추석에 윤원희 사장으로부터 5만 원, 지동진으로부터 2만 원을 받아 착복하였고,
- 73년 수습대책위원회 해체시 지동진으로부터 10만 원을 받아 착복했음.

마치 경찰이나 검찰, 혹은 중앙정보부의 그것을 연상시키는 이 '내사보고'는 실제로 중앙정보부 출신의 사장 비서실장 하상진이 주도한 '작품'이었다. 그는 백승빈이 사장으로 취임할 때 입사했는데, 백승빈이 지부장 구타사건으로 물러난 뒤 회사 내에서 백승빈의 이익을 대변하는 역할을 몰래 진행해왔던 것이다. 즉, 물러난 백승빈이 5억에서 10억 원에 이르는 자본을 투자해 회사를 살리려는데 노동조합이 반대한다는 식의 비방을 일삼는가 하면, 창고과 대의원 이완준을 통해 사내에서 나름대로 세력을 지니고 있던 서울공고 출신들의 모임과 밀접하게 연관을 맺었다. 이런 배경에서 하상진은 12월 3일 임시 대의원대회에서 불거진 지동진에 대한 변상 문제 등을 바탕으로 대림동에 여관까지 잡아놓고 이완준과 함께 이 문제를 집행부 전체의 문제로 몰아가고자 치밀하게 계획을 수립했다. 그 결과 10쪽에 이르는 '내사보고'를 작성하고, 거기에서 1973년 6월 회사 부도 사건 이후 전반적인 회사 부정을 조사하는 조사위원회를 구성하여 철저히 조사하자는 게 사내 여론이라고 주장했다. 이러한 음모는 12월 9일 노조 측에 적발되었다.

상집회의는 이 사건을 반조직행위로 규정하고 강력히 대처하기로 결의했다. 이에 방용석 지부장은 비서실로 하상진을 찾아가 진상을 규명해줄 것을 요청했다. 지동진으로부터 받은 돈은 노동조합 활동비로

쓰라고 해서 받은 것인데, 그걸 마치 회사 돈을 착복한 것처럼 비방하는 건 도대체 무슨 음모냐고 거세게 항의한 것이다. 이어 이날 오후 2시를 기해 공장의 작업을 중단시키고 식당에서 전체 조합원 총회를 열어 이 문제를 보고했다. 1000여 명의 조합원들은 하상진 비서실장과 이완준 대의원을 출석시켜 사실 여부를 확인한 후 이완준은 조합원 자격을 박탈하고, 하상진은 회사에 해고해줄 것을 요청하기로 결의했다. 두 사람은 각기 회사를 자진사퇴(이완준, 12월 11일자)하거나 직위해제(하상진, 12월 19일자)됨으로써 이들을 중심으로 한 노동조합 파괴 음모는 일단 한 매듭을 짓게 되었다.

원풍 노사의 첫 대면

노동조합은 12월 29일 돈보스코 회관에서 노량진 제2공장 간부들을 포함하여 267명의 노조간부들에 대한 교육을 실시했다. 이는 회사가 경매 처분에 들어가 원풍산업에 낙찰된 이후 새로운 기업인을 맞이하는 시점에서 바람직한 노사 관계가 무엇인지, 문제점들은 없는지 점검해보기 위한 교육의 일환이었다. 박청산 고문, 안광수 목사, 도요안 신부 등이 강사로 나와 노동조합운동에 대한 강의도 실시했다. 이처럼 이 시기에 이르러서 한국모방 노동조합은 산선이나 JOC와 밀접한 관계를 맺어나가고 있었다. 예를 들어 JOC 활동을 하던 박순희(아녜스)는 지동진 지부장과 정상범 총무의 권유를 받아들여 1974년 2월 원풍모방에 입사, 3월부터는 곧바로 직포과 대의원으로서 활동을 시작한다. 목적의식적으로 노동운동을 하기 위해 입사한 경우로는 첫 사례였다.

1974년 원풍모방(당시는 한국모방)에 입사한 나는 언젠가부터 동료들 누구에게나 관심을 가지고 자상하게 다가오는 사람을 알게 되었다. 당시에는 노조의 민주화와 관련하여 어수선한 분위기가 현장에서 돌던 때여서 유난히 기억에 남는다. 그 사람이 바로 박순희였다. (중략) 그 뒤 나도 박순희 부지부장한테 영향을 받아 노조 활동에 눈을 뜨게 되었다. 덕분에(?) 노조 총무부장을 맡으면서 노동자들도 인간다운 대접을 받아야 하고 그렇게 하려면 노동자들이 스스로 단결하고 투쟁을 해야지, 정부나 사업주가 알아서 해주지 않는다는 진리를 알게 되었다. 또한 열심히, 참되게 사는 것이 무엇인지를 알 수 있는 계기가 되었다.[1]

　　12월 31일, 묵은해를 보내고 새해를 기다리는 날이었지만, 한국모방 노동자들은 새해에 대한 기대에 가슴이 부푸는 대신 다시금 '낡은 것'의 망령에 고통을 당해야 했다. 이제나저제나 하던 12월분 임금이 체불되었던 것이다. 당시 한국모방 경영진은 물러나는 마당이었으므로 임금 지불에 대해서는 아예 신경을 쓰지 않았고, 회사를 인수하기로 한 원풍산업 측은 인수 시점이 12월 말이므로 12월분 임금은 지불할 책임이 없다고 주장했다. 결국 노동조합은 다시 실력행사에 돌입할 수밖에 없었다. 임금 문제가 해결되지 않으면 제일은행에 쳐들어가기 위해 120명의 조합원들을 선발해서 대기시켜 놓은 가운데, 제일은행을 압박했다. 결국 원풍산업 측이 제일은행의 보증을 받아 1370만 원을 대여하여 노동청 직원의 입회 하에 오후 9시부터 임금을 지급하게 되었다. 이 소동은 새 소유주인 원풍산업 측과 노동조합 측이 서로 상대방을 파악할 수 있는 계기가 되기도 했다.

　　이렇듯 노사 모두 빠듯한 처지에서 1975년 새해를 맞이할 수밖에 없었다. 1월 5일, 노동조합은 원풍산업 측에 조합원과 비조합원 모두의 금품 청산에 필요한 2억 8000만 원을 요구했다. 이에 대해 새 소유주 측은 경제장관회의에서 결정된 2억 4100만 원 이상은 지불할 수 없다고 주장했다. 피차간에 예상치 못한 난제였다. 결국 노동조합은 노동청 간부들이 입회한 자리에서 한국모방의 재산 중 담보 설정이 불가능한 무형재산, 즉 '킹텍스' 상표권과 수출용 스웨터 3만 장에 대한 판매권을 노동조합에 위임할 경우 부족한 퇴직금을 해결할 수 있다고 주장했다. 원풍산업 측은 상표권을 인수하고 3000만 원을 추가 지급하는 선에서 문제를 마무리하자고 제안했다. 노동조합이 이를 받아들여 퇴직자를 포함한 노동자들의 모든 금품을 지급할 수 있게 되었다. 이로써 한국모방 시대의 불편한 유산은 모두 청산되었다.

마지막으로, 역사가들이 특히 궁금해할지도 모를 한 가지 사안에 대해 방용석 지부장은 이렇게 대답한다.

왜 한국모방의 노동조합이 부도난 회사를 살리려고 그 애를 썼는가? 그것은 타도의 대상이 아니라 상생의 대상이고, 그 속에 내 삶이 담보되어 있기 때문에 그렇다. 그렇지 않으면 한국모방이 망하고 끝나고 우리에게 남는 것은 무엇인가. 민주화가 더 빨리 진행되고 우리 사회가 훨씬 더 민주화되고 이렇게 된다고 난 보지 않거든요. 그러니깐 노동조합이 자기 삶의 연속과 생존을 위해서 회사를 살려야 된다, 이렇게 생각하는 것이지요. 따라서 그렇게 해서 회사를 살려놓고 난 이후에는 뭐냐 하면 다른 자본, 자본가의 시장에서 살아남기 위해서는 다른 회사보다 우리가 잘 돼야 된다.

-제2권, 467쪽

얼핏 경제주의, 혹은 조합주의의 전형으로 비칠 수 있는 답변이다.

그런데 기업 도산에 대해 적극적으로 대처한 과정 자체가 지난하고 고통스러운 것이기는 했지만, 한국모방 노동조합은 이를 통해 체질을 튼튼하게 가꿀 수 있었다. 이는 1970년대 어느 민주노조도 경험하지 못한 바였다. 이 점을 좀 더 정확히 파악하기 위해서는 이제 한국모방 노동조합이 원풍모방 노동조합으로서 새롭게 전개할 1970년대 후반기 투쟁의 동선을 따라갈 필요가 있다.

제**2**장 원풍모방 노동조합의 출발

첫 시련, 지부장의 돌연한 구속

1975년 1월 18일, 새 경영주인 원풍산업의 이상순 대표와 노동조합 방용석 지부장 사이에 노사 관계에 대한 다음과 같은 내용의 '합의서'가 체결되었다.

1. 1975년 1월 7일자 재직 종업원(1621명)은 전원 고용을 승계한다.
2. 퇴직금 및 국민저축금 2억 7100만 원은 노동조합 및 회사 공동 명의 앞으로 지불한다.
3. 단체협약을 인정 승계한다.
4. 급료는 1월분부터 원풍산업에서 지불한다.

노동조합은 이 같은 합의 내용을 〈동아일보〉 2월 7일자에 광고로 내보냈다. 이는 노동조합과 회사의 새로운 출발을 알리는 동시에, 광고 탄압으로 어려움을 겪고 있는 〈동아일보〉에 조금이나마 힘을 실어주기 위한 조치였다. '전국섬유노동조합 원풍모방지부' 명의였다. 회사 명칭은 2월 5일에 원풍산업주식회사로 바뀌었고, 제1공장(영등포 공장)과 제2공장(노량진 공장) 준공식이 거행되었다. 따라서 한국모방 노동조합은 이 날짜로 전국섬유노동조합 원풍모방지부로 재출범하게 되었던 것이다.[2)]

노동조합은 과거 어느 때보다 자신감과 활력에 차 있었다. 회사가 부도를 낸 1973년부터 2년이라는 결코 짧지 않은 기간 고통스러운 터널을 나름대로 잘 통과해 새 사주를 만나게 된 것도 그렇지만, 무엇보다 역경을 함께 헤쳐오면서 조합원들로부터 신뢰를 받았기 때문이다. 원풍으로 이름을 바꾼 노동조합을 이끌게 된 방용석 지부장 역시 어떻게 하면 노동조합을 활성화시키고 탄탄한 반석 위에 올려놓을 수 있을까 즐거운 고민을 하면서 하루하루를 보내고 있었다. 그러나 호사다마라고 할까, 원풍노조에 첫 번째 시련이 찾아왔다. 그것도 너무 이른 시기에, 전혀 예상하지 못했던 곳으로부터.

대의원 선거 하루 전인 2월 26일, 방용석 지부장은 남부경찰서 수사과에서 한 통의 전화를 받았다. 내용인즉슨, 지난 연말 대의원 이완준을 포섭하여 노조 파괴 음모를 꾸미다가 들통이 나 결국 퇴사 조치가 된 비서실장 하상진이 12월 28일자로 서울시경에 방용석을 고발하고 청와대에도 진정을 했다는 것이었다. 그리고 전무이사였던 지동진이 이른바 경리착오금 변상 문제로 사퇴하는 과정에서 방용석 지부장으로부터 폭행과 명예훼손 등을 당했다고 1월 6일 진정을 했다는 것이다. 남부경찰서 수사과 직원은 이 때문에 조사할 게 있다며 출두를 요청했고, '횡령'이든 '폭행'이든 전혀 잘못한 게 없던 방용석 지부장은 크게 신경 쓰지 않은 채 자진해서 출두했다. 그러나 경찰은 방용석 지부장을 곧바로 구속해버렸다. 출두한 지 불과 2시간 만의 일이었다.

노동조합은 당혹감을 감추지 못하는 한편, 여기에는 모종의 음모가 개입되어 있을 거라는 판단을 내렸다. 설사 혐의 사실이 있더라도 지부장을, 대의원 선거 당일에, 그것도 사건 발생 4개월이 지나서야, 그것도 자진출두하자마자 겨우 2시간 만에 전격적으로 구속하고 송치한다는 것은 상식적으로 도무지 납득할 수 없는 조치였기 때문이었다. 노동조합은 2월 27일 긴급 상집회의를 열고 사태를 논의했다. 간부들은 위축되기는커녕 더욱 활기찬 태도로 토의를 한 끝에 다음과 같이 결정했다.

- 지부장 구명을 위한 서명날인 운동을 전개한다.
- 지부장 구속에 따른 진정서를 작성하여 관계기관과 각 사회단체에 발송한다.
- 전 조합원이 지부장 구속에 항의하는 내용의 리본을 가슴에 부착한다.
- 지부장 구속 문제가 해결될 때까지 매일 오후 6시에 상집간부 회의를 개최한다.

이런 결정에 따라 조합원들은 즉시 가슴에 "누가 우리를 구속했나?"라고 쓴 리본을 가슴에 달았다. 그와 더불어 '진정서'를 작성하여 요로에 발송했다. 거기에서 노동조합은 하상진의 행위가 "신성한 노동자의 권리를 더럽히는 행위이며 노동조합에 대한 중대한 도전이라고 사료되어 전 조합원의 의사에 따라 회사 측에 징계를 요구하기에 이르렀고 하상진은 이에 사퇴를 하였던 것"이라면서, 따라서 이에 앙심을 품고 하상진이 저지른 이번 사건은 도무지 납득할 수 없다고 주장했다. 더욱이 방용석 지부장은 하상진을 폭행한 사실도 없고 명예를 훼손한 사실도 없으니 하루속히 석방해줄 것을 진정했다. 조합원들의 의지는 분명했다. 2월 28일에는 구속된 방용석 지부장과 고통을 같이 한다는 뜻에서 전 조합원이 점심을 굶은 채 작업을 했으며, 3월 1일에는 노조간부들이 함께 모여 철야농성을 벌였다.

노동조합은 예정대로 3월 4일 제4차 임시 대의원대회를 열었다. 대회에서는 '지부장 구명대책위원회'를 구성하기로 결의하고, "지부장 구속은 1500여 조합원의 구속으로 간주한다", "지부장의 구속 문제가 완전히 해결될 때까지 회사 측은 지부장에 관한 모든 신분을 보장할 것을 요구한다"는 등의 내용을 담은 '결의문'을 채택했다. 이어 다음 날인 3월 5일 상집회의를 열어 박순희 대의원을 상근 부지부장으로 선출하고 노동조합 대표직을 맡도록 했다. 일이 이렇게 전개되자, 회사 측은 전전긍긍하며 이번 사건이 회사 측과는 전혀 상관없는 일임을 강조하기에 바빴다. 행여 사태가 노사 간의 문제로 비화될 것을 우려한 때문이었다.

3월 7일, 상집회의를 다시 연 노동조합은 전 조합원으로 하여금 리본을 "왜 재판을 받아야 하는가?"라는 내용으로 바꿔 달게 했다. 아울러 지부장이 노동절까지 석방되지 않으면 노동절 행사를 지부장 석방 촉구대회로 바꾸고 성명서도 발표하기로 결의했다. 조합원 750여 명은 3월 8일 회사 식당과 노조사무실에서 철야농성을 했고, 3월 9일에도 400여 명의 조합원들이 농성을 이어갔다.

구치소 항의방문 투쟁

이런 가운데 3월 10일 근로자의 날이 밝았다. 1년에 하루뿐인 노동자들의 잔칫날이었지만, 이날만큼은 착잡한 분위기 속에서 기념식이 진행되었다. 연예인 공연도 없었고, 조합원들의 노래자랑도 취소했다. 그 대신 조합원들은 노조간부로부터 지부장 구속 경위와 부당성을 보고받았고, 석방을 촉구하는 성명서 낭독에 힘찬 구호로써 힘을 보탰다. 아울러 발표된 '호소문'은 훨씬 차분한 목소리로 지부장 구속 경위와 부당성을 말하고 조속한 석방을 촉구했다.

수습대책위원회 운영 당시 과다 지출된 접대비와 명목 없이 지출된 금액을 놓고 당시의 운영 목적을 감안할 때 한번에 100만 원씩 지출되는 접대비와 명목 없이 지출된 금액은 도저히 납득할 수 없다는 저희들의 주장에 방용석 지부장님은 이를 변제받아 회사에 입금시켰던 것이며 이 돈은 월동비 지출을 하는 데 큰 몫을 차지하게 되었던 것입니다.

또한 방용석 지부장님은 74년 9월 23일 상집회의 당시 노조 파견 전무이사였던 지동진 씨에게 9월분 봉급 대책을 질의하는 과정에서 대책 없는 무성의한 답변으로 언쟁이 벌어져 서로 다툰 일과 당시 사장 비서실장이었던 하상진 씨는 여관에서 노조 활동 상황을 내사한 사실이 있음을 감지하게 되어 방용석 지부장님은 이는 노동조합 활동에 중대한 위협이라고 생각하여 이를 추궁하였던 것입니다. 이러한 사실들은 개인을 위한 것이 결코 아니며 저희 근로자 전체를 위한 것이었으며, 나아가서는 사회 정상화를 위하는 것이었다는 점을 저희들은 뼈저리게 느끼고 있는 것입니다. (중략)

오늘 우리에게는 기쁠 것도 하나도 없는 것입니다. 이 사회는 어찌 그렇게도 냉혹하단 말입니까! 오히려 서러운 것입니다. 이 모든 책임은 너나없이 이 나라 사회 속에 있는 우리들 스스로에게 있는 것입니다. (하략)

기념식을 마친 조합원들은 회사가 제공한 중식을 거부한 채 집행부의 선도에 따라 영등포 구치소까지 도보행진을 시작했다. 경비원들이 철문을 잠그며 막아보려 했지만, 분노한 조합원들의 기세를 꺾을 수는 없었다.

　　이로써 한국노동운동사에 유례를 쉽게 찾기 힘든 대규모 행진투쟁이 엄혹한 유신체제의 백주대낮 서울 한복판에서 전개되는 것이었다. 가슴에 "왜 재판을 받아야 하는가?"라는 리본을 단 조합원들은 서너 명씩 손을 잡고 줄을 만들었다. 그런 줄이 끝도 없이 이어졌다. 어느새 길가에는 경찰들이 늘어섰고, 백차와 버스가 대열의 뒤를 좇았다. 조합원들은 이제는 익숙해진 노래 〈우리 승리하리라〉와 〈노총가〉를 부르며 서로 격려했다. 버스에 탄 시민들이 손을 흔들어주거나 창문을 열고 왜 데모를 하느냐고 물어보기도 했다. 대림동 회사에서 영등포 구치소까지는 걸어서 2시간 정도 걸렸다. 먼 길이지만 조합원들은 힘든 줄도 몰랐다. 사실 그들 중 상당수는 평소에도 차비를 아끼기 위해서 웬만한 길은 걸어다니곤 했기 때문이다.

　　오후 1시 30분경 구치소 앞에 집결한 조합원들은 〈애국가〉를 부른 다음 곧바로 방용석 지부장의 면회를 요청했다. 당황한 구치소 측은 전 교도관들을 동원하여 구치소 철문을 사이에 두고 이중, 삼중으로 인(人)의 바리케이드를 쳤다. 구치소 앞에는 면회를 온 다른 수형자들의 가족들까지 몰려들어 특사 때를 제외하곤 좀처럼 보기 드문 광경을 연출했다.

　　잠시 후, 책임자로 보이는 인사가 조합원들 앞에 나섰다.

　　"여러분, 방용석 씨는 지금 검찰청에 출정 중이라서 면회를 할 수 없습니다. 다음에 오시면 면회를 할 수 있도록 약속하겠으니, 오늘은 그냥 돌아가시기 바랍니다."

곳곳에서 "우" 하는 야유와 더불어 "거짓말"이라고 외치는 소리가 터져나왔다.

"당신 말이 사실이라면 어서 검찰청에 전화해서 데리고 오라고 하면 되잖아."

조합원들은 아예 마당에 주저앉아 노래를 부르기 시작했다.

아침에 솟는 해는 우리의 동맥
여명에 종 울려서 지축을 돌린다
쉬지 않고 생산하는 영원한 건설자……

-〈노총가〉 일부

그 시각, 방용석 지부장은 검찰청 이태창 검사실에 있었다. 3월 8일부터 원풍모방 노동자들의 움직임을 지켜본 결과 3월 10일 노동절을 맞이하여 집단 면회를 요청할 거라는 첩보 때문에 이날 아침 지부장을 검찰청으로 불러냈던 것이다. 오후 2시경, 이태창 검사는 굳은 표정을 지으며 지부장에게 조합원들을 설득하라고 말했다.

"방용석 씨, 지금 당신을 면회하려고 1400명이나 되는 여공들이 구치소까지 와서 농성을 벌이고 있소. 이런다고 뭐가 됩니까? 집단행동하지 말라고 이야기를 잘해요."

한편, 구치소 앞의 농성은 3시간여 만에 끝이 났다. 집행부는 조합원들을 설득하여 회사로 돌아가자고 말했다. 해산 후 일부 조합원들은 검찰청으로 몰려갔다. 이태창 검사는 방용석 지부장을 오후 늦게 구치소로 돌려보냈다. 버스가 검찰청을 떠나려는데, 갑자기 한 떼의 조합원들이 나타났다. 그들은 버스를 가로막고 함성을 질렀다. 그러면서 반가움에 손을 흔들며 지부장을 격려했다. 그 바람에 버스 출발이 한

동안 지연되었다.

이날 〈동아일보〉 광고란에는 이대 사회학과 5명의 명의로 쪽광고가 실렸다.

"정말, 밥맛이야!"

〈동아일보〉 기자들은 1974년 10월 24일 이른바 '자유언론실천선언'을 통해 사실을 제대로 보도하지 못한 자신들을 반성하고 유신의 파시즘에 대항하여 정면돌파의 자세로 싸워나갈 것을 결의했다. 그런 결의는 가령 당국의 압력에 의해 "물가 인상"을 "물가 현실화"로, "임금 동결"을 "임금 안정"으로, "중앙정보부"나 "보안사"를 "모기관"으로, "특정인에 대한 정부 재산 불하"를 "민영화"로, "학생데모"를 "학원사태"로 쓰는 식의 관행부터 바꿔나갔다. 그러자 정부는 광고주에 압력을 가해 1974년 연말 신문지면에서 기업 광고가 사라지도록 만들었다. 세계 언론사에 유례가 없는 이런 광고 탄압에 대해 국민들은 지혜로써 〈동아일보〉 기자들의 투쟁을 격려하기 시작했으니, 그때부터 이른바 백지광고를 자신들의 힘으로 채워나가기 시작했던 것이다.

이날 실린 "정말, 밥맛이야!"라는 쪽광고는 민주주의를 압살하는 정권이 저지른 어처구니없는 탄압에 대한 조롱이자 신랄한 풍자였다. 그것은 동시에 노동절을 맞이하여 잔치를 즐기는 대신 구치소로 면회 투쟁을 나가야 했던 원풍모방 노동자들이 내뱉고 싶던 말이기도 했으리라.

대규모 면회 요구 투쟁 이후, 조합원들은 틈만 나면 두세 명씩 짝을 지어 구치소로 달려갔다. 면회를 요구하기 위해서였는데, 하루에 한 번씩 허용되는 면회 규정도 이들에게는 소용없었다. 만일 면회를 허용해주지 않으면 언제 또다시 1400명이 쳐들어올지 모르기 때문이었다. 이러한 면회 요구 투쟁은 조합원들을 결속시키고, 관에 대한 두려움을 없애기 위해 조직적으로 실시한 투쟁의 한 방식이기도 했다.

3월 25일, 법원이 보석 신청을 받아들여 방용석 지부장은 밤 9시 40분에 석방되었다.[3] 이 사건은 처음부터 방용석 대 하상진, 지동진이라는 개인 대 개인의 문제가 아니었다. 문제의 발단 자체가 노동조합을 등에 업고 사욕을 취한 전임 지부장의 비리에 있었고, 하상진의 경우 한국모방 사장 비서실장의 직책을 이용해 방용석 지부장이 이끄는 노동조합을 무력화시키려는 음모를 꾸민 데서 비롯되었기 때문이다. 그 과정에서 비록 고성이 오가며 거친 언쟁을 벌이기는 했지만 방용석 지부장은 폭력을 사용한 적이 없었다. 그럼에도 그들은 허위사실들을 내세워 굳이 사건을 법정으로까지 가게 한 것이었으니, 그들의 의도가 어디에 있든지 간에 이는 새로운 사업주를 맞이하여 새롭게 출발한 노동조합에 적지 않은 타격을 줄 수밖에 없는 일이었다. 다행히 노동조합은 조합원들의 일치단결된 힘을 바탕으로 이 문제를 정면으로 돌파해나갔고, 결국 당시 시점에서는 바랄 수 있는 최대의 결과, 즉 보석 석방을 이끌어냈던 것이다.

무엇보다 이 사건의 의미는 조합원들이 위와 같은 사실관계를 정확히 파악하고 방용석 지부장에 대해 전폭적인 신뢰를 보냈으며, 나아가 1400명 전 조합원들이 영등포 구치소까지 행진해 면회 투쟁을 전개하는 등 단결된 힘으로써 인신이 구속되어 있는 지부장을 석방시키는 데 결정적인 역할을 했다는 점이다. 실로 전화위복이 이를 일컫는 바, 조합원들은 이 사건을 통해 저마다 노동조합이 얼마나 중요하며 자신들이 단결할 때 얼마나 큰 힘을 발휘하는지 몸으로 체득할 수 있었다. 사회로부터 늘 핍박만 받아온 조합원들에게 이 같은 승리의 경험은 그들이 한층 자신감을 갖고 당당한 주체로서 다시 설 수 있는 하나의 중요한 계기로 작용했다.

이 사건은 다른 회사에 다니던 사람마저 원풍모방에 들어오게 만드는 위력(?)을 발휘하기도 했다.

아니, 친구가 얘기했을 때는 지부장이 어디 연행됐는데 종업원이 가서 데모해 가지고 빼냈대. 응, 그래서 아니 지부장님을 회사에서 다 해결을 해야지 왜 니네가 가서 데모해서 지부장을 빼오냐 그렇게 의구심이 생기면서, 웃겨, 거기 재밌는 데네. 나 여기 그만두고 니네 공장 가야 되겠다 그래갖구 75년 7월 달에 원풍을 들어가게 된 거잖아.

－제2권, 166쪽, 전방과 김금자

어쨌든 이런 시련을 뚫고 원풍모방 노동조합은 바야흐로 1970년대 후반 민주노조운동의 선봉에 서게 되는 것이다.

1975년도 새 집행부 구성과 겨울공화국

4월 8일, 지부장 구속 사건으로 연기되었던 임시 대의원대회가 열렸다. 재적 대의원 43명 중 42명이 참석한 이날 대의원대회는 분위기부터가 달랐다. 이에 대의원들은 대회 시작 전부터 〈큰 힘 주는 조합〉, 〈노동가〉, 〈노총가〉, 〈흔들리지 않게〉 등 그동안 익힌 노래들을 힘찬 목소리로 불러 대회 분위기를 고조시켰다. 임원 선출에서 방용석 지부장은 지부장에 단독 출마하여 42표 만장일치로 당선되었다. 임원은 다음과 같이 선출되었다.

1975년 원풍모방 노동조합 사무실에서 조직국장 이필남과 조합원들.

- 부지부장: 박순희, 홍성병
- 집행위원(상집간부): 이문희, 김재순, 이무술, 김진화, 이영자, 장기선, 이백규, 김영혜, 이필남, 차윤순, 유막순, 강순례, 이규현
- 회계감사: 하동연(노량진), 한상분, 이상배

새 집행부는 1975년도 운영계획을 확정하면서, "1973년 6월 1일 회사 부도 발생 이후 그동안 온갖 우여곡절과 수많은 어려움 속에서도 단결된 1500여 조합원들의 피눈물 나는 노력과 집념으로 인하여 결실된 우리의 염원은 1974년 12월 27일 법원 경매를 거쳐 원풍산업 모방공장이라는 새로운 명칭과 함께 정상화가 이룩된 현실이 되었습니다. 당 지부 집행부는 그동안 조합원들의 단결된 힘이 보여준 교훈을 거울삼아 1975년도에도 전 조합원과 일심동체가 되어 민주적이고 대의를 존중하는 목표하에 새로운 각오와 신념을 가지고" 나아갈 것을 밝혔다. 이제 노동조합은 완전히 정상 궤도에 올라선 셈이었다. 공장은 정상적으로 가동되었고, 노동자들은 달라진 환경에서 열심히 일에 전념

할 수 있게 되었다.

바로 그날 한국 사회는 도저히 정상적인 민주주의 사회라고 할 수 없음을 스스로 입증하는 치욕의 한 장면을 만난다. 민복기 대법원장이 재판장을 맡은 대법원 전원합의체가 이른바 인혁당과 민청학련 사건 관련 피고인 36명에 대해 원심대로 형을 확정했던 것이다. 사형 8명, 무기징역 9명. 그리고 이튿날 새벽, 사형이 확정된 서도원, 도예종, 하재완, 이수병, 김용원, 우홍선, 송상진, 여정남 등 8명에게 형이 집행되었다. 아무도 예상치 못한 전격적인 집행이었다. 사형이 집행되던 무렵, 가족들은 기독교회관에서 열리고 있던 목요기도회에 참석 중이었다. 뒤늦게 소식을 들은 가족들이 울부짖으며 달려갔지만 모든 것은 이미 끝난 뒤였다. 이 끔찍한 '사법살인'에 대해 훗날 제네바 국제법학자협회(International Jurist Association)는 1975년 4월 8일을 '사법사상 암흑의 날'로 선포한다.

유신체제를 악착같이 유지하려는 박정희 정권은 자신들이 일방적으로 실시한 유신헌법 찬반투표에서 79.2퍼센트의 찬성으로 승리를 거두었으나, 그들 스스로 그 결과를 토대로 자신감을 회복할 수는 없었다. 이미 정치권은 물론 종교계, 언론계, 학계, 문인들, 그리고 무엇보다 대학생들의 완강한 저항을 막을 수 없다는 게 현실로 드러났기 때문이었다. 4월 11일에는 서울대 농대생 김상진이 할복자살을 통해 유신의 심장에 치명타를 가했다. 정국은 또 한번 거세게 소용돌이쳤다.

그때 박정희 정권에게는 단비와도 같은 소식이 전해진다. 4월 30일, 월남(남베트남) 정부가 무조건 항복을 선언한 것이다. 국민들은 텔레비전 화면을 통해 사이공 미국대사관에서 벌어진 최후의 탈출 시도 장면을 목격했다. 대사관 옥상에서는 마지막 헬기에 올라타려는 친미파 인사와 그 가족들이 아수라장을 이루고, 바다에 정박한 미군 항공

모함에서는 한 사람이라도 더 태우려고 헬리콥터까지 바다로 내던져 버렸다. 그리고 마침내 새빨간 바탕에 황금색 별을 새긴 국기를 단 월맹(북베트남)군의 탱크가 월남 정부의 대통령 관저를 향해 거침없이 진격해 들어갔다. 미국으로서는 자신들이 관여한 전쟁에서 사상 최초로 패배를 맛보게 되는 순간이었다.

휴전선 때문에 안보의식이 유난히 투철할 수밖에 없던 대한민국 국민들은 그 장면에서 새삼 6·25의 끔찍한 비극을 떠올렸다. 박정희 정권이 절호의 기회를 놓칠 리 없었다. 당장 월남적화를 계기로 이른바 '총력안보궐기대회'가 급조되어 전국을 누비기 시작했다. 모든 언론도 월남적화가 남의 일이 아님을 강조하는 데 화면과 지면을 아낌없이 할애했다. 박정희 대통령은 "내일 당장 북괴가 남침해 오더라도 섬멸할 자신이 있다"고 공공연히 언명했다. 그러더니 마침내 5월 13일 "국가안전과 공공질서 수호를 위해" 다시금 대통령 긴급조치 제9호를 발동했다.

이로써 대한민국은 양성우 시인의 시집 제목처럼 완벽한 '겨울공화국'이 되었다.

전술로서의 준법투쟁

원풍모방은 한국모방 시설(소모방 1만 3024추, 방모방 720추)을 인수했지만 그동안에는 원모를 배정받지 못해 임방 체제로 운영을 해왔다. 그러다가 4월 말 소모방협회로부터 20.2톤, 방모공협으로부터 22톤 등 모두 42.4톤의 원모를 배정받음으로써 아직 충분하지는 않지만 내수용 모제품 시장에 복지와 모사를 생산, 판매할 수 있는 길이 열렸다.

이런 상황에서 노사는 과거에 비해 큰 문제없이 1975년 상반기를 보내는 듯싶었다. 그러다가 여름휴가를 놓고 갈등을 빚게 되었다. 7월 2일, 여름휴가를 추석 휴무에 포함하여 실시한다고 회사에서 일방적으로 발표했기 때문이다. 회사의 이런 방침은 원풍그룹 전체가 7월 3일부터 8월 20일 사이에 개인별로 사흘씩 휴가를 갖는 것과도 어긋나는 것으로, 이 문제에 대해 논의하자는 노사협의 제안을 무시한 채 일방적으로 취한 조치였다. 노동조합은 즉각 반발했고, 7월 7일 열린 노사협의회에서도 이 문제를 강력히 항의했다. 회사 측은 선뜻 물러서지 않았다. 이에 대해 노동조합은 즉각적으로 연장 작업을 거부하고 생산량을 하루에 10퍼센트씩 줄여나가기 시작했다. 당황한 회사 측은 노사협의회 재개최를 요청했고, 결국 세 번의 협의 끝에 7월 11일부터 8월 16일 사이에 여름휴가를 갖기로 하는 데 합의했다.

태업은 소극적 형태와 적극적 형태로 구분한다. 이 중 적극적인 형태는 위법이다. 적극적인 태업은 단순히 태업에 그치지 않고 의식적으로 생산설비 등을 손상하는 행위를 말하는데, 이를 태업과 구별하여 사보타주(sabotage)라고 정의하기도 한다. 소극적인 태업은 이른바 준법투쟁에 속하는 전술의 하나로서, 단체교섭권과 단체행동권의 행사가 법적으로 아예 불가능했던 1970년대와 같은 상황에서는 그나마 유용한 투쟁 방식이 될 수 있었다. 실정법의 테두리를 벗어나는 투쟁은 효과가 클 수 있는 대신 그만큼 위험 부담도 컸다. 준법투쟁은 실정법의 조항들을 정확하게 지킴으로써 오히려 회사 측에 타격을 줄 수 있는 반면 조합원들의 행동 통일이 뒷받침되지 않으면 소기의 목적을 달성하기 어려울 수도 있다. 구체적으로는 연장근로 거부, 휴일근로 거부, 생산량 저하, 불량품 생산, 부서별·작업조별 집단 휴가 신청, 중요 부서 근무자 결근하기, 중식 거부, 퇴근 중지 등과 심지어 화장실을 자주 가고 오래 버티기 등 다양한 방법들이 존재한다.

8월 중순, 원풍모방 노동조합은 휴가 문제에 이어 다시금 준법투쟁을 전개해야 했다. 발단은 제2공장 대의원 장삼식과 김천식, 조합원 김봉우와 박기숙 등 4명에 대한 8월 11일자 해고 조치였다. 해고 사유인즉슨, 이들이 작업시간에 완료하지 못한 작업량을 점심시간이나 휴식시간을 이용해서 하라고 강요하는 작업관리자들에게 항의하고, 조합원들로 하여금 이런 관행을 시정하도록 설득해서 결과적으로 회사 기강을 문란케 했다는 것이었다.

노동조합은 상집회의를 열어 대책을 논의했는데, 이는 근로기준법 제27조(해고 등의 제한)와 단체협약 제23조 5항(해고 합의 원칙)을 위반한 조치임을 확인했다. 그리하여 회사 측에 8월 13일까지 해고 철회를 요청하는 한편, 만약 시정되지 않을 경우 '준법운동'을 실시한다는 경고공문을 발송하고 같은 내용을 식당에 게시했다. 이에 대해 회사 측 역시 회사 기강 확립 차원에서 불가피한 해고 조치였다는 내용을 적은 해명서를 기숙사와 식당에 공고했다. 기숙사에서는 자치회의를 소집하여 기숙사에 인사 조치에 대한 공고문을 게시하는 것은 사생활을 침해하는 행위라며 철거를 요구했다. 노동조합은 단체교섭을 요구하지 않고 곧바로 준법투쟁에 들어갔다. 제2공장에서 생긴 일이었지만, 준법투쟁은 제1공장부터 시작했다. 생산량은 절반 이하로 뚝 떨어졌다.

A, B, C반이 전적으로 짜고 작업량을 인계한다. 우리 정사과의 경우 권사(실 감는 기계)는 8시간 동안 치즈를 한 개씩만 따고 퇴근하도록 3개 반이 조정하는 것이다. 이때 현장에 서서 일을 느리게 하면서 8시간 작업을 때우는 것이다. 열심히 일하는 것보다 더 신

경이 쓰이고 힘도 들었다. 천천히 하는 것만으로는 되지 않는다. 그러면 실을 권사기계 드럼통에 감기도록 한다. 그리고는 기계를 끄고 천천히 드럼통에서 실을 잘라낸다. 기계를 닦기도 하고 기계 주위를 치우고 또 천천히 다시 시작한다. 과장이 곁에 와도 상관이 없다. 오히려 우리의 이런 실력행사는 그들을 통해 회사 측에 전달되어야 하고 속히 해결되도록 해야 하기 때문이다. 더구나 대부분의 과장들은 차라리 응원을 보내기도 한다. 임금인상 요구안에는 조합원뿐만 아니라 전 사원의 임금인상이 생산직 노동자의 임금인상률에 준하도록 하고 있기 때문에 조합의 승리는 그들 과장에게도 이익으로 돌아가기 때문이다. [4)]

다음 날에는 제2공장도 준법투쟁에 가세, 특히 봉제부와 스웨터부에 막대한 피해와 작업상 차질이 빚어지기 시작했다. 노동조합은 회사 측 공장 간부들이 제안하는 교섭 요구도 거부했다.

8월 20일, 방용석 지부장은 담판을 짓기 위해 이상순 사장을 방문했다. 사장은 공장 일은 공장장 책임하에 처리하는 게 회사의 운영방침이라며 대화 자체를 회피하려 했다. 이에 방용석 지부장은 회사가 취한 부당행위에 대해 법률적 근거와 작업량 저하 현황 등을 세세히 설명하고, 만일 해고 조치가 철회되지 않으면 회사 장래가 심각한 타격을 입게 될지 모른다고 덧붙인 뒤 사장실을 나왔다. 결국 회사 측은 이튿날 곧바로 노사협의를 요청해 해고 조치를 철회했다. 다만, 노동조합은 해고자들이 그동안 출근하지 못한 일을 견책 기간으로 하는 데 합의하여, 그 열흘간의 임금은 노동조합의 특별기금에서 지불하기로 했다. 회사의 부당한 해고 조치 때문에 말 그대로 '준법투쟁'에 들어간 것인데, 그 바람에 결국 회사만 수억 원이나 손해를 입게 되었다.

법을 제대로 지켰을 때 오히려 그렇게 문제가 된다면, 이 사태는 그동안 노동자들이 실질적으로 얼마나 많은 희생을 감내하고 있었는지도 역설적으로 짐작케 하는 기회였다.

단체협약 개정을 둘러싼 마찰

10월 22일, 단체협약 갱신을 위한 단체교섭이 열렸다. 원래 갱신 만료일은 10월 20일이었다. 따라서 노조 측은 이미 9월 24일에 단체협약 갱신안을 회사 측에 제출했고, 10월 2일까지 교섭일을 지정해줄 것을 요청했다. 그러나 회사는 이에 대해 무성의한 태도로 일관하여 결국 유효기간을 넘긴 이날에야 단체교섭이 열리게 된 것이었다.

이날, 회사 측도 단체협약안을 제출했는데, 총 67조로 되어 있고 기존 단체협약보다 42개 조항을 저하시킴으로써 노조활동을 제약하고 노동조건을 악화시키는 내용을 많이 포함하고 있었다. 노사 양측은 각기 자기네 안을 설명했다. 회사 측은 "기존의 단체협약은 회사가 정상적으로 돌아가지 못했을 때의 안으로, 개정이 필요하며 원풍모방 그룹 산하 다른 사업장과 비교해도 차이가 심하므로 수정이 필요하다"고 주장했다. 이에 대해 노조 측은 회사 측 안이 기본적으로 노동조합을 부정하고, 노사관계의 대등성과 노동조건의 발전을 원칙으로 하는 단체교섭의 정신을 무시하며, 노동조건을 저하시킬 수 없다는 근로기준법 제2조를 위반한 것이라고 비판했다.

10월 27일, 회사 측은 다음과 같은 내용의 단체협약 개정안을 제출했다.

[조합원의 자격]

1. 제1, 2 공장의 조합원을 분리한다.

2. 조합원 자격은 유니온 숍 제도에서 오픈 숍 제도로 바꾼다.

3. 양성공과 훈련생은 조합원에서 제외한다.

[조합 활동]

1. "노조 활동에 회사가 간섭하지 아니한다"는 조항은 "노조 활동은 회사의 보장, 허가, 승인을 득한다"로 바꾼다.

2. 전임자는 3명에서 2명으로 줄인다.

3. 노조 간부 출장 시에도 사칙을 따라야 한다.

4. "조합의 명칭과 규약 변경, 그리고 조합 전임자 변경시 회사에 통지한다"를 "회사의 승인을 득해야 한다"로 바꾼다.

[인사 문제]

1. "조합원 징계는 노사협의로 결정한다"를 "노조 간부의 경우에만 변명의 기회를 주며 노조의 의견을 참조할 수 있다"로 바꾼다.

2. 해고의 범위를 "유죄 판결자, 무단결근 3일 이상인 자, 이력서 허위기재나 위조한 자" 등으로 확대한다.

3. "조합원 자격이 제명된 자는 노사협의로 제적한다"를 "사측에 의거, 조치토록 한다"로 바꾼다.

[근로조건]

1. 작업시간 10분 전에 출근해야 한다.

2. 고의 또는 과실의 사고발생시 본인이 손해배상 책임을 진다.

3. "주 3일 이상 출근하면 주휴를 인정하는 조항"은 "주 6일 만 근할 경우에만 주휴를 인정한다"로 바꾼다.

4. 사후 생리휴가 제도를 사전 휴가제로 바꾼다.

5. 개인의 경조 사정으로 인한 유급휴가와 경조금을 줄인다.

[임금]

1. 연 2회씩 실시되어 오던 정기승급제도를 폐지하고, 근무성적 에 따라 승급제를 둔다.

2. 상여금은 "연 2회 이상 지급한다"에서 "연 2회 지급할 수 있 다"로 바꾼다.

[재해보상]

1. 업무상 공상자에 한하여 재해보상을 한다.

2. 본인의 중대과실 및 고의로 인한 부상, 혹은 자해로 판단될 시에는 자비로 치료비를 부담한다.

노동조합은 이 같은 회사 측 개정안에 대해 이것은 첫째, 노동조합의 자율성을 심각하게 침해하는 것이고, 둘째, 노동자의 생존권과 기본권을 회사가 손아귀에 움켜쥐고자 하는 것이며, 셋째, 근로기준법을 심각하게 위반하는 것이며, 넷째, 노동자들의 단합을 저해하고 경쟁심을 유발하는 데 초점을 맞추고 있는 것이라는 점 등을 들어 강력하게 반발했다.

이 같은 회사 측 개정안이 공개된 지 하루 만인 10월 23일 염색과에서 양모건조기 작업을 하던 백명자의 오른손 손가락 네 개가 절단되는 큰 사고가 발생했다. 이로 인해 조합원들 사이에서는 회사의 비인도적인 개정안에 대해 비판적인 여론이 한층 비등하기 시작했다. 노동조합은 회사 측에 대화를 제의하고 설득 준비에 들어갔다. 그러나 회사는 단체교섭 거부 의사를 공식적으로 표명했다. 이에 대해 노조 측 대표들은 회의장을 떠나지 않고 장기전에 대비하기로 결정했다. 밤이 되자 기숙사생들이 이불을 들고 회의장을 찾아와 교섭 대표들과 함께 밤을 새울 준비를 하는 한편, 노래와 촌극 등을 자발적으로 실시했다. 이튿날에는 더 많은 조합원들이 철야농성에 동참했다. 회의실에서는 노랫소리가 끊이지 않았다. 그동안에 회사 측 인사들은 나타나지 않았다. 일이 이렇게 진행되자 섬유노조 본부와 근로감독관들이 농성 현장을 방문하기도 했다.

11월 1일, 원풍 본사 모방부 부사장과 담당 전무 등 중역들이 대화를 제의해왔다. 그들은 그동안 단체교섭에서 회사 측이 취했던 불성실한 자세에 대해 사과하고 이미 제안한 개정안을 철회한다고 밝혔다. 아울러 현재의 협약안과 노동조합이 제안한 안을 중심으로 검토를 하겠다고 말했다. 노조 측은 회사 측의 이러한 변화를 수용하고 대표들이 일제히 회의장에서 철수했다. 이후 11월 4일부터 11월 24일까지 네 차례에 걸쳐 노사 간에 길고 지루한 줄다리기가 이어졌다. 그 결과 9개 항을 제외한 나머지 부분들에 대해서는 합의가 이루어졌다. 노동조합은 12월 4일 상집회의를 열고 최종안을 대안으로 제시하고 다음과 같은 '결의문'을 발표했다.

1. 우리 노동조합은 산업발전의 역군으로서 소임을 다하기 위하여 투쟁적 노사 관계가 아닌 대화적 노사 관계가 이룩되기를 희망하고 노력한다.
2. 회사는 노동조합이 근로자를 대표하는 인격적인 교섭단체임을

재확인할 때만이 사회적 책임을 다하는 기업의 역할을 할 수 있다.

3. 우리는 근로자의 본질적인 문제가 해결되지 않은 상황에서는 저항이 뒤따르게 될 것이므로 근본적인 안정을 되찾기 위해서 비합리적인 일체의 타협을 배제하고 계속하여 조합원들과 호흡을 같이한다.

4. 회사는 기업발전을 위하여 간부들이 직위 영위만을 위해 기분에 의한 일방적인 노사 관계를 요구한다거나, 맡겨진 책임을 회피함으로써 근로자를 자극하여 회사의 발전을 저해하는 무기력한 간부들의 능력을 재평가하기 바란다.

5. 회사는 1976년도 단체협약 갱신 체결로 인하여 더 이상 원풍산업의 취약점을 사회에 드러내지 않기 위해서라도 기업의 기본적인 양심을 되찾아 조속 해결하기를 체결한다.

6. 조합원 전원은 개인적이 아닌 우리라는 공동체가 형성될 때만이 기업발전과 건전한 사회발전을 가져올 수 있음을 서로서로 인식하기 위하여 협력하고 단결한다.

이러한 결의문을 배포하는 것과 동시에 다음 날부터 준법투쟁을 전개했다. 이에 대해 회사는 12월 8일 이사회의 결의를 거쳐 다시 단체교섭을 제안했다. 원만한 노사 관계를 위해서는 자신들의 입장에서 한걸음 물러나야 한다는 데 동의한 것이다. 그리하여 12월 9일 단체교섭을 속개해 노사는 합의를 보지 못한 6개항에 대한 축조심의에 돌입했고, 마침내 정기승급 연 2회 실시, 주 3일 이상 출근자에게 주휴 적용, 상여금 120퍼센트 지급 등 최종 합의를 이끌어냈다. 단체교섭을 시작한 지 50일 만의 일이었다.

이로써 합의는 이루어졌지만, 노동조합은 회사가 공매처분될 때 단체협약을 승계한다는 원칙이 있었음에도 이렇게 나온 저의를 확인하고, 앞으로도 언제든 노동조합을 무기력하게 만들 기회를 엿볼지 모른다고 경계심을 갖게 되었다.

제3장 민주노조로 다시 서는 원풍모방 노동조합

1976년도 임금인상 투쟁과 서울시의 조정 결정

노동자들에게 가장 큰 관심사는 단연 임금 문제로서, 노동조합의 역량도 해마다 임금을 얼마나 많이 인상해낼 수 있는가 하는 것으로 평가되기 마련이었다.

새 집행부가 구성된 1975년 4월 현재, 원풍모방 노동조합의 조합원은 1307명이었다. 4월 25일 제2공장 제2과(복장부) 노동자 216명을 조합원으로 흡수하면서 5월에는 단숨에 1664명으로 증가한다. 그러던 것이 7월에는 무려 2000명에 이른다. 다달이 최소 100명 이상의 조합원들이 빠르게 충원된 것이었다. 이것은 회사가 빠르게 안정을 찾아가면서 생산량이 크게 증가하고 이에 따라 노동력의 충원이 그만큼 필요했다는 사실을 의미한다. 7월 이후에는 큰 변동 없이 2000명 선을 유지한다. 그중 남자는 333명, 여자는 1716명(12월 기준)으로 남자는 채 20퍼센트가 되지 않는다. 이는 노동집약적인 섬유산업이 상대적으로 저렴한 여성 노동력에 기반을 두고 유지되어 왔음을 그대로 증명한다. 실제로 남녀 조합원의 임금 격차는 뚜렷했다.

[표8] 임금 실태 현황   1975년 12월 말 현재

일급(원)	남	여	계	%	비고
350~500	9	236	245	11.9	제1공장 양성공(여) 500원 제2공장 양성공(여) 350원
510~600	3	661	664	32.3	
610~700	5	332	337	16.4	
710~800	8	279	287	13.9	
810~900	54	166	220	10.7	
910~1,000	29	36	65	3.2	
1,010~1,100	32	7	39	1.9	
1,110~1,200	47	2	49	2.4	
1,210~1,300	20	3	23	1.0	
1,310~1,400	31	1	32	1.5	
1,410~1,500	41		41	2.0	
1,510~1,600	18		18	0.9	
1,610~1,700	15	1	16	0.8	
1,710~1,800	6		6	0.3	
1,810~1,900	7		7	0.3	
1,910~2,000	4		4	0.2	
2,010~2,100	5		5	0.2	
2,110~2,200	2		2	0.1	
계	336	1,724	2,060	100	

양성공을 제외하고서라도, 여성 노동자의 경우, 510~1000원까지 일급을 받는 인원이 1474명으로 여성 노동자 전체의 85퍼센트를 차지하는 반면, 남성은 99명으로 남성 노동자 전체의 29퍼센트에 불과했다. 남성 노동자의 거의 70퍼센트는 1000원 이상으로 여성에 비해 상대적으로 높은 임금을 받았다. 그러나 남성 노동자의 임금도 결코 많은 게 아니었다. 1975년의 경우, 전 산업 평균임금액은 4만 6019원으로 섬유노조가 조사한 도시 5인 가족 최저생계비 8만 6315원의 53.3퍼센트에 불과했다. [5] 그런데 원풍모방 남성 노동자의 평균임금은

전 산업 평균에도 미치지 못하는 실정이었다.

이런 상황에서 노동조합은 1976년 임금인상 투쟁에 돌입했다. 섬유노조 본부에서는 이미 도시근로자의 최저생계비에도 미치지 못하는 임금을 대폭 인상하는 데 총력을 기울이라는 지침을 내려보냈다. 이에 따라 원풍노조는 1월 14일 상집회의를 열어 임금인상률에 관한 한 섬유노조 본부의 안을 따르기로 결의했다.

- 양성공의 경우, 6시간 기본 일급을 현재 여자 500원, 남자 800원에서 각각 740원, 1213원으로 인상할 것.
- 본공은 8시간당 기본 초임은 현재 여자 540원, 남자 900원에서 각각 793원, 1316원으로 인상할 것.
- 본공 8시간당 평균 일급은 여자 653원, 남자 1245원에서 각각 1097원, 1940원으로 인상할 것.
- 본공 8시간당 남녀 평균 일급은 1120원으로 인상할 것.

노동조합은 이와 같은 인상안을 제시하고 1월 28일까지 회사 측 대안을 제시해 줄 것을 요청했다. 그러나 회사 측은 단체교섭 예정일인 2월 4일까지 전혀 반응을 보이지 않았다. 이에 노동조합은 국가보위법에 의거하여 서울시에 임금인상 조정결정신청서를 제출하는 한편, 회사 측에는 다시금 단체교섭 개최를 촉구했다. 1971년 제정된 「국가보위에 관한 특별조치법」(법률 제2312호) 제9조 제1항에 따르면, "근로자의 단체교섭권 또는 단체행동권의 행사는 미리 주무 관청에 조정을 신청하여야 하며, 그 조정 결정에 따라야 한다"고 규정하여, 사실상 노동자의 자주적인 단체교섭권과 단체행동권을 무력화하고 있었다. 3월 3일, 회사 측이 임금인상을 논의하기 위한 단체교섭 회의에 참석했다.

그러나 참석자들은 임금인상에 대해 아무런 결정권도 없는 부장, 과장 급들이었고, 임금인상에 대해 기본적인 방향 설정조차 하고 있지 않았다는 사실이 드러났다.

이런 상황에서 3월 10일, 노동조합은 전 조합원이 참가한 가운데 제 30회 노동절 행사를 치렀다. 방용석 지부장은 "지난 한 해를 돌이켜보면, 사회적으로는 민주회복 실현의 함성소리에 잇따라 〈동아일보〉 기자 강제 집단해고 사태가 있었고, 국가적으로는 국민투표를 실시하였으며, 우리 노동조합으로서는 3년 동안을 싸워온 회사 정상화 문제가 해결되면서 문제를 해결한 데 대한 보답인 양 참으로 어이가 없고 엉뚱한 죄목으로 본인이 구속되면서 회사 정상화에 안도의 한숨을 쉬던 노동조합이 극도로 긴장감을 고조시켜 여러 조합원 동지들께서 어려움을 겪으면서도 단결력을 과시하여 본의 아니게 무리를 가져오게 한 점과 원풍산업 기업인과도 상반되는 의견 대립으로 인하여 적지 않은 무리가 있었던 한 해"라고 운을 떼면서, 다음과 같은 요지의 '기념사'를 했다.

1. 한국모방의 사례에서도 알 수 있듯이, 기업인의 무책임하고 반사회적인 처사는 많은 사회적 문제를 야기한다. 따라서 기업 내 부조리와 운영상 그릇됨을 철저히 감시하고 지적하여 과감히 시정해야 한다. 노동자는 이런 임무를 지닌, 국가와 역사발전의 주인이다.

2. 원풍산업은 1975년 회사 인수 당시 7년 거치 8년 분할상환, 연이자 7퍼센트라는 엄청난 특혜를 받았다. 그리고 1975년도 소비자 물가상승률이 25.4퍼센트였는데도 단체협약상의 임금보다 실질임금이 7.3퍼센트나 저하되었다. 이는 기업인의 인색함

을 증명한다.

3. 1976년도 임금인상 문제는 저임금지대를 일소한다는 정부 정책과 최저생계비 산출에 근거하여 처리되어야 한다.

4. 회사는 1976년 3월 중에 실시할 기업공개를 계기로 노동자들에게 의료, 주택금융 및 장학제도 등의 혜택을 주기 위한 후생복리제도를 취해야 한다.

5. 기업인은 노동자에게 희생만을 강요하기 이전에 노동자도 주인이라는 의욕을 갖고 일할 수 있는 풍토를 조성해야 한다.

상공부는 1976년도 섬유 수출목표를 전년도보다 16퍼센트 늘어난 21억 6000만 달러로 잡았다. 원풍모방이 속한 모기업 원풍산업은 1973년부터 수출을 본격적으로 시작하여, 1975년에는 2200만 달러로 수출 랭킹 55위를 기록했으며, 1976년에는 수출목표를 무려 3900만 달러로 잡고 있었다. [6] 이를 이루기 위해서는 결국 노동자들이 허울좋은 '수출전사'로서 다시 한 번 허리띠를 졸라매는 수밖에 없었다. 지부장은 이 때문에 기업인의 기본적인 노동관이 바뀌기를 주문했던 것이다. 노동자가 주인의식을 가질 때 회사도 발전한다는 것은 너무나 분명한 진리였다.

하지만 회사 측은 무성의한 태도로 일관했다. 노조 측이 교섭 시한으로 제시한 3월 27일까지 어떤 대안도 제시하지 않았다. 이에 따라 노동조합은 즉시 행동에 돌입했다. 즉, 연장근로 거부와 생산량을 감축하는 준법투쟁을 시작한 것이다.

마치 일이 이렇게 되기를 기다렸다는 듯이 회사 측은 4월 3일 제1공장에 대해서 30퍼센트 임금인상을 보장한다는 안을 제시하며 준법운동을 철회해줄 것을 요청했다. 그러나 30퍼센트 인상은 물가상승률

밖에 안 되기 때문에 이를 거부했다. 더군다나 회사는 제2공장에 대해서는 아예 임금인상 내역조차 밝히지 않았다. 노동조합은 4월 9일 35퍼센트 인상안을 마지노선으로 제시했는데, 회사는 30퍼센트 이상으로는 절대 올릴 수 없다고 버텼다. 결국 노사는 서울시의 직권조정안을 받아들이기로 합의했다.

4월 15일 서울시에서는 임금인상 조정결정 심의위원회를 열어 노사 양측의 의견을 들었다. 노동조합은 한국모방 당시 10년 동안 평균임금을 유지하여 왔는데, 원풍모방으로 바뀐 이후 평균임금 제도를 파기하려는 것은 노동조건을 저하시킨다며 평균임금이 유지될 수 있도록 임금인상이 이루어져야 한다고 주장했다. 즉, 1975년도 소비자물가 상승률 25.4퍼센트와 1976년도 소비자물가 상승률 10퍼센트를 감안할 때, 노조가 제시하는 35퍼센트 인상은 생필품 인상을 보충하는 것밖에 되지 않는다는 점을 지적한 것이다.

4월 26일 서울시는 다음과 같이 임금인상 조정을 결정했다.

제1공장

1. 여자 양성공 650원, 남자 양성공 1,040원
2. 여자 본공 초임 702원, 남자 본공 초임 1,170원
3. 여타 조합원은 30퍼센트를 하회할 수 없다.
4. 본 임금인상은 1976년 3월 1일부터 소급 실시한다.

제2공장

1. 현행의 30퍼센트를 인상한 총액을 재원으로 하여, 여자 양성공 515원, 남자 양성공 615원, 여자 본공 초임 618원, 남자 본공 초임 738원으로 인상한다.

2. 본 임금인상은 1976년 3월 1일부터 소급 실시한다.

이러한 결정으로 평균인상률은 30퍼센트에 그쳤다. 결국 서울시가 회사 측 안을 받아들인 셈인데, '가재는 게 편'이라는 속담과 조금도 다르지 않은 결과였다. 더군다나 제2공장의 경우 부장급 사원도 30퍼센트의 임금인상이 실시된 데 반해 대부분의 기능공들은 20퍼센트 내외에 머무르고 말았다. 이는 하후상박의 기본 원칙에도 어긋나는 것이었다. 그나마 3월 1일부터 소급해서 주라는 주문을 회사 측이 지키지 않았다. 제2공장 직원들은 크게 분노하여 서울시가 조정한 대로 3월분 소급 지급분을 달라며 5월 31일 퇴근 후 농성에 돌입했다. 회사 측은 6월 5일 12시까지 반드시 지급하겠다는 말로 노동자들을 달래 농성을 간신히 해산시킬 수 있었다.

긴급조치하 민주노조운동

1975년 5월에 발동된 긴급조치 제9호의 위력으로 민주화세력의 투쟁 동력은 눈에 띄게 줄어들었다. 박정희 정권은 베트남전 종전을 계기로 국민들의 반공의식에 기대어 민주화운동을 철저히 탄압하는 한편, 민방위대를 편성하고 학생들을 강제적으로 학도호국단에 편입시키는 등 '동원과 배제'의 통치술을 전가의 보도처럼 휘둘렀던 것이다. 이런 가운데서도 민주화를 위한 투쟁은 어렵사리 그 맥을 이어나갔다. 대표적인 투쟁이 1976년 3월 1일 명동성당에서 발표된 이른바 「3·1 민주구국선언」이었다. 이날 윤보선 전 대통령을 필두로 김대중, 함석헌, 함세웅 신부 등은 3·1절 기념미사에서 긴급조치 철폐, 구속인사 석방, 언론·출판·집회의 자유 보장, 국회의 기능 회복, 사법부의 독립 등을 요구하는 동시에 이에 책임을 지고 박정희 정권의 퇴진을 촉구했다. 실로 대담한 도전이었다. 이 선언에는 이우정, 정일형, 윤반웅, 김승훈, 문정현, 문동환, 안병무, 이문영, 서남동 등 정계·종교계·학계를 망라한 민주인사들이 서명자로 동참했다. 놀란 정권은 황급히 이들을 정부 전복을 선동했다는 혐의로 구속하거나 불구속 입건했다. 이 사건은 유신의 한복판에서 목숨을 걸고 유신체제와 정면대결을 선언한 것으로 움츠러들던 민주화운동의 불씨를 되살리는 데 크게 기여한다.

노동운동 역시 더디지만 밑으로부터 근본적인 변화를 통해 향후 민주화운동의 강력한 한 축으로 서기 위한 노력을 나름대로 힘차게 전개했다. 전태일 사건을 계기로 1970년 11월 22일 청계피복 노동조합이 결성된 것을 시작으로, 1972년 8월 17일 한국모방 노동조합의 민주노조 전환, 1973년 12월 20일 콘트롤데이타 노동조합 설립, 1974년 4월 15일 반도상사 노동조합 설립, 1975년 5월 24일 YH무역 노동조합 결성 등 민주노조 결성 투쟁은 이미 노동운동의 낡은 틀을 깨부수고 1970년대 후반의 새로운 도약을 예비하는 큰 흐름으로 자리 잡았다.

이들 민주노조의 특징으로는 첫째, 기존의 노동조합이 상층 간부들 중심으로 조직을 이끌어온 데 반해 철저히 조합원 중심의 운영을 통해 조합 내 민주주의를 실현하고자 노력했고, 둘째, 억압적 정치 현실과 열악한 노동 현실 속에서도 단체행동권을 적극적으로 발현하여 임금인상과 노동조건 개선에 전에 없는 성과를 거두었으며, 셋째, 노동조합을 민주화하는 과정이나 이후의 투쟁 과정에서 정치권력과 자본 그리고 노동귀족들의 횡포를 여과 없이 폭로했으며, 넷째, 민주노조

끼리 연대하고 긴밀하게 협력하면서 노동운동의 대오를 강력하게 유지했다는 점 등을 들 수 있다.[7]

정국이 팽팽한 긴장 속에 돌아가는 동안 노동계에서는 특히 인천의 동일방직 노동자들이 고난에 찬 투쟁을 전개했다. 200여 명의 동일방직 여성 노동자들은 7월 21일 "지부장을 석방하라", "회사는 자율적인 노조 활동에 개입하지 말라"고 외치며 농성을 벌였다.

동일방직 노동조합은 1972년 한국 최초로 여성 지부장(주길자)을 선출하는 쾌거를 이룩했다. 회사 측은 이런 민주노조를 파괴하기 위해 온갖 공작을 다 동원했다.

7월 25일 오후 6시 30분경, 기동경찰이 몰려와 농성 중인 400여 명의 여성 노동자들을 향해 5분 안에 해산하지 않으면 전원 연행한다고 위협했다. 이때 농성장에서 한 여성 노동자가 "우리 모두 옷을 벗고 저항합시다"고 제의하자 70여 명이 즉시 브래지어와 팬티 바람으로 동조했다. 그들은 작업복을 손에 쥔 채 〈노총가〉를 합창했다. 그러는 사이 경찰은 강제진압을 시도했다. 농성장은 순식간에 아수라장이 되었다.

경찰은 이날 72명의 여성 노동자들을 연행했다. 40여 명이 기절했고, 그중 14명은 입원까지 해야 했다. 이 동일방직 사건은 여성 집행부 중심의 민주노조가 들어선 이후 부단한 교육을 통해 의식화가 잘된 여성 조합원들이 회사 측의 집요한 노동조합 파괴 책동에도 조금도 물러서지 않고 당당히 맞서 싸운 드문 사례였다.

원풍모방 노동조합의 교육활동

원풍모방 노동조합은 1976년 상반기를 큰 사건 없이 보냈다. 그 과정에서 노동조합이 가장 신경을 많이 쓴 부분은 간부와 조합원들에 대한 교육이었다. 노동조합이 민주적인 노조로서 확고하게 자리를 잡기 위해서는 지부장과 집행부의 의지와 능력, 도덕성 같은 문제도 중요하지만 무엇보다 중간 간부와 평조합원들의 적극적인 의식 계발과 능력 배양이 중요하다고 판단했기 때문이었다. 그리하여 "노동조합은 노동자의 학교"라는 슬로건을 내걸고 각종 형태의 교육에 간부와 조합원을 참여시켰다. 이런 교육은 크게 간부들을 대상으로 한 교육과 조합원들을 대상으로 하는 교육으로 나뉘었다. 간부들에 대한 교육은 외부 단체가 주최하는 프로그램에 참여하는 형태가 주를 이룬다. 예컨대 산선이나 크리스천아카데미, 한국노총, 섬유노조 본부, YWCA 등이 주최하는 여러 형태의 교육이 그것이다.

원풍노조는 노동조합을 철저히 민주적인 방식으로 운영하여 궁극적으로 조직력에 관한 한 당대 우리 사회에서 가장 선진적인 노동조합이라는 평가를 받는다. 이런 평가는 훗날 이루어진 학술적 분석에서나 하다못해 탄압국면 하에서 운동적 목적에서 급히 쓴 비합법 문건에서나 거의 일치한다.

원풍노조는 어떻게 이런 조직력을 유지했을까. 사실 특별한 비법 같은 게 있던 건 아니었다. 가장 상식적인 수준에서 그 상식을 철저히 실천에 옮겼을 뿐이다. 가령 일부 간부들만이 아니라 조합원 누구나 자신들의 노동조합이라는 인식이 싹틀 때 조직력이 극대화된다는 상식을 적극적으로 실천했다. 소모임과 교육, 문화 활동 등에 방관자가 아니라 직접 참여하는 기회를 끊임없이 제공했으며, 기숙사, 도서관, 미용실, 신협, 공동구매, 장학금 제공 등 조합원들의 복지 환경을 실질적으로 개선하는 일에도 소홀히 하지 않았다. 조합비에서 일정 부분을 파업투쟁기금으로 적립하여 훗날에 대비했는데, 이는 노동조합이 민주적으로 운영되지 않으면, 그리고 간부들에 대한 조합원들의 신뢰가 없다면 처음부터 불가능한 일이었다.

원풍노조는 특히 조합원의 의식화 교육에 많은 노력을 기울였는데, 이는 당연히 노동조합의 조직력을 강화하고 결정적인 순간 강고한 투쟁을 발휘하는 데 기여했다. 예컨대 조합원 교육은 현실과 동떨어진, 혹은 자기만족적이며 관념적인 교육이 아니라, 조합원 스스로 자기정체성을 분명히 확인하고 역사와 사회라는 큰 맥락에서 노동조합의 의미를 바라볼 수 있게 하는 실천적 교육이었다. 이런 교육의 결과, 조합원들 중에는 파울로 프레이리의 진보적 교육이론서 『페다고지』를 읽는 사람까지 있었다. 조합원들은 함석헌, 고은, 김동길, 이문영, 문익환, 문동환 등 당대를 주름잡던 저명한 민주인사들의 강연도 수시로 접했다. 이는 당시 대학생들의 압도적인 비율이 이른바 관념적 청년문화론에 매몰되어 있던 것과는 분명하게 대비되는 측면이라 하겠다.

다음 [표9]는 원풍노조가 실시한 교육훈련의 현황을 일목요연하게 보여준다.

[표9] 원풍모방 노동조합 교육훈련 현황

구분	대상	목차	교육 인원			
			1976	1977	1978	1979
훈련생교육	직업훈련생	노동조합의 이해			210명, 4회	270명, 4회
초보자교육	입사 1년 미만	조합원의 의무와 권리	518명, 19회	381명, 13회	232명, 4회	413명, 10회
그룹활동가 교육	그룹활동가	그룹활동과 노동조합	1,641명, 29회	1,147명 37회	713명	391명, 9회

구분	대상	목차	교육인원			
			1976	1977	1978	1979
대의원 및 간부	대의원 이상	지도력 강화	69명, 1회	72명, 1회	74명, 1회	75명, 1회
중간간부 교육	그룹장 이상	지도력 훈련	176명, 2회		720명, 17회	421명, 9회
일반조합원 교육	전조합원	단결력 강화	1,150명, 6회	2,060명, 13회	800명	1,320명, 20회
대의원모임	대의원 이상	조직강화와 현장문제	750명, 50회	760명, 50회	765명, 50회	780명, 50회
수련회	그룹장 이상	인간관계 훈련				321명, 3회
파견교육	대의원 이상	지도력 개발	167명, 14회	58명, 16회	20명, 9회	23명, 6회

여기에 영등포 산선을 중심으로 한 소모임이나 탈춤반과 같은 동아리 교육까지 포함하면 원풍노조 조합원들이 받은 교육은 양적인 측면만 따져도 당대 상황에서는 거의 최고 수준이었다 할 수 있을 것이다.[8]

소모임 활성화

특히 소모임 활동은 원풍모방 노동조합 활동의 골간을 이룬다 할 정도로 막강했다.

소그룹 활동을 통해 노동자들은 가족과 고향을 떠나와 객지생활을 하는 가운데 상실했던 공동체에의 소속감을 회복할 수 있었고, 너무도 일찍 꺾여버렸던 향학열과 자기향상 욕구 등을 부분적으로나마 채울 수 있었으며, 결국에 가서는 노동 문제에 대한 인식, 조직활동의 경험 등을 할 수 있었다. 따라서 소그룹 활동은 자연스레 초보적인 노동조건 개선투쟁으로 연결되었고, 노동조합이 결성되는 경우에는 조직의 강력한 뿌리가 되었다.[9]

영등포 산선은 전태일 사건 이후 1972년경 부터는 소그룹들도 의식화 작업의 기본 조직으로 발전시키기 위해 힘을 기울였다. 1975년의 경우, 영등포 산선이 꾸리던 소모임은 약 80개에 달했는데, 한 그룹에 7~8명이 참가한다고 보면 560~640명이 활동한 셈이다. 전체로 보면, 1년간 총 1662회의 모임에 연인원 1만 6544명이 참가했다.[10] 이런 소모임들이 결국 1970년대 노동운동사를 빛낸 굵직굵직한 투쟁들(대한모방 강제예배 반대투쟁(1973), 남영나일론 노동자들의 노조 개편투쟁(1976), 방림방적 체불임금 요구투쟁(1977), 해태제과 8시간 노동투쟁(1979), YH 사건(1979) 등)을 이끌어내는 직간접적인 도화선이자 뇌관 역할을 하게 된다.

원풍노조 역시 노동조합 차원에서 특히 소모임 활동을 적극 장려했다. 그 결과, 가장 활발할 때에는 80여 개의 소모임이 운영되기도 했다. 물론 소모임을 영등포 산선과 연계하여 운영되고 있지만 노동운동의 주체는 어디까지나 노동조합임을 분명히 인식시키는 교육을 꾸준히 해나갔다. 이를 위해 소모임들을 가능하면 부서별로 조직하게 했고, 이를 다시 A, B, C 세 반으로 크게 나누어 각각 그 소속 소모임을 관리하는 책임자들을 두었다.

[표10]은 65개 소모임(463명)과 각 반별 현황이다. 여기에 기록되지 않은 소모임으로 재생, 횃불, 기둥, 곰, 금잔디, 둥지, 멧돼지 등이 더 있었다.

소모임은 노동조합이 민주화된 1972년부터 공개적으로 활동하기 시작했는데, 주요 모임 장소는 영등포 산선, JOC, 그리고 노조사무실 등이며, 때로 조합원의 자취방이나 기숙사 등지에서 모임을 갖기도 했다.

김향자는 1주일에 두세 번이나 산선에 갈 정도로 열정적으로 소모임을 했다.

> 우리 부서에 좀 인원이 좀 많아요. 그 그룹들을 이제 묶어서 그룹을 만드는 걸 참 많이 했던 거 같아요. 그룹을 한 개만 하는 게 아니라 세 개씩 네 개씩 하니까 이 팀 저 팀 이렇게 많잖아요? 그러면 그 팀의 팀장을 맡아서 하거나 이렇게 하면서 같이 가니까 일주일에 산선에 두세 번씩 갔던 거 같아요. 거기 가서 한자도 배워서 공부도 했고, 또 기타도 배우다가 못 배우고 말기도 했지만, 그런 것도 하고, 또 독서반에 들어가서 책 읽어서 토론회 같은 것도 하고, 이런 거를 하면서 그룹 활동을 했었어요. 그래서 백마그룹이라고 하는 그룹도 했고, 멧돼지그룹이라고 하는 그룹도 했고, 처음에 했던 그룹이 그 억새그룹이라고 하는 77년도, 아마 76년도 때부터 했을 거예요. (중략) 그때는 그룹을 운영하면서 회비를 냈었어요. 근데 회비 돈이 500원이었는지 1000원이었는지는 모르겠지만, 아무튼 팀마다 내가 그룹을 4개를 하고 있으면 한 달 월급 타가지고 그 그룹 회비로 뭐 3000~4000원씩 이렇게 나가면, 이렇게 놀러도 가고, 뭐 포도도 사 먹으러 가고, 딸기밭도 다니고, 친구들하고 그냥 밥도 먹으러 다니고 하는 부분들, 또 그룹에서 생일이 들면 생일파티를 거창하겐 못해두 짜장면집에 가서 짜장면을 먹으면서 맛동산이라든지 새우깡 갖다가 놓고 먹고 그러면서 그 생일도 이렇게 찾아주고, 그룹 활동을 그런 식으로 많이 했어요.
>
> −제1권, 80쪽. 인용자 임의로 정리

[표10] 원풍모방 노동조합 소모임 현황

A반	
회장	박혜숙(방모)
부회장	문선자(전방)
총무	정인숙(가공)
서기	김예희(가공)

모임 수	23개	인원	173명

명칭	부서	대표자	인원
날개	정방	한명옥	8
심지	가공	김예희	10
산수화	방모	연미자	8
상록수	직포 준비	라영금	8
한마음	전방	양연화	6
개미	수정 갑	박은석	12
백마	정사	주점숙	7
소라	직포	황영애	6
하얀	전방	최선순	8
바위	전방	김숙자	10
모닥불	수정 갑	구길모	9
엄지	직포	주심례	7
별	직포	김성희	7
억새	직포	오송환	8
에델바이스	직포	이필순	7
두꺼비	가공	양병욱	9
비둘기	전방	황선금	6
소나무		이난희	7
용수철		한순임	6
오뚜기		정순옥	6
뿌리		백계화	9
감초		구길모	9
쪽가위	정사		

B반			
회장		이향숙	
부회장		박인희	
총무		김옥녀	
서기		이영례	
모임 수	20개	인원	134명

명칭	부서	대표자	인원
물레방아	가공	조은숙	10
꿀벌	가공	김삼순	9
앵글러	정방	김순자	4
바둑이	정방	홍춘자	7
맥박	직포	노순자	8
동심	가공	전정숙	7
거북이	소모	이종분	3
네잎크로바	직포	박현순	8
반석	정포	주명님	3
청포도	전방	김옥녀	8
독수리	전방	조서운	7
불로초	전방	윤 숙	6
큰엄지	정사	최미숙	8
창공	정사	이혜영	6
검불		김윤자	6
큰웃음		장명숙	5
무궁화		강옥희	7
초원		오명순	8
별	직포	김영희	7
동맥		문순열	7

C반	
회장	방순영(정방)
부회장	한상영(가공)
총무	김명희(직포준비)
서기	정영례(정방)

모임 수	22개	인원	156명

명칭	부서	대표자	인원
이스트	전방보전	김명희	7
씨알	가공C	이미애	9
모란	전방C	이선임	7
둥지			2
시계	가공C	조옥순	9
오뚜기	직포C	김명희	6
송죽	전방C	박필순	10
혁신	소모C	박영순	8
뿌리	가공C	김정희	6
일맥	정포	주명님	9
솜비			8
말똥구리	전방C	홍옥희	6
정사	정사C	이숙자	11
넝쿨	정방C	최점순	5
차돌	정사	김현숙	7
아람	전방C	오정순	6
대들보	직포준비C	백정희	7
솔		고정순	
흙	정방직포	송정예	8
장미	정사	구자경	7
소금	직포준비C		8
목화			10

소모임 회원들은 처음에는 주로 꽃꽂이, 자수, 서예 같은 것을 취미삼아 배웠지만, 차츰 독서를 한다든지 학습을 한다든지 하는 식으로 방향을 잡아 나아갔다. 이옥순은 "평소 등산, 독서토론회, 학습(노동법, 역사, 한문), 고아원 방문, 꽃꽂이, 뜨개질 등의 일로 모임을 갖던 각 그룹들이 임금교섭 철이 되면 별동대로서의 능력을 유감없이 발휘"[11]했다고 밝혔다. 또한 어디 가서 강연을 듣는다든지 하면서 자신들도 모르게 의식화되게 마련이었다. 1970년대 후반에 가면 이렇듯 소모임을 통해 민주화운동에 직간접적으로 연계되는 일도 잦아진다. 그 과정에서 대학생들도 많이 만나게 되는데, 정사과의 한 노동자는 대학생들과 계급적으로 다를 수밖에 없는 자신의 처지를 오히려 긍지로 여길 정도였다.

이혜영 그렇죠. 그 대학생들 저는 하나도 안 부러웠어요. 좋아하기두 싫었구 걔네들 좀 기피 대상이어서 나는 싫어했어요. 노동자는 노동자여야지, 그거 뭐 대학생하고 이렇게 친해갖고 뭐 이렇게 쫌 빛나거나 이런 게 정말 싫었거든요. 그래갖고 우리는 '빵 자유 평화'라고 이렇게 티가 있었어요.[12] (산선에서 팔았어) 그거를 인제 여기다 써 가지구 놀러갈 때도 그거 입구 가요. (웃음) 그럼 이제 사람들이 호기심에 그게 뭐냐 그러면, WB, HO 그 뭐라 그랬죠, 그게……, 노동자들의 기본적인, 그게 삶의 기본이다, 이게 있어야 삶의 영위를 할 수 있다, 이렇게 해갖고. 그게 지어진 거라고 그러더라고요. 그래갖고 이제 그런 거 입고 뭐. 관악산을 간다든가 이래도 꼭 표시를 냈어요. 냄비뚜껑을 뚜들긴다든가 뭐. 거기 대학생들 많잖아요, 하나도 안 부러웠어요, 걔네들 뭐 안에서 공부해구 그래두 부럽지가 않더라구 나는. 왜냐하면 이 노동조합 활동이 진짜 우리는 그 대학생들은 뭐 나와서 전문직에 있고 하지만, 그거 게임이 안 되잖아요. 거기에 비하면 우리는 진짜 역사의 산증인 아니에요? (웃음) 밑바닥에서 이런저런 서민들의 삶을 이렇게 해는 거니까. 뭐 그래서 대학생들이나 이런 거는 저는 부럽지는 않더라구요. 그리고 그 때는 인저 책을, 판금된 게 많았어요. 그니까 인저 몰래 가서 책방에 가서 사는 거야. 그래갖구 겉표지를 딱 포장을 해요. 그래갖구 인저 그 제가 구류, 그 유인물 뿌리다 잡혔을 때 저기 『폴란드』라는 책을 제가 갖고 있었어요. 근데 폴란든가 바웬산가 하여튼.

김남일 『바웬사』, 『바웬사』.[13]

이혜영 판금된 거, 그거 갖고 있다고 (웃음) 머리를 그 책으로 엄청 뚜들겨 맞았어요. 구로서에서.

−제1권, 63~64쪽

이런 사례를 통해서도 쉽게 드러나듯이, 한마디로 소모임은 1970년대 민주화된 원풍모방 노동조합의 가장 강력한 '운동의 저수지'였다고 할 수 있다.

> 1970년대 박정희 정권과 한국노총은 민주노조의 소모임을 '점조직' 혹은 '소조'에 비유했다. 하지만 이런 악선전과 달리 민주노조의 재생산과 초기의 형성은 소모임이 없었다면 불가능했을 것이다. 대표적인 사례가 원풍모방이다.[14]

제2공장 조업 단축

노량진에 있는 원풍모방 제2공장은 제1과(편직부)와 제2과(봉제부)로 나뉘어져, 내수시장보다는 주로 수출을 위한 제품 생산을 해왔다. 그런데도 회사는 자체 수출 작업량을 확보하지 못한 채 타 업체로부터 하청받은 제품을 생산하는 정도로 근근이 유지해왔을 뿐이다. 노동조합은 이 문제에 대해 회사 측의 성의 있는 대책을 여러 차례 촉구했으나, 회사는 적자 운영의 책임을 일반 노동자들에게 돌리는 식의 태도를 보여 왔다. 이러는 가운데 작업량은 점점 줄어들어 9월 8일(추석)을 기해 제2과의 작업은 종결되고 각종 기계는 포장되고 말았다. 9월 28일, 이 문제를 논의하기 위한 노사협의회가 회사 측 요청으로 열렸다. 회사는 '제2과는 조업을 단축할 것이고, 제1과 역시 작업량이 확보될 때까지 휴업하겠다'는 일방적인 통보만 하고, 조합원들의 처우 대책에 대해서는 아무런 언급이 없었다.

노동조합은 9월 30일 대표이사 사장 앞으로 다음과 같은 공문을 발송했다.

1. 당 지부로서는 회사가 이제까지의 소극적인 운영방식에서 벗어나 적극적인 최선의 표시를 다함으로써 600여 명의 실직자와 사회 물의를 막을 수 있도록 조치를 바랍니다.
2. 당 지부는 회사가 휴업이 부득이할 경우를 대비하여 별지와 같이 요구를 제시합니다.

별지 내용을 요약하면, 회사가 정상 가동을 위한 대책을 조속히 마련할 것을 촉구하며 그 기간만 휴업하고, 휴업한 조합원이 다른 직장에 취직한 것과 상관없이 기본급의 80퍼센트를 휴업수당으로 매달 말일 직접 지급하며, 휴업기간은 최고 3개월로 하되, 만일 가동이 불가능하여 감원하거나 직장을 폐쇄할 경우에는 10개월분의 임금을 수당으로 지급하라는 것 등이었다. 이에 대해 회사는 서면으로는 아무런 반응도 보이지 않고 구두로 여러 차례 수정을 요청해왔다. 노조는 10월 30일 상집회의를 소집하여 논의한 끝에, 11월 3일 회사 측과 다음과 같은 내용을 주요 내용으로 하는 합의를 하기에 이른다.

회사는 합의서의 서명일로부터 76년 11월 5일까지 모든 조합원의 자진퇴사 계획을 집행하며 76년 11월 6일부로 조합원은 다음과 같은 혜택을 받게 된다.

가. 75년 12월 31일 이전 입사자는 4개월분, 76년 1월 1일 이후 입사자는 3개월분에 해당하는 해고수당(통상임금)을 지급한다.
나. 적치된 모든 휴가는 현금으로 지불한다.
다. 정상적인 퇴직금과 국민저축금을 지불한다.

이로써 봉제부 조합원들은 1976년 11월 5일자로 전원 '회사 사정에 의한 자진사직서'를 제출하고 그동안 자신들의 땀과 눈물이 배고 정들었던 회사를 떠나 뿔뿔이 흩어지게 되었다. 회사 측은 11월 10일 군 입대자 2명을 포함하여 총 237명에게 3460만 2167원을 지불하고 제2공장 봉제부 문을 닫았다. 그러나 회사를 떠나는 동료들을 바라보는 제2공장 제1과, 즉 편직부 조합원들의 운명도 크게 다르지 않았다. 이듬해 3월 회사는 경기불황을 이유로 편직부의 문도 닫았다. 이로써 1973년 회사 부도 이후 만성적인 적자에 시달리던 제2공장은 완전히 폐쇄되고 만다. 수출 쿼터를 확보하지 못한 데다 내수시장에서 경쟁력을 확보하기 위한 기술 개발에 소홀했던 회사 측의 무성의한 태도가 폐업의 주요 원인이었다. 안타깝지만 노동조합으로서도 어쩔 수 없는 일이었다. 다만, 자진퇴사하는 조합원에게 최고 5개월분의 해고수당을 지급하도록 합의한 것과 같은 몇몇 합의사항들은 외자기업의 경우 통상 3개월분만 지급하는 전례에 비추어 나름대로 의미 있는 차선의 성과였다. 이 점은 나중에 다른 사업장에서 휴업이나 폐업을 할 때 중요한 선례로 활용되기도 했다.

국가원수 모독 혐의 연행 사건

1976년 늦가을 방용석 지부장의 신변에 또다시 이상이 발생했다. 11월 18일 오후 4시 30분경 회사 앞 큰길에서 방용석 지부장이 신원미상의 건장한 남자들에 의해 승용차에 태워진 뒤 소식이 두절된 것이었다. 한 조합원이 이를 목격하고 노동조합에 알렸고, 노동조합은 즉각 여러 경로를 통해 지부장의 신변을 수소문했다. 그 결과 치안국 산하 기관에서 대통령을 모독하는 발언을 한 혐의로 조사 중이라는 말만 들었을 뿐, 연행을 담당한 기관이나 소재지에 대해서는 구체적인 답변을 듣지 못했다. 노동조합은 즉각 상집회의를 열고 이 사태를 논의했다. 사태의 진상이 곧 밝혀졌다.

10월 25일, 방용석 지부장은 회사 총무과 사무실에 들렀다가 민동기 계장의 책상 위에 기숙사 사감 취업명령서가 놓여 있는 것을 발견했다. 경위를 묻자 민동기 계장은 국가원호 대상자인 안재순 외 5명을 기숙사 사감 직에 취업시키라는 대통령의 명에 따라 취업 발령을 낸

1976년 방용석 지부장이 대통령 국가원수 모독죄로 정보부에 연행되었을 때 석방을 요구하는 조합원들—원풍모방 구내식당

것이라고 대답했다. 이에 방용석 지부장은 "대통령이 일개 회사 인사 명령도 하는 세상인가? 상식적으로 생각해보아도, 대통령이 일개 사기업의 기숙사 사감에 대해 발령을 내렸다는 걸 어떻게 믿을 수 있는가? 이건 아무래도 당신이 군경 원호대상자이니까 안재순 등 5명을 기숙사 사감에 취업시키려는 게 아닌가?" 하고 반문했다. 이어 "기숙사 사감 변경은 기숙사생들의 의견을 들어 보고 결정하는 게 합리적이며, 또 그렇게 해야 할 것"이라고 말했다. 그러자 민동기 계장은 군경 유가족은 국가유공자이므로 특별대우를 해도 무방하다고 대답했다.

방용석 지부장이 다시 말했다.

"국가유공자는 군경 유공자뿐만이 아니라 국가 경제발전에 몸 바쳐 일한 산업전사나 부상한 노동자들도 국가유공자이니 너무 군경 유가족만 들먹이지 말라."

그러자 민동기 계장은 버럭 화를 내면서 "국가원수의 명령을 모독할 셈이냐?"며 폭언을 하며 상호간에 거친 언쟁이 벌어졌다. 이에 이명수 공장장이 만류하여 진정된 바 있었다. 방용석 지부장이 이 문제에 민감한 반응을 보인 것은 회사 측이 기숙사 사감을 교체하여 그들에 대한 통제권을 강화하려 한다고 판단했기 때문이다. 즉, 회사 측은 기숙사생들이 단결력이 강하기 때문에 결국 노동조합의 가장 큰 힘이 된다고 생각했고, 이에 따라 기숙사 사감 교체와 그 이후 자치회 해체라는 수순을 밟으려 했을 터였다.

어쨌든 노동조합은 지부장 연행 사태가 노동조합을 파괴하려는 음모라고 규정하고 이튿날 오후부터 항의 농성에 돌입했다. 그러는 한편 40여 명의 조합원들은 남부경찰서로 찾아가 지부장의 면회를 요청했다. 그러나 돌아온 대답은 거기에 없으니 돌아가라는 것이었다. 그 후 조합원들은 다시 서울시경을 찾아가 면회를 요청했으나, 거기서도 같은 대답만 들었다. 밤이 늦어 조합원들이 돌아왔는데, 때마침 남부경찰서에서는 사태를 수습하기 위해 부지부장과 총무를 찾아 형사들을 보냈다. 그러자 형사들이 들어와 노조간부를 찾는다는 소식에 흥분한 1000여 명의 조합원들이 우르르 몰려나왔다. 이 때문에 기동경찰을 태운 여러 대의 버스가 급히 회사 밖에 와 만일의 사태에 대비하는 일까지 벌어졌다.

11월 22일, 노동조합은 상집회의의 결의에 따라 오후 5시부터 노동계, 언론계, 학계, 종교계 등 사회 각계 인사 40여 명을 초청해 간담회를 개최했다. 참석자들은 사건 경위를 전해듣고 모두 적극적인 협조를 약속했다. 1500여 명의 조합원들은 간담회가 열리는 동안 회사 식당에 질서정연하게 모여 〈노총가〉, 〈큰 힘 주는 조합〉 등 노래를 부르며 농성을 해나갔다. 간담회가 열리는 회의장 출입문에는 누군가가

"우리를 도와주세요"라고 쓴 표어를 붙여놓기도 했다.

11월 23일에도 지부장은 돌아올 기미가 없었다. 이날 신구교 교인들을 중심으로 한 조합원들 500여 명은 기도회를 열고 지부장의 조속한 석방을 기원했다. 이날 그들은 가톨릭 성가 〈수난절 노래〉를 개사해 부르기도 했다.

11월 24일, 조합원들은 섬유노조 본부를 찾아가 사태 해결을 위해 성의를 보일 것을 촉구했다. 아울러 상집회의를 열어, 11월 27일 오전 10시를 기해 임시 대의원대회를 열고, 전 조합원의 서명을 받은 탄원서를 작성하여 각계에 발송하고 지부장 구명을 위한 리본 달기 운동을 전개한다고 결의했다. 한편 섬유노조 본부에서는 이 사건이 노사 문제가 아니니 임시 대의원대회를 연기해달라고 요청해왔다. 집행부는 이를 거부하고 이날도 농성을 이어나갔다.

한편, 방용석 지부장은 그 시각에도 치안본부 대공분실에서 조사를 받고 있었다. 조사실은 비교적 깨끗한 방으로 책상 1개, 의자 2개, 침대 1개, 그리고 화장실이 붙어 있었다. 수사관들은 방 지부장이 처음 연행되어가자 다짜고짜 욕설과 협박을 퍼부으며 기부터 꺾어놓으려 했다.

"네가 방용석이냐? 이 개새끼! 너 여기가 어딘 줄 알아? 너 이제부터 바른대로 말하지 않으면 죽을 줄 알아."

수사관들은 회사 측이 제공한 두툼한 서류를 한 장 한 장 넘기며 조사를 했다. 주된 조사 내용은 민동기 계장과 언쟁한 내용이었다.

- 대통령이고 개 콧구멍이고 간에 기숙사 사감 변경을 받아들일 수 없다.
- 군경 유가족 및 원호대상자나 산업전사는 똑같은 국가유공자다.

아울러 회사 측 조성수 차장이 진정한 내용, 즉 노동조합이 새마을 운동에 비협조적이라는 것도 들어 있었다. 수사가 진행되는 동안 방용석 지부장이 비협조적이거나 행여 졸기라도 하면 둘러싼 수사관들이 한꺼번에 달려들어 숨 쉴 틈도 없이 마구잡이 폭행을 가하기도 했다. 그런 식의 수사가 사흘간이나 계속되었다. 방용석 지부장의 대답은 한결같았다.

- 아무리 군경 유가족이라 하더라도 대통령이 직접 직책을 명기하여 취업을 명령했다는 민 계장의 말을 믿을 수 없으며, 인정할 수도 없다.
- 경제발전 과정에서 장시간 노동에도 불구하고 저임금을 받아가면서 희생을 거듭해온 노동자들을 어째서 산업역군이라고 하겠느냐? 그들도 국가유공자와 마찬가지로 국가를 위해 희생을 감수해왔기 때문이지 않겠느냐. 정부는 하루빨리 산업전사나 희생자들을 위한 연금을 제도화해야 한다.
- 정부가 권장하는 공장새마을운동이나 교육은 기본적으로 소득증대를 주장하는 운동으로서 기업주에게만 더 많은 이윤을 보장하려는 것이기 때문에 소득분배를 주장하는 노동조합운동의 목적과는 근본적으로 배치될 수밖에 없는 것이다. 따라서 새마을운동이나 교육에 비협조적인 노동조합의 주장은 정당하다.

1970년 대통령 연설을 통해 처음 등장한 뒤 빠른 시간 안에 전국민을 동원한 '국민운동'으로 퍼져나간 이른바 '새마을운동'은 성과를 논하기 이전에 그 발상 자체가 비민주적이었다. 새마을운동이 내세우는바 '근면 · 자조 · 협동' 이라는 슬로건은 곧 국민들이 못사는 이유가

게으름과 협동심 부족에 있으므로 국민들 스스로 서로 도와가며 열심히 일을 해서 스스로 해결해야 한다는 뜻으로 해석될 수 있었기 때문이다. 나아가 전 국민을 하나의 새마을 깃발 아래 줄을 세워 관이 시키는 대로 부지런히 일을 하라는 것. 이는 겉으로는 '잘살기 운동'을 표방하고 있지만, 그 내면을 들여다보면 구시대적 가부장 윤리를 복권하려는 것이며, 이를 통해 궁극적으로는 당대 우리 정치적 상황에서는 '대통령 한 개인에 대한 충성'으로 번역될 수밖에 없는 '국가에 대한 충성'을 강요하려는 또 하나의 국민동원령이라고도 볼 수 있었다.

> 결국 새마을운동이란 개발독재에 따른 근로서민대중의 저항에
> 대응하기 위해 독재체제를 더욱 강화하기 위한 통치 이데올로기에
> 불과한 것이었다.[15)]

새마을운동을 추진한 제3공화국은 우선 농촌근대화가 선행되어야 한다고 믿고, '근면·자조·협동' 정신을 전향적으로 계도하는 정부주도의 캠페인을 전개했다. 1973년부터는 박정희 대통령이 만들었다고 알려진 〈새마을노래〉가 전국 방방곡곡 울려 퍼지지 않은 곳이 없을 정도였다. 언론에서는 매일같이 새마을운동 성공사례가 발표되었다. 정부는 이 운동이 짧은 기간 안에 긍정적이고 가시적인 효과를 나타냈다는 판단 아래, 1973년 10월 수출진흥확대회의에서 공장새마을운동의 기본 구상을 발표한다. 즉, 생산 현장에서의 새마을운동, 즉 공장새마을운동을 별도의 독자적 프로그램으로 추진하기 시작하는 것이다. 공장새마을운동은 주로 경영합리화를 위해 필요한 과제들을 대상으로 추진되었다. 이를테면 물자 절약, 원가 절감, 생산성 향상, 에너지 절감 등이었다.

하지만 이러한 공장새마을운동 역시 "자본과 임노동 사이에 발생하는 본질적인 문제를 덮어두고 권위주의 경영구조 아래 노동자들을 일방적인 노사협조주의로 몰아간 데 불과한 것"[16]이라는 평가로부터 완전히 자유롭지는 못할 것이다. 실제로 공장새마을운동을 악용하여 노동자들에게 시간 외 노동을 부과하는 업체도 비일비재했다. 그 경우 물론 대부분이 무보수였다. 예를 들면 많은 기업들이 노동자들을 동원하여 하천 제방의 조성(성신화학), 300미터에 이르는 구내 도로 신설(쌍룡시멘트), 2500미터에 이르는 구내 도로 보수(연합철강), 배수로 공사(대전생사), 녹지대 공사(한국나일론), 코스모스 꽃길 가꾸기(제일합섬) 등 이른바 '아늑한 직장 가꾸기' 사업을 시행했는데[17], 하루 10~12시간 힘든 노동에 지친 노동자에게 그것은 전혀 아늑할 리 없는 고통스러운 노역에 지나지 않았을 것이다.

방용석 지부장은 고통스러운 수사 과정에서도 공장새마을운동에 대한 평가까지 포함하여 노동 현장에서 몸으로 체득한 자신의 견해를 굽히지 않았다. 결국 그들도 국가원수 모독 혐의를 실정법적으로 적용시키는 게 무리라고 판단했는지, 11월 24일 밤 석방을 결정한다.

이 사태는 유신체제 하에서 민주적인 노동조합을 유지해가는 게 얼마나 힘든 일인지 다시 한 번 보여주는 숱한 사례 중 하나에 불과했지만, 그 혐의 자체가 너무나 엉뚱하고 어처구니없어서 두고두고 사람들의 입에 오르내리게 되는 드문 사례로 역사에 기록된다.

상여금 요구투쟁의 이면

노동조합은 11월 29일 제5차 상집회의를 속개하고 박순희 지부장을 직무대리로 뽑은 다음 회사 측에 12월 한 달간 노동조합 대표자가 변경된다는 사실을 통보했다. 지부장 연행 사태가 회사의 정책과 무관하지 않다는 판단이었다. 회사도 그걸 알고 있었다. 따라서 회사는 지부장이 풀려난 이후 노동조합이 어떤 태도로 나올지 관심을 기울이고 있었다. 그런데 갑자기 지부장 직무대리를 선정하고 대표자 변경을 통보하자 잔뜩 긴장하지 않을 수 없었다. 사실, 대표자 변경은 이 점을 노린 하나의 전략이었다. 지부장이 연행된 기간에 출근하지 않았던 민계장이 다시 출근하자, 조합원들은 출퇴근 시간이나 휴식시간을 이용해 10여 명씩 조를 짜서 총무과 사무실로 달려갔다.

"도대체 민 계장이란 작자가 누구야?"

"노조가 그렇게 만만한가 보지? 그래, 어디 얼굴이나 한 번 보자구."

조합원들은 이런 식으로 야유를 퍼부었다. 노동조합을 파괴하려는 자는 누구든지 간에 회사에 발을 들여놓지 못하게 해야 한다는 공감대가 조합원들 사이에서 확고하게 자리 잡고 있었던 것이다.

이런 긴장된 분위기 속에서 12월 20일 회사는 하반기 상여금 지급에 대한 회사 측 의견을 제시했다. 제1공장은 연간 통상임금의 300퍼센트, 제2공장은 떡값 정도를 지급하겠다는 것이었다. 이튿날, 이 문제를 논의하기 위한 노사협의회가 본사 소공동 사무실에서 열렸다. 노조 측 위원들은 지난번 상반기 상여금 지급 문제를 논의하던 자리에서 회사 측 대표위원이 "금년도 하반기에도 전년도 지급재원(평균임금의 300%)에 준한 재원을 확보할 것을 약속한다"고 발언한 사실을 지적하면서 그 약속을 지키라고 강력히 촉구했다.

겉으로 드러난 쟁점은 '통상임금'과 '평균임금'의 차이였다. 근로기준법 시행령에서 통상임금이란 정기적이고 일률적으로 소정 근로 또는 총근로에 대하여 지급하기로 정한 임금을 의미한다. 예를 들어 주급의 경우 1주일, 월급의 경우 1개월간 노동자가 만근했을 때 지급하기로 정한 임금을 통틀어 통상임금이라 한다. 이러한 통상임금의 범위에는 기본급, 직책수당, 직무수당, 직급수당, 기술수당, 자격수당, 면허수당 등이 포함된다. 반면 평균임금은 사유발생일 이전 3개월간 지급받은 총임금을 그 기간의 총일로 나눈 금액을 의미한다. 이러한 평균임금에는 지급받은 총임금이 모두 포함된다. 따라서 통상임금에서 배제된 중식비나 교통비 등 모든 임금 항목들이 대부분 들어가며, 당연히 평균임금이 통상임금에 비해 많아지는 것이다.

12월 22일 오전 10시 다시 회의가 속행되었다. 그러나 회사 측은 전날과 똑같은 주장만 되풀이했다. 오후 2시경 퇴근한 100여 명의 조합원들이 소공동 본사로 몰려와 부사장실을 점거한 채 농성을 벌였다. 아울러 사장실에도 들러 상여금 지급에 대한 직접적인 답변을 요구했다. 일이 이렇게 되자, 이상순 사장은 원풍산업이 창설된 이래 처음으로 노사협의회 자리에 모습을 드러냈다. 노조 측 위원들은 회사 측이 겉으로는 노사 협조를 내세우지만 신의를 저버린 채 모든 일을 일방적으로 결정하는 사례를 일일이 지적하며 시정을 촉구했다. 그럼에도 회의는 진전을 보이지 못했다. 결국 양측은 11시간 만에 회의를 마치면서 회사 측은 본사 김완수 상무에게, 노조 측은 방용석 지부장에게 각기 협상의 전권을 위임했다.

12월 24일, 회사는 조합원 복지기금 1000만 원을 지급하고, 소비조합 2명에 대한 임금을 보장하며, 1977년도 상여금은 흑자일 경우 원풍그룹에서 최고 수준을 유지한다는 등의 대안을 제시했다. 노조는 여기에 "정기승급을 연 4호봉에서 6호봉으로 인상 실시할 것"을 추가해 달라고 요구했다. 이에 회사 측은 무리한 요구라며 거부했다.

성탄절 다음 날, 회사 측 이기준 전무의 중재에 따라 지부장과 막후 교섭이 시작되었다. 이 자리에서 회사 측은 비로소 노조 측의 불만이 무엇인지 파악하게 된다. 즉, 11월 18일 지부장을 연행하도록 고발한 회사 간부들과 이를 방조한 회사 측의 태도가 문제였음을 깨달았던 것이다. 이에 대해서는 책임 소재를 파악해 인사 조치를 하겠다는 뜻을 전했다. 다만 그 사실을 비밀에 부쳐달라고 부탁했다.

12월 27일, 노사 양측은 제1공장 통상임금의 300퍼센트, 제2공장 160퍼센트로 상여금을 결정하고, 조합원 복지기금 1000만 원 지급, 소비조합 2명 임금 지급 등의 원칙에도 합의했다. 이후 회사는 지부장과 맺은 이면합의에 따라 민동기 계장과 조성수 차장을 본사에 대기발령하고, 이명수 공장장은 본사 영업이사로 발령 조치했다.

노사 상생 발전의 조건

노동조합의 1976년도 상여금 투쟁은 비단 상여금을 둘러싼 투쟁이 아니라 노동조합과 회사가 어떤 관계를 유지해야 하는지 회사로 하여금 다시 한 번 돌아보게 만드는 계기로도 작용했다. 즉, 지부장 연행 사건은 가부장적이고 관료주의적 인식하에 회사가 공권력을 직접 개입시켜 노조를 궁지에 몰아넣은 사건으로, 피해자인 노동조합으로서는 이런 식의 태도가 노사 양자의 평화로운 상생에 치명타를 날린 것과 다름없다는 점을 분명히 밝힌 셈이었다. 사실 방용석 지부장은 무조건 싸움만 하는 노조를 만들고자 한 게 아니었다. 그의 노동조합관은 어찌 보면 단순했다. 조합원들의 이익을 철저히 대변하는 것. 그는 그것이 회사에게도 득이 된다고 믿었다. 즉, 회사가 잘 되려면 회사 스스로 자본을 잘 투자하고 도둑질도 안 해야 하지만, 노동자들이 힘을 보태가지고 같이 가야, 이것이 내 일이라고 하는 상생의 자세를 가져야만 회사도 건실하게 성장할 수 있다고 믿었던 것이다. 그는 기회가 닿을 때마다 이상순 사장에게도 이런 자신의 노사관을 피력했다.

> 그러니깐 노동조합이 자기 삶의 연속과 생존을 위해서 회사를 살려야 된다, 이렇게 생각하는 것이지요. 따라서 그렇게 해서 회사를 살려놓고 난 이후에는 뭐냐 하면 다른 자본, 자본가의 시장에서 살아남기 위해서는 다른 회사보다 우리가 잘 돼야 된다. 내가 회사에다 주문한 게 뭐냐 하면, 이상순 사장에게 지금 있는 이 규모, 1700~1800명 정도의 규모를 가지고는 절대로 한국에서 제일모직을 이길 수 없습니다. 제일모직과 경쟁에서 이길 수 있는 방법은 5000명 이상이 근무하는 회사로 키워야 됩니다. 이 회사를 그렇게 합시다. 대림동에 있는 이 회사 땅을 매각하고, 그리고 오산 밑으로 그쪽으로 가가지고 큰 땅을 사서 거기다 5000명 규모의 공장을 새로 지어서 신기술을 도입하고 해가지고 제일모직을 능가하는 섬유공장을 만듭시다. 그래서 구두로 좋다 해보자 이랬었던 거예요.
>
> ─제2권, 467~468쪽

실제로 노동조합은 회사 측이 이런 상생의 노사관을 받아들이면 생산성 향상에 적극적으로 나서겠다는 의지를 표명하기도 했다. 그리하여 회사가 요구하는 목표 달성에 조합이 적극적으로 나선 실천적 경험도 적지 않았다. 이 점에 관한 한 방용석 지부장은 자부심이 대단했다. 노동조합이 협력하면 생산성은 반드시 향상된다는 것이었다. 현장의 조합원들도 이 점을 인정한다.

그 당시 기억이 나는 게 수출이 언제까지다, 얼마다 이러면 현장에 일하는 모습이 달라져요. 그거를 간부들이 얘기를 해요. 상집간부들이나 대의원들이 얘기를 해요. 그러면 조합원들은 거기에 맞춰서, 그러니깐 생산량이 얼마다 이런 거에 대한 것은 없지만 일을 그 분위기에 맞춰서 일을 해야, 특근을 그런 생산량에 의해서 특근을 하게 되잖아요. 그러면 그거에 대해서 조건 없이 그 당시는 특근을 원하면 하고 자기 의사에 의해서 하는데, 그럴 때면…….

―제2권, 469쪽, 황선금

현장의 노동자들은 게으름을 피우다가 회사의 생산과장이나 주임들이 나타나도 별로 변화가 없게 마련이었다. 그렇지만 노동조합의 상집간부들이 나타나면 태도가 확 바뀐다. 함께 세운 목표를 달성하자는 데 합의했던 일을 떠올리기 때문이었다. 뿐만 아니라, 조합원들은 노동조합의 방침이 정해지면 전기 아껴 쓰기, 물 아껴 쓰기 등에 적극적으로 동참하기도 했다. 기숙사 목욕탕의 경우 24시간 따뜻한 물이 나오는데 그걸 아껴 쓰자는 운동을 노조 스스로 벌여나가고 그것을 기숙사 자치회가 주도해나갔던 것이다. 하다못해 물을 틀어놓고 양치질을 하는 조합원들을 지적하는 것도 사감이 아니라 노조간부나 기숙사 자치회장이었다. 이필남은 상집간부로서 물을 아끼지 않는다고 늘 조합원들을 닦달한 것으로 유명했다. 조합원들은 현장에 일이 없을 때에도 그냥 노는 게 아니라 다음 날 생산계획이 잡힐 가능성에 대비해서 기계를 반질반질 윤이 나도록 닦아놓기도 했다.

하지만 노조의 이런 협조적 태도와 의사에도 불구하고 경영진은 결국 손쉽게 자본을 축적하고 권력의 단맛을 나눠 갖는 데 훨씬 큰 관심과 노력을 기울였다.

1976년 12월 말, 서울지검은 5 · 16 군사쿠데타 당시 혁명공약을 인쇄해준 이후 성장가도를 질주해온 고려원양의 이학수 사장을 특정범죄가중처벌법, 외환관리법 등 위반 혐의로 구속했다. 주식을 공개할 때, 총주식 중 49퍼센트를 자신이 소유하고, 30퍼센트는 재벌급이나 저명인사급 20명의 이름으로, 13퍼센트는 직원들 이름으로 위장 공개했다는 혐의였다. 바로 이 사건에 원풍산업 이상순 사장이 단사천 한국제지 회장(전 한국모방 대주주) 등과 함께 연루되어 조사를 받았던 것이다.[18]

제일모직을 능가하는 국내 제일의 모방업체를 만들자는 제의는 이로써 물거품이 되고 만다. 고려원양 사태는 한국적 천민자본가들의 의식이 어떤 수준인지 적나라하게 보여주는 전형적인 사례였다.

노동자는 역사발전의 주역

1977년 3월 10일, 노동절을 맞이하여 방용석 지부장은 회사 고발로 인한 지부장 연행 사태와 제2공장 조업단축 등 지난해 마주친 난관을 통해 기업인의 숨어 있는 또 다른 얼굴을 볼 수 있었다고 운을 뗀 뒤 다음과 같은 내용의 '기념사'를 했다. 어느 해보다 당당하고 자신에 찬 목소리였다.

- 우리가 이러한 상황에서도 굴하지 않을 수 있는 것은 어떠한 기분이나 감정적 분노 때문이 아니라 생산자가 즉, 노동자가 역사발전에 주역이므로 역사는 반드시 우리의 편임을 확신하기 때문이요, 국가발전에 주 역할을 해야 할 책임을 깊이 인식하였기 때

문이다.

- 우리의 경제가 중진국으로 성장한 지금 노동자들도 땀 흘려 일한 수고의 대가를 정당하게 받아 인간다운 생활을 영위할 수 있도록 기업인은 사회적 책임을 다해야 할 것이며 정부의 정책 방향도 검토되어야 한다.
- 국가보위법으로 인하여 우리의 손, 발과 같은 노동자의 유일하고 신성한 권리이며 무기인 단체행동권과 교섭권이 묶여 있음은 심히 안타까운 일이며 우리의 현재 임금이 2.5인 가족 최저생계비의 50퍼센트에도 미치지 못하는 현 실정에서 볼 때 조속히 노동삼권이 보장되어 동등한 위치에서 노사 관계가 이루어져야 한다.

이 기념사가 과거의 그것과 분명히 차별되는 가장 중요한 특징은 노동자가 국가발전뿐만 아니라 역사발전의 주역임을 밝히고 있다는 점이다. 이는 노동운동이 사업자로부터 노동자의 권리를 옹호한다는 수동적이고 소극적인 성격을 벗어나 능동적이고도 적극적으로 역사발전에 책임을 진다는 소명 아래 새롭게 전개되어야 한다는 뜻이다. 한 단위기업의 노동조합이 이런 식의 인식에 도달한 것은 바야흐로 한국 노동운동사가 새롭게 기술되기 시작했다는 의미이기도 했다.

평화시장의 청년노동자 전태일은 이렇게 결단한다.

이 결단을 두고 얼마나 오랜 시간을 망설이고 괴로워했던가? 지금 이 시각 완전에 가까운 결단을 내렸다. 나는 돌아가야 한다. 꼭 돌아가야 한다. 불쌍한 내 형제의 곁으로, 내 마음의 고향으로, 내 이상의 전부인 평화시장의 어린 동심 곁으로. 생을 두고 맹세한 내가, 그 많은 시간과 공상 속에서 내가 돌보지 않으면 아니 될 나약한 생명체들. 나를 버리고, 나를 죽이고 가마. 조금만 참고 견디어라. 너희들의 곁을 떠나지 않기 위하여 나약한 나를 다 바치마.

-1970년 8월 9일의 일기 중에서**19)**

'작은 나', 즉 소아(小我)를 버릴 때 '큰 나', 즉 대아(大我)로 다시 태어난다는 사실을 인식하는 것. 이것은 세계 속에서 자기 자신이 어떤 처지에 있는지 정확히 아는 일로부터 출발한다. 원풍모방 노동자들도 노동조합을 통해서 의식화, 즉 자기 자신이 세계 속에서 어떤 처지에 있으며 어떠한 보편법칙을 따라야 하는지 깨달아가고 있었다.

이제 그들은 "여자는 고기를 안 먹는 존재"인 줄 알았던 시절에 있지 않았고(김예희, 가공과), 식모살이 하던 검사 집에서 다행히 그 집 아이들이 착해서 글도 배운 지 이미 오래였고(황선금, 전방과), 어릴 때는 툭하면 자발자발 울기부터 했는데 이제는 소그룹을 몇 개씩이나 하면서 즐겁게 공장 생활을 해나가고(김향자, 정사과), 어른들이 지나가면 인사도 못할 정도로 수줍어하던 소녀, 초등학교도 못 나와 "안전표시"도 못 읽던 그 소녀가 원풍 작업복을 빳빳하게 다려서 입고 다니며 깨끔떨 정도가 되었고(홍옥선, 정사과), 1975년 8월 15일 입사한 뒤 얼마 안 있어 친구가 가자고 해서 무작정 아무개 결혼식에 따라갔더니 하객이 어마어마하게 많아서 저 사람이 누구냐고 물어보자 지부장님이라는 답변을 듣고 그때부터 "쫄레쫄레" 노조를 따라다니기 시작하고(임선호, 직포과), 어렸을 때부터 아버지의 폭력을 피해 달아나다 보니 도망치는 데에는 선수가 되었지만 한 번 소그룹에 맛을 들이자 소그룹이란 소그룹은 죄 쫓아다니고, 나중에는 문익환·문동환 형제 목사의 강연까지 찾아가서 듣고, 그중에서 형보다는 아우가 훨씬 매력적이라고 말하면서 깔깔 웃고(라영금, 직포과), 산선에 가서 양변기를 처음 보고서는 기차를 타고 다닐 때 경험으로 위에 올라가서 볼일을 본, 그래서 하얀 깔판 위에 신발 자국을 남겨 두고두고 우스개 말밥에 올랐던 무지렁이가 양성우 시인 재판까지 일부러 찾아가 방청할(박순애, 직포과) 정도가 되었다.

그들이 바로 새로운 원풍모방 노동조합의 새로운 주인이었다.

1977년 1월 원풍모방에 입사한 장남수는 10월경 처음으로 당산동 시범아파트에 있는 영등포 산선을 방문한다. 기숙사 같은 방을 쓰는 박순애의 권유가 있었다. 원래 다른 교회에 나가던 장남수는 처음 본 산선의 수수한 모습에 오히려 감동을 받는다. "입구에 들어서면 기다란 헌금 그래프가 그려져 있고, 전자오르간 소리가 울려 퍼지는 장엄한(?) 교회"가 아니었기 때문이다. 그 후 장남수는 자신이 노동자라는 사실을 새삼 깨닫게 되는데, 함께 버스를 타고 가도 늘 큰 소리로 공장 이야기와 노동자 이야기를 하는 지부장의 영향도 적지 않았다.

지부장님은 어딜 가나 노동자의 생활상을 크게 얘기하시고 우리들이 감추려고 하는 월급이나 일하는 것 등을 되려 나타내셨다. 같이 다닐 때면 노동자라는 것이 그렇게 신날 수가 없었다. 비로소 나는 '긍지'라는 것을 알았다. 노동자의 긍지, 일하는 가치, 이것이 얼마나 또 사람을 변화시킨다는 것을 나는 배웠다. 우리가 비굴할 이유는 아무것도 없다. 공연히 배운 사람, 가진 사람 앞에 서면 쫄아들고 움추러드는 것을 이제는 부끄럽게 생각하게 되었고, 노동조합의 필요성과 일하는 사람이 자랑스럽고 떳떳함을 느끼며 가슴이 벅찼다.[20]

1977년도 임금인상 투쟁

연평균 10퍼센트에 가까운 성장률을 기록 중이던 한국경제는 1977년에도 순항을 이어나갔다. 이에 따라 꿈처럼 보이기만 하던 "수출 100억 달러, 1인당 국민소득 1000달러"도 눈앞의 현실로 다가온 상태였다. 수출액만 늘어난 게 아니라 수출상품의 구조도 부가가치가 높은 쪽으로 고도화되었다. 즉, 섬유, 합판, 가발, 신발 등 경공업 제품이 주를 이루던 것이 전자, 철강, 선박 등 중화학공업 제품이 주를 이루는 구조로 급속히 변화했다. 수출만 놓고 볼 때, 한국경제는 세계 20위 안에 들어선, 말 그대로 '중진국' 대열에 들어섰다고 할 수 있을 정도였다.

보릿고개를 넘기지 못해 눈물을 뿌리며 보따리 하나만 달랑 들고 내 남없이 서울로 서울로 떠나던 시절이 엊그제 같은데……. 고향을 떠나던 그때와 비교하면 실로 상전벽해라 아니할 수 없을 것이다.

겨울에는 주식이 고구마, 음 봄에는 저는, 그 제가 말하는 일명 모래밥. (웃음) 모래밥이라 하는데 그런 소리하면 부모님한테, 엄마한테 혼나는데 특히. 풋보리를 약간 들 익은 보리를 말려가지고, 어, 들 익은 보리를 말려가지고 그거를 갈으세요. 갈아서 약간 밥도 아니고 죽도 아니고 이러니까 제가 먹을 땐 딱 모래처럼 생겼어. 굵은 모래처럼 생겼어요. 그래서 그걸 모래밥이라 그러는데, 그걸 먹고, 그리고 그 당시만 해도 우리 동네는 굶어서 죽은 사람도 많고, (어이쿠) 왜냐하면 섬이기 때문에 한정이 되어 있었어요. 그래서 그러니까 바다에 나가서. 겨울이나 겨울 같은 때 특히 해가 짧으니까 점심 때 고구마 먹고, 고구마 농사가 적은 집들은 굶고, 그렇게 했는데 다행히 우리는 엄마가 부지런하시고 극성스러워서 고구마 농사를 많이 지어서, 우리 집에는 굶어 죽은 사람은 없었는데. 제가 그거 먹기 싫다고 하면 막 혼내면서 하는 말이 다른 사람은 굶어 죽은 사람도 많은데 너는 배부른 소리다, 이렇게 하구 오빠들이나 언니들한테 혼난 적도 있고. 그리고 봄에는 원추리, 원추리나물, 파나물 되게 많이 먹었어요. 밥 대신.

-제1권, 177쪽, 정명례

저는 일곱, 칠남매 중의 둘째구 밑으로 동생이 다섯 있는데요. 저희 집은 진짜루 엄청 가난하게 살았어요. (웃음) 점심 끼니는 아예 없다시피 했구요. 그래서 학교에서 주는 옥수수빵이라고 이렇게 똥글똥글하니 이렇게 해는 빵이 있었어요. 그것도 남들은 하나 주면 나는 두 개 줄 정도로 가난한 거 같애요. 그리고 저희는 그 논에 나는, 벼 베고 나면, 아니 보리 베고 나면 독새기풀(뚝새풀)이라고 있거든요? 그걸 저는 바가지로 그냥 훑었어요. 그래가지고 그걸 훑어서 볶으면 미숫가루처럼 이렇게 되더라구요. 그걸 먹고 자랐고. 그걸 볶으면 미숫가루처럼 가루같이 돼요. 그것 먹고 자랐어요. 그건 인자 간식처럼. 고구마, 감자는 고급이구요. 고급이지요. 먹을 때는 밥 종류는 고구마밥 ,시레기밥 이런 거는 수시로 먹구요. 점심은 아예 없이 그냥 학교 갔다가 그냥 오구.

-제1권, 278-279쪽. 박순애, 인용자 임의로 약간 정리.

그러나 이제 더 이상 고구마밥, 무밥, 시레기밥, 모래밥, 독새기풀을 먹지 않는다고 해서, 그들의 삶이 나아졌다고 단정할 수는 없다. 절대적 빈곤이 상대적 빈곤으로 꼴만 달리했을 뿐이고, 지부장이 노동절 기념사에서 밝혔듯이 최저생계비에도 못 미치는 저임금의 구조는 여전히 개선되지 않았기 때문이다. 만일 한국 경제가 발전했다면 그것은 바로 농촌공동체의 급속한 해체와 노동자들의 절대적인 희생이 전제되어 있는 것이다.

노동조합은 이제 정당한 과실을 요구했다. 땀 흘려 일한 수고의 대가, 인간다운 생활을 영위할 권리. 이를 위해 기업인은 사회적 책임을 다해야 하며, 정부도 정책 방향을 바꾸어야 한다. 노동자의 신성한 권리이며 무기인 단체행동권과 교섭권을 묶어버린 국가보위법을 철폐하고, 조속히 노동삼권을 보장해야 한다. 그러나 1977년의 상황은 생각만큼 만만치는 않았다. 노동조합은 1월 21일에 제7차 상집회의를 열고 임금인상 요구액을 확정하여 이를 회사 측에 통보한 바 있었다.

- 8시간당 기본 일급: 여자 양성공 1049원, 남자 양성공 1619원. 여자 본공 초임 1113원, 남자 본공 초임 1889원. 남녀 평균 1630원으로 인상한다.
- 사원은 본공 인상률에 따른다.
- 식비는 현행 70원에서 100원으로 인상한다.
- 본 임금인상은 1977년 3월 1일부터 시행한다.

노동조합은 이와 같은 인상안 타결 방향을 섬유노조 모화섬 분회와 행동을 같이하기로 하고, 2월 23일 임금인상요구 조정결정 신청을 서울시에 제출했다. 기본적으로 산별노조 체제는 서구에서 많이 채택하고 있는데, 교섭 역량의 강화나 운동의 통일화·체계화라는 장점을 지닌다. 그러나 우리의 경우 이를 뒷받침할 수 있는 실질적 조건의 미성숙으로 인하여 본래적 의미의 산별노조 체제와는 거리가 멀다는 게 이미 명백히 드러난 상태였다. 5·16 군사쿠데타 이후 강제적으로 이입

된 우리의 산별노조 체제는 단위노조 중심의 과거의 조직방식을 상부에서 지배하고 복종시키기에 유리하도록 구성한 편의적 조직방식에 지나지 않았기 때문이다.[21] 따라서 단위노조의 임금인상 투쟁에 산별노조가 실질적으로 힘을 보태주는 것은 거의 없었다. 실제로도 풍부한 조합비를 바탕으로 각종 통계를 만들어내고 이를 단위노조에 제공하는 정도에 지나지 않았다. 어쨌든 1977년 임금인상 투쟁 당시 원풍모방 노동조합 역시 섬유노조가 제시한 임금인상 가이드라인을 받아들여 이를 관철시키는 데 초점을 맞추었다. 하지만 당시 여건은 지극히 불리했다. 무엇보다도 제2공장 폐업을 둘러싸고 논의가 오가고 있는 실정이어서 임금인상 문제를 놓고 적극적인 투쟁을 전개할 수 있는 여건이 못 되었다.

3월 19일 노동청이 면방 사업장에 대한 임금을 평균 25퍼센트 인상하도록 조정 결정하자, 모화섬 분회는 3월 22일 회의를 열어 면방과의 임금 격차 해소를 위해 평균 28퍼센트 선에서 합의하도록 결정했다. 이에 따라 원풍노조는 4월 11일 단체교섭을 통해 다음과 같은 내용을 주로 하는 '합의서'를 작성함으로써 예년과 달리 큰 마찰 없이 임금인상 문제를 마무리지었다.

- 8시간당 기본 일급: 여자 양성공 780원, 남자 양성공 1248원. 여자 본공 초임 842원, 남자 본공 초임 1404원. 여자 평균 1111원, 남자 평균 2193원으로 인상한다.

이러한 결과는 남녀 노동자 간에 절대적으로 차이가 나는 당대의 임금 격차 현실을 그대로 보여준다. 1960년 이래 경제구조의 변화에 따라 여성 노동자의 경제활동이 급속히 증가하는데, 특히 광공업 분야

(제2차 산업)에서 1978년까지 연평균 31.1퍼센트라는 엄청난 증가율을 기록한다. 더욱이 경공업이 수출의 주류를 이루었던 1970년대 중반까지 제조업에서 생산의 주역은 무제한적으로 공급되는 농촌 출신의 반숙련·미숙련 미혼 여성 노동력이었다. 이들은 대부분 단순생산직, 특히 단순조립과 노동집약적인 섬유, 봉제, 가죽, 가발, 음식업 등에 종사함으로써 남성들에 비해 상대적 저임금 노동력으로 존재했다. 이는 취업 기회가 늘어나도 여성 노동자들은 특정한 하위직 부문에만 몰려 이른바 '혼잡현상'을 빚을 수밖에 없고, 결국 자기 능력 이하로 일하면서 여성들 간에 경쟁을 격화시켜 상대적 저임금을 고착시키게 되는 악순환을 불러왔다.[22] 예를 들어 청계피복노조의 실태조사에 따르면, 임금 결정에서 가장 우선시되었던 것은 성별이었다. 이는 곧 남성은 가족 부양의 책임이 있고 여성은 가계에서 부차적이고 보조적인 기능만 담당한다고 가정함으로써 여성들의 저임금을 정당화하는 논리였다. 하지만 실제 여성들이 가족의 생활을 전적으로 혹은 부분적으로 책임지는 사례는 얼마든지 관측되었던 것이다.[23]

노동조합은 조합원의 절대 다수를 구성하는 여성 노동자들의 실질적 생활 향상을 위해서 더욱 노력해야 한다는 것을 여전히 중요한 과제로 안고 가게 되었다.

1977년 대의원대회

4월 15일, 제15차 대의원대회가 열렸다. 51명의 재적 대의원 전원이 참석한 이날 대회에서, 방용석 지부장은 서두에 「자유와 평등의 사회 건설을 위하여」라는 제목으로 '기념사'를 했다.

(전략) 수년 동안 우리의 피와 땀을 함께 나누며 자유와 평등을 위한 긴 여정을 서로 약속해왔던 제2공장 조합원들이 공장폐쇄로 인하여 직장을 떠날 수밖에 없었던 아픔들은 분명 돈 많이 가진 자들의 무자비한 폭력이었다고 단정할 수 있는 것입니다. 지난 한 해 기업인들이 자행한 엄청난 사건들 중 비료부정도입 사건과 외화도피 사건 및 각종 탈세 행위, 그리고 공해쓰레기 수입과 호화가구 수입 사건 등은 우리를 또다시 놀라게 하고 분노를 자아내게 하였습니다. 이러한 무리들이 국가에 공헌하는 양 거드름과 아양을 떨면서 수많은 농민과 노동자들을 착취하고 수탈하며 기만해 왔습니다.

　그런데도 우리는 생계유지를 위하여 허덕이는 임금을 받으면서도 열심히 일하여 이 나라 건설자의 역할을 다하여 왔습니다. 그러기에 우리는 국가의 주인이요 , 역사발전의 주역임을 확신하면서 건전한 사회건설을 위하여 쉬지 않고 일하는 것입니다. 아무리 보아도 밝은 빛이 보이지 않는 것 같은 노동운동의 현실이라고는 하지만, 우리에게는 절망이나 좌절이 있을 수 없습니다. 우리에게는 숭고한 꿈이 있기 때문입니다. 자유와 평등이 실현되는 아름다운 사회를 건설하여야 할 책임이 우리에게 있기 때문입니다.

　우리의 이러한 꿈이 사라지지 않는 한 수없이 많은 우리 동지들이 역사적인 대열에 참여할 것이 분명함을 믿습니다. 우리는 민주적이고 자주적인 노동조합운동으로 착취를 분쇄하고 가난을 몰아내어 복지사회 건설을 위한 대열에 몸 바쳐 일해야 하겠습니다.

　온누리에 먼동의 햇살이 퍼지는 1977년이 되기를 기원하면서 우리 다 같이 전진합시다.

이날 대의원대회에서는 집행위원에 윤춘원, 전옥자, 박정희, 김두옥을 보선하고, 본부 파견 대의원으로 방용석, 박순희, 이문희를 결정했다. 이날 대의원들은 공상자의 처우와 의무실, 식당, 복지후생시설, 기숙사 등에 관한 시정 요구사항을 정리하여 회사 측에 제출하기로 결의했다.

회사와 노동조합은 이와 같은 대의원대회 요구사항에 대해 5월 13일, 다음과 같이 합의했다.

1. 공상자의 배상 관계는 산업재해보상금 지급해당자에 한하여 당사자와 노사 간에 협의 결정한다.
2. 회사는 개인 및 그 가족의 치료비를 생계에 지장이 없도록 월 분할상환토록 병원 측과 협의 시행한다.
3. 회사는 회사 내의 의무실에 충분한 의약품을 구비한다.
4. 휴일 특근시에도 회사는 의무실을 24시간 개방하여 응급환자를 수용토록 한다.
5. 공상자 중 한방치료를 요한다고 인정될 시에는 그 치료비를 회사가 부담한다.
6. 회사는 식당에서 근무하는 근로자를 전원 공원으로 하고 그 임금은 현 임금 수준을 감안하여 8시간당 양성공의 임금 이상으로 회사가 결정한다.
7. 회사는 현재의 식비를 5월 21일부로 85원으로 인상한다.
8. 기숙사생이 부담하는 식비(기숙사비)는 5월 21일부터 월 2550원으로 인상한다.
9. 회사는 식당 내에 냉장고를 설치한다.
10. 회사는 적절한 장소에 상수도를 설치한다.

11. 통근 여자 종업원을 위한 목욕탕을 설치한다.

12. 회사는 제1공장 내에서 임점포 작업을 중지한다.

13. 기숙사 운영에 따른 전반적인 사항을 처리하기 위하여 5월 중으로 기숙사 대표 및 기숙사 사감과 노사연석회의를 개최한다.

이 같은 요구사항은 주로 조합원들의 후생복지 문제와 관련된 것으로서, 안정적 정착기에 들어선 노동조합이 조합원들의 생계 문제와 더불어 특히 관심을 기울여온 사항들이었다. 이런 노력의 결과, 실제로 이 무렵 원풍모방은 어느새 노동자들이 선망하는 직장으로 자리를 잡아가고 있었다.

신용협동조합 설립

영등포 산선은 이미 1969년 8월 50여 명의 회원으로 신용협동조합을 설립, 운영하고 있었다. 목적은 뜻밖에 재난을 당한 노동자들에게 경제적인 도움을 주고, 저임금으로 늘 목돈이 없는 노동자들에게 목돈을 소유하게 하여 안정적인 생활을 누리게 하며, 적은 돈을 서로 협력해서 구체적인 이웃사랑을 실천하게 한다는 것 등이었다. 이 모든 것이 산업선교의 큰 틀 안에서 이루어졌다. 1976년에는 965명의 조합원에 총자산 3550만 원으로, 연간 2133명이 총 8000만 원을 대부받은 실적을 기록했다.[24] 여기에는 물론 수많은 원풍 노동자들이 조합원으로 참가하고 있었다. 원풍모방 노동조합은 산선이 거둔 이런 성과를 참고하여 회사 내에서 직접 숙원 사업인 신용협동조합을 설립하기 위해 힘을 기울였다. 그렇지만 어떤 형태의 협동조합이든 노동자들에게 무조건 도움만 되는 것은 아니었다.

협동조합은 시장주의적 경쟁이 아니라 사회적 협동에 기반을 둔 자조(自助)라는 정체성과 사회적 약자들에게 안정망을 제공한다는 기본적인 목적을 공유한다.

그러나 협동조합은 현실적으로는 경제적인 문제를 해결하는 데 초점을 맞추기 때문에 자칫 조합원들에게 노동조합이 추구하는 방향성과 어긋나는 인식을 심어줄 수도 있었다. 즉, 노동자들이 당장의 경제적 이익만을 추구해서 협동조합운동에만 매몰될 경우 이른바 경제주의의 함정에 빠져, 결국 현실 사회를 총체적으로 개혁하고 변혁하고자 하는 동력을 상실할 수 있기 때문이다.[25] 원풍노조는 이런 점까지 두루 고려하여 조합은 설립하되, 교육과 훈련을 통해 노동자들의 정치, 경제, 사회적 지위 향상을 도모하는 노동운동보다 협동조합운동에 주력할 경우의 문제점들을 조합원들에게 충분히 주지시키는 데에도 소홀함이 없도록 했다.

그리하여 1977년 12월 13일 상집회의에서 1978년 1월 중 신용협동조합(이하 신협)을 설치, 운영하기로 결의하고 발 빠르게 준비 작업에 돌입했다. 1978년 1월 11일에는 발기인 교육을 겸한 발기인대회를 개최했다. 발기인은 방용석 지부장 외 14명이었다. 사무실을 개설하는 작업도 병행했다. 1월 18일에는 대의원과 반장, 담임을 상대로 한 신용협동조합 교육을 실시했다. 마침내 1월 25일 '원풍모방 신용협동조합 창립총회'가 열렸다. 이날 총회에는 설립에 동의하는 85명이 조합원으로 참가해 정관을 통과시키고, 방용석 지부장을 이사장으로, 박순희 부지부장을 부이사장으로 하는 이사회를 구성했다. 2월 1일부터는 본격적으로 여수신 업무를 실시했다.

신협은 출자 조합원들에게 퇴직금 한도 내에서 무담보 대출을 원칙으로 하여, 결과적으로 공장 내에서 음성적으로 이루어지던 사채나 계로 인해 생기는 폐해나 부작용을 줄이고 차츰 배당률을 높여 저축을 확대해나가는 데 크게 기여했다.

[표11] 연도별 신용협동조합 저축액과 배당률 현황

연도	인원(명)	저축액(원)	배당률(%)	1인 평균 이익액
1978	300	48,500,000	28	45,000
1979	620	120,000,000	26.2	50,000
1980	1,356	326,000,000	26.64	64,000
1981	1,150	440,000,000	28.2	107,000
1982	880	520,000,000	23.6	139,000

(1980년도 이후부터는 회사가 인원을 채용하지 않아 조합원이 감소함)

원풍모방 내 신협의 설립은 특히 목돈이 필요한 조합원들에게 큰 도움을 주었다. 예를 들어 황선금의 경우, 월급을 받는 대로 집에 다 송금을 해야 했기 때문에 개인적으로 쓸 용돈조차 거의 없었고, 행여 누가 아프기라도 해서 목돈이 들어갈 때가 생기면 그야말로 눈앞이 캄캄해질 수밖에 없는 처지였다. 실제 그녀는 아버지가 편찮으셔서 병원에 입원을 했는데, 마침 출범한 신협에서 퇴직금을 담보로 목돈을 대부할 수 있었기 때문에 위기를 넘길 수 있었다.

대부금이 어떤 용도로 사용되었는지 체계적으로 정리한 것은 1982년 대의원대회 기록이 유일하다. 약간의 편차를 감안하더라도 조합원들은 아마 이런 정도의 용도로 대부금을 사용했을 것이다.

[표12] 신용협동조합 대부금 용도별 사용 현황

용도별	건수	금액	점유율(%)
결혼 자금	25	16,160,000	1.77
가옥 구입	30	36,160,000	3.97
부업 자금	29	26,797,000	2.94
교육 자금	464	90,515,000	9.96

용도별	건수	금액	점유율(%)
가계지원 송금	255	65,433,000	7.20
부채 정리	103	84,717,000	9.32
의료비	749	200,921,000	22.10
전세방 구입	509	289,213,000	31.80
가사	536	77,447,000	9.32
기타	176	22,140,000	2.43
계	2,876	909,503,000	100

노동조합이 민주화되기 이전인 1971년에 입사한 박혜숙은 노동조합의 민주화가 가져다 준 변화를 이렇게 증언한다.

한 선배 언니가 월급도 적은데 돈 10원이라도 저축하는 습관을 길러야 된다구 그러면서 데리고 간 곳이 영등포 산업선교회였어요. 그래가지구 신협에 통장을 만들어주면서 돈 10원이라도 있으면 니가 왔다 갔다 하면서 돈을 입금시켜라 해가지구 자연스럽게 산업선교회 교회 활동을 하기 시작했죠. (중략) 그냥 산업선교 그룹 활동을 신앙인으로서 출발을 하면서 의식이 변하면서 노동자도 힘이 있어야 된다, (중략) 아, 이게 진짜 노동자들이 사는 모습이로구나 느꼈던 거는 노동조합이 민주적으로 결성되면서 임금 문제라든가 회사는 너무 잘 돌아가는데 임금이 타 섬유 업종보다도 적었었어요. 노동조합 결성해가지고 단체협약할 때나 이렇게 할 때 임금 인상도 시키고 뭐 신용협동조합 이런 부분들을 하나하나, 그걸 보고 뭐라 하는 거야, 조건을 공동구매 이런 거를 따내는 거, (웃음) 하여튼 근무조건이라든지 모든 조건들이 인제 노동조건이라든가 복지 이런 부분들이 인제 투쟁을 통해서나 협의를 통해서 얻어지는 거를 보면서 아, 정말 노동자들이 힘이 있을 때 하나하나는 배우지 못하고 이랬지마는 힘이 있을 때 노동자들이 구체적으로 변화가 오는구나 하는 거를 인제 깨닫기 시작하면서, 그럼에도 불구하고 저는 적극적으로 하지 못하면서, 그룹 활동만 하여튼 열심히 했었어요.

−제2권, 123~124쪽.

영등포 산선이 운영하던 신협은 결국 한 사람의 노동자에게 산업선교 운동과 노동운동에 이르는 길을 터준 셈이었다. 나아가 민주화된 노동조합이 중심이 되어 시도한 공장 내 신협은 노동자와 노동조합의 힘을 스스로 깨닫게 하는 귀중한 결실이었다.

원풍노조는 훗날(1979년 8월 29일) 공동구매조합도 개설하는데, 이 역시 신협에서 운영한다. 저소득 노동자들이 개별적으로 상품을 구매할 때 품질과 가격 면에서 손해를 보는 경우가 많은 데다가 구매에 걸리는 시간과 비용(예 교통비)도 많이 들기 때문에 조합을 이루어 이런 문제들을 해결해보려는 시도가 공동구매였다. 이 역시 산선에서 1976년부터 시도해서 좋은 성과를 보고 있었다.[26] 원풍에서는 매입 가격으로 매출하고, 사치품 취급 금지, 다량 구입자 억제, 직접 먹을 수 있는 식품 취급 금지 등 몇 가지 원칙을 세워 공동구매조합을 결성했다.

실무자들의 임금과 시설 일체는 회사에서 지급하거나 제공하도록 했고, 노동조합의 승인을 받아 인선하도록 했다. 운영자금 500만 원도 노동조합에서 무이자로 제공함으로써, 협동조합운동이 노조의 사업임을 분명히 해나갔다. 공동구매사업을 통해 조합원들은 시중가보다 평균 약 30퍼센트 저렴한 가격으로 물품을 구입할 수 있었다.

제4장 민주노조의 선봉 원풍모방 노동조합

섬유노조의 사당화

박현채는 5·16 군사쿠데타 이후 박정희 정권의 노동정책을 크게
세 가지 측면으로 파악한다(첫째, 저임금 노동력의 확보. 둘째, 노동조직의
장악과 노동운동의 금압. 셋째, 노사 협조주의의 강조와 가족주의적 노사 관계의
추구).[27] 이 중 둘째와 셋째 정책을 구현하기 위해, 군사정권은 기존의
노동운동 조직을 인위적으로 재조직하여 한국노총과 산별노조 체제를
출범시켰다. 따라서 한국노총과 그 산하 산별노조들은 태생적으로 노
동자의 이익보다는 정권의 이익에 충실할 수밖에 없는 한계를 지녔다
고 할 수 있다. 실제로 한국노총과 산별노조 본부들은 정권이 민주주
의적 정통성이라는 측면에서 위기를 맞이할 때마다 정권의 편에 서기
를 주저하지 않았는데, 이는 기층 단위노조의 조합원들과 미조직 노동
자들의 여망을 저버리는 반노동자적 작태임이 분명했다.

1974년 한국노총의 배상호 위원장은 산별노조 위원장 및 시도협의
회 연석회의에서 "분별없이 노동계에 침투하여 선동을 자행함으로써
건전한 노동운동의 방향을 흐리게 하고 분열과 혼란을 야기시킴으로

써 필요 없는 물의를 일으켜 후회를 남기고 말 것을 엄중히 경고"하면
서, "이와 같은 불순분자의 조직 침투 행위에 대해서 전체 조직력을 총
동원하여 지난날 전평을 타도한 그 기개로써 단호히 분쇄할 것"을 다
짐했다. 배상호 위원장이 말하는 '불순분자'란 바로 도시산업선교회
를 비롯한 일부 종교단체였다.

　1975년 3월 10일, 정부는 장충체육관에서 김종필 국무총리와 한국
노총 배상호 위원장 등이 참석한 가운데 '근로자의 날' 기념식을 성대
하게 치러주었다. 한편, 이날 '노동절'을 맞이하여 산선 실무자와 기
독교 신자를 중심으로 한 156명은 '한국노동운동 자율화추진 발기
인' 명의로 작성한 「민주노동운동을 위한 자율화투쟁 선언문」을 탄압
사태가 이어지고 있는 〈동아일보〉에 광고 형태로 발표했다.

　　(전략) 500만 노동자의 권익 대변의 총본산인 한국노총은 오늘
　　날 관제, 어용, 사이비 노동귀족의 도피처이며 부정부패의 복마전
　　으로 전락하였다. 조직 노동자들은 노조간부의 선출권마저도 짓
　　밟혔고 노동삼권마저도 제약되었다. 우리는 생존에 급급한 나머
　　지 모든 권리를 잃어버린 결과가 되었다. 우리 노동자는 잃은 것을
　　찾아야 하는 중대 시점에 처해 있음을 절감하며 다음과 같이 우리
　　의 결의를 밝힌다.

　　1. 우리는 반공체제 강화와 경제건설만이 조국통일의 첩경임을 확
　　　신하며 자유롭고 자주적인 민주노동운동이 민주질서 속에서 이
　　　룩될 때 민주주의를 수호하는 민주시민의 긍지를 가질 것이다.
　　2. 민주노동운동은 노동조합의 민주적 사고에 의하여 자주적이고
　　　자율적으로 운영되어야 하며 이에 반하는 행동은 민주사회에서

는 용서받지 못할 것이다.

3. 우리는 민주노동운동 자율화 촉진 방법의 일환으로 비민주적이
   고 부패의 표본인 한국노총 배상호 위원장의 사퇴를 권고하며
   이에 불응시는 그들의 죄상을 공개하고 서명운동을 전개하여
   노동자의 이름으로 규탄할 것도 아울러 결의한다.

'민주노동운동'을 내세운 이 같은 움직임은 이미 1974년 초 한국모
방 노동조합 지동진 지부장에 대한 구타 사건을 계기로 종교단체들이
한국노총의 어용성을 격렬히 비판한 것과 궤를 같이하는 것이었다. 이
때를 전후하여 각 산별노조에서도 배상호 위원장에 대한 비판의 목소
리가 비등했는데, 그렇다고 산별노조들이 스스로 당당한 것만도 아니
었다. 특히 섬유노조는 지부 조직들의 여론을 겸허하게 받아들이는 것
은 안중에도 없이 오직 자리다툼으로 해를 보내고 있던 형편이었다.
1970년 조직 분규를 겪은 이후에도 그 여파로 1972년부터 1974년까
지 해마다 위원장이 바뀔 정도였다. 1976년에는 다시 부산지부장 김
영태가 방순조를 몰아내고 위원장에 취임했는데, 불신임의 이유는 동
일방직 인천지부 사태를 수습하지 못했다는 이유였다.

섬유노조 위원장에 취임한 김영태는 반대파를 제거하는 데 혈안이
었다. 일찍이 서울지부장과 경기지부장을 갈아치운 것은 물론, 1977
년 10월 15일에는 조직 분열을 이유로 전 위원장 방순조와 이춘선(당
시 한국노총 상근 부위원장) 등 7명을 제명했다. 이어 두 사람이 위원장으
로 있는 합동방직과 방림방직을 사고지부로 규정하고 지부 집행부를
몰아내려 했으나, 지부의 강력한 반발로 뜻을 이루지는 못했다.

김영태는 물러서지 않았다. 그는 1978년 1월 23일 임시 전국대의
원대회를 열어 이들에 대한 제명 결의를 재확인하려 시도했다. 총 138

명이 참석한 가운데 열린 이날 대회의 가장 중요한 안건은 규약 개정이었다. 본부의 집행위와 중앙위를 거쳐 상정된 규약 개정안은 산하 조직에 대한 본부의 통제권을 크게 강화하는 게 주요 내용이었다. 예를 들어 지부나 분회 조합원들의 의사나 선출기관의 동의도 없이 본부가 산하 조직의 단체교섭권이나 임원징계권과 사고지부의 결정권과 수습권은 물론이고 심지어 조직 자체에 대한 제명권도 가지며, 지부나 분회에서는 규약이나 운영규정을 자의로 제정하거나 변경할 수 없게 하는 등 참으로 반민주적인 내용 일색이었다. 그럼에도 대의원들은 이미 김영태 집행부의 위력에 눌려서인지 쉽게 반대 의사를 표명하지 못했다.

이때 방용석 지부장이 나서서 규약 개정을 반대한다는 개의안을 제기했다. 대회장은 일순간에 술렁거리기 시작했다. 방용석 지부장은 "개정안은 한마디로 위원장 총통제를 이루려는 반민주적이고 반노동자적인 위법적 안이 분명하다. 이런 독재규약을 어떻게 만들 수 있으며, 이것이 섬유노조의 규약이라고 떳떳이 내놓을 수 있겠는가. 이것은 통과되더라도 지킬 수 없는 규약이며 우리 모두의 수치"라고 통렬히 비판하면서, "이 같은 규약은 노동조합의 생명인 자주성과 민주성을 송두리째 파괴하려는 의도를 내포하고 있으므로 반대하는 개의안을 제기"하는 것이라고 밝혔다.

대회장에는 긴장감이 감돌았다.

곧 김영태 위원장의 심복인 서울의류 지부장 박은양과 부산지역지부의 몇몇 대의원이 곧바로 표결에 들어가자고 제의했다. 방용석 지부장의 개의안에 대해서는 의장이 몇 차례 재청을 물었으나 아무도 선뜻 나서지 않았다. 결국 의장이 개의안이 성립할 수 없다고 발표하려는 순간 원풍모방 박순희 부지부장이 재청하여 가까스로 개의안이 성립했다. 투표는 앉은 자리에서 그대로 사실상 공개투표로 진행되었다. 투표 결과, 규약 개정안은 찬성 87표, 반대 30표, 기권 7표로 가결되었다. 찬성이 재적대의원 3분의 2보다 4표 많았다. 대의원대회 이후, 섬유노조 본부는 각 지부에 공문을 보내 대의원대회를 통해 이 규약을 통과시키도록 지시했다. 그러나 원풍모방을 비롯하여 반도상사, YH무역, 동일방직 인천지부 등은 강력히 반발하며 규약 채택을 거부한다. 이들 지부들은 저마다 길고 고통스러운 투쟁을 통해 이미 민주노조로서 우뚝 선 노동조합들이었다.

동일방직 똥물 사건[28]

1978년 2월, 한국노동운동사에 가장 참담한 장면들 중 하나로 기록될 사건이 벌어진다.

2월 18일, 이총각 지부장이 이끄는 동일방직 인천지부 집행부는 2월 21일 새벽 6시부터 오후 6시까지 새 대의원을 선출한다는 공고를 붙였다. 2월 중 정기 대의원대회를 갖기 위한 정상적인 절차였다. 2월 20일 정오경 남성 노동자 10여 명이 노조사무실로 들이닥쳤다.

"야, 이년들! 니년들 마음대로 선거를 해?"

그들은 여성 노동자들에게 폭언을 퍼부으며 의자를 들어 마구 내던졌다. 그런 과정에서 여성 간부들이 만들고 있던 투표함을 부수고, 항의하는 조합원들의 얼굴과 가슴을 주먹으로 때렸다. 그래도 총무부장 김영숙은 동료들과 함께 오후 내내 투표함 40개를 다시 만들었다. 조합원들은 그날 밤 사무실에서 철야하며 투표함을 지켰다.

투표 당일인 2월 21일 새벽 5시 40분경, 우려하던 일이 터지고 말았다. 밤일을 끝낸 야간조가 투표를 하기 위해 삼삼오오 노조사무실로 오고 있던 참이었다. 한겨울 찬바람이 뼛속까지 파고드는 새벽이었지만, 그들은 민주적인 선거를 통해 자신들의 의사를 반영해줄 대의원을 뽑는다는 생각에 추운 줄도 몰랐다. 그때 갑자기 한 떼의 남성 노동자들이 술 냄새를 풍기며 노조사무실로 쳐들어왔다. 그러더니 "이년들아, 맛 좀 봐라!" 하면서 들고 있던 방화수통 안의 것을 여성 노동자들을 향해 휙 뿌렸다. 놀랍게도 그건 인분이었다. 졸지에 봉변을 당한 조합원들이 정신을 차리고 정황을 파악할 겨를도 없이 남자들의 행패는 계속되었다.

"이년들, 반항하면 다 죽인다! 똥을 먹이겠다. 다 이리 나와!"

남자들은 가죽장갑을 낀 손으로 닥치는 대로 여성 노동자들의 얼굴에 똥을 발랐다. 악을 쓰며 항의하는 오청자에게는 양동이째 똥물을 들이부었다. 김경수와 양영자에게는 입에다 똥을 집어넣었다. 달아나는 여성 노동자를 20미터쯤 쫓아가 가슴 속에다 똥을 쑤셔 넣기도 했다. 사방에 똥 냄새가 가득찼다. 지옥도 그런 지옥이 있을 수 없었다. 주변에는 정복을 입은 경찰이 4명이나 나와 있었지만 그들은 울부짖으며 도움을 청하는 여성 노동자들을 외면했다. 그중 한 경찰은 오히려 이렇게 빈정거리기도 했다.

"야, 이 씨팔년아, 입 닥쳐! 이따가 말릴 거야!"

현장에는 섬유노조 본부에서 나온 조직국장도 있었다. 알고 보니 그 소동이 모두 그의 지시하에 이루어진 것이었다.

동일방직노조는 현장을 사진으로 찍어 보전할 수 있었다. 그러나 이 기막힌 사진도 신문에는 전혀 나오지 않았다. 동일방직노조 스스로 진실을 밝히고 널리 알리는 싸움을 부단히 전개할 수밖에 없었다.

3월 6일, 섬유노조는 대구에서 중앙위원회를 열어 이총각 지부장 등을 명령불복종을 이유로 제명했다. 섬유노조가 동일방직노조를 사고지부로 규정한 데 따르지 않았다는 것이 명령불복종이었다. 섬유노조는 이미 2월 22일 열린 집행위원회에서 17대 1로 동일방직노조를 사고지부로 지정하는 안건을 통과시켰는데, 원풍노조만이 유일하게 반대표를 던졌던 것이다.

3월 10일, 노동절 기념식이 장충체육관에서 열렸다. 80명의 동일방직 양성공들이 삼엄한 경비를 뚫고 그곳에 들어갔다. TV와 라디오로 생중계가 되고 있는 가운데, 한국노총 위원장이 실천강령을 외쳤다. 그때 중간에 앉아 있던 여성 노동자들이 일어나 소리쳤다.

"동일방직 문제 해결하라!"

"우리는 똥을 먹고 살 수 없다!"

"김영태는 물러가라!"

그와 더불어 그들은 숨겨온 유인물을 뿌리고 품고 있던 현수막을 꺼내 펼쳤다. 2분간, 그런 소동이 이어졌다. 그동안 중계는 3번이나 끊겼다. 이로부터 동일방직 똥물사건은 비등하는 여론의 중심에 서게 된다. 종교계를 중심으로 해직교수, 언론인, 문인, 변호사 등이 대거 참가하는 '동일방직사건 긴급대책위원회'가 구성되었다.

부활절 사건과 장남수의 구속

동일방직 똥물 사건은 원풍모방 노동자들에게도 큰 충격을 안겨주었다. 그들은 그 사건을 남의 일처럼 여길 수 없었다. 동일방직 노동자들의 얼굴 한 번 본 적이 없었지만 마치 혈육처럼 느껴졌다. 원풍모방 현장에 전해진 유인물을 본 조합원들은 저도 모르게 뜨거운 눈물을 흘리고, 또 치밀어 오르는 분노에 치를 떨게 마련이었다.

3월 20일, 서울 시내 여러 공장에서 모인 노동자들이 종로5가 기독교방송에 몰려 들어갔다. 거기에는 원풍모방 노동자들도 섞여 있었다. 그들은 언론이 동일방직 사건을 제대로 다루지 않는다는 데, 특히 노동자들에게 우호적이라고 생각했던 기독교방송조차 그렇다는 데 분노했던 것이다. 수십 명의 노동자들은 사무국으로 몰려 들어가 "기자들은 뭐 하느냐?", "이 건물의 다른 층에서는 목사님들이 모여 항의하며 단식 농성을 벌이는데 이럴 수 있느냐?" 등등 비판을 토해냈다. 그러자 사무국 직원들은 "못 배운 애들이 무례하다"고 비난하며 노동자들을 저지했다. 그러자 울분에 찬 노동자들은 생방송 중인 스튜디오에 뛰어들어갔다. 이 때문에 방송이 잠시 중단되는 사고가 벌어지기도 했다. 이는 그동안 우리 언론이 노동자들에게 무심했으며 또 편파적인 보도를 일삼아왔기 때문에 일어난 것으로, 그나마 다른 언론에 비해 나름대로 열심히 노동 문제를 보도해온 기독교방송이 그 누명을 다 뒤집어쓴 사건이었다.

그 무렵 영등포 산선에 다니면서 여러 공장의 노동자들을 친구로 사귀던 직포과(준비)의 장남수 역시 동일방직 문제가 널리 알려지지 못하는 데 대해 안타까운 심정을 지니고 있었다.

동일방직 사건은 엄청난 사회문제가 되어갔지만 정말 신문에는 한 줄도 언급되지 않았다. 점점 우리들의 아픔은 커져갔고 분노 또한 단단하게 응어리져갔다. 똥을 뒤집어쓴 채 울고 서 있는 사진을 보았고, 똥으로 범벅된 노조사무실에서 역시 똥으로 얼룩진 옷차림의 동일방직 여자 지부장이 전화를 받고 서 있는 사진도 확인했다. 또 하나 세상의 아픈 모습이 가슴에 못으로 박힌다. 사람이 사

람을 짓누르고 못살게 괴롭히는 것을 보았다. 왜 이래야 될까? 노
동자들이 모여 노조를 만들고, 그 속에서 서로 포용하고 사랑해가
며 인간의 참모습을 배우고 진실하게 살려고 애쓰는 우리들을, 못
배우고 가진 것 없다는 것 때문에 멸시받으며 그래도 묵묵히 일해
온 우리들을, 열심히 일하면서 그 대가를 정당하게 지급해 달라고
요구했을 뿐이고, 서로가 인간적인 관계로 서로 사랑하며 협조하
며 살아가길 바라는 우리들을, 세상은 왜 이렇게 할까?[29]

 장남수는 3월 25일 대의원으로 선출되었는데, 산선이며 금요기도
회 등을 부지런히 뛰어다닌 덕분이라고 생각했다. 우쭐한 마음까지 들
었다. 장남수는 구세군 대한본영에서 열리는 기독학생회 주최 부활절
(3월 26일) 연합예배에 초청을 받아 친구들과 함께 찾아갔다. 거기서 동
일방직의 정명자, 남영나이론의 김현숙, 진혜자, 삼원섬유의 김지선,
대농방직의 김정자와 함께 여의도에서 열리는 부활절 연합예배에 참
가해 동일방직 사건을 알리기로 의견을 모았다.
 이튿날, 그들은 50만 인파가 모인 여의도 행사장 맨 앞에 앉았다.
단상 위에도 수백 명이 앉아 있었다. 한 목사가 수십 개 마이크를 앞에
놓고 기도를 집전하고 있었다. 그들 모두 흥분과 두려움으로 떨고 있
었다. 그러다 누가 먼저랄 것도 없이 순식간에 기도가 한창인 단상으
로 뛰어올라갔다. 김현숙이 수십 개 마이크 중에서 생방송을 주관하는
CBS 마이크를 정확히 잡았다.
 "노동삼권 보장하라!"
 "동일방직 사건 해결하라!"
 "방림방적 사건 해결하라!"
 "똥을 먹고 살 수 없다!"

"노동자도 인간이다. 인간 대우를 해라!"

"우리는 빨갱이가 아니다!"

곧 거친 발걸음들이 단상 위로 뛰어올라왔다. 훗날 장남수는 그들의 우악스런 손에 의해 질질 끌려가면서도 단상에서 울려 퍼지는 거룩한 기도 소리를 들었노라 기억한다. 이 사건으로 장남수는 동료들과 함께 「집회 및 시위에 관한 법률」 위반 혐의로 구속 수감되었다.[30]

가공과 수정부의 장형숙은 그 무렵에는 아직 부산에서 타일 공장에 다니고 있었다. 그녀는 동료들과 함께 자취를 하고 있었는데 마침 쌀통에 쌀이 하나도 없었다. 그때 서울에서 원풍모방에 다니던 큰언니 장희수가 내려왔다. 진작 그런 막내를 한심하게 생각하고 서울로 끌어올릴 겸 구속된 작은언니 장남수의 소식을 전하기 위해서였다. 장형숙은 큰언니와 함께 고척동 구치소로 장남수의 면회를 가서 펑펑 울었다.

"언니, 왜 여기 와 있어?"

장형숙은 그때만 해도 작은언니 장남수가 왜 그런 끔찍한 곳에 가서 푸른 수의를 입고 있어야 하는지 정확히는 알지 못했다.(제2권, 234~235쪽 참고)

정면 대결: 섬유노조 대 원풍노조

4월 1일, 경기도 지방노동위원회는 동일방직 회사 측의 요청을 받아들여 이총각 지부장을 포함하여 124명 노동자의 해고를 승인했다. 섬유노조 위원장 김영태는 4월 10일 자신의 소속 조직인 부산지부장 명의로 공문을 만들어 전국 각 회사에 보냈다. 공문은 바로 동일방직 해고자 124명의 명단과 주민등록번호, 주소가 실린 이른바 블랙리스트였다.

> 수신: 사장
> 제목: 업무집행에 관한 참조사항
>
> 동일방직 사건은 기히 유인물 배부로 주시하실 줄 사료되오며 외부세력의 지시를 받으며 작업장을 이탈하는 등의 소란 행위로 회사로부터 해고 처리된 동일방직(인천) 종업원 명단을 송부하오니 업무에 참고하시기 바랍니다.

김영태 위원장이 이토록 기고만장한 배경에는 훗날 밝혀지지만 중앙정보부가 있었다. 2000년 동일방직 해고노동자들이 '민주화운동명예회복 및 보상심의위원회'에 명예회복 신청을 하자, 당시 중앙정보부 요원이었던 최종선(고 최종길 교수의 동생)이 동일방직 사건은 박정희 정권의 중앙정보부가 개입해 일어난 것이라고 양심선언을 하면서 진실이 밝혀진다.

어쨌든 원풍모방 노동조합은 이미 섬유노조와 정면 대결의 길을 선택한 바 있었다.

4월 12일, 정기 대의원대회가 열렸다. 이날 대회에서는 본부 규약을 채택하는 문제가 중요 안건으로 상정되었다. 참석한 55명의 대의원들은 "현재 세계 노동자들의 죽음을 무릅쓴 역사적인 피의 투쟁에서 확보된 노동삼권 중 노동자들의 단체교섭권과 쟁의권이 국가보위법에 의해 고스란히 유보된 현실 속에서 또다시 섬유노조 본부라는 명분 때문에, 조직된 섬유 노동자들의 자율권마저 제대로 행사할 수 없다면 이는 스스로 노동조합을 포기하려는 행위요, 노동자를 배신하려는 행위로 받아들여질 수밖에 없다"고 의견을 모았다. 대회 참가자들은 섬유노조 본부 위원장을 대신해서 참석한 이광한 통계국장을 단상에 초치한 뒤, 다음과 같은 부분을 각종 법령과 비교하여 그 합법성과 타당성에 대해 신랄하게 추궁했다.

- 본부가 지부나 분회를 제쳐놓고 단체협약 등을 교섭할 수 있도록 한 규정. 이를 위한 노사교섭위원을 위원장이 지명할 수 있도록 한 부분.
- 사고지부의 결정 기준이 모호한 상태 하에서 본부 집행위원회가 사고지부를 결정할 수 있도록 하고, 위원장이 위촉한 수습위원에게 지부장의 권한을 인계하도록 하여 그 수습위원이 사고지부가 "정상화될 때까지" 무기한으로 사고지부를 운영케 하는 부분.
- 선출기관의 동의를 얻도록 한 지부 임원의 징계 조항을 삭제하고, 본부 중앙위원회의 결의로써 지부 임원의 제명이나 정권 등 징계를 할 수 있고 동일 기구에서 재심 처리도 할 수 있도록 한 부분.
- 법령에 의하여 설립이 신고된 조직까지도 제명 결의할 수 있도록 한 부분.
- 지부 운영규정을 무효화시키고 제정도 할 수 없도록 한 부분.

대의원들은 지난 1월 23일 통과된 위와 같은 내용의 규약 개정안이 "한국노동운동사의 불후의 졸작 악법"이라고 규탄했다. 아울러 원풍노조로서는 이를 채택할 수 없음은 물론이고 토의할 가치도 없음을 강조하고, 대회 의안에서 아예 삭제하도록 만장일치로 결의했다. 원풍노조 대의원들은 자신들이 어떤 결의를 한 것인지 너무나 잘 알고 있었다. 그들은 이제 더 이상 섬유노조의 '노예'가 아니었다. 비록 섬유노조가 정권의 비호를 무기로 막강한 권력을 휘두르고 있지만, "세계 노동자들의 죽음을 무릅쓴 역사적인 피의 투쟁에서 확보된 노동삼권"을 앗아가는 작태를 용납할 수는 없었다. 그들은 자신들이 역사의 새로운 주인임을 분명히 인식하고 있었다.[31]

1886년 5월 1일, 미국 전역에서 35만 명의 노동자들이 노예 같은 삶을 떨치고 8시간 노동 쟁취를 위해 총파업에 돌입했다. 공장 굴뚝의 연기가 멈추고, 버스가 멈추었다. 노동운동의 중심지였던 시카고에서는 5월 3일까지 파업이 이어졌다. 이 과정에서 경찰이 총을 쏴 어린 소녀를 포함해 6명이 죽었다. 다음 날, 분노한 노동자 30만 명이 헤이마켓 광장에 모여 경찰 만행을 규탄했다. 그때 누군가 던진 폭탄이 폭발하면서 경찰 7명이 즉사했다. 흥분한 경찰은 비무장 시위대를 향해 무차별 발포를 했고, 그 결과 200여 명이 죽거나 다쳤다. 미국을 충격으로 몰아넣은 이른바 '헤이마켓' 사건이었다. 사건 직후 노동운동 지도자 8명이 폭동교사와 살인 혐의로 체포되었고, 이듬해 4명이 처형됐다. 7년이라는 시간이 흐른 후 폭탄 투척은 자본가들이 꾸민 공작으로 밝혀졌고, 종신형을 받았던 3명은 사면으로 풀려날 수 있었다. 그러나 죽은 자는 끝내 돌아오지 못했다.

만약 그대가 우리를 처형함으로써 노동운동을 쓸어 없앨 수 있다고 생각한다면, 그렇다면 우리의 목을 가져가라. 가난과 불행과 힘겨운 노동으로 짓밟히고 있는 수백 만 노동자의 운동을 없애겠단 말인가. 그렇다. 당신은 하나의 불꽃을 짓밟아버릴 수 있다. 그러나 당신 앞에서, 뒤에서, 사면팔방에서 끊일 줄 모르는 불꽃은 들불처럼 타오르고 있다. 그렇다. 그것은 들불이다. 당신이라도 이 들불을 끌 수 없으리라.

사형을 선고받고 처형되기 전 오거스트 스파이스(August Spies)는 이렇게 최후진술을 남겼다. 세계 노동운동 지도자들은 제2인터내셔널 창립대회에서 이들의 숭고한 투쟁을 기려 5월 1일을 메이데이, 즉 세계 노동절로 선포했다. 이듬해인 1890년 5월 1일, 전 세계 모든 나라 모든 도시에서 역사적인 제1회 노동절 행사가 거행된다.

원풍모방 노동조합이 본부의 지시를 일축해 버리자, 섬유노조 본부에서는 원풍의 모든 공문에 대해 수발을 중지하고, 심지어 원풍지부가 보낸 의무분담금도 수령을 거부했다. 오직 다시 대의원대회를 열어 본부 규약을 채택하도록 강요할 뿐이었다. 이에 원풍지부는 4월 18일 상집회의를 열고 대책을 논의한 결과, 본부 위원장이 직접 와서 규약을 채택해야 하는 정당성을 설명한다는 약속을 할 경우 대의원대회를 다시 열겠다고 원칙을 정했다. 그러나 이 공문조차 즉시 되돌아왔다. 이후 지부와 본부 사이에는 7월 30일 섬유노조 전국대의원대회가 열릴 때까지 13차례나 이런 일이 되풀이되었다.

원풍노조는 동일방직 노동자들의 투쟁을 어떤 누구보다 열심히 지원했다. 이미 이영숙 집행부 시절 대의원대회에 남자들이 들이닥쳐 어용노조로 만들려는 음모를 꾸밀 때 원풍모방 노동자들이 대거 몰려가 지원투쟁을 한 것을 비롯해, 수건 판매 등을 해서 구속 노동자들에게 영치금을 보내고 기독교회관에서 열린 목요기도회에 가장 많은 수의 노동자가 동참하는 등 다양한 방식으로 동지적 관계에 있는 민주노조에 대한 지원을 아끼지 않았다.

방용석 지부장은 원풍노조가 동일방직노조 투쟁에 '연대' 했다고는 말하지 않는다. '연대투쟁' 이라는 표현이 가능하려면 동일 문제에 조직적으로 결합하고 일상적인 업무도 제치고 올인해야 하는데 그런 적은 없다는 것이다. 그러면서 '지원투쟁' 을 지시한 적은 있다고 밝힌다.

그 이유는 무엇일까. 지시까지 내려가면서 동일방직노조를 지원하라고 한 이유.

그거는 결국은 몇 가지가 있을 거라고 생각해요. 그 첫 번째가 뭐냐면 아, 저 문제가 우리 문제다, 우리 문제가 같은 것이다. 저 노동조합 하나가, 우리의 70년대 민주노조 하나가 존립하는 것이 얼마나 소중하다고 하는 것을 우리 아는 것이기 때문이죠. 사실은. 평상시 교류도 같이 했고, 그러니까 그래서 지원을 했던 것이라고 볼 수 있고. 그다음 하나는 대부분 섬유노동조합 산하예요. 이게. YH라든지 동일이라든지 원풍이라든지 동광이라든지 반도상사라든지 이런 게 섬유노동조합 산하이기 때문에 이 부분이 잘 존립하고 나가야 섬유노동조합을 장악할 수 있어요. 민주노조로 개편할 수 있다고 생각한 거예요, 잘되면. 근데 그거 하나하나 깨져 나가면 결국 희망이, 섬유노조를 개편해가지고 한국사회 노동운동을 다시 민주화시키는 것은 불가능하다고 판단한 거죠. 그러니까 어떻게든 살려내야 한다는 그런 부분이죠. 그러니까 일상적인 교류가 굉장히 강하게 작용하고 있었던 거죠.

-제2권, 484쪽

명칭이야 어떻든 1970년대 후반 어떤 노동조합보다 강고한 조직력을 형성해나가고 있던 원풍노조가 다른 민주노조들에게 보인 끈끈한 지원투쟁은 1980년대 이후 우리 노동운동의 고비 때마다 '연대'의 깊은 정신을 추동하게 하는 보이지 않는 밑거름으로 작용한다.

섬유노조 전국대의원대회의 파행

7월 28일, 섬유노조 전국대의원대회가 부산에서 열렸다.

이날 대회는 임기대회였으므로 일찍부터 대의원들의 비상한 주목을 끌었다. 위원장 김영태가 다시 출마한 것은 물론이고, 한일합섬 이유복 지부장도 출마를 선언했다. 이유복 역시 김영태의 충복이었으나 워낙 감투욕이 많아 주변에서 부추기자 출마를 하게 된 것이었다. 어쨌든 김영태의 아집과 독선에 넌더리를 내는 많은 대의원들이 이유복을 지지할 거라는 정보와 소문이 나돌았다. 그런 만큼 김영태의 사전 공작 역시 노골적으로 자행되었다. 그는 하루 전날 자신에게 불리할 거라는 판단하에 원풍노조와 YH노조, 그리고 반도상사노조에서 파견한 대의원을 대회장에 입장시키지 않기로 결정했다. 이런 결정은 그가 독단으로 내린 게 아니라 중앙정보부와 경찰, 노동청 등이 모인 이른바 관계기관 대책회의에서 내려진 것이었다.

대회 당일, 대회장인 예식장 입구에는 아침부터 정복 경찰들과 신원을 알 수 없는 불량배 수백 명이 배치되어 입장을 통제하였기에 위 3개 지부 대의원 4명과 동일방직 해고노동자들은 출입조차 할 수 없었다. 이날 대회에서는 현 위원장 김영태가 참석 대의원 152명 중 80표를 얻어 다시 당선되었다. 그러나 엄밀한 관점에서 이 당선은 무효였다. 규약상으로 보면 조합원 자격에서 제명되거나 조직이 사고지부로 규정될 경우에는 대의원 자격이 상실되는 것이다. 그런데 이날 대회에는 1977년 10월 15일 제77차 중앙위원회에서 사고지부로 규정된 방림방적 지부 대의원 6명과 합동방직 지부 대의원 1명, 그리고 충북지부의 무자격 대의원 1명이 참석하여 김영태를 지지했다. 따라서 이들 무자격 대의원 8명을 빼면 합법적인 대의원은 144명이고, 김영태가 얻은 표는 72표가 되어 과반수에 미달하므로 당선은 당연히 무효였다.

놀라운 일은 김영태에 의해 제명되고 사고지부로 징계까지 당한 바 있는 방림방적지부(지부장 이춘선)와 합동방직지부(지부장 방순조)가 김영태를 당선시키는 데 결정적인 1등 공신의 역할을 했다는 점이다. 그래서 대회 이후 이들이 김영태를 지지하는 조건으로 거액의 금품이 오갔을 거라는 소문이 나돌기도 했다. 어쨌든 김영태는 당선을 기정사실화했고, 이로써 섬유노조는 다시 한 번 그의 사당으로 완벽하게 전락해버렸다.

원풍노조는 불법적인 대회를 통해 구성된 비민주적인 섬유노조 본부와 관계를 단절하기로 결정했다. 이에 따라 본부에 납입하는 의무금을 동결하고 본부의 어떤 지시나 감독도 거부했다.

조합원들의 연이은 연행

8월 말, 부활절 예배 사건으로 구속된 장남수는 항소심 재판에서 다음과 같이 최후진술을 했다.

저는 길지 않은 기간이지만 구치소 생활을 하면서, 우리 노동자들이 얼마나 비참하게 살아왔는가를 재삼 확인했습니다. 감옥이라고 하면 죄를 지은 사람을 수감해놓은 곳이므로 무척 살기 힘들고 고통스러운 곳인 줄 알았습니다. 그러나 저희들에게는 그렇지가 않더군요. 구치소에서는 적어도 먹고 잠자는 생활의 기본 문제가 해결되며 무엇을 먹을까 무엇을 입을까 걱정할 필요가 없습니다. 저는 가장 근로조건이 우수하다고 평이 난 원풍모방 기숙사에 있었습니다. 그러한 저희 기숙사 식당 부식보다 구치소가 더 낫더군요. 그래서 우리 노동자들은 죄인보다 못하다는 것을, 수감된 사람들이 먹는 음식보다 더 못한 음식을 먹으며 방세 걱정, 연탄 걱정으로 찌들리며 인간 이하의 생활을 해왔다는 것을 뼈저리게 느꼈습니다. 저는 지금 마음이 편합니다. 고생스런 바깥 생활, 창살만 없지 감옥같이 살아온 우리들의 바깥생활보다 육체적으로도 편합니다. 다만 밖에서 걱정할 가족들과 동료들을 생각하면 마음이 아플 뿐입니다.[32]

장남수의 말은 사실이었다.

적어도 의식 있는 노동자들에게는, 바깥세상이라고 감옥보다 낫다는 증거가 없었다. 장남수는 9월 16일 징역 1년에 집행유예 2년을 선고받고 그 바깥세상으로 나왔다. 노동조합에서 수많은 동료들이 그녀의 석방을 환영했지만, 그녀의 마음은 마냥 편할 수만은 없었다.

9월 22일 오후 10시경 소모과 A반의 박영서 조합원이 종로5가 기독교회관에서 열린 인권기도회에 참가했다가 동대문경찰서에 연행되는 사건이 발생했다. 천주교 정의평화위원회와 한국인권운동협의회 등 6개 단체 공동주최로 열린 이날 기도회에서는 동일방직 해고노동자들이 직접 출연하여 자신들이 겪은 동일방직 똥물 사건을 소재로 한 연극을 공연했다. 이 극은 박우섭과 김봉준의 지도로 준비되었으나 동일방직 해고노동자들이 직접 창작에까지 참여했고 출연했다. 그들은 두 번 다시 떠올리고 싶지 않은 그 사건을 충실히 재현했다. 동물 투척 장면이 나오자 강당 안은 울음바다가 되었다. 연극을 하는 해고노동자들이나 그것을 지켜보는 관객들이나 저도 모르게 솟구치는 비탄과 울분의 감정을 억누를 수 없었던 것이다. 동일방직 해고노동자들은 연극이 채 끝나지 않았는데도 미리 준비해온 현수막을 펼쳐들고 밖으로 나가려고 했다. 이윽고 혼란의 분위기에서 동대문경찰서 소속 형사들이 회관에 난입했다. 기독교회관이 생긴 이래 처음 있는 일이었다. 강당 안은 아수라장이 되었다. 경찰은 목사 등 참가자 500여 명을 강제로 해산시키는 과정에서 전태일 열사의 어머니 이소선 여사를 비롯해서 50~60명을 연행했다.

박영서도 연행자 중 1명이었다. 그녀는 동료 조합원 몇 명과 함께 연극을 보러 갔다가 혼란 속에서 연행을 당한 것인데, 그 소식은 즉각 노동조합으로 알려졌다. 노동조합에서는 방청 이외에는 별다른 일을 한 게 없으므로 곧 석방되리라 판단했고, 소재가 파악되는 대로 면회를 신청하기로 결정했다.

사실 이 무렵 동일방직 사건이 아니라도 박정희 장기집권과 유신통치에 반대하는 시위와 집회는 재야, 학원, 종교계, 노동계를 망라하며 끊이지 않고 일어나고 있었다. 학생들의 유인물 제작 살포와 시위는 전국적인 현상으로 서울뿐만 아니라 전남대, 조선대, 부산대 등에서도 하루가 멀다 하고 발생했고, 이에 따라 많은 학생들이 구속 수감되었다. 종교계에서도 관련 인사들에 대한 석방기도회를 열었다가 다시 많은 종교인들이 구속되는 등 신구교를 가릴 것 없이 반독재 저항운동이 이어졌다.

원풍모방 조합원들도 이런저런 행사나 집회 등에 참석했다가 수시로 연행되었다.

1977년 8월 22일에는 방림방적 임금체불사건으로 장희수(정사과), 김두숙(정방과), 전경숙(정사과) 등이 연행되었다. 문래동에 있는 방림방적은 종업원만 해도 6000명에 이르는 대기업이었으나, 노동자들의 노동조건은 열악하기 이를 데 없었다. 노동조합이 오래전부터 조직되어 있었으나, 섬유노조 위원장까지 지낸 이춘선이 지부장으로 있는 동안에도 거의 유령노조처럼 존재했다. 영등포 산선은 여기에 1975년 말부터 소모임을 조직하는 데 성공해서 1년 만에 40~50개에 이르는 소모임을 조직적으로 운영할 수 있었다. 그리하여 1977년부터는 체불임금을 받아내는 투쟁에 돌입, 사회 각계의 전폭적인 지지를 받으며 싸움을 전개해나갔다. 이에는 체불임금받기 서명위원회가 주도한 서명운동도 포함되어, 영등포 산선의 전 그룹이 조직적으로 참가해 전철, 버스, 거리 할 것 없이 서명 작업을 실시했다. 원풍 노동자들도 이런 서명 작업에 참여했다가 연행된 것이었다.

1978년 7월 10일 18시경에는 서울 광화문 네거리에서 곽시순, 김성구, 황선숙 등 3명의 조합원이 경찰에 연행되었다. 이들은 모두 가공과 소속으로 연행 당시 학생 차림의 많은 시민들과 경찰기동대가 몰려 있는 것을 보고 있었을 뿐이었다. 곽시순은 밤 11시 30분경 남부경찰서에서, 김성구는 다음날 새벽 1시 30분경 노량진경찰서에서, 황선숙은 광화문파출소에서 각기 훈방 조치되었다. 이들 원풍모방 가공과의 곽시순 등 3명이 연행된 날에도 전주 중앙성당에서는 전주교구 사제단 신부 60여 명이 정의평화 기원 미사를 마친 후 가톨릭센터에서 단식 농성에 돌입했다. 이는 7월 6일 전주 파티마 성당에 경찰이 난입하여 문정현 신부를 연행하려던 경찰을 말리던 박종상 신부와 강덕상 신부를 집단 구타한 데 대한 항의의 표시였다. 물론 이런 사실들은 신문에 거의 보도되지 않았다. 이는 정부의 탄압으로 광고해약 사태까지 빚은 〈동아일보〉의 경우도 마찬가지였다. 자유언론을 선언하고 그 실천을 각오했던 기자들은 이미 다 해고된 지 오래였기 때문이다.

그날, 1978년 7월 7일, 통일주체국민회의는 박정희 후보를 임기 6년의 제9대 대통령으로 다시 선출했다. 대의원 2578명 중 찬성 2577표, 반대는 없고 무효 1표였다. 특별한 일이 없다면 국민들은 이제 1984년까지 그를 또다시 대통령으로 받든 채 살아야 할 처지였다.

7월 22일 오전 11시경에는 서울지법 영등포지원에서 영등포 산선 인명진 목사에 대한 재판이 있었는데, 이를 방청하던 직포과의 박순애 조합원이 영등포경찰서에 연행된 후 오후 1시에 풀려났다. 인명진 목사는 지난 5월 1일 청주 산선에서 한 설교 내용과 관련하여 긴급조치 제9호 위반 혐의로 구속된 바 있었다. 그는 자기가 구속될 경우를 대비해 녹음을 해두었는데, 다음과 같은 내용도 들어 있었다.

> 내가 감옥에 다니면서 보니까 못 한 근을 훔쳐다가 팔아먹은 사람이 몇 년씩 징역을 사는 경우를 보았는데, 참 이상한 것은 기업주들이 몇 억씩 떼어먹는데도 이것을 잡아가지 않더라. 말하자면 남의 품값을 주지 않고 퇴직금을 주어야 할 것을 주지 않고 잔업수당 줄 것을 주지 않는 것이 도둑질 아니냐? 그런데도 경찰들에게 "큰 도둑놈이 있다 잡아라"고 하면 잡지 못하고, "그것은 자기들의 힘이 미치지 않는다" 그러더라.[33]

한편, 기독교회관에서 연행된 박영서는 9월 25일이 되어도 석방되지 않았다. 소재조차 파악되지 않았다. 이 때문에 노동조합은 지부장 이하 상집간부 전원이 사무실에서 대기하며 철야를 시작했다. 이를 본 조합원들도 속속 철야에 동참하여 한때 100여 명이 사무실을 메우기도 했다.

이튿날인 9월 26일, 방용석 지부장은 관할 남부경찰서의 주선으로 박영서 조합원의 소재를 파악하고 마침내 면회도 할 수 있었다. 끔찍한 일은 박영서 조합원이 연행 당시 출동한 경찰들에게 무자비한 폭행을 당해 갈비뼈가 부러졌고, 그래서 국립경찰병원에서 입원 가료 중이라는 사실이었다. 누구보다도 법을 준수해야 하는 경찰의 만행에 지부장과 노조간부들은 치를 떨지 않을 수 없었다. 경찰도 자신들의 잘못을 시인하며 치료는 물론이고 응분의 보상도 하겠노라 다짐했다. 결국 박영서 조합원은 치료를 더 받고 10월 18일에야 퇴원할 수 있었다.

박순희는 이렇게 말한다.

70년대 노동운동은 연대투쟁하지 않았다는데 70년대만큼 연대투쟁한 적도 없어. 연대라는 용어를 쓰지 않아서 그렇지. 우리 조합원들 다른 사업장 싸움 때문에 얼마나 두드려맞고 경찰서를 내 집 드나들듯이 했는데. 방림방적에서 '한 시간 일찍 출근하고 한 시간 늦게 퇴근하기'라는 새마을운동을 해서 두 시간 임금 착취하는 거 그거 받아내기 위해서 투쟁할 때 우리도 가서 유인물 돌리고 함께했지. 그뿐 아니야. 남영나이론, 해태, 롯데, 하여튼 어디든 싸움할 때 우리 조합원들이 끼지 않으면 그 홍보작업이 되지 않았다니까. 동네 집집마다 다 유인물 넣고 다니고, 집회라는 집회는 다 쫓아다녔지. 우린 안간힘을 써서 했어. 그게 연대지.

원풍이 이토록 열심히 다른 노조의 싸움에도 뛰어들 수 있었던 까닭은 무엇일까. 박순희는 아주 단순하고 명료하게 대답한다.

그렇게 할 수 있었던 건 노동조합 민주화하면서 12시간 맞교대에서 8시간 3교대로 바뀌었기 때문이야. 12시간 일하다가 8시간 일하니까 일하는 것 같지도 않고 몸이 날아갈 것 같았어. 그때 조합원이 2100명이었으니 항상 700명은 움직일 수 있었지. 안 끼는 곳이 없었어. 사회운동, 노동운동에 활발히 참여했어. 때로는 경찰서에 잡혀 들어가 무진장 맞았지.[34]

양성공 상여금 투쟁

1978년도 대의원대회에서는 섬유노조 본부에 대한 투쟁이 주요 안건이었으나, 당연히 단체협약 문제도 기본적인 안을 정리한 바 있었다. 그 주요 내용은 다음과 같았다.

- 상여금 지급은 분기별로 하되, 연간 400퍼센트 이상을 지급할 것.
- 적치된 연월차 수당은 평균임금으로 산정, 지불할 것.
- 노조에서 실시하는 장학 사업에 회사도 적극 참여하여 실효를 거둘 수 있도록 지원할 것.

이러한 안에 대해 노사 양측은 기나긴 줄다리기 끝에 8월 17일 합의를 보았다. 무엇보다 장학사업에 회사도 400만 원을 지원하고, 1979년부터는 기금 설립을 위해 2000만 원을 지급한다는 내용에 합의한 게 큰 성과였다. 하반기에는 단체협약 갱신을 위해 노사가 다시 협상에 들어가 12월 2일 합의서를 체결하기에 이르렀다. 그 내용과 별도로 노사는 "입사 3개월 미만의 양성공 조합원에 대한 상여금을 최저 1만 원 이상이 지급되도록 보장한다"는 구두약속을 한 바 있었다. 그런데 연말 상여금 지급시 회사는 이런 약속을 무시한 채 양성공 1인당 2500원을 지급하려 했다. 그러다가 노조 측이 강력히 반발하자, 마지못해 연말연시를 핑계로 1월 6일 지급을 약속했다. 그러나 회사 측은 그날에도 지급을 하지 않았고, 다시 날을 잡아 지급하겠다는 말만 되풀이했다. 양성공들의 불만은 고조되었다.

그리하여 1979년 1월 12일 오후 90여 명의 양성공들이 노조사무실에 모여 회사 측 안에 의한 상여금의 수령을 거부하고 노사 간 단체협약 갱신 때 약속한 대로 어서 지급하라며 농성을 벌였다. 노조는 회사 측의 기만행위에 대해 강력히 항의하며, 돈이 없다면 우선 노조에서 차용해서라도 지급하라고 압박했다. 그러나 회사 측은 이마저도 거부하고 또다시 지급일을 연장하려고 했던 것이다. 결국 이날 16시부터는 공장의 모든 기계가 멈춰서고 말았다. 당황한 회사 측은 그 즉시 상여금 지급을 약속했다.

이 사건은 회사 측이 겉으로는 종업원을 가족처럼 대한다고 번지르르 말은 하지만 실은 얼마나 홀대하는지 여실히 보여준 사건이었다. 입사 3개월 미만의 나이 어린 여공들 130여 명이 애써 일한 대가는 금액으로 따져 143만 4000원에 불과했다. 회사 측은 그중 약속대로 하면 더 지급해야 할 고작 76만 8500원을 삭감하려다가 큰 낭패를 불러일으켰던 것이다. 국내 굴지의 대기업에서 공장 곳곳에 "공장일은 내일처럼 근로자를 가족처럼"이라고 붙여놓은 표어가 실로 낯간지러울 수밖에 없는 사건이었다.

한편, 이 농성은 상집간부들도 알지 못한 채 진행되었는데, 누가 지시했는지를 몰라 회사에서도 전혀 책임을 물을 수 없었다. 나중에 밝혀진 바, 양성공 교육은 노조 부지부장이 담당하고 있었는데, 이 사태도 문제를 지혜롭게 해결하기 위해 부지부장이 은밀히 준비한 결과였다. 결과적으로 양성공들은 입사한 지 얼마 되지는 않았지만, 노동조합이 얼마나 중요한지 새삼 깨닫는 계기가 되었다.

1979년도 임금인상 투쟁

1978년 노사가 합의한 임금인상안은 다음과 같았다.

- 양성공 여자 1000원, 남자 1600원
- 본공 여자 초임 1100원, 남자 1850원
- 본공 여자 평균일급 1449원, 남자 2827원

노동조합은 1979년 임금인상 교섭에 앞서 1월 26일 상집회의를 열고 1일 8시간 근로 기준으로 다음과 같이 인상된 안을 마련했다.

- 양성공 여자 1616원, 남자 3149원
- 본공 여자 초임 1822원, 남자 3216원
- 본공 여자 평균일급 여자 2390원, 남자 4760원

노동조합은 임금인상을 위한 교섭일을 2월 12일로 제안했으나 회사는 3월 5일을 주장했다. 이에 노동조합은 해마다 3월 1일자로 임금인상을 실시했으므로 그 전에 하는 것이 바람직하다고 주장했다. 결국 양측은 2월 20일 첫 교섭을 갖자는 데 합의했다. 그날, 양측은 학력별, 남녀별, 직급별 임금 격차를 1979년부터 점차적으로 해소한다는 큰

원풍모방 노동조합 대의원대회

원칙에만 합의하고 나머지 사항은 논의조차 제대로 하지 못했다.

노사 양측은 2월 27일 재협상에 돌입했다. 그러나 회사 측은 이날도 뚜렷한 대안을 제시하지도 않는 무성의로 일관했다. 노조는 이에 강하게 반발하며 철야 협상이라도 하자고 요구했으나, 회사는 시간만 달라고 할 뿐이었다. 결국 노조는 2월 28일부터 일체의 연장근로를 거부했다. 3월 6일 제3차 회의에서는 다음과 같은 부분에 대해서는 합의를 이루었다.

- 조합원의 식비를 현행 100원에서 1979년 3월 21일부터 150원으로 인상한다.
- 조합원의 정기승급은 6월 21일과 10월 21일자로 현행 30원에서 40원씩으로 각각 인상 실시하며, 평균임금 유지를 위한 중간조정을 11월 21일자로 시행한다.
- 기숙사생들의 생일파티 등에 연간 소요될 임금 100만 원을 기숙

사에 지불한다.

- 취학 중인 조합원의 등록금 전액을 부담한다.

그러나 가장 중요한 임금인상 폭에 대해서는 전혀 진척이 없었다. 회사는 25퍼센트 인상을 주장했으나, 이는 노조로서는 받아들일 수 없는 안이었다. 지난해와 같이 면방 사업장의 임금 결정 수준에 맞추기 위한 회사의 속셈이었다. 노조는 이를 일찌감치 간파했는데, 왜냐하면 1979년 당시 원풍모방의 임금 수준은 이미 모방업체 중에서 높은 편이었고, 타 사업장에서는 아직 임금인상이 결정되지 않은 상태였기 때문이었다.

이런 가운데 1979년도 노동절을 맞이했다. 이날 회사 식당에는 1800여 전 조합원이 참석한 가운데 기념식이 거행되었다. 방용석 지부장은 다음과 같은 내용의 '기념사'를 했다.

지난해 우리나라는 125억 불 수출목표를 달성하고 1인당 국민소득도 1250불을 돌파하여 선진 복지사회의 실현이 눈앞에 닥쳐왔다는 소리가 요란하게 우리의 귀를 울리고 있습니다. 그 가운데서도 우리 원풍산업은 1977년보다 5배 이상이 늘어난 64억 3000여만 원의 순이익을 올렸고, 모방공장에서만도 1977년보다 80퍼센트가 늘어난 9억여 원의 순이익을 기록함으로써 국내 모방업계에서는 단연 최고 수준의 이익을 거두었던 것입니다.

이러한 국가경제와 기업경영의 성과에 비해 우리 노동자의 처지는 어떠합니까. 이미 정부가 발표한 통계와는 달리 작년 한 해에 34.8퍼센트나 생계비가 상승한 데다가 금년 들어오면서 폭풍우처럼 휘몰아치는 물가상승의 회오리 앞에 최저생계비의 30퍼센트에 불과한 임금으로 또다시 기적적인 생존을 이어가지 않으면 안 되는 절체절명의 순간에 놓여 있는 것이 솔직한 지금의 상태입니다.

탐욕스런 자본가의 이윤추구욕과 급속한 경제 팽창은 급격한 산업재해의 증가를 가져왔다는 것은 이미 잘 알고 있는 사실이거니와 1978년 중에만도 1395명의 노동자가 소리 없이 죽어갔고, 13만 7800명이 부상을 당함으로써 공장 노동자 310만 명 가운데 1000명당 45명이 목숨을 잃거나 부상을 당하는 처참한 상황이 또한 지금의 우리 처지인 것입니다.

우리 회사 역시 예외가 아니어서 산업재해가 계속 늘어나 1977년의 94명에서 1978년에는 128명으로 32퍼센트나 늘어나고 있습니다. (중략) 천부의 인권을 보장받고 정당한 노동의 대가를 받고자 궐기한 노동자들의 투쟁이 권력 및 자본과 야합한 상부 노동조합 간부에 의해 여지없이 파괴되고 노동자들의 피맺힌 한과 고통의 울부짖음은 차디찬 감옥과 처벌만이 가해졌을 뿐입니다.

노동자가 직장에서 똥벼락을 맞고 집단으로 쫓겨나고 노동운동의 자주성을 지키려다가 형사처벌로 투옥된 사람만도 1978년도에 68명이나 되었던 것입니다. (중략) 오늘 우리를 둘러싼 조건은 매우 어렵습니다. 이 어려움은 우리 원풍모방 노동조합에만 국한된 것이 아니라 이 나라의 양심적이고 민주적인 노동운동가들이 다 같이 느끼는 일일 것입니다. 그러나 우리는 좌절할 수 없다는 것이며, 결국에 승리는 우리에게 있음을 역사 발전 과정에서 확실히 증명하고 있습니다.

방용석 지부장은 이러한 설명 후에 1) 대등한 노사 관계 확립과 이를 위한 노동삼권 보장, 2)물가상승을 핑계로 한 저임금 배격과 최저 생계비 보장, 3)기업주 및 권력과 야합한 상부 노조를 배격하고 민주적인 산별체제 건설 등을 촉구했다.

3월 16일, 다시 교섭이 재개되었다. 회의 초부터 회사 측 임원들은 면방 사업장의 임금조정 결정에 대한 관심을 표명하면서 회의를 지연시키기 시작했다.

회사 노동청에서 면방 사업장에 대한 직권 조정결정을 오늘 안으로 한다는데 좀 기다릴 수 없을까요?

노조 그 말뜻은 면방 임금 수준에 맞추겠다는 의미인가요?

회사 꼭 그런 뜻은 아닙니다.

노조 기다릴 이유가 없지 않습니까? 그동안 수차에 걸쳐서 노동조합에서 주장을 하였고, 또 2월 28일 주주총회 때 영업보고서에서 밝혀졌듯이 원풍산업은 1977년보다 5배가 늘어난 64억 3000만 원의 순이익을 올렸으며 감가상각비 등을 포함한다면 약 128억 원의 이익을 본 셈이 됩니다. 따라서 모방공장의 경우만 해도 1977년보다 80퍼센트가 증가한 9억여 원의 순이익을 올림으로써 국내 모방업계에서 최고 수준의 이익률을 거두지 않았습니까?

회사 노조 측의 주장을 부인하고 싶은 생각은 없습니다.

노조 이것은 생각의 문제가 아니라 노동자의 노력의 대가로 이룩된 사실을 밝히는 것입니다.

회사 아무리 그렇다고 하더라도 원풍산업이란 그룹 내에서 어떻게 모방공장만 임금을 껑충 올릴 수 있습니까? 모방업계의 수준을 맞출 수밖에 없다는 것도 노조에서 잘 알고 있지 않습니까?

노조 회사 측의 말대로 한다면 우리가 다른 사업장보다 일을 더 열심히 해야 할 이유가 어디 있습니까?

회사 (침묵)

노조 그러면 면방사업장의 인상액을 하회하지 않는다는 원칙만이라도 정하지요.

회사 좋습니다. 그렇게 하겠습니다.

노조 원칙에 합의한 것으로 하고 잠시 정회를 하는 것이 좋겠습니다.

회사 측은 실수를 한 셈이었다. 당시 면방업종의 임금 수준은 모방업종보다 평균임금에 있어서 높은 수준이었기 때문에 면방업종의 임금인상액을 모방업종에 적용할 경우 약 4~5퍼센트 차이가 발생한다는 사실을 회사 측은 미처 계산하지 못한 것이다. 과연, 회사 측은 정회가 된 이후 소모방협회에 문의하여 이 같은 사실을 확인한 뒤 뒤늦게 약속을 철회하겠다고 나왔지만, 상황만 악화시킬 뿐이었다. 노조측의 강력한 반발에 부닥친 회사 측은 임금 결정을 행정관청의 조정 결정에 맡기자고 제의함으로써 결국 교섭은 중단되고 말았다. 노조 측 교섭위원들은 회사 측이 합의된 원칙을 이행할 것을 촉구하며 현장에서 즉시 단식에 돌입할 것을 선언했다.

소식이 알려지자 밖에서 기다리던 조합원들은 출입문을 봉쇄한 채 농성에 들어갔다. 결국 노사 양측 교섭위원 10여 명은 출입이 막힌 채 회의실에서 밤을 새울 수밖에 없었다. 시간이 흐를수록 농성자 수는 점점 늘어났다. 기숙사에서 잠을 자는 조합원들이 단 한 사람도 빠짐없이 농성에 참여하자 그 수는 500여 명에 이르렀다. 농성 조합원들은 회의실 아래층 총무과 사무실을 완전히 장악하고 흥겨운 공연을 이어나갔다. 노래자랑과 장기자랑, 그리고 탈춤 공연이 이어졌다. 상집 간부들은 이 기회에 그동안 노동조합 활동에 그다지 적극적이지 않았던 조합원들에게 앞장설 수 있는 기회를 제공하고자 노력했다. 이 기회를 통해 노조를 좀 더 잘 이해하고 앞으로 좀 더 적극적인 활동을 하도록 용기를 북돋아주기 위해서였다. 이렇게 해서 농성장은 훌륭한 조합원 교육장이 되었다.

새벽 6시가 되자 일부 조합원들이 출근을 했다. 나머지 조합원들은 회의실로 통하는 계단에 앉아 농성을 이어나갔다. 아침이 되자 회사 건물 벽에는 대형 현수막이 내걸렸다.

"배고파 못 살겠다. 임금인상 빨리 하라."

"이상순 사장은 즉각 임금인상 교섭에 임하라."

상황이 이렇게 돌아가자 회사 측에서는 중역들이 대거 공장으로 몰려와 대책을 숙의하기 시작했다. 그렇지만 17일이 되어도 상황은 달라지지 않자 급기야 남부경찰서에서 정보과 과장 등 20여 명이 찾아와 원만한 합의를 바란다는 뜻을 회사 측에 전달하기도 했다. 마침내 회사 측은 34퍼센트 인상안을 대안으로 내놓았다. 노조 측은 35퍼센트를 제시하고 1퍼센트 차이는 3월 19일 최종 담판을 내리기로 합의했다. 이렇게 해서 3월 19일 노사는 다음과 같은 '합의서'를 체결하기에 이르렀다.

　1. 임금인상

　　1) 본공 기본 평균임금을 기준하여 평균 34퍼센트를 재원으로 하고, 남자 33퍼센트, 여자 34.5퍼센트를 인상한다.

　　2) 가) 양성공 여자 1330원, 양성공 남자 2080원

　　　　나) 본공 여자 초임 1600원, 본공 남자 초임 2480원

　　　　다) 본공 여자 평균일급 1892원, 본공 남자 평균일급 3831원

　　3) 남자는 32퍼센트를 일괄 인상 적용하고, 1퍼센트의 재원으로

저임자에게 배당한다.

4) 여자는 34퍼센트를 일괄 인상 적용하고, 0.5퍼센트의 재원으로 저임자에게 배당한다.

5) 총재원의 34퍼센트를 초과할 경우 그 초과금액은 상반기(6월) 정기 승급분에서 감한다.

6) 사원은 본공 평균인상률에 준한다.

7) 본 임금인상은 1979년 3월 21일부터 적용 실시한다.

2. 조합원의 급식비는 1식당 150원으로 한다.

3. 기숙사생의 숙사비는 월 4500원으로 한다.

4. 회사는 기숙사생의 생일파티를 위하여 연간 100만 원을 기숙사 자치회에 지불한다.

5. 정기승급은 6월 21일과 10월 21일부로 평균 40원씩 연간 80원을 승급 실시한다.

6. 본 임금인상의 평균임금 유지를 위한 중간 조정을 11월 21일부로 시행한다.

7. 회사는 재직자의 장학금을 1981년까지 중고등학교까지의 등록금 전액을 부담한다.

단 1) 재직학생은 1979년도부터 대학교까지의 등록금을 전액 부담한다.

2) 재직자 자녀의 장학금은

가) 1979년도에는 2기분의 등록금 전액

나) 1980년도에는 3기분의 등록금 전액

다) 1981년도부터는 4기분의 등록금 전액을 지급한다.

3) 1978년 8월 17일자 합의서 제5항의 장학금 지급조항은 1981년도 등록금이 지급될 때까지 그 시행을 일단 보류하고 등록금

이 완전히 지급된 후 폐기한다.

　4) 노동조합에서는 1981년 이전에는 위 합의내용 이외의 장학금
　　지급 건에 대하여 거론하지 않는다.

　이로써 원풍노조는 면방사업장의 28퍼센트보다 6퍼센트 높은 인상률을 확보할 수 있었는데, 이는 섬유업계 중에서 가장 높은 인상률이었다. 결국 원풍모방은 1972년 이후 가장 높은 임금 수준을 유지하는 사업장이 되었다.

조합원 분열 행동과 징계

　그러나 임금인상 투쟁 과정에서 뜻하지 않은 불상사가 발생했다. 3월 10일 노동절 기념식이 끝난 후부터 조합원들 사이에서 묘한 기류가 감지되기 시작한 것이다. 파업을 단행해서라도 40~50퍼센트의 임금인상을 관철해야 한다는 강경론이었다. 직포과에서 처음 불거지기 시작한 이런 움직임에 노조 집행부는 경계심을 갖지 않을 수 없었다. 실제 농성 과정에서는 이런 움직임이 현실화되어 나타났다. 한 조합원은 노사 양측이 어느 정도 합의에 이르러 해산을 종용하자, 지시에 불응하고 계속해서 농성을 강행하자고 조합원들을 선동했던 것이다. 나아가 임금인상이 확정되고 노조 집행부가 이를 게시판에 공고하자, "방림방적은 앉아서도 50퍼센트 임금인상이 되었는데 우리는 무어냐?", "괜히 밤을 새웠다" 하는 등 사실과 무근한 내용으로 턱없이 조합원들을 선동하는 불만을 노골적으로 표출하기도 했다. 이런 소문은 삽시간에 공장 전체로 퍼져나가 분위기는 금세 험악해졌다.

"지부장이 뒤로 뭐 먹은 거 아니냐?"

"남산을 한 번 갔다 오더니 정보부를 겁내는 거다."

"원풍노조는 이제 다 됐다."

이런 식의 유언비어는 급기야 일부 남성 조합원 중에서 "노조를 탈퇴하자" 하는 데까지 발전했다. 또 다른 부서에서는 더욱 구체적이고 험악한 선동이 오갔다.

"일비 3000원 이하를 받는 남성 조합원들은 전부 서명날인하여 지부 사무실에 가서 이를 시정토록 하자. 플래카드를 써서 노조사무실에 붙이든지 안 되면 때려 부수든지 하자."

"남자 것 1퍼센트를 떼어서 왜 여자한테 주나?"

"여자 봉급은 남자의 절반도 못 받으면서 뭘 잘한다고 하느냐?"

"장학금은 81년도부터 정부에서 다 주게 되어 있다. 그러니 별 거 아니다. 괜히 생색내는 거다."

한편, 3월 20일 조합원인 직업훈련생들이 수강하는 제3, 4 강의시간 담당 개발과 안○○ 사원은 교과 내용과 달리 20여 분에 걸쳐 "철야 농성하는 데에 우리 직업훈련생들이 제일 많았는데, 그렇게 해서 잘된 게 무어야? 너희들 임금을 90퍼센트 요구했다가 겨우 34퍼센트가 뭐냐? 앞으로 그런 데 가지 마라. 잘된 적이 없다."고 말하여 직업훈련생들로 하여금 불안감을 느끼게 만들었다. 이런 여론은 좀처럼 수그러들지 않았다. 마침내는 "남자 1명이 여자 10명을 포섭하여 노동조합을 파괴하자"고 선동하는 데까지 이르렀다.

노동조합으로서는 더 이상 사태를 방관할 수 없었다. 힘든 시기, 조합원의 분열을 막고 노조를 사수하기 위해서는 어떤 결단이 필요했다. 그리하여 처음 소문이 시작된 직포과를 중심으로 사실 조사에 착수한 결과, 관련자 전원은 자신들의 발언을 그대로 시인했다.

3월 23일 노조는 상집회의를 열어 다음과 같이 결의했다.

- 직포과 C반 정○○: 자진사표를 권유하되 안 될 경우 제명 처분을 한다.
- 직포과 C반 하○○, 노○○, 이○○: 경고 처분. 단, 사과문을 제출한다.
- 개발과 사원 안○○: 회사에 해고를 강력히 요구한다.
- 집행은 3월 27일부로 한다.

노조로서는 참으로 가슴 아픈 조치였다. 그러나 이들 중 조합원들은 현장에서도 간부로 있어 노동조합에 대해 충분한 이해가 있는데도 이런 행위를 했다는 데 큰 문제가 있었다. 조합의 유지와 발전을 위해서는 부정확한 사실에 기대어 불필요한 소문을 확대 재생산하여 결과적으로 조합원들의 단결을 심히 해친 이들을 징계하는 것이 불가피했다.

이 사건은 민주화된 원풍노조로서는 받아들이기 싫은 경험이었다. 그러나 이를 계기로 조합원들이 노동조합이 자기 한 사람만을 위해 존재하는 것이 아니라 세계 노동자 속에서 전체 조합원의 기구임을 명심하고 불평과 불만이 노동조합의 원만한 활동을 저해하고 조직을 분열 또는 파괴시키는 행위에 이르지 않도록 건설적인 의견으로 정리하여 피력하는 훈련이 필요하다는 점을 인식하게 된다면, 제 뼈를 깎는 아픔이 나름대로 의미 있는 결과라 할 수 있을 터였다. 징계를 받은 이들 중 1명은 4월 9일자로 자진사표를 제출하고 회사를 떠났다. 나머지 3명은 경고 처분을 받았으며, 사원 안○○은 회사에 퇴사 처리를 위임하는 것으로 징계를 마무리했다.

제**5**장 유신체제의 종언

크리스천아카데미 사건과 박순희 부지부장

3월 22일, 모 기관원 2명이 회사를 찾아와 회사 간부를 통해 박순희 부지부장과 면담을 요청했다. 사실 기다리던 일이 벌어진 것이어서, 노동조합은 이를 단호히 거부했다.

일의 전말은 이러했다.

3월 9일 오전 10시, 크리스천아카데미(원장 강원룡)의 간사 한명숙이 중부경찰서 김 형사라고 거짓으로 신분을 밝힌 중정 요원에게 영문도 모른 채 끌려갔다. 이후 신인령, 이우재, 장상환, 김세균, 정창렬, 황한식 등 간사 6명이 차례로 연행되었다. 이들은 당시 대학원을 마치고 막 강단에 선 신진 엘리트그룹으로서, 크리스천아카데미에서는 주로 노동조합 간부들에 대한 교육을 담당해온 이들이었다. 일이 이렇게 되자 크리스천아카데미에서 이른바 산업사회교육 과정을 밟고 있던 민주노조 간부들은 사태의 추이에 촉각을 곤두세우지 않을 수 없었다.

원풍모방 노동조합 부지부장 박순희 역시 이미 내로라하는 명성을 떨치던 다른 민주노조 지부장들, 즉 최순영(YH무역), 이총각(동일방직),

장현자(반도상사), 이영순(콘트롤데이타) 등과 함께 그 과정을 이수하는 중이었기 때문에 3월 22일의 면담 요청이 무엇을 의미하는지 쉽게 알 수 있었다.

1965년에 창립된 크리스천아카데미는 독일교회의 지원을 받아 1974년부터 중간집단 육성 프로그램을 통해 노동자, 농민, 청년, 여성들에 대한 교육을 전개했다. 한국 사회구조의 병폐를 양극화로 진단하고, 이념과 체제의 양극화 이외에도 소수 권력특권층과 다수 국민대중, 도시와 농촌, 호화주택과 빈민촌, 기업주와 노동자, 남성 패권과 여성 등 상충하는 집단 간의 양극화 현상을 해소하는 것이야말로 우리 사회의 갈등을 치유하는 사활적 문제로 인식했던 것이다. 이들이 생각하는 '중간집단'이란 자율적이고 민주적인 의식의 바탕 위에서 기본적으로 사회개혁에 관심을 가지며 민중의 편에 서서 그 힘을 조직화하고 동력화함으로써 양극화된 사회의 화해와 통합에 기여하는 세력을 의미했다. 교육 방식은 주로 그 방면의 전문가들이 강사로 참여하여, 피교육자들과 합숙, 세미나, 강의 등 정규교육과 함께 현장 방문 및 소그룹 운용, 활동평가회 등 후속교육도 병행하는 형태였다. 실제로 이런 교육을 통해서 역사와 사회에 대한 새로운 의식에 눈을 뜬 수강생들은 각자의 일터로 돌아가 노동조합을 결성하는가 하면, 민주화를 위한 여러 조직을 건설하는 데에도 크게 기여했다.

1차 교육: 4박 5일. 노동조합 간부 지도력 개발과정.
- 자유 평등을 통한 인간화 실현
- 경제발전 과정과 노동 문제의 발생
- 한국 노동조합운동의 당면 문제와 과제
- 노조간부의 책임과 사명

- 지도자의 자세

* 토의는 매 강의마다 분반 토의와 전체 토의 병행. 사례연구 3회,
  공동과제 작업 5회.

* 명상의 시간, 5분 발언, 대화의 시간, 촛불의식, 전과정 평가 등.

예컨대, 노동조합 간부 지도력 개발과정 제2차, 제2기는 '민주적
노동운동의 좌표설정'이라는 제목으로 1976년 8월 16일부터 21일까
지 진행되었는데, 발제는 다음과 같았다.

- 박찬일: 경제사회 구조 속에서의 조직 탄생 과정
- 백재봉: 한국사회 발전과 노동운동사
- 신인령: 효율적인 소집단 운용
- 이우재: 운동가와 조직원리
- 임종률: 운동가론(1)
- 장을병: 민주정치와 다원체제
- 천영세: 사례 발표

노동조합 간부 지도력 개발과정 제2차, 제5기는 '산업사회 중간집
단교육'이라는 제목으로 1979년 2월 5일부터 10일까지 진행되었다.

- 강원용: 중간집단과 이상사회
- 김세균: 정치사회 구조와 노동조합
- 신인령: 소그룹론
- 임종률: 운동가론(1)
- 장명국: 경제사회 구조와 노동조합

• 공동과제: 중간집단과 이상사회에 대한 분반 토의

원풍노조는 일찍부터 노동조합 차원에서 간부들이 이 강의에 참가하는 것을 적극 권장하고 있었다. 따라서 그 내용이 무엇인지, 그리고 크리스천아카데미 자체가 꿈꾸는 세상이 무엇인지 너무나 잘 알았고, 거기에 전적으로 동의하고 있었던 것이었다. 그러던 차에 박순희 부지부장에 대한 면담 요청이 들어온 것은, 위기를 느낀 정권이 이들을 용공으로 내몰아 곧 대규모 조직사건을 조작하려 한다는 뻔한 스토리의 일부라고 판단하지 않을 수 없었다.

이날, YH무역 최순영 지부장, 반도상사 장현자 지부장이 연행되었다는 소식이 들려왔다. 일의 심각성을 감안하여 노조는 상집회의를 열어 대책을 논의했다. 그 결과, 3월 23일자로 아래와 같은 내용의 '결의문'을 발표하게 된다.

1. 어떠한 이유로도 간부의 연행은 노동조합을 파괴하려는 직접적인 탄압으로 간주한다.
2. 우리는 간부의 연행을 막기 위하여 관계기관이 연행 의사를 철회할 때까지 노동조합 사무실에서 철야 대기한다.
3. 만약 관계기관이 강제로 연행하려고 할 경우 우리는 노동조합을 파괴하려는 것으로 간주하고 일체 조합원이 한데 뭉쳐 노동조합을 지키기 위해 극한투쟁을 불사한다.
4. 관계기관은 연행 의사를 속히 철회함으로써 전체 조합원이 평화스럽게 생산 활동에만 전념하여 국가경제 발전에 기여할 수 있게 하여 주기를 간곡히 요청하는 바이다.

이와 함께 조합원 300여 명이 사무실에서 연행을 막기 위해 농성에 돌입했다. 이날 동일방직 이총각 지부장이 추가로 연행되었다.

3월 24일, YH무역 최순영 지부장이 풀려나와 원풍모방 노동조합을 찾아와서 사건에 대해 설명했다. 크리스천아카데미 사건에 참고인으로 불려가 조사를 받고 진술을 했다는 것이었다. 최순영 지부장의 방문은 대책을 마련하는 데 큰 도움이 된 것은 물론, 사태 해결에 결정적인 전환점이 되었다. 상집회의는 박순희 부지부장의 참고인 조사가 불가피함을 인식하고 자진출두 형식으로 연행에 동의하되, 8시간의 조사 시간을 지켜줄 것을 강력히 요청하기로 결정했다. 결국, 박순희 부지부장은 3월 27일 오전 10시 20분경 내방한 기관원들과 함께 자진출두하는 형식으로 중앙정보부로 가서 조사를 받았고, 오후 11시 30분경 무사히 귀사하게 되었다.

이 과정에서 웃지 못할(?) 일화가 나온다.

그런데 박순희 씨를 잡으러 왔어요, 중앙정보부에서. 노동조합에서 딱 못 내줘. 이렇게 얘기를 한 거예요. 걔들이 회사에 진치고 있는데 노동조합 문을 못 여는 거예요. 나타나기만 하면 우리가 폭력을 가하든지 해서 막는다는 거예요. 그 사람들이 이틀 삼일씩 대기하고 있으면서 만나지도 못하고 돌아갔어요. 나중에 인명진 목사를 통해가지고 교섭이 들어왔어요. 조사는 하고 끝내야 하는데 보내 달라. 그래서 협상을 해가지고, 좋다, 오늘은 안 되고 날짜를 정하면 몇 시부터 몇 시까지 저녁에, 그러니까 낮에 들어가 가지고 해 떨어지기 전에 내보낸다. 이런 조건하에 자진출두하는 것으로 그렇게 합의를 봤어요. 그래서 실제로 그렇게 약속된 날짜에 들어가서 조사를 받는데 저녁 8시까지 나오기로 되어 있었어요. 근데 7

시 반이 되니까 중앙정보부에서 전화가 왔어요. 아, 지부장님, 지금 조사가 조금 미진하니까 2시간만 연장해주십시오. 그래서 10시까지 연장해갖고 조사받고 박순희 부지부장이 나온 적이 있어요.

−제2권, 503∼504쪽, 방용석

조합원들은 조합원들대로 조사를 받으러 들어간 부지부장이 오후 5시가 되어도 아무런 연락이 없자, "오늘 오후 4시까지 보내주기를 간청했으나 6시 현재까지 소식이 없는 것은 너무한 것 같아요. 몸이 떨리고 정신이 어지러워 일이 안 되니 빨리 노동자는 현장으로 국민을 기만하는 자들은 쓰레기 하치장으로 보내기를 호소합니다"고 쓴 유인물을 만들어 부지런히 뿌리고 다니기도 했다.

크리스천아카데미 사건은 3월 27일 원장 강원룡이 연행되는 것으로 비화되었다. 간사들은 엄청난 고문을 받았다. 이들에 대한 모든 혐의 사실은 중앙정보부가 만들었고, 검찰은 이를 그대로 인정하여 법정 최고형을 구형했다. 검찰은 크리스천아카데미의 후원자인 WCC(세계교회협의회)가 소련의 비밀경찰인 KGB(국가보안위원회)의 손아귀에 있다고 단언했다. 법원은 1979년 9월 22일 공소 사실을 대부분 인정하여 징역 7년 등을 선고했다. 그러나 해가 바뀐 1980년 1월, 항소심은 정창렬과 황한식에게 무죄를 선고하고, 피고인 모두에게 1심에서 가장 큰 범죄였던 지하비밀서클 조직 부분에 대해서도 무죄를 인정했다. 물론 수사기관이 수사 과정에서 무수하게 자행한 불법과 고문에 대해서 검찰과 재판부는 철저히 외면했다. 이세중, 홍성우, 황인철 변호사에게 단 한번 이들을 면회할 기회가 주어졌는데, 이들은 경악하지 않을 수 없었다. 고문으로 만신창이가 된 이들은 자신들을 방어할 기력을 완전히 상실한 듯이 보였던 것이다.

섬유노조를 법정에 세우다

1979년 5월 28일, 원풍노조는 상집회의의 결의에 따라 전국섬유노조 김영태 위원장을 상대로 서울민사지방법원에 소를 제기했다. 내용은 "전국대의원대회 결의 무효확인 청구의 소"였다. 청구 이유는 첫째, 1978년 7월 30일 부산에서 열린 섬유노조 정기 대의원대회가 소집공고 절차상 중대한 하자가 있고, 둘째, 결의 방법에도 하자가 있으며, 셋째, 임원 선출의 정족수에서도 하자가 있다는 것이었다. 소장에서 밝힌 중대한 하자는 대략 다음과 같은 내용이었다.

[소집공고 절차의 하자]

1. 대회를 개최하려면 15일 전에 공고해야 하는데, 산하 지부이며 대의원이 배정되어 있는 원풍모방, YH무역, 반도상사 등 3개 지부에 대해서는 전연 공고를 하거나 통지를 한 바 없다.
2. 대회일로부터 15일 전이라는 것은 상법상 관례에 따라 공고일과 대회일을 포함시키지 않고 그 사이가 15일 이상이 되어야 한다는 뜻인데, 7월 15일에 공고를 하고 7월 30일에 대회를 개최하였으므로 위법이다.

[결의 방법의 하자]

1. 대의원 중 정당한 자격이 있는 대의원 4인(반도상사 장현자, 원풍모방 방용석, 박순희, YH무역 최순영)에 대해 대의원 자격을 부정함은 물론 참석하는 것조차 폭력으로 제지했다.
2. 자격이 없는 8인(제명된 방림방적의 이춘선, 합동방직의 방순조 포함)을 정당한 자격이 있는 대의원인 양 참석시켰다.

[임원 선출 정족수의 하자]

전술한 무자격자 8인을 빼면 합법적인 재석 인원은 144인으로 결의에 필요한 정족수, 과반수는 73표인데, 김영태 후보자가 80표를 얻었으므로 무자격자 8인을 빼면 72표로 결국 과반수 미달이다.

원풍이 이렇게 소송까지 하게 된 것은 불법적으로 당선된 김영태가 더 이상 섬유노조를 좌지우지하고 노동운동을 파탄지경으로 몰고 가는 행태를 두고 볼 수 없었기 때문이다. 한국노총에서도 가장 문제가 많은 산별노조의 하나인 섬유노조를 개혁하지 않고는 한국노동운동의 앞날도 결코 밝지 못했다. 원풍노조는 예상되는 여러 가지 압력과 어려움에도 불구하고 조합원들의 총의로, 또한 같은 길을 가는 여러 민주노조를 대표해서, 법적 소송을 포함하여 강력한 투쟁을 전개하게 된 것이었다. 이로부터 원풍노조와 섬유노조 김영태 위원장 사이에는 제2라운드의 기나긴 대립이 시작되었다.

탈춤반의 결성과 맹활약

원풍모방 노동조합 대부분의 조합원들은 1979년에 들어서서 낯선 공연을 감상하는 기회를 얻는다. 바로 탈춤 공연이었다. 이미 3월 10일 노동절 기념식에서 처음 선보인 탈춤 공연[별지]6 참고은 연이어 벌어진 임금인상 투쟁 과정에서도 촌극 형태였지만 농성장을 뜨겁게 달군 바 있었다. 1978년 외부 탈춤패를 초청하여 딱 한 번 구경한 그 탈춤 공연을 이제 조합원들이 직접 만들어 공연까지 하게 된 것이다.

노동조합은 처음 탈춤반을 꾸리기 위해 1979년 1월 초 모집공고를

붙여 기숙사생들을 중심으로 희망자를 모집했고, 이어 간부들이 몇몇
사람에게 권유하여 초창기 멤버 30명을 모아 첫발을 내딛게 되었
다.[35] 2월 초부터 연습이 시작되자, 탈춤에 대해서 거의 아는 게 없던
조합원들도 차츰 흥미를 가지게 되었다. 기숙사 강당에서는 외부에서
초빙한 탈춤 선생들의 지도를 받아 매주 1~2회 이상 오후 4시부터 6
시까지 두 시간씩 "덩더꿍 덩닥, 얼쑤" 하는 입장단 소리와 추임새가
흘러나오기 시작했다. 그때부터 조합원들의 관심이 급증했다.

　원풍노조의 탈춤반은 조합원들의 기쁨과 슬픔을 함께한다는 맥락과
더불어 노동조합의 조직적 의도가 더해진 노동자문화패였다. 시작은
노동조합의 조직역량 강화정책과 노동자문화를 만들어간다는 생각에
서 비롯되었지만 기숙사와 노조사무실 옆에 붙은 광고를 보고 모여든
조합원 중에는 노조 활동에 별 관심이 없었던 경우도 많았다. 그저 춤
추는 것이 좋아서, 공짜로 배울 수도 있다니 참여한 것이다. 그러나 이
들도 나중에는 의식화가 되어 훌륭한 조합원이 되었음은 물론이다.

노동절 기념식에서 처음 선보인 탈춤은 노동자들이 직접 쓴 대본으로 기업주의 풍요로운 삶과 노동자들의 비참한 현실을 극명하게 대비시키는 내용이었다. 자신들의 현실을 그대로 드러내는 내용에 관객들은 열렬한 환호로 맞장구를 쳤고 첫 공연치고는 엄청난 성공을 거두었다. 임진택은 "이 무렵의 노동자 놀이판 중에서 가장 널리 알려진 것"으로 이 공연을 예로 들면서, "옛 탈춤에서의 양반과 말뚝이의 대립이 현대의 창작 탈춤에서 사장과 노동자의 관계로 대체된 것은 매우 적절"한 것이며, "정든 고향을 떠나 낯선 도시에서 인간 이하의 대접을 받아가며 살아가던 여성 근로자들에게 탈춤은 무엇보다 용기와 자신감을 불어넣어주는 문화적 기능을 하였던 것 같다"고 말한다.[36] 물론 탈춤을 배우는 게 결코 쉬운 일은 아니었다. 그러나 초창기 반원들은 스스로 무엇인가를 이룬다는 흥분과 열정으로 힘든 도전을 계속해 나갔다.

야근 때는 오후에 연습하다 출근하려면 현장에 들어서자마자 눈이 감기고 몸이 가라앉을 듯 피곤하여 정말 힘겨울 때도 많지만 야근 출근하는 동료에게 잠자러 들어가는 새벽 출근반이 사준 박카스 한 병이 정신적 힘이었고 버티게 해주는 동료애였다. 식당에서도 기숙사에서도 "탈반은 모였다 하면 시끄럽다"는 애길 들을 정도로 장구, 북, 꽹과리를 들고 메고 기숙사 강당으로, 옥상으로 노래를 부르고 다니며 서로 열심히 챙겼다. 조합원들도 탈춤반의 똘똘 뭉친 '극성쟁이'들을 특별히 아껴주기도 했다.[37]

한여름날 옥상은 그야말로 불가마 속 같았는데, 그런 더위도 탈춤반원들의 투지를 꺾지 못했다. 노동조합에서는 탈춤반에 대해 각별히 애정을 보여 얼음물이며 시원한 수박 같은 것도 수시로 가져다 주곤 했다. 뒤늦게 입사한 이화숙의 증언이다.

이화숙 그때는 탈반에 들어갔더니 위력이 막강하더라구요. 뭐 선배님들이 우리 모이면 먹을 거 막 사주지. 더울 때 연습하면 아이스크림 사주지, 수박 사주지, 박카스 사주지. 무조건 노동조합에서도 최대한의 지원을 아끼지 않았던 거 같아, 제 생각에.

박순애 그게 의식화 교육하는 데 가장 빠른 거지.

이화숙 그래서 내가 노동조합에 대해서 빨리 알게 된 것도 탈반에 들어갔기 때문에 알았던 거 같아. (세 사람 다 탈춤반이었잖아.) 만약에 제가 80년에 들어갔는데 82년에 9·27 났잖아요. 그 2년의 공간이 82년 만일 탈반에 대해 안 들어갔다면 아마 이렇게까지 노동조합에 대해서라든가 이런 인간관계라든지 배우지 못했을 거예요.

탈춤반은 1년에 한 차례 1박 2일로 수련회도 가곤 했는데, 그때마다 장소며 프로그램 등을 노동조합에서 다 기획했기 때문에 탈춤반원들은 그저 몸만 가면 될 정도였다. 수련회에서는 총회도 병행해서 신임 임원진을 선출하곤 했다. 방용석 지부장은 탈춤반 수련회에는 거의 빠지지 않았다. 노동조합의 결속력을 다지는 데 탈춤반의 역할이 그만큼 컸기 때문이었다. 장명국 같은 노동운동가가 외부강사로 초빙되어 와서 강의를 했다. 장남수는 연세대 노천극장에서 열린 대학생들의 탈춤 공연을 단체로 관람했던 일도 있었노라 증언한다. 이들은 6월 2일 1박 2일 엠티(MT)를 가서 정식으로 탈춤반 창립총회를 열었다. 회원 21명과 강사 3명이 참석한 이날 총회에서는 다음과 같이 임원을 선출했다. 말하자면 이들이 제1기 탈춤반을 실질적으로 구성하게 되는 셈이었다.

- 회장: 김춘호
- 총무: 정해자
- 연구부장: 장남수
- A반 반장: 차언년
- B반 반장: 박정숙
- C반 반장: 최인재

이들은 강사들로부터 탈춤의 기원과 성격에 관한 강의를 들었으며, 분과별로 촌극도 하고, '산동네 이야기' 라는 슬라이드를 감상한 후 느낀 점을 이야기하는 시간도 가졌다. 아울러 "나는 왜 탈춤을 하는가" 라는 제목으로 분과토의와 종합토의도 했다. 그 후, 그들은 스스로 다음과 같이 (창립 목적이라 부를 만한) 결의를 다지기도 했다.

우리는 노동자다. 노동자라는 이유만으로 우리는 사회적, 경제적 또 문화적으로도 차별을 받고 있다. 그 차별은 여러 가지 제도에 의해 정당화되고 있다. 노동자이기에 천대받고 문화에서 소외되며 살아왔다. 여기서 우리는 정당한 노동의 대가와 노동자의 문화를 되찾기 위한 구체적인 작업의 하나로 탈춤을 찾으려 한다. 노동자며 민중이며 농민의 자녀인 우리들의 문화인 것을 생각하며 사명의식을 가지고 모였다. 여기에서 우리는 모든 지혜를 모아 앞으로 나아갈 길을 찾고 실천을 위한 용기를 다질 것이며 또한 1박 2일의 모임이 결코 오락이나 흥미를 돋구는 것이 아니라 나 자신 인간으로서의 가치와 일하는 노동자로서 문화를 찾는다는 보람과 긍지를 가지며 노동계의 성화를 돕기 위해 같은 동지들과 진심으로 연구하며 토론하고 노동자에게 씌워진 멍에를 벗어버리는 구체적인 작업에 응한다. 또 우리는 노동조합에서 만났다. 노동조합을 중심으로 하여 우리의 기반을 튼튼히 다져가자.

이렇게 출범한 탈춤반은 1979년 7월 15일 처음으로 외부 초청 공연을 갖게 되는 영광도 누렸다. 다른 곳이 아니라, 바로 영등포 산선에서. 영등포 산선이 꿈에 그리던 선교회관을 신축하여 개관식을 갖게 된 바, 그 기쁨을 탈춤 공연으로 함께 나누자는 뜻이었다. 탈춤반원들은 주제를 '어용노조를 민주노조로'라고 잡고 전보다 훨씬 열심히 연습을 했다. 워낙 큰 무대이고 보니 걱정이 앞서게 마련이었지만, 그들은 A, B, C반으로 나누어서 연습을 하다가 7월 10일부터는 아예 휴가까지 내어 총연습에 돌입했다.

그리하여 마침내 7월 15일, 공연 날이 밝았다. 배역은 다음과 같았다.

노1 김춘호 **노2** 최인재 **장구** 이기자 **안노** 이재열, 김명옥, 이경순 **깽쇠** 이재근 **병신** 차언년, 임향숙, 조정례 **북** 이필남 **어용지부장** 김명희 **양반** 정해자, 장남수, 박순애, 김두숙 **말단** 박정숙 **기생** 김유영, 박화숙, 이진순

고사와 고난의 춤에 이어 본격적인 탈춤 공연이 시작되었다.

어용지부장 네 이놈 게 섰지 못하겠느냐?
노1 아, 내가 무슨 죄를 지었다고 그러시오?
어용 네 이놈! 나한테는 물어보지도 않고 잔업하지 말자고 선동했

지?

노1 아, 지부장님은 사장님과 꼬냑이나 드시고 카메라 수집하러 다니시느라 우리 사정 모르시지만 아, 우리가 잔업 하고 싶어 한 것이요, 잔업 안하면 임금이 사정없이 떨어지니 할 수 없이 한 것 아니요. 게다가 잔업하랴, 특근하랴, 팔 쑤셔, 다리 쑤셔 비만 오면 허리까지 쑤시는데 우리도 우리 몸 생각하며 잔업해야지 우리 몸 죽여가며 잔업하란 말이오?

어용 야~ 이놈아 내가 특근수당, 잔업수당까지 다 따주고 의무실까지 다 있는데 게 무슨 소리냐. 네 이놈 노조 운영규칙 위반죄다.(때린다)

노1 아이쿠!

어용 네 이놈! 너희들끼리 수군수군 대더니 대의원총회를 열려고 했지?

노1 아, 이놈의 노조는 대의원대회도 없고 조합원도 모르는 노사협의를 하니 우리는 보고만 있으란 말이오?

어용 야~ 이놈아 이렇게 건전하고 튼튼한 노조에다가 훌륭한 지부장까지 있는데 그 무슨 개수작이냐. 네 이놈 노조 조직에 관한 특별법 위반죄다.(때린다)

노1 아이쿠!

어용 네 이놈! 끼리끼리 모여 임금 올려 달라고 농성했지?

노1 아, 지부장님 이내 말씀 들어보소. 노조고 지부장이고 회사에 붙어서 노동자 임금은 생각도 안하니 우리라도 투쟁 했는데 그게 무슨 잘못이란 말이오.

어용 야~ 이놈아 내가 조합원이냐? 노조에서 어련히 알아서 때 되면 회사와 사바사바해서 올려줄 것이 아니냐? 네 이놈. 노조 단체협약 위반죄다.

노1 아이고, 지부장님 어째 그리 말도 많고 탈도 많소. 아 지부장이야 폭신한 침대에서 기집 끼고 세상 물정 모르지만, 아 우리야 하루 세 끼 입에 풀칠하기도 힘드니 어찌 하란 말이요.

어용 야~ 이놈아 지금이 어느 세상인데 그따위 소리야? 보위법이 노동자를 자연적으로 보호하면 됐지 무슨 개소리야. 네 이놈 국가보위에 관한 특별조치법 위반죄다.

노1 아이쿠, 웬 놈의 세상 이다지 법도 많고 죄도 많나.

어용 야~ 이 병신 같은 놈아. 너희 같은 놈들이야 백 명이나 날뛰어 봐라 족집게같이 쏙쏙 뽑아낼 것이니라. 네 이놈! 오늘 혼 좀 나 봐라.

노1 아이쿠!

어용 하하하. 아 – 나도 오늘같이 양반님네들의 잔칫날에는 나도 요런 못된 놈을 잘근잘근 씹어야 흥이 난단 말이야. 아참, 잔치 시간 늦겠다.(퇴장)

의식 안 된 노동자들 노1 앞으로 지나간다. 신음 소리에 장단을 멈춘다.

노1 아이쿠 아이쿠. 팔 다리 머리 허리야.

안노1 아니, 어쩌다 이렇게 묵사발되게 터졌소?

노1 말도 마시오. 지부장인지 된장인지 닭들이 비비고 노는 고고장인지 하는 놈이 시키는 대로 안 한다고 요 모양 요 꼴로 만들지 않았겠소?

안노2 그것 참 안됐구랴. 노동조합도 좋지만 자네 꼬락서니가 이게 뭔가. 먹여주고 재워주고 때가 되면 휴가 줘. 월급 올려 줘. 가만히 있어도 회사가 알아서 하는데 뭐하러 나서는가?

안노3 그럼 그럼. 우린 공부를 못 했으니 출세를 할 수가 있나, 부모가 돈병철이 아니라서 돈이 있나. 그저 남은 거라곤 부모님께 물려받은 허약한 이 몸뚱어리 하나니 부지런히 일이나 하여 어르신께 잘 보여 한 호봉 더 따내는 게 장땡이지.

안노1 그렇게도 할 일이 없을까? 한번 가면 그만인데 이렇게 좋은 시절에 놀아나 보세.

안노1,2,3 좋지.

(노래) 젊음은 흘러갑니다 아~ 지금 이 시간에도 물처럼 바람처럼 구름처럼 흘러만 갑니다. 어제 처음 만나서 사랑을 하고 우리들은 하나가 되었습니다. 이 밤이 새면은 첫 차를 타고 기계 소리 요란한 작업장으로 오 뚜루루루루~~

노1 (일어나며) 아 쉬— 얘들아, 내 말 좀 들어봐라. 돈깨나 있고 똥깨나 뀌는 놈들 안방 장롱 속에 산더미 같이 휘황찬란한 금, 은, 보석을 쌓아 놓고 그것도 모자라 갖은 악독 온갖 지랄로 사람 피를 말리는데 어찌 그 놈들을 믿을 수 있겠소.

안노3 아, 그 어르신이야 부모 잘 만나서 많이 배우고 출세했으니 그렇지 않소.

노1 아, 여보쇼, 모르는 소리 작작하오. 공장에서 시달린 몸. 집에 오면 생계 걱정 물가는 자꾸 올라 실질임금 폭락해도 일한 대가 지불 못 받으며 적자라고 소리치니 자가용 타고 배부른 놈들 배고픈 설움 모른단 말인가? 아! 사람이라면 불의에 분노하고 정의를 위해 죽기도 하고 따뜻하게 도와가며 사는 정을 가지고 있어야 하지 않겠소. 안 그렇게 생각하오?

(안노들 고개를 끄덕이다 다시 갸우뚱거린다)

(이때 장단이 울리고 병신들 각각 특색 있는 춤을 추며 등장)

병신1 여러 동지들! 억울하게 원통하게 죽은 내 말 좀 들어보게. 나는 78년도 물탱크에 빠져 죽은 귀신인데 저승에 가서도 너무나 원통해 오늘같이 뜻깊은 날을 택해 생전에 쌓였던 이 몸의 한을 풀러 왔다네. 나로 말하자면 모 회사에서 6년이란 길고도 짧은 세월을 피가 마르도록 일했지만 월급은 쥐꼬리만 해 입에 풀칠하기 조차 힘들어 월급 올려 달라고 했더니 쇠파이프에 얻어맞아 실신한 나를 물탱크에 던져서 노잣돈 한 푼 없이 저승으로 떠났다네.

병2 아, 동지들! 이내 말씀 좀 들어보소. 공장 생활을 3~4년 근무한 노동자가 하루 일당 1100원이니 월 3만 3000원 가지고 살 수 없어 임금인상 요구했더니 멀쩡한 우리더러 도산에 미쳤다고 하면서 미친개는 몽둥이가 약이라고 하며 밀어내더니 남자들의 우악스런 주먹으로 얻어맞고 넘어지고 밟히며 머리채를 잡고 끌고 다니며 목을 조르고 앞가슴을 발길로 걷어차며 온갖 공갈 협박을 받았으니 이렇게 노동자를 천대할 수가 있겠소.

노2 아, 거 있는 놈들 하는 짓이 뻔하지. 쇳가루 재벌의 곰보 딸년과 멧돼지당의 쨈보놈이 한통속이 되어 놀고 어느 국회의원은 여고생을 농락하고 또 어느 사장님은 여배우를 데리고 놀아 잘들 놀아나는데 우리는 어떠냐. 방직공장 공순이는 철공소의 공돌이와 살며 12시간 야근에 30리를 걸어다녀 여름에는 무좀 걸려 겨울에는 동상 걸려 밥상에 오르는 건 쉬어터진 열무김치뿐 한 나라 한 땅에서 요렇듯이 천지차이네.

안노2 아, 고러고 보니 네 말이 맞다. 70년이면 뭐가 되고 80년이면 잘산다고 하여 허리띠 조르자고 해서 그 말 듣고 졸랐더니 변해진 건 누우래진 우리 얼굴 먼지 먹어 폐병만 남더라. 아, 내 친구도 체불 임금 달라고 혼자서 나섰더니 괘씸죄로 낙인 찍혀 부서 이동 시 켰다가 부당하다고 항의하자 해고시켜 버리더라.

노1 아, 그렇다니까. 노동자를 닭장 속의 암탉 취급하니 우리가 어 디 암탉이냐, 닭장 속의 암탉마냥 알만 낳고 살 순 없다. 닭장 속에 서 사장이 주는 모이만 받아먹고 알만 낳고 살 수는 없지 않느냐?

노2 그렇지. 우리에겐 권력도 돈도 없지만 숫자가 있지 않느냐. 우 리 주위 억울한 사람이 어디 한둘이냐. 억울한 우리끼리 힘을 모아 단결하여 참된 조직 구성하여 공동으로 해결하자.

모두 좋지.

노1 그럼 이제 우리는 이렇게 하나로 되어 뭉쳤으니 그런 뜻에서 우 리끼리 놀아 봅시다.

모두 좋소.

모두 함께 목동 춤을 춘다.

말단 양반님네 납시오.

양반2 여보게. 술과 안주는 준비가 다 되었겠지?

말단 아, 예예. 술로 말하자면 프랑스의 포도주, 소련의 보드카, 영 국산의 위스키, 독일제의 맥주, 노블와인, 마주앙 꼬냑 드슈까지, 안 주로 말할 것 같으면 원숭이의 해골찜, 코끼리의 히프찜, 되양푼의 갈비찜, 오래 산다 자라탕 악어눈깔, 정력 좋다 뱀탕까지. 아, 게다 가 고래수염 이쑤시개에 어여쁜 기생년까지 다 대령시켰습니다. 아, 네네. (양반들 고맙다는 느낌을 표시한다)

양반1 오, 그래그래. 오늘 이 뜻깊은 잔치는 수출 100억 불 초과 달 성과 이 수출에 지대한 공헌을 하신 간부님들과 한자리에 모여 그동안의 노고를 치하하는 뜻에서 이 자리를 마련하였으니 마음껏 놀아봅시다.

말단 사장님, 오늘 같이 뜻깊은 자리에서 한 말씀 하시지요.

사장 (익살스럽게 흠흠) 아, 오늘같이 기쁜 날 내가 한마디 안 할 수 있나. 이 회사로 말할 것 같으면 정부시책에 적극 협조하여 100억 불 수출에 지대한 공헌은 물론이니라. 이 강산 잘살게 하자는 파란교육에도 적극 참여하였고 우리강산 아름답게 하자는 자연보호에도 앞장을 섰던 사람으로서 어른께서 하사한 금배지 자랑스럽게 달고 다닌 사람이올시다. 어흠흠 (양반들 아부의 눈길과 박수) 또한 노동자의 인권을 최대한으로 보호하고 최저생계비를 보장하려고 노력하고 있습니다. 그런데 최근 임금인상을 요구하는 아우성이 커지고 있는데 이 점도 회사의 어쩔 수 없는 사정으로 인상할 수 없음을 심히 안타깝게 생각하는 바이올시다.

양반3 당연하고 지당하신 말씀이십니다. 그뿐만 아니라 국제정세로 인한 기름값의 인상으로 사장님 자가용도 굴리기 힘든 이 시국에 인건비의 인상은, 특히 저 공원들의 임금인상은 절대 불가한 줄로 생각됩니다. 아, 네네.

말단 아, 고년들은 먹여주고, 재워주고, 입혀주면 됐지 감시를 잠깐만 소홀히 해도 고 틈을 타서 임금을 올려달라고 아우성이고, 돈 더 주면 고고장 간다, 바캉스 간다, 난리방정을 떨면서 무슨 임금인상이야 공순이가 무슨 바캉스야 바캉스가. 어휴 염병할 년들.

어용 아, 그럼 그럼요. 이렇게 유능하시고 전능하신 사장님과 전세계에 찾아보기 힘든 이 유명악독한 간부님들과 어용성이 둘째가라면 서러울 지부장이 있겠다. 아, 고년들이 날고 뛰어봐야 손바닥 안에 손금이지 무식한 것들이 왜 나서 나서길……

사장 아, 다들 좋은 말씀만 하시느라 피곤하신데 이렇게 좋은 자리 마련하였으니 즐겁게 놀아봅시다. (말단을 바라보며) 아, 고년들은 없느냐?

말단 예, 그럼 하나하나 소개를 올립죠. 그럼 첫 번째로 장안 최고의 기녀로서 미모와 학식을 겸비한 '안몰라'.

(안몰라 특유의 춤을 추고 사장에게 가서 안긴다)

말단: 두 번째로 현대의 모든 무용에 다재다능한 '미스 디스코'.

(미스 디스코 춤을 추고 양반들 사이에 가서 양반들을 꼬신다)

말단: 세 번째로 양반들 꼬시기로 소문이 난 '임꼬셔'.

(임꼬셔 각 양반들을 차례로 꼬시는 행각을 벌인다)

(불이 꺼지며 요란한 음악이 나오고 양반들과 기생이 어울려 요란하게 춤을 춘다)

불이 켜지면 양반들 체면 차리는 동작을 하고 회사로 가자며 퇴장. 노1, 2가 강령 말뚝이 춤을 추며 등장한 후에 양편 가장자리에 가서 앉은 후 말단이 샌님 도련님 하면서 등장 후에 판을 한 바퀴 돌고 제자리에 가서 선다. (양반과 노동자 대립 논쟁)

양반 전원 말뚝아, 말뚝아!

노1 예이~

양반 이놈, 말뚝아! 시키는 일은 하지 않고 어딜 그렇게 쏘다니느냐?

노2 아, 사장님은 피서다 바캉스다 하여 경포대나 해운대에서 여름을 나는데 우리는 삼복더위 피할 데 없어 하루 12시간 젖 먹는 힘, 죽 먹는 힘, 온갖 힘을 다 내어 죽기 살기 기를 쓰고 일을 하는데. 아, 그게 웬말이오.

양반 야, 이놈 말뚝아!

노2 예이~

양반 너희들이 원하는 것을 최대한으로 해주고 있는데 임금인상은 무슨 임금인상이냐?

노2 아, 목구멍인지 중앙청인지 포도청인지 우리도 먹고살아야 하지 않겠소? 고기 반찬 호의호식은 고사하고 생존이나 유지하게 임금 좀 올려주소. 사장님 개새끼는 감기 걸려도 포니 타고 병원까지 가신다는데, 우리들은 병들어도 병원은 고사하고 약값도 없이 병이 병이 되어 고질병이 되었소이다.

양반 야, 이놈 뭐야?

노2 양반님께서는 개고기, 뱀탕을 많이 잡수셔 정력이 좋다 했소이다.

(불림 후 춤 – 옆에 가서 앉는다)

양반 야, 이놈 말뚝아!

노1 예이~

양반 기름값 인상으로 인하여 공장 운영이 불편한데 물자를 아껴 쓰고 허리띠를 졸라매어 생산 증대를 할 시기에 어딜 그렇게 쏘다니느냐?

노1 졸라 매라, 졸라 매라, 허리띠를 졸라 매라. 소비지출 증대라고 소리소리 외치지만 양반님네 잡수실라고 수입과자, 쵸코렛, 바나나에 긴 의자는 이태리제요, 목 조르는 넥타이는 프랑스제요, 변소에서 쓰는 화장지는 미제에, 양반님네 사모님은 도박판에서 시간 보내고, 아들놈은 디스코 추느라고 정신이 없는데 소비절약은 누구더러 하라고 그러시우.

양반 야, 이놈 말뚝아!

노2 예이~

양반 너희를 위해 노조를 만들어주었는데 무슨 놈의 노조를 또 만들려고 야단법석을 떠느냐. 회사는 하나인데 웬 놈의 노조는 두 개씩이나 된단 말이냐.

노2 아, 그놈의 만들어주신 노동조합이 누구를 위한 조합인지 모르겠소이다. 노동조합이란 본시 노동자 권익과 생계를 보호하는 게 노동조합이지 어찌된 노동조합이 노동자 권익 보호는 고사하고 지부장인지 개아들놈인지 하는 놈은 저 한 몸 편하게 살기 위해서 우리 노동자를 외면하고 회사의 앞잡이가 되어 있는데 우리의 권리를 우리가 찾지 않으면 누가 찾아 주겠소.

양반 저런 무식한 놈이 있나 노조가 있는데 새로운 노조를 만든다니 두 개의 노조가 함께 있단 말이냐.

노1 아, 이런 양반님. 그 모르는 소리 작작 하시오. 노조가 100개 1000개 있으면 뭐 하오? 노동자를 위한 노조 노동자의 권익과 인권을 보호하는 노조가 진정한 노조가 아니오.

양반 저런 저런.(양반들 수근대며 술렁거린다)

노2 우리도 우리를 위한 지부장 세우고 우리들을 위한 노조 만들어 노동자 위한 활동하는 노조를 만들겠단 말이오. 그놈의 어용노조 물리치고 자주적인 노동조합으로 새롭게 만들겠소이다.

양반 네 이놈, 뭐야? 하라면 하는 대로 할 것이지 무슨 지랄이야. 네 이놈 아직 뜨거운 맛을 보지 못했구나. 어디 한번 혼 좀 나봐라.

양반들 건방지고 못된 놈들!

노1 어용노조 철폐하라!(불림 후 양반과 노1 대무한다)

이 싸움에서 노1이 지고, 노1은 다시 노동자들을 단합하여 군무를 추며 양반들과 싸운다. 두 번째의 싸움에서 노동자가 승리하고 자연스럽게 뒤풀이로 넘어간다.

원풍모방 탈춤반의 문화사적 의미

탈춤은 우리 민족 고유의 연행 형식으로 민중의 생활 현실을 반영하며 활발하게 전승되었다. 그러나 일제 식민지배와 한국전쟁, 그리고 급속한 산업화를 겪는 동안 생동감을 잃고 박제화된 형태로 겨우 명맥만 유지했다. 그러다가 서슬 푸른 유신의 한복판에서 오히려 탈춤은 기적적으로 부활의 계기를 맞이한다. 유신체제에 맞서서 꺼져가는 민주주의의 불씨를 새롭게 지펴내야 할 의무를 자각한 청년들이 눈을 돌려 오히려 과거에서 희망을 발견했던 것이다.[38] 탈춤을 비롯하여 판소리, 풍물, 굿, 남사당 연희, 민요 등 전통적인 문화는 낡은 것이 아니라, 폭압의 세상을 뒤엎어야 할 처음이자 마지막 주체인 민중의 문화요, 무기로 새롭게 인식되기 시작했다.

「오적」과 「황톳길」의 시인 김지하는 원주에 근거지를 두고 가톨릭을 중심으로 그 새로운 문화운동의 '뇌수'가 되었다. 그가 이끈 새로운 문화운동은 탈춤반이나 연극반 출신의 임진택, 채희완, 문무병, 홍세화 등과 가수 겸 작곡가인 김민기를 거쳐 학교와 교회, 그리고 공장과 농촌 현장으로 급속히 전파되기 시작했다. 각 대학에는 탈춤반이라든지 전통문화연구회가 속속 만들어졌다. 1971년 서울대 문리대에 민속가면극 연구회가 처음 창설되고 1973년에는 이대, 연세대, 서강대에 각각 탈춤반이 결성된다. 이후 이른바 탈춤부흥운동은 민족주의적 맥락에서 전국으로 급속히 확산되는데, 제일교회, 새문안교회, 경동교회 등 진보적인 교회가 중심이 된 교회 탈춤운동도 거의 동시적으로 활발하게 전개된다.[39]

원풍모방의 탈춤반도 말하자면 이러한 대열에 동참한 것인데, 당대 노동 현장에서는 동광모방 탈춤반, 반도상사 탈춤반 등과 더불어 가장 선진적인 문화운동 그룹이라고 할 수 있었다. 반도상사 탈춤반이 1978년 말에 결성되었고, 그다음이 원풍모방이며, 동광모방은 그 뒤에 만들어졌다. 원풍노조의 탈춤반을 지도한 이들은 이상훈, 김상복, 신재걸, 현광일, 박종관, 김진순, 민경서 등이었다. 연세대, 아주대, 경희대 등 여러 대학 출신들로 구성된 연합 탈춤반이었는데, 당시에는 '기탈', 즉 기독교장로회 청년회 탈춤반이라는 이름으로 활동하고 있었다. 기탈에는 이들 외에도 백원담, 라원식 등도 함께 참가했다.[40] 치대생이던 이상훈은 춤을 아주 잘 추어 인간문화재로 전수를 받아도 되겠다는 말이 오갈 정도였다. 이들은 경비들이 외부인의 출입을 엄격히 지키는 정문을 거침없이 들락거린 몇 안 되는 사람들에 속했다. 그만큼 노동조합의 힘이 막강했기 때문에 가능한 일이었다.

이들이 지도한 원풍노조 탈춤반이 선보인 공연은 우리의 전통 탈춤을 그대로 재현한 것이 아니라 전통 형식에 당대의 현실, 특히 연행자인 노동자 자신들이 직접 겪는 노동 현장의 애환을 담아내어 더욱 실감을 자아냈다. 대본은 연구부장이 중심이 되어 공연에 참가하는 탈춤반원들이 머리를 맞대고 함께 만드는 게 보통이었다. 그렇게 해서 만들어진 공연은 운동장 대신 주로 기숙사 강당에 임시 무대를 만들어 상연되곤 했다. 탈춤의 본질은 관객과 배우가 한 판 마당에서 한데 어우러지는 데 있다. 그렇지만 원풍모방 탈춤반은 장소 문제 때문에 대개 강당무대에서 공연을 할 수밖에 없었다. 장남수는 무대에 올라서면 엄청난 흥분감에 휩싸였는데, 이는 관객들 역시 마찬가지였다고 증언한다. 산선에서 공연할 때는 외부 노조 사람들이 대거 관람하러 왔다.

원풍모방 사상 가장 나이 어린 노동자 축에 들 차언년에게 탈춤은 과거의 화석이 아니라 피부로 느낄 수 있는 생생한 현실이었다.

차언년 그니까 책들도. 알려지지 않은 이야기, 조선방직, 또 몇 가지 있는데 그런 것을 책을 읽고 토론하고 (**)한테 강의 듣고 또 탈춤 가리키는 그때는 우리가 다 형이라고 그랬거든요. 그분들한테 탈춤의 미학 같은 거 설명 듣고, 그다음에 인제 토론하고 대본 짜고, 그다음에 연습하고, 여기 미쳐 살았죠, 뭐.

김남일 그런 것들 공부하고 그럴 때 특별히 어렵다는 건 안 느꼈어요? 다 따라갈 수 있었어요?

차언년 말은 이해를 하는데, 실천은 잘 못했죠. 왜 그러느냐면 제가 모르는 용어두 참 많잖아요. 지부장님 제가 안 잊어먹는 게 또 하나 있어. 미군정청을 제가 뭐라 그랬게요? 하하. (웃음) 우리 그거 다 공부해오라 그랬는데, 미군정청 이 말을 내가 그때 뭐라고 읽었어요? 그랬는데 지부장님이 맨날 그거 갖고 놀렸거든요. 공부 안 해서 이렇다구. (웃음) 제가 그걸 기억을 하는데 사실은 옛날에 그런 거는 뭐 학교를 다녔어야지 역사를 듣지요. 저도 몰라요. 그런 거는 그냥 그런 게 있나 보다, 이렇게 했지요.

그럭하구, 탈춤 공부하고 그러면 조선방직 같은 경우는 시대만 달랐지 여성 노동자들이 광목 짜고 그런 것들은 이해하기가 쉽잖아요.

—제2권, 249~250쪽

YH 사건과 한 노동자의 죽음

유신체제는 겉으로는 매우 강고한 듯 보이지만, 그것이 실은 제대로 된 방식으로는 정권을 하루라도 유지할 수 없다는 두려움과 자신감 부족, 그리고 초조함의 반증이었다. 그들은 체제의 유지를 위해서는 해괴한 짓도 서슴지 않았으며, 앞뒤 재지 않고 공권력을 빙자한 폭력과 야만을 수시로 자행했다.

7월 14일 오후 2시, 방용석 지부장과 이규현 쟁의부장은 크리스천 아카데미 사건 제2회 공판을 방청하고 돌아오는 길에 서대문경찰서 소속 사복형사들에게 강제로 연행되었다. 연행된 이들은 모두 6명이었는데, 경찰은 이들에게 "법정 내에서 박수를 치고 소란을 피운 사실을 시인하라"고 다그쳤다. 아울러 크리스천아카데미에서 어떤 식의 교육을 받았는지 꼬치꼬치 캐물었다. 연행 사실이 알려지자 노동조합은 즉각 긴급 상집회의를 열었고, 200여 명의 조합원이 농성을 하며 지부장과 쟁의부장의 석방을 요구했다. 이와는 별도로 100여 명의 조합원들은 서대문경찰서로 쫓아가 두 사람의 석방과 면회를 요구하며 거세게 항의했다. 결국 두 사람은 밤 10시경 무사히 풀려날 수 있었다. 이 사건은 한바탕 해프닝으로 끝났지만, 시민을 보호해야 할 의무를 지닌 경찰이 독재정권의 손발 노릇이나 하면서 시민들의 일거수일투족을 감시하고 문제를 적발하는 데에만 혈안이 되어 있다는 사실을 또 한번 증명한 사건이었다. 역사가들이 유신체제를 병영체제로 규정하는 것도 이와 같은 상시적 감시체제가 국민들의 평화로운 일상마저 근본적으로 불가능하게 만들어놓았기 때문이다.

8월 11일 새벽 2시, 마포 공덕동 로터리 신민당사에는 서울시경 국장으로부터 한 통의 전화가 걸려왔다.

"여공들을 내보내지 않으면 들어가겠다."

최후통첩이었다. 신민당사는 아연 다시 폭풍 전야의 긴장감에 휩싸였다. 여성 노동자들은 YH무역 노동조합의 조합원들로서, 8월 6일 회사가 일방적으로 폐업공고를 내붙인 다음 기숙사를 폐쇄하자 두 패로 나뉘어 한 패는 기숙사에 남고 다른 한 패는 여론의 주목을 끌 수 있는 신민당사로 몰려가 농성 투쟁을 전개하기로 결정했던 것이다.

"우리들을 나가라면 어디로 가란 말이냐."

"배고파 못 살겠다 먹을 것을 달라."

여성 노동자들이 내건 현수막이 힘없이 펄럭이는 가운데, 갑자기 자동차 경적 소리가 두 번 길게 울렸다. 그와 동시에 경찰들이 신민당사 안으로 밀려들기 시작했다. 조명용 소방차 2대가 대낮처럼 불을 밝혔다. 그 옆에는 고가 사다리차 3대, 물탱크차 2대가 대기 중이었다. 1000여 명의 경찰이 정문을 밀치고 들어왔고, 일부는 고가 사다리차를 타고 창문을 타넘었다. 국회의원이고 뭐고 없었다. 경찰은 김영삼 총재만 빼놓고는 보이는 대로 주먹질과 발길질을 하면서 밖으로 내몰았다. 대화국면으로 갈 거라는 예상은 산산조각이 나고 말았다. 노동자들은 사이다병을 깨들고 울부짖으며 저항했다. 일부는 창문을 깨고 뛰어내리려 했으나 경찰의 완력에 못 이겨 끌려갔다. 아비규환이 따로 없었다.

101호 작전은 그렇게 끝이 났다. 고작 23분이 걸렸을 뿐이었다. 뒤늦게, 여성 노동자 김경숙이 죽은 사실이 밝혀졌다. 그녀는 왼쪽 팔목 동맥이 끊어진 채 타박상을 심하게 입고 당사 뒤편 지하실 입구에 쓰러져 있었다. 황급히 병원으로 옮겼으나 손 쓸 틈도 없었다. 절명이었다.

김영삼 신민당 총재는 YH무역 여성 노동자들에 대한 강제해산 작전을 정당정치를 부인한 폭거라고 강하게 비판하며 모든 책임은 여당에게 있다고 주장했다.

정국은 하루아침에 빙하기에 돌입했다. 신민당은 김경숙의 죽음이 결코 자살이 아니라며 강력히 반발했다. 재야단체와 종교단체, 그리고 자유실천문인협의회 등도 이 사태에 대해 정부의 책임을 강력히 비판했다.

8월 17일, 정부는 YH무역노조의 최순영(지부장), 이순주(부지부장), 박태연(사무장) 등과 인명진, 문동환(한국사회선교협의회 부위원장), 서경석(동 총무), 이문영(전 고려대 교수), 고은(시인) 등을 국가보위법, 집회와 시위에 관한 법률 위반 혐의로 구속했다.

외부세력 침투실태 특별조사단

청와대는 8월 16일 일부 종교를 빙자한 불순단체와 농민단체의 실체를 철저히 조사하라고 지시했다. 이에 따라 박준양(대검찰청 검사), 유흥수(치안본부장), 한진희(노동청 노동국장), 한기복(문공부 종무국장) 등으로 '산업체 등에 대한 외부세력 침투실태 특별조사단'이 구성되었다.

이튿날인 8월 17일, 수원지검 최명부 검사와 주사 김운태, 노동청 관악지방사무소 근로감독관 3명, 그리고 남부경찰서 소속 형사 등 7명이 아무런 사전예고도 없이 원풍모방 노조사무실로 쳐들어왔다. 이들은 노사분규 실태 파악을 하러 왔다며 지부장과 면담을 요청하는 한편 서류 제출도 요청했다. 노동조합은 서류 제출을 할 수 없다는 뜻을 밝혔다. 최명부 검사는 정식으로 양해도 구하지 않은 채 직접 도사와 서류 진열장을 뒤져 타 노조에서 발송해온 진정서와 호소문 등을 꺼내보며 발송처와 내용을 일일이 목록으로 만들었다. 이후 최명부 검사는 서류 일체를 제출하라고 요구했으나, 노조는 이번에도 완강히 거부했다. 그러자 최명부 검사는 "정식 압수수색영장을 가져오면 되겠느냐?"고 물었고, 이에 노조는 "수색영장을 제시한다고 해도 서류를 제출할 수 없다"고 대꾸했다. 그러자 최명부 검사는 "문제가 많은 지부"

라고 말하며 일단 돌아갔다.

이튿날, 최명부 검사 일행이 다시 노조를 찾아와서 방용석 지부장에 대한 면담을 재차 요청했다. 노조는 박순희 지부장이 1974년 한국모방 및 원풍모방 노사분규 당시 상황을 잘 알고 있다며 대신 면담에 응할 수 있다고 밝혀, 면담이 이루어졌다. 그들의 관심은 오직 산선과 JOC 등 외부세력에만 있었다. 면담 이후 최명부 검사는 새삼스레 지부장과의 면담을 또 요청했다. 이에 대해 항의하자 최명부 검사는 "검사를 어떻게 보느냐"며 협박을 가했다. 이 과정에서 간부들과 최명부 검사 일행 사이에서 고성이 오가며 실랑이가 벌어졌다. 밖에는 이미 소식을 들은 조합원들이 몰려오고 있었다. 그러자 최명부 검사는 "이런 식으로 하면 알겠구만" 하는 말을 남긴 채 슬그머니 밖으로 나가버렸다. 그 후에도 지부장과 면담을 요청하는 전화가 몇 차례 더 있었고, 8월 20일에는 대검 공안부장 인솔하에 치안감, 노정국장, 문공부 종무국장 외 수 명이 회사를 찾아와 외부세력 침투실태 파악을 위한 노사정 회의를 제의했다. 이에 노조가 아무런 의미가 없다며 거부하자 회사 측하고만 이야기를 나누고 돌아갔다.

YH사건 직후 대통령의 특별지시로 시작된 이와 같은 '산업체 등에 대한 외부세력 침투실태 특별조사'는 원풍모방은 물론이고 한국노총과 전국 9개 지역 63개 업체에서 383명의 참고인을 대상으로 이루어졌다. 이렇게 특별조사가 실시되자 그동안 노사 문제는 거의 다루지도 않던 각 신문은 일제히 종교계를 비난하는 특별기획물들을 쏟아내기 시작했다.

계급투쟁 선동하는 도산
도산이 기업체에 들어오면 도산한다

의식화 훈련에 자살조 등 극한 수법

－〈경향신문〉 8월 20일

나는 이렇게 당했다

무단 태업 속 생산능률 반감

고객인 마텔사에까지 압력

월 5000만 원씩 경영손실

인형 완구류 제조업체 (주)대협 사장 한정대

－〈경향신문〉 8월 20일

도산은 전국적인 여공들을 대상으로 노동3법을 비롯한 특별교육
을 실시, 효과적으로 노동쟁의를 벌이는 방법을 가르친다.

－〈서울신문〉 8월 22일 기획기사 '도시산업선교'

근로계층의 권익옹호를 위한 '의식화' 방법, 즉 그들의 자각을 촉
구하는 방법이 설득적 선교의 수준을 넘어, 폭력적이거나 파괴적
인 수단도 불사하고 선동하고 있다는 데 대한 의문이다.

－〈중앙일보〉 8월 24일 '종교의 현실참여'

도산이 노동운동에서 평화적 방법인 타협보다 투쟁을 우선시하는
것은 성경 구절을 전투적으로 해석한 것이라는 것이다. 실제 최근
도산의 사업장에서의 노동운동은 '작업거부', '식사거부', '농성'
'유인물 배포', '불법집회' 및 '가두시위' 로 점철

－〈한국일보〉 8월 28일 '도산과 노사실태'

한 걸음 더 나아가, 섬유노조 김영태 위원장은 8월 14일 MBC TV 보도특집에서 "이는 해방 직후 남로당의 앞잡이 전평이 잘 썼던 '파괴가 건설이다'라는 용어와 비슷하다", "앉아서 연좌데모하는 것은 온건한 방법이고, 여자이면서도 치부를 예사로 드러내며, 면도칼을 가슴속에 갖고 다니다 자해를 하겠다고 덤비기도 하며 결혼한 도산 멤버를 배신자라 하여 결혼식장에 분뇨를 끼얹으려 한 일도 있다"고 말했다. 박복례 동일방직노조 지부장 또한 같은 인터뷰에서 "(산업선교회의) 교육 내용은 가난하고 약한 근로자는 억눌려 있으니 투쟁하여 이를 시정하고 힘을 모아야 한다는 것과 정부의 노동행정 시책에 대한 신랄한 비판이었다"고 주장했다. 이렇듯 유신정권과 어용노조의 간부들은 한 여성 노동자가 왜 꽃다운 나이에 죽어가야 했는지 그 근본적인 원인을 찾기보다는, "도산(도시산업선교회)이 들어가면 도산한다"는 자극적인 말로 국민들을 호도하기에 여념이 없었던 것이다.

9월 8일, 서울민사지방법원은 신민당 총재 김영삼에 대해 직무정지 가처분을 결정했다. 지난 5월 전당대회에서 무자격 조합원들이 참가해 선거에 부당한 영향력을 미쳤다는 이유였다. 야당 총재의 손발을 사실상 옭아매는 이 판결은 가뜩이나 흉흉한 민심이 유신체제로부터 더욱 등을 돌리게 만드는 데 결정적으로 기여한다.

9월 11일 오후 7시, YH무역 노동자 고 김경숙에 대한 추도식이 영등포 산선회관에서 열릴 예정이었다. 그러나 경찰은 당일 오전부터 산선 주변은 물론이고 영등포 로터리에서부터 전투경찰과 사복경찰, 심지어 방범대원들까지 대거 동원하여 검문검색을 실시했고, 오후 5시부터는 아예 산선회관에 이르는 모든 진입로를 철통같이 봉쇄했다. 이런 상황에서도 추도식에 참여하려는 노동자, 학생, 교인 등 수많은 시민들이 주변으로 몰려들자 경찰은 버스를 동원하여 닥치는 대로 아무나 붙잡아서 일단 태운 다음 미아리처럼 먼 거리에 내다버리는(?) 기상천외의 해산작전을 전개했다. 이 과정에서 원풍모방 조합원 30여명도 경찰에 체포되어 영등포경찰서로 연행되거나 혹은 먼 곳에 방기되는 곤욕을 치렀다. 이에 노조는 간부들 전원이 사무실을 지키는 한편 영등포경찰서로 연락하여 원풍노조 조합원들이 어떠한 불법행위를 한 적이 없음에도 연행해서 조사하는 것은 국민의 기본권을 침해하는 월권행위라며 강력히 항의했다. 추도식에 참석하려다가 연행된 조합원들은 밤 10시경 전원 석방되어 회사로 돌아왔다.

원풍노조는 이런 식의 탄압과 여론조작에도 전혀 흔들리지 않았다. 처음부터 YH사건을 남의 일로 생각하지 않았기 때문이었다. YH무역 노동자들이 아직 신민당사에서 농성하고 있을 때 원풍 조합원들은 YH무역 동지들이 밥을 굶고 있다는 소식에 삼립빵, 물, 생리대 등을 커다란 박스에 담아 가지고 가서 전달해주었다. 그런 지원은 간부들이 대의원이나 팀장에게 이야기하면 그룹별로 쉽게 이루어졌다. 9월 29일에는 YH사건으로 구속된 노동자들을 돕기 위한 모금운동을 벌여 27만 9566원을 모았고, 그 돈을 조합원들이 조를 짜서 직접 면회를 가서 영치금으로 전달해주기도 했다.

10 · 26 사태와 YWCA 위장결혼식 사건

1979년 10월 26일 궁정동에 난데없이 총성이 울려 퍼졌다. 중앙정보부장으로 박정희의 심복 중 심복이라 할 수 있는 김재규가 '유신의 심장'을 향해 총을 쏜 것이었다. 이로써 유신체제는 종언을 고했다. 그러나 영원할 것만 같던 유신체제도 실은 그 이전에 이미 몰락이 예정되어 있었다. 청계피복 노동자 전태일이 자신의 죽음으로 1970년 대의 막을 올렸다면, YH무역 노동자 김경숙의 죽음은 그 막을 내리게 하는 데 결정적인 계기가 되었다.

'박정희 대통령 유고'

10월 26일 아침 이 같은 초호 고딕체 제목의 호외를 본 노동자들 중에서 솔직히 '유고(有故)'라는 말이 무슨 뜻인지 아는 사람은 많지 않았다. 뒤늦게 그 뜻을 알게 되었을 때에도 그것이 자신들의 삶과 어떤 연관이 있을지 추측이라도 해볼 수 있던 노동자들도 드물었다.

> 1970년 전태일이 죽었다
> 1979년 YH 김경숙이
> 마포 신민당사 4층 농성장에서 떨어져 죽었다
> 죽음으로 열고
> 죽음으로 닫혔다
> 김경숙의 무덤 뒤에 박정희의 무덤이 있다
> 가봐라
>
> ―고은, 「YH 김경숙」

그래도 원풍모방 노동조합의 많은 조합원들은 한 시대가 가고 이제 새로운 한 시대의 문이 열릴지 모른다는 기대감을 품을 수 있었다.

11월 24일 서울 명동 YWCA 강당에서 홍성엽과 윤정민의 결혼식이 열렸다. 500여 명의 하객이 발 디딜 틈도 없이 몰렸는데, 그 속에는 원풍모방 노동자들도 100여 명이나 있었다. 실은, 그건 결혼식을 빙자한 정치 집회였다. 10·26 이후 민주 진영에서는 기존 유신헌법에 따라 통일주체국민회의(통대)를 통해 대통령을 간접적으로 선출하려는 데 대해 반대하기로 의견을 모았다. 그러나 계엄이 엄존하던 상황에서 정치집회는 불가능했기 때문에 편법으로 위장결혼식을 시도했던 것이다. 신부 윤정민은 존재하지도 않는 인물이었다. 정민은 집회의 주된 목표인 민정(民政)을 거꾸로 쓴 말이었다. 이날의 집회는 함석헌을 대회장으로, 김병걸, 백기완, 임채정, 박종태, 김승훈, 양순직 등을 준비위원장으로, 그 밖의 해직교수, 종교인, 헌정동지회, 자유실천문인협의회, KSCF, 민청협 등을 실행위원으로 하여 조직되었다.

원풍노조 집행부는 지부장과 몇몇 간부들이 논의한 끝에 그 집회에 대거 참여할 것을 은밀히 결정했다. 그리하여 움직일 수 있는 소모임들을 중심으로 참가자들을 구성했다. 그 결과 단위조직으로는 제일 많은 인원이 참가하게 되었다.

집회에서는 다음과 같은 내용의 「거국 민주내각 구성을 위한 성명서」가 발표되었다.

1. 유신체제가 민중을 억압하고 민주주의를 파괴하고 민족사의 정당한 발전을 가로막은 역사적 범죄였음을 공개적으로 시인할 것.
2. 통대에 의한 대통령 선출은 국민을 기만하는 행위로서 그것은 민주주의에 대한 명백한 도전이며 민족사에 대한 반역이다.
3. 반민중적 부패 특권 분자는 준엄한 심판을 받아야 한다. 어용 노총 위원장 김영태 외 11명을 처단하라. 우리는 군의 정치적 중립을 요구한다.
4. 새로운 민주정부 수립까지의 과도기를 관리할 '거국 민주내각'이 수립되어야 한다.
5. 우리는 우리나라의 민주화에 관한 외세의 간섭을 일체 거절한다.

성명서에서 김영태와 더불어 '준엄한 심판'을 요구한 인물들은 김종필, 이철승, 이후락 등 유신체제 유지에 중추적 역할을 했던 이들과 선우휘 〈조선일보〉 주필, 이동욱 〈동아일보〉 사장, 한태연(유신헌법 초안자), 정주영 전경련 회장 등이었다. 섬유노조 위원장이던 김영태는 10월 20일에 정동호의 후임 한국노총 위원장으로 선출되었다.

집회는 오래가지 못했다. 경찰이 쳐들어왔기 때문이다. 집회장은 순식간에 아수라장이 되었고, 수많은 참석자들이 강제연행을 당했다. 그중에는 장석숙, 이영숙, 김윤옥, 장갑연, 송순영, 김두숙, 김종생, 임봉심, 정명숙, 김명자 등 10명의 원풍 조합원들도 포함되어 있었다. 11월 28일, 연행된 조합원들 중 2명이 훈방조치로 풀려나고, 나머지 8명은 즉결재판에 회부되어 6명은 구류 15일, 2명은 구류 25일의 처분을 받았다. 이들은 조사 과정에서 "누가 집회에 참석하도록 연락했는가" 하는 점을 집중적으로 추궁받았고, 이들이 제대로 답변을 하지 않자 모욕적인 욕설을 들은 것은 물론이고 심지어 구타까지 당했다. 나중에 이들은 다음과 같이 그 사실을 증언으로 남겼다.

- 경찰 조사관들은 조사 과정에서 때리고 욕하는 것이 습관이 되어 있어요.
- 경찰들의 매보다는 노동자에 대한 모욕적인 욕설을 들을 때 참기 어려운 분노를 느꼈어요.
- 대학생들에게 "공순이들은 죽고 사는 것을 가리지 않고 대드니까 가까이 하면 안 된다"고 타이르더군요.
- "야, 이년아! 도산 물들었어? 도산은 노동자를 끌어들여 혁명을 하려는 것이 목적이야" 하며 소리쳤어요.
- 참석하게 된 과정을 심문하면서 무릎을 꿇리고 발로 밟고 주먹

으로 마구 때렸어요.

- 우리보고 "C급 공순이"라 욕하면서, "애기를 못 낳게 해주겠다"고 겁을 주곤 했어요.
- 나중에 반성문에는 "억울하다" "임금이 적어서 먹고살기가 힘들다" "감옥살이가 야간근무보다는 편안하다"고 썼어요.
- 지금 심정은 후세에게는 노동자가 우리와 같은 수모를 받지 않게 하기 위해서 열심히 일하고 싶어요.

이들은 정식재판을 청구하여 12월 9일 모두 석방되었다. 노동조합은 상집회의의 결의에 따라 이들이 구속되어 있는 동안 결근으로 인해 부족하게 된 생활비를 보조해주었다.

성탄절 기념 탈출 공연

12월 8일, 마침내 긴급조치가 해제되었다.

감옥에 있던 사람들이 환하게 웃으며 옥문을 나섰다. 이로써 유신체제를 실질적으로 뒷받침해주던 긴급조치 시대는 공식적으로 막을 내렸다. 그러나 곧바로 12월 12일 전두환 보안사령관이 하극상을 일으켜 정승화 계엄사령관 등을 체포하는 사건이 터지자, 사람들은 유신과 긴급조치의 뿌리가 얼마나 깊은지 새삼 깨닫게 된다.

한 해가 저물고, 한 시대가 저무는 1979년 12월 23일, 원풍모방 탈춤반은 성탄절 기념 공연을 가졌다. 조합원들은 저마다 회한과 기대, 울분과 희망이 뒤섞인 복잡한 심정이었지만, 이날만큼은 모든 걸 다 잊고 공연 그 자체를 즐길 수 있기를 바랐다. 그러나 목중탈을 쓴 배우들이 나와 짤막한 재담을 이어가는 것으로 구성된 이날 공연은 오히려 관객들로 하여금 자신들이 어떤 현실 속에 있는지 생각하게 만드는, 그리고 그것은 피하려고 해도 결코 피할 수 없다는 사실을 새삼 인식하게 만드는 계기였다.

2목 눌리고 매 맞고 쫓겨나는 동지들아 2000년 전 예루살렘 말구유에서 태어나서 약한 자들과 함께 살다 십자가에 달리셨던 우리 구주 예수께서 정의 위해 기도하신다. 예수 오신 성탄절은 모두에게 기쁨이니 희망과 용기를 갖고 열심히 살아가세.

3목 들리는가, 들리는가, 동지들의 통곡 소리. 12시간 노동시간 8시간으로 고치려고 매를 맞고 쫓겨나고 온갖 학대 받는구나. 근로기준법을 지키려고 매 맞아야 된다던가. 인간다운 생활 우리도 하고 싶다. 우리 모두 힘을 모아 참된 권리 찾아보세.

4목 생존 문제 앞에 놓고 울부짖는 노동자에게 있는 놈들 하는 짓은 짓밟는 것뿐이던가. 민주경찰 명패 달고 몽둥이질로 매질하고 세금 받은 공무원도 국민 권리 외면하고 제 속셈만 차리누나. 쫓겨난 노동자는 갈 곳 없이 이리저리 헤매고 온갖 멸시 옥살이에 모진 학대 받는구나.

5목 어용노조 노동귀족 여러분도 다 아시겠지만 노동자들 모르게끔 형식으로 결성하여 자기 혼자 똑똑한 척 기업주의 앞잡이 되어 자가용 서너 대씩 사놓고도 부족해서 출장 갈 때 비행기만 타고 다니고 호화주택 마련하여 호화생활 누리면서 노동자의 배고픈 생활 어찌 알 수 있나. 노동자는 이제는 더 이상 참을 수 없구나. 우리 모두 힘을 합해 어용노조 철폐하고 민주노조 세워보세. 내 그런 뜻에서 신나게 놀고 가련다.

6목 불타 버린 폐허에서 울부짖는 소리 들리는가. 300여 명 조합원의 통곡 소리 아니던가. 궂은 청소 힘든 일을 쉼 없이 하시다가 불타는 건물 속에서 어이없이 희생되신 할아버지 시신 앞에서 목 놓아 우는구나. 공장 건물 불탈 때에 노동자도 함께하고 불탄 자리에서 서성이는 노동자는 어이할고. 오늘 모인 이 자리가 동광모방 노동자 위해 조금이나마 도움이 되는 자리가 되었으면 좋지 않겠소. 내 동광 동지 위해 한이나 한번 풀어주련다.[41]

7목 갇힌 사람 풀려나고, 잘린 학생 복교 되고, 세상 모두 좋아진 듯 큰소리를 치는데. 아, 우리 노동자는 무엇이 좋아졌나. YH 김경숙이 죽은 넋이 우는구나. 죽기 살기 기를 쓰고 피땀 흘려 일했더니 나무 위에 달린 열매 엉뚱한 놈이 다 따먹네. 억울하고 원통하다 노동자 동지 다 어디 있소. 꽃다발에 축전에다 아부 간신 떨고 있는 어용노조 노동귀족 간부들을 다 몰아내어 해고자가 복직되고 노동삼권 돌려받고 참된 자유 누려보세.

8목 모두들 좋은 말씀 하시는데 나도 한번 놀아보세. 아, 이렇게 좋은 자리에서 여러 동지님들과 한자리에 모였으니 이 얼마나 즐거운가. 이 뜻깊은 자리에서 나도 한번 놀다 가련다.

노동자들은 목중들과 어울려 덩실덩실 춤을 추었다. 무대와 객석이 따로 없었다. 배우와 관객이 따로 없었다. 평조합원과 간부가 따로 없었다. 동광과 YH, 그리고 원풍이 따로 없었다. 그들은 모두 민주노조라는 간판 아래 하나로 뭉친 노동자들이었다.

한 치 앞도 내다보기 힘든 안개 정국 속에서 역사의 수레바퀴는 그렇게 또 굴러갔다.

누가 원풍모방의 노동자인가

섬유산업을 비롯해서 1960, 70년대 노동집약적 제조업의 근간을 이루는 저임금 여성 노동자들은 당연히 농민층 분해를 통해 충원된다. 원풍모방 여성 노동자들도 마찬가지였다. 필자가 조사한 바에 따르면[42] 부모의 직업 분포는 응답자 69명 중 농업이 56명(약 80%)으로 단연 압도적이다. 이는 출신지 조사와도 거의 일치하는 바, 충청도가 28명(충남 19명, 충북 9명)으로 가장 많고, 이어서 전라도 19명(전북 11명, 전남 8명), 경기도 10명, 강원도 6명, 경상도 4명, 서울 2명의 순이다. 충청도와 전라도를 합하면 전체의 근 70퍼센트를 차지한다.

특이하게 인구수가 상대적으로 많은 경상도 출신이 적은데, 그 이유에 대해서 노동조합 간부를 지낸 이들은 당시 부산, 대구를 포함한 경상도에는 제조업 공장이 많이 있었기 때문에 굳이 서울까지 취직하러 오지 않아도 되었을 거라고 분석한다. 사실 농업지대인 충청도와 전라도에는 그 당시만 해도 이렇다 할 공장들이 존재하지 않았던 게 사실이다.

나중에 조합장을 지내는 정선순은 이런 출신지 분포와 관련해서 흥미로운 일화를 들려준다.

우리가 그때 당시의 통계는 안 내봤지만 노동조합에서 부위원장, 부조합장 할 때 회사하고 얘기를 해보면은 호남 출신이 35프로 정도가 되고, 충청도가 29.7프로 기타 강원도니 경기도니 이렇게

막 다 섞여져서 분포도가 그렇다. 그 얘기는 뭣 땜에 나왔냐면, 광
주 80년도 사태 나서 모금 문제가 나와서 우리가 막 탄압받고 이
러는 과정에 회사 간부들하고 얘기할 때, **그러니까 그럴 수밖에
없지 뭐**, 이렇게 표현을 하는 것을 들었어요.

−제2권, 442쪽. 고딕체는 인용자. 정선순

형제자매는 90퍼센트가 5명 이상이다. 그중에는 8명 이상도 11명
이나 된다.

아홉이에요. 그래서 참 살기 힘들었을 거 같으지요, 그래서? 동
생이 그러니까 남자 동생 하나 남자 하나, 그 밑으루는 딸, 그 밑으
로는 남자 하나, 그리고 또 밑으로 아들 쌍둥이. 그래서 아들 넷에
딸 하나를 더 났어요. 그러니까 그래서 살기가 넉넉하면서 그렇게
많이 난 게 아니고 그냥 많이 났나 봐요 [다 옛날에 그랬어.] 그래
서 굉장히 힘들었어요, 사는 게. 힘 많이 들었고. (중략) 학교 갔다
오면 인제 애기 봐줘야지. 당연히 그때는 애기를 많이 났으니까.
애기 봐주는데 하나 봐주고 나면 또 하나 있고, 하나 봐주고 나면
또 하나 있고. (폭소) 그러다가 나중에 결국 또 쌍둥이까지 나가지
고 학교도 못 가요. 엄마가 어딜 갈려면 이렇게 하나가 또 따라가
야 되잖아요. 쌍둥이니까 그래서 업구 가야 되니까 둘은. 그래서
업구 쫓아다니고 그렇게 했어요.

−제1권, 287~288쪽. 임선호

어떻게 안 낳누? 우리 어머니는 보면은 뗄라구 떼굴떼굴 굴르면
서 구르기도 하고, 아침 이슬 뭐 벼이삭에 아침 이슬 먹으면 그게

떨어진다고 그래서 먹어도 안 떨어지고 간장을 먹어보라고 해서
먹어봐도.

-제1권, 289쪽, 박순애

맞어. 엄마들 다 그랬어. 우리두 8남맨데, 뗄라구 엄마도 안 떨
어져서 온갖 것을 다해도 안 된다고 그러더라구.

-제1권, 289쪽, 라영금

조사 대상자들의 학력은 87퍼센트가 중졸 이하이며, 초등학교 졸업
이하도 16명이나 된다.[43]

특이한 것은 입사 당시 나이를 보면, 21세 이상이 18명으로 가장
많고, 20세 14명, 19세 15명, 18세 10명, 17세 4명, 16세 6명, 14세
이하도 1명이다. 이렇다면 초등학교나 중학교를 졸업한 뒤 최소한 몇
년은 집안 살림을 돕거나 농사일을 도우면서 지내다가 상경한 것으로
생각할 수도 있지만, 반드시 그런 것은 아니다. 면담 결과, 초등학교든
중학교든 학교를 더 이상 다니지 못하게 된 이들은 어떻게든 빨리 시
골을 벗어나고자 하는 바람을 가지고 있는 게 대부분이었다. 농사일을
거들려고 해도 크게 거들 게 없는 규모였고, 무엇보다 교복을 입고 다
니는 친구를 보는 게 괴로웠다. 게다가 가능하면 빨리 공장에 가서 돈
을 벌어 집안을 일으켜 세운다든지 남동생이나 오빠의 학비를 대주어
야 한다고 생각했거나 그럴 수밖에 없는 형편이었다.

중학교 나와서, 할아버지가 딸은 왜 옛날에 남녀 그거 때문에,
딸은 중학교만 졸업하면 집에서 가만히 살림하다가 시집보내야 된
다고. 여자가 많이 배우면 되바라지고 아는 게 많으면 왜 그런 게

있잖아요? 그래서 저는 중학교 졸업하고 고등학교 진학반을 선택을 했는데, 할아버지가 진학반을 못 들게 했어요. 돈을 못 주게 했어요. 그만 배워라. 근데 인제 저는 그때서부터 말을 참 부모님한테 이렇게 순종한다든가 내가 하고 싶은 말을 다 했어요. 왜 자식을 낳았으면 학교를 하고 싶다는데 왜 안 보내주느냐? 이렇게 되바라졌던 거 같아요. (중략) 다른 아이들은 막 늦게까지 남아서 공부를 하는데, 그게 너무 부러워서 엄마한테 맨날 졸랐어요. 그때 아무것도 몰랐어요. 제가 하고 싶은 것만 했어야 되니까. 저 고등학교 가게 해달라고 밤이면 밤마다 아주 끈질긴 제가 찐드기 같은 그런 성품을 가졌나 봐, 제가. 울고 막 했는데 엄마가 도저히 그게 안 되니까 옛날에는 시아버지한테 순종하고 다 살았잖아요. 그러니까 안됐으니까 고모네 얘기해서 1년에 쌀을 몇 가마씩 농사져서 보내고 이렇게 할 테니까 너 어떻겠느냐 둘째오빠하고 상의를 해서 고모네로 통보를 했나 봐요. 그럼 보내라.

−제1권, 434쪽. 김두옥

고향을 떠나게 된 이들 중에서 곧바로 원풍모방에 입사하는 비율은 그리 많지 않았다. 대개 다른 공장을 거치거나 심지어 식모살이까지 한 다음 입사하는 경우도 있었다.

- 김영희(가공과): 초등학교 졸업 1년 뒤 상경, 협진양행을 거쳐 입사.
- 김점순(가공과): 초등학교 중퇴 후 부산 고무공장을 거쳐 상경. 성수동에서 미싱공으로 지내다 원풍에 입사.
- 박순애(직포과): 초등학교 졸업 후 상경. 미원 보세공장에서 일하

다가 입사.

- 박혜숙(전방과): 초등학교 졸업 후 가발 공장을 거쳐 원풍모방 입사.
- 양태숙(가공과): 중학교 졸업 후 현대약품 사무실 근무 후 원풍모방 입사.
- 이화숙(정사과): 중학교 졸업 후 예산의 충남방직 거쳐 상경. 일화모직을 거쳐 원풍모방 입사.
- 정영례(정사과): 15살 때 군산에서 식모살이를 하고 16살 때 상경, 원풍모방 입사.
- 정정자(가공과): 중학교 중퇴 후 벽돌공장, 하모니카공장, 가죽 자켓 만드는 공장을 거쳐 원풍모방 입사.
- 이혜영(정사과): 중학교 졸업 후 마산 한일합섬 입사. 그 후 병점의 미원모방에 입사. 너무 힘들어서 그만두고 다시 원풍모방 입사.

전방과의 황선금은 초등학교 졸업 후 상경해서 식모살이를 두 군데 거쳐 크라운제과에 입사하고, 그 후 다시 대한모방을 거쳐 원풍모방에 입사한다. 그녀는 특히 식모살이의 아픈 기억을 잊지 못했다.

69년도에, 68년도 겨울에 식모살이를 왔는데 [누가?] 내가. (웃음) 아는 사람 공장에 가고 싶은데 공장은 그때 소개가 굉장히 힘들었어요. 근데 식모살이는 쉬웠어요, (중략) 그다음 해 인제 어느 언니가 공장에 편물하는 공장에 다닌다고 그걸 공장에 취직시켜 준다고 그러더라구. 따라갔는데 여기 평화시장이 아니라 동화시장이라고 있었어요. 아, 중부시장. 중부시장 2층에다 편물 공장이었어요. 거기를 갔더니 거기 편물공장 주인 애기가 돌이 안 지났는데 그 애를 당분간 보면서 나중에 편물 가르쳐준다고 그러더라구요. 그래 집에를 가는데 그 집이 전농동이에요. 전농동에 그 집에 갔는데 공장엔 안 보내주고 애만 보고 밥만 해 먹으라고 그러는 거야. (웃음) 그래서 또 거기서 나 여기 공장에 기술 배우러 왔는데 난 이렇게 하면 안 간다, 인제 집에 가겠다고 그랬더니 막 때리더라구요. 작대기로 막 때리더라구요. 그래갖구 그때 막 때려갖구 여기가 다 뼈가 다 삐고 이렇게 했는데, 뚜드려맞고 그 당시 전화가 없었으니까 편지를 아버지한테 보냈더니 아버지가 와서, 집에 간다니까 안 보내주더라구요. 아버지가 와서 저를 데리고 왔죠. 아니, 데리고 온 게 아니구나. 그때 뚜드려맞고 전농동에 한약방에 친구애가 있었어요. 고향 친구애가 식모로 있는 애가 있었는데, 자기네 한약방에 그 약을 쓰는 그런 사람을 구하니까 날보고 오라 그러더라구요. 그래서 그 집에서 나와서 그 집을 갔어요. 거기서 한약을 배우면서 재밌게 배웠어요. 한약 조제하는 것도 가르쳐줘서 하고, 이러다가 5월달에 동생이 죽었다고 인제 아버지가 편지를 보냈더라구. 동생이 죽었다구. 그래서 정리하고 내려갔지.

–제2권, 65~66쪽

　　여성들이 대부분 이런 과정을 거치는 데 반해, 남성들은 대개 고등학교를 졸업하고 기술을 인정받으며 입사하는 경우가 많다. 이규현은 전주공고 방적과 출신이었고, 김도철은 경북공고 방적과 출신이었으며, 임충호는 영등포공고 출신이었다. 박칠성은 조선방직을 거쳐 30세에 원풍모방에 오는데, 학교를 제대로 다니지는 못했지만 공고 출신들과 겨뤄 당당히 입사에 성공한다. 그는 승화(昇華)가 무엇인지, 피타고라스의 정리가 무엇인지 제대로 대답한 유일한 수험생이었다.

근무 연한은 3년에서 5년이 45명으로 가장 많다.

결론적으로, **가장 전형적인 원풍모방 노동자는 주로 충청도와 전라도에서 농사를 짓는, 형제자매가 많은 집안에서 태어나 초등학교나 중학교만 나오고 다른 작업장을 한두 번 거쳐 20세 전후에 입사해서 3년에서 5년가량 근무하는 여성이다.**

원풍모방 입사 과정

원풍모방은 입사 시험을 치러서 종업원을 선발했다. 입사 시험의 내용은 때에 따라 달랐지만, 대개 간단한 필기시험(한자 쓰기, 영어 알파벳 쓰기, 숫자 읽기 등)과 간단한 체력 테스트나 신체검사, 그리고 면접이 포함되었다.

> **황영애** 그때 들어올 때는 서류상으로 내 이름으로 들어오긴 했는데, 중학교 졸업했다고. 중학교 졸업 이상이었거든요. 중학교 졸업했다고 그러구 영어를 대문자만 외워가지고 간 거야. (웃음) 영어를.
> **양승화** 졸업장을 떼오라고까지는 안하니까.
> **황영애** 예, 졸업장을 안 떼어가니까. 그때 갔을 때 뭐 영어 이렇게 써봐라. 이런 식이었던 거 같애. 대문자를 쓰고, 그럭하고 질문사항에 뭐 이렇게 넣고 했던 거 같애요. 그렇게 해서 원풍을 다니게 됐구.
> —제1권, 407쪽

원풍모방의 입사 조건은 중학교 졸업 이상이었다. 그러나 학력 분포도에도 나타나듯이 실제로는 이를 엄격하게 적용하지 않았다. 졸업장을 떼어 오라고 하지도 않았지만, 설사 떼어 오라고 해도 다른 사람의 졸업장으로 이름까지 속이고 들어갈 수 있었기 때문이다. 전방의 임태송은 전남 진도 출신인데 초등학교 졸업 후 1977년 상경하여 약수동에서 살았다. 그해 한남동에 있던 정수직업훈련원에 다녔다. 임태송이 여기서 배운 기술은 원풍모방 입사 때 아무 소용이 없었다. 그녀는 1978년 22세 나이로 모집공고를 보고 지원, 입사했다. 면담 때 그녀는 "시집이나 가지" 하는 핀잔 아닌 핀잔을 들었다. 원풍모방은 나이 규정이 있어 입사 당시 18세 이상이어야 했지만, 그것을 엄격히 적용하지는 않았다. 신분증 자체를 속이거나 다른 사람의 신분증으로 입사하는 경우가 꽤 많았다. 원풍모방 역사상 가장 어린 나이에 입사한 것으로 알려진 차언년의 경우, 입사 당시 불과 14살이었다. 1963년생인 그녀는 1960년생 아는 언니의 등본을 떼어가지고 입사했다. 문제는 키가 너무 작다는 데 있었다. 그래서 할 수 없이 굽이 높은 신발을 신어야 했는데, 그 때문에 무척 고생을 했다.

76년도에는 다 통굽이었어요. 그것도 여기 와서 알은 거지. 그니까 그때 신발이 빨간 색에다가 가운데 꽃만 이런 색이었어요. 근데 그거를 신고 오기는 와야 되겠는데 걸어져야지. (웃음) 걸을라면 넘어지고 걸을라면 넘어지고 그래갖구 외방(?)이라는 데서 두 명하구 나하구 셋이 올라왔지. 근데 그 언니들은 그때 열여덟 살 먹은 사람 하나하고 하나는 열일곱 살인가 먹었어. 그러니까 키가 일정 정도 있잖아. 그런데 나는 너무 적은 데다가 가방이며 다 싸갖구 왔으니까 아무튼 신발이 이만했어요. 한 세 발짝 가면 한번 넘어지고, (웃음) 그래갖구 그 언니 하나가 부축해줬어요. 이렇게 자꾸 넘어지니까.

－제2권, 210~211쪽

다른 사람 이름으로 입사한 경우, 한동안 그 이름이 익숙하지 않아서 불러도 바로 대답을 하지 못하는 경우까지 있었다.

입사 때 키도 어느 정도 당락에 작용을 했다. 특히 정방과 같은 경우는 기계의 특성상 키가 너무 작으면 일을 하기 힘들었다. 스스로 키가 커서 붙었다고 생각하는 이영자는 함께 시험을 치른 사람들 중 키가 작은 사람은 다 탈락했다고 기억한다. 입사 당시 더 이상 키를 문제 삼지 않게 된 것은 노동조합이 활성화된 이후부터였다. 1974년에 입사한 정선순은 키가 1m 57cm였는데 합격했다. 그전까지는 남자든 여자든 키가 1m 60cm를 넘어야 했는데, 노조가 민주화되면서 그런 규정을 바꾸었다는 것이다. 그러나 이 점은 정확히 확인하기 어렵다.

나이와 학력, 키, 그리고 필기시험 따위보다 더 중요한 것은 노무과장 면담이었다. 노무과장이 최종 결정권을 지니고 있었기 때문이다. 따라서 아는 이를 통해 노무과장에게 적당한 금액의 돈을 주고 합격을 보장받는 경우가 많았다. 대개 2~3만 원 정도로 적지 않은 금액이었는데, 임선호는 식당 아줌마를 통해 노무과장에게 5만 원을 주었다. 김향자는 예비군 중대장에게 3만 원을 주고 입사했는데, 그 돈 중 일부가 노무과장에게 흘러갔을 것이다. 어쨌든 그런 돈을 주고서라도 들어가고자 했을 만큼 원풍모방의 인기는 꽤 좋았다. 임금도 동일 업종 중에서 가장 높은 편에 속했고, 대기업으로서 노동조건 또한 상대적으로 우수했기 때문이다. 특히 노동조합이 활성화되어 조합원들의 이익을 강력하게 반영해줄 수 있었던 1970년대 후반부터는 원풍모방에 다닌다는 것 자체가 일종의 프라이드로 작용했다.

원풍노조 탈춤반을 회고하며

장남수 직포과 준비계 C반

탈춤불량품!

나는 춤을 잘 못 춘다. 아니 못 추는 정도가 아니라 박자 맞춰 고개를 끄떡이는 정도도 어색하다. 그런 내가 한때 탈춤을 했었다고 하면 사람들은 때로 믿기 어렵다는 야릇한 표정을 짓는다.

사실 내가 춤을 춘다는 건 어느 모로 보나 어울리지 않음은 분명하다. 야유회나 노래방엘 가서 분위기가 고조되고 춤판이 벌어져도 도무지 몸이 펴지지 않고 되려 슬며시 짜부라드는 느낌을 갖는 내가 춤이라니? 그러나 탈춤반 '회장'에 '연구부장'에 나름 감투도 썼다는 사실은 엄연한 '역사'다. 물론 탈춤반에서 내 별명은 '탈춤불량품' 이었지만……. 원풍노조의 가장 '시끄러운 조직', '결속력이 강했던 조직' 이었던 탈춤반, 우리 광대들의 불림과 춤사위들이 다시 보고 싶다.

원풍모방 노동조합의 여러 소그룹 중에서도 탈춤반은 특히 조합원들의 관심과 애정을 받으며 으쓱대고 다녔던 그룹이었다. 9 · 27사태 이후 모임 공간도 없어지고 구성원들도 흩어지기 전까지 원풍노조 탈춤반은 대내외에서 10여 회의 탈춤 공연을 했다. 체육대회같이 기쁜 행사에는 잔치마당을 장식하고 노동절이나 농성 시에는 조직을 단단히 강화하는 역할에 일조했으며 깨지고 피 터지는 현장에서는 마치 무당이 작두 위에서 맨발로 뛰는 심정으로 설움을 토하고 미래를 기원하며 춤추었다. 양반탈을 쓰고, 그 양반을 비웃는 기생탈도 쓰고, 고관대작이 되고, 어용노조 지부장이 되고, '오적'을 능멸하고 타파하는 '말뚝이'가 되는 순간, 조합원들도 모두 '말뚝이화'하여 하나의 함성과 눈물이 되기도 하였던 조직, 원풍과 함께 사라져버린 탈들은 지금 어떻게 되었는지?

어느 나라, 어느 민족을 불문하고 축제의 마당에는 늘 그 축제를 축제답게 북돋아줄 가무가 뒤따른다. 재산이 많든 적든, 직위가 높든 낮든, 위로는 궁중에서부터 아래로는 백성의 작은 마당까지 형식과 내용은 달라도 노래나 춤은 있어 왔다. 궁이나 대가에서 벌이는 호사스러운 가무에 비해 백성의 작은 마당에서는 판소리 한 자락, 민요 한 자락이 불리거나 하다못해 막걸릿잔 놓고 젓가락을 두드릴지언정 장단은 존재한다. 또한 춤과 노래는 좋을 때나 기쁠 때만 행해지는 것은 아니다. 궂은일의 액을 풀기 위한 무당의 춤이나 사설, 무탈을 빌며 행하던 풍어제나, 서러운 한을 풀기 위한 비나리 같은 것도 생활의 한 부분으로 이루어져 왔다.

원풍노조의 탈춤반도 그런 맥락과 더불어 노동조합의 조직적 의도가 더해진 노동자문화패였다.

애초에 탈춤반에는 조직부장이었던 이필남 선배가 지도위원으로 참여하면서 틈나는 대로 함께하고 교육프로그램을 챙기고 이런저런 필요한 지원을 노동조합 차원에서 수행하는 일을 하였기에 어려움이 없었다. 당시 탈춤반 교육프로그램을 보면 '노동운동의 역사', '도시빈민운동 관련 비디오 시청' 등이 중심이었고 거기에 '가면극의 역사' 같은 것이 포함되어 있었다. 대본은 같이 모여앉아 대사 한마디씩을 구사해가며 창작했고 때로는 '노가바'도 만들어 농성장이나 행사 때 부르기도 했다.

공연

79년 1월에 시작된 탈춤반의 첫 공연은 79년 3월 10일 노동절이었다.

이때 원풍모방 노동조합은 노조 결성 이후 가장 강력한 역량을 확보한 시기였고 내부적으로 별 문제가 없던 때였다. 당시 공단의 노동자들이 취업하고 싶은 사업장으로 꼽던 곳이었고 타 노동조합들도 원풍노조를 다녀가면서 부러워하던 때였다. 대외적으로는 유신독재의 폭압이 정점으로 치닫고 있었고 주변에는 방림방적, 남영나일론, 동일방직 해고자 문제 등, 어용노조나 노총 등 상위단체의 어용성이 노동자들을 이중으로 억압하던 때였다. 따라서 이날의 내용은 고급관리들과 어용노조 대표들, 비호세력들 등을 비판하고 풍자하는 것이 중심이었다. 양반탈을 쓴 광대가 등장하여 갖은 추태와 작태를 드러내고 그 판을 '말뚝이'로 상징한 노동자가 등장하여 격퇴해가는 장면들이었다. 양반들의 식탁에는 "원숭이의 해골찜, 코끼리의 히프찜" 등의 산해진미(?)가 차려지고 양반들이 어기적거리며 탐욕스럽게 등장한 후 '안몰라', '임꼬셔' 등의 이름을 지닌 기생들이 요염한 춤을 추며 등장할 때마다 강당에 모인 조합원들은 배꼽을 쥐었다. 그리고 기상 있게 말뚝이가 등장하여 그들을 조롱할 때는 모두 박수를 치고 요절복통하며 통쾌해했고 말뚝이의 빛나는 승리를 행복해하며 구호를 함께했다.

그해 가을 운동회 때는 마당의 성격에 맞게 풍물놀이를 했다. 장구, 북, 꽹과리, 징으로 한바탕 운동장을 휘감아 도는데 풍물팀의 꼬리에는 잡색이 따라붙었다. 그날 나는 찢어진 옷과 깡통을 들고 문둥이탈을 쓴 잡색이었다. 손과 발엔 시커멓게 검정 칠까지 한 채 춤을 추며 본부석으로 어정거리며 들어가서 깡통을 흔들어대자 "저게 누구야?"

1980년 10월 추석에 귀향을 못한 기숙사생을 위하여 탈춤 공연을 펼치는 탈춤반 조합원들

"아유 저 거지 불쌍하네"라는 농지거리가 들렸고 깡통에 동전들을 던져주기도 했다. 거지의 정체를 아는 직포과의 연숙이가 달려오더니 "남수야, 어쩌면" 하며 거지차림의 내 모습을 끌어안았다. 순간 문둥이 탈, 찢어진 옷, 깡통, 이런 것이 나를, 또 연숙이와 우리들을 드러낸 본 모습인 것 같은 어떤 서러움이 왈칵 밀려와 같이 끌어안고 울었다. 문둥이탈 속에서 흐르던 눈물, 나는 그 기억을 잊지 못한다.

이렇게 행사 때마다 대미를 장식하던 탈춤반이 결정적으로 된서리를 맞게 되는 것은 80년 '광주의 봄' 이후였다. '김대중 내란음모사건 연루' 운운으로 지부장과 부지부장이 수배되어 잠적한 후 정국이 스산하고 가파르던 때였다. 조여오는 마수를 느끼며 불안과 긴장 속에서 추석을 맞이했고 귀향하지 못한 조합원들과, 비상대기 상태이던 노조 간부들이 모인 기숙사에서 공연을 했다. 대본의 주제는 당시 전두환 군부의 주도하에 노총을 통해 조직적으로 진행되던 '노동계 정화 조치'에 대한 비판과 저항이었다.

이 내용은 정보기관으로 들어갔고 그해 12월 계엄사에 끌려갔던 우리는 "정화 좋아하네, 어디 여기서도 한번 해보지?"라며 군인들에게 곤욕을 치르기도 했다. 그리고 당시 탈춤반 회장이었던 나와, 총무였던 두숙이가 계엄사에 의해 강제해고를 당한 것은 탈춤반 활동과 무관하지는 않았을 거라는 생각이 있다.

이후부터 나는 함께하지 못했지만 탈춤반은 새로운 인원을 충원하고 어려운 대내외적 조건을 극복하며 맥을 유지했다. 81년에는 전북 전주에서 열린 '전국노동자대회'에서도 공연을 했고 9·27 사태가 발생하기 직전인 82년 8월 13일에는 '민족과 민중의 통일을 위한 전진대회'가 열렸던 한신대에서도 일제시대 '조선방직쟁의'를 다룬 공연을 하게 된다. 그러나 이 공연이 노동조합의 틀 안에서 이루어지던 마지막 공연이 될 줄은 아무도 몰랐다.

소박하지만 따뜻했던 '연대'

탈춤반의 활동을 말하자면, '명예조합원'이 되어 탈춤 지도를 했던 대학생들의 역할을 간과할 수 없다. 이들은 학업시간을 쪼개어 매주 2~3회 원풍으로 왔다. 당시엔 그 어디에도 사용 가능한 번듯한 강당 하나가 없었던 시절이다. 기숙사 강당이 있었지만 교대반의 휴식에 방해가 되니 사용할 수 없었기에(금남의 집이니 더욱) 뙤약볕이 쬐는 시간을 피해가며 기숙사 옥상에서 '덩기덕' 거렸고, 업무시간 후 노조사무실에서 대본을 만들고, 가끔 돈보스코 회관을 빌리기도 했던 것 같다. 그러나 탈춤반 대학생들이 원풍모방을 자유롭게 드나들고 식당에서 밥을 먹고(조합원 아줌마들이 밥도 푹푹 많이 퍼준 것으로 기억된다) 경비실의 눈치 보지 않고 드나들었으니 돌아보면 노동조합의 조직역량이 막강하던 시절이었다. 이것은 결코 쉬운 일이 아니다.

이렇게 '탈춤 지도'란 명분으로 함께했던 대학생들의 역할은 '연대'적 관계였다 할 것이다. '노학연대'는 최루탄 난무하는 아스팔트길을 함께 달리는 곳에만 있는 것이 아니라 70년대 원풍노조의 탈춤반에서 이런 방식으로도 실천되고 있었다. 그 후 82년 9·27 사태 마지막 날, 모두 끌려나오던 10월 1일 새벽, 이리떼에 쫓기는 양떼처럼 대림동의 양문교회 새벽예배장으로 피해 픽픽 쓰러지던 조합원들을 병원으로 업어 나르던 남성 조합원들 속에 눈에 익은 얼굴 하나가 보였다. "아, ○○형!" 나는 속으로 비명을 질렀다. '탈춤 지도팀' 중 한 명이었다. 그는 침통한 표정으로 바라보고 서 있다가 말 한 마디 없이 쓰러진 조합원을 업고 병원으로 뛰어다녔다. (지금은 그 이름을 말해도 되겠지, 그는 원호 형이었다.) 그 밤을 그도 함께 원풍모방 앞에서 지새우고 있었던 것이다. 당시는 아무 말도 못했지만, 먼 날들 뒤돌아보면 '연대'의 따뜻함에 콧등이 찡해지는 기억이다. 연대는 결국 관계의 힘일 것이다. 의식이나 상식 이전에 감정과 느낌으로 연결된 관계들의 결합이 강고한 연대를 가능하게 한다. '그'가 그곳에 있기에, '그'가 하는 말이기에, '그'가 하는 일이기에, 나도 함께하게 되는 어떤 것.

내가 하고많은 공장 중에 원풍에 입사하여 노동조합을 알지 못했다면, 하고많은 사람 중에 '그' 또는 '그들'을 만나지 않았다면, 하고많은 조직들 중에 탈춤반에 들지 않았다면……. 그렇듯 만나고 맺어지는 인간관계들이 내가 서 있을 곳을 위치 짓거나, 내가 하게 되는 언어를 구성하거나, 내가 취할 몸짓을 만들게 되는 것 같다. '나'의 많은 것들, 아니 어쩌면 모든 것들이 이러한 관계 맺기로부터 이루어지고 깨지고 작동하게 한다. 어떤 이가 어떤 사람과 함께하는가를 보며 그 사람의 성향을 예단하거나 특칭해버리는 경우도 '관계'의 영향이 그만큼 크기 때문일 것이다. 다른 나라에서 전쟁으로 수많은 사람들이 죽어가도 내 옆자리 친구의 감기가 더 걱정되는, 그런 것이 사람이다. 머리로 다지는 의식과, 몸으로 느끼는 감정은 흐름이 달라진다. 어떤 방식으로, 어떻게 관계 맺음을 하는 것이 나와 우리를 평화롭게 할까?

또 원풍노조(원풍사람들)와의 관계 맺음은 지금 나를 어떻게 구성하고 있는지?

원풍의 탈춤반이 특별히 결속력이 단단했던 것은 관계 맺기에 들인 노력이 그만큼 컸기 때문일 것이다. 주 2회 이상의 만남, 연습하고 대본 만들고 공연하고 뒤풀이하고 같이 먹고 일했던 시간들의 축적과 거기에 더해 함께했던 대학생들의 역할이 윤활유로 작용했다 할 것이다.

이제 원풍에서 함께했던 사람들, 그 모든 기억의 편린들도 30여 년 고개를 넘어가려 한다. 결코 짧지 않은 세월을 이 관계의 끈을 놓지 않고 (놓지 못하고?) 담아온 이야기들, 한탄들, 기쁨들, 서러움들, 반가움들을 하나하나 고이 담아 구슬 꿰듯 꿰어보고 싶다.

우리는 무엇이었는지, 무엇을 바라보았는지, 무엇을 얻었고, 무엇으로 살고 있는지…….

답답한 세상 근심 툭 털고 나와서 말뚝이, 할미, 문둥이 다 모여 장구치고 북 치고 꽹과리 치며 흥지게 한 번 놀아보고 싶은 마음 한 자락 지니며 탈과 함께했던 그날의 얼굴들을 떠올려본다.

제4부

민족노조 탄압기
(1980~1982)

제1장 | 서울의 봄과 원풍모방 노동조합

제2장 | 노동계 정화 조치와 연이은 노동조합 탄압

제3장 | 안팎의 시련에 부닥친 노동조합

제4장 | 운명의 9·27 사건

제5장 | 원풍노조의 최후

제**1**장 서울의 봄과 원풍모방 노동조합

신민당 개헌공청회

18년간 절대 권력을 휘두르던 1인 통치자가 사라지자, 그 공백을 누가 어떻게 메우는가 하는 것이 화두였다. 1980년대는 그렇게 막을 열었다. 대치 전선은 단순했다. 민주 대 반민주. 그러나 어느 쪽도 확실한 힘의 우위를 확보하지 못했다는 데 문제가 있었다. 18년간 '제왕'의 주변에서 온갖 이익을 누려온 기득권 세력조차 이런 힘의 공백을 가정하여 미리 마련해둔 위기 대처 매뉴얼이 없었다. 제왕에게는 '만인지상 일인지하'가 필요 없었던 것이다. 통대 선거를 통해 '합법적'으로 선출된 제10대 최규하 대통령도 상황을 장악할 능력이 없었다.

물론 힘의 균형추는 여전히 그들 편이었다. 특히 12·12 쿠데타를 통해 홀연 비상 정국의 핵으로 등장한 전두환 보안사령관 중심의 이른바 '신군부'는 이미 자신들의 임무에 스스로 역사성을 부여하며 세를 불려갔다. 그들은 군대는 물론 18년간 권력의 충실한 버팀목 역할을 해온 어용언론과 독점자본까지 실효적으로 지배하고 있었다. 반면, 유신 철권통치에 맞서 고통스러운 투쟁을 전개해온 민주 진영은 갑자기

次憲法改正公聽會

신민당

1979년 신민당 헌법 개정 공청회에서 노동기본권 개정(안)을 제안 설명하는 원풍모방 노동조합 방용석 지부장

주어진 권력의 공백을 어떻게 헤쳐나아갈지 전혀 준비가 되어 있지 않았다. 그들이 내세울 수 있는 건 도덕성뿐이었는데, 그건 냉혹한 현실 정치 속에서 크게 위력을 발휘할 수 없는 상징에 불과했다. 그나마 민주 진영은 벌써 적전 분열의 조짐부터 보이고 있었다. 민주 진영으로선 늦었지만 집권에 대비한 마스터플랜을 만들어나갈 수밖에 없었다. 신민당이 주최한 헌법 개정 공청회는 이런 점에서 의미 있는 일보였다.

1월 11일 마포 신민당사에서 열린 제2차 헌법 개정 공청회에는 원풍모방 노동조합 방용석 지부장을 비롯해 이명현(서울대 교수), 신봉식(전경련 이사), 이병용(변호사), 정연석(가톨릭농민회), 문동환(목사), 박실(한국일보 정치부 차장), 이호웅(전 서울대 문리대 학생회장) 등 11명이 연사로 참석했다. 이날 공청회에서 그들은 정부 구성에 대해서는 압도적으로 대통령중심제와 직선제를, 국회의원 선거는 소선구제를 주장했고, 개헌 시기는 빠르면 빠를수록 좋다며 일정 단축을 요구했다.

방용석 지부장은 노동계를 대표한 유일한 인사였다.

그는 헌법 개정 공청회 참석을 요구받고 무척 망설였다는 말로 발언을 시작했다. 주변 동료들이 자신을 신민당과 가까운 정치색이 있는 사람으로 오해할까 두려웠기 때문이다. 또한 장차 신민당이 내놓을 개헌안에 노동자의 의견이 하나도 반영되지 않았을 때를 가정해서, 그저 들러리로 구색이나 맞추려 하는 게 아닐까 하는 우려도 있었다. 어쨌든 참석을 결정한 이상, 그는 노동자의 편에 서서 민주헌법이 갖추어야 할 기본 원칙과 요건들에 대해 성실히 발언하지 않으면 안 되었다.

"제가 말씀드리는 민주헌법이란 지금까지와 같이 소수 특권층에게는 무제한으로 권한을 부여하고 국민 대다수인 서민대중들의 기본권을 제한하는 독소조항들을 완전히 철폐함으로써 국민이 자유를 누리는 것만큼 책임을 느낄 수 있게 하는 법적 제도, 부강한 민주주의 복지국가를 이룩할 수 있는 제도를 말하는 것입니다. 국민을 신뢰하지 못하는 정치를 어떻게 민주정치라고 이름 붙일 수 있단 말입니까?"

이런 큰 원칙하에 방용석 지부장은 특히 노동자들의 기본적인 권리가 헌법에 어떤 식으로 반영되어야 하는지 구체적으로 제시했다.

1. 노동자의 생존권인 노동삼권이 철저히 보장되어야 한다. 구체적으로 "노동자의 단결권, 단체교섭권, 단체행동권은 법률이 정하는 범위 안에서 보장된다"고 한 유신헌법 제29조 1항에서 '법률이 정하는 범위 안에서'는 삭제해야 한다. 이 구절은 유신헌법 이전에는 없었던 것으로, 노동자의 단체교섭권, 단체행동권을 규제하고 있는 국가보위법 제9조를 뒷받침하기 위해 뒤늦게 만든 조항이다.

2. 공무원에 대해 노동기본권을 제한하고 있는 유신헌법 제29조 2

항도 삭제해야 한다. 군인에 대해서는 안보상의 이유 때문에 노동기본권을 보장할 수 없지만, 현재 기본권이 보장된 철도, 체신, 전매 등에 종사하는 공무원을 포함하여 교육공무원 등 모든 공무원에게도 반드시 노동기본권이 보장되어야 한다.

3. "공무원과 국가 · 지방자치단체 · 국영기업체 · 공익사업체 또는 국민경제에 중대한 영향을 미치는 사업체에 종사하는 근로자의 단체행동권은 법률이 정하는 바에 의하여 이를 제한하거나 인정하지 아니할 수 있다"고 되어 있는 유신헌법 제29조 3항도 삭제해야 한다. 이 역시 유신헌법에서 새로 만들어진 독소조항이다. 우리 공업 구조는 갈수록 중화학 중심으로 가고 기업 또한 대규모화할 것인데 대기업에서 일하는 노동자들은 단지 국민경제에 중대한 영향을 미치는 사업체에 종사한다는 이유만으로 인권유린과 생존권 위협을 받는다면 어떻게 할 것인가.

"실제로 우리 주변을 보면 심지어는 구두 뒤창을 군에 납품하는 공장까지도 방위산업이라는 명분 아래 노조 결성조차 인정하지 않으려는 한심한 일들이 벌어지고 있는 실정입니다. 형편이 이러니 노동기본권을 규제하는 독소조항들이 철폐되어야 하는 것은 두말 할 필요도 없고 오히려 서독의 예에서와 같이 '노동기본권을 제한하거나 방해하려는 여하한 합의나 협정은 무효이며 또한 그러한 목적으로 하는 여하한 조치도 위법이다' 라는 조항을 신설해야 한다고 주장합니다."

결국 방용석 지부장의 견해는, 노동기본권이란 그 성격이 규제에 있는 게 아니라 국가나 기업으로부터 노동자를 보호하기 위한 장치요, 생명적인 의미를 갖기 때문에 공산주의 국가가 아닌 한 설사 헌법에서

명문화하지 않는다 하더라도 당연히 보장되는 권리이며, 따라서 헌법 조항에서 노동기본권을 규제할 수 있다고 정하는 것은 민주주의 헌법 정신에 정면으로 역행하는 것으로 당연 무효라는 것이었다. 그는 특히 노동자들에게 노동기본권이 완전히 회복되면 마치 기업이 망하고 사회 혼란이 오는 것처럼 말하는 것은 경제 발전이 국가보위법이나 긴급조치 때문에 이룩된 줄 착각하는 것과 다르지 않다고 비판했다. 노동자는 결코 기업의 도산을 바라는 세력이 아니며 사주가 돈을 떼먹고 도망갔을 때 노동조합이 나서서 회사를 일으킨 결과, 기업이 얼마나 발전할 수 있었는지 원풍모방의 사례를 들어 역설하기도 했다.

아울러 그는 사회보장제도에 관해서는 다음과 같이 구체적인 개헌안을 제시했다.

- 유신헌법 제30조 2항의 "국가는 사회보장의 증진에 노력하여야 한다"는 "모든 국민은 질병, 재해, 노동 불능, 노령 및 실업의 경우 생활에 필요한 수단을 보장받으며 또 보장받을 권리를 가진다"로 수정해야 한다.
- "근로조건의 기준은 법률로 정한다"라는 유신헌법 제28조 3항은 "근로조건의 최저기준과 최저임금제는 법률로써 정한다"라는 내용으로 고쳐야 한다. 아울러 "근로의 능력이 없는 자 및 미성년자는 직업교육을 받을 권리를 가진다"라는 조항을 신설해야 한다.
- 노동자의 이익균점권과 경영참가권이 보장되어야 한다. 이익균점권은 제헌헌법에서는 보장되어 있었으나 제2, 3공화국 헌법에서 탈락했던 것으로, 이를 보장함으로써 노동자의 생산 의욕을 높이고 소득을 합리적으로 분배하게 하며 빈부격차에서 오는 국민 간 불화를 해소시키고 산업평화를 이룩할 수 있는, 백년대계의 제도이기 때문

이다.

방용석 지부장은 이런 구체적인 안을 두루 제시한 다음, 마지막으로 "노동자가 자율적으로 자신의 지위를 향상시킬 수 있도록 노동기본권이 완벽하게 보장되느냐 아니냐 하는 점이 이번 헌법이 진정 민주헌법이 되느냐 아니냐를 판가름하는 기준"이라고 거듭 강조했다. 어찌 보면 노동자들이 바라는 것은 이처럼 상식적인 수준의 기본권인지 몰랐다. 그러나 수십 년 동안 이런 상식조차 너무나 쉽게 무시하고 짓밟아온 게 바로 우리의 비참한 현실이었다. 이제 새로 바뀔 헌법은 화려한 수사보다는 상식이나마 제대로 반영하기를, 새로운 시대를 맞이하는 노동자들은 간절히 바라고 있었다.

김영태 위원장 퇴진 운동

상식을 벗어난 노동조합은 노동자에게 재앙 그 자체다. 한국노동운동사에서는 김영태가 이끌었던 당시의 섬유노조와 한국노총이 이를 증명한다.

1979년 12월 22일 방용석 지부장은 섬유노조 본부에서 열린 중앙위원회에 참석하여 신상발언을 통해 김영태 위원장에게 6개 항에 걸쳐 질문을 했다. 그러면서 만일 책임 있는 답변을 할 경우 원풍모방 노동조합은 섬유노조와 관계를 정상화할 용의가 있다고 밝혔다. 이에 대해 김영태 위원장(섬유노조 위원장 겸임)은 1980년 1월 5일 원풍모방 노동조합에 답변서를 보내왔다.

[표 13]은 두 사람의 신상발언과 답변을 비교해놓은 것이다.

[표13] 섬유노조 정상화에 대한 방용석 지부장의 신상발언과 김영태 위원장의 답변 비교

방용석 지부장 신상발언	김영태 위원장 답변서
동일방직 해고 조합원 124명의 명단을 작성, 각 기업주에게 발송한 경위와 124명의 복직 문제에 관한 본부의 방침.	동일방직 해고자 문제는 해고 근로자들에게 회사 복귀를 종용하였으나 그들이 복귀하지 않아 노동위원회의 의결을 거쳐 집행하게 된 것임.
원풍, 반도, YH 등 3개 지부의 권리행사를 막은 본부의 조치로 인한 3개 지부의 의무금 반환 및 결손 처리 요구에 대한 본부의 방침.	3개 지부 조합비 및 반환 문제는 본부의 규약 준수 절차를 불이행하여 처리한 것이므로 지부대회에서 그 절차를 밟고 소를 취하하면 언제라도 개방되어 있는 것임.
섬유노조의 '불순세력 침투현황'이라는 유인물에서 동일, YH 지부는 '불순세력'이라고 규정한 점과 여성 노동자들이 인분과 독침을 휴대하고 문제를 일으키는 악질적인 인물이라고 발언한 문제에 대한 증거물의 제시.	동일, YH 지부 불순세력 규정 문제는 장충체육관에서 거행된 78년의 노동절 기념식에서 있었던 일임.
김영태 위원장이 국제방직 사건이 아직도 해결되지 않은 상태에서 79년 노동절을 기해서 국제그룹 대표자 양정모에게 부산시협의회장 명의로 감사패를 시상한 이유.	국제방직 사용자 시상 문제는 노동절 때마다 기관장에게 수여하는 관례에 따른 것임.
김영태 위원장이 경북여관에서 1500만원을 도난당한 사건의 경위와 진상, 그리고 한국노총 위원장 출마 당시 선거자금으로 갹출한 금액과 명세 공개.	1500만원 도난 사건 및 선거자금 공개 문제는 본인의 사생활에 관한 문제이므로 얘기하고 싶지 않음.
국회의원이 국회에서 대정부질의시 한국노총 위원장 규탄발언을 한 것에 대한 위원장의 책임 여부.	국회의원의 규탄발언에 대한 책임 문제는 국회의원 발언을 가지고 상대하고 싶지 않음.

이처럼 불성실하고 노동자를 무시하는 김영태 위원장에 대한 불만과 비판의 목소리는 전과 다른 정치적 분위기를 타고 힘을 얻어갔다. 신문보도에 따르면, 그는 1979년 10월 서울의 한 여관에서 1500만원이라는 거액을 도난당했는데 이를 경찰에 신고조차 하지 않았다. 더욱이 도난당한 돈 중에는 어용노조를 몰아내기 위해 본부 간부들이 구속까지 되면서 극한투쟁을 했던 상대당사자 국제방직 사용자의 수표가 들어 있었다. 김영태는 그 돈이 처음에는 친지의 돈이라고 했다가

나중에는 말을 바꾸어 자기 돈이라고 하는 등 횡설수설해서 도마에 오르기도 했다. 이 때문에 김영태는 궁지에 내몰렸지만, 1월 15일 답변서에서도 드러나듯이 한국노총 위원장이라는 권력을 내세워 여전히 뻔뻔스러운 작태를 지속했다.

1월 19일, 섬유노조 중앙집행위에서는 사퇴 권고 결의안이 제출되어 찬성 13표, 반대 7표, 기권 2표로 결의되었다. 이에 대해 김영태는 1월 25일 자신에게 반항했다는 이유를 내걸어 상근 부위원장 이유복, 사무처장 고이석, 기획실장 지홍우, 총무국장 백봉근 등을 직권으로 해임했다. 김영태의 이런 대응은 그를 자리에서 쫓아내기 위한 투쟁에 오히려 기름을 부은 꼴이 되었다.

1월 29일, 섬유노조 산하 일부 지부장들은 '한국섬유노동조합 정상화추진위원회'(위원장 오석철) 발기 및 결성 총회를 갖고, 다음과 같은 내용의 '결의문'을 채택했다.

1. 김영태 위원장은 자신의 반노동자적 과오를 솔직히 시인하고 1500만 원 분실 사건 등 섬유노조의 위신을 추락시킨 데 대해 책임을 지고 노동계에서 완전히 은퇴하라!
2. 김영태 위원장 주변에서 배회하며 더러운 자신의 이익만을 고수하려 기도하는 무리는 대오각성하여 현 위치에서 즉각 물러나라!
3. 전 조직인은 우리의 활동이 단순한 조직 대결이 아니라 전 조합원의 생존권 수호를 위한 기본임을 철저히 인식하고 이 대열에 적극 참여하라!
4. 우리는 당면한 임금인상 투쟁과 노동기본권 회복을 위한 활동을 적극적으로 전개한다.

5. 우리는 섬유노조가 본연의 자세에 설 때까지 우리의 활동을 계
   속한다.

이들은 또 2월 4일 김영태 위원장의 비위 사실을 조사해달라는 탄
원서와 진정서를 청와대를 비롯한 각 관계기관에 제출했다. 여기에는
조합비 750만 원을 1979년 4월 개인 명의로 가불하고 갚지 않은 점,
1979년 10월 한국노총 위원장으로 출마할 때 특별기금을 담보로 500
만 원을 융자받고 원금과 이자를 자신의 기밀비에서 매달 50만 원씩
갚고 있는 점 등을 조사해 달라는 내용이 포함되어 있었다. 동일방직
해고노동자 6명도 2월 14일 김영태 위원장을 '명예훼손' 및 '출판물
에 의한 명예훼손' 혐의로 서울지검에 고소했다. 이들은 "김영태 위원
장은 1978년 1월 15일 개최된 섬유노조 중앙위원회 석상에서 동일방
직 여공들은 외부 불순세력의 조종을 받아 분뇨와 독침을 휴대하고 항
상 문제를 일으키는 악질적인 인물들이라고 말함으로써 자신들의 명
예를 훼손했으며, 1979년 8월 14일 모 방송국 TV 대담 프로그램에서
같은 내용을 모든 시청자들에게 왜곡 선전함으로써 명예를 훼손했다"
고 주장했다.

2월 19일, 섬유노조 정상화추진위원회는 노동조합법 제26조 2항
에 의거하여 섬유노조 재적 대의원 162명 중 61명의 서명을 받아 임
시 전국대의원대회 소집을 요구했다. 김영태는 이를 받아들이지 않았
다. 이에 추진위원회는 3월 6일 노동조합법 제26조 3항에 의거, 83
명의 서명을 받아 임시 전국대의원대회 소집권자 지명요구서를 노동
청에 제출했다. 그날 한국노총 역시 중앙위원회를 열어 김영태 위원장
의 사퇴를 결의했다. 이에 대해 김영태는 신병을 이유로 일단 일선에
서 후퇴하며 정한주 항만노조 위원장에게 직무대리를 위촉함으로써

사태를 얼버무리려 했다. 화학, 금융, 운수, 철도, 체신 등 8개 산별노조는 김영태의 이러한 행위를 눈 가리고 아웅 하는 식의 기만술책에 불과하다며 즉각 완전히 사퇴할 것을 촉구하며 한국노총 정상화추진위원회를 결성했다.

어떻게 할 것인가! 저 노회한 노동귀족을 어떻게 권좌에서 끌어내릴 것인가!

어느새 1970년대 민주노조운동의 선봉으로 공인받고 있던 원풍노조에게도 '김영태'라는 이름 석 자는 참으로 징글징글한 '숙제'였다.

1980년도 임금협상

원풍모방의 모기업 (주)원풍산업의 경영권은 1979년 8월 말 그동안 4월 6일부터 25퍼센트의 주식을 인수하여 회사 경영에 참여해오던 국제상사그룹(회장 양정모)으로 완전히 넘어갔다. 국제상사그룹은 1977년에 이미 원풍산업 옥천공장을, 1978년에는 원풍 계열 보고산업을 각각 인수한 데 이어, 1979년 8월에는 원풍산업 대주주인 이상순 회장 보유주식 200만 주를 모두 사들여 단독 경영에 나선 것이다. 언론 보도에 따르면[1], "국제상사는 새로 인수한 원풍산업의 상호를 국제종합화학으로 바꾸어 부산 타이어공장과 국제상사 부산 신발공장을 합쳐 종합고무공장으로 육성할 방침이며 오는 1983년까지 900억 원을 투입, 타이어 생산 시설을 연산 500만 본 규모로 확대할 계획"이라고 밝혔다. 그러나 원풍모방의 상호는 1980년도에 들어와서도 바뀌지 않고 그대로 유지되었다. 원풍모방 노동조합은 무엇보다도 새로운 경영 주체인 국제그룹이 섬유노조 김영태 위원장에게 200여만 원을 지원했다는 사실을 당혹스럽게 생각했다. 그 돈은 분명히 회사가 노동자에게 가하는 부당노동행위에 대해서 눈감아 달라고 주는 뇌물일 것이기 때문이었다.

원풍노조는 국제상사그룹이 산하 국제방직(충남 온양)에서 저지른 비열한 노동조합 파괴 공작에 대해서도 잘 알고 있었다.[2] 회사는 1977년 4월 국제방직에서 여성 노동자들이 노조를 설립하자 끈질기게 노동조합 무력화 내지 어용화 책동을 시도했다. 노동조합의 정당한 요구는 전혀 들어주지 않는 것은 물론이고, 위협을 가해 휴일도 없애고 강제잔업이나 연장근로를 밥 먹듯이 강행했다. 1978년 여름부터는 안상례 부지부장과 오병희 사무장 등 일부 간부들을 매수하여 지부장을 몰아내고 어용노조를 만들려는 시도를 본격화했다. 이에 섬유노조 본조까지 나서 노조를 지켜내려 했으나, 회사는 오히려 경찰의 힘을 빌어 이런 노력들에 맞섰다. 결국 윤선한 지부장과 섬유노조 김영한 부지부장 등은 국가보위법 위반으로 구속되기에 이르렀다. 어용화된 국제방직지부는 1979년 7월 섬유노조 집행위에서 사고지부로 규정되었다.

원풍노조는 진작 이런 반노동자적 책동을 일삼는 바로 그 국제상사 그룹 산하로 원풍이 넘어가게 된 현실을 분명히 인식했다. 그리하여 1979년 4월 18일 '대의원대회 자료집'에서도 국제방직 노동조합 파괴 사건을 상세히 보고한 바 있었다.

이러한 사건(국제방직 사건)은 이 나라 재벌기업의 횡포가 어디에까지 왔는가를 잘 말해주고 있는 것이라 하겠다. 이 나라 법률을 안하무인격으로 위반하는가 하면 근로자 인권을 서슴없이 짓밟아 인간의 존엄성을 무시하는 것은 물론 이를 정당화시키는 돈의 마력

을 제 마음껏 구사하고 있다. 그러고서도 아무런 죄책감을 갖고 있
지 않다는 것이 또한 이 나라 재벌기업인들의 생활 방식이다. 이 나
라 기업주들은 돈을 버는 데는 천재이나 돈을 쓰는 데는 천치바보
들이라고 하겠다. 이 나라 기업주들이 그 "천치바보"를 면하지 못
하는 한 반드시 후세대의 죄인이 될 것이라 믿어 의심치 않는다.

원풍노조는 조직력이 취약했던 국제방직노조와는 달랐다. 원풍은
이미 조합원들의 튼튼한 단결력을 바탕으로 긴장감 속에 국제그룹의
원풍모방 인수 과정을 지켜보았고, 그 이후에도 한 치 흔들림 없이 민
주노조의 대표주자로서 1980년대를 맞이했기 때문이다.

1월 16일, 노동조합은 다음과 같이 작성한 1980년도 임금인상 요
구안을 회사 측에 제시하고 단체교섭에 나설 것을 요구했다.

- 양성공 남자 3894원, 여자 2374원.
- 본공 초일급 남자 4100원, 여자 2657원.
- 본공 평균 기본일급 남자 6250원, 여자 3150원.

첫 번째 단체교섭은 2월 28일에 열렸다. 이 자리에서 노조는 최저
생계비 확보와 남녀 간·학력 간 임금 격차 해소, 물가연동제 등을 임
금인상 협상의 기본 골조라고 설명했다. 회사 측은 학력 간 임금 격차
해소 원칙에 동의하면서도 오일쇼크로 인한 경기불황으로 회사 경영
상태가 어렵고, 특히 대표이사가 공석 중이라는 것을 이유로 내걸어
합의를 다음으로 미루었다.

3월 7일에 열린 두 번째 단체교섭에서 노동조합은 원풍산업의
1979년도 순이익이 25억이고, 자기자본이 1978년 48억에서 1979년

에는 131억으로 증가했음을 내세워 지불 능력이 충분하다고 하면서, 학력 간 임금 격차 해소 원칙으로 대졸, 초대졸, 고졸 간의 격차를 100 대 75 대 52로 맞추고 1983년까지는 100 대 90 대 80으로 조정해야 한다고 주장했다.

3월 20일에 회사 측은 공원과 사원 간의 임금 격차를 시인하고 1980년도에는 격차액의 50퍼센트, 1981년도 25퍼센트, 1982년도 25퍼센트로 점차적으로 해소해나간다는 원칙을 제시했다. 임금인상 에 대해서는 평균 20퍼센트를 총재원으로 한다는 안을 제시했다. 이 에 노조는 1979년도 생계비가 31.6퍼센트, 소비자물가가 21.2퍼센트 인상되었고 더구나 1980년도의 물가 인상 전망이 상당히 비관적임을 내세우는 동시에 1979년도에 생산성이 11.9퍼센트나 향상되었으며 노조에서 요구한 금액을 전부 다 수용해도 2인 최저생계비에 겨우 비 교되는 금액임을 강조, 회사 측 20퍼센트 인상안을 거부했다.

결국 노사 양측은 이런 식으로 6차례 교섭을 통해 마침내 3월 31일 평균 남자 35퍼센트, 여자 36퍼센트를 인상하는 데 합의하는 내용의 협정서를 작성하기에 이른다.

- 양성공 남자 2810원, 여자 1770원.
- 본공 초일급 남자 3350원, 여자 2180원.
- 본공 평균 기본일급 남자 5251원, 여자 2584원.

산업복지와 조합원들의 자부심

이 같은 교섭은 노동조합 측에서도 스스로 1972년 노동조합이 민주화된 이후 가장 순탄한 교섭이었다고 평할 정도였다. 한 신문은 "원풍은 지난해 새 경영자를 맞으면서 특히 노사 관계 개선에 힘을 기울여 노사 간의 대화를 적극 시도, 협조 체제를 만들기에 성공했다. 근로자들은 단결된 힘을 생산 활동에 돌림으로써 불황 극복에 크게 기여하고 있는 것이다. 이에 힘입어 원풍은 23년의 사사(社史)상 처음으로 지난해 생산목표를 달성했다. 이 공장을 영업 정책상 가볍게 보던 다른 회사들도 깜짝 놀랐으며 업계의 주목을 끌게 되었다."[3]고 하여 원풍의 노사 협력체제를 하나의 모범사례로 크게 보도할 정도였다. 물론 민주화의 봄을 맞이하여 일부 조합원들 사이에서는 은근히 회사 측과 한 판 대결을 희망하는 의견도 존재했지만, 노사가 합의한 임금인상액은 동종 업계에서는 높은 수준에 속한다는 점을 그들도 충분히 알고 있었다.[별지]7 참고

[표14] 모방업계 임금 비교   (단위 : 명)

	양성공		본공 초임		본공 평균	
	남	여	남	여	남	여
경남모직		1,800	4,000	1,947	4,702	2,167
태광산업	2,590	1,840	2,890	1,960	4,303	2,832
대한모방	2,115	1,885	3,215	2,065	4,308	2,207
원풍모방	2,810	1,770	3,350	2,180	5,252	2,584

정사과의 이혜영은 특히 1980년도 임금이 다른 회사와 비교해서는 물론이고 대한민국에서도 가장 높은 수준으로 36퍼센트나 인상되었다는 게 즐거워서 잠을 안 자도 피곤한 줄 몰랐다고 증언한다.

[표15] 연도별 임금인상률 비교

	1976	1977	1978	1979	1980
원풍모방	30%	28%	30%	34%	35.5%
섬유노조 평균	19.3%	24.8%(28%)*	28%	28%	26%

＊당시 면방사업장 평균 임금인상률: 25% / 모화섬 분야 평균 임금인상률 제시안: 28%

　원풍모방의 이러한 임금인상률은 당연히 강력한 노동조합 조직을 배경으로 한 협상력에 기인하는 것으로 당시 조합원들은 그야말로 노동조합의 존재 가치를 피부로 실감하고 있었다. 임금뿐만 아니라 복지 측면에서도 원풍은 당대로서는 상당한 수준을 유지하고 있었다. 예를 들어 신용협동조합(이사장 이문희)은 1978년 1월 창립한 이래 조합원들에게 꽤 소중한 '조합 속의 조합'으로 자리를 잡았다. 조합원은 1979년 12월 31일 현재 무려 1228명에 이르렀다. 노동조합 총인원이 1600명 정도인 걸 감안하면 75퍼센트 이상의 조합원이 신협을 이용했던 셈이다. 출자금 범위 내 대부 현황만 해도 2674건, 4억 2154만 5700원에 이르렀다. 출자금에 대한 배당금은 연 22.07퍼센트였다. 아울러 공동구매와 의료보험도 적절하게 운영되고 있었다.

　장학금은 특히 원풍의 여성 조합원들에게 못다 한 배움의 기회를 제공하는 데 큰 역할을 했다. 노동조합은 회사와 협상을 벌여 해마다 좋은 조건으로 장학금을 확대해나갔다. 1979년의 경우, 비조합원까지 포함하면 2/4분기에 238명, 4/4분기에 263명이 회사의 장학금 혜택을 받았다.

[표16] 1979년 2/4분기 장학금 지급 현황

구분	학교별	인원수	금액
조합원 본인	중학교	47	786,000
	고등학교	33	1,335,200
	대학교	3	272,900
조합원 자녀	중학교	75	2,100,000
	고등학교	34	1,462,000
비조합원 자녀	중학교	20	560,000
	고등학교	26	1,118,000
합계		238	7,634,000

여성 조합원 본인들이 직접 다니는 학교는 다만 정규 중고등학교는 거의 없고 대개 새마을중학교급이거나 새마을고등학교급, 혹은 방송통신고등학교급이었다. 구체적으로는 삼성새마을청소년중고등학교, 한강새마을청소년중고등학교(한강재건실업중고등학교), 중앙여자실업중고등학교, 수도여고(경기여고, 창덕여고) 부설 방송통신고등학교, 연희실업전수학교, 한강여자상업전수학교 등이었다.[4] 이들 학교는 1977년 제정된 「산업체의근로청소년의교육을위한특별학급등의설치기준령」에 따라 회사 내에 별도로 설치된 산업체 부설학교나 기존 정규학교에 위탁 설치된 야간특별학급에 비해서 교육 환경이 나빴다.

굴러오는 볼을 발로 차버리면 담 밖 한길로 또는 이웃 공장으로 넘어가 버리는 운동장이다. 500여 평 남짓한 땅에 10여 평 되는 교실이 다섯 개 있고 그 옆에 교무실을 얽어 만들었다. 서울 영등포구 양평동 6가 8번지, 제2한강대교 건너 공장지대에 공장의 임시 창고로 사용하던 건물과 그 마당을 빌어 혜택받지 못한 600여 명의 청소년들이 내일을 다짐하고 예비하는 한강청소년학교의 내면의 실상은 이 땅의 저변에서 꿈틀거리는 인간 단지의 적나라한 모

습 그것이다.[5]

그래도 시골에서 포기했던 학교를 다닌다는 것은 교복을 입을 수 있다는 것이고, 그것만으로도 꽤 행복한 일이었다. 차비며 교재 등에도 따로 돈이 들어가고, 또 무엇보다 일이 힘든 데다가 잠자는 시간을 쪼개서 통학하며 다녀야 하는 어려운 여건을 묵묵히 견디는 것도 그 때문이었다. 조합원들 중에는 그런 새마을급 학교도 포기한 채 영등포 한림학원과 같은 검정고시 학원을 다닌 사람들도 적지 않다.[별지]8 참고

서울의 봄, 사북의 겨울

1980년 서울의 봄은 유난히 화사했다.

물론 5·16 군사쿠데타 이후 지속된 18년이란 긴 겨울이 하루아침에 순순히 물러가지는 않았지만, 곳곳에서 봄의 향훈을 맡을 수는 있었다. 봄이 가장 먼저, 가장 화려하게 찾아온 곳은 대학가였다.[6] 1979년 12월 8일의 긴급조치 해제로 출옥한 학생들이 학교로 돌아왔고, 정권의 볼모나 다름없던 학도호국단이 속속 자주적 총학생회로 대체되었다. 학생들은 이미 거대한 역사의 물결을 타고 있었다. 그들은 허수아비에 불과한 대통령 뒤에 숨어 있는 정권의 실세, 이른바 신군부를 자주 비판했다. 그중에서도 12·12 군사쿠데타를 주도한 보안사령관 출신으로 그때는 스스로 중정부장에 오른 한 사람이 제일 많이 거론되었다. 대자보에 등장한 그의 이름은 전두한(剪頭漢), 즉 '머리 자르는 악당'이었다. 대학생들은 연일 집회를 열었다. 그러나 턱없이 혈기만 방장할 뿐 그들은 신군부가 얼마나 주도면밀하게 시대에 대처하고

있는지 제대로 알지 못했다. 특전사는 이미 2월부터 영외 거주와 외출·외박 일절 금지에, 매일같이 '충정훈련'이라는 이름으로 혹독한 시위 진압훈련을 받고 있었다.

그 무렵, 탄광촌 사북은 여전히 겨울을 벗어나고 있지 못했다.

4월 16일, 30여 명의 광부가 동원탄좌 노조사무실을 점거한 채 노조위원장을 성토했다. 노조위원장 이재기는 광산노조가 정한 42.7퍼센트의 임금인상안을 무시한 채 회사 측과 비밀리에 접촉해서 20퍼센트의 인상안으로 합의를 본 상태였다. 광부들은 4월 18일부터 임금인상과 함께 어용노조 위원장의 사퇴를 요구했다. 회사 측은 요구를 들어주는 대신 경찰의 개입을 요청했다. 그때부터 광부들의 분노는 걷잡을 수 없이 커져 갔다. 4월 21일부터 광부들은 몽둥이와 곡괭이 등으로 무장하고 경찰과 맞서 지서를 불사르는 한편, 사북읍 입구에 바리케이드를 치고 열차를 세워 검문검색을 하기도 했다. 시위 도중 경찰이 노동자를 죽였다는 소문이 퍼졌다. 이에 흥분한 광부와 가족들이 어느새 달아난 이재기 대신 그의 처를 붙잡아다 린치를 가했다.

"이재기 대신 마누라를 잡았다. 이년을 불태워 죽이자."

"지금까지 잘먹고 잘살아 돼지처럼 살쩠구나."

부녀자들은 이재기의 처를 광업소 정문 옆 게시판에 묶어 놓고 이재기와 교환하자고 외쳤다. 사북읍은 4월 24일까지 완벽한 치안 부재 상태에 빠졌다. 이 과정에서 경찰관 1명이 숨지고, 160여 명이 부상을 당했다. 언론은 사태의 폭력성만 부각시킬 뿐 노동자들의 분노가 어디에서 비롯했는지, 그리고 근본적인 문제 해결의 방안은 무엇인지 제대로 다루지 않았다. 가까스로 사태가 진정된 후, 계엄사령부는 관련자 31명을 구속하고 50명을 불구속 기소하는 등 총 81명을 군법회의에 송치했다.

이 사건은 회사와 결탁한 어용노조가 처음 불을 당긴 것으로, 얼핏 우발적인 투쟁처럼 보인다. 그러나 그 배경을 자세히 살피면 상상을 초월할 정도로 열악한 노동조건과 생활환경에서 죽음마저 무릅쓰고 강도 높은 노동에 시달리지만 최저생계비에도 못 미치는 낮은 임금을 받는 광산 노동자들의 누적된 분노가 확고히 자리 잡고 있던 것이다.[7]

[표17] 업종별 단위시간당 재해 발생률 (단위:퍼센트)

업종	제조업	운수통신업	건설업	광업	상업평균
발생률	12.59	13.12	14.65	46.84	13.09

[표18] 석탄 백만 톤 생산당 사망자 수(1985년) (단위:명)

국가	미국	영국	일본	한국
사망자 수	0.2	0.4	2.6	9.15

아무리 광산 사고가 많다고는 하지만 이것은 그냥 지나쳐버릴 문제가 아니었다. 그들은 무엇 때문에 우리들 앞에 이런 모습으로 나타나야 한단 말인가. 나는 가슴에 솟아오르는 분노와 울분을 억제하려고 무진 애를 썼다. 과연 애국자는 누굴까? (중략) 내일 모레면 지방판 신문 한 모퉁이에 채탄광부 낙반사고라는 제목으로 손톱만 하게 마지못해 보도할 것이다. (중략) 두 개의 광차에 시체를 싣고 나왔다. 앙상한 나뭇가지에 지나가는 바람 소리가 무섭게 들렸다. 살을 베어가듯 추운 날씨가 을씨년스럽고, 더욱 한기를 느끼게 했다. 땀에 젖은 옷들은 밖에 나오자마자 이내 얼어서 바스락거리는 소리를 냈다. 죽은 지동철 씨의 친형과 사촌형이 시체를 옮겨 실은 자동차 앞을 가로막으며 못 가도록 길을 막았다. 옆 사람들이 붙들어서 요행히 자동차가 피해나갔다. 뒤에서 그들은 이성을 잃고 이리저리 마구 뛰어다녔다.[8]

국내 최대의 석탄 생산량을 자랑하는 동원탄좌의 경우, 광부들의 임금은 평균 15만 5000원으로 당시 광산노련에서 집계한 최저생계비인 24만 원의 64퍼센트에 불과했다. 복지시설 같은 것은 아예 없다시피 했다. 하다못해 목욕탕조차 제대로 갖추지 않아서 부녀자들은 집에서 밥하는 일만큼이나 목욕물을 데우는 게 중요한 일과일 정도였다. 이런 형편에서 어용노조 위원장 이재기는 그야말로 노동자들의 고혈을 짜내서 제 배만 불려왔던 것이었다. 1인당 1.5퍼센트를 거둬들이는 조합비는 연간 1억 5000여만 원에 달했는데, 그 금액 중 조합원을 위해 쓰는 돈은 그야말로 극히 일부에 지나지 않았다. 1979년 12월, 이재기는 재집권을 위해서 대의원 29명 전원을 제주도로 데려가 신제주호텔에서 3박 4일간 무려 1000만 원 이상 들어간 향응을 베풀었을 정도였다.

이 사건은 1980년 봄, 다른 노동자들의 투쟁에도 커다란 영향을 미쳤다. 곧바로 동원탄좌 덕대 탄광들의 파업을 불러일으켰음은 물론이고, 5월 초에는 그 여파가 정선, 황지, 문경 등지의 탄광 파업으로 들불처럼 옮겨붙었다. 나아가 다른 지역, 다른 업종으로 노동자 투쟁의 불씨를 급속히 또 격렬하게 번지게 하는 결정적 계기로 작용했다. 이로써 1980년대의 노동운동이 전 시대보다도 훨씬 격렬한 양상으로 전개되리라는 것은 불 보듯 빤한 일이 되었다.

노동기본권 확보 전국궐기대회

새봄과 더불어 불어닥친 민주화의 바람은 노동계라고 예외일 수 없었다. 한국노총 위원장 김영태의 퇴진을 요구하는 산하 조합 노동자들

'한국노총 민주화와 노동기본권 확보를 위한 전국궐기대회'에 참석한 원풍모방 조합원들

의 분노는 봇물이 터진 듯했는데, 한국노총 정상화추진위원회가 발족하여 그런 분노를 조직화하려 애쓰기 시작했다. 몇몇 산별노조의 처지도 크게 다르지 않았다. 특히 김영태가 위원장을 겸하고 있는 섬유노조는 정상적인 기능을 상실한 채 표류하고 있었다.

사북사태는 그동안 입이 있어도 말을 할 수 없었던 노동자들의 분노가 어디까지 가닿을 수 있는지 남김없이 보여준 충격 그 자체였다. 이제 권력에 빌붙어 구차하게 연명해왔던 어용노조와 노동귀족들에 대한 투쟁은 일상화되었고, 그밖에도 때를 놓치지 않고 신규 노조를 결성하려는 움직임, 임금인상 투쟁, 해고 반대 투쟁, 기존의 노조를 민주화하려는 투쟁 등 노동현장에서는 다양한 형태의 투쟁들이 하루가 멀다 하고 터져 나왔다. 상대적으로 규모가 큰 곳만 따져도 동국제강, 대한모방, 삼영화학, 동양나일론, 남양유업, 대한광학, 일신산업, 일신제강, 인천제철, 현대양행, 동양기계 창원공장, 태양금속, 원진레이온, 금성통신, 선경직물, 금강제화, 강원산업, 한성광업소, 봉명광업소, 신흥화학, 대원전기, 동양제과, 연합철강, 대동조선, 서통, 후레아패션, 효성유리, 부산파이프, 동명중공업 등 일일이 손으로 꼽기 어려울 정도였다.

사실, 노동자계급은 이미 한국 사회의 가장 중요한 계급으로 성장했다. 산업화 초기 10퍼센트 정도에 불과했던 노동자계급은 1980년에 이르러서는 마침내 농어민 계층마저 능가하는 우리 사회 최대 계급이 되었다. 그중에서도 특히 산업노동자의 비중은 절대적이어서, 이들을 배제하고서는 사회의 발전 자체를 논할 수조차 없었다.

문제는 종래와 같은 억압적 방식으로 노동자계급을 마음대로 지배할 수 있는가 하는 점이었다. 1980년대는 바로 이런 문제를 정면으로 제기하면서 출발한 것이었다.

[표19] 제조업 생산직 노동자의 명목임금, 실질임금 및 노동생산성 상승률 (단위:%)

연평균 증가율	명목임금	물가 상승률	실질임금	노동생산성
1960~1969	16.0	13.3	2.4	12.0
1970~1981	25.9	16.9	7.7	10.5
1960~1981	21.1	15.2	5.2	11.2

자료: 한국은행, 『경제통계연보』; 노동부, 『매월노동통계조사보고서』

지난 시기 우리 사회의 경제적 발전을 이끌어 온 노동자계급은 물가가 해마다 평균 15.2퍼센트로 뛰어오르는데도 고작 5.2퍼센트의 실질임금 상승률에 만족하며 근근이 생활을 꾸려와야 했다. 저임금 이외에도 장시간 노동, 빈번한 산업재해, 그리고 무엇보다 노동자를 성장의 동반자로 생각하지 않는 전근대적인 인식이 자본가계급을 여전히 지배하고 있었다. 노동자들은 이제 더 이상 이런 현실을 용납할 수 없었다.

한국노총 역시 노동자계급의 이 같은 성장과 불만을 어떻게 받아들일 것인지, 선택의 기로에 설 수밖에 없었다. 노동쟁의가 활화산처럼 폭발하는 가운데 한국노총 정한주 위원장 대리는 체면이라도 지키기 위해 안간힘을 썼다. 그 결과 5월 13일에는 '노동기본권 확보 전국궐기대회'가 한국노총회관에서 열리게 되었다. 전국 지부장급 이상의 간부와 경인지역 간부 등 1000여 명, 동일방직 해고노동자들, 원풍모방, 반도상사, 청계피복 등 1970년대를 투쟁으로 돌파한 대표적인 민주노조 조합원들이 대거 참석했다. 국회에서 구성한 헌법개정특별위원회가 개정안을 놓고 막바지 절충 작업에 돌입한 가운데 열린 이 대회는 형식적으로는 노동자들의 노동기본권을 새 헌법에 반드시 반영하라고 압박하기 위한 목적을 내세웠다. 그래서 주최 측인 한국노총은 나름대로 궐기문도 유인물로 준비했는데, 한자투성이어서 정작 일반 노동자들은 읽을 수도 없다고 불평을 터뜨리기도 했다.

대회가 시작된 지 10여 분 만에 대회를 이끌고 갈 주체 세력이 바뀌었다. 정한주 위원장 대리가 대회사에 이어 결의문을 낭독하려는 순간, 머리에 흰 띠를 두른 원풍모방 노동조합 방용석 지부장이 단상으로 뛰어올라가 마이크를 잡았던 것이다.

그는 당당한 목소리로 외쳤다.

"조합원 동지 여러분! 나는 오늘 이 대회가 형식적인 대회로 끝나지 않고 구체적으로 노동기본권이 보장될 수 있도록 하기 위한 제안을 하기 위하여 이 자리에 섰습니다. 정한주 노총 위원장께서 하신 궐기사를 간추려보면 우리는 지금 역사적인 투쟁의 광장에 모였다는 것을 알 수 있습니다. 정 위원장께서는 노동기본권 박탈은 반사회적이며 반민주적이며 반인도적이다, 따라서 악법인 국가보위에 관한 특별조치법은 즉각 철폐해야 한다고 촉구하였으며, 인간의 자유와 존엄을 위하여 과감히 투쟁해야 하며, 조직 역량을 총동원하여 투쟁할 것을 말씀하셨습니다. 이 얼마나 좋은 말입니까? 그러나 우리는 10여 년 동안 단체행동권이 없는 암흑의 세계에서 살아왔습니다. 그러면서도 한국노총을 비롯한 모든 조직에서는 이 문제를 해결하기 위한 적극적인 싸움을 한 번도 해보지 못한 것이 사실이 아닙니까?"

박수가 쏟아졌다. 방용석 지부장은 여세를 몰아 다음과 같은 내용을 함께 결의할 것을 촉구했다.

- 지금 이 순간에도 헌법 개정을 논하고 있는 보수정당의 대표들이 이 자리에 나와서 헌법에 노동삼권의 보장을 명시한다는 확답을 받아낼 것.
- 노동삼권의 완전 보장을 요구하는 서명날인을 전국적으로 전개할 것.
- 그동안 민주노동운동을 탄압해 온 어용노조의 두목 격인 김영태와 김병룡을 이 자리에서 제명 결의할 것.
- 이러한 요구 조건이 관철될 때까지 이 자리를 사수하고 농성을 계속할 것.

열화와 같은 환호 속에 주체가 바뀌면서 대회장도 금세 농성장으로 바뀌었다. 정한주 위원장을 상대로 노동자들의 날카로운 질문이 이어졌다. 그때마다 정한주 위원장은 제대로 답변도 못할 정도로 쩔쩔맸다. 어느 순간 한 남성 조합원이 외쳤다.

"노총 위원장님도 노래 한 번 하시오!"

그러자 정한주 위원장은 노래를 못한다고 사양했다.

"〈노총가〉를 부를 수 있으면 위원장이고, 그렇지 않으면 노총 위원장 자격이 없는 어용으로 인정하겠소!"

폭소와 함께 박수가 터져 나왔다. 마지못해 단상에 나온 위원장은 겨우 〈산토끼〉와 〈짝짜꿍〉 노래를 불렀다. 그래서 '산토끼 위원장'이라는 별명이 즉석에서 붙여졌다. 어쨌든 그때부터는 분위기가 또 일변했다. 각 공장에서 온 노동자들이 목청이 터져라 〈큰 힘 주는 조합〉, 〈노총가〉, 〈노동가〉 등 노래를 불렀다. 중간 중간 구호도 외쳤다.

노동자들이 제명을 강력하게 요구한 김병룡은 섬유노조의 김영태와 쌍벽을 이루는 대표적 어용이었다. 그는 기아자동차 출신으로 1970년대 내내 금속노련 위원장을 역임했다. 평소에는 하는 일도 별로 없다가, 3년 임기가 만료될 무렵이면 대의원을 회유하고 매수하고 심지어 감금까지 하며 권력을 유지하기 위해 온갖 수단과 방법을 가리지 않았다. 그 결과 김병룡은 1인 체제를 견고하게 구축할 수 있었다. 그러던 금속노련에 변화의 바람이 불기 시작한 건 10·26 이후부터였다. 산하 몇몇 노동조합 간부들 사이에서 이심전심으로 서서히 확산되던 반김병룡 움직임은 그해 연말 대한전선 노동조합 대표자 수련회에 참석했던 사람들을 중심으로 구체화되기 시작했다. 1980년 2월 이후에는 다른 노동조합 간부들도 '전선'에 가세했다. 4월에 접어들면서는 한일공업, 원풍농기구, 세진전자, 아폴로 보온병 등 9개 분회를 대표하는 노동조합 간부 20여 명이 노동조합비를 거둬들여 조합원의 처우 개선보다 사사로운 일에 유용해온 이중석 지부장을 비롯한 집행부의 퇴진과 이들을 비호한 김병룡 위원장의 퇴진 등을 요구하며 남서울지부 사무실을 점거한 채 10여 일간 농성을 벌이기도 했다.

섬유든 금속이든 노동자들은 이제 더 이상 권력에는 한없이 약하고 위원장 직책을 오직 축재의 수단으로 사사로이 써온 노동귀족들을 좌시하지 않겠다는 의지를 다졌다. 진작 한국노총 위원장실을 점거한 채 처절한 단식투쟁을 전개해온 동일방직 해고노동자들, 숱한 투쟁을 통해 단련된 전태일의 직계 청계피복 노동자들, 회사 측의 폭력과 야만적 인신공격, 끊임없는 매수공작에도 민주노조를 굳건히 지켜온 반도상사 '맹렬여공'들. 여기에 노조가 40만 원어치 버스 토큰을 준비해 놓고 출퇴근반이 번갈아 농성에 참여하도록 한 원풍모방 조합원들까지 가세한 농성장은 억압을 함께 떨쳐버리고 환한 미래로 함께 나아기 위한 뜨거운 연대의 확인 현장이었다.

5월 14일 농성 해산 전말

한편, 대학생들은 이제 학교를 벗어나 시내 한복판까지 진출해 시위를 벌이기 시작했다. 서울만 그런 게 아니었다. 부산, 대구, 광주 등 전국에서 대학생들이 계엄령을 철폐하고 민주화 일정을 분명히 밝히라며 대거 가두로 나섰다.

5월 14일에는 비가 쏟아지는데도 불구하고 여의도 한국노총 농성장 옆으로 서울대 학생 시위대가 스크럼을 짠 채 지나갔다.

우린 창문을 열어젖히고 손을 흔들고 박수를 치고 환호성을 울렸다. 학생들 역시 신이 났나 보다. 구호 소리가 드높고 노래도 더욱 힘차다.

"흔들리지 않게……."

우리들 역시 손을 흔들며 함께 불렀다. 내용을 잘 모르는 구호 소리가 계속되었다.

"전두환 신현확은 즉각 물러가라!"

"무슨 소리야?"9)

그 무렵 농성에 참가하는 노동자들의 수가 급격히 줄어들고 있던 것도 한 가지 이유였다. 지도부는 회합을 갖고 농성을 계속할 것인지 이정도 선에서 일단 마무리할 것인지 논의했다. 그 결과 오후 6시 다음과 같은 내용의 '결의문'을 발표한 뒤 농성을 끝냈다.

- 한국노총 및 17개 산별노조 위원장은 유신적 환상에서 깨어나 기본권 투쟁에 적극 참가할 것.
- 한국노총은 긴급 중앙위원회를 열어 김영태, 김병룡을 제명할 것.
- 정부당국은 김영태와 김병룡의 반노동자적 행적을 색출하여 엄중 처단할 것.

여기가 매우 중요한 지점이다. 1980년대 내내 노동자들의 이런 해산 결의에 대해 엇갈리는 평가가 존재했기 때문이다.

비판적인 견해는 당시 한국노총에 있던 노동운동 지도부들이 겁을 집어먹고 시위에 동참하지 않았으며, 스스로 해산을 결의함으로써 그때 막 응집되던 민주화운동에 전혀 동력을 보태주지 못했다는 것으로 요약된다.

기대하였던 노동자들은 적극적으로 동참하지 않았다. 안타까운 일은 14일 학생 시위대가 도심을 향해 돌진해 가던 중에 일어났다. 학생들은 여의도 노총회관에서 농성 중이던 동일방직 해고노동자들에게 시위에 동참할 것을 요구했으나, 농성 지도부는 이를 거부했다. 한 걸음 더 나아가 위험이 닥칠 것을 우려하여 자진 해산해 버리고 말았다. 이것이 1970년대 가장 풍부한 투쟁 경험을 쌓았다고 하는 노동자들의, 1980년 5월의 모습이었다.[10]

그 난리통에도 특기할 만한 일이 하나 있다. 여의도 노총회관에서 "노동기본권 보장"과 "어용노조 퇴진"을 요구하며 이틀째 농성 중이던 1000여 명의 노동자들이 오후 6시쯤 우리가 그 곁을 지나가면서 동참을 촉구하자 지레 겁을 먹고 자진 해산해 버린 해프닝이 있었던 것이다. 아주 작은 에피소드에 불과한 일이지만, 그 사건은 1980년 당시 노동운동의 수준 혹은 노학연대의 수준을 충분히 가늠케 한다. 그만큼 인식 수준이 저열했고 운동 조건 또한 열악했던 것이다.[11]

학생운동가들만 이렇게 생각한 건 아니다. 현장에 같이 있었던 청계피복노조의 민종덕도 비판에 가세한다.[12]

- 1980년 5월에 한국노총 점거 싸움 과정은?
- 그 과정은 우리가 주도적으로 하지 않고 참여만 했죠. 원풍모방이나 금속이나 이런 쪽에서 하고, 우리는 민주노조라는 동료의식도 있고 한국노총에 대한 원한이 있었으니까 계속해서 참여를 하고, 특히 농성장에서 우리 황만호 같은 경우가 박정희 사진을 끌어내서 짓밟고 했었죠. 싸움은 주로 방용석 지부장 쪽에서 주도하고요.
- 그때 학생들이 연대를 요청할 때 거부했다는데, 사실인지?
- 충분히 그럴 수도 있었죠. 당시 분위기도 그렇고, 방용석 씨 성향을 봐도 그럴 수 있었을 거고.

진실은 무엇일까. 당시 현장에 있었던 방용석 지부장은 이렇게 말한다.

사실은 5·17사태가 발생되기 전에 한국노총에서 궐기대회를 했잖아요. 그 궐기대회를 해산하는 과정에 비판적 평가를 하는 사람들은 학생들과 연대를 거부하고, 그리고 독자적으로 그것을 해산했다 이야기하지만 그렇지는 않은 거예요. 학생들의 연대라고 하는 거는 실제로 존재하지 않았어요. 연대운동을 제안하지 않았어요. 다만 농성 장소가 텅텅 비었어요. 왜냐면 거기 농성하는 사람들이 파업을 하고 참여하는 것이 아니라 평일 근무 중에 참석을 하는 것이기 때문에 조합원들이 올 수가 없었어요. 원풍이 거의 메꾸다시피 했는데 그건 왜냐면 3교대 작업을 하니까 작업반이 아닌 사람들이 와서 메꾸는 거예요. 그리고 오후 1시만 되면 다시 작업하러 가야 되는 거예요. 그리고 퇴근한 사람이 다시 와야 하고. 이걸 이틀을 하고 나니까 원풍도 이제 한계가 오잖아요. 다른 데 사람이 없는 거예요, 사실은. 그래서 농성 장소가 텅텅 비다시피 했었어요. 그래서 얘기한 것이 학생들 한 100명만 여기 자리를 메워 줘라 그렇게 한 거예요. 근데 학생이 한 3, 400명 온 거예요. 그러니까 전체 강당에 4분의 3이 학생들로 꽉 차버리니까 노동자들이 주체적인 집회가 되어야 하는데 위축이 돼가지고 안 되게 생긴 거예요. 그래 이렇게 해가지고는 안 되겠다 싶어서 돌려보낸 거예요. 연대를 하기 위해서 그런 과정이 있었던 거예요. 그리고 서울역 집회를 하기 위해서 학생들이 밑으로 지나가면서 손 흔들고 간 거예요. 그게 연대를 요청했다 그러는데 노총의 간부들이 노총회관에 샤터를 다 내린 거예요. 그래서 노동자들이 연대를 안 할려고 그걸 틀어막은 것으로, 그렇게 아주 비난적 비판을 하고 있는 것이지요. 마지막에 해산하는 과정엔 서울역 집회가 해산되고 다 이렇게 돼가면서 아, 군부가 군을 동원할 가능성이 많다. 아, 어떻게 할 거냐? 내부적인 회의를 한 거예요. 그래서 내부적인 회의는 그때 농성했던 민주노조 간부들이 참석을 했고 한국노총의 김금수 선생, 천영세 선생, 조춘구 선생 등등이 다 참석을 한 거예요. 그래서 아, 이 시점에서 해산할 수밖에 없다. 그래서 해산한 거예요, 모두. 그런데 그게 아무도 없이 그냥 그걸 해산하고 혼자 소집한 듯이 얘기하는 것은 그건 옳지 않다. 그럼 그때 해산한 것이 잘못된 거냐? 잘한 거냐? 나는 그 해산과 관계없이 서울역 집회에서도 학생들은 해산했을 것이라고 생각해요. 그건 도리가 없었다고 생각해요. 그러니까 이게 민주운동 세력들이 거의 다 이겨가는 싸움을 노동자들이 허물은 것 같이 판단한다는 것은 너무 과한 표현이다.

—제2권, 501~502쪽

사실, 당시 노동자들에게 노학연대를 꾸려낼 만큼 조직화된 힘은 없었다. 해산을 결정한 원풍모방 노동자들은 지부장 인솔하에 쏟아지는 비도 아랑곳하지 않고 회사까지 걸어갔다.

대방동 지하도를 지날 때 캄캄한 굴속에서 부르는 우리들의 노래가 가슴을 찡하게 울렸다. 형언하기 어려운 심정으로 아무도 듣는 이 없는 두터운 벽 속에서 〈오 자유〉를 부르며 노동운동은 참 외로운 것이다라는 생각에 잠겼다.[13]

5월 15일, 서울역에는 10만이 넘는 학생들로 발 디딜 틈조차 없었다. 대부분의 학생들은 이 기세를 몰아 정부로부터 확실한 답을 들어야 한다고 입을 모았다. 그러나 시간이 흐를수록 대열 속에서는 군이 나설 거라느니, 이 정도 했으니 학교로 돌아가서 차분하게 기다려보자느니 하는 말들이 점점 힘을 얻어나갔다. 결국 대학생 대표들은 회합을 갖고 일단 시위를 중단하기로 의견을 모았다. 이른바 '서울역 회군'이 결정된 것이었다. 훗날 이 결정은 두고두고 비판의 도마에 오른다. 스스로 물러섬으로써 때만 기다리고 있던 신군부에게 결정적 타격의 기회를 제공했다는 이유 때문이었다.

제**2**장 노동계 정화 조치와 연이은 노동조합 탄압

5월 광주와 원풍모방 조합원들의 성금

'언어도단(言語道斷)'이라는 말이 있다. 사전은 "말할 길이 끊어졌다는 뜻으로, 어이가 없어서 말하려 해도 말할 수 없음을 이르는 말"이라고 설명한다.

1980년 5월 광주도 달리 어떤 말로 표현할 수 있을까. 그건 봄날을 어지럽히는 한낱 꽃샘바람이 아니었다. 광풍이었고, 죽음이었다. 그리고 어쨌든 학살은 끝났다. 도시는 일상으로 돌아갔지만, 사람들은 다른 사람들을 바로 보지 못했다. 살아남았다는 건 차라리 욕이었다. 살수차가 분주히 돌아다니며 피의 흔적을 아무리 지워내도 사람들의 가슴에 덕지덕지 달라붙은 핏덩어리는 어쩌지 못했다.

원풍모방에는 광주·전남 출신 조합원들이 적지 않았다. 그들은 가족들로부터 "시내의 아스팔트가 피범벅이 돼 계엄군들이 소방 호스로 그 피를 닦아내고 있으며, 시민들은 부상당한 사람들에게 헌혈을 하기 위해 줄을 서 있다"는 믿기지 않는 소식을 전해 들었다. 광주 지역이 봉쇄된 뒤에는 매일같이 노조사무실에 모여 가족들의 안부를 걱정했다. 끔찍한 소식만 들려오는 가운데 노조는 침통한 분위기에 젖을 수밖에 없었다. 모두 입이 있어도 벙어리, 귀가 있어도 귀머거리, 눈이 있어도 못 본 척하는 기형아가 되어 그런 기형의 서로를 바라보기만 하며 쉬쉬했다.[14] 특히 간부들은 이제 어떤 보복 조치가 뒤따를 것인지 경험으로 미루어 능히 짐작할 수 있었다. 그렇더라도 마냥 손을 놓고 있을 수는 없었다.

그런데 당시 "광주 시민들이 경상도 출신 계엄군을 집단으로 폭행했다"는 악의적인 보도가 쏟아져 나오면서 원풍노조 안에서도 두 지역 조합원들 사이에 말다툼이 벌어졌다. 노조는 이런 내부 갈등을 막고자 20일 동안 2300여 명의 조합원들에게 "5·18은 전두환 신군부에 맞선 의로운 투쟁"이라는 내용의 역사 교육을 했다. 이런 가운데 광주에서 시위에 참여했던 일신방직, 기아자동차, 로케트전자 등의 노조원들이 다쳤다는 소식이 들려왔다. 노조는 회의를 거쳐 회사 식당에 모금함을 설치했고, 1700여 명의 조합원들이 5월 말까지 470만 원의 '거금'을 모금했다. 민간 차원에서 모금한 사실상 최초의 '5·18' 성금이었지만, 계엄령 치하에서는 참으로 '무모한' 행동이었다.[15]

노동조합은 상집회의를 열어 광주 희생자들을 위해 모금운동을 벌이기로 결정하고, 식당에 모금운동의 의의와 목표 금액을 명시한 공고문을 써 붙였다. 조합원들의 호응은 엄청났다. 그들은 항쟁 당시 고립무원에 처했던 광주의 아픔을 남의 일로 여기지 않았던 것이다. 그리하여 이틀 만에 무려 470여만 원을 모금할 수 있었다. 노동조합은 6월 초 이 모금액을 박순희 부지부장을 통해 광주의 윤공희 대주교에게 직접 전달하게 했다. 그 자리에는 JOC 지도신부인 송홍철 신부가 입회했다.

정 1980년에는 원풍모방 노동자들이 모금했다며 470만 원이라는 기금을 가져오셔서 나를 기겁하게 만들었습니다. 언니는 "이 돈! 수배된 노동자들과 다친 노동자들을 위해 쓰라"고 하셨지요. 언니와 저는 윤공희 대주교님을 찾아갔습니다. 순희 언니는 대주교님께 이 돈을 맡기면서 "쥬리아(정향자— 인용자)가 달라고 하면 언제든 주고, 꼭 노동자들을 위하여 써 달라"고 하셨지요.[16]

정향자는 5·18 당시 전남도청에서 시민군에게 밥을 해주며 항쟁에 직접 참가한 바 있었다. 정향자는 그 돈을 가지고 전국 사방천지를 다녔다. 광주항쟁 때문에 부득이 도피한 사람들에게 도피자금으로 대주어야 했기 때문이다.[17] 박순희는 그때 성금을 전하며 윤공희 주교에게 기부금 영수증을 부탁했다. 영수증에 관한 한, 방용석 지부장의 엄명이 있기도 했다. 어쨌든 윤공희 주교는 "엉뚱하다"며 한바탕 크게 웃으며 장난처럼 영수증을 써주었다. 그때 그 영수증이 나중에 방용석과 박순희를 살린다. 공안당국은 당시 모은 성금을 원풍노조가 김대중 내란음모 사건과 연관된 증거로 삼으려 했으나, 그 영수증을 제시해 겨우 위기를 모면할 수 있었다. 사실 훗날 수사관들은 이 모금을 꽤 비중 있는 문제로 삼아 수사를 벌인다. 그도 그럴 것이 광주항쟁 모금운동을 벌인 노동조합은 원풍모방이 유일했기 때문이었다. 그 당시 상황에서 광주를 내걸고 모금운동을 한다는 발상 자체가 얼마나 위험한지 노조집행부가 모를 리 없었다. 그러나 깨질 때 깨지더라도 민주노조의 자존심을 지켜 한번 해보자는 게 원풍노조의 오기였다.

노동계 정화 조치

1980년 5월 광주를 피로 물들이며 정권을 장악한 신군부의 행보는 거칠 게 없었다.

5월 31일, 그들은 피의 흔적도 채 지우지 못한 상태에서 국가보위 입법위원회(이하 국보위)를 설치, 그야말로 자신들의 야욕을 '보위'하기 위한 노골적인 행보를 전개한다. 소위 대통령의 자문, 보좌기관이라는 구실을 내걸었지만, 국보위는 초헌법적 기관으로 주요 행정 각료 10명과 군 요직자 14명 등 24명으로 구성되었다. 그 안에 다시 상임위원회를 설치하여 전두환이 위원장으로 취임했고, 이 상임위원회를 중심으로 제5공화국 정권 창출을 위한 사전 땅 고르기 작업을 서둘렀다. 정부 각 부처의 공직자 숙청, 정치활동 정화 조치, 언론 통폐합, 삼청교육대, 출판 정화 작업 등 초헌법적 조치들이 모두 국보위를 통해 이루어지게 된다.

국보위가 노동계에 대해 본격적으로 개입하기 시작한 것은 6월 10일부터였다. 이날 국보위는 노동청에 한국노총과 17개 산별노조 및 30개 지역지부에 대한 업무감사에 착수하라고 지시했다. 노동청은 7월 1일 「비상계엄하 노동조합 활동」이라는 제목의 공문을 한국노총과 산별노조 위원장들 앞으로 보냈다. 신규 노조 결성을 금지하며 사업장 단위지부나 분회 활동을 제외하고 연합단체의 활동은 유보하라는 내용이었다. 7월 12일과 25일에는 단위 사업장의 집단행동을 자제시키고 노조의 운영과 재정 집행을 중지하라는 지시를 내렸다. 이런 일련의 정지 작업 후, 국보위는 노동운동가들에 대해 본격적인 탄압을 개시했다. 7월 16일부터 이소선 여사를 비롯해서 한달수(금속노조 대한전선 지부장), 이종복(금속노조 대한중기 지부장), 허선희(금속노조 롯데물산 지부장), 정동호(화학노조 위원장), 김말룡(전 한국노총 운영위원장) 등을 연행했다.

방용석 지부장도 예외가 아니었다. 7월 16일 오전 10시경 계엄사령부 합동수사본부(이하 합수사) 소속 수사관 2명이 노조사무실에 들러 방용석 지부장을 찾았다. 다행히 방용석 지부장은 급히 몸을 피해 위기를 모면했다. 경비실에서 미리 알려주었기 때문이다. 그 후에도 수사관들은 방용석 지부장을 집요하게 추적했다. 나중에는 집으로 "김대중 내란음모 사건과 관련하여 조사코자 하오니 출두하기 바란다"는 통지서를 여러 차례 보내오기도 했다. 방용석 지부장은 이제 노조사무실에도 집에도 들어갈 수 없는 신세가 되었다. 그때부터 그는 길고 고통스러운 수배 생활을 시작할 수밖에 없었다. 박순희 부지부장도 일단 몸을 피할 수밖에 없었다.

연행된 노동운동가들은 대부분 노사분규를 일으켰거나 배후에서 조종했다는 혐의로 구속을 면치 못했다. 전태일의 어머니 이소선마저 4월 청계피복노조 임금인상 투쟁 때 계엄법을 위반했다는 혐의로 나중에 징역형까지 선고할 정도였다.

8월 21일, 노동청은 6월 10일부터 7월 30일까지 실시한 업무감사를 근거로 이른바 '노동조합 정화지침'을 시달했다. 정화의 원칙은 노조간부들의 비위, 부조리, 회계상의 부정, 횡포 등이 극심하여 해당 간부들을 숙정하고 부당하게 치부한 재산을 추적, 환수하여 조합원의 복지기금으로 사용한다는 것. 구체적으로 산별위원장 12명 즉시 '자진사퇴', 지역지부 폐지, 운수노조와 항만노조 통합, 자체 정화운동 실시 등을 골자로 한 이 지침에 따라 105개 지역지부가 해산되었고, 조직 노동자 수는 단번에 14만 명이나 줄었다. 김영태와 김병룡도 더 이상 권력의 실세가 아니었다. 토사구팽(兎死狗烹), 즉 '토끼 사냥이 끝나면 사냥개를 삶아 먹는다'는 말 꼭 그대로였다. 국보위는 자신들이 편파적이지 않고 형평성을 유지한다는 사실을 과시하기 위해서라도 효용가치가 다한 '사냥개'를 '부패한 노동귀족'의 명패를 내걸어 내쫓았던 것이다. 그들은 이렇다 할 저항 한 번 없이 조용히 사퇴서를 제출하고 노동계를 떠났다.

그 무렵, 신문은 이미 '새 시대'를 맞이하기 위해 앞다투어 충성을 선언한다.

"새역사 창조의 선도자 전두환 장군"

-〈경향신문〉 1980년 8월 22일

"난국 속 영도력 부각"

-〈동아일보〉 1980년 8월 23일

"활짝 열린 새시대 경축일색"

-〈매일경제〉 1980년 8월 27일

전두환 정권은 출범 직후 곧바로 제2단계 노동계 정화 조치를 실시했다. 정권의 앞날에 방해가 되는 세력은 어떤 수를 써서라도 처리하고 넘어가겠다는 노골적인 의사 표현이었다. 노동청은 '노동조합정화위원회'를 설치하고, 관계기관이 통보해온 내용을 중심으로 다음과 같은 기준에 따라 정화 대상자를 선정하라고 지시했다.

• 거액의 보수를 중복 수령한 자.
• 판공비, 기밀비를 과다히 사용 또는 낭비한 자.
• 고급 자동차를 승용한 자.
• 노조운동 중 치부한 자.

- 비근로자 출신.
- 조합비를 횡령한 자.
- 10·26 이후 조직분규를 획책하거나 사회 안정을 파괴한 자.
- 외부 세력에 영합한 자.
- 회계상 부조리가 현저한 자.
- 하급단체 운영에 개입함으로써 부당이익을 취한 자.
- 조합원의 불신, 지탄을 받는 자.
- 근로자 권익 보호를 소홀히 한 자.

대체 누가 누구를 정화한다는 말인가.

> **정화 [淨化]**: [명사] 1. 불순하거나 더러운 것을 깨끗하게 함. 2. 〈문학〉=카타르시스. 3. 〈심리〉=카타르시스. 4. 〈종교〉비속한 상태를 신성한 상태로 바꾸는 일.

한국어는 군사독재 18년을 거치는 동안 이미 오염될 대로 오염되었다. 모름지기 국립국어원이 가장 강력하게 항의해야 하는 게 마땅할 정도였다. 예컨대 '관계기관' 역시 보안사, 중앙정보부, 경찰, 서울시 등 '배후에서 공권력을 통한 압력을 행사하는 기관'을 말하는 용어로, 노동조합이 일상적으로 '관계'를 맺는 일체의 기관을 말하지는 않는다. 특히 전두환 정권에 들어서서 '관계기관 대책회의'라는 개념으로 더욱 활성화된 용어로, "5, 6공화국 시절 국가안전기획부(안기부, 전 중앙정보부) 주도로 당정의 주요 현안들에 대해 처리 방안을 결정하던 준

상설기구"이며, 주로 학원, 노동 등 공안사건과 관련해서 안기부가 검찰, 경찰, 교육부, 노동부 등을 이 대책회의에 동원하곤 했다.

어쨌든 노동청은 이들 '관계기관'의 통보에 따라 191명의 정화 대상자(자진 사표 70명 포함)를 선정했다. 이들은 간부직을 사퇴하고 현장으로 내려가야 했으며, 향후 3년간 노조간부직을 맡지 못하게 했다. 이들을 산별로 보면, 금속 20명, 섬유 18명, 화학 17명, 해원 10명, 연합 6명, 전력 3명, 철도 1명이었다. 여기에는 당연히 1970년대 민주노조운동을 이끌어온 노조간부들이 대거 포함되었다. 원풍의 방용석, 박순희는 물론이고, 장현자, 조금분(반도상사), 배옥병(서통), 남상헌(고려피혁), 이영순, 유옥순(콘트롤데이타), 김문수(한일공업), 음호진(원풍농기구), 허선회(롯데물산), 설난영(세진전자) 등이 그들이었다.

정화 조치에 대한 반발

원풍모방 노동조합의 방용석 지부장과 박순희 부지부장을 정화한 주체는 형식상으로는 섬유노조 본부였다. 9월 18일, 섬유노조 본부는 원풍노조에 전화를 걸어 두 사람에 대한 해임을 통보했다. 해임의 이유를 말해주지도 않은 일방적인 통보였다.

원풍노조는 10월 6일 상집회의를 열고 지부장 직무대리에 이문희를 선출한 뒤 대책을 논의했다. 그 결과, 지부 간부의 사퇴 요구는 선출기관의 동의를 얻어야 함에도 불구하고 아무런 이유 없이 유선상으로 통보한 것은 재고할 가치도 없으며, "지부 운영 규정과 규약 및 조합원의 의사에 따라 민주적·자주적으로 결정하고 집행할 것"을 선언하며 다음과 같은 내용의 문건, 즉 「지부 간부 사퇴 요구에 대한 결의」

를 작성했다.

- 당 조합 간부의 사퇴 요구는 노동조합을 파괴하려는 위법적이고 반노동자적 행위로 간주하며 당 노동조합은 이를 수락할 수 없음을 명백히 밝히고 이로 인한 만약의 사태에 대비하여 적극적인 대책을 강구한다.
- 본부조합의 지부 간부 사퇴 요구는 법에 명시된 노동운동의 자주성과 민주성을 파괴하는 행위로서 용납할 수 없으며 노총, 산별 간부들은 이제라도 깊이 반성하고 규약과 법령에 따라 노동자의 권익 향상을 위하여 노력하기를 충고한다.
- 회사는 건전하고 발전적인 노사관계를 유지하기 위하여 조합지부가 회사 내의 유일한 교섭단체임을 명시하고 노총, 섬유 본조의 요구에 현혹되지 않기를 바라며, 평화스럽게 생산 활동에 전념하여 기업 발전과 국가 경제 발전에 기여할 수 있도록 노력하기 바란다.

이 무렵 한국노총과 산별노조 본부는 관계기관과 노동청에 내려오는 공문을 중간에서 전달해주는 집배원 역할만 했을 뿐이다. 민주노조 간부들이 찾아가서 항의라도 하면 "위에서 시키는 대로 한 것뿐"이며, "만일 사퇴하지 않으면 삼청교육대에 끌려간다"고 구질구질하게 말할 따름이었다. 그러면서도 섬유노조는 10월 16일 중앙집행위원회를 열어 원풍모방 방용석 지부장과 박순희 부지부장에 대해 조합원 자격 제명 조치를 내렸다. 이에 원풍노조는 강력히 대처하기로 결정하고 조합원 1428명의 서명을 받아 섬유노조 본부에 해명을 요구하는 공문을 발송했다. 이 '해명요구서'에서는 제명 조치가 다음과 같은 이유에서 부당하다고 상세히 설명했다.

첫째, 제명의 이유가 없다.

섬유노조 규약 자체가 정당하고 합법적인가 하는 문제는 제쳐 두고라도, 소위 징계를 할 때는 규약에 명시된 징계 이유에 해당되는지의 여부를 엄정히 따져야 하고 법과 규약에 정해진 절차를 반드시 거쳐야 한다. 특히 조합원 자격 제명은 노동조합에서 취할 수 있는 최후의 단계로서 조합원에게는 사형선고나 다름없는 생존권을 박탈하는 무거운 형벌이기 때문에 더더욱 그렇게 해야 한다. 방용석 지부장과 박순희 부지부장은 본 지부 조합원들이 법률과 규약에 정해진 대로 신성한 민주적 선거를 통해 합법적으로 선출했으므로, 그들을 징계한다는 것은 우리 지부에 대한 징계조치와 마찬가지인 것이다. 우리 지부는 법률이나 규약이 정한 바에 따라 잘 못한 사실이 전혀 없다. 더욱이 우리 지부는 7월 4일 서울시의 행정감사를 받아 지적 사항 하나 없이 오히려 표창 대상 지부라는 평을 듣기도 했는데, 섬유노조는 어떤 근거로 두 사람을 제명하려는 것인지 명백히 밝혀야 한다.

둘째, 노동조합법 위반이다.

노동조합법에 의하면, 산업별 노동조합을 인정하는 규정이 없다. 이는 조합원의 권리, 의무 등 운영에 관한 모든 결정은 지부 규약을 근거로 해야 한다는 뜻이며, 산별노조의 조치는 지부의 승인이나 동의가 있을 때에만 효력을 갖게 된다는 것이다. 따라서 산별노조인 섬유노조가 본 지부 간부들을 제명하는 것은 당연히 불법 무효다. 물론 노동조합은 노동자들이 자주적으로 단결하여 만드는 것이기 때문에, 법률에 규정되지 않았다고 해서 산별노조를 부인하고 싶은 생각은 없다. 그러나 산별노조는 갈수록 강대해지는 사용자 측의 억압과 횡포로부터 노동자의 이익을 보호하고 증진시키기 위해서 만드는 것이지, 노동자의 정당한 요구와 활동을 봉쇄하고 자율적이고 민주적으로 운영되는 산하 조직을 파괴하려고 만든 것은 아니라는 점을 강조한다. 만일 산별노조가 산하 조직을 징계해야 한다면, 그것은 조합원의 권익을 외면하고 노동조합의 강령과 선언을 크게 위배하여 노동조합의 기본 정신을 파괴하는 자에 대한 징계이어야 할 것이다.

셋째, 시대적 요청을 외면한 처사이다.

정부는 80년대를 민주복지, 정의사회를 구현하는 시대로 규정한다. 그런데 섬유노조는 이런 국가적 의지에 정면으로 반대되는 횡포를 자행하고 있다. 그 예로 지난 8월 20일자 노동청의 노동조합 정화지침에 따르면 산별노조는 특히 '단위노조의 임원 또는 조합원에 대한 징계권 행사를 못하도록' 규정하고 있다. 이 지침은 과거 산별노조가 산하 조직의 자율성을 침해하는 사례가 많았고, 특히 부패하고 부조리했던 탓에 민주화를 저해하여 사회적 지탄의 대상이 되어왔다는 사실에서 비롯된 것이며, 새로운 시대는 이런 불법부당한 폐단을 근절시키겠다는 의지를 표현한 것이다. 그럼에도 아무런 근거 없이 징계권을 남발하고 있으니, 이야말로 정화의 대상이 아니겠는가. 더구나 섬유노조 본부는 이번 제명 징계의 결과를 회사 측에까지 통보하고 있는데, 노동조합 내부의 문제를 사용자 측에게까지 정식 공문으로 통보하는 저의는 무엇인가. 이런 처사는 노동조합의 자주성을 스스로 포기하고 공연한 노사분규의 씨앗을 만들어 산업평화를 파괴하는 반사회적, 반노동조합적 횡포이다.

다른 사업장의 정화 조치 대상자들은 거의 대부분 아무 말 없이 처분을 받아들였다. 그러나 지부장 직무대행 체제로 조직을 정비한 원풍모방은 이렇듯 강하게 반발했던 것이다.

이 공문은 원풍모방 노동조합이 1970년대 민주노조운동을 선도해 온 전력에 비추어볼 때 자칫 오해를 살 여지를 드러내고 있다. 산별노조 자체가 노동조합법에 규정되지 않았다는 진술이나, 산별노조의 조치가 민주복지, 정의사회를 구현하겠다는 1980년대의 시대정신을 외면했다는 식의 논리는 이게 과연 과거의 그 원풍노조의 공식 문건인가 싶을 정도로 낯부끄럽다. 좋게 받아들이면 정치적으로 몹시 수세에 몰린 국면에서, 실제로 지부장이 노동조합을 지키지 못한 채 도피 중인 현실에서, 어떻게든 급한 불을 끄고 보자는 식의 갈급함이 빚어낸 일종의 '편법' 정도로 여길 수 있을지 모른다. 그러나 이 문건을 작성할 때 노동조합의 어느 누구도 이런 문건 하나로 상황이 달라지리라 생각하지는 않았을 것이고, 그렇다면 '시대적 요청'의 허구성을 폭로하는 당당함을 보이는 게 정도가 아니었을까.

어쨌든 원풍노조는 1972년 민주노조 수립 이후 최대라 할 만큼 큰 위기감을 느끼고 있었던 것만큼은 분명하다. 회사마저 그 기회에 노조를 약화 혹은 파괴하기 위해 여러 가지 술수를 쓰고 있었기 때문에, 1980년 한여름에도 원풍노조가 느낀 체감온도는 영하권이었다 할 것이다.

공문에서 언급한 8월 20일자 노동청의 정화지침은 이제껏 유지해 온 산별노조 체제가 너무나 문제가 많다는 사실을 정권조차 자인하는 것이기도 했다. '사업장 단위 노동조합을 지역적으로 연합한 모든 지역지부'를 폐지하라는 것은 그만큼 지역지부 노조간부들의 비위와 횡포로 조합원들의 원성이 높았기 때문에 어쩔 수 없이 취한 조치였다.

이에 따라 산별노조 산하에 있던 105개 지역지부가 9월 15일까지 해산되었다. 나아가 단체교섭과 단체협약 체결도 원칙적으로 사업장별로만 인정되었기 때문에, 사실상 산별체제는 기업별체제로 개편되었다고 볼 수 있었다. 물론 이런 조치가 산별체제에서 그동안 만연했던 부패의 고리를 끊겠다는 건전한 목적으로 시도된 것은 결코 아니었다. 오히려 개편 과정에서 지역지부 산하의 수많은 사업장 조직들이 힘없이 파괴되고 말았는데, 그들이 노린 것은 바로 이런 실익이었다. 실제로 그 후 한국노총은 수적인 면에서 조합원이 절대적으로 줄어들었다. 1979년 말 108만여 명이던 조합원이, 1980년 말에는 94만여 명으로 무려 14만여 명이나 감소한 것이다. 이에 따라 영세 사업장의 노동조합들은 교섭력이 약해져 노동조건을 개선할 수 없게 되었으며, 정치적 탄압 국면을 악용한 사업자들의 공격 앞에서 방어 능력을 상실한 채 수없이 파괴되거나 무력화, 혹은 어용화되었다.[18]

1980년 가을, 원풍노조는 기숙사생들을 중심으로 바자회를 준비 중이었다. 그러나 어느 날 이승옥 공장장이 이영자를 불러 기숙사 바자회도 남부경찰서에 집회신고를 해야 한다며 난색을 표했다. 이영자는 분위기가 심상치 않다고 생각했지만 이것이 곧 다가올 총체적 탄압 조치의 또 다른 전조임을 알 턱은 없었다.

합동수사본부의 총체적 탄압

영등포 산선을 이끌어온 조지송, 인명진 두 목사는 1970년대 내내 엄청난 고통과 수난을 온몸으로 겪어냈다. 짧았던 서울의 봄이 지난 뒤, 1980년 5월 17일 비상계엄이 전국으로 확대되면서 이들의 수난은 다시 시작된다.

12월 6일, 인명진 목사는 이렇게 말했다. 그는 5월 18일 임마뉴엘 수도원에서 신앙수련회 도중 체포되어 구속되었다가 8월 9일 석방되었던 처지였다.

"계엄사에서 원풍노조 간부들을 연행하여 조사할 것인데, 연행 이유는 그동안 노동부가 제 역할을 못했기 때문에 노동부를 치기 위한 조사인 만큼 조사에 순순히 응하여 호소하는 방향으로 조사에 임하는 게 좋겠다."

방용석 지부장과 박순희 부지부장이 수배와 제명을 당한 상태에서 이제는 다른 간부들에게도 탄압의 실제적인 손길이 미칠 거라는 뜻이었다. 인명진 목사가 수사 주체로 언급한 계엄사는 정확히는 합동수사본부(합수사)였다. 합수사는 1980년의 모든 민주화 탄압 과정에서 절대적인 힘을 발휘했다. 노동계 정화 조치를 실질적으로 집행하는 것도 합수사의 기능이었다. 합수사는 1979년 10·26 직후 비상계엄이 선포되면서 계엄공고 제5호에 의해 계엄사 내에 설치된 기구로서, 검찰, 군검찰, 중앙정보부, 경찰, 헌병, 보안사 등 모든 정보수사기관의 업무를 조정·감독하는 엄청난 권한을 확보하게 된다. 당시 전두환은 보안사령관 겸 합수사 본부장이었다. 그런 만큼 전두환이 대통령으로 취임한 이후에도 합수사의 위력은 여전했다.

그 합수사가 12월 8일 오전 11시 30분경 과연 인명진 목사의 말대로 원풍모방 노동조합에 들이닥쳤다. 그들은 오후 1시 30분경 이문희 지부장 직무대리, 임재수 총무부장, 한상분 부지부장 등 상근 간부 3명을 임의동행 형식으로 연행했다. 오후 3시에는 이규현 쟁의부장도 연행되었으며, 회사 측 이승옥 공장장, 이일환 이사, 박찬배 부공장장, 이정자 기숙사 사감, 김용희 노무과장도 같은 방식으로 연행되었다.

오후 6시 30분경에는 이문희 신협 이사장 겸 지부장 직무대리가 전화로 부녀부장 이영자와 구매 담당 이상배를 지적하여 호출했고, 이들도 곧 연행되었다.

이후 노조간부와 조합원들에 대한 연행은 꼬리를 물고 이어진다. 다음은 노동조합 측에서 긴박했던 당시 상황을 기록한 내용이다.

12월 8일

11:20 – 회사 측 사감 돌아옴. (묵비권 행사)

＊회사는 전원 중비상, 퇴근 못함. 남부경찰서 형사, 근로감독관 계엄사에
　계속 근무.

12월 9일

09:00 – 계엄사 2명이 조합원 동향 위로 보고.

13:30 – 사감 다시 출두.(계엄사)

20:00 – 계엄사 3명과 노무과장이 와서 신상카드를 가져감.

22:03 – 수사관 11명과 이사장, 사감 2명이 회사에 오다. 이사장과 4명은 노조사무실로, 사감 2명과 수사관 7명은 숙사 215호 부녀부장 이영자 씨 방과 한상분 부지부장 방을 수색 계획으로 그냥 올라가다가 기숙사생으로부터 밀려나옴. 약 400명 정도가 수사관을 현관 밖으로 밀어냄.

22:40 – 다시 왔던 사람 태우고 계엄사로 감. 계엄사 계획대로 못함.

12월 10일

06:30 – 사감, 또 출두.

10:00 – 간부들과 조합원이 함께 대책회의를 하며 기다림.

12월 12일

17:02 - 계엄사에서 이사장 이문희 씨가 유선상으로 교선부장 이무술을 출두하라고 하였으나 응하지 않음.

17:55 - 계엄사에서 수사관 2명과 여군이 와서 C반 간부와 회계감사 3명과 면담 후 현장과 기숙사, 식당 등 시찰하고 감.

12월 16일

11:30 - 계엄사에서 이문희 이사장이 유선상으로 장남수, 정해자를 출두하라고 하였으나 응하지 않음.

17:35 - 계엄사에서 회사에 오겠다는 통보.

18:00 - 계엄사 단장 외 4명이 옴. 현장을 둘러보고 회계감사와 면담 후 19시에 돌아감.

12월 17일

09:00 - 이문희 이사장이 장남수, 정해자 외 간부 7명과 면담할 것을 요청.

10:00 - 간부회의를 하며 교대로 출두할 것을 논의한 후 의견이 분분하였음.

12:45 - 양분옥, 최숙자, 양승화, 김금자

15:45 - 윤춘원, 이희우

17:20 - 이무술, 김두옥, 정선순, 정해자

17:45 - 권유수, 박순애, 구지회. 이런 순으로 면담 후 20시에 모두 돌아옴.

12월 18일

14:45 - 이문희 이사장이 유선상으로 대의원과 조합원 합해서 13명 정도 출두하라고 요청. 박명신 외 11명 출두. 저녁 20시에 돌아옴.

12월 21일
회사 측에서는 정화 대상자로 17명을 해고함.
김창학(생산부장), 신영조(직포과장), 홍성병(직포계장), 김두옥(직포사원), 장기수(영선계장), 정윤석(공무계장), 홍태봉(경비), 김득봉(경비계장), 김영수(생산관리과), 조미화(신협 회계), 안윤옥, 유순분, 이정순, 심옥금(선별실), 임만우(경비), 미용사 2명.

12월 22일
09:45 - 상집간부 전원과 대의원 10명 출두명령. 다시 돌아오지 못함.

12월 24일
19:00 - 회사 측에서는 갑자기 크리스마스이브 파티를 해준다고 했음.(전년도에 없던 사실) 기숙사생 거의 외출 중이고 한 방에 1명 정도밖에 없었음. 남은 기숙사생은 참석을 거부했다고 함.
22:00 - 계엄사에서 이무술, 최숙자, 정선순, 권유수, 손성숙, 김윤옥, 심현숙, 양순애, 강기숙을 외출 보내서 파티를 하게 하고 파티에 응하지 않음을 보고하라 함.

12월 25일
10:00 - 다시 계엄사에서 나온 사람들은 출두함.

범진사에서 있었던 일

합수사 요원들은 12월 9일 이후 원풍모방을 자기 집처럼 들락거렸다. 심지어 밤중에 기숙사까지 수색하려다가 조합원들의 거센 반발로 쫓겨나자, "다 국가를 위해 하는 일인데 밤낮이 어디 있느냐"며 태연스레 둘러대기도 했다. 나중에는 수도경비사령부 소속 여자 헌병을 별도로 배치하여 노조사무실은 물론이고 기숙사와 미용실까지 수시로 출입했다. 다른 수사 요원들도 가끔 군복을 입고 돌아다니면서 공포 분위기를 조성하곤 했다.

12월 16일에는 합수사 수사단장이 직접 찾아와서 이렇게 물었다.

- 원풍은 근로조건이 잘 되어 있는데 이것이 투쟁의 결과인가.
- 새마을교육은 왜 안 가는가.
- 추석날 기숙사 강당에서 탈춤을 공연하면서, "정화 좋아하네"고 하는 등 문제가 많았다. 탈춤에 대해 조사 좀 해야겠다.

원풍모방 조합원들이 끌려간 곳은 서소문 중앙일보 건너편에 있는 보안사 건물이었다. 그곳에는 '범진사'라는 간판이 붙어 있었다. 겁을 집어먹고 잔뜩 긴장한 채 난생처음으로 그런 수사기관에 가게 된 여성 조합원들도 많았다. 범진사의 대공과장은 그런 조합원들에게 "원풍노조는 극성맞아서 종기를 도려내는 수술을 하려는 것인데, 수술을 하다 보면 생살도 찢게 된다"고 겁을 주거나 거꾸로 "이곳에 올 때 기분이 어땠나? 같은 백성인데 너무 무서워할 것은 없다"며 달래기도 했다. 전형적인 강온 양면의 수사 기법이었다.

제일 먼저 끌려간 축에 드는 이영자는 이렇게 증언한다.

기숙사에 가 있는데 나를 오라는 거예요. 내가 왜 시집도 안 가고 있다가 이 꼴을 당하나, 얼른 나가서 토껴버릴까, 별생각이 다 들더라구요. 그리고 결국 '범진사'(계엄사 합동수사본부)에 갔지요. 여군 막사에 야전침대, 담요 한 장 주는데 밤새 너무 춥고 떨렸어요. 세상에 태어나서 그렇게 추운 것은 처음이었습니다. 다음 날은 옷을 다 벗기고 여군복으로 갈아입혔고 독방에 갖다놓고 반성문 쓰라, 기숙사 바자회 때 판금된 책 판매했다, 그때 『페다고지』 등을 판매한 것 같은데…… 그런데 3, 4일 지난 후 갑자기 쥐죽은 듯 고요하고 맞는 소리 등 아무것도 안 들려요. 그런데 수사관들이 전부 원풍노조에 갔다는 거야, 그러고 오더니 "이 빨갱이 년아" 해가며 일주일 정도 조사하더니 이제 끝났나 싶은데 나머지 간부들이 잡혀오기 시작하는 겁니다. 나중에는 40, 50명을 끌고 와서는 사표를 강요했지요.[19]

범진사에 들어간 조합원들은 일단 소지품 검사와 몸수색을 당했다. 그런 다음 철문으로 격리된 아주 작은 칸막이방(수사실)으로 불려가 수사관 앞에서 심문을 받았다. 처음에는 고향, 가족사항, 재산 정도, 친구 관계 등을 파악하는 심문을 하고 나서, 이제 본격적으로 노동조합과 관련된 다음과 같은 사항을 캐물었다.

- 노총 노동기본권 확보 궐기대회 참석 여부
- 광주사태 이후 모금하여 지원한 내용
- 산선 가입 여부와 교육 내용

그런 다음 한 장의 종이를 내놓았다. "본인은 개인 사유로 사표를 제출합니다"라고 씌어 있는 사직서였다.

"이대로 쓰면 돼."

한국노총 궐기대회에 참가한 게 불법이라는 것이었다. 이에 간부들은 "그게 불법이라면 어째서 그 대회를 주최한 한국노총 정한주 위원장에게는 책임을 묻지 않느냐", "사표를 내더라도 회사에 내야지 왜 당신들에게 내느냐", "이건 우리를 죽으라고 강요하는 것이다" 하며 반발했다. 하지만 아무 소용이 없었다. 그들은 국가 차원에서 하는 일이라 반드시 따라야 한다고 윽박지르고, 만일 거부한다면 순화교육을 보낼 수밖에 없다고 협박했다. 악을 쓰며 악착같이 저항하던 조합원들도 결국 그들이 작성한 사직서에 지장을 찍고 말았다. 그런 다음 책상에 엎드려 통곡했다.

정선순은 수사의 기본 방향이 어떻게 짜여 있었는지 이렇게 증언한다.

그러니까 노동조합을 탄압하면서 간부들은 합동수사본부로 계엄사로 연행을 했잖아. 했는데 그 조사를 뭐라고 하냐면 웬 정화를 조치하고 니 지부장을 정부에서 잡을려고 하는 건지 아냐? 몰라요. 우리는 노동조합 하는 것뿐이 없는데. 몰라요, 이러니깐. 자기네가 그러는 거예요. 김대중 씨한테 꼬임에 넘어가가지고 조총련단에 가입이 돼서 니네가 그것도 모자라서 그런 나쁜 사람을 청산하려 하는데 광주사태 돕는다고 돈을 모아서 줬는데 그 돈을 가지고 지금 다 쓰고 있다. 그런데 그래서 지금 니네들이 다 여기 잡혀온 거다. 이건 아니다. 우리는 우리가 알다시피 윤공희 주교 앞에 치료비가 없다고 해서 이렇게 해서 다 준 거고 이 실장님한테 정화라는 얘기는 더러운 것을 깨끗하게 정화한다는 얘긴데. 노동조합도 열심히 하고 경제 성장하고 우리가 나라를 위해서 부흥하게 만든 죄뿐이 없는데, 우리가 정화하고 우리가 조사받는 자체가 너무 억울하다. 그러니깐 할 얘기가 없잖아요? 그러면서 그때 또 그러니깐 도산 얘기가 나오는 거야. 니네가 산업선교회에 가서 또 니네 스스로도 잘 모르게 도산 훈련을 받아서 니네가 도산 훈련이 된 게 빨갱이……[빨갱이 의식화다?] 이렇게 얘기를 하면서 군복 입은 사람이, 딱 형사 같은 사람이 들어오더니, 이 의자에 워커발을 딱 올려놓고 하는 게 뭐냐면 이 광주에 빨갱이들이 다 넘어와서 사람을 죽이고 난리인데 니네는 돈을 모금해주고 니네 괴수는 숨겨주고 니네는 거기다 반란을 일으키고 있으니 이게 나라가 제대로 가겠냐? 니네 조사할 수밖에 없으니깐. 니네들하고 우리하고 조사하는 과정도 너무너무 피곤하니깐 사표를 써라, 이러더라고. 사표를 우리가 회사에 가서 써야지, 우리가 채용을 여기서 해줬냐? (웃음) 왜냐면 논리적으로 얘기해 봤을 거 아닙니까? 그러니깐 이놈들이 이 지하실에서는 정승화하고 막 김재규가 죽었다니 뭐니 하면서 끌고 내려가는 시늉을 하는데…….

－제2권, 473~474쪽

수사본부장실에는 원풍모방 노동조합 조직현황표가 붙어 있었다. 상집간부는 빨간색, 대의원은 보라색, 활동적인 조합원은 노란색으로 표시되었고, 그 각각은 다시 과별, 부서별로 일목요연하게 정리되어 있었다. 수사관들은 이렇게 말하기도 했다.

"수술을 하다 보면 생살도 찢게 마련이다. 너희가 모금을 해서 방용석의 가족을 도와주기 때문에 방용석이가 나오지 않는 것이다."
"간첩하고 일반인하고 차이는 발바닥 두께밖에 안 된다."

"조사를 해보니 원풍모방 노동조합이 훌륭하다는 걸 알 수 있다. 그러나 다른 노조보다 너무 앞서 가고 있기 때문에 정부 차원에서 정책적으로 제지할 수밖에 없는 것이다."

"따지고 보면 너희들이 무슨 죄가 있겠는가. 내가 수사관 생활 20년에 간첩 잡는 조사를 수없이 해왔지만, 너희들은 차마 눈물이 나서 조사를 제대로 못하겠다."

"잔디가 하나 우뚝 솟아 있으면 베어버려야 하지 않겠느냐."

12월 23일, 원풍모방 노조사무실에 남아있던 조합원들은 인명진 목사로부터 남자 4명은 순화교육을 보내고, 간부 14명은 해고 조치하며 남은 간부들은 부산 국제상사 교육원으로 교육을 보낼 거라는 소식을 전해들었다.

12월 24일, 과연 이문희, 임재수, 이규현, 이상배 등 4명의 남성 간부는 합수사를 떠나 서대문경찰서로 이송되었다. 한편, 이날 회사는 난데없이 기숙사생들을 위한 성탄절 파티를 해주겠다고 제안했다. 실로 어처구니없는 일이었다. 기숙사생들이 콧방귀도 뀌지 않으며 거절하자, 회사 측은 합수사로 연락을 했다. 합수사 책임자는 버럭 성을 냈다.

"이년들은 회사가 잘해 줘도 말을 듣지 않아!"

합수사는 조사 중인 이무술 등 9명의 간부들을 회사로 보내 강제로 파티를 하도록 윽박질렀다. 기숙사에 있다가 난데없는 파티를 하게 된 정사과의 이영순은 그때를 이렇게 기억한다.

> 회사에서는 전에도 없던 크리스마스 파티를 열어주는 등 번잡했다. 나는 놀라지 않을 수가 없었으며, 생일 파티는 겨우겨우 해주는 상황에 웬 파티가 있나 구경 겸 의아심에 강당으로 갔다.

막상 과자 앞에 앉고 보니 연행되어 간 언니들의 모습으로 가슴이
메어져 와 도저히 그 자리에 앉아 있을 수가 없었다. 방으로 돌아
와 우린 서로 부둥켜 안고 울어버렸다. 잠이 들어 버렸나 보다. 인
터폰으로 사감이 부르는 것이었다. 내려가보니 사원들이 모두 가
버렸으니 먹으라고 대했다. 배고픔에 지친 우리들은 먹을 수밖에
없었다. 가난하고 못 배운 것 때문에 아픈 진통을 겪어야 하고, 배
고픔 때문에 무시를 당해야 했다. 후에 들리는 말에, 그년들이 고
양이 앞에서 꼼짝 못하더니 쥐새끼들 모양으로 고양이가 간 뒤 살
금살금 처먹었다는 것이다.

　배고픔이여!

　서러움이여!

　지긋지긋하나이다. 넘어가는 과자 소리는 꼴깍 소리를 냈습니
다. 목이 메었습니다. 그리고 서러웠습니다. 배고픔을 참지 못하는
자신이 미웠습니다.

이런 야만은 범진사에서도 똑같이 자행되었다.

12월 25일, 오전 11시경 합수사에서는 성탄절 파티를 한다며 조합
원들을 파티장으로 끌고 갔다. 거기서는 그때 한창 인기 절정의 가도를
달리던 코미디언 이주일이 와서 공연을 한다고 소란이었다. 수사관들
은 그저 재미있다고 웃으며 박수를 쳤다. 장례식장에 와서 결혼식 축가
를 부르는 꼴이었다. 조합원들은 어이가 없어 하다가 끝내 울음을 터뜨
리고 말았다. 그날 오후, 어제 회사로 갔던 간부들이 돌아왔다. 그들이
석방된 줄로만 알고 있던 조합원들은 또다시 울음을 터뜨리고 말았다.

강제해고와 귀향 조치

12월 26일, 기숙사 임원 13명(이옥순, 이향숙, 장갑연, 호세순, 오정남, 김금옥, 이순심, 황영애, 주명님, 유갑숙, 김숙자, 방순영, 정영래)이 합수사에 불려가 조사를 받고 오후 6시경 회사로 돌아왔다.

12월 27일 오후 7시경, 인명진 목사가 계엄사로 와서 박순애, 정해자, 양승화, 양분옥 등 각서를 쓴 조합원들에 대해 신병을 인수해갔다. 석방되기에 앞서 수사단장은 이렇게 말했다.

- 우리의 현 상황은 똑딱배가 항해 도중 풍랑을 만나 기관장이 여러 사람을 살리기 위해 배 안에서 싸우는 사람을 물에 빠뜨리고 있는 것이다. 물이 잔잔하여 기관장이 자신이 생기면 싸우거나 말거나 운항을 계속할 텐데 지금은 상황이 그렇지 못한 것이다.
- 너희들은 산업선교회 물이 들어 있다. 나가지 않는 게 좋다.
- 방용석이는 생각은 좋은데 시대에 맞지 않는 사람이다.

12월 30일 오후 1시 30분경, 김두옥, 윤춘원, 한상분, 이영자 등이 석방되었다. 그날 저녁에는 구지회, 이희우, 김금자가 석방되었다. 이들은 석방되는 길로 합수사 요원들과 함께 노량진 본사에 가서 미리 준비되어 있던 퇴직금을 수령한 다음 회사 기숙사에 들러 짐을 꾸렸다. 그게 끝이었다.

이영자는 그 상황을 이렇게 기억한다.

세상에, 어느 날 갑자기 합수사에 끌려가서 딱 나와서 12월 30일날 기숙사에 가서 트럭 밖에 대기시켜 놓고, 여군까지 방에 와서

짐 싸는 거 옆에서 다 지켜보고 [여군?] 네. [수경사?] 네, 수경사 직원. 그래 갖고 짐을 트럭에다 싣고 집 앞에, 집이 그때 안양에 집이 있었거든요. 안양 집 앞에 떨어드린 시간이 9시야, 밤 9시. 캄캄한 밤중이야. 어느 날 갑자기 사표 낸다는 소리도 안 했는데, 12월 30일날 추운데 골목길에 짐을 갖고 들어가니까 우리 아버지가 어떻겠어요?

—제1권, 258쪽

1966년 4월 8일 열여덟 꽃다운 나이에 입사한 이영자는 그렇게 해서 15년 만에, 고스란히 청춘을 묻은 곳, 원풍모방을 떠난다.

1980년의 마지막 날, 장남수, 장석숙, 김두숙이 마지막으로 석방되었다. 그들도 역시 본사에 들러 퇴직금을 수령한 뒤 기숙사로 갔다.

두숙이네 방에 들어갔다. 조합원들이 모여 짐을 싸는 두숙일 끌어안고 울고 있다. 두숙이를 잘 따르던 진순이가 "언니가 왜 나가야 돼? 짐 싸지 마. 나가지 마. 언니!" 붙잡고 통곡한다. 두숙이는 하염없이 눈물만 흘리고 있다. 울고 있던 사람들이 나를 보더니 다시 붙잡고 운다. 지켜보고 서 있던 합수사 여군이 제동을 걸며 시간 없으니 빨리 나가라고 한다. 붙잡고 매달리는 조합원들을 뒤로 하고 각각 다시 차에 태워졌다. 두숙이는 삼륜차에 짐을 실은 채 경기도로 떠나가고 석숙 언니도 고향인 서포리로 떠나갔다. 나는 며칠 후에 짐을 내가기로 했기 때문에 승용차를 탔다. 견딜 수 없이 허망했다. 신정동 고향 아줌마 동네에 내렸다. 차가 돌아간 후 멍하니 한동안 서 있었다. (중략) 아무리 생각해도 내가 원풍모방 밖에서 이렇게 서 있다는 것이, 그곳엘 내가 돌아갈 수 없다는 사실이 실감이 나지 않는다. 계엄사에서의 열흘이 우리를 이렇게 바꿔 놓다니……. 조금씩 어둠이 깔리는 거리에 멍청히 서 있던 나는 아줌마댁과 반대쪽 정류장으로 발길을 돌렸다.[20]

이런 식으로 원풍모방에서 강제해고당한 사람은 모두 14명이었다. 이문희(부지부장), 한상분(부지부장), 임재수(총무부장), 이규현(쟁의부장), 이상배(신협 구매 담당), 이영자(부녀부장), 김두옥(조직부장), 윤춘원(조사통계부장), 구지회(회계감사), 이희우(회계감사), 김금자(회계감사), 김두숙(대의원), 장남수(대의원), 장석숙(조합원).

해고되어 강제로 귀향 조치가 된 이들의 고통은 끝난 게 아니었다. 대부분의 경우, 그들에게는 새로운 시련이 시작되었다. 김두옥의 경우, 마치 '빨갱이'처럼 바라보는 주변의 시선 때문에 마음의 고통을 심하게 겪어야 했다.

그 이후는 가서, 시골 가서 난리가 났죠. 가서 직장 생활 잘하고 있는 줄 알았더니, 그냥 어린앤 줄 알았더니 그런 불미스러운 일로 왔다구. 시골사람들은 의식이 없었고 했기 때문에 난리가 빨갱이니 뭐 했었잖아요. 이북에서나 빨갱이나 이런 소리 들었는데 그런 소리 듣고 하니까 엄마 아버지가 난리 났고 심란해서 엄마는 드러 누우시기까지 했죠. 1년 정도 지나다가 막내동생이 서산으로 고등학교를 가게 됐는데 방을 하나 얻어줘서 저를 같이 밥을 해주게 이렇게 하시더라구요. 그럭허구서 한동안 경찰들이 수시로 엄마나 오빠들한테 연락을 해보는 거예요. 어디로 취직을 했나, 아니면 지금 어디에 있나. 이런 거를 수시로 해봐서 거기 서산에 있으면서 1주일에 한 번씩 집에 오는 거를 부모님한테 허락을 맡아갖고 오

고가고 그거뿐이 없었어요. 그렇다고 제가 서울한테 서울에 근황
이 어떠냐, 연락 그런 시스템도 없는 거구…….

―제1권, 499쪽

장남수의 경우 간신히 귀향 조치는 모면했지만 서울에 남았어도 외
로움을 견디는 한편, 생존을 위해 모집공고판 앞을 서성거리지 않으면
안 되었다. 그러나 대개의 직장은 원풍모방과 비교할 수 없을 만큼 적
은 월급에 작업환경도 무척 열악하여 선뜻 발길을 내디딜 수 없었다.

12월 8일 서울 전역에서 연행된 노조간부와 조합원들은 86명이었
다.[21] 원풍모방이 제일 많은 48명이었고, 청계피복 9명, 반도상사 6
명, 서통 6명, 삼성제약, 한일공업, 태양금속 각 4명, 서울버스지부 2
명, 무궁화메리야스, 롯데제과, 남영나일론 각 1명이었다. 섬유노조
전문위원 1명도 연행되었다.

죽음의 삼청교육대

1980년 7월 30일 국가보위비상대책위원회(국보위)는 불량배 소탕
명목으로 이른바 '삼청계획 5호'를 입안한다. 5·16 군사쿠데타 이후
군사정부가 실시한 '국토건설단'이 그 모델이었다. 그 당시 군사정부
는 사회정화라는 명목을 내걸고 깡패, 흉악범, 기타 사회부조리 사범
등을 체포해 강제노역장으로 보냈다. 이들은 울산공업지구와 섬진강
댐 공사, 경부선 철도 건설, 제주도 5·16도로 등 전국 주요 국토건설
현장에 투입됐다. 비합리적인 건설단 운영과 강압적 군대식 규율 등으
로 물의가 끊이지 않았고, 결국 1962년 말에 해체된다.

전두환 정권의 삼청교육대도 전임 독재정권의 '업적' 을 충실히 이어받아, 깡패와 사기꾼 등을 정화시킨다는 명분 아래 사회 여론을 호도하면서, 문명사회에서는 보기 힘든 반인권적 강압 조치를 태연히 자행한 것이다. 군과 경찰은 8월 1일부터 합동작전을 벌여 이듬해 1월까지 총 6만 755명을 검거한다. 8월 4일에는 계엄사령관인 육군대장 이희성 명의로 '계엄포고령 제13호' 가 사후 발동되어 '일제소탕검거' 를 정당화했다. 당시 검거된 사람 중 3만 9742명이만 25개 군 부대에 수용돼 이른바 '순화교육' 을 받았고, 이 중 7578명은 1980년 12월에 제정된 사회보호법에 따라 보호감호 처분을 받고 이후 계속 군부대에 수용됐다.

1980년 12월 8일 제일 먼저 연행된 원풍모방 남성 간부 4명은 범진사에서 조사를 받은 후 일단 서대문경찰서로 넘겨졌다. 그들 역시 경찰서로 넘어가기 전 본사에 들러서 퇴직금 수령 절차를 밟았다. 쟁의부장 이규현의 진술은 여기서부터 조금 헷갈린다. 서대문경찰서가 아니라 서대문형무소라고 말했다가 다시 남부경찰서로 갔다고 하는 식인데, 증언 도중 그는 자신들이 나쁜 짓을 한 죄인은 아니라는 점을 보안사나 경찰서에서도 다 알고 있었는데 하는 식의 말을 계속 강조했다. 30년 전의 일을 기억하는 것인데도 그가 여전히 그 고통스러웠던 순간들과 정면으로 다시 마주치는 것 자체를 두려워하고 또 회피하려한다는 점은 명백했다.

　아니, 아까 얘기했던 식으로 내가 죄인은 아니잖아요. 죄인은 아니었고, 난 그 사람들도 알 것이다라는, 저 놈이 악질분자는 아닐 것이다, 북쪽에서 내려온 간첩 아니고, 우리 대한민국인데 노동조합 하다보니까 노동조합의 (**) 있었을 거 같으다, 거 사표 쓰고

퇴직금 정산하고 뭐 하구 남부경찰서로 넘긴 거 같더라구. 남부경
찰서 넘겼는데, 그때는 막 4주짜리가 있었고, 2주짜리가 있었구
막 그랬을 거예요. ABC 등급이 있어가지고, 얘는 뭐 B등급에 4주
고, 우리는 2주였죠잉. 그냥 너 잡혀가서 넌 2주고, 그랬던 거 같
으고, 하여간 삼청교육대…….

-제2권, 378쪽

　　그들은 1월 6일 마침내 삼청교육대로 끌려간다. 목적지는 원주 38
사단. 버스를 타고 부대 정문을 들어섰다.

　　벌써 군부대 정문에 들어가니까 그때부터 인제 저놈들이 막 올
라와서, 그때부터는 사람은 아니어. 그때부터는 사람이 아니어, 실
질적으로 있어두. 사람이라는 대접은 뭐 전혀 없고, 뭐라고 해야
하나. 하여튼 음 이건 사람으로서 할 그런 단계는 아냐.

-제2권, 379쪽

　　버스가 정문 안으로 들어서자마자 군인들이 뛰어올라와 무조건 "대
가리 박어"를 시키면서 조금이라도 동작이 굼뜬 사람은 무조건 패기
시작했다. 의자 밑으로 기어 들어가라고 해서 죽어라고 들어갔다. 그
렇게 시작한 삼청교육대 생활은 그야말로 생지옥이었다. 하루 일과라
는 게 일요일만 빼고 계속 "굴리는 것"이었다. 얼차려를 시키고 무엇
을 시키고 하는 식으로 해서 조금도 쉴 틈을 주지 않았다. 옆에 누가
있는지도 몰랐다. 생각할 시간 같은 건 아예 없었다. 시도 때도 없이
맞았다. 아무리 열심히 잘해보려고 해도 발길질은 어디서나 날아왔다.
잠을 자라면 자고, 일어나라면 일어났다. 일어나는 순간, 눈앞이 캄캄

했다. 그때 딱 한 번 생각이란 걸 했다.

'오늘은 또 어떻게 하면 안 맞을까.'

매도 매였지만, 무엇보다 힘든 건 배고픔이었다. 밥을 먹어도 도무지 양이 차지 않았다. 게다가 그해 겨울은 유난히 추웠다. 영하 30도까지 내려가는 추위 속에서 알몸으로 얼음장 위를 뒹굴어야 했다. 그래도 사람의 목숨은 질긴 것이다. 여기서 살아야겠다는 정신만 있으면 육체가 거기에 제가 먼저 '받게'(적응하게) 마련이었다.

> 아, 그까 지금도 저기하지만, 그때만 해도 젊었으니까. 지금 나갔으면 죽겠지요. 죽은 사람이 아마 그래서 죽었는가는 몰라도, 그때만 해도 젊었잖아. 군대 막 갔다 오고 그랬으니 견뎌낸 거지, 지금 그렇게 하면 못 살죠. 못 살 거 아닙니까? 그때만 해도 젊으니까 그 내가 살아야겠다라는 그 정신력 있잖아요. 긍께 내가 인간이라고 생각하면 그게 죽는 거야. 내 판단에도 나는 인간이다 하면 그건 죽어. 가슴팍을 구둣발로 차고 내가 뭘 잘못 있어, 허면 만일 뭐 하라구 하는데 일어났다면 이단 옆차기로 들어와 버리면 죽을 거 아닙니까? 그 인간이라는 개념을 떠나서 시간만 가거라 해야지. 어떻게서든지 요것만 벗어나자. 어떡하면 안 맞을까 생각만 있어야지 다른 생각은 겨를이 없어.

> ─제2권, 382쪽

한마디로, 그곳에서는 '인간'이라는 말 자체가 사치였다. "긍께 내가 인간이라고 생각하면 그게 죽는 거야. 내 판단에도 나는 인간이다 하면 그건 죽어"라고 그는 말한다. 1주일이 지났을 때, 합수사 수사관들이 그들을 찾아왔다. 미안하다고 했다. 너희들이 고생한다고 했다.

그러면서 조금만 참고 견디라고 했다. 너희들이 인간이 나쁜 건 아니다. 정책적으로 노동조합을 깨야 하니까 우리도 어쩔 수 없었다. 그러니까 너희들은 희생자다. 이규현은 그들을 보고 제가 먼저 이렇게 그들의 입장, 그들의 처지를 생각해주기도 했다. 게다가 그들은 고맙게도(?) 담배까지 건네주라고 말을 넣어준 모양이었다. 군인들이 밤에 몰래 불러내서 담배를 피우라고 건네주었다. 이규현이 그 안에 있을 때 임신 중이던 그의 아내가 첫아이를 출산했다. 그러나 그런 것조차 생각할 겨를이 없었다. 생각했다면, 죽었을 것이다.

당시, 삼청교육대에 끌려간 노조간부들은 원풍모방이 4명으로 가장 많았고, 원풍농기구지부가 3명, 서울버스지부 2명, 한일공업, 무궁화메리야스, 태양금속, 남영나일론, 롯데제과 각 1명이었다. 일신제강과 태양금속 등의 9명은 여름에 일찍 '폭력배'로 분류되어 죽음의 지옥훈련을 받았다. 태양금속 이용만은 석방된 후 후유증으로 사망했다.

1월 23일, 원풍모방 노조간부들은 마침내 죽음의 삼청교육대를 벗어날 수 있었다. 총무부장 임재수는 갈비뼈가 부러졌고 머리가 깨진 상태였다. 그는 아내가 연행 당시의 충격으로 유산을 하고 말았다는 소식을 들어야 했다. 그는 30년이 지났는데도 그때 그 일을 증언하지 않으려 했다. 얼마나 끔찍한 경험이었을까. 무법의 제5공화국은 수십년 후에도 일부 노조간부들에게는 여전한 악몽의 현실로 엄존하는 셈이다.

삼청교육대를 통해 1980년대 노동운동의 예봉을 미리 꺾어버리려 한 게 정권의 의도 중 하나였다면 이는 어느 정도 성공한 듯 보인다. 실제로 한동안 노동운동은 침묵의 깊은 늪 속에 빠질 수밖에 없었다. 그러나 세계사적으로도 그렇거니와 우리의 경우에도 노동운동은 그

어떤 끔찍한 상황에서도 언제나 투쟁을 통해 위기를 극복해내는 데 성
공했다.

회사 측의 노동조합 무력화 책동

간부들의 대거 연행과 14명 강제해고, 남성 간부 4명의 삼청교육대
강제입소 등으로 1981년을 맞이한 원풍모방 노동조합의 앞날은 그야
말로 깜깜절벽이었다. 1월 6일 상집회의를 소집한 결과, 이무술, 박순
애, 정선순, 양승화, 정해자, 권유수만 남고 다른 간부들은 모두 해고
당하고 말았다. 이날 회의에서는 조직을 재건하는 게 급선무라 판단하
고 다음과 같이 임원을 정비했다.

- 지부장 직무대리: 이무술
- 부지부장: 정선순
- 총무부장: 권유수

그러나 이번에는 회사 측의 비겁한 노동조합 흔들기 공작이 시작되
었다. 즉, 사내 기강을 바로잡는다는 명분을 내걸어 사원과 경비원 6명
을 부산 타이어공장으로 전보 발령내는 것을 시작으로, 경비와 기숙사
사감을 공수부대 출신으로 교체했다. 회사 측의 의도는 분명했다. 5공
화국 정권의 강도 높은 탄압으로 노동조합이 제대로 힘을 쓰지 못한다
고 판단, 이 기회를 노동조합 무력화의 호기로 삼겠다는 것이었다.

1월 27일부터 1주일간 전 조합원을 대상으로 반공교육을 실시한
것도 이런 작업의 일환이었다. 조합원들은 수준조차 의심스러운 강사

들로부터 싫든 좋든 무조건 강연을 들어야 했다. 김관섭(월남귀순용사)의 반공강연, 박완일(동국대 교수)의 인생론, 채구철(청십자 의료보험 전무)의 국민의 정신 자세, 그리고 한갑수(한글학자)의 충효사상 등이 강연 내용이었다. 특히 한갑수는 "여러분은 권리는 경비실에 맡겨 두고 의무만을 가지고 출근하라"고 해서 조합원들로부터 빈축을 사기도 했다. 조합원들은 강연 도중 불만스러운 내용이 나오면 부러 껌을 딱딱 씹는다든지, 볼펜으로 똑딱거리는 소리를 낸다든지 해서 강사들을 당황스럽게 만들기도 했다. 이에 대해 회사 측은 강연을 빠짐없이 들은 조합원에게는 특별수당으로 5000원을 주며 회유했고, 반대로 껌을 씹다가 걸린 조합원에게는 시말서를 쓰게 했다.

조합원들은 달라진 노동조합의 위상을 실감해야 했다. 이후 회사 측의 이렇듯 반조합적 태도는 점점 더 노골적이 되어갔다. 1981년 2월 18일 노동조합은 연차 대의원대회를 앞당겨 개최했다. 하루라도 빨리 조직을 정상적인 상태로 추슬러야 했기 때문이다. 그 결과 아래와 같이 조직 구성을 마무리할 수 있었다.

- 조합장: 이무술
- 부조합장: 정선순, 박순애, 정홍렬
- 회계감사: 문선자, 김영옥, 강기숙
- 상집위원: 양순애, 방기현, 방순영, 정해자, 양분옥, 최영숙, 양승화, 김태운, 이옥순, 박광숙, 최숙자, 권유수, 김진자

이날 대회에서는 산별체제하 지역지부를 없앤다는 정부 방침에 따라 섬유노동조합 원풍모방지부에서 '섬유노동조합 원풍모방 노동조합'으로 명칭 변경이 이루어졌다. 따라서 지부장도 조합장으로 부르

게 되었다.

원풍산업 두 노동조합 통합 책동

이무술 조합장의 새 집행부는 2월 24일 회사 측과 단체협약을 가졌다. 이 자리에서 회사는 갑자기 "개정된 노동조합법에 따라 원풍타이어 노동조합과 통합해야 하는 걸로 알고 있으니 단체협약도 그 후에 하는 게 좋겠다"고 제의했다. 이 같은 엉뚱한 제의에 노동조합은 "노동조합 관계법에 명확히 통합해야 한다는 조항이 없으며, 섬유와 화학이 직종이 상반되고, 또한 서울과 부산의 지역 간 거리 관계상 문제점이 많다"고 주장하고, 무엇보다 노동조합 통합 문제를 회사 측이 거론하는 건 합당치 않다며 강력히 반발했다. 그럼에도 회사 측은 자기들이 노동청에 질의한 결과 통합대회를 가지라고 지시했으므로 통합 이후에나 단체협약을 하자고 거듭 주장했다. 결국 노동조합은 상집회의를 열어 논의한 끝에, 회사 측과는 일단 4월 30일까지 현 상황의 협약을 연장할 것에 합의했다.

2월 24일, 노조는 서울시 사회과 노동계로부터 유선으로 2월 25일 오전 10시에 업무감사를 하겠다는 갑작스런 통보를 받았다. 이튿날 서울시 노동계 차장 외 2명이 찾아와서 이틀에 걸쳐 업무감사를 실시했다. 이때 이들은 아무런 지적 사항을 발견하지 못하자, 난데없이 광주사태 희생자들에 대한 모금 관계까지 조사했다. 이에 노조 측에서 2월 26일 광주대교구 윤공희 대주교로부터 받은 영수증을 제출하자 머쓱한 얼굴로 돌아갔다.

2월 27일 정홍열 부조합장이 서울시를 방문하여 노동조합 통합에 관한 관계법 해석을 요구했으나, "서울시로서는 통합을 명할 수 있는 법 조항은 없으나 행정지시도 따라야 한다"는 답변을 들었다. 이튿날에는 노동청 노동조합과 김주숙 지도계장을 찾아가 통합에 관련한 법률 해석을 요구하자 "개정된 노동조합법 제13조 1항 및 2항과 부칙 2항 노동조합법 시행령 제7조 3항에 의거 3월 31일까지 통합하지 않으면 해산 명령을 내리겠다"는 말을 들었다.

이런 혼란이 지속되자, 3월 5일 조합장이 직접 서울시와 노동청을 방문해서 명확한 유권 해석과 입장 표명을 요구했다. 이에 대해 두 기관의 답변은 다음과 같았다.

- 서울시: 노동관계법에 통합을 하라는 법 조항이 없으므로 2월 18일 대의원대회 내용에 대한 변경 신고 서류를 법정 기일 내에 제출할 것.
- 노동청: 3월 31일까지 통합하지 않으면 법에 의하여 해산 명령을 내리겠다.

조합장이 노동청에서 관계법에 대해 항의하자, 노동청 관계자는 "악법도 법이다"라면서 고압적인 자세를 유지했다.

정부는 1980년 12월 31일 노동관계법을 개정하면서, 1970년대 말에 이르러 노동조합은 크게 늘어났지만 조합원의 조합에 대한 불신과 위화감은 거꾸로 고조되었고, 노동조합이 경제 성장이나 사회 안정에 오히려 역행하는 모습을 보였다는 판단 아래, "이 같은 노동조합으로 하여금 근로자의 권익 옹호와 지위 향상을 통해 사회 정의를 구현하고 노사 간의 협력과 공존공영을 보장하며 경제적 번영을 계속하는 가운데 국가 안보에 기여할 수 있는 조직으로 육성 정착되도록 유도하기 위해 노동조합법을 개정"한다고 취지를 밝혔다. 그 주요 내용을 요약하면 다음과 같다.

- 노조의 복지활동의 의무화(제1조 3항), 조합결성 및 단체교섭에 있어 제3자의 개입금지(제12조 2항), 조합결성을 위해 요구되는 최저 법정인원수 설정(제13조 1항), 단체협약 내용에 대한 행정관청의 취소 및 변경 명령권(제34조 3항), 소극적 단결권(조합불가입권) 보장(제39조 2항 단서 삭제), 그리고 단체협약의 법정 최장유효기간 연장 등.

박영기는 이 같은 개정법의 내용이 당초 법 개정을 위해 내세웠던 명분과도 상치되는 내용일 뿐 아니라, 단체행동권 행사와는 달리 헌법상 하등 유보 없이 보장된 단결권에 관한 규정과도 일관성을 잃고 있으며, 나아가 점차 강화되고 있는 국제 규제, 특히 국제노동조약과도 정면 상치되는 것으로서 이 같은 법맥상의 불일치는 법에 대한 일반적인 불신을 조장할 뿐 아니라 법 운영상 무리가 뒤따를 것[22]이라고 주장한다. 실제로 개정 노동관계법은 1970년대 노동운동을 억압하던 국가보위법 시절보다 훨씬 엄격한 규제 장치로 일관하여 사실상 노동운동을 빈껍데기로 만들고자 하는 의도를 노골적으로 담고 있는 악법 중의 악법이었다.[23]

첫째, 개정법은 기업별 노동조합만 인정하여 노동자들의 산업별, 지역별 단결과 연대를 차단했다. 더욱이 제3자 개입을 금지하여 노동조합운동에 대한 사회적 연대와 지원을 원천적으로 봉쇄했다. 이로써 특히 영세 노조는 조직의 존폐까지 위협받게 되었다.

둘째, 노동조합 설립 요건을 종업원 30인 이상 또는 5분의 1 이상이 가입한 경우로 한정함으로써 사실상 신규 노조 설립은 불가능해졌다. 자본가들의 규제와 감시가 극심한 상황에서 이 정도 인원을 모으는 것도 힘들지만, 설사 모은다고 하더라도 자본의 감시망에 쉽사리 노출되어 쉽게 파괴될 수밖에 없기 때문이다.

셋째, 단체교섭권의 위임 금지, 제3자 개입금지, 단체협약 유효기간의 연장은 사실상 단체교섭을 포기하라는 것과 다름없다. 나아가 장기간 냉각기간을 두어 노동자들의 요구를 관철하기는 더욱 어렵게 되었다.

넷째, 행정기관에 노조 해산을 명하거나 임원의 개선을 명할 수 있는 권한 등을 부여하여 국가권력의 노동조합 운영에 대한 지배 개입을 가일층 확대 강화했다. 이로써 노조의 조직력 강화와 자율적 운영은 근원적으로 차단되었다.

다섯째, 노동쟁의조정법은 국가보위법보다 훨씬 광범하게 쟁의행위를 봉쇄하는 데 중점을 두었다. 따라서 개별 기업별 노동조합은 막강한 자본과 맞설 힘을 사실상 봉쇄당했다.

이렇듯 개정된 노동관계법은 원풍모방의 경우에는 이제까지 전혀 별도의 노동조합으로 운영되어왔던 서울의 원풍모방 노동조합과 부산의 원풍타이어 노동조합을 통합하라는 해괴한 지침을 만들어냈다. 이에 대해서 원풍모방뿐만 아니라 원풍타이어 쪽도 난감할 수밖에 없었지만, 통합에 대한 압박은 날이 갈수록 거세지기만 했다. 원풍타이어 노동조합은 노동청에 이 문제를 질의한 결과 3월 5일 노정국장 명의로 다음과 같은 회신을 받았다.

1. 노동조합법 제13조 제1항의 규정에 의하면 단위 노동조합은 근로조건의 결정권이 있는 사업 또는 사업장 단위로 설립하도

록 되어 있으므로, 현 섬유노조 원풍모방지부와 화학노조 타이
어지부는 원풍산업노동조합으로 통합하여야 할 것임.

2. 동법 시행령 제7조 제3항의 규정에 의거 2종 이상의 산업을 행
하는 사업 또는 사업장에 설립된 단위 노동조합이 산업별 연합
단체인 노동조합에 가입하는 경우에는 그 사업 또는 사업장의
근로자 수가 많은 산업 종류에 따르도록 되어 있으므로 모방공
장과 타이어공장 중 근로자 수가 많은 공장의 산업종류에 따른
산업별 연합단체에 각각 가입되어 있으므로 노동조합법 부칙
제2항의 규정에 의거 별도의 가입절차는 불필요하다고 사료됨.

원풍모방 노동조합은 원풍타이어 노동조합으로부터 통합에 관해 형
식적으로라도 논의하자는 제안을 받았으나 이를 거부했다. 그러자 섬
유노조와 서울시도 연이어 두 노조가 통합해야 한다고 거듭 촉구하고
나섰다. 특히 서울시는 원풍노조가 자신들의 해석에 따라 3월 7일 제
출한 변경신고 서류마저 반려했다. 결국 원풍노조는 현재 상황으로는
통합을 할 수밖에 없다고 판단하여 3월 24일 이무술 조합장이 직접 부
산을 방문하여 원풍타이어 정대원 조합장과 다음과 같은 합의서를 작
성했다.

1. 대의원 수는 50명 단위에 1명을 선출하고 단수 26명을 초과할
시는 1명을 추가 선출할 수 있다. 단, 현재 대회를 마친 지부는
파견 대의원 식으로 선출한다.

2. 조합원은 3월 10일로 의무금을 납부한 조합원 수를 원칙으로
한다.

3. 통합대회 날짜는 3월 31일 오전 10시에 모방공장에서 개최한다.

도대체 섬유와 화학으로 전혀 종류가 다른 두 사업장을 어째서 통합하라고 했던 것일까. 그 이유는 단 하나, 정권 측에서 볼 때 골칫덩어리일 수밖에 없던 원풍노조를 어떻게든 합법적으로 깨거나 무력화시키려는 의도 때문이었다. 그러나 당시 조합원 수는 원풍타이어가 1013명에 파견 대의원 20명, 원풍모방은 1350명에 27명이었으므로 원풍모방에 꼭 불리한 상황은 아니었다. 그러나 정부 측이나 회사 측은 대의원들을 설득하거나 회유하여, 또한 원풍모방 측 일부 대의원들에 대해서 해고와 같은 수단을 사용하여 수적 우위를 확보할 수 있다고 자신했던 것이다. 실제로 회사 측은 원풍모방 측 대의원 4명만 포섭하면 24 대 23으로 타이어가 이긴다고 생각했고, 포섭공작을 벌였다. 이 같은 사실은 포섭 대상이 된 원풍모방 쪽 대의원이 노동조합에 밝혀서 알려졌다. 회사 측은 설사 통합대회가 원풍모방 쪽에 유리한 방식으로 전개되더라도 훗날 타이어 쪽에 유리하게 대의원 수를 증가해나갈 수 있다고 판단했을 것이다. 실제로 원풍노조 대의원을 분열시키기 위한 책동은 회사 측에 의해 적극적으로 시도되었는데, 그 과정에서 원풍모방에서 신규 양성공을 뽑지 않는 이유가 노조를 깨려는 데 있다는 사실이 드러나기도 했다.

　그러나 원풍타이어 노동조합은 통합 원칙에 합의한 후 정작 3월 31일 서울 공장에서 열기로 한 통합대회에 임원 및 대의원이 아무 이유 없이 불참했다. 이후 두 조합의 통합 문제에 대한 논의는 지지부진 계속되었으나 정부나 회사 측에서 원하는 대로의 통합이 쉽게 이루어지지는 못했다. 그 이유는 원풍모방에서 원풍타이어 노동조합의 내부 갈등을 적절히 이용하여 통합을 해도 원풍모방에 유리한 조건을 끈질기게 확보해나갔기 때문이다.

지부장과 부지부장의 신변 변화

노동조합이 합수사로부터 엄청난 탄압을 받은 끝에 많은 간부들이 강제 해고되는가 하면 남성 간부들은 삼청교육대까지 끌려가고, 심지어 회사 측도 그 틈을 타서 약삭빠르게 반조합적 활동을 노골적으로 자행하자, 누구보다도 마음이 아픈 건 2명의 수배자였다. 방용석 지부장은 급박한 상황에서 인명진, 조지송 목사를 만나 자기 의견을 밝혔다. 어떻게든 살아남는 사람들로 노조를 지켜내야 한다고 말했다. 다행히 14명만 해고당했기 때문에, 아직 희망은 있다고 생각했던 것이다. 적어도 원풍노조는 그렇게 쉽사리 무너질 리 없다고 확신했기 때문이었다. 그러나 인명진 목사는 조합원들을 만나 전혀 엉뚱한 식으로 이야기를 전해준다.

예. 12월에. 그래서 영등포 산선에서 유일하게 안다는 사람이 인 목사, 영등포 산선의 실무자들이니까 거기도 낮에는 못 가고 새벽에 갔어요. 가서 어떻게 하면 좋겠냐? 이거 싸워야 되겠다. 이제는 못 참겠다. 우리 지부장님, 뭐 우리 부지부장님은 정화 조치를 했어도 그래도 참았지만 그게 엄청난 일이었으니까. 정화 조치 시킨 게. 그러니까 간부들이 몽땅 갔고 그 이외에 40, 50명씩 갔는데 이제는 끝이다. 그러니까 싸워야 되겠다. 그러면 방 지부장님이 들어오실 거다, 그런 확신이 있었어요.
　저는 사실 말 한마디 건네 본 적이 없는 거죠. 그랬는데 (내가) 얼마나 어리석었으면 그런 얘기를 했을까? 지금 생각하면 우스운데, 인 목사가 그러는 거예요. 내가 어제 꿈에 방 지부장을 봤다 (폭소) 싸우지 말라 그랬다. 절대 싸우면 안 된다고 그랬다. 절대 싸우지 마라. 그건 안 된다.

－제2권, 506쪽. 황선금

　　결국 방용석 지부장은 원주에 가서 지학순 주교를 만나 대책을 상의
한 끝에 수배 생활을 정리할 수밖에 없다고 판단한다. 그는 1981년 4
월 22일 중앙정보부의 후신 국가안전기획부(안기부)에 자진출두 형식
으로 들어간다. 조사는 강도 높게 진행되었다.
　　"방용석, 너 여기가 어딘 줄 알지? 거짓말하면 어떻게 되는지 알
지?"
　　방용석 지부장은 수사관들 앞에서 모든 걸 다 드러내야 했다. 태어
나서 어떻게 성장했으며 어떻게 노동조합에 관계하게 되었는지 하는
것은 물론이고, 지부장으로서 25건의 노사분규를 어떻게 주도했는지,
나아가 특히 신민당 헌법 개정 공청회에서 한 주장, 그리고 한국노총
노동기본권 확보 전국궐기대회 등에 대해서 신문이 이어졌다. 나중에
는 광주항쟁 때 모금을 해서 윤공희 주교에게 건내준 일까지 들춰내서
심리적 압박을 가했다.
　　박순희 부지부장은 특히 광주항쟁 모금 문제에 대해 조사를 심하게
받았다.

　　그걸 어떻게 알았는지 보안사(안기부의 착오)에서는 우리가 돈 걷
어 북쪽과 접촉했다는 거야. 근데 열댓 명이 한 번에 몰아치니까
잘 생각이 안 나고 내가 정말 그랬나 싶기만 한 거야. 화장실 간다
고 나오다 저쪽 맞은편 방으로 막 들어가는 방 지부장을 본 거야.
그래서 소리를 질렀어. "방 지부장, 우리 왜 광주에 돈 갖다 줬어?"
그랬더니 방 지부장이 "그때 신문에 났잖아" 하더라고. 핑계를 대

고 화장실 가서 생각하니 실타래처럼 풀려. 그때 불순세력 때문에 무고한 시민이 다쳤다고, 국민들이 도와야 한다고 신문에 났던 거야. 그래서 나중에 문제가 되면 이걸로 돌려치기로 했던 게 그때서야 생각이 나. 아, 그래서 내가 그때부터 공세적으로 나갔어. "당시 4대 일간지 다 가져와라. 그때 일간신문에 다 나지 않았느냐. 노동자들은 없는 돈에 애국하는 마음으로 모금을 했다." 그랬더니 암말 못하더군.[24]

방용석 지부장은 수사 과정에서 특별히 진술을 거부한 것은 별로 없었다. 한 일은 했다고 말했다. 부도가 난 회사를 어떻게 해서 살리게 되었는지 그 과정을 설명했을 때에는 수사관들마저 감동한 태도를 보였다.

"아, 당신 같은 사람은 복직을 시켜서 노사 관계에 모델로 삼아야 하는데……"

수사관들 중에는 원풍모방 노동조합을 문제시하는 이유를 이렇게 밝힌 사람도 있었다.

"정부가 원풍을 문제 단체로 보는 이유는 두 가지다. 하나는 일사분란하게 움직이는 조직력이고, 다른 하나는 완벽할 만큼 빈틈없이 재정을 관리하고 또 확보한 것."

그들은 당연히 노동조합의 재정을 꼼꼼히 수사했는데, 허점 하나 없을 뿐만 아니라 기금도 너무 많아 그것이 오히려 정부로서는 문제가 될 수밖에 없다고 말하기도 했다. 그 뜻은 방용석과 박순희 체제로 노동조합을 계속 유지하게 해서는 결코 안 된다는 것이었다. 기본적인 수사가 끝난 후, 그들은 방용석 지부장을 회유하기 시작했다. 새삼 취직을 시켜 준다며, 국영기업체와 반공연맹 중에서 선택을 하라고 강요했다. 박순희 부지부장에게도 마찬가지 제안을 했다. 보건사회부에 취직하라는 것이었다. 두 사람을 노동운동계에서 완전히 제거하겠다는 술책이었다. 지부장은 끔찍했다. 자신을 반공 강연에 동원하겠다는 것으로 해석했기 때문이었다. 그러나 본인의 의지나 희망은 상관없었다. 방용석 지부장은 결국 반공연맹에 취직하는 조건으로 풀려났다. 그는 출근하라는 날 달아났다. 그런 다음 두 달 만에 다시 지학순 주교를 찾아가 사정을 설명했다.

> 지학순 주교가 원주에서 1군사령관 주최 하에 무슨 행사가 있는데, 거기에 중앙정보부(안기부의 착오) 차장이 온 거예요. 거기서 이야기한 거예요. 박정희도 이렇게 안했어, 응. 직업선택의 자유가 있는 나라에서, 그래 강제로 반공연맹에 취직시킬려고 그래? 그러고 소리를 내지른 거예요. 그러니까 1군사령관 등등이 왜 그러십니까 그러니까 방용석이 있잖아, 방용석이를 반공연맹 홍보과장을 시킬려고 해? 누가요? 안기부에서. 이러고 소리를 내지른 거예요. 그러니까 안기부 차장이 그냥 아주 묵사발이 된 거예요. 그러니까 자긴 모른 거예요. 확인 전화를 해보니까 사실이라고 그러니까 오늘부로 해제입니다. 그래서 해제돼 가지고 그래서 나타났죠.
>
> −제2권, 508쪽

박순희 부지부장 역시 공무원으로 출근하라는 제의를 거부했다.

> 나중에는 우리보고 정말 애국자라는 거야. 노동운동에만 투신하기에는 아깝다면서 국가를 위해서 일하라는 거야. 방용석 지부장은 반공연맹 과장으로 가고, 나는 보사부 5급 공무원으로 가라

고. 세상에 하늘이 노래져. 날벼락도 그런 날벼락이 어디 있어. 그
거 싸우느라고 혼났네.[25]

그때부터 방용석 지부장은 영등포 산선에서 강의를 맡았다. 산선에
서 그에게 매달 20만 원의 월급을 지급했다. 수배 기간에는 조합원들
이 그룹별로 2000원, 3000원씩 거둬서 집에 생활비 조로 보태주었다.
그 금액이 지부장 시절에 받았던 월급보다 많았다. 어쨌든 이제 방용
석과 박순희는 노동조합에서 손을 놓게 되었지만, 회사 밖에서라도 조
합원들과 만날 기회를 만들 수는 있었다.

힘 잃은 단체교섭

민주노조로서 원풍노조를 무력화하기 위한 정부와 회사 측의 공작
은 집요했다. 그것은 크게 세 가지 방향으로 진행되었다.
첫째, 개정 노동관계법을 통한 압박. 이는 원풍노조를 원풍타이어
노동조합과 통합시키려는 공작으로 구체화되었다.
둘째, 단체교섭의 지연을 통한 압박. 이는 원풍노조 신임 집행부에
대한 조합원들의 신뢰를 떨어뜨릴 것이라 판단했을 것이다.
셋째, 노동조합 내부의 분열과 갈등 조장.
물론 이러한 책동들은 광주를 피로 물들이고 들어선 전두환 정권의
존재라는 더 큰 배경 아래 노골적으로 자행되었다. 즉, 회사는 원풍노
조가 예전처럼 단결된 조합원의 힘을 바탕으로 쟁의를 세게 하지 못할
거라는 판단 하에 밀어붙이기 식 압박을 계속했던 것이다.
5월 2일, 노조는 회사와 단체협약 갱신을 위한 단체교섭을 벌였으

나, "새로운 단체협약 체결시까지 현 노동조건을 준수한다"는 합의서를 작성하는 데 그쳤다. 이날 회사 측은 단체협약 제23조의 단서 조항을 삭제하자고 요구했다. 단서 조항에는 "징계조항에 의한 해고 외에는 조합원을 해고하지 못하며 2, 3, 4, 5항(감봉, 출근정지, 강등, 해고)에 대하여는 노사 합의 하에 결정한다"고 명시되어 있었다. 이에 대해 회사 측은 근로자의 상벌 문제는 회사의 경영에 필요한 인사권이기 때문에 노조에서 관여할 경우 현장작업의 질서를 문란시키는 근로자의 처벌도 불가능해지고, 따라서 기업 경영에 혼란을 초래한다는 명분을 내세웠다. 하지만 이 주장의 배경 역시 징계권을 자신들이 휘둘러 노조의 활동가들을 제거하려는 데 있음이 너무나 명백했다.

노동조합은 다음과 같이 입장을 정리해서 회사 측에 전달했다.

첫째, 노동자에 대한 회사 측의 징계권의 남용은 인사권 행사이기 이전에 노동자의 기본적 권리인 노동권의 침해 행위로 작용할 가능성이 있다.

둘째, 노동자가 '직장보호권'을 요구하는 것은 자신의 생존권을 위한 정당한 요구이며, 모든 국민은 인간다운 생활을 할 권리와 사회보장을 받을 권리를 인정하는 헌법 제32조에 근거한 주장이다.

셋째, 노동조합은 조합원의 직장 보호를 책임져야 할 본래의 의무를 가지는 것이며, 그동안에도 노사 간에 원만한 합의를 통하여 15명에게 징계한 사실 등을 통해 볼 때 회사의 주장을 받아들일 수 없다.

그러나 회사 측은 노조의 이러한 주장을 묵살한 채 단체교섭을 자꾸 미루는 지연 술책을 계속했다. 이는 임금인상 문제에 관해서도 마찬가지여서, 노조가 3월 13일에 요구한 임금인상을 위한 단체교섭도 회사 측이 성의를 보이지 않아 질질 늘어지기만 했다. 결국 1981년도 임금 인상은 8월 29일에 가서야 평균일급 15퍼센트를 인상하는 선에서 다음과 같이 합의를 보게 된다.

- 양성공: 남자 3230원, 여자 2040원
- 본공 초임: 남자 3850원, 여자 2510원
- 본공 평균일급: 남자 6206원, 여자 3018원

이러는 가운데 노동조합의 힘도 점점 줄어들었다. 무엇보다 새로운 조합원이 유입되지 않는 가운데 기존 조합원들이 결혼(한 달 평균 30여 명)을 비롯한 여러 문제로 하나 둘 사표를 내고 떠났기 때문이었다. 물론 사적인 계기 이외에도 노사 간에 벌어진 갈등이 쉽게 해결될 수 없다는 판단, 그리고 노조가 과거처럼 힘을 발휘할 수 없을 거라는 불안감 등도 두루 작용했을 것이다.

실제로 다음 [표 20]에서 보이듯 조합원 수는 급격히 감소하고 있었다.

즉, 1년 사이에 근 300명이나 줄어든 것을 알 수 있는데, 이는 동시에 회사 측이 신규 인원을 전혀 채용하지 않아서 나타난 결과였다. 예를 들어 지명환은 1980년에 제2기 직업훈련생으로 입사했는데, 그 뒤로 신규 인원은 전혀 들어오지 않아 3개월 훈련을 마치고 정방에 배치를 받아도 처음부터 끝까지 청소 작업만 해야 했다.

[표20] 1981년도 원풍모방 노동조합 조직 현황 (단위: 명)

월별	공원			사원			합계	전월비 증강
	남	여	계	남	여	계		
2.15	254	1,122	1,376	4	5	9	1,385	−43
3	255	1,093	1,348	4	5	9	1,357	−28
4	256	1,066	1,312	4	5	9	1,321	−36
5	254	1,039	1,293				1,293	−28
6	250	1,011	1,261				1,261	−32
7	251	978	1,229				1,229	−32
8	252	964	1,216	5월 1일 부로 일괄 탈퇴			1,216	−45
9	251	947	1,198				1,198	−18
10	247	926	1,173				1,173	−25
11	247	892	1,139				1,139	−34
12	244	874	1,118				1,118	−21
82.1.15	245	846	1,091				1,091	−27
월간 평균 인원	250	979	1,229	4	5	9	1,231	−30

(합계와 평균에서 소수점 이하 생략)

기숙사생들의 관악산 산책 소동

6월 29일 월요일 오전, 출근한 조합원들은 무엇인가 낯선 풍경에 고개를 갸우뚱거렸다. 알고 보니 노조사무실 출입문 옆벽에 늘 붙어 있던 현수막들이 사라져 버렸던 것이다.

"투쟁으로 세운 노조 단결로써 수호하자!"

"경기불황 핑계 말고 생계비를 보장하라!"

사라진 현수막에는 이런 내용이 씌어 있었다. 1981년 3월 10일 노동절을 맞이하여 노동조합에서 써서 붙인 것이었다. 이런 현수막은 해마다 만들어져 임금인상 교섭을 하는 동안 사용자 측에 대한 일종의 압력 수단으로 게시되어 왔는데, 교섭이 끝나면 자진 철거를 하는 게 또한 관행이었다. 탐문 결과, 현수막은 잉크가 뿌려지고 찢겨진 채 공장 안 외진 구석에 쑤셔박혀 있었다. 그리고 그런 짓을 한 자가 비상계획관 박상천이라는 사실도 밝혀졌다. 그가 일요일에 몰래 저지른 짓이었다.

이무술 조합장은 이 사실을 김용회 노무과장에게 항의하고 현수막의 원상 복귀를 요구했다. 그러자 그는 오히려 "이 씨팔년아!" 하고 욕설을 퍼부으면서 노조사무실까지 쫓아와 조합장을 폭행하려 한 일까지 벌어졌다. 노조는 이 사실을 노조를 파괴하려는 중대한 사태로 판단, 노동부 관악지방사무소에 진정했다. 진상을 조사한 후 노동부는 회사 측에게 박상천의 사표를 받는 선에서 마무리를 하도록 중재했다. 김용회에게는 처벌 법규가 없다는 이유로 유야무야 처리하고 말았다. 노조 역시 그 이상 강하게 밀어붙이지 못했다. 과거 한국모방 시절 지동진 지부장에 대한 구타 사건이 일어났을 때 전 조합원이 일치단결하여 결국 사장까지 몰아내고 구속시켰던 처리 방식과는 전혀 달랐다.

이렇듯 노조가 수세에 몰리자 조합원들의 사기도 크게 떨어졌다. 그러던 차에 기숙사 2층(B반 숙소) 회장인 이옥순이 이무술 조합장에게 아이디어를 냈다.[26] 단체로 관악산에 약수를 먹으러 갔다 오자는 것이었다. 노조는 어떻게든 조합원들에게 집단적 활력을 불어넣고 회사가 임금인상 교섭에 성의를 보이도록 항의하되 즐겁게 일을 벌이자는 뜻으로 이를 추진했다. 그리하여 이옥순은 대청소날인 8월 26일[27] 수요일 새벽, 기숙사생 중 B반 조합원 100여 명 전원을 이끌고 관악산으로 산책을 나갔다. 한꺼번에 나가면 의심을 살 수 있기 때문에 2명씩 몰래 회사를 빠져나갔다. 기숙사생 100여 명이 갑자기 회사를 빠져나간 것을 뒤늦게 확인한 사감과 경비원들은 난리가 났다고 판단하여 경찰에 신고했다.

새벽같이 산에 오른 조합원들은 그런 줄도 모른 채 맑은 공기도 실컷 마시고, 노래도 부르고, 맑은 물에 발도 씻고 하면서 모처럼 즐거운 시간을 보냈다. 그 정도만으로도 답답했던 마음들이 확 가시는 듯한 기분이었다. 조합원들은 회사로 돌아와서는 관악산에서 짠 대로 운동장으로 나가 임금인상 요구 구호를 외치고 훌라송도 불렀다. 출근하던 관리자들은 황급히 사무실로 달려갔다. 기숙사생들은 그렇게 한바탕 체조까지 마친 뒤 기숙사로 돌아갔다.

이때 회사 정문 밖에는 경찰버스 세 대가 긴급 출동해 있었다. 그러나 별다른 사건이 없자 마침 외출하려던 기숙사생 장병숙(정방)과 김복기(소모) 두 사람을 남부경찰서로 연행해갔다. 그 사실을 안 노조가 항의하자 경찰은 이옥순과 박정숙의 출두를 요구했다. 두 사람은 정홍렬 부조합장과 함께 경찰에 출두하여 "관악산에 가서 물마시고 온 게 죄가 되느냐?"며 강력히 따졌다.

"노래를 불렀다는데?"

"예, 불렀어요. 수양버들도 부르고 삼천만 잠들었을 때도 부르고 춤고 추고 체조도 했어요. 그게 문제가 되나요?"

"그럼요. 반정부적이면 법 위반입니다."

"아침에 약수터에서 체조하고 노래한다고 반정부면 이 나라에서 반정부 아닌 게 어디 있겠어요?"

이옥순은 난생처음으로 가본 경찰서였지만 주눅 들지 않고 시시콜콜 대들었다. 연행된 4명의 조합원과 부조합장이 나올 때까지 많은 사람들이 노조사무실에 모여 농성을 하며 기다렸다. 결국 경찰은 모든 조합원들을 밤 10시 40경 석방했다.

이 사건은 아무것도 아닌 해프닝처럼 보일지 몰라도, 실은 아무것도 아닌 일조차 원풍모방 노동조합이 하면 색안경부터 쓰고 보는 정권의 태도를 그대로 반영한 '사건'이었다. 노조에서는 이후에도 그런 식의 집단행동을 이따금 이어나갔다. 즉, 영화 〈사막의 라이언〉 집단 관람 이라든지, 집단 밤벚꽃놀이 관람, 여자 축구시합 등 예상치 못한 집단 행동을 함으로써 조합원들의 사기를 북돋아 주었다. 그때마다 관할 경찰서와 회사가 비상에 돌입한 것은 물론이다.

특별기금 처리와 노조 통합대회의 승리

한편, 노조는 날로 심해지는 정부와 회사 측의 억압에 대비해 모종의 대책을 수립하게 된다. 즉, 조합기금을 처리하는 문제로서, 이미 청계피복과 동일방직 사건에서 조합기금이 반대파나 산별노조로 넘어간 것을 경험했기 때문에 그에 대비할 필요성을 느꼈던 것이다. 그 무렵 회사는 시행 중인 노동조건을 대폭 삭감 또는 폐지할 것을 주장하며 노조를 여러모로 압박하고 있었는데, 일부러 많은 물량을 하청 주어 가동률을 40퍼센트 이하로 떨어뜨리는 수법도 그중 하나의 압박 전술이었다. 결국 생산량이 떨어지자 회사 측은 마치 조합원들이 작업을 불성실하게 한 것처럼 호도했다. 이렇듯 회사 측의 반조합적 태도는 날이 갈수록 치사해지고 또 교활해졌다. 1년 6개월 동안 생산직 공원은 단 1명도 뽑지 않은 회사가 관리직 사원은 대폭 증원했다. 기숙 사생들의 감소로 13명이 지내던 한 방에 기껏해야 4명에서 6명밖에 없는데도 새로 입주하겠다는 조합원들을 거부하기도 했다.

이런 상황에서 노조는 회사가 언제 갑자기 YH무역처럼 문을 닫을지 모른다는 위기의식을 느꼈으며, 이에 대비하지 않으면 안 된다고 판단했던 것이다. 구체적으로는 첫째, 통합대회를 강요하는 것은 임원은 물론 노동조합의 재정까지 통합해야 할 가능성을 염두에 두어야 하고, 둘째, 정보부나 경찰들이 공공연히 원풍노조는 조합비가 너무 많다고 언급하고 있는바, 언제 빼앗길지 모르기 때문이었다. 그리하여 9월 25일 상집회의를 열고 조합기금 중 특별기금 일부를 전 조합원에게 환급하기로 결정했다. 이에 따라 11월 10일 노조는 총액 8785만 9920원을 나누어주었다. 그런 다음 조합원들의 자발적인 모금을 통해 별도의 기금을 마련하기로 했다. 상집간부들은 이 기금이 10년에 걸쳐 선배 조합원들이 피땀으로 모은 것이기 때문에 후배인 우리들이 고스란히 받아 쓰는 것은 옳지 않다고 설명했고, 이에 대해 많은 조합원들이 동의했다. 특히 여성 조합원들이 적극적으로 동참하여 총액 4840만 8070원을 모았다. 남성 조합원들은 고작 5퍼센트만 참여했을 뿐이었으니, 원풍노조의 실질적 주체세력이 누구인지 분명히 알 수 있는 일이었다. 모금액은 조합원들의 동의를 얻고 퇴직 조합원들에게는 우편으로 동의를 구해 지학순 주교에게 맡기기로 결정했다. 그 돈으로 건물을 사서 조합원들의 모임 공간으로 하려 했으나, 그 경우 구입 가격의 50퍼센트가 불로소득으로 인정되어 세금이 엄청나게 추징되기 때문에 교회기관에 헌금하는 방식을 택하자는 것이었다.

이렇듯 노조 측의 주도면밀한 움직임에 회사나 정부도 어떻게 방해공작을 펼 수 없었다.

노동조합을 무력화시키기 위해 시도한 원풍산업 노동조합 통합도 10개월 만에 완전한 실패로 귀결되었다. 5월 30일 통합대회에서는 공동위원장 제도를 규약으로 채택한 다음 실제로는 이무술 위원장만을 위원장으로 선출했다. 이에 노동부는 규약대로 공동위원장을 뽑을 것을 종용했다. 기나긴 줄다리기 끝에 두 노조는 11월 20일 대의원대회를 열었다. 정부나 회사 측이 이 대회에 얼마나 많은 관심을 기울이고 있는지는 회사 측은 물론이고 안기부, 노동부, 경찰 관계자들이 수십 명이나 참석한 것으로 충분히 입증되었다. 그들은 원풍모방의 이무술 위원장과 원풍타이어의 정대원 지부장이 당연히 공동위원장으로 선출되리라 기대했다. 하지만 의외의 결과가 드러났다. 원풍타이어 측에서 박장길 부지부장이 27표를 얻어 20표를 얻은 정대원 지부장을 누르고 공동위원장으로 당선되었던 것이다. 이는 원풍노조의 끈질긴 노력이 결실을 본 것으로, 이로써 지루하게 이어져온 통합 문제는 원풍모방의 승리로 매듭이 지어졌다.

대회 직후 박장길은 원풍타이어 노동조합과 내분으로 말미암아 공동위원장 직을 사퇴했다. 그러나 노동부는 12월 12일 공동위원장 명의로 된 설립신고서를 교부했다. 이로써 원풍산업은 위원장이 둘인 최초의 기형적인 노동조합으로 역사에 남는 또 하나의 진기록을 세우게 된다.

조선방직쟁의 탈춤 공연

정부와 회사 측의 끈질긴 탄압에도 불구하고 탈춤반은 계속되는 학습과 연습을 통해 자체 역량을 꾸준히 강화해왔다.

원풍모방 노동조합은 1970년대 후반 대표적인 민주노조 중 하나였다. 노조 내의 탈춤반 활동도 모범적인 것으로 평가되는데, 이는 당시 대학 탈춤반 학생과 졸업생들의 지원, 연대 속에서 이루어진 것이다. 노동운동의 성장에 따라 생기는 노동자계급의 예술문화를 만들려는 욕구와 대학을 중심으로 한 탈춤부흥운동, 마당극 운동의 실천적인 현장지향성이 결합한 결과라고 할 수 있다.[28]

탈춤반은 1981년에 접어들어 내부 집회조차 마음대로 못하는 암울한 상황에서도 노동절과 체육대회에 탈춤 공연과 풍물 뒤풀이를 실시했고, 11월 1일 영등포 산선에서 개최될 예정인 가을 노동제를 위해 또다시 차분하게 공연을 준비했다. 탈춤반원들이 노동운동사를 책으로 공부하면서 직접 대본을 쓰는 작업도 했다. 일제시대와 그 이후 방직공들의 빛나는 투쟁으로 여러 차례 역사에 기록된 조선방직의 쟁의 중 1950년대 일어났던 쟁의를 집중적으로 다룬 공연물이었다. 이는 선배 방직 노동자들의 역사 속 투쟁이 오늘의 현실에도 면면히 이어진다는 내용으로, 결국 1980년 5월 광주 이후 전개된 폭압의 현실을 결연히 뚫고 나아가겠다는 투쟁의지를 다지려는 데 참뜻이 있었다.

산선 공연은 대성공이었다. 노동자, 학생, 교인 등 700여 명 관람객들은 한 덩어리가 되어 투쟁의지를 다졌다. 이날 공연 이후, 전국 여러 곳에서 공연을 해달라는 제의가 들어왔다. 그러나 여건이 맞지 않아 12월 13일 전주에서 열린 JOC 전국지도자대회 마지막 날 공연과 한국신학대학의 초청 공연에만 응했다.

한 평자는 '30년 만에 부활된 조선방직 파업투쟁'이라는 부제가 붙은 글에서 이 공연이 갖는 의미를 크게 평가했다.[29] 특히 광주민중항쟁을 기회로 많은 활동가들이 운동전선을 떠나가고, 남은 자들도 1970년대 투쟁의 발전을 부정하며 벌써부터 지하로 스며들고 있던 무렵, 공장 소조, 야학 노동자, 몇 안 되던 민주노조의 조합원들, 그리고 알음알음 연락을 받고 모여든 학생운동가 등 700여 명이 1970년대 노동문화운동을 작품으로 총정리하고 1980년대의 새로운 방향을 제시

하는 노동창작극을 통해 30년 만에 부활하는 조선방직 파업투쟁을 목
격했다는 것이다.

영등포 산선 공연에는 최점순(장고), 진도예(깽쇠), 신덕순(북), 정해
자, 김호자, 박은미, 황영애, 박정숙, 김정숙(이상 양반), 최금숙, 차언
년, 김유영, 김명숙, 양연화, 지명환, 김상옥(이상 노동자), 조영숙(남편),
장영숙(아내), 장형숙, 김수복(노사협의자), 박춘희, 김종성, 김화자, 주
순옥(이상 깡패) 등이 출연했다.

QC 운동 강화와 조작된 해고

통합노조 술책마저 무위로 돌아갔지만 회사의 노동조합 탄압 의지
는 여전했다. 예를 들어 조합원이나 그 자녀들에게 지급하던 장학금이
급격히 줄어든 것도 노조를 탄압하는 술책의 하나였다. 1981년 1/4분
기에 280명, 1205만 9550원을 지급하던 것이 2/4분기에는 233명,
970만 5845원으로 줄어들고, 3/4분기에는 다시 104명, 580만 5640
원, 4/4분기에는 103명, 511만 6870원으로 격감했다. 이는 조합원
수가 1300명대에서 1100명대로 감소한 것을 감안하더라도 노사 합
의 규정을 무시한 일방적 지불 축소임이 분명했다.

12월 18일, 회사는 노조의 양분옥 조사통계부장과 신필섭 대의원
에게 인사위원회에 출두하라는 통지서를 발부했다. 이유는 'QC 운동
방해'라는 것이었다. QC 운동, 즉 품질관리운동은 통합노조 책동이
좌절된 후 회사 측이 꺼낸 또 하나의 카드였다. 사전적 정의로 QC는
"과학적 원리를 응용하여 제품 품질의 유지·향상을 기하기 위한 관
리 방식"을 말하지만, 사용자 측에서는 이를 핑계로 노동자의 작업 강

도를 높이거나 징계를 하는 경우가 종종 있어 왔다. 양분옥과 신필섭 두 간부에 대한 QC 운동 방해라는 혐의도 회사 측의 교묘한 조작에서 비롯한 것이었다.

발단은 같은 부서에 다니다가 퇴직한 조합원 이장옥과 한귀복이 "본인이 사표를 낸 것은 자신들이 품질관리 경진대회에 갔다 온 후 현장에서 양분옥과 신필섭으로부터 추궁을 당하고 못살게 했기 때문"이라는 진정서를 낸 데서 비롯되었다. 그런데 이 일은 강정순 반장이 회사의 지시에 따라 두 사람에게 전보를 쳐서 상경하게 한 다음 진정서를 내게 만든 조작극이었다. 회사 측은 두 사람에게 국가 차원에서 실시하는 QC 운동을 방해한 것이라며 강하게 추궁했다. 이에 대해 양분옥과 신필섭 두 간부는 오히려 사표 제출을 만류했다며 혐의 내용을 전적으로 부인했다. 사실 노동조합 측에서 이장옥을 사무실로 불러 추궁하자 그는 "괴롭다. 묻지 말라"는 말만 거듭할 뿐이었다. 나중에 이장옥은 그 때문에 회사의 지정 병원에 교환원으로 취직이 되었고, 한귀복에게도 금품으로 사례했다는 소문이 나돌았다.

회사는 12월 24일 양분옥과 신필섭 두 사람에게 해고통지서를 발송했다. 노동조합은 즉각 상집회의를 열어 이러한 회사 측 결정이 수년 동안 지켜온 단체협약 제23조에 대한 일방적 파괴 행위이며, 1980년 12월 합수사에 의해 노조간부들이 대거 해고당한 후 처음으로 발생한 중대 사안이라 판단하여 적극적으로 대처하기로 결의했다. 이에 따라 전 조합원이 가슴에 "부당해고 철회하라"고 쓴 리본을 다는 한편, 12월 28일부터는 노조사무실에서 교대로 철야농성에 들어갔다. 이에 대해 회사 측은 철회할 수 없다는 입장만 거듭 밝혔고, 나아가 조흥만 사장은 회사의 적자가 노동조합 때문이라고 터무니없는 주장까지 늘어놓았다. 사장은 2명의 해고자를 '쓰레기'라고 부르며, "쓰레기를 치울 때에도 법에 물어보고 치우느냐"고 말하기도 했다.[30] 자기들이 필요로 할 때에는 원하지도 않은 '산업전사'에 '수출역군'의 허울뿐인 이름을 붙여주던 자본가의 속내가 무엇인지 고스란히 드러나는 순간이었다. 이런 가운데 회사는 연말 상여금도 분기별로 100퍼센트씩 지급하기로 한 단체협약을 무시한 채 50퍼센트만 지급하겠다는 몰상식한 처사를 태연히 자행했다.

회사의 노동쟁의 발생 신고

조합원들의 분노는 극에 달했다. 억압적 정치 상황을 배경막으로 삼아 공공연히 노동조합과 노동자들에게 탄압을 자행하는 회사 측의 태도는 1982년 새해 벽두부터 농성을 결행하게 만들었다. 신정 휴무가 끝나고 1월 5일 조합원 300여 명은 식당에 모여 "부당해고 철회"와 "상여금 지급" 등을 요구하며 농성을 벌여나갔다. 이와 아울러 노조는 그동안 원풍모방이 겪어온 모든 종류의 탄압사례를 모아 「원풍모방 사건경위서」라는 유인물을 대량으로 제작하여 배포하는 작업도 병행했다. 이 유인물에는 1980년 12월 합수사에 의한 집단해고, 노동부의 통합노조 강요 책동, 회사 측의 단체협약 지연과 불이행, 신규 인원 보충 중지와 부당해고 등 갖가지 탄압사례를 상세히 적시했다. 이는 1980년 5월 17일 이후 정부와 회사로부터 집중적으로 탄압을 받아온 원풍노조로서는 처음이자 본격적으로 낸 저항의 목소리인 셈이었다.

노동자들의 분노가 들끓자, 1월 18일 남부경찰서는 이무술 조합장에 대한 출석요구서를 발부하는 한편 배후 조종 혐의를 내걸어 방용석 전 지부장에 대해 수배령을 내렸다. 노동조합은 경찰의 갑작스런 조치가 노조를 파괴하려는 책동이라며 강력하게 반발했다. 경찰의 요구에 불응하는 한편 간부들이 철야 대기하며 다가올 싸움에 대비하기로 한 것이다. 이런 상황에서 회사 측은 1월 20일 상여금을 100퍼센트 지급하는 회유책을 실시하는가 하면, 1월 28일에는 3일간 정사과와 염색과의 조업을 단축한다고 발표하여 조합원들의 투쟁의지를 약화시키려 시도했다. 이 때문에 염색과는 작업을 마무리하지 못하여 물에 젖은 양모를 방치해 임금의 수십 배에 달하는 손해가 발생하기도 했다. 아울러 회사는 1월 29일 26개 항의 단체협약 내용을 삭제하거나 저하시키는 노동쟁의 발생 신고를 노동부에 제출했다. 이에 대해 노동부는 적합하다고 판정하여 이를 접수함으로써 노동조합을 아연실색하게 만들었다. 도대체 회사가 '노동쟁의'를 어떻게 하겠다는 것인지, 실로 기가 막힌 노릇이 벌건 대낮에 공공연히 자행되는 것이었다.

2월 5일, 박혜건 부장검사 주재로 원풍사태에 대한 간담회가 개최되었다. 여기에는 김승년 검사와 조일래 노동부 관악지방사무소 소장, 그리고 회사 측에서 오준석 부사장과 박찬배 부공장장이 참석했다. 이들은 극단적인 대립을 지양하고, 노조의 사소한 과실에 대해 제재하지 말 것, 회사는 3자 개입을 방지하는 데 주력할 것, 성실한 대화로 노조를 순화시키는 데 주력할 것 등을 합의했다. 아울러 이 회의에서는 이무술 조합장이 노동부 근로1과장에게 2월 4일 자진출두 의사를 밝혔다는 사실도 보고되었다.

물론 조합원들은 이무술 조합장이 자진출두한다는 사실을 전혀 모르고 있었다. 그리하여 2월 7일 상집회의를 열어 다음과 같은 내용의 '결의문'을 작성하고 투쟁의지를 천명했다.

- 간부의 연행이나 노동조합 탄압을 막기 위해 철야 대기한다.
- 어떤 이유로든 간부의 해고는 노조를 파괴하려는 직접적인 탄압으로 간주하며 절대 용납할 수 없다.
- 만약 강제로 연행하려 할 때에는 민주적인 노동조합을 파괴하려는 것으로 간주하고 전 조합원이 한데 뭉쳐 결사적인 투쟁을 전개한다.
- 이로 인해 발생하는 모든 불상사는 회사와 기관이 모든 책임을 져야 한다.
- 우리는 계속되는 탄압에 더 이상 참을 수 없으며 모든 희생을 감수하고 노동조합을 끝까지 사수한다.
- 관계기관은 연행 의사를 속히 철회하고 회사는 노동조합 탄압을 즉각 중지하여 조합원들이 평화스럽게 생산 활동에만 전념할 수 있도록 간곡히 요청한다.

그러나 이렇듯 결연한 투쟁의지는 김승훈 신부의 중재로 이무술 조합장이 동대문경찰서에 자진출두하여 조사를 받고 나옴으로써 싸움으로 비화되지는 못하게 된다.

제3장 안팎의 시련에 부닥친 노동조합

조직 분열과 새 집행부 출범

양분옥과 신필섭의 해고 반대 싸움은, 역설적이지만, 5공화국 들어서서 줄곧 가라앉은 분위기 속에 지낼 수밖에 없었던 노동조합에게 이대로 물러설 수는 없다는 결의를 다지게 하는 좋은 계기로 작용했다. 조합원들은 특히 정권에 빌붙어 온갖 파렴치한 짓을 자행하는 회사와 정면으로 맞서 싸워야 할 때라고 뜻을 모았다. 그러나 이무술 조합장이 갑자기 자진출두를 하는 바람에 한껏 달아오르던 열기가 맥없이 사그러들고 말았다. 하지만 2월 11일 곧바로 실시된 대의원 선거에서는 총 56명의 대의원 중 무려 36명이 교체되는 이변이 일어났다. 이는 무엇보다 지난 집행부가 정권과 회사 측의 탄압에 대해 제대로 대처하지 못했다는 현장 평조합원들의 의견이 크게 반영된 결과로 해석될 수 있었다. 새로 대의원에 선출된 조합원 중에는 특히 입사 경력이 길지 않은 소장 활동가들이 많았다. 조합원들은 이들에게 좀 더 확실한 투쟁을 요구한 것이었다.

2월 26일 열린 연차 대의원대회는 조합원들의 이런 요구를 반영하여 조합을 재정비하고 투쟁의 의지를 다지는 게 당연한 의무였다. 그런데 이무술 조합장은 임원 보선 문제를 상집회의에서 선출할 수 있도록 위임해 달라고 요구했다. 이에 대해 찬반양론이 팽팽하게 맞서 투표를 할 수밖에 없었는데, 결과는 30대 26으로 조합장의 의견이 받아들여졌다. 그렇지만 원풍노조로서는 좀처럼 경험하지 못한 이런 투표 결과가 보여주듯 대의원들 간에는 벌써 무엇인가 갈등의 기류가 흐르고 있는 게 분명했다. 특히 조합장이 군이 상집회의에서 임원을 보선할 수 있도록 요구한 이유가 장재우를 총무부장으로 선출하려 한 데 있었던 반면, 반대한 대의원들은 노조 활동이 전혀 없던 장재우를 갑자기 총무부장으로 임명하는 것은 문제가 있다고 생각했던 것이다. 그 경우 양분옥과 신필섭의 해고로 조성된 투쟁의지가 약화되지나 않을까 우려했기 때문이었다.

대회 직후, 현장에서는 조합장의 의도에 대해서 의견이 분분했다. 1981년도 대의원대회에서도 이미 한 차례 조합 내 갈등이 엄존한다는 사실을 확인했기 때문에 더더욱 그러했다. 당시 이문희 전 지부장 직무대리는 삼청교육대를 다녀온 뒤 양병욱을 총무부장으로 박영수를 감사로 배정해 달라고 요구해 왔는데, 대회 결과 이런 요구는 받아들여지지 않았다. 그러자 이문희, 이상배, 양병욱, 박영수, 최득구 등 5명은 대림동 소재 열풍이라는 술집에서 모여 대회 결과에 대해 불만을 토로했다. 이후 현장에서 이런저런 갈등이 드러나곤 했던 것이다. 결국 정선순, 박순애 부조합장이 이문희 전 조합장 직무대리를 만나 박영수와 양병욱을 노조간부로 앉히려 한 합당한 근거를 묻기에 이르렀다. 이문희는 박영수가 정보기관과 잘 통하기 때문에 노조간부로 선출되면 도움이 될 것이고, 양병욱은 앞으로 어려움이 닥칠 때 총대를 메고 앞장설 수 있는 사람이기 때문이라고 대답했다.

당 조합은 82년 2월11일 실시한 82년도 대의원선출결과를 다음과 같이 확정 되었음을 공고합니다.

부서	성 명	득표수	부서	성 명	득표수	부서	성 명	득표수
직포A	최 옥 희	48	가공C	한 혜 숙	29	공 무	이 정 교	43
"	박 신 숙	48	수정(갑)	양 태 숙	20	"	김 영 충	43
"	황 영 애	48	"(을)	이 만 복	18	"	장 재 우	44
직포B	김 근 자	42	정사A	김 미 숙	42	소 모	이 종 분	27
"	임 선 호	40	"	차 언 년	40	"	박 명 순	30
"	노 영 순	41	"	홍 옥 선	44	염 색	최 명 자	37
직포C	박 순 애	45	정사B	이 혜 영	52	"	박 명 신	25
"	김 귀 복	53	"	이 선 순	53	생산관리	성 향 란	20
"	박 영 숙	43	"	최 애 순	53	전방 보전 개방	박 정 숙	28
준 비	권 점 옥	17	정사C	정 정 순	48	"	임 태 송	30
"	김 삼 순	19	"	조 영 단	52	창고.총무	신 종 철	16
"	김 명 희	18	"	구 자 경	52	정방 A	손 선 례	27
정포 작후전	최 영 숙	30	전방 A	김 숙 자	38	"	이 정 희	26
"	김 미 정	27	"	이 순 옥	37	정방 B	김 진 자	27
가공A	김 예 희	31	전방 B	노 금 순	44	"	장 병 숙	26
"	이 숙 희	27	"	김 옥 녀	40	정방 C	정 영 례	29
가공B	양 명 금	32	전방 C	김 숙 자	40	"	이 영 숙	29
"	김 성 구	28	"	최 금 숙	38	정방 보전 소혈살	조 영 진	21
가공C	한 상 영	30	노무	임 귀 출	18	계	56명	

1982. 2월 12일

조 합 장 이 무 술

어쨌든 1982년 대의원대회 직후의 상황은 더욱 안 좋았다. 많은 대의원이 자기 의견을 들어주지 않아서인지 이무술 조합장이 출근을 하지 않는 것이었다. 그로써 사태는 걷잡을 수 없이 커져갔다. 이무술 조합장은 3월 6일 상집간부들 앞으로 사표를 보내왔다. 노동조합으로서는 내우외환의 위기에 직면한 셈이었다. 간부들이 확인한 결과 이무술 조합장의 사퇴 의지는 확고한 것처럼 보였다.

> 사표를 낸 이무술 언니에 대한 원망은 대단했다. 조합의 책임을 맡고 있으면서 너무도 분명한 어려움을 앞에 두고 사표가 웬말인가? 도저히 납득할 수가 없었다. 그러나 이때는 이런 원망을 놓고 짚고 까불 때가 아니었다. 누구라도 나서지 않으면 안 되었다. 그야말로 십자가였다.[31]

원풍모방 노동조합의 역사에서 매우 큰 내부 갈등으로 기록되는 이 사태를 JOC와 영등포 산선의 갈등에서 비롯된 것으로 해석하는 의견도 존재한다. 이무술 조합장은 JOC 출신으로서, 당시 현장에서 가장 큰 영향력이 있던 영등포 산선의 요구대로는 노조 일을 못 해나가겠다는 뜻을 정선순 부조합장에게 밝혔다. 당시 노조 내에 JOC와 영등포 산선이 양대 큰 세력으로 영향력을 발휘하면서 때로 어느 정도 갈등을 빚기도 한 게 현실이었다. 정선순 부조합장은 이런 현실까지 무시할 수는 없지만, 그렇다고 "8년 동안을 싸운 우리 민주노조 집행부를 날릴 수 없으니까, 다 끌어안고 가야 되는데, 산업선교 쪽은 제가 쪼끔 역할을 하겠습니다. 여기 안과 뭐 JOC 쪽은 이무술 조합장이 하십시오" 하는 식으로 대답했다. 그렇게 해서 정선순은 부조합장으로서 바깥에 나가면 방용석 전 지부장이나 산선 사람들을 만나 당면 문제를

1982년 원풍모방 노동조합 대의원대회에서 사업계획안을 심의하고 있는 대의원들

조율하는 역할을 하던 과정이었다. 이에 대해서 방용석 전 지부장은
이렇게 말한다.

　　노동조합의 이무술 지부장이 가톨릭노동청년회 회원이었어요.
　그런데 이 부분을 영등포 산업선교회가 안 거예요. 그리고 그쪽
　(JOC-인용자)으로만 도는데 원풍의 주력에 핵심활동가들은 영등
　포 산업선교회거든. 그리고 일부가 경수 산업선교, 일부가 JOC 활
　동하는 사람이었던 거예요. 근데 그 관계를 잘 아는 거예요. 그 이
　유는 여러 가지가 있을 거라고 생각하는데, 여하튼 영등포 산업선
　교회와 친밀한 관계를 가지고 활동하는, 이를테면 박순애, 이옥순,
　정선순, 양승화 등등에 대해서 못마땅한 거예요. 그래서 집행부를
　이무술 씨가 자기가 선택하는 사람을 자꾸 교체해서 집어넣으려고
　하는데 그게 막힌 거예요, 대의원대회에서. 그래서 자기에 대한 불

신이라고 주장하면서 사퇴를 했어요. 그리고 정선순이가 집행부가 된 거란 말이야. 그래서 이제 잘됐어요. 조합의 관계가 잘되고 잘 나가는데, 결국은 노동조합 내부에 갈등, 내부 분열이 싹트고 있었던 거예요. 그게 이문희가 (삼청교육대에 갔다가-인용자) 나와서 안에 연결돼 있는 양병욱이나 등등 이무술이가 다시 현장에 들어가서 관계하고 있는 몇 사람. 이런 사람들이 정선순 집행부하고 갈등이 벌어지는데 이 틈을 회사가 계속 악용한 거예요.

-제2권, 509쪽

이제 무엇보다 코앞으로 다가온 노동절 행사를 어떻게든 잘 치러야 하는 문제가 있었다. 정선순 부조합장은 긴급 상집회의를 소집하여 대책을 논의했다. 대의원들은 이무술 조합장의 사표를 수리하고 정선순 부조합장을 조합장 직무대리로 선출했다. 그런 다음 노동조합은 곧바로 노동절 행사 준비에 착수했다.

3월 10일 오전 9시 30분경, 이무술 조합장은 사무실로 전화를 걸어와서 행사에 참석하지 않겠다는 뜻을 밝혔다. 그리고 30분 후, 노동절 행사는 예정대로 개최되었으나 분위기는 실로 착잡했다. 정선순 조합장 직무대리가 어눌한 어조로 기념사를 했다.

조합원 여러분.

우리 모두가 단결된 모습을 과시하면서 즐거움을 나누어야 할 오늘, 부족한 제가 노동절 기념사를 할 수밖에 없는 노동조합의 모습을 조합원 여러분에게 보이게 됨을 먼저 깊이 사과드립니다.

우리의 노동조합이 70년대 민주노동조합으로서의 위치를 꿋꿋하게 지켜왔으나 권력의 폭력적인 탄압에 의하여 많은 선배들을 잃은 채 제 역할을 다 수행하지 못하고 있는 우리 노동조합의 모습을 보면서 우리는 무엇을 결심하여야 하겠습니까. 그동안 집행부가 노동조합에 대한 자기헌신적 노력이 결여된 채 분열된 모습만을 드러낸 것은 집행부 모두의 책임임을 솔직히 시인하는 바입니다. 이제 원풍모방 노동조합은 집행부 몇몇 사람에 의해 운영되고 이끌려갈 수는 없다고 생각합니다. 다시 말하면 앞으로 구성될 집행부의 힘만으로 현재 우리 앞에 놓여 있는 많은 문제들을 해결하기에는 부족함이 많을 거라는 것입니다. (중략)

조합원 여러분.

이제 우리 앞에는 더 많은 어려움이 몰려닥칠지 모릅니다. 그러나 우리는 이제 더 이상 물러설래야 물러설 수 없는 상황에 놓여 있습니다. 우리가 할 수 있는 최선의 방법은 강력한 투쟁뿐이라고 생각합니다. 지금이야말로 조합원 모두의 단결된 힘이 더욱 요구된다는 사실을 조합원 동지들은 그동안의 많은 경험을 통하여 잘 알고 있으리라 믿습니다.

끝까지 노동조합을 지키기 위하여 우리 모두가 헌신적인 자세로 단결하고 투쟁에 참여할 수 있기를 여러분에게 호소하면서 기념사에 대신합니다.

정선순 조합장 직무대리의 기념사는 짧고 또 서툰 것처럼 보였다. 그러나 당시 조합원들의 마음을 움직여 결속을 다지기에는 부족함이 없었다. 무엇보다 노동조합 집행부 스스로 오늘의 이 상황에 대해 책임을 져야 한다는 자기반성의 태도가 조합원들에게 진솔하게 다가갔을 것이었다.

3월 15일, 노조는 임원을 다시 선출하기 위해 임시 대의원대회를 소집했다. 현 집행부는 전원 사표를 제출했다. 이 대회에 이무술 전 조합장이 참석했다.

"나는 솔직히 감옥에 가기 싫어서 사표를 냈다. 하지만 사표를 그렇게 빨리 수리할 줄은 몰랐다. 매우 불쾌하다."

이무술은 지난번 대의원대회에서 30 대 26의 표결은 사실상 불신임이라고 판단했다고 말하며 불쾌감을 드러냈다. 그런 다음, 다음 주부터 현장으로 출근하겠다는 내용의 전화를 노무과장에게 건 다음 사무실을 나가버렸다. 임시 대의원대회 결과, 다음과 같이 임원진이 구성되었다.

- 조합장: 정선순
- 부조합장: 박순애, 이제호, 양승화
- 총무: 이옥순
- 회계감사: 김영옥, 문선자, 장재우
- 상집위원: 양분옥, 방순영, 임선호, 정해자, 노금순, 최영숙, 최금숙, 손선례, 정영래, 심현숙, 양순애, 박명신

눈에 띄는 인물은 단연 양분옥이었다. 이는 회사 측의 해고 조치를 인정할 수 없다는 뜻이며, 동시에 회사와 정면 대결도 피하지 않겠다는 의지의 표현이기도 했다.

3월 19일, 현장으로 출근한 이무술은 정선순 조합장에게 다시금 불만을 털어놓았다.

"조합장 바꾸는 게 그렇게 급했나? 현장 조합원들이 나에게 가시 돋힌 시선을 보내고 있는데, 내가 이렇게 따돌림을 받아야 할 이유가 무엇인가? 노조간부들의 역할에 책임이 있는 거 아닌가? 나는 현장에서

노동조합을 지켜볼 것이다."

이후 이무술과 가깝게 지내던 최숙자, 김진자, 정해자, 양순애, 장재우 등은 상집회의에 참석하지 않았으며, 김윤옥, 박광숙 등도 노조사무실 출입을 중단하는 등 조직 분열은 더욱 심해지고 집단화되는 양상까지 보이기 시작했다. 더욱이 남성 조합원들 중 일부는 현장을 순방하는 정선순 조합장에게 노골적으로 불쾌감을 표시하거나 이무술 조합장이 사표를 낼 수밖에 없었던 이유가 무엇이라고 생각하느냐 하는 식으로 따져 묻기도 했다. 어쨌든 크게 준비하지 않은 상태에서 중책을 맡게 된 정선순 조합장은 안팎의 시련을 슬기롭게 극복해나아가야 할 엄중한 책임감으로부터 결코 자유로울 수 없었다.

노동자의 적, 노동부

고난의 1970년대를 함께 버텨온 민주노조들은 동일방직, YH무역에 이어 누가 해체의 운명을 겪을 것인지 아슬아슬한 줄타기를 계속했다. 그러나 1980년대에 들어와 탄압은 전방위적으로 더욱 거세졌다. 지역지부로 결성된 청계피복은 1981년 1월에 해산 명령을 받자 조합원 21명이 미국 노총 산하 아시아아메리카자유노동기구(아프리) 사무실을 점거하며 투쟁을 전개했지만, 경찰력에 의해 강제 해산을 당하고 11명이 구속되는 비극을 맞이했다. 반도상사도 1980년 8월 노조 지도부가 정화 조치로 퇴진하면서 조직력이 크게 약화되었다. 회사는 1981년 2월 폐업을 단행하고 노조 역시 3월 13일자로 해산을 선언한다.

살아남은 노조는 콘트롤데이터와 원풍모방 정도였다. 다국적기업으로 결혼퇴직제 폐지, 하후상박 임금인상제, 주 42시간 노동제 등을 선구적으로 쟁취한 콘트롤데이터노조는 이미 1980년 9월 정화 조치로 지부장과 부지부장이 물러났고, 그 후에도 무수한 탄압을 받았다. 원풍모방과 상황이 거의 비슷했다. 1982년 3월 임금인상 투쟁 과정에서 노조간부 6명이 불법 해고를 당했다. 그러자 조합원 300여 명이 9일 동안 파업농성을 전개했다. 회사는 임금인상만 일부 받아들였고 해고자의 복직은 이루어지지 않았다. 그런 분위기에서 원풍모방 역시 민주노조로서 존립을 걸고 안팎으로 거듭 시련을 받고 있었다.

3월 16일, 신임 정선순 조합장이 조흥만 사장실을 인사차 방문했다. 조흥만 사장은 다음과 같이 말했다.

"솔직히 말해서 우리가 겪고 있는 노사 문제는 정부가 정책적으로 풀어야지 노조와 회사가 풀 문제가 아닙니다. 내가 지금 사장을 하고 싶어서 하는 줄 아십니까? 나는 정책적으로 묶여 있는 몸입니다. 차라리 조합원들이 데모라도 해서 사장직을 그만둘 수 있으면 하고 바랄 때도 있어요."

정선순 조합장은 원만한 노사 관계를 이루어나가자는 말을 전하는 외에 달리 할 말은 없었다.

3월 27일, 노동부 관악지방사무소 근로감독과장 김용권은 정선순 조합장과 만난 자리에서 원풍노조가 당면한 문제들을 해결하려면 도산 출입 금지 조항을 명시하라고 말했다. 그러면서 리스트에 올라 있는 도산 회원들은 대통령이 잡아 가두라는 말 한마디만 떨어지면 끝장이라며 은근히 엄포를 놓았다. 그 말은 엄포로 그치지 않았다. 4월 3일, 관악지방사무소 조일래 소장은 정선순 조합장을 불러 대의원대회를 소집하여 다음과 같은 내용의 결의문을 채택하라고 강요했다.

- 도시산업선교회 등 외부 세력과 일체의 접촉을 단절하고 오로지 기업 내의 노사협조 증진을 위해 일치단결한다.
- 현재까지 기업주와 불편했던 관계(단체협약상 의견불일치, 임금인상 등)를 깨끗이 청산하고 오로지 생산성 향상과 근로자 복지증진을 위해 건설적인 노사협의회를 육성, 발전시킨다.
- 기업경영의 어려운 실정을 인정하고 경영실적이 호전될 때까지 82년도 임금인상 및 상여금 지급 여부에 관해서는 기업주의 처분에 따른다.
- 경영권은 기업주, 노동권은 근로자에 있음을 인정하고 사용자의 인사권 행사에 노동조합이 간섭하지 않으며 다만 근로자 징계, 해고에 관해서는 근로기준법의 정신에 위배되지 않도록 노동부에 보장하라.
- 노사협의회에 조홍만 사장이 반드시 참석하여 즉석에서 협의 결정할 수 있도록 할 것.

이는 노동조합의 존립 이유 자체를 아예 부정하는 항복 문서였다. 조일래 소장은 마치 경영자협회 대변인처럼 혹은 공안기관 대표자처럼 이런 항복 문서를 받아들이라고 강요했다. 정선순 조합장 체제가 아직 그 기반이 탄탄하지 못하다는 사실을 기화로 본격적인 노동조합 흔들기에 나선 것이었다. 노동부는 이제 노동자의 적이라는 사실을 스스로 입증한 셈이었다. 실제로 노동 문제에 정부가 어떤 식으로 개입하는지 살펴보면,[32] 유신 이전과 이후를 가릴 것 없이 노동청(노동부)과 치안기관이 개입하는 경우가 대부분임을 알 수 있다. 특히 치안기관에 의한 개입 비율은 다른 제도적 개입과 비교할 때 그 수치가 매우 크다는 걸 알 수 있다. 이에 반해서 준사법적인 합의적 기관으로서 나름대로 자율성을 지니고 노동 문제에 접근할 수 있는 노동위원회의 역할은 유신 이전 28.5퍼센트에서 유신 후기 3.8퍼센트로 급속하게 축소되었다.

[표21] 노동 문제에 대한 정부의 담당기관별 분류

	노동청	노동위원회	일반 행정관청	치안기관	분기별 합계
유신 이전	10(23.8)	12(28.5)	3(7.1)	17(40.4)	42(100.0)
유신 전기	18(33.9)	9(16.9)	5(9.4)	21(39.6)	53(100.0)
유신 후기	9(34.6)	1(3.8)	1(3.8)	15(57.6)	26(100.0)

더구나 1982년도 노동부 자료를 보면 노동위원회에서 다루고 있던 사안 중 노동쟁의 조정에 관한 건은 1973년부터는 전무하다. 이는 곧 유신 이후 노동 문제에 대한 정부의 개입 양식은 노동법이나 전문적인 기관을 통해서가 아니라 치안기관 등을 통해서 이뤄졌다는 것을 뜻하며, 당시의 노동 문제가 단지 노사 간의 관계로 국한되는 것이 아니라 통치체제와 밀접하게 연관될 수밖에 없다는 것을 뜻하는 것이다.

"이것은 노조를 파괴하기 위해 꾸며낸 각본일 뿐이다."

정선순 조합장은 이렇게 말한 뒤 방을 나왔다. 그런 다음 4월 7일 상집회의를 소집하여 새삼 노동조합의 투쟁의지를 다졌다.

회사의 부당성에 대한 노동조합의 입장

우리 원풍모방 조합원은 1980년 5월 이후 회사로부터 혹독한 탄압과 기만 속에 참을 수 없을 만큼 시달려 왔다. 인간으로서는 더 이상 참을 수 없는 현실로서 우리에게 그동안 가해진 모든 것들은 노동조합을 파괴한 기업이 더 많은 이득을 취하려는 데 그 목적을 두고 자행된 것이며 이러한 기업의 입장에 관계기관이 협력하여 왔다고 생각한다. 더욱이 최근에 회사가 자행하고 있는 부당해고 조치와 상여금 미지급, 노동조합 전임자 불인정, 단체협약 위반 사항, 그리고 임원을 감축하고 작업량을 외주 공장으로 빼돌리는 등 비정상적인 경영 방침들은 원풍산업(조홍만) 사장의 정책이라기보다는 국제그룹 대표인 양정모 회장의 정책으로 진행되고 있다는 사실을 최근에 알게 되었다.

우리는 현재와 같은 상태가 계속될 경우 머지않아 원풍모방 공장의 가동을 중단하는 조치가 취해질 것으로 본다. 그러므로 우리는 현 상태에서 한 발자국도 물러설 수 없음을 제4차 상무집행위원회에서 결의하였다. 이는 우리 스스로의 생존권을 지키는 길이며 또 나라를 지키는 길이라고 믿기 때문이다. (중략) 우리는 발전적인 대화마저 중단하려는 것은 아니다. 국내 굴지의 그룹으로 성장하여 가는 국제그룹 대표 양정모 회장은 원풍모방이 정부의 혜택을 받은 만큼 사회공익을 위해 필요한 기업이 될 수 있도록 기업운영을 재평가하고, 기업주의 책임을 다하지 못하는 원풍모방의 운영진은 현 사태에 대한 책임을 지고 퇴진하기를 권고한다.

끝으로 모든 조합원들께서는 어려움 속에서도 10여 년 동안 민주적인 노동조합과 회사를 지켜온 단결력을 총동원하여 회사운영을 정상화시키고 값진 희생을 치러서라도 우리 모두에게 필요한 노동조합을 지키기 위한 투쟁 대열에 함께 참여하여 주시기를 당부한다.

1982년 4월 7일
원풍모방 노동조합 상무집행위원회

이날 부로 노동조합의 반격이 시작되었다.

노동조합은 회사의 정상 가동과 단체협약 준수 요구 투쟁부터 전개해 나가기로 하고, 우선 전 조합원이 "단체협약 준수하라"고 쓴 리본을 달고 작업에 임했다. 사실, 당시의 상황은 최악이었다. 조합원은 이미 900여 명에 불과했고, 회사 가동률은 30퍼센트에 그쳤다. 회사가 노동조합을 약화시키기 위해 인원 보충을 중단한 채 작업물량을 하청으로 빼돌리기 때문이었다. 노동조합이 이에 반발하며 투쟁을 시작하자 회사 측의 압박도 심해졌다. 회사는 당직을 9명으로 늘리고, 하룻밤에도 20회 이상 현장을 순시하며 활동적인 조합원들에 대한 감시를 강화했다. 아울러 노동조합 내부의 갈등과 분열도 조장하여, 특히 남성 조합원들에게 여자들과 거리를 둘 것을 노골적으로 회유하기도 했다.

산선에 대한 마녀사냥

이 무렵 정국은 3월 18일 발생한 부산 미문화원 방화사건으로 몹시 어지러웠다. 미국이 광주항쟁의 배후라는 사실을 폭로한 대학생들은 전통적으로 미국을 은인이자 최고의 우방으로 여겨온 국민들에게 엄청난 충격을 안겨주었다. 그리고 용의자를 숨겨준 혐의로 최기식 신부가 구속되는 일까지 벌어져 파문은 계속되었다.

4월 19일, 한국교회사회선교협의회는 지학순 주교, 김승훈 신부, 조화순 목사, 함세웅 신부, 김경락 목사 등 42명 이름으로 성명을 발표했다. "한국민의 대미인식에 결정적인 변화가 왔다"고 선언한 이 성명은 "사건의 전모를 사실 그대로 발표하라", "천주교회와 가톨릭농민회, 도시산업선교회 등에 대한 왜곡보도에 대해 공개 사과하라", "수사기관은 고문 행위를 중단하라"는 내용과 더불어 특히 "미국 정부는 미국의 대한정책에 대한 한국민의 점증하는 불신감을 직시하고 위컴 주한미군사령관과 워커 대사를 본국으로 소환하고 이들의 발언을 사과하고 해명해야 한다" [33]고 요구하여 사회적으로 큰 파장을 불러일으켰다.

이를 계기로 특히 영등포 산선과 관계를 맺고 있는 원풍모방에 대한 탄압도 한층 심해졌다.

한국교회사회선교협의회가 성명을 발표한 날, 검찰과 안기부, 보안사, 경찰, 구청, 노동부 등의 간부들이 모인 이른바 '동작구 지역 공동대책회의'가 열려, '원풍산업(주) 모방공장 노사분규 해결방안'을 논의했다. 여기서 노동부는 인사권, 경영권, 노조 전임자 2명, 상여금 등은 회사 측 주장이 타당하고, 장학금 제도는 노사 합의로 지급 규정을 제정하는 게 타당하며, 퇴직금, 재해보상, 휴가비, 가족수당, 정기수급 등은 노조 측 의견이 타당하다고 설명했다. 아울러 다음과 같이 전망과 대책을 내놓았다.

[표22] 동작구 지역 공동대책위원회의 '원풍산업(주) 모방공장 노사분규 해결방안'

진행	전망	대책
상여금 지급	가. 당면 분규 일단 해소 나. 경영난 봉착 다. 단체협약 미해결 라. 노조 및 외부 세력 승리에 도취	가. 2/4분기 전 상여금 규정 변경 협의 나. 질서 문란에 대한 회사 측 조치 다. 사회질서 문란자의 관계 당국 조치
상여금 미지급	가. 외부 세력과 결탁 기업주 및 정부 비방 놔동 나. 불법농성 확대 다. 반체제 단체에 명분 제공 　-도산세력 확산 라. 직장폐쇄	가. 조건부 상여금 지급 조치 불가피 나. 무조건 지급 조치 다. 조홍만 사장, 지급경영능력 희박으로 국제그룹 실력자에 대한 지급 촉구 라. 지급 거부시 관계 귀임자 검찰 지휘에 따라 형사처벌

　관제 어용 언론들은 부산 미문화원 방화사건과 관련하여 한국교회 사회선교협의회가 성명을 발표한 것을 계기로 YH무역 때와 마찬가지로 또다시 도산(도시산업선교회)과 이를 '추종'하는 일부 노동조합을 비방하는 여론몰이에 앞장섰다.

　4월 24일 〈서울신문〉은 '도산(都産)은 도산(倒産)을 책동했다'는 제하의 기사에서 "죽음 등 극단 용어의 명찰 달고 다녀" "침투요원에 파업, 연좌데모 책동", 심지어 "원풍은 '한국의 나바론'으로서 극렬한 투쟁을 벌여온 곳 중의 하나"라고 악의에 찬 보도를 했다. 〈경향신문〉은 '도시산업선교회-성명 계기로 본 그 정체'라는 제목의 특집을 4월 24일부터 시작했는데, 그 소제목은 '부정과 선동과 폭로-소외지대 침투'(4월 24일), '빈부를 선악의 척도로 삼는 극단적 흑백논리'(4월 26일), '도산 오면 도산한다'(4월 27일) '취약업체에 손 뻗쳐 농성 파업'(4월 29일) 등이었다. 특히 4월 27일자 특집에서는 "도산에 휘말린 W기업은 생산성이 하락하고 단위 생산원가가 상승하는 등 경영부실에 직면, 지난 한 해 동안 34억 원의 적자를 보았고, 1982년 1/4분기에도 벌써 7억여 원의 적자가 발생되었다"고 보도했는데, 이 W기업은 당연히 원풍모방을 말한다. 이 같은 보도는 4월 23일과 24일 이일환 공장장과 강창석 본사 총무부장이 TV에 출연하여 노동조합을 비방하는 인터뷰가 있은 직후에 나왔다. 말하자면 회사의 적자가 마치 노동조합과 산업선교 때문에 발생한 듯 왜곡하는 보도들이었다.

도시산업선교회에 대한 비방과 왜곡보도는 이미 1970년대 중반부터 노골화되었는데, 종교문제연구소장을 자처하는 홍지영의 「산업선교는 무엇을 노리나」는 이 분야의 고전이었다. 그는 문건에서 산업선교는 계급의식에 물든 일부 목사들이 노동자들의 의식화를 통해 궁극적으로 계급혁명을 선동하는 데 목적을 두고 있다고 비판했다. 논리도 준거도 없는 이 문서가 전국 방방곡곡에 마치 복음서인 양 뿌려졌다. 일부 관제언론은 이 문서를 인용해 여론을 호도하고 마치 마녀사냥이라도 하게 권장하는 데 앞장섰고, 기업가들은 노동자들을 자신들의 입맛에 맞도록 길들이는 데 이를 적극 활용했다.

회사는 새로이 부조합장이 된 양승화가 혜화동 성당에서 원풍노조가 겪은 갖가지 탄압 사례를 발표했다는 이유로 인사청문회에 출두하라고 통지했다. 그러나 실제로 발표했던 이는 박혜숙이었다. 어쨌거나 회사는 관계기관 대책회의라는 든든한 배후를 믿고 노동조합의 기세를 꺾기 위해 온갖 방식을 두루 사용했던 것이다.

야만적인 집단폭력 사태

5월 3일, 회사 측은 노동쟁의 발생신고서를 노동부에 제출했다.
5월 12일, 김용회 노무과장은 경비원과 사원 30여 명을 동원하여 노동조합에서 채용한 사무원 김인숙의 출입마저 봉쇄했다. 노동조합에 근무하는 실무자가 개인 사정으로 사표를 냈기 때문에 신입 실무자를 빠른 시일 내에 뽑아야 했는데, 이에 대해 회사는 '안보상' 절대 안된다는 말도 안 되는 이유를 내세워 막아선 것이다. 정선순 조합장과 조합원들이 이에 항의하자, 간부들을 운동장 쪽으로 밀어붙였다. 박찬배 부공장장은 "내가 죽으면 죽었지 절대로 출입을 허용할 수 없다"고 소리를 질렀다. 모든 게 미리 계획된 도발이었다. 조합장이 다시 항의하자 이번에는 아예 조합장의 목을 흔들고 가슴을 주먹으로 치는 등 폭행을 가했다.

이후 무차별적인 폭력이 시작되었다. 노무과 이덕희는 "저 쌍년들을 모조리 죽여버리자"며 정사과 대의원 홍○○의 옆구리를 걷어차고 짓밟고 옷을 찢고 가슴을 비틀었다. 옆에 있던 경비반장 지창순은 "저년들을 모조리 죽인다"며 가죽혁대를 빼내 내려치기 시작했다. 이때 시멘트 바닥에 넘어진 홍○○이 일어나지 못하자 비상계획관 한성민은 웃옷을 벗어부친 채 달려와 홍○○의 머리채를 잡고 마구 흔들어대다가 아무렇게나 내동댕이쳐버렸다. 동료들에 의해 가까스로 구출된 홍○○은 옥도정기(머큐로크롬)만을 바른 채 일을 했으나, 갈수록 등이 결리고 심하게 아파서 병원에 가서 엑스레이를 찍어본 결과 전치 2주의 진단이 나와 입원했다. 한편, 홍○○이 매 맞는 것을 본 김미숙이 항의하자 사무직원 4명이 달려들어 양팔을 잡고 "어딜 가려고 그래, 이 쌍년아. 가만히 있지 못해?"라면서 팔을 비틀고 마구 때려 타박상으로 전치 10일의 치료를 요하는 진단을 받았다. 이덕희가 말리는 이○○에게 달려들어 상체를 마구 잡고 흔들어대는 바람에, 이○○는 옷이 찢어지고 속옷과 브래지어까지 벗겨져 가슴이 드러나는 봉변까지 당했다. 그럼에도 이덕희는 흥분한 채 이○○의 바지까지 잡아당겨 단추가 떨어지고 팬티까지 벗겨지는 등 차마 눈을 뜨고 볼 수 없는 야만적인 폭력을 자행했다. 더욱 기막힌 것은 이들의 이런 폭력 사태를 남부경찰서 이상인 형사가 줄곧 지켜보고 있었다는 사실이었다.

정선순 조합장과 폭행 피해자들은 이들을 경찰에 고발하고 진정서를 발송했으나, 경찰은 폭력을 저지른 당사자들에게 아무런 조치도 취하지 않은 채 유야무야 덮어버리고 말았다.

원풍노조의 여론투쟁

더 이상 대화는 불필요했다. 관계기관 대책회의가 큰 틀을 짜주고, 회사가 행동에 돌입하고, 경찰이 비호하는 체계적 폭력이 공공연히 노동현장을 지배하는 현실에서, 노동조합은 마침내 단안을 내렸다. 원풍의 문제를 세상에 고발하기로 결정한 것이다.

5월 17일, 노조는 「원풍모방 노동조합 탄압을 즉각 중지하라!」는 유인물 10만 장을 만들어 배포하기 시작했다. 평소 갱지에 타자로 친 유인물과 달리 사진(1982년 3월 10일 노동절 농성 사진)까지 넣고 기계로 인쇄해서 만든 유인물이었다. 노동조합은 이를 통해 회사의 연혁, 노조의 회사 재건, 노조의 어제와 오늘, 1980년 5월 이후 노조가 겪어온 온갖 탄압, 즉 정화 조치로 인한 합수사 연행과 강제해고, 법에도 없는 노동부의 통합대회 강요, 그리고 바로 며칠 전에 일어난 공공연한 폭력 사태까지 낱낱이 공개하고, 회사의 비정상적 경영 실태와 그런 회사의 주문에 놀아나는 노동부의 한심한 작태를 고발했다. 그러면서 다음과 같은 사항을 요구했다.

- 국제그룹 양정모 회장은 국제그룹 전체에 미칠 중대성을 감안하여 원풍모방 공장을 정상 가동하기 위한 모든 조치를 강구하고, 노동조합 파괴를 목적으로 한 탄압을 즉각 중지할 것.
- 회사는 불법 부당하게 구성한 인사위원회를 즉각 해체하고 단체협약을 준수할 것.
- 회사는 단체협약에 정하여진 상여금을 속히 지급하고 1982년도 임금인상을 조속히 실시하여 조합원들의 생계를 보장할 것.
- 회사는 1980년 10월 이후 부당하게 해고한 조합원 전원을 복직시킬 것.
- 원풍모방 운영을 부실 경영케 한 경영진은 책임을 지고 물러날 것.
- 회사는 단체협약을 개악하여 노동조합 파괴를 본격화하려고 노동부에 의뢰한 노동쟁의 신고를 즉각 철회하고 노동부는 이를 즉각 기각할 것.
- 정부 당국은 자율적인 노동조합을 탄압하기 위하여 개정한 노동관계법을 전면 개정하고 불신받는 노동정책을 시정하여 신뢰받는 정부가 되기 위한 조치가 있기를 촉구한다.
- 언론은 원풍모방 노동조합에 대한 악의에 찬 편향보도를 즉각 중지할 것.

유인물에서는 결의문을 포함시켜 노조의 투쟁결의를 밝혔고, 마지막으로 '우리는 살아야 한다'는 소제목을 내걸고 다음과 같은 사항(요약)을 강조해서 전달했다.

1. 노조가 해체되었을 경우 당국은 소위 '블랙리스트'를 만들어 각 공장에 보내 취업을 방해할 것이 분명하다. 이미 동일방직이

나 YH무역, 반도상사 등 민주노조가 해체된 후 수없는 취업 방해가 있었안. 이는 사회 불안 요소로 작용할 것이다.

2. 우리는 회사가 어려울 때 수습대책위원회 등을 구성하여 뼈아픈 고생을 하며 엄청난 흑자를 낼 수 있도록 했는데, 현재 회사는 노동조합을 파괴하기 위한 의도적인 부실 경영으로 어려워진 회사 경영의 모든 책임을 노동자들에게 몰아붙이고 있는데, 이는 어불성설이다. 회사가 노동자들의 권익이나 복지에는 아랑곳하지 않는데, 어떻게 "공장 일을 내 일처럼, 사원을 가족처럼"이라는 말을 할 수 있는가.

3. 국민의 돈을 특혜 대부받아 많은 자본을 들여 세운 공장이 기업인 고의에 의해 30퍼센트밖에 가동되지 않고 있으며 공장 책임자들이 공공연히 하는 말처럼 문을 닫게 되었을 때 그 시설은 사회적 손실일 뿐 아니라 국가적인 손실이 분명하다.

4. 국내 굴지의 재벌기업인 국제그룹(회장 양정모)이 최소한의 생존권을 위해 살아가는 노동자들의 외침을 외면한 채 노동조합을 파괴하기 위해 공장 문을 닫겠다고 위협하는 것은 사회적 공익을 위해 존재하는 기업의 기본적인 책임을 외면하는 처사이다.

5. 원풍노조에 대한 악의에 찬 왜곡 비방과 편견에 가득 찬 언론의 태도는 무책임한 폭력 행위라 하지 않을 수 없다.

6. 일련의 민주노조의 파괴는 결국 건전한 기업 발전과 사회 발전, 산업 평화에 역행하는 일이며, 정의사회 구현, 복지사회 구현의 정치 구호와 거리가 먼 처사이다.

7. 진정한 민주 발전과 산업 평화와 노동자들의 권익 향상을 위해서는 원풍노조를 끝까지 살려야만 할 것이다. 민주노조의 파괴는 이 땅에 더욱 침묵과 굴종을 강요할 것이며 이러한 침묵과 굴

종은 결국 어느 때인가 사북사태, 동국제강 사건들과 같이 돌발적인 절박한 외침으로 나타나 일종의 폭력적 사태로 치달을 수밖에 없을 것이다.

이 같은 내용을 통해 드러나듯이, 원풍모방 노동조합은 당대의 엄혹한 정세 속에서도 자신들의 운동을 다만 일개 단위노조의 경제적 권익 옹호 차원을 넘어서서 민주화운동으로서 분명하게 인식하고 있었다. 나아가 동일방직, YH무역, 반도상사, 청계피복 등 민주노조들이 파괴된 상황에서 민주노조의 마지막 보루로서 자기 역할과 책임도 분명히 인식한 채 불퇴전의 투쟁의지를 보여준 것이었다.

유인물을 각계각층에 널리 뿌려 최대한 여론을 모으자는 게 노조의 전략이자 의도였다. 그래서 민주화운동을 지원하는 단체는 물론이고 국회의원들도 찾아가서 호소했고, 심지어 지하철이나 거리에서 일반 시민들을 대상으로 배포 작업을 하기도 했다. 그 과정에서 많은 조합원들이 경찰에 연행되어 벌금 처분을 받거나 구류를 살기도 했다.

김예희(가공과)는 6월 18일 인천행 전철 안에서 유인물을 돌리다가 오후 6시 45분경 붙잡혀 동인천경찰서로 연행되었다. 조사를 받는 과정에서 형사는 "도시산업선교회에 갔느냐?"고 물으며 누가 시켰는지 대라고 하면서 뺨을 후려치고 고함을 지르고 윽박질렀고, "이런 쌍년은 죽여야 한다"고 위협했다. 김예희가 진정서 배포는 누가 시킨 것이 아니라 언론이 사실을 왜곡보도하기 때문에 노동조합에서 만든 진정서를 본인 스스로 배포한 것이라고 주장하자, 형사는 "사실을 불도록 해주겠다"하면서 시멘트 바닥에 무릎을 꿇게 하더니 구둣발로 마구 차고 귀와 볼을 마구잡이로 흔들어대면서 아예 몽둥이를 옆에 놓고 바른 대로 대라고 협박했다. 그렇게 밤 10시까지 조사한 후, 경찰은 김예희를 광고물단속법 위반 혐의로 즉결재판에 넘겼다. 나가면 또 할 거냐는 질문에 김예희는 거침없이 대답했다.

"또 할 거예요."

즉결재판소에서는 김예희가 돈이 없다고 하자 손목시계를 풀러놓으라고 했다. 그러면서 그것만으로는 모자라니 가방을 열어보라고 했고, 거기서 돈이 될 만한 게 나오지 않자 시계만 맡겨두고 돈을 가져와서 찾아가라고 했다. 그리하여 결국 석바위 근처 법원에다 손목시계를 풀어주고 전날 저녁과 아침을 굶은 채 다음 날 오후 1시 30분경 풀려났다. 한국 법원은 가난한 노동자를 보호하기는커녕 손목시계까지 악착같이 받아내서 '법의 준엄함'을 여실히 보여주었다. 코미디 같은 일이었지만, 그건 분명 슬픈 코미디였다.

> 유인물을 돌리다가, 사건(9·27사태-인용자) 나기 전에도 유인물 돌리다가, 지하철에서 돌리다가 파출소를 끌려가서 벌금 대신에 시계 풀어주고 나왔어요. (폭소) 사천 원이 내 주머니에 없어서. 그때 당시 벌금이 사천 원인가? 저 책(『민주노조 10년사』-인용자)을 보니까 그랬는데 사천 원(실제로는 4500원-인용자) [나쁜 놈!] 돈이 없다고 그러니까 그럼 이거라도 놓고 가라고 그러더라구요.
>
> ─제1권, 560쪽

차언년(정사과)과 임태송(정방과)은 6월 18일 오후 6시경 청량리행 전철을 타고 노량진역에서부터 유인물을 돌리기 시작하다가 남영역에서 공안원 4명에게 붙잡혀 오후 6시 50분경 서울역 공안실로 붙들려갔다. 공안원들은 억울하면 법으로 할 일이지 전철 안에서 왜 유인물을 돌리느냐며 욕설을 퍼붓고는 남대문경찰서 정보과로 인계했다.

임태송은 가방에 마침 김지하 시집이 있었는데 경찰은 판금된 것을 어디서 샀느냐면서 가져가 버렸다. 경찰은 "법으로 하면 되지 왜 복잡한 차내에서 유인물을 돌리느냐" 하고 다그쳤다. 이에 차언년은 "억울해서 그랬다. 우리 공장은 2년 동안 한 사람도 뽑지 않아 기계가 녹슬고 있다. 그래서 나는 국민들에게 호소하는 것이다"라고 대꾸했다. 8시에 정보과에 도착하자 경찰은 "과장님, 한 건 잡았습니다" 하며 신바람이 나서 상부에 보고했다. 경찰은 이들이 자인서 쓰기를 거부하자 "이 개 같은 년아! 쓰라면 쓰지 말이 많아" 하면서 팔을 비틀고 손톱으로 얼굴을 긁으면서 "니년이 7년 일했으면 너 혼자 똑똑하냐? 눈알을 빼버리기 전에 빨리 써!" 하고 머리통을 쥐어박으며 거듭 협박했다. 그 과정에서 나무 명패를 들어 머리통을 부숴버리겠다는 듯 위협을 가하기도 했다. 폭력과 협박에 못 이겨 '자인서'를 쓰자 "여기가 호랑이 굴이다" 하며 감방으로 넘겼다. 저녁 식사도 주지 않았다. 다음 날 광고물단속법 위반죄로 서대문 즉결재판소에 넘겨진 그들은 각각 벌금 1만 원을 내고 석방되었다.

대의원들에게 유인물을 나눠주게끔 하는 계기가 있었는데 조를 짜서 대의원들이 뭐 지하철이나 버스나 관공서나 이렇게 돌아다니면서 유인물을 전달, 왜냐면 워낙에 매체가 막혀 있고 우리 얘기는 잘 들어주지도 않으니까 유인물을 만들어서 뿌리고 다니는 상황이었는데, 얼마나 간이 작았는지 지하철에 들어가서 그 유인물을 뿌리는데 (웃음) 그렇게 떨릴 수가 없는 거야. (웃음) 그러면서 언년이하고 둘이 갔던 거 같애, 지하철로. 둘이 가서 막 나눠주는데 사람들이 잘 보지도 않아. 그래두 인제 한 칸 두 칸 나눠주고 다니는데 딱 두 정거장인가 세 정거장인가 갔는데 바루 연행됐어요. 남부경

찰, 저기 남대문경찰서로. 바루 연행돼 가지고 하루 저녁 자고 그
다음에 석방돼 가지고 바루 나왔던 거 같애요.

－제2권, 85쪽. 임태송

차언년은 눈알에 통증이 심해 한동안 약물 치료까지 해야 했다.

이혜영(정사과)은 6월 23일 동료 이선순, 김성구와 함께 전철에서
유인물을 나눠주다가 경찰에 끌려갔다. 그래서 구류 3일을 살았다. 남
부경찰서 유치장에서는 원풍모방 관할서답게 "원풍 사람들은 다른 사
람을 세뇌시킨다"는 이유로 일반 경범죄 위반자들과는 별도로 격리
조치를 했다.

자체 역량 강화교육

이런 가운데 노동조합은 조합원과 간부들을 대상으로 하는 교육을
통해 자체 역량을 강화하는 작업을 꾸준히 실시했다. 특히 이무술 조
합장 퇴진 이후 사내에 반조직 분위기가 조성되고 실제로 몇 건의 크
고 작은 다툼도 벌어졌기 때문에 조합원들의 단결을 꾀하는 교육이 절
실했다. 5월 7일부터 18일까지는 조합원들을 대상으로 '한국 경제의
구조와 사회변동' '원풍노조의 당면 과제와 자세' 등을 주제로 12회
에 걸쳐 총 528명에게 교육을 실시했다. 대의원과 소모임 활동가들을
대상으로 한 1박 2일 교육은 4회에 걸쳐 129명에게 실시했다. 이 경
우 숙박 장소는 돈보스코 회관이나 영등포 산선회관, 과천의 영보수녀
원 등이었다. 한 예로, 송인숙(정사과) 외 17명이 참가한 '2차 교육(후속
C반)'은 6월 26일 오후 4시부터 다음날 오전 10시 30분까지 진행되

었는데, 프로그램은 자기소개(사진을 보고 말하기), 강의(노동조합론), 영화 감상(〈국경 없는 사랑〉), 느낀 점 발표, 분반토의(현실에서 우리가 해야 할 일), 우리의 다짐 등이었다.

자기소개

심성순(준비) 전북 부안. 79년 4월 입사. 61년생.

사진을 보고 삭막한 현장 분위기와 같다는 느낌이 든다.

김경희(직포) 78년 5월 입사. 서울.

전에 자신이 허술한 봉제공장에서 어린 나이로 밤늦게까지 일하던 기억이 되살아난다.

문금자(소모) 충남 서산. 80년 3월 입사. 60년생.

비참하게 해고당하는 노동자의 모습과 같다.

김순례(직포) 전남. 79년 3월 입사.

우리의 노동조합도 머지않아 평화가 올 것이다.

송혜숙(직포) 강원도. 75년 6월 입사. 58년생.

돈이 너무 한 곳에 있어 빈부의 격차가 심하다.

김민자(직포) 충남 예산. 79년 6월 입사. 60년생.

감시·감독이 심해서 피로에 지친 모습처럼 느껴진다.

박필순(전방) 전남 승주. 78년 5월 입사. 59년생. 2남 2녀 중 차녀.

어려움 속에서도 배울 수 있다는 기쁨을 맛볼 수 있다.

이화자(전방) 강원도. 78년 6월 입사. 61년생.

교통사고로 다리를 잃어 돌아가신 형부 생각.

오인옥(정사) 전남 영암. 79년 7월 입사. 62년생.

지금의 고비를 넘기면 평화로운 노사 관계가 올 것이다.

정승희(준비) 전남 완도. 79년 2월 입사. 4남 2녀 중 막내.

죽음이 아니면 승리라는 마음가짐으로 굴복하지 않고 계속 전진하겠다.

임선자(직포) 전남 함평. 80년 4월 입사. 62년생.

주위의 동료를 의식화시키고 모든 사람이 평등한 세상이 오길.

신선옥(수정) 충남 공주. 80년 3월 입사.

80년에 우리의 선배들이 무더기로 당했던 그 시대가 다시는 오지 않기를…….

김미숙(정사) 79년 12월 입사. 2남 4녀 중 장녀.

배신하지 않고 단결하면 이길 수 있으리라 믿는다

심한이(염색) 전남 곡성. 79년 10월 입사. 현재 삼선교에서 출퇴근. 1남 4녀 중 차녀.

자기 꿈을 실현할 수 있는 사람이 되어야겠다. 나이를 먹은 게 후회스럽다.

윤연희(정방) 전남 보성. 80년 3월 입사. 2남 5녀 중 차녀.

괴로움을 나타내는 모습.

방순영(쟁의부장) 충남 서천. 76년 8월 입사. 2남 2녀 중 막내.

권력을 가진 자는 무자비하게 행동을 할 수 있다는 것.(의령 총기 난동)

이옥순(총무) 전북 정읍. 73년 3월 입사. 8남매 중 세번째.

자기 생은 자기 스스로가 만들어야 하며, 자신의 생활에서 기쁨을 찾아야 한다.

박순애(부조합장) 전북 정읍. 72년 입사.

열쇠를 아는 것과 노동조합의 문제 해결이 같다는 느낌.

영화를 보고 느낀 점

오인옥 죽음을 무릅쓰고 동지를 구하는 마음 본받아야 할 것 같다.

심성순 자신을 돌보지 않고 죽음을 각오한 채 떠나는 용기.

정승희 "우리의 적은 가스와 전쟁, 노동착취"라는 대목이 인상깊었다.

송혜숙 "노동자는 노동자가 도와야 한다"는 장면이 인상깊었다.

김순례 국경 없는 동지애.

임선자 따돌리지 말고 끌어들여 우리 편으로 만들어야겠다.

박필순 탄광에 대해서 좀더 실제적으로 느낄 수 있었다.

분반토의

주제: 현실에서 우리가 해야 할 일

〈1분반 토의〉

• 현장에서 그룹 안 하는 동료들을 설득해서 같이 그룹을 하고 단결할 수 있도록 한다.

• 노동조합에 자주 들른다.

• 노동조합에서 책을 자주 빌려보자.

• 현장 분위기 조성

• 취미 활동을 할 수 있도록 권장한다.

결의 우리 모두 하나가 되어 적극성 있는 활동을 할 것을 결의

〈2분반 토의〉

1. 조합원과의 인간관계 유지 방법

  • 조합원과 자유로운 대화

  • 야유회를 통해서 조합원 설득

2. 소그룹 활동

사생들은 모이는 장소를 정해놓고 각 방의 조합원들이 한자리
에 모일 수 있도록 유도

〈3분반 토의〉

1. 노동조합을 내 집처럼 생각하고 자주 들른다.
2. 소그룹을 확대시키자.

• 모임을 자주 갖자.

• 그룹을 한다는 것은 회관에서만 하는 것보다는 서로의 대화
도 중요함.

3. 각 반 대의원님은 노동조합에서 연락 즉시 요함.

조합원들은 교육을 끝낼 때 쓰는 편지에서 다음과 같이 자신들의 심
정을 표현했다.

• 정말 노동조합이 우리에게 꼭 필요하다는 것을 배우고 나 자신
이 어리석음을 발견했다. 왜 여태까지 노동운동에 대하여 이렇
게도 몰랐을까? 그룹 활동도 해왔는데 뚜렷한 목적 없이 해왔던
탓인지는 몰라도 무의미했던 것 같다. 정말 가진 자들이 떵떵거
리지 못하게 하고 모든 노동자들이 평등하게 살기 위해서는 희
생정신으로 노동운동에 참여하여야겠다는 것을 느꼈다.

• 정말 원풍모방에 들어오기를 잘했구나 하는 생각을 하게 된다.
올바른 노동조합이 없는 회사에 입사했던들 바르게 사는 모습이
어떤 것인지를 깨달을 수 있었을까?

• 누구보다도 허점이 많던 나, 이제는 사회생활의 공동체라는 생

활에서 그동안 미숙했던 나 자신을 정리하고 시정해야겠다.

- 저는 느낀 만큼 실천하지 못하는 것을 답답하게 생각합니다. 내 일을 위해 사랑과 신념에 넘치는 적극적인 인간이 되도록 노력하겠어요.

- 아, 답답한 현실, 무엇부터 할까? 이제 새로운 각오로 출발하자. 내 피와 땀과 정성이 꽃필 그날을 위하여.

- 저는 회사에 들어온 지 6년이나 되었지만 노동조합에는 관심이 없었어요. 지금 한 식구처럼 모여서 교육을 받으면서 느낀 것이 너무 많군요. 앞으로 모든 일에 최선을 다하는 자세로 뛰어보겠습니다.

- 나를 포함해서 남자들이 문제라는 생각을 하게 됩니다. 정말 부끄럽습니다.

원풍모방 노동조합이 힘겨운 상황에서도 민주노조로서 자기 정체성을 잃지 않았던 것은 무엇보다 조합원들의 의식이 깨어 있었던 데에서 그 이유를 찾을 수 있는데, 여기에는 당연히 몸으로 느끼는 실제적인 투쟁 못지않게 끊임없이 이루어지는 여러 종류의 교육이 큰 역할을 했던 것이다.

회사의 노동쟁의 발생 재신고

이런 가운데 5월 3일 회사는 1월에 이어 다시금 노동쟁의 발생 신고를 냈다. 이에 따라 중앙노동위원회는 기다렸다는 듯이 신속히 조정위원회를 열고 노동조합에 5월 28일 참석할 것을 통지했다. 이에 대해 노동조합은 5월 30일 상집회의를 열고 이런 조정 절차에 절대 응하지 않기로 결정했다. 회사 측의 노동쟁의 발생 신고는 노동조합을 파괴하거나 약화시키려는 조치라고 판단했기 때문이었다.

노동조합은 중앙노동위원회 위원장 앞으로 크게 다음과 같은 이유를 들어 조정 절차에 응하지 않는다는 내용의 공문을 발송했다.

1. 회사 측의 노동쟁의 신고와 행정관청의 적법 판정이 위법 부당하다고 생각한다.
2. 현재 우리는 유효한 단체협약을 가지고 있다.
3. 행정관청의 강제적 개입은 노사관계의 자주적 해결 존중의 원칙에 위배된다.
4. 그러면 왜 우리는 부당노동행위 구제신청이나 노동쟁의 신고 적법 판정에 대한 이의 신청 등 행정구제를 밟지 않는가? 그것은 행정 당국을 불신하기 때문이다.
5. 우리는 현행 노동쟁의조정법에도 의문을 가지고 있다.

노동조합은 공문의 마지막 부분에서 "유신헌법보다 노동삼권이 두텁게 보장된 새 헌법과 더불어 노동청이 노동부로 승격하고 노동조합 간부 출신이 노동부 장관으로 부임함으로써 가슴 부풀었던 제5공화국에 대한 우리의 '정의사회'에 대한 꿈은, 사상 유례없는 노동법의 개악과 본격적이고도 교묘한 방법으로 사용자와 행정관청이 손을 잡고 근로자를 탄압하여 자주적인 노조를 파괴하는 현실을 당하여 민주적인 노조가 여지없이 깨어지고 있는 슬픈 오늘"이라고 비장하게 마무리를 했다.

이에 대해 노동부는 6월 4일 원풍노조가 조정에 응하지 않는 것은 법률을 잘못 알고 있어서 그런 것이라는 내용의 회신을 보내왔다. 거기에서 노동부는 노동쟁의조정법상 회사와 원풍노조는 임금, 근로시간, 후생, 해고 등 노동조건에 대한 노사 간의 주장이 불일치하는 분쟁 상태가 상당 기간 지속되고 있어 적법한 것으로 판정한 것이라는 주장을 비롯해서 자기들이 합법적인 조정을 하고 있으니 성실하게 응해 근로자의 권익을 보호받기 바란다고 말했다. 심지어 사용자도 노동쟁의를 할 수 있다고 주장해서 노동부가 철저히 회사 측의 이익을 대변하고 있음을 스스로 드러냈다. 노조는 노동부의 회사에 대한 이런 식의 비호를 다시 한 번 거부했다.

7월 2일, 노동부는 원풍산업 노사분규 처리 방안을 다음과 같이 마련했다.

1. 최근의 동향
- 노조 탄압 중지, 노동쟁의 철회 요구 등을 내용으로 하는 유인물 배포
- 도산계 문제 교역자의 배후 조종에 의거, 노동조합 운영
- 노동조합과 종교단체 공히 노동위원회의 중재재정을 주시

2. 노동쟁의 처리 경위
- 82. 5. 2 사용자 측의 노동쟁의 신고에 따라 알선코자 하였으나 노조의 불응으로 실패
- 당사자의 요구 내용

구분	회사	노조
임금	7%	60~68%
상여금	경영실적에 따라 수시 결정	400%

구분	회사	노조
퇴직금	법정 기준	종전 협약수준(누진제)
인사권	경영자 권한	노조와 협의

- 82. 5. 22 노동부 상신 중노위 조정회부되어 6. 5 종전(안)을 의결하였으나 노조 측의 참석 불응으로 실패

3. 노동쟁의와 관련된 사항
- 동작구 소재 모방공장과 부산 소재 타이어공장 등 이질업종이 동일법인체로 구성
- 노조 공동대표는 현 집행부에서 물러났으나 합법적인 개선을 취하지 않고 있음
- 70년 이후 해고 노조간부 복직 및 단체협약을 위요한 노사분규 계속
- 82. 1 상여금 지급 요구 집단행동
- 종전 단체협약은 81. 1. 20 기간 만료로 실효되었으나 81. 5. 2 근로조건 계속 유지에 대한 노사합의로 민사상의 효력은 유지되는 것임.

4. 처리방안
[제1안] 당사자의 요구가 없는 한, 직권중재는 보류
- 이유
  - 정부가 사용자와 담합 인상 배제
  - 중재시 종전 단체협약 기준 이하 재정 불가
  - 중재재정의 부당성을 전제로 한 노사분규 해소
- 문제점

- 단체협약 부재로 인한 일반협약 사항 시행 여부에 대한 노사 분규 계속
- 82년도 임금 협정을 위요한 노사분규 발생 예상
- 노사 당사자인 노사협의 자세 미정립으로 자체 해결 실현성 희박

[제2안] 중노위의 직권중재로 단체협약 갱신

• 이유
  - 단체협약 기간 경과로 인한 근로조건 계승과 관련된 분쟁을 제기
  - 인사권의 경영자 전행재정으로 사규 위반, 불순근로자 제거 용이
  - 분리된 2개 공장의 통일된 단체협약 체결

• 문제점
  - 종전 단체협약 기준 이하 재정시 도산 세력의 노조 대정부투쟁 격렬
  - 노사 중 일방 참여에 의한 편중된 결정으로 오인
  - 노동조합의 부분파업 및 전면 작업 거부 사태 발생 우려
  * 노동조합은 불순종교세력 등의 배후 조종으로 근원적 해결(해고자 전원 복직) 없이는 각 안 중 어느 안을 결정하더라도 노사분규는 지속적으로 발생할 것임.

5. 대책
• 당사자의 요구 없이는 직권중재 지양(사업주 설득−노동쟁의신고 철회)
• 세부 시행 사항

- 유관기관 공동대처로 노동쟁의 철회, 사업주 설득
- 상여금 등 근로조건에 관한 사항은 종전대로 이행 촉구
- 82년도 임금은 동 업종 평균인상률 수준에 협정토록 지도
- 일반협약 사항은 노사 합의하에 자율 해결 지도
- 배후 조종자 및 불순종교세력은 유관기관 협조하에 대처
- 사업장 이전 권고
• 협조 사항

업무내용	협조기관
노사동향 파악	노동부, 치안본부
상여금 지급 등 근로조건	안기부, 노동부(전기관 공동대처)
불순종교세력 개입 차단	문화공보부
불법시위 및 유인물 살포	치안본부
불법쟁의 행위자 처벌	검찰, 노동부
노사협의 지도	노동부

　　이것은 원풍모방 문제가 이미 단순한 노사문제가 아니게 되었다는 점을 확인해주는 자료이다. 7월 9일에는 이른바 관계기관 대책회의를 더 확대한 '확대지역 노동대책회의'(동작구, 영등포구)가 열렸다. 여기에는 이원택 동작구청장, 김승년 검사, 김주선 남부경찰서장, 이종석 노량진경찰서장, 김정지 영등포경찰서장, 안기부 김대길, 보안사 권정부, 공단 이사 전익환, 노동부 남부지방소장 김중화, 관악지방사무소장 김일래 등 10여 명이 참석했다. 이토록 비중 있는 인물들이 두루 참석했지만, 이들이 내릴 수 있는 결론은 단순했다. 회사 측 안이 채택되면 노조의 투쟁 대상이 정부로 바뀔 것이고, 노조 측 안이 채택되면 대정부 불신감이 해소되고 외부 세력 개입도 약화될 수 있다는 것이었다.

김성구 폭행 사건

회사가 노동쟁의 발생 신고를 거듭 냈지만 노조 측이 노동부의 중재 자체를 거부함으로써 회사는 아무런 성과를 거두지 못했다. 관계기관 대책회의를 아무리 높은 단위에서 열어도 별무소용이었다. 그런 가운데 8월 20일 밤 9시경 가공과 작업 현장에서 비상한 사태가 발생했다.

이날 담임 김성우는 대의원 김성구에게 작업대를 세 번씩이나 이동하라고 지시했다. 김성구는 김성우에게 그 문제를 이야기하려고 찾아갔다. 김성구는 1977년에 입사한 뒤 줄곧 가공과에서만 근무했기 때문에 작업 과정에 대해 잘 알고 있었다. 이제까지는 작업대를 이동시킬 때 미리 이야기해서 알려주고 또 작업 지시는 고참 선배에게 말해서 실시하는 게 관행이었기에, 김성구는 김성우의 조치가 부당하다고 판단했다. 김성우는 작업 지시를 가장 고참인 김성구에게 내린 게 아니라 후배 박혜숙에게 내렸던 것이다. 이에 박혜숙은 작업 지시는 고참인 김성구에게 내려달라고 부탁했으나, 김성우는 여전히 박혜숙에게 지시를 했다. 이런 이유로 김성구가 항의하자, 김성우는 "너는 왜 내게 협조를 안 해? 내가 작업을 어떻게 시키든 내 소관이니 너는 따르기만 해. 내가 시말서를 쓰는 한이 있어도 네 요구는 들어줄 수 없다"고 무시하며 돌아섰다. 그 순간 김성구는 분한 마음에 김성우의 뺨을 힘껏 때렸다.[34] 그러자 화가 난 김성우는 "이런 개 같은 년! 밟아 죽이겠다"며 김성구를 시멘트 바닥에 내팽개치면서 마구 때렸다. 다행히 주변 동료들이 달려와 김성우의 폭행은 겨우 멈췄으나, 김성구는 전치 2주의 상해를 입었다. 김성구는 김성우를 폭행 혐의로 고발했다.

현장은 발칵 뒤집혔다. 회사는 남자들을 선동하여 김성구와 노동조합에 불리한 쪽으로 여론을 몰아가려 기를 썼다. 여자가 감히 남자를,

부하가 상사를, 그것도 나이 어린 여자 부하가 나이 많은 남자 상사를 때렸다는 점을 크게 부각시켜 문제를 확대하려 한 것이다. 전력계장 박영일은 남자들의 서명을 받아 사장에게 강력한 처벌을 요구한다는 진정서를 제출했다. 회사 측이 이 기회를 놓칠 리 없었다. 9월 13일, 회사는 김성구 본인도 참석하지 않은 상태에서 인사위원회를 열어 '소속 상사인 담임 구타 혐의'로 김성구를 즉시 해고 조치했다. 그러나 김성구는 해고 조치를 인정할 수 없다며 출근을 계속했다.

이번에는 현장 여성 조합원들의 분노가 고조되어 9월 14일 새벽 2시경 결국 작업이 중단되고 말았다. 여성 조합원 전원이 담임 김성우의 사과와 김성구에 대한 해고 철회를 요구하며 작업을 중단한 것이었다. 가공과 주우춘 과장은 항의하는 여성 조합원들에게 "단체협약은 무효다. 김성구의 해고는 사칙에 따라 적법하게 처리된 것"이라고 대답했다. 그러자 조합원들은 퇴근 후에 직접 주우춘 과장의 집까지 찾아가 항의하는 등 사태는 점점 더 큰 집단행동이 불가피한 상황으로 번져나갔다. 그런 가운데 회사는 작업량을 아예 하청공장으로 빼돌려 특히 가공과의 정상 가동은 장기화될 조짐마저 보였다.

9월 22일, 회사는 박순애 부조합장과 이옥순 총무에게 인사위원회 출두요구서를 전보로 보냈다. 그들이 이번 사태의 주동자라고 몰기 시작한 것이다. 인사위원회에서는 이옥자, 최경남, 김성우 등을 증인으로 내세웠다. 양병욱, 이용표, 김승엽, 신종구, 박길중, 박종희, 이병한, 박옥자, 김영옥, 이익순, 주우춘, 양승길, 이일환, 전창배, 최하영은 검찰에 자술서를 제출했다. 이로써 회사 측이 이번 사태를 계기로 노동조합에 대한 본격적인 파괴 공작에 들어섰다는 것은 분명해졌다. 적지 않은 수의 남성 조합원들이 회사 측의 간계를 거들었다.

한편, 회사 밖 '열풍'이라는 술집에서 이익순 총무과장과 가공과 양병욱, 그리고 해고된 이문희, 이상배, 이희우 등이 만나 이야기를 나누는 것을 직포과 조합원이 목격하고 노동조합에 알렸다. 노동조합은 더욱 긴장하지 않을 수 없었다. 어쩌면 경찰의 공권력이나 회사의 협박보다 더 무서울 수 있는 반조직 행위가 공공연히 진행되고 있다는 명백한 증거였기 때문이다.

담임들의 반조직 행동

9월 23일 오후 5시, 정심회라는 담임 모임(회장 김덕수)의 담임 8명이 노조사무실을 찾아와 정선순 조합장에게 면담을 요청했다. 이들은 오후 2시부터 회사 회의실에서 전 공장 담임들의 회의 직후 찾아온 것으로, 면담을 요청하는 이유는 이대로 가서는 노사 간의 문제를 풀 수 없으니 이제라도 노동조합을 쇄신하자는 것이었다.

발언 내용을 요약하면 다음과 같다.

김덕수(정방) 지금까지 노사 간에 문제가 해결되지 못하고 있는 것은 조합장에게 책임이 있기 때문에, 회사와 대화할 수 있는 사람이 집행부를 맡아야 된다고 본다.

김장기(창고) 산업선교의 탈을 벗어야 된다.

서순교(영선) 왜 교육장소를 산업선교회관으로 하는가?

김준호(정방) 노총에서 교육하지 않고 왜 산업선교회에 위탁하여 교육하는가?

정선순 조합장 교육장소를 마련하기가 어렵기 때문에 산업선교회관을 사용한 것이고, 일반 조합원들이 각자 활동하는 것은 노동조합에서 관여할 수 없다. 또 집행부는 스스로 하고 싶다고 하는 것이 아니라, 조합원들의 지지를 얻어야 된다는 것은 여러분들이 대의원을 해보았기 때문에 잘 알고 있지 않은가?

김준호 노동조합은 인사위원회를 인정하는가, 인정하지 않는가?

정선순 조합원에 대한 징계 사항은 단체협약에 의거, 노사 간에 합의할 사항이지 회사 자체의 인사위원회에서 결정할 사항이 아니므로 인정할 수 없는 것이다. 여러분들은 회사가 단체협약을 지키지 않아도 된다고 생각하는가?

김장기 그러면 남자들을 위해 노조를 내어줄 수 없나?

정선순 한 가지 묻겠다. 회사와 문제가 풀리지 않는 것이 조합장 개인에게 문제가 있어서인가, 아니면 회사가 노조를 파괴하려고 하기 때문인가?

서순교 계속 대화가 안 될 경우 회사는 공장 문을 닫을 텐데 노조의 대책은 있는가?

정선순 그것은 협박에 불과한 말이다. 우리 노조의 자체 분열만 없으면 우리가 승리할 수 있다. 여러분이 요구한다면 단체교섭위원으로 뽑아 파견할 수 있다. (한동안 침묵)

유천종(전방) 평화적으로 집행부를 교체하고 뒤에서 지켜보면 되지 않을까, 구상해 본 것뿐이다.

김준호 QC나 새마을운동[35]을 회사가 제안하는 대로 할 수 없는가?

정선순 요즘 담임들이 잘하고 있지 않은가? 새마을교육도 400명 이상이 받지 않았는가?

김덕수 우리도 상황이 좋을 때는 노조 사무실에 자주 왔었다. 지금은 회사가 어렵다. 우리는 약자이니까 존재해야 한다. 조합원들은

요즘 회사와 노조에게 모두 욕을 하고 있다. 노조를 혁신할 생각은
없는가?

김준호 새로운 돌파구를 만들어 보자.

그날, 안기부의 이관성은 인명진 목사에게 원풍이 원만한 노사 관계
를 회복하기에는 이미 때가 늦었으며, 징계 문제는 회사의 결정대로
따라야 한다고 말했다. 이로써 원풍노조를 파괴하려는 정부의 입장이
확연히 드러난 셈이었다. 다음 날, 회사는 염색과 조제실에서 사용하
는 독성 화학약품들과 전방에서 사용하는 알코올, 휘발유 등도 지하실
창고로 옮겼다.

회사는 아연 팽팽한 긴장감에 휩싸였다.

제**4**장 운명의 9·27 사건

해고, 감금, 그리고 폭력

9월 26일은 일요일이었다.

이날 오후 3시 사내 게시판에는 박순애 부조합장과 이옥순 총무, 조합원 박혜숙(가공), 김영희(가공) 등 4명의 이름이 해고 통지와 함께 올라갔다. 8월 24일 개최된 인사위원회 의결에 따라 '면직' 처분을 내린다는 내용으로, 징계 사유는 '당사 상벌규정 제12조 위반'이었다. 게시판은 손을 대지 못하도록 철망을 치고 경비원 1명이 곁에 서서 지키고 있었다.

노동조합 측은 오후 늦게 영등포 산선에서 상집회의를 열고 대책을 논의했다. 여기에는 전임 간부들도 4~5명 참석했다. 달리 길은 없었다. 정면돌파. 다만 당장 다음 날의 싸움은 피하고, 추석(10월 1일) 휴무를 지낸 뒤 10월 4일 월요일부터 본격적인 싸움을 벌이기로 결정했다.

9월 27일, 월요일.

게시판 앞에는 여러 명의 경비원들이 말뚝처럼 서서 지키고 있었다. 이날 작업반의 아침 8시 식사시간 이후에는 이상하게도 남성 조합원

들의 모습이 하나도
보이지 않았다. 10시
경부터는 경비실에
출근반이 아닌 B반
과 C반 담임들이 웅
성거리며 모여 있었
고, 경비원들도 정복
차림으로 무엇인가
명령이 떨어지기만을
기다리는 듯 대기 자
세를 취하고 있었다.

이 무렵, 노조사무
실에는 정선순 조합
장, 이옥순 총무, B반
대의원, 조합원 등 30
여 명이 모여 해고 조

정선순 조합장을 감금한 후 노동조합 사무실을 봉쇄한 구사대

치에 대한 대책을 논의 중이었다. 경비실의 남자 담임 40여 명은 회사
총무과 사무실로 들어갔다. 그렇게 시간이 흐르고, 오후 1시쯤 되었을
까, 남자 담임과 조합원들이 우르르 몰려나왔다. 그들은 곧장 노조사
무실로 짓쳐 들어갔다. 금세 비명이 터져 나왔다. 그들은 사무실 집기
를 닥치는 대로 들어 던지기 시작했다. 놀란 조합원들이 혹은 뛰쳐나
오고 혹은 강제로 쫓겨났다. 대부분의 조합원들은 사태를 파악하기도
전에 비명을 지르며 사무실 밖으로 내밀렸다. 그때 정선순 조합장은
누군가 얼핏 '통장하고 도장 압수하고' 하는 소리를 들었다. 그래서
얼른 사무원에게 팬티에 통장과 도장을 집어넣게 했다.

정선순 조합장은 악을 쓰며 따졌다.

"이게 뭐하는 짓이야? 깡패도 아니고 노동자를 어떻게 하겠다구 이따구 행동을 하는 거야?"

그러자 그들 중 누군가가 조합장을 확 밀치면서, "이 쌍! 당신 이제 말하지 마! 오늘로 이제 끝장이야" 하고 고함을 지르더니, 통장과 장부를 다 내놓으라고 말했다. 조합장이 거부하자 그들은 여기저기 막 뒤졌지만 찾아낼 수 없었다. 화가 난 그들은 사무원에게 "너, 이제부터 금고나 이런 데 손만 대면 죽을 줄 알아!" 하고 협박했다. 사무원은 그때부터 엉엉 울기만 할 뿐이었다. 영선계 담임 서순교는 미리 준비해온 듯 의자를 끌어다 놓고 칸막이를 뜯어 문에 대고 못을 박아 사무실을 봉쇄했다. 정선순 조합장이 뭐 하는 짓이냐고 따져도 좀 기다려보라고 실실 웃을 뿐이었다. 이제 사무실 안에는 정선순 조합장과 사무원만 남아 야수로 변한 남자 담임들의 폭력을 기다릴 뿐이었다. 그들은 이미 한 회사 동료들이 아니었다. 폭력배들은 어디론가 전화를 걸었고, 또 끊임없이 따르릉 따르릉 걸려오는 전화를 받았다.

그들은 염색과에서 쓰는 통을 가져다가 조합장 앞에 탁 놓으면서 말했다.

"똥도 여기다 누고, 오줌도 여기다 눠라."

조합장도 지지 않고 받았다.

"그래, 고맙다."

그때부터 몇 명이 돌아가면서 사표를 내라고 강요했는데, 조합장이 거부하면 그때마다 다가와서 한 대씩 조합장의 머리를 때렸다. 그래도 조합장이 기가 죽지 않자, 양병욱은 체구가 하마처럼 큰 소모과 유동열에게 "니가 가서 겁을 줘야지 안 되겠다"고 말했다.

유동열이 조합장에게 다가와 소리쳤다.

"니가 지금 쇼파에다 앉혀 놓으니까 아직도 조합장인지 아나 보지?"

그러면서 조합장의 가운을 확 잡아당겨서 맨바닥에 내려앉혔다. 그때부터 그들의 야만적인 폭행이 시작되었다. 누구는 양동이에 물을 받아와 휙 끼얹는가 하면, 또 누구는 커피 잔으로 물을 떠서 머리에 졸졸 부었다.

"이년아, 좋은 말로 할 때 어서 사표 써!"

그 와중에서 양병욱(가공과)이 행동대장처럼 행세했다.

양병욱 이 쌍년아! 조합장 사표를 써! 가랑이를 찢어 죽이기 전에 빨리 사표를 쓰란 말이야, 이년아!

조합장 사표를 요구하는 이유를 밝혀라.

김준호(방적과 정방계 담임) 담임 전체회의에서 회사 대표자가 도산 앞잡이인 너와는 교섭을 할 수 없다고 밝혔기 때문이다.

김덕수(방적과 정방계 담임) 회사 측에서 우리하고는 대화도 하고 회사를 정상 가동시키겠다고 한다. 그러니 우리가 당연히 노조를 맡아야 하는 거 아니냐?

위동련(직포과) 무슨 말이 많아, 이년아! 너 같은 년은 개 값도 안 돼, 이년아! (턱을 툭툭 치며) 왜 사표를 안 써, 이년아!

문계순(직포과) 이제 물러날 때가 됐어. 지금껏 네가 잘한 게 뭐야, 이년아!

강정순(정사과) 지금까지 6개월 동안 조합장을 해먹으면서 단체협약과 임금인상 문제도 해결하지 못했으니 이제 조합장을 나한테 인계해라. 사표만 쓰면 모든 게 끝나는 거야.

강오대(방적과 정방계 담임) 조합장을 해먹으려면 사리 판단을 잘해야지. 이제 고이 사표 내고 물러가거라, 응? 그것이 우리가 사는 길이야.

유천종(방적과 전방계 담임) 우리가 이렇게 하기까지는 많은 생각을 한 것이니, 네가 사표를 내는 것이 남자들의 생존을 보호하는 길이야.

양병욱 조합장을 나한테 인계하라. 6개월 동안 지켜보았는데, 희생만 늘었잖아. 너한테 한계가 온 것 같다. 모든 책임을 지고 물러나라. 제발 사표 좀 내라!

박태(직포과) 조합에 대해서는 잘 모르지만 많은 사람을 위해 물러나야 될 것 같다.

서순교(영선계 담임) 기관에서 도산에 가는 것을 왜 싫어하는지 넌 아느냐? 이쪽저쪽 다 생각을 하고 왔으니, 네가 사표 쓰는 일만 남았다. 그것이 네가 사는 길이자 영웅이 되는 길이다.

양병욱 야, 이년아! 현 집행부는 계속 끌고 갈 가치가 하나도 없어. 이 쌍년아, 노조가 네 거냐? 내놔라, 빨리! 사표 써!

조합장 사표는 쓸 수 없다. 사표를 기대하느니 차라리 나를 죽이는 것이 빠를 것이다.

양병욱 야, 이 쌍년아! 너 주제 파악을 좀 해 봐라. 빨리 사표나 써, 응?

조합장 내가 니 딸이냐? 왜 이년 저년하고 반말이냐?

양병욱 그래, 씨팔년아. 내가 여덟 살 때 씹해서 너를 낳은 거다, 쌍년아!

문계순 네가 죽기를 원하는데, 너 안 죽여. 사표 내는 것을 원하는 거야. 이런 씹어 먹고 갈아 먹어도 시원치 않을 년아!

조합장 내가 왜 너희들한테 사표를 내? 사표를 내더라도 나를 선출한 조합원들에게 내야지.

양병욱 우리는 조합원 아니냐? 이 쌍년아! 지금 대의원들이 대의원이냐? 로보트지. 그래서 못 믿으니까, 우리가 이렇게 나선 거야. 이렇게 하려고 6개월 동안 반조직 활동을 해왔다. 왜, 이년아!

김덕수 (비아냥거리면서) 조합장님이 시멘트 바닥에 앉으시면 되나요? 방석에 앉아 고집 그만 부리시고 조합원들을 살리기 위해 사표를 내시지요.

조합장은 악착같이 버텼다.

"나는 사표를 낼 수 없다. 너희들이 나를 뽑아준 게 아니다. 나는 대의원대회에서 조합원들에 의해서 조합장을 지명받았다. 내가 합동수사본부에 가서 죽을 고비까지 다 넘겨서 여기까지 왔는데 니네들이 내야 된다고 해서 낼 것 같으냐? 천만에! 니네는 자식들한테 부끄러운 그런 대의원이나 담임이 돼서 되겠냐? 뭐 할 일이 없어서 노동조합의 조합장을 감금시키면서 이런 못된 짓을 하느냐?"

그들은 이미 이성을 잃었다. 돌아가면서 마구 때리는 것은 물론이고, "찢어 죽일 년!"부터 시작해서 맨 정신으로는 차마 입에 담기조차 부끄러운 온갖 욕설을 쉴 새 없이 퍼부었다.

그 무렵, 아수라장이 된 노조사무실 주변에는 식당에서 가져온 식탁으로 바리케이드가 쳐져 있고, 200여 명의 남자들이 사무실을 철통같이 에워쌌다. 그들 중에는 신원을 알 수 없는 청년들이 상당수 섞여 있었고, 예비군 중대장 정환춘이 이리저리 뛰어다니고 있었고, 경리차장 이용표, 본사 총무부장 강창석이 총지휘를 맡아 무엇인가 계속 지시를 내렸다. 본사에서 파견 나온 최하영(직포과장), 박영일(전력계장), 김인환(정사계장), 김호근(공작계장), 계영우(소모계장) 등도 앞장서서 사태를 이

끌고 있었다.

　조합원들은 노조사무실 안으로 들어가기 위해 안간힘을 썼다. 그런 와중에 이옥순 총무가 폭력배들에 의해 시멘트 바닥에 내동댕이쳐져 짓밟히고 정신을 잃었다. 조합원들은 울며불며 이옥순을 안아 들고 병원으로 달려갔다. 이 광경을 지켜보던 박순애 부조합장도 울부짖으며 달려와 사무실 유리창을 주먹으로 내리쳤다. 그녀 역시 손에 피가 낭자한 채 한독병원으로 옮겨져 다섯 바늘을 꿰매는 수술을 받아야 했다. 해고된 박혜숙 역시 폭력배들에게 짓밟혀 한독병원으로 옮겨졌는데, 입원실이 없다고 입원을 거부당했다. 그때 대림동 일대에는 이미 경찰이나 기관원들이 배치되어 병원에 압력을 넣은 모양이었다. 병·의원마다 한결같은 소리로 입원이나 치료를 거부하는 것이었다. 할 수 없이 이옥순 총무만이 멀리 명동 성모병원까지 가서 치료를 받았다.

　폭력배들 틈에 끼어 있는 남성 조합원들 중에는 어쩌다 여성 조합원들과 눈이 마주치면 저도 부끄러운 듯 고개를 숙이거나 외면하는 사람도 있었다. 그러나 절대다수의 남자들은 어제까지 한솥밥을 먹은 동료라는 게 믿어지지 않을 정도로 전혀 딴 사람처럼 행동했다. 소식을 듣고 작업 중이던 여성 조합원들이 달려와 합세했지만, 남자들이 둘러싼 벽을 뚫기에는 역부족이었다. 여성 조합원들은 울부짖으면서 매달리는 한편, 사무실 안에 갇혀 외롭게 버티고 있을 조합장을 위해 목이 터져라 응원의 말을 외쳤다.

　"조합장님! 힘내세요!"

　사무실 안에서 정선순 조합장은 그 소리를 듣고 이를 악물었다. 그래, 죽을 수는 있어도 절대로 네 놈들한테 질 수는 없다. 이렇게 생각하자 없던 힘마저 불끈 솟는 느낌이었다.

　양병욱 패거리는 조금도 물러서지 않았다.

"니년이 조합장 하면서 얼마나 조합원들에게 조합비를 퍼먹여 놨으면 저렇게 기운이 세서 고래고래 소리 지르고 이러냐?"

그들은 번갈아가며 조합장에게 욕설을 퍼붓거나 린치를 가했다.

노조의 긴급대책과 외부 인사 면회 실패

여성 조합원들이 남자들과 밀고 당기는 실랑이를 벌이는 동안, 갑자기 플래시가 펑펑 터졌다. 사건이 일어난 지 10여분밖에 되지도 않았는데 어느새 기자들이 몰려온 것이었다. KBS와 MBC 방송 카메라도 보였다. 이들은 폭력배가 된 남성들을 찍는 게 아니라 여성 조합원들이 악을 쓰고 달려드는 모습에 초점을 맞추어 사진을 찍고 방송카메라를 들이댔다. 이 모든 게 잘 짜여진 하나의 각본에 따라 자행되고 있다는 게 분명해졌다. 현장의 노조간부들은 긴급히 모임을 가졌다. 이대로 계속해도 도저히 사무실 안으로 진입할 수는 없고, 실랑이가 길어지면 길어질수록 왜곡보도에 좋은 화면만 제공할 뿐이라고 의견을 모았다. 억울하지만 다른 대책을 세워야 했다.

결국 조합원들 중 작업반은 작업에 임하기로 결정했다.

"작업반은 현장으로 돌아갑시다. 돌아가서 작업을 계속해요."

파업은 회사가 바라는 일이었다. 노동조합은 위기에 처할수록 냉철하게 판단하도록 훈련을 받았다. 그러는 순간에도 조합원들의 비명은 끊이지 않았다. 하지만 노조간부들은 조합원들을 눈물로 설득하기 시작했다.

"저들이 원하는 할 수 없습니다. 일단 작업을 하면서 대책을 마련합시다."

조합원들은 노조간부들의 지시에 따라 현장을 향해 차마 떨어지지 않는 발길을 돌렸다. 초가을 날씨답지 않게 차가운 바람이 조합원들의 옷깃을 파고들었다. 노조간부들은 작업을 마친 뒤에는 즉시 회사 정문으로 모이라고 말을 전했다.

오후 2시. 작업교대 시간이라 현장을 빠져나온 조합원들은 잔뜩 상기된 표정으로 정문 앞으로 모여들었다. 그들은 하나같이 밥도 굶은 채였다. 회사 내에서는 사측이 미리 준비해둔 방송이 쉴 새 없이 흘러나왔다. 남자와 여자가 번갈아가며 마치 휴전선에서 북한을 향해 선무방송을 하듯 노동조합을 비난하고 도시산업선교회를 헐뜯는 내용을 내보냈다.

"일부 도산 세력에게 속지 맙시다."

"우리의 회사는 우리 손으로 살립시다."

나중에 확인한 결과, 남자 목소리의 주인공은 자재부 사원 이한규였다. 정문 밖에는 이미 경찰기동대 버스가 4대나 배치되어 있었다. 라디오 방송에서는 벌써 노동조합 내 조직 분열이 시작되었다고 방송을 내보내기 시작했다. KBS 기자와 MBC 기자는 "노동조합을 깨는 게 이렇게 간단한 걸 여태 끌어온 거야?" 하며 즐거워하는 표정으로 이야기를 나누기도 했다.

오후 3시, 노조간부들은 긴급 상집회의를 소집했다. 양승화, 이제호, 노금순, 최영숙, 최금숙, 손선례, 문선자, 심현숙, 임선호, 박명신, 정영래 등 11명이 참석했다. 이들은 이제 마지막 싸움이라는 데 쉽게 의견을 모으고, 다음과 같은 사항을 결의했다.

- 노동조합을 되찾을 때까지 조합원 전원이 농성을 한다.
- 농성 장소는 검사과와 정사과 현장으로 한다. 식당은 창문이 많아

외부의 침입을 막기 힘들고, 염색과는 노조사무실에서 너무 멀리 떨어져 있기 때문이다. 노조사무실이 보이고 장소도 넓은 검사과와 정사과가 농성 장소로 가장 적합하다.

• 작업은 계속한다. 파업은 오히려 회사 측이 바라는 바이기 때문이다.

• 모든 조합원들은 저녁 7시 30분 저녁 시간을 기해 농성 장소로 집결한다.

• 이번 사태를 남부경찰서와 노동부에 고발 조치한다.

상집회의 후 간부들은 각자 자기가 맡은 조합원들을 찾아가 대책을 설명하고, 팀을 나누어 교대로 노조사무실 앞에 가서 조합장을 격려하기도 했다.

"조합장님, 힘내세요!"

"절대로 굴복하면 안 돼요! 차라리 죽더라도 절대 굴복하지 마세요!"

조합원들의 각오는 비장했다. 그들은 대의원 교육 때 대중가요 〈마음 약해서〉를 개사해서 만든 노래 〈마지막 십자가〉를 목이 터져라 부르기 시작했다.

단결 없이는 승리 못하네

원풍모방 노동조합

조합원들이 단결해야지

그 누가 해결하나요

돈과 권력 야합하여 탄압하는데

우리 문제 힘을 합쳐 해결해야지

마지막 십자가 내가 져야지

정상가동을 속히 하여라

단체협약 준수하여라

오후 3시 30분경, 회사 측은 미리 준비한 유인물을 배포하기 시작했다. "일부 도산 세력에 의하여 노동조합이 정상화되지 않고 있기에 남자들이 노동조합 정상화를 위하여 발벗고 나섰으니 협조를 부탁한다"는 내용이었다. 나중에 이희우가 증언한 바에 따르면, 이 유인물은 사건 발생 며칠 전에 이문희 전 부지부장이 자신이 운영하는 맥주집 뒷방에서 유천종, 양병욱 등과 함께 작성한 것으로, 이문희는 이때 "노조를 살리는 길은 이 방법밖에 없다"고 말했다고 한다.

오후 4시 경에는 소식을 듣고 달려 온 지학순 주교, 이우정 교수, 이창복 회장이 정선순 조합장의 면회를 요청했다. 경비실에서는 "지금 정선순 조합장은 사태 수습을 위해 회의를 하고 있기 때문에 면회가 불가능하다"고 거짓말을 했다. 그러자 마당에 나와 있던 조합원들이 "거짓말!"이라고 외치며 철문에 매달려 도움을 요청했다.

"우리 조합장님은 노조사무실에 감금되어 있어요. 지금 죽었는지 살았는지 확인할 수가 없습니다."

이익순 총무과장이 나서서 둘러댔다.

"같은 조합원끼리 싸우고 있는 겁니다. 제3자가 개입할 문제가 아닙니다. 그만 돌아가시죠!"

경비실에 우글우글 모여 있던 회사 간부들, 안기부 직원, 형사, 그리고 노동부 직원들, 소위 '노조정상화대책위' 위원들은 실실 웃으며 구경만 하고 있었다. 결국 면회에 실패한 외부 인사들은 조합원들에게 격려의 말만 던지고 발길을 돌릴 수밖에 없었다.

노조의 투쟁 선언

오후 7시 30분, 식사 시간을 알리는 벨 소리가 울렸다. 조합원들은 닫혀 있는 식당을 지나쳐서 예정된 농성 장소로 달려갔다. A반과 B반 작업자들 400여 명이 모였다.

양승화 부조합장이 조합원들 앞에 나섰다.

"조합원 여러분! 이제 우리는 마지막 싸움을 할 때가 온 것 같습니다. 그동안 우리는 회사로부터 또 정부로부터 수많은 탄압을 받아오면서도 함께 고민하고 토론하며 결심해온 각오를 한데 뭉쳐 저 잔인하고 비열한 자들에게 보여줄 때가 된 것입니다. 우리 노동조합은 이제 노동조합이 정상화될 때까지 싸우기로 결정했습니다. 단 한 사람의 조합원도 흐트러짐이 없이 행동으로 보여주기로 합시다. 나는 정선순 조합장이 절대로 저들의 요구에 굴복하지 않을 것으로 확신합니다. 식당이 폐쇄되어 밥을 먹지 못해 기운이 없겠지만, 작업 도중 기계 앞을 이탈하는 일이 없기를 바랍니다. 저들은 우리가 파업하기를 고대하고 있기 때문입니다."

이어 양승화 부조합장은 상집위원 명의로 된 성명서 「원풍모방 노동조합의 입장」을 낭독했다.

1. 1982년 9월 27일 일부 담임들과 회사 간부들의 합작으로 노동조합을 강제점거한 폭력 사태는 회사와 당국의 사전 계획에 의하여 자행된 노동조합 파괴책동이 분명하다.
2. 소위 '노동조합 정상화위원회'라는 이름을 내세워 노동조합 이름을 도용하여 조합원에게 배포한 유인물과 사내 마이크 방송 내용은 조합원을 이간질시켜 노동조합을 파괴하려는 반노동자

적 행동으로 단정한다. 그들의 주장 중 노동조합 현 집행부를 퇴진시키고 노동조합 운영권을 요구하는 것은 노동조합 파괴가 목적이므로 결코 받아들일 수 없음을 밝힌다.

3. 그들이 조합원들의 절대적인 지지와 합법적 절차로 구성된 현 노동조합을 평화적이고 민주적인 방법이 아닌 폭력을 동원하여 정선순 조합장을 감금하고 노동조합 간부를 집단 폭행하는 등으로 집행부를 장악하려는 행동은 노동조합을 수호하여 조합원의 권익을 위하려는 것이 아니라, 소수의 반조직자들의 출세욕과 명예욕에 의한 노동조합 파괴 행위가 분명하다고 본다.

4. 회사는 본사 사원과 정체불명의 폭력배들을 동원하여 폭력 사태를 발생시킨 책임을 면할 길이 없으며, 이와 같은 사태를 수수방관하고 있는 경찰 당국 또한 책임을 면할 길이 없음을 분명히 밝힌다.

5. 우리 노동조합 간부 일동은 민주적인 노동조합을 지키기 위하여 평화적인 방법으로 끝까지 투쟁할 것이며 모든 조합원들이 두려움 없이 투쟁의 대열에 참여하기를 당부한다.

〈행동강령〉은 다음과 같았다.

1. 모든 조합원은 노동조합의 공식적인 발표가 있을 때까지 퇴근을 중지한다.
2. 문제가 해결되지 않을 경우 추석 휴무 기간 동안 귀향 활동을 중지한다.
3. 모든 조합원은 우리의 정당한 주장이 승리할 것을 확신하고 끝까지 투쟁에 참여한다.

낭독이 끝나자 조합원들은 소리 높여 구호를 외쳤다.

"폭력배들은 물러가라!"

밤 10시가 되자, C반은 작업에 들어가고, 나머지 A반과 B반은 농성을 했다. 이로써 전체 조합원이 회사 안에 다 같이 있게 된 셈이었다. 이제 남성 조합원들 50여 명도 농성에 참여했다. 그들의 합세는 큰 힘이 되었다. 그 시각, 회사 사무실에는 중역들과 기관원들이 가득 들어차 있었고, 경비실에도 경찰과 회사 간부들이 우글거리고 있었다.

한 경찰 간부가 전화로 상부에 보고했다.

"이 쌍년들이 덤벼들지 않으니 큰일입니다. 어떻게 하지요?"

한편 농성장에서는 조합원들이 드러누운 채 내일을 위하여 교대로 조금씩 눈을 붙이기 시작했다. 그때까지 노조사무실에서 조합장에게 무슨 일이 일어나고 있는지 아무 소식도 들려오지 않았다. 농성장에서 9월 27일은 그렇게 지나갔다.

자루에 담겨 버려진 조합장

사무실 안에서 정선순 조합장은 이제 말 그대로 야만의 시간을 보내고 있었다.

폭력배들은 돌아가면서 조합장에게 구타와 욕설을 퍼부었다. 지친 나머지 악을 써도 목구멍 밖으로 소리가 되어 나오지 못했다. 어느 순간에는 저도 모르게 까무룩 정신을 잃고 말았다. 그러면 폭력배들은 손바닥으로 사정없이 뺨을 내갈겼다. 서너 차례 그렇게 얻어맞으면 정선순 조합장은 눈에서 불이 번쩍번쩍 나면서 다시 살아났고, 다시 악을 썼다.

막 악을 쓰고 이러니까, 이렇게 기운도 없어질 뿐만 아니라, 그 사람들하고 한 30분씩 실갱이를 하고, 한 10명 정도 한 바퀴 돌고 나가니깐 힘이 없는 거야. 그러면 이놈이 와서 팍 소리 지르고 저놈이 얘기를 하는데, 그때 심정은 뭐였냐면 내가 쟤네들한테 이렇게 약한 모습을 만약에 보이면 쟤네는 승리로 갈 것이고, 우리가 지금 어떻게 해서 이 합동수사본부한테 살아남은 집행분데 이렇게 해야 돼나, 그래서 아 그냥 순간에, 그래. 죽기 아니면 살기겠지. 이렇게 딱 마음을 정하니까 마음이 편해져 버리더라구.

−제2권, 522쪽

조합장은 외쳤다.

"나는 내 시체를 니네들한테 확 붓는 한이 있어도 내가 사표를 쓴다든지 이럴 수 없다."

폭력배들은 그런 조합장의 손을 확 끌어다가 뭐라고 쓴 종이에 억지로 손도장을 찍게 하려고 했다.

"고집 그만 부리고 여기다 도장만 찍으라구! 그럼, 너도 편해지고 우리도 편해지는 거야."

"웃기지 마! 내 손을 거기 찍으면 내가 내 손을 자르든지 그런 한이 있어도 못한다."

그렇게 고래고래 소리를 지르고 실랑이를 벌이는 동안에도 시간은 자꾸 흘러갔다. 다시 실신을 했다가 깨어나면 어떤 때는 시멘트 바닥에 누워 있을 때도 있고, 어떤 때는 소파에 누워 있기도 했다. 의자에 받쳐 놓은 적도 있었다. 그러다가 생리 작용 때문에 소변이 나오면 어차피 온몸이 물에 흥건히 젖었으니까 바지를 입은 채로 그냥 소변을 보고 말았다.

그때는 첫째는 드는 생각이 뭐였냐면, 하여튼 8년 동안 지켜온 또 그런 선배들의 유산이나 마찬가지고, 두 번째는 합동수사본부에서도 그렇게까지도 어렵게 살아온 우리들인데 정말 여기서 약한 마음으로 애네들한테 우리가 (굴복) 한다라면, 그동안에 다른 수많은 노동자들의 조합의 증건데, 이거를 마지막으로 내가 몸으로 바치는 수밖에 없다. 내가 어떻게 할 수 있는 일이 아니니까. 그래가 지고는 애네들한테 죽던지 여기서 병신이 되던지 뭐 이게 하겠다. 이렇게 한 거예요. 그래서 그때부터 내가 죽어라. 내가 뭐 새끼가 있냐 뭐 서방이 있냐, 나는 죽는 것도 영광이다…….

—제2권, 523쪽

  특히 양병욱은 "죽여도 소리 소문 없이 죽이겠다"며 그동안 도산하고 붙어먹으면서 결국 공장 문까지 닫아야 할 판인데 기어이 그 자리를 지키려 한다면서 길길이 날뛰었다. 곁에서 강정순도 입에 거품을 물고 이년 저년 씨팔년 나오는 대로 욕을 퍼붓고 때리고 했다. 그러다가 나중에는 의자에다 앉혀놓고 양쪽에서 몸을 꽉 붙잡은 다음 물수건으로 얼굴을 가려놓고 위에서 주전자로 물을 붓기 시작했다. 말로만 듣던 물고문이었다. 코로 입으로 쉴 새 없이 물이 들어가니까 견딜 수 없었다. 저도 모르게 두 다리가 바르르 떨리고 고통에 겨운 나머지 발을 막 굴렀다. 그 바람에 의자가 벌러덩 뒤로 나자빠졌고, 얼굴에서 수건이 떨어졌다. 그제야 살았다는 생각이 들었지만, 조합장은 이내 또 실신하고 말았다. 위동련은 기절한 조합장의 뺨을 때리면서도 겁이 나는지 소파에 눕혀 놓았다. 그러자 강정순, 문계순, 문명숙, 이순희, 김명순 등이 달려들어 다리를 주물렀다. 얼굴에 다시 물을 끼얹는다 해서 억지로 깨어나게 했다.

새벽 5시 30분경, 양병욱이 또 어디선가 걸려온 전화를 받더니 소리쳤다.

"이젠 다 틀렸다. 저년을 끌어내!"

김준호, 위동련, 나재근, 유병복, 양병욱 등이 달려들어 조합장을 커다란 자루에 집어넣었다. 그런 다음 들쳐메고 밖으로 나갔다. 조합원들 중 얼핏 그 광경을 본 사람들이 있었다.

"어, 저게 뭐지? 조합장이다!"

"조합장을 왜 저렇게 해서 나가지? 병원에 가는 거야?"

"죽었을지도 몰라."

조합원들은 불안에 떨었다. 폭력배들은 자루를 경비실 근처에다 휙 내던졌다. 그러면서 위동련이 말했다.

"자, 이제 정말 시간이 없다. 마지막 5분 남았다. 죽을래, 살래? 빨리 결정해라. 마지막 기회다. 사표를 쓰라구!"

"절대 쓸 수 없다. 나를 노조사무실로 데려다 달라."

조합장은 힘없는 목소리로 이렇게 말했다. 그러자 그들은 조합장을 자루째 승용차에 태웠다. 경비실을 감시하던 남성 조합원 임충호도 그 광경을 보았다. 운전기사의 얼굴이 낯설었다. 회사 차는 분명 아니었다. 위동련과 김준호가 다른 승용차를 타고 뒤쫓았다. 임충호는 재빨리 담을 타넘은 다음 쫓아가서 확인하려 했으나 전경들에게 붙들려 대림동파출소로 끌려가고 말았다. 그때 대의원 임태송이 뒤쫓아가서 폭력배들이 그 자루를 승용차에 태운 채 안양 쪽으로 데려가는 것만 확인하고 돌아왔다.

실신한 조합장이 깨어난 곳은 차 속이었다. 얼핏 보니 서울대 근처인 듯싶었다. 거기서 그들은 조합장에게 다시 한 번 사표를 강요했다.

"사표를 써라. 니가 써야 우리 회사가 살고 그러면은 당신도 명예스럽지 않냐. 그러지 않으면 여기서 어디서 죽을지도 모른다.”

“죽으면 죽었지, 난 못 쓴다.”

조합장이 거부하자, 누군가가 머리를 세게 쳤다. 조합장은 다시 정신을 잃고 말았다.

다시 눈을 뜨니까 화곡동 무슨 주택도 일부 있고, 아파트 5층짜리 이런 연립주택 같은 게 있는데, 쓰레기가 수북이 쌓였고, 이렇게 일어나서 보니까 그 쓰레기 더미 속이더라구. 깜짝 놀래가지고 정신없이 기어 나오니까 하얀 양말에다가 맨발이고 아래는 또 노란 그 저지바지 입고 위에는 회사 가운을 입고 있더라구. 그때 얼굴은 물로 범벅이 되고 머리도 막 부시시하고, 그래서 손으로 막 어느 정도 머리를 대충대충 정리해가지고 길거리로 기어서 나오니까, 한 그때가 7시, 8시 정도 된 것 같은데, 나와서 보니까 미친 사람 같은 나를 누가 차에 태워줄 수 있을까. 이런 생각을 해서 인제 까운을 벗으니까 물에 묻은 5천 원짜리 지폐가 두 장이 주머니에 붙어 있더라구. 그래서 얼른 택시를 타고 어디로 가야 되겠다고 생각을 했는데, 아무 데도 그때는 생각이 안 나고 동대문 성당에 김승훈 신부님만 생각이 나는 거야. 그래서 인제 이렇게 택시를 세우려고 손을 드니깐, 택시 기사가 이렇게 문을 열고는 미친년이 아침부터 재수없게 무슨…… 손을 들면 차가 다가왔다가도 씽씽 몇 대가 그냥 지나가는 거야. 그때는 어떻게 털고 그래도 모습을 어떻게 해야 차를 세워줄 것 같더라구. 그래서 한 30분에서 한 40분, 한 시간 정도 된 거 같아요. 그렇게 해서 어느 차가 나를 실어 주는데, 춥기도 하고, 17시간 동안 몇 번 그렇게 실신도 하고, 일단은 머리도 띵하고 정신도 하나도 없고, 어지럽기도 하고, 일단은 추워서

벌벌벌 떨려 오는 거예요. 이게 막 물기가 몸에 있어서 그런지, 그
래서……

-제2권, 524쪽. 인용자 임의로 일부 정리

정선순 조합장은 동대문 성당에서 청소부의 도움으로 간신히 영등
포 산선에 연락할 수 있었다.

농성 둘째 날

정선순 조합장이 자루에 담겨 옮겨지는 동안, 노조사무실에서는 김
인숙 사무원이 풀려났다. 폭력배들은 끝내 조합의 통장과 도장 등을
찾아낼 수 없었다. 사무원이 몸속 깊이 숨겨놓았기 때문이었다. 사무
원은 농성장으로 가서 상황을 보고했다.

"조합장님은 꼿꼿하게 버텨내셨어요. 모진 고문과 온갖 협박에도
굴복하지 않았습니다."

지쳐 누워 있던 조합원들은 환호성을 지르고 안심했다. 그러나 조합
장이 폭력배들에 의해 납치되었다는 사실을 알려주자 농성장은 일순
간에 싸늘한 분위기로 돌변했다. 그래도 대부분의 조합원들은 조합장
이 노조사무실에서 버텨낸 것처럼 어떤 시련도 견뎌내고 반드시 돌아
올 것이라 믿었다.

아침이 되자 농성에 참가하는 남성 조합원들의 수가 70여 명까지
늘어났다. 폭력배들도 태도를 누그러뜨리기 시작했다. 가장 악랄하게
조합장을 몰아친 양병욱은 그제야 후회가 되는지 이제호 부조합장에
게 노동조합을 살리려고 했는데 회사만 좋은 일을 했다고 말하기도 했

다. 이제 그들 역시 사태의 핵심에서 벗어나 있었다. 회사와 기관이 모든 사태를 직접 챙기며 노동조합의 기세를 꺾기 위해 안간힘을 썼다. 고성능 스피커에서는 잠시도 쉬지 않고 노래와 선무 방송이 흘러나왔다. 〈고향의 봄〉을 틀어 조합원들의 마음을 흔들어놓으려고도 했다.

"코스모스가 한들한들 피어 있고 구릿빛 그을린 부모님이 계신 고향으로 돌아갑시다. 이제 더 이상 도산의 앞잡이에게 속지 맙시다."

회사는 농성에 참여하는 남자들을 분산시키려고 예비군 훈련을 소집했다. 오전 11시에는 100여 명의 사원들이 운동장에 모여 '도산 추방 궐기대회'를 열었다. 사원들은 모두 현장 공원들의 작업복을 입고 있었다. 그 광경을 카메라에 담은 KBS와 MBC의 기자들이 농성장에도 나타났으나 조합원들의 강력한 제지를 받고 물러났다. 관제언론 역시 노동자의 적이었다. 전날부터 한 끼도 먹지 못한 조합원들 중에서 작업 도중 지친 나머지 기계 앞에서 픽픽 쓰러지는 사람들이 늘어났다. 어떤 조합원은 구토를 하기도 했고, 두통을 호소하는 조합원도 늘어났다. 회사 측에서는 그런 조합원들의 심리를 파악하고 교활한 방송을 내보내기 시작했다.

"근로자 여러분! 식당에는 따뜻한 밥과 맛 좋은 국이 준비되어 있습니다. 주저하지 마시고 빨리 식사를 하시기 바랍니다."

하지만 조합원들은 단식을 결의한 이상 회사 측의 유혹에 넘어가서는 안 된다는 의지를 거듭 다졌다. 농성장에는 마침 좋은 소식이 들려왔다. 납치된 정선순 조합장이 풀려나 산선에서 치료를 받고 있으며, 몸을 추스르는 대로 회사로 돌아올 것이라는 전갈이었다.

편지도 들어왔다.

조합원 동지 여러분!

민주적인 노동조합을 파괴하기 위하여 회사와 당국의 사전 계획에 의해 모든 사태가 진행되고 있습니다. 나를 감금시켜 사표를 강요하였으며, 이를 조직 내부 싸움으로 유도하고 있습니다. 그러나 우리는 우리의 적이 누구인지 바로 보고 대처해나가야 합니다. 조합원 여러분, 끝까지 힘내십시오. 저희들도 들어가겠습니다. 특별히 추석 휴무 기간 동안에 강제 귀향 조치를 단행할지 알 수 없으니 절대로 흩어지지 말고 하나로 버팁시다.

조합원 동지 여러분!

마지막 한 사람에 이르기까지 마지막 한 순간에 다다를 때까지 최선을 다합시다. 꼭 정의는 승리하고야 말 것입니다. 누가 조합원을 위해서 일하는 것인지를 우리는 분명히 밝혀야 합니다. 우리는 절대로 폭력을 쓰지 않습니다. 힘을 냅시다.

－조합장 정선순

조합원들은 조합장의 편지에 환호성을 지르고 누워 있다가도 벌떡 일어났다. 조합원들은 조합장과 밖에 있는 부조합장, 총무 등에게도 편지를 써서 보냈다.

조합장님, 어제 하루가 악몽과 같았으리라 믿습니다. 조합원 모두는 조합장님께서 더럽고 비겁하고 파렴치한 불쌍한 인간들에게 굴하지 않으시고 나오신 데 대하여 우리 조합원 모두는 큰 기쁨과 결단으로 승리한다는 신념을 더욱 확고히 느낄 수 있게 되었습니다. 그리고 조합장님 편지도 모두에게 읽어주었습니다. 앞으로 일이 어떻게 전개될지 의문입니다. 조합장님, 총무님, 부조합장님, 부디 우리 곁을 찾아주십시오.

양승화 부조합장은 따로 편지를 써서 농성장에서 환자가 발생하고 있으며 특히 이제호 부조합장이 상태가 안 좋으며, 연휴 동안에 쓸 돈 50만 원을 신협에서 찾아놓을 계획임을 알렸다. 조합원들은 힘든 가운데서도 용기를 잃지 않으려고 서로 격려하며 노래도 부르고 구호도 외쳤다. 하지만 시간이 흐를수록 생리대 같은 물품도 부족해서 어려움은 점점 가중되었다.

정선순 조합장이 박순애 부조합장, 이옥순 총무와 함께 회사로 돌아왔지만, 경비실 앞에서 경비들과 몸싸움 끝에 여러 차례 넘어졌다. 그 광경을 노동부 남부지방사무소장 조일래, 과장 김용건, 남부경찰서 정보과 과장과 계장 등이 지켜보았으나 마치 못 본 척하고 점심을 먹으러 가자며 자리를 옮길 뿐이었다. 그들은 오후 1시부터 회사 앞 호성식당에서 대책회의를 가졌다. 거기에는 김승년 검사와 보안사와 안기부 관계자들이 합류했다. 김승년 검사는 원풍 사건의 총지휘자였다. 그들은 근로자 설득에 최선을 다하고, 특히 가족을 동원해서라도 조합원들을 가능한 한 많이 해산시킨다는 데 합의했다.

오후에는 지난 5월에 교계 및 재야인사들로 조직된 '원풍모방 노동조합 문제를 위한 대책위원회'(위원장 이우정) 인사들이 회사를 방문했다. 그러나 회사 측의 거부로 회사 안으로는 한 발도 들여놓지 못했다. 우유와 빵을 싣고 온 함세웅, 김승훈 신부도 차입마저 거부당했다. 기독교 측에서는 고영근, 김상근, 임신영, 김소영, 이의호, 조성기, 조승혁 목사 등이 찾아왔으나 그들 역시 면회를 못하고 돌아가야 했다. 저녁에는 양병욱이 이제호 부조합장을 불러 "이제호 씨가 조합을 맡으면 문제가 해결될 것"이라며 설득했으나, 이제호 부조합장은 한마디로 일축했다. 밤이 되면서는 현장 작업이 거의 중단되고 있었다. 그것은 현장 관리자들이 모두 회사 측의 지시로 경비 업무에 배치되어 작업 지시 자체가 떨어지지 않았기 때문이었다.

그렇게 다시 농성 둘째 날 밤도 깊어갔다.

농성 셋째 날

9월 29일 수요일.

새벽 5시에 C반이 마지막 작업을 마치고 퇴근했다. 이제 공장의 기계 소리는 완전히 멈추었고, 정적만이 감도는 가운데 조합원들은 농성장에 모두 합류했다. 600여 명의 조합원들은 추석 휴무도 반납했고, 지급받은 상여금을 당분간 신협에 맡겨 두기로 결의했다. 어차피 농성 도중에는 쓸 일도 없거니와 작업복 주머니에 보관하기도 용이치 않았기 때문이었다. 나중에 언론은 이 사실을 노동조합이 조합원들의 돈을 강제로 빼앗아 추석날 고향에 내려가지 못하게 했다고 보도했다. 완전히 날조된 허위 보도였다.

낮 12시가 되자 회사 측은 다시 사원들을 동원해서 "C.D.K(콘트롤데이터) 상기하라!", "우리 회사 우리가 살리자!" 등 구호를 외치게 하는가 하면, 정문과 식당 옆 벽에 현수막도 내걸었다.

"파렴치한 도산세력 생존권을 위협한다"

"노동조합 정상화가 우리의 살 길이다"

"도산은 물러가라 우리는 살아야 한다"

조합원들 중에서 탈진으로 쓰러지는 사람들이 속출했다. 현장에서 팔다리를 주무르고 해도 회복이 되지 않는 조합원은 병원으로 후송했다. 농성장은 600여 명이나 들어차 있기 때문에 공기가 탁하고 몹시 답답했으며, 기계 사이사이에 아무렇게나 드러누워 있었기 때문에 인

추석 연휴로 멈춘 정사과 기계 사이에서 조합원들이 단식농성을 하고 있다

원 파악조차 힘들었다. 회사 측은 물 공급마저 차단했다. 세수를 할 수 없는 것은 물론이고 최소한의 물을 얻으려고 해도 식당까지 가야 했는데 그 근처에는 회사 간부와 폭력배들이 우글거려 그것도 쉽지 않았다. 화장실은 단수 조치로 금세 똥천지가 되었다.

회사는 갑자기 사내 방송으로 조합원의 이름을 대며 '부친 위독' '모친 사망' 등 방송을 하기 시작했다. 누워 있던 정영래도 "부친 위독" 소식을 듣고 벌떡 일어났다.

"아니, 우리 아버지는 벌써 10년 전에 돌아가셨는데 이제 와서 위독하시다니!"

그 말에 조합원들은 모처럼 폭소를 터뜨리기도 했다. 조합원들은 방송을 믿지 않았다. 이미 교육을 통해서 콘트롤데이터와 동일방직 사건 때 그런 수법들을 써먹었다는 사실을 알고 있었기 때문이다. 그래도 추석을 맞이해서 더욱 쓸쓸해진 조합원들의 마음을 흔들고자 하는 회사 측의 간계는 더욱 심해져만 갔다.

"친애하는 조합원 여러분, 뜻깊은 추석을 맞이하여 부모 형제와 더불어 즐겁게 지내지 않으시렵니까?"

〈고향의 봄〉노래도 흘러나와 조합원들의 마음은 착잡해졌다. 회사 측에서는 고향에 연락하여 올라온 가족들을 회사 안으로 들여보내 조합원들을 설득하게 했다. 어떤 가족은 "딸이 불순분자에게 감금되어 있다. 남자와 혼숙하여 임신할 우려가 있다"는 내용의 전보를 받고 황급히 올라왔다가, 정작 딸의 설명을 듣고는 오히려 격려를 하고 내려가기도 했다. 물론 어쩔 수 없이 부모의 손에 이끌려 농성장을 떠나는 조합원도 있었다. 저녁 때는 직포과 권기숙의 남편과 임태송, 추덕희의 오빠가 찾아와 잘 싸우라는 격려를 해서 조합원들의 환호를 받았다.

정문 앞에서는 정선순 조합장이 또다시 찾아와 경비들과 실랑이를 벌였다. 그렇게 해서 감시의 눈길이 온통 정문 쪽으로 집중되는 동안, 기숙사 뒤편 울타리 너머로 이옥순 총무와 대개 탈진한 동료들을 병원에 데려다주었다가 들어오지 못했던 황선금, 노금순, 김향자, 안두순, 김동진 등 간부들이 몰래 들어오는 데 성공했다. 농성 중인 조합원들은 마치 백만 원군이라도 얻은 듯 일제히 환호성을 지르며 반가이 맞이해주었다. 특히 김향자(정사과)는 친구들과 함께 모처럼 휴가를 내서 제주도로 놀러갔다가 서울 소식을 듣고서는 도저히 고향으로 발길을 돌리지 못하고 서울로 막바로 올라온 터였다.

"지금 회사에서는 식당에 따뜻한 식사를 준비해놓고 있습니다. 아무 부담 없이 들러서 식사를 하십시오. 식당문은 항상 열려 있습니다. 몇몇 노조간부들의 말에 속지 마십시오."

사내 방송은 허기에 지친 조합원들을 더욱 비참하게 만들었다. 평소에도 밥을 많이 먹기로 유명한 라영금은 어찌나 허기가 지던지 주변 동료들의 얼굴이 통닭으로 보인다고 할 정도였다. 조합원들은 그런 농담을 듣고도 웃을 힘조차 없었다. 훗날 안두순(공무과)은 "솔직히 '이제는 말할 수 있다'로 하자면 단식할 때 남자들은 밥 먹었어요. 그래서 여성 조합원들이 쓰러지면 업고 뛸 수 있었지요. 그때 내 등에 업힌 사람이 누군지도 모릅니다. 그렇게 업고 나갔다가 뒷산으로 철조망 넘어 낮은 포복으로 다시 농성장에 들어와 합류하곤 했지요"라고 증언한다.[36]

농성 넷째 날

9월 30일 목요일.

아침부터 김용회 노무과장이 식당 아주머니들과 같이 죽 그릇을 들고 농성장에 나타났다. 조합원들은 일제히 "김용회 나가라!"고 고함을 쳐서 쫓아냈다. 9시쯤 되자 농성장에는 조합원들의 가족들로 아수라장이 되기 시작했다. 그동안에는 오는 대로 한두 명씩 올려 보내던 것을 이제는 경비실에서 막았다가 10명, 20명이 되면 한꺼번에 올려 보냈기 때문이었다. 어떤 어머니는 수척해진 딸을 보고 울음을 터뜨려 조합원들의 마음을 아프게 만들기도 했다.

"왜 밥을 안 먹어? 회사에서는 밥도 다 준다고 하드만. 이게 다 이 에미가 너를 못 가르쳐서 생긴 일이여."

나중에 조합원들은 아예 상의로 얼굴을 가려 가족들이 쉽게 찾을 수 없게 하거나, 전등을 꺼서 실내를 캄캄하게 해서 일부러 피하기도 했다. 조합원들은 그때 그 순간 가족들이 가장 큰 '적'이라는 것을 알고 속으로 하염없이 눈물을 흘렸다.

오전 11시부터는 고영근, 조승혁 등 많은 목사들이 다시 찾아와 문제 해결의 실마리라도 찾아보려고 애썼으나, 회사 측에서는 박찬배 부공장장이 나와 일방적으로 회사 측 입장만 설명하고 돌아가게 했다. 목사들은 오후에도 계속 찾아왔으나 누구 하나 면회를 하지 못했다. 그러는 통에 현장에서는 자기들이 철저하게 고립되어 있다는 생각을 하기도 했다.

오후에 접어들면서 회사 측의 태도가 심상치 않았다. 가족들을 동원해서 조합원들을 해산시키려던 계획은 실패로 돌아갔다고 판단한 모양이었다. 그들은 노조사무실에 X자로 나무를 덧대고 못을 박아 출입 자체를 봉쇄했으며, 농성장 출입문을 밖에서 뜯어내기 시작했다. 그런 다음 남성 조합원들부터 회유와 협박으로 하나 둘씩 끌어냈다. 남자 조합원들은 쉽게 끌려 나가고 말았다. 그 과정에서 구사대들은 "내일은 똥을 퍼붓는다" "너희들한테는 똥물이 약이다" 하면서 겁을 주는가 하면, 비겁한 남자놈들을 색출한다면서 마구 밟고 다녀서 이혜영(정사과)은 창자가 터지는 줄 알았을 정도로 고통스러웠다고 증언한다.

이제 농성장에는 남자라고는 이제호 부조합장과 권유수만 남게 되었다.

> 그때 남자들이 일차적으로 전부 다 끌려나왔거든요. 끌려나오는데 그 덩치들이 아주 깡패들인데, 앞에서 잡아내가지고, 서너 명이 다리 잡고 팔 잡고 우리는……
>
> –제2권, 76쪽. 김도철

조합원들은 이런 사태에 저항하며 악에 받친 목소리로 노래를 부르고 구호를 외쳤다.

"양정모는 물러가라!"

"노동조합 탄압 말라!"

"폭력배는 물러가라!"

회사 측에서 갑자기 스팀을 강하게 틀었다. 농성장 안의 온도가 올라가면서 지쳐 있던 조합원들이 비명을 지르기 시작했다. 손발이 뒤틀리는 조합원도 있었다. 쓰러진 조합원들은 폭력배에 의해 밖으로 끌려나갔다. 농성장 안에는 점점 빈 구석이 늘어나기 시작했고, 남은 조합원들의 심정도 더욱 비참해지기만 했다.

믿었던 성직자의 냉대

오후 2시, 회사 밖에서는 끌려 나온 조합원들과 병원에서 치료를 받은 조합원들 28명이 제2의 농성 장소를 물색 중이었다. 대림동 성당은 이미 경찰이 차단하고 있었다. 할 수 없이 황선금 대의원의 지휘 아래 대방동 성당으로 찾아갔다. 조합원들은 보좌신부에게 찾아온 이유를 설명하고 도움을 요청했다. 얼마 후 보좌신부가 안으로 들어가더니 외국인 신부와 함께 나타났다. 1959년 한국에 온 뒤 1971년에 서울대교구 안에 노동사목위원회를 설치했을 만큼 노동 문제를 잘 알고 있으며 평소 원풍모방 노동조합 일도 많이 도와준 도요안 신부였다. 조합원들은 반갑게 맞이하며 기대를 걸고 자초지종을 설명했다. 그렇지만 정작 도요안 신부의 입에서 나온 것은 조합원들로서는 도무지 믿기지 않는 대답뿐이었다.

"왜 성당엘 왔나요? 노동 문제가 성당에 오면 해결되나요? 동일방직이나 콘트롤데이터 노동자들이 성당에서 농성했지만 아무런 효과가 없었잖아요? 그러니 빨리들 돌아가요."

조합원들은 충격 속에서 울음을 억지로 삼키며 애원했다.

"이대로 흩어질 수는 없어요. 하루만이라도 머물게 해주세요."

그러나 신부는 아무런 대답도 하지 않았다. 믿었던 신부에게 배반당한 조합원들은 울며불며 악을 썼다.

"오나가나 우리 노동자들은 쓸모없는 인간, 죽어 없어져야 할 필요 없는 존재로군요."

도요안 신부는 아무런 대답도 없이 나가버리고 말았다. 성당 밖에는 이미 경찰이 진을 치고 있었다. 얼마 후 성당 사목이 나서서 나가달라고 요청했다. 성당 측 사람들이 몇 명 들어오더니 잠자리도 식사도 제공할 수 없으니 무조건 나가달라고만 했다. 조합원들은 추워도 괜찮으니 있게 해달라고 사정했으나, 그들은 "내일이 추석 명절 미사를 보는 날인데 신도들이 우리 모습을 보면 이미지도 나빠지고 오던 신도들도 안 올 수 있다"며 거듭 나가달라고 하는 것이었다. 조합원들은 성당 사람들마저 자기들을 나병 환자 취급하는 현실이 한없이 서러웠다. 주임 신부와 면담을 요청했으나 주무시기 때문에 만날 수 없다는 대답만 들었다. 조합원들은 상의 끝에 죽더라도 회사 앞에 가서 죽자는 결의를 했고, 결국 저녁 8시 30분경 성당을 나갔다. 성당 측에서는 그제야 안도하는 모습을 보였다.

조합원들은 이를 악물고 다짐했다.

'그렇다. 노동 문제는 성당에 찾아간다고 해결되지 않는다.'

도요안 신부의 말은 진실이었다. 노동자들은 누구의 도움에 앞서 자신들의 문제를 스스로 풀어나가지 않으면 안 되는, 세상에서 가장 비참한 존재인지 몰랐다. 하지만 그럴수록 조합원들의 투쟁의지는 더욱 강해져만 갔다.

통곡과 원한의 밤

오후 6시, 회사 측은 마침내 200여 명이 넘는 폭력배들을 앞세워 해산 작전에 돌입했다. 각목을 손에 든 그들은 눈빛마저 시뻘겋게 충혈되어 있었다. 그들은 조합원 1명당 서넛이 달려들어 꼼짝달싹 못하게 한 다음 한 명씩 끌어내기 시작했다. 조합원들도 고함을 지르면서 저항했다. 손에 집히는 대로 실패나 목관, 기관, 심지어 신발까지 던지면서 필사적으로 버텼다. 하지만 단식으로 지칠 대로 지친 여성 조합원들의 한계는 명백했다. 불과 한 시간 만에 250여 명의 조합원들이 끌려나갔다.

끌려나온 조합원들은 운동장에서 다시 완강하게 버텼다. 고함을 지르고 노래를 부르며 시위를 벌였다. 곳곳에서 울부짖는 통곡 소리가 벌써 어둑해진 저녁 하늘로 퍼져나갔다. 대림동은 이미 전쟁터를 방불했다. 정문은 경찰들이 기동대 버스로 겹겹이 에워싼 채 출입을 통제하고 있었다. 이제는 가족들도 안으로 들어갈 수 없었다. 애가 탄 가족들은 비명 소리를 들으며 발만 동동 구를 뿐이었다. 대림동 곳곳에도 경찰들이며 사원들이 배치되어 밖에 있는 조합원들이 합류하는 것을 철저히 차단했다.

폭력배들은 이미 700여 명으로 늘어났다. 그들은 누군가의 지시 하에 일사불란하게 움직였다. 조합원 1명당 서너 명이 달라붙어 질질 끌거나 들어서 후문 쪽으로 데려가 그곳에서 기다리고 있던 승용차에 태웠다. 승용차는 30여 대에 이르렀다. 그 와중에서 기절한 조합원들은 병원으로 옮겨졌고, 악을 쓰는 조합원들은 승용차에 태워 대방 전철역 주변이나 공단 쓰레기 하치장에 아무렇게나 내팽개쳤다. 어떤 조합원은 신발도 없이 전철역 앞에 내버려져 멍하니 앉아 있다가 미친 사람

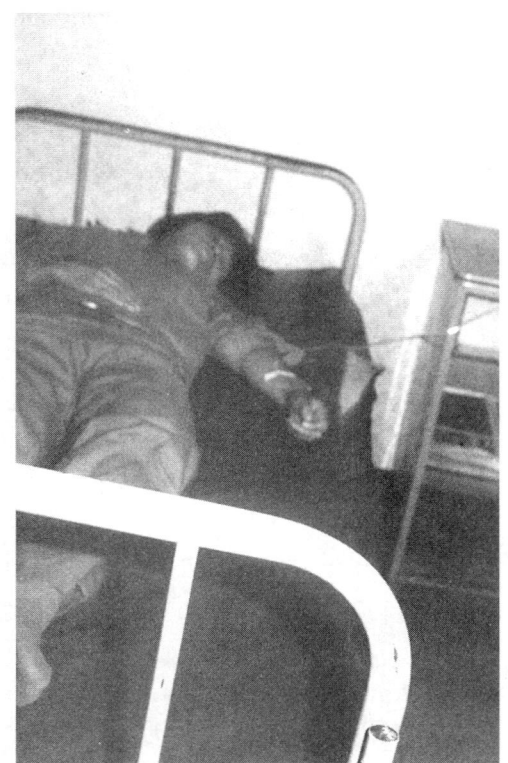

취급을 받기도 했다. 차비도 없이 끌려 나온 조합원들은 대부분 걸어서 회사 쪽으로 돌아왔다. 밤 10시경, 대림동 인근 병원은 어디나 할 것 없이 원풍모방 노동자들로 가득 찼다.

아니, 도망갈 수도 없이 전부 포위를 했어요. 포위를 해서 운동장에 쪽 모여서 앉아 있는데 어떻게 된 건지 모르겠어요. 끌려 나온 거는 아는데 제가 쓰러져갖구 어떻게 됐는지 모르겠어요. 정신을 차리고 나서 보니까 병원이더라구요. [한독병원?] 네. 한독병원이더라구요.

단식농성 중 실신해 병원에 입원한 조합원

－제1권, 487쪽. 가공과 한상영

제가 맨 앞에 앉아 있었는데 뒤에서 우르르 어떻게 했는데 제가 의식을 잃었어요. 의식을 잃어가지고 [병원에서?] 병원에 실려 갔는데 여기 다리가 너무 많이 다쳤었어요. 오른쪽 다리가. 살이 아주 속에 있는 걸 끌었는가봐. 그니까 아스팔트에 제 살이 여기가 다 뭉그러져 버렸지. 오른쪽 다리가, 발등이. 그래갖고 그때 제가

한독병원에 업고 갔는데, 우리 같은 정방 보조 박갑진 씨가 저를
업고 갔다고 그러더라구요. 그래서 링겔을 꽂고 누워 있는 과정에
서 인제 희미하게 막 소리가 들리더라구. 울음 소리가.

−제2권, 76쪽. 전방과 김순애

한독병원 43명, 대림의원 10명, 누가의원 12명, 대림성모병원 10
명, 강남성심병원 1명 등 약 80여 명의 조합원들이 입원 중이었다. 대
림의원에 입원한 박순자(정사과)는 상태가 좋지 않아 산소호흡기까지
쓰고 치료를 받았다. 손과 발이 마비되어 고통을 호소하는 조합원들도
많았지만, 대부분 침대에 누워 링거를 꽂고 있는 게 치료의 전부였다.
환자들이 한꺼번에 몰리다 보니 병원마다 의사나 간호사가 부족했기
때문이었다. 병원에 입원했던 조합원들은 정신이 들고 어느 정도 기운
을 차리면 다시 일어나 회사로 달려가기도 했다. 싸우다 다시 쓰러지는
한이 있더라도 동료들과 최후를 같이 하겠다는 비장한 각오였다. 그러
다 보니 밤새 다시 업혀오는 조합원들도 적지 않았다. 남성 조합원으로
농성에 동참했던 임충호와 이영섭은 눈앞에 펼쳐지는 참혹한 광경에
울분을 못 이겨 눈물을 흘렸다. [별지]9 참고 그 곁에서는 김금자, 양분옥,
윤춘원과 같은 조합원들이 간호를 하다 말고 통곡을 하기도 했다.

회사 앞에서는 한밤중인데도 대치 상태가 끝나지 않았다. 조합원들
은 꾸역꾸역 회사로 향했고, 그때마다 경찰 기동대는 스크럼을 짠 채
상사의 명령에 따라 조합원들을 밖으로 내밀었다. 멀리 태평양화학 공
장 앞까지 내밀린 조합원들은 길바닥에 드러누워 구호를 외치고 노래
를 부르며 완강히 저항했다.

"양정모는 물러가라!"

"우리는 살아야 한다!"

아예 "사람 살려!" 하고 목청이 터져라 외치기도 했다.

9월 30일 밤, 대림동 일대는 말 그대로 아비규환이었다. 회사에서 강제로 끌려 나온 노동자들의 통곡 소리와 비명, 그리고 경찰들의 호루라기 소리와 시도 때도 없이 들려오는 군홧발 소리. 저벅저벅저벅……. 그렇게 날이 넘어가고 새벽 1시경이 되자, 거리에는 일반 시민들의 모습이 사라졌다. 추석을 쇠러 다들 고향으로 혹은 집으로 서둘러 발길을 돌렸기 때문이었다.

이제 대림동 삼거리에는 원풍모방 노동자들만 30~40명씩 떼를 지어 미친 듯 소리치며 이리저리 돌아다닐 뿐이었다.

최후의 새벽

1982년 10월 1일, 추석이었다.

그 새벽, 원풍모방 공장 안에는 50여 명의 조합원들만 남아 최후의 새벽을 버텨내고 있었다. 대부분의 간부들이 현장에 함께 남아 있었다. 회사 측에서 그들을 먼저 끌어낼 경우 밖에서 조합원들을 규합해 다시 저항을 시도할까 우려하여 평조합원들 먼저 해산시켰기 때문이었다. 폭력배들은 잠도 자지 않은 채 농성자들을 감시했다. 그중 더러는 조합원들에게 건네지던 미숫가루를 빼앗아 머리에 뿌리면서 "냄새라도 실컷 맡아 봐" 하며 조롱하기도 했다.

새벽 4시경, 박찬배 부공장장은 남자로서는 유일하게 남아 있던 이제호 부조합장에게 욕설을 퍼붓다가 사무실로 끌고 가서는 이렇게 말했다.

"이 형 하는 일이 옳은 거 다 안다. 그러나 세상은 그렇게만은 되지 않는다. 10명이 살면 6명은 옳은 일을 하고, 나머지 4명은 나 같이 이런 일을 하는 게 세상이다."

결국 그는 이제호 부조합장을 경찰에 인계했다.

새벽까지도 휘영청 보름달은 유난히 동그랗고 환했다. 조합원들은 추위를 피하려 서로 몸을 끌어안거나 어깨를 기댔다. 이제 딱 그렇게 50여 명만 남은 것이었다. 환한 달빛 아래 그들을 제외하곤 오직 폭력배들만 보였다.

새벽 5시.

"끌어내!"

마침내 명령이 떨어졌다. 수백 명의 폭력배들은 농성자들을 향해 야수처럼 달려들었다.

> 마지막까지 있다가 정말 운동장에서 끌려 나가서 죽더라도 같이 죽는다 이래갖고 다 이렇게 팔짱들을 끼고 누워 있었어요. 운동장에 누워 있다가 마지막에 다 끌려 나왔는데, 끌려 나와 막상 거기 누워 있을 때 들렸던 공포 소리가 뭐냐 하면 군홧발 소리예요. 박자 맞춰가며 행진하는 착착 하면서 쫓아오는 그 소리가 땅바닥에 누워 있으니까 그게 더 울림이 돼갖구 더 강하게 들리더라구요. 그 소리가 굉장히 오랫동안 머릿속에 남아 있었는데…….
>
> —제1권, 534쪽. 가공과 정정자

조합원들은 악을 쓰며 버텼다. 여기서 끌려나가면 모든 게 끝이다. 동일방직이 그러했고, YH무역이 그러했으며, 콘트롤데이터가 그러했다. 원풍은, 결코 그렇게 되어선 안 되었다. 민주노조 10년 세월이 이렇게 허망하게 깨질 수는 없었다. 조합원들은 고함을 질렀고, 노래를 불렀고, 그도 저도 안 되면 그저 악을 썼다. 목구멍 바깥으로 소리조차 되어 나오지 못하는 악! 며칠을 굶었던가. 야수와 같은 폭력배들은 그런 여성 조합원들을 사정없이 밀어내고 끌어내고 함부로 패대기쳤다. 몽둥이를 마구 휘두르는 놈들도 있었다. 곳곳에서 비명과 통곡이 터져나왔다.

원풍모방의 추석날은 그렇게 밝았다.

정문 밖으로 내밀린 조합원들은 우왕좌왕 어디로 가야 할지조차 모르고 있었다. 산발에, 더러는 신발도 없이, 온몸에 푸르딩딩 멍이 든 채로, 울며불며 동료를 따라 거리를 헤매었다. 너무나 춥고 배고프고 힘이 들었다. 곳곳에 폭력배들의 눈길이 번뜩거렸다. 잡히면 사정없이 또 때릴 터였다. 조합원들 중 일부는 가까운 교회로 몰려 들어갔다. 양문교회였다.

거기서 끌려 나오면서 교회로 숨어들어 갔어요. 길에서도 만나면 때리고 했으니까. 대림동 그 넓은 길에서. 도로를 막 정말 신발들도 제대로 못 신고 신발도 막 벗겨지고 작업복 입은 상태로 며칠을 굶은 그런, 물만 마시고 며칠씩 있던 아가씨들이 뛰어나와 가지고 길거리를 막 골목골목 숨어 있고, 찾아들 수 있는 곳이 없잖아요. 그러니까 교회 그런 델 가니까 새벽 기도를 드리시더라구요. 그 시간에 새벽 기도하시는 그런 기도하시는 분들이 계시더라구요. 몰골이 말이 아닌 여자들이 뛰어드니까, 무슨 어디서 큰일 하다가 뭐 잘못해갖고 온 애들처럼 무슨 막 벌레 보듯이 쳐다보시더라구, 그분들 눈길이…….

−제1권, 535쪽. 정정자

교회조차 50여 명의 오갈 데 없는 그들을 내치려는 순간, 상집간부 노금순이 침착하게 목사에게 설명을 하고 사정했다. 결국 그들은 죽을 얻어먹은 뒤 나올 수 있었다. 아침 7시까지 병원에 입원한 조합원들은 총 72명이었다. 한독병원 17명, 누가의원 2명, 강남성심병원 2명, 대림의원 50명 등. 대림의원과 한독병원은 경찰들이 일반인들의 출입을 통제하고 있었다.

며칠간의 농성과 고통으로 실신한 몸은 축 처진 채 죽은 것만 같았다. 병실마다 누군지 제대로 분간할 수도 없는 얼굴로 두세 명씩 누워 있는 모습을 보니 가슴이 미어지는 듯했다. 간호원들은 링겔병을 들고 다니느라 분주했고 문을 여는 곳마다 가느다란 선으로 영양액이 떨어져 내리고 있었다. 죽은 듯 고요하던 조합원들은 의식이 깨기만 하면 미친 듯이 울부짖으며 "나는 회사에 갈 거야. 나는 가야 돼. 회사에 가야 된단 말이야" 하며 주사기를 스스로 빼던지고 붙잡을 새도 없이 맨발로 달려나갔고 통곡이 이 방 저 방에서 터져나왔다. 대림동의 병원은 원풍모방 노동자들의 통곡으로 가득 차버렸다.[37]

그 와중에서 박순애 부조합장과 이옥순 총무가 경찰에 연행되었다. 폭력배들의 구둣발에 짓밟혀 입원했다가 링거를 꽂은 상태로 이미 연행된 양승화 부조합장에 이어 그때까지 4명의 노조간부들이 연행된 것이었다.

나는 경비실을 통해서 병원에 가려구, 그때 갔어요. 근데 이거는 병원에 누가의원 한독병원 막 가니까 누구여 이름도 얼굴에 호스를 꽂구 현장에 들어가야 한다고 몸부림을 치는데 진짜 진짜 많이 울었어요. 거기 있는 사람들. 누구 하나는 사지가 다 돌아가는데요. 나중에 그 아저씨가 그 사지를 발루다 다 눌렀잖아, 다. 안돼갖구, 막. 주삿바늘 놓구 들어가는데. 그니까 주삿바늘 다 빼서 들어가겠다 이거예요. 근데 그 정문까지는 왔어두 거기는 들어갈 수가 없었어요. 이미 바깥까지 다 전경들이고 뭐고 다 쳐서, (중략) 이제 그렇게 해서 밤이 됐죠. 그래 인제 새벽에 막 먼저 꽂구 이랬던 사람들은 대림동에서 계속 다 울었죠. 울고 들어갈라구 막 시도하다가 저쪽 뒤루 넘어가다가 잡혀갖구 뚜드려 맞구 굉장히 심했어요, 그땐. 그때 총 있었으면 빵빵 쐈을 거야. (웃음) 울기도 엄청나게 울었어요.

―제2권, 258쪽, 차언년

연행된 간부들은 운이 좋았다. 추석이기 때문에 신병 처리를 의뢰한 상부에서 명령이 떨어지지 않았다. 여성 간부들은 양승화의 아버지가 와서 신병을 인도받아 풀려날 수 있었다.

"장하다. 너희들 때문에 나라가 이만이라도 한 거다."

양승화의 아버지는 "내가 딸을 공부시켜주지 못해 항상 마음에 걸렸는데 그저께 회사 앞에 가보니 내 딸이 그래도 이 애비보다 낫더구나"라고도 했다.[38] 이제호 부조합장은 부인이 신원보증을 선 다음 석방되었다.

대림동 거리는 언제 그랬냐 싶게 말끔했다. 지난밤과 새벽, 엄청난 난리가 그 거리를 덮쳤다는 사실이 도무지 믿어지지 않을 정도였다. 육교 위에 나붙은 '선진조국창조'라는 현수막이 찬바람에 이따금 펄럭거릴 뿐이었다.

온갖 좌절과 고통을 견뎌내면서 이룩한 민주노조 10년.
그 세월이 바야흐로 막을 내리려는 순간이었다.

제**5**장 원풍노조의 최후

산선 모임과 투쟁 계획 수립

이대로 물러설 수는 없었다.

추석날 오후, 사람들은 성묘를 간다 귀경을 한다 즐거운 마음으로 분주히 움직이는데, 원풍모방 노동조합 노동자들은 누가 부르지 않았는데도 하나 둘 영등포 산선회관으로 몰려들었다. 거기 아니면 사실 갈 데가 없었다. 기숙사에 머물던 조합원들이 대부분이었는데, 그러는 바람에 옷가지 하나 제대로 챙겨온 사람이 없었다. 솔직히 영등포 산선으로 향하는 발길이 썩 가벼운 것만은 아니었다. 9·27사태가 터지자 인명진 목사는 만일 문제가 생기면 산선에는 얼씬도 하지 말고 하다못해 전화도 하지 말라고 엄히 말했기 때문이었다. 영등포 산선을 자기 집처럼 드나들던 조합원들의 충격은 이만저만한 게 아니었다. 다른 사람도 아니고 바로 인명진 목사의 입에서 그런 말이 나오다니!

하지만 어떤 깊은 이유가 있었는지는 몰라도, 그 말은 엄연히 사실이었다. 그렇더라도 조합원들에게는 달리 선택의 여지가 없었다. 한데 모여 대책을 논의하기 위해서라도 산선을 찾을 수밖에 없었다. 조합원들의 가슴은 아리고 또 착잡했다. 이미 도요안 신부로부터 뜻하지 않게 내침을 당한 경험이 있는 조합원들의 경우는 더욱 충격이 컸다.

아무도 우리를 반기지 않는다!

똥구멍이 찢어지도록 가난하게 살던 고향의 어린 시절이 떠올랐고, 학교에 가는 아이들을 피해 밭고랑 그늘로 숨어들던 시절이 생각났고, 오빠와 남동생의 학비를 대기 위해 낯선 땅을 향해 발길을 떼던 날이 기억 속을 파고들었고, 공장 옥상에 올라 머나먼 고향 하늘을 바라보며 뜨겁게 속울음을 울던 어느 날 밤이 되살아났다. 그리고 세상천지에 오직 그런 자기를 위로해주고 당당한 한 사람의 인간으로 다시 태어나게 해준 노동조합과 산선이 있어 난생처음으로 행복한 시절을 맞이할 수 있었는데……. 일부 조합원들은 산선의 그런 태도 변화가 재정 문제 때문이라고 생각했다. 그래서 유인물을 만들더라도 산선에서는 복사지 한 장 안 쓰려고 나름대로 노력하기도 했다.

10월 2일, 산선 의료실에서 인명진 목사는 "내가 노동자를 위해서 팔 잃고 다리 잃고 했으면 됐지 더 이상 어떻게 해?" 하고 말하며, "이제 감옥 갈 싸움은 하지 말자"고 했다.

어쨌든 10월 3일 노조간부들은 산선에서 상집회의를 열었다. 조합원들의 상태를 점검하고, 앞으로 어떻게 싸워나갈 것인지 대책을 집중적으로 논의했다. 우선 그간 회사 측의 탄압 과정을 세상에 폭로하는 문건을 작성하는 게 급선무였다. 그리하여 「민주노동조합 생존권 수호를 위한 우리의 결의」라는 유인물을 작성했다. 거기에서는 "우리는 거부한다. 노예 되기를 거부한다. 폭력으로 민주노조를 말살하려는 탄압 앞에서 어떠한 희생이 있더라도 맞서 끝까지 싸울 것이다. 우리는 철저하고 잔인한 폭력의 현장을 절대로 잊지 않을 것"임을 다지며 다음과 같이 요구 사항을 밝혔다.

- 회사와 관계 당국은 노동조합 파괴행위를 중지하고 이번 폭력사태의 관계자들을 엄중 처벌하라.
- 국제그룹 양정모 회장은 우리가 전 국민에게 국제그룹에서 생산하는 상품 불매운동을 전국적으로 전개하기 전에 노동조합 탄압을 즉각 중지하라.
- 노동부 장관과 중앙노동위원회 위원장은 회사가 현 단체협약을 지키도록 행정적 조치를 취하라.
- 회사는 부당해고 조치를 철회하고 임금인상을 즉각 실시하라.
- 폭력으로 노동조합 사무실을 점거한 자는 즉각 물러나라.
- 회사는 성실한 태도로 노사협의에 임하라.
- 언론은 이번 사태와 관련, 우리 노동조합에 대하여 생존권을 짓밟는 악질적인 왜곡보도를 즉각 중지하고 이성과 양심으로 돌아오라.

아울러 10월 7일 아침 6시부터 출근하고, 강제 저지를 당하면 그 즉시 회사 정문 앞에 모이며, 휴폐업을 할 경우 이를 인정하지 않고 계속 투쟁한다는 등 조합원 행동강령도 작성했다.

회사는 구사대(원풍모방 노동조합 정상화를 위한 대책위원회 일동/ 원풍모방 도산추방 구사대책위원회)를 앞세워 노동조합을 악의적으로 비난하는 유인물을 만들어 배포했다. 이는 조합원들을 이간질하려는 의도를 담고 있으며, 대외적으로 원풍노조가 도산(산선)의 지령으로 움직인다는 인상을 심어주기 위한 목적도 있었다.

그사이 언니 집에 들어갔던 박순애 부조합장이 찾아온 경찰들에게 연행(10월 5일)되는 일이 벌어졌다. 함께 있던 총무 이옥순은 기지를 발휘하여 가까스로 체포를 모면할 수 있었다. 상집간부 박명신과 김순희도 연행되어 구류 29일 처분을 받았다. 한편 안양 유원지에서 만나 나름대로 대책을 논의하던 남성 조합원들(임재수, 나춘성, 이영섭, 김태운, 이태운, 임충호, 김동진, 권병학, 김진열)도 경찰에 연행되었다가 풀려나기도 했다.

이런 일들이 이어지자 간부들은 당분간 함께 숨어 지내기로 하고, 강남구 도곡동 주공아파트에 월세로 거처를 마련했다. 그 비용은 노조가 진작 모금을 해서 지학순 주교에게 맡겨 두었던 기금에서 충분히 충당할 수 있었다.

제1차 출근투쟁

한편 '원풍모방 노동조합 문제를 위한 대책위원회'에서는 10월 7일 오후 6시 영등포 산선에서 기도회를 개최하기로 결정했다. 소식이 알려지자 이날 아침부터 영등포 일대와 대림동 일대는 수백, 수천 명의 경찰이 배치되어 삼엄한 경계를 펼쳤다. 산선 건물은 이미 오전 8시경부터 봉쇄되었다. 이날은 대학생들도 연대투쟁을 예고하고 있었다. 늦었지만 원풍의 외로운 투쟁이 마침내 민주화를 염원하는 많은 이들의 가슴을 울렸던 것이다.

원풍 노동자의 투쟁에 열렬한 동참을!

오늘 우리 민주학생 일동은 김경숙 동지의 죽음을 몰고 온 와이에이취 사태의 몸서리쳐지는 비극이 생생한 이때 또다시 원풍모방의 민주적인 노동조합을 와해시키려는 음모가 벌어지고 있음에 대하여 그 자세한 사실을 밝히려 한다. 아울러 이 땅의 진정한 민주화를 실현하려는 양심세력으로서 노동자와의 연대 하에서 민주투쟁을 전개할 것을 다짐하며, 여타 민주세력의 동참을 촉구하는 바이다.

1. 사태의 진상

- 이번 원풍모방 사태는 민주노동운동이 독재권력의 밑뿌리부터 뒤흔든다는 사실에 겁을 먹은 전두환 정권이 80년 5·17 이후 청계피복, 반도상사, 서통, 태창메리야스, 그리고 최근의 콘트롤데이타 등 민주노동조합을 폭력과 구금 등 온갖 비열한 수단으로 파괴한 데 이어 민주노조의 마지막 보루인 원풍모방노조를 파괴하려는 책동이다.

- 이러한 전두환의 배후조종을 받은 회사 측은 과거 1년간 부당해고, 순화교육, 폭력 등 노조 탄압을 가중시켜 오던 중 급기야 9월 26일 조합원 5명 해고, 9월 27일 100여 명의 남자 사원 및 깡패를 동원한 조합 사무실 강제 철거, 조합원 폭행, 협박 공갈에 의한 조합원 사퇴 종용, 언론을 통한 사실왜곡, 악의 선전 등의 도발을 자행했다.

- 이에 대해 조합장은 죽음을 무릅쓰고 저들의 공갈협박에 응하지 않음으로써 조합을 지켰으며 600여 명의 조합원은 추석 휴가 기간에도 귀향을 포기하고 단식농성으로 저들의 탄압에 맞서 100

여 명이 쓰러져 병원에 옮겨지는 사태에까지 이르렀다.

• 조합장의 의연한 투쟁과 조합원의 투철한 농성, 그리고 여타 민주세력의 관심이 높아지는 데 당황한 저들은 급기야 10월 1일 추석날 새벽에 정체불명의 사나이들을 동원하여 며칠을 물 한 모금 먹지 못하고 탈진해 있는 남성 조합원 40여 명을 먼저 강제 납치, 회사 밖으로 끌어낸 후 뒤이어 여성 조합원을 끌어냄으로써 강제 해산시켰다. 이러한 해산 과정에 대해 저들 관제언론은 아무런 기사를 싣지 않거나 자진 해산하였다고 보도하여 사실을 은폐, 왜곡하고 있다.

2. 사태를 보는 우리의 입장

• 우리는 이번 사태를 단순한 노사 간의 문제가 아니라 정부와 관제언론, 그리고 악덕재벌이 야합한 민주노조에 대한 정치적 탄압이라는 사실을 중시하며, 이 땅의 민주화를 갈구하는 피끓는 학생으로서 원풍모방 노동자와 연대하여 과감히 저들의 음모를 분쇄하는 투쟁을 전개할 것을 천명한다.

3. 원풍모방 노동자와의 연대투쟁 방안

• 사태의 진실을 알리는 유인물을 적극 배포하자.

• 학내에서 원풍모방 사태에 대한 성토대회를 개최하자.

• 10월 7일 오후 2시 추석 휴가가 끝나 출근할 대, 원풍모방 정문 앞에 집결하여 저들이 도발할지도 모를 폭력 사태를 미연에 방지하고 원풍모방 노동자들에게 뜨거운 성원을 보내자.

• 10월 7일 오후 7시 영등포 산업선교회에서 주최하는 기도회에 적극 동참하자.

• 여타 민주세력 또한 이러한 투쟁 방안에 발맞추어 각기 효과적인 투쟁을 전개할 것을 촉구한다. 민주학우여! 10월 7일 오후 2시 원풍모방 정문 앞에 집결하자!

'원풍모방 노동자들과의 연대투쟁을 위한 민주학생 일동'

200여 명의 원풍모방 조합원들은 오후 2시를 기해 출근을 시도했다. 전투경찰 수백 명이 이중 삼중으로 서서 회사 정문을 봉쇄했고, 그 안에는 역시 수백 명의 폭력배들이 몽둥이를 든 채 만일의 사태에 대비하고 있었다. 도무지 뚫을 길이 없었다. 그러자 조합원들은 그대로 주저앉아 자연스럽게 연좌농성에 돌입했다. 길 건너편에도 100여 명의 조합원들이 모여 그들을 응원했다.

"기숙사를 개방하라!"

"구속간부 석방하고 폭력배를 처벌하라!"

"양정모는 물러가고 정상가동 실시하라!"

"노동조합 탄압을 중지하라!"

오후 5시가 되자, 조합원들은 영등포 산선에서 열릴 기도회에 참석하기 위해 일단 해산했다. 조합원들은 그 즉시 영등포 산선 쪽으로 자리를 옮겼다.

오후 8시, 경찰은 산선 앞 버스정류장까지 폐쇄했다. 근처에 모여 있던 원풍모방 조합원들이 길을 터야 했다. 그들은 〈애국가〉를 시작으로 시위를 시작했다. 〈투사의 노래〉, 〈농민가〉, 〈마지막 십자가〉, 〈흔들리지 않게〉 등의 노래를 부르며 산선 쪽으로 조금씩 전진해나갔다.

시민, 학생들도 조금씩 합세하기 시작했다. 그러자 주변에 배치되어 있던 수백 명의 삼청대원들이 마구 달려들었다. 기도회는 무산되고, 수십 명의 학생과 조합원들이 연행되었다.[39) 학생들은 그 후에도 영등포 일대를 누비면서 산발적인 시위를 계속했다. 결국 134명이 경찰에 연행되고 그중 4명이 구속되었다. 구속자는 여현호(서울대 법대 3학년), 조성호(서울시립대 화공과 2학년), 김재열(장신대 2학년), 오진우(성균관대 사학과 2학년)였다. 즉심에 넘겨진 사람은 총 34명이었는데, 14명의 남학생들은 강제입영 처분을 받았다. 조합원 중에는 6명이 연행되어, 김미숙(직포)과 김숙자(전방)는 20일, 김순례(직포), 박칠성(염색)은 10일, 정승희(준비)는 7일의 구류 처분을 받았다. 많은 사람들이 연행되어 구속되거나 구류 처분을 받았지만, 이날 출근투쟁과 시위로 원풍모방 사태는 다시 한번 전국적인 이슈로 언론을 장식하기 시작했다.

이튿날, 회사는 38명의 해고자 명단을 게시판에 공고했다. 명목은 '사칙위반'이었다.

- 전방: 박혜숙(대의원), 김순애, 이순옥(대의원), 김숙자(대의원), 유순덕, 황선금, 김옥녀(대의원), 노영자, 정혜경, 홍춘자, 김도철, 김오순, 김금희
- 전보: 임태송(대의원)
- 정방: 이경희(대의원), 김용자, 지명환, 전금숙
- 정사: 차언년(대의원), 홍옥선(대의원), 김중순, 김미숙(대의원), 이영순
- 직포: 라영금, 이화숙, 황영애(대의원), 이순심, 김근자(대의원), 김귀복(대의원), 김태운, 임충호
- 가공수정: 장형숙, 신선옥, 김예희(대의원)
- 염색: 최명자(대의원)

• 공작: 안두순

한편, 회사 측은 추석 휴무를 10월 3일에서 6일로, 다시 12일까지로 일방적으로 연기했다. 이에 따라 노동조합은 10월 13일 제2차 출근투쟁을 벌이기로 결정하고 이를 위한 준비에 총력을 기울였다.

제2차 출근투쟁

10월 12일, 경찰의 수배를 피해 도곡동 아파트에 모인 노조간부들은 13일 출근투쟁에 대비한 전술을 논의했다. 그 결과 각 부서별로 현수막과 유인물, 머리띠 등을 준비하기로 했다. 간부들로부터 연락을 받은 조합원들은 7~8명씩 자취방에 모여 준비 작업을 해나가면서 밤을 지새웠다.

10월 13일은 이른 아침부터 대림동 일대의 분위기가 심상치 않았다. 회사 정문 앞에는 이미 경찰 버스가 진을 치고 있었으며, 회사의 사주를 받은 폭력배들과 전투경찰 2, 3명이 한 조가 되어 회사 근처를 누비고 다녔다. B반 조합원 200여 명은 과연 저 철통같은 경비를 뚫고 회사에 들어갈 수 있을지 걱정하면서 회사 건너편 강림약국 앞에 집결했다. 6시 20분, B반 조합원들은 정문을 향해 앞으로 나아갔다. 그러자 곧 100여 명의 전투경찰들이 앞을 가로막고 나섰다. 어이없는 일이었다. 노동자가 회사로 출근하는데 그 길을 가로막는 게 과연 민주사회의 경찰이 할 짓이란 말인가. 조합원들은 소리치기 시작했다.

"경찰은 출근길을 가로막지 마라!"

"경찰은 물러가라!"

이때 회사 경비실에서 예비군 중대장 정환춘이 마이크로 10월 8일

1982년 10월 13일 출근투쟁을 하다 연행된 조합원

자로 해고된 38명은 출근할 수 없으며, 나머지 조합원들은 회사가 요구하는 각서와 반성문을 쓰면 출근을 허락한다고 방송했다. 조합원들은 이미 예상한 일이라 간단히 무시하고 앞으로 나아기 위해 몸 싸움을 시작했다. 회사가 요구하는 내용에는 폭력배들이 만든 이른바 '노동조합정상화 투쟁위원회'를 인정한다는 서명도 포함되어 있었고, 각서는 기숙사 규정이 바뀌었으니 이에 따른다는 것이었다.

그러는 사이 날은 환히 밝았고, 출근하던 시민들이 잠시 걸음을 멈추고 이 광경을 지켜보았다. 군복 차림을 한 경찰 간부가 앞에 나서서 각서를 쓰고 출근할 것을 종용했다. 조합원들은 이에 대해 아우성을 치며 항의했다. 거친 말도 쑥쑥 쏟아져 나왔다.

"양정모에게 뇌물을 얼마나 먹었길래 똥개 짓을 하는가?"

경찰들은 상사의 지시대로 위압적인 구둣발 소리를 내며 조합원들을 밀어내기 시작했다. 조합원들은 그 자리에 드러누워 버렸다.

"폭력경찰 물러가라!"

"노동조합을 점거한 폭력배들은 물러가라!"

"구속된 동지들을 석방하라!"

조합원들은 그런 상태로 노래도 불렀다. 그러자 김용곤 근로감독과장이 나타나 말했다.

"너희들이 어려운 일이 생기면 노동부에 의뢰를 해야 하는데 그렇게 하지 않으니까 이런 불상사가 생기는 것이다."

조합원들은 그의 면전에서 호통을 쳤다.

"노동부 이 새끼! 노동자 팔아서 기업주한테 알랑방구나 뀌며 빌붙어 먹고 사는 놈! 어서 꺼지지 못해?"

조합원들의 거친 항의에 머쓱해진 김용곤은 아무 소리도 못한 채 슬그머니 경비실 쪽으로 사라졌다. 어느 정도 시간이 흐르자 경찰은

1982년 10월 13일 출근투쟁 중 연행되는 조합원들

작전을 변경했다. 전경들을 뒤로 물리고, 정문 한쪽 좁은 문만 터놓은 채 조합원들이 하나씩 안으로 들어가도록 한 것이다. 이때를 놓치지 않고 조합원들은 해고자들을 가운데에 감싼 채 우르르 회사 안으로 몰려 들어갔다. 그러자 물러섰던 폭력배들과 경찰이 다시 등장해 문을 봉쇄했다.

그 무렵, 길 건너편에 있던 A반과 C반 조합원들은 몸속에 숨겨온 머리띠를 두른 채 구호와 노래를 부르며 출근을 시도했다. 회사 안에 들어간 B반 조합원들도 이에 호응해 구호를 외치고 노래를 불렀다. 당황한 폭력배들은 닥치는 대로 조합원들을 때리기 시작했다. 그러다가 조합원들을 들어내어 경비실 바깥으로 마구 내팽개쳤다. 경찰은 밖에 있다가 그렇게 내던져지는 조합원들을 군홧발로 마구 짓이겼다. 그러자 길 건너편에 있던 A반과 C반 조합원들이 구호를 외치며 마구 달려가기 시작했다. 이제 차도 한복판에서 경찰과 조합원들 간에 일대 추격전이 벌어졌다. 지나가던 차들이 놀라 황급히 멈춰 서고, 시민들은 공포에 떨며 뒤로 물러섰다. 비명 소리와 구호 소리가 한데 어울려 대림동 삼거리는 추석에 이어 또다시 지옥 같은 광경을 연출했다. 조합원들은 악착같이 버텼지만, 힘에 밀릴 수밖에 없었다. 경찰은 폭력배들의 도움을 받아 붙잡은 조합원들을 경찰 버스에 태우기 시작했다. 문을 붙잡고 기어이 안 들어가겠다고 버티는 조합원들이 대부분이었다. 어떤 조합원은 아예 버스 밑으로 들어가서 바퀴를 붙잡고 버텼다.

근데 중간에 가다가 다 막 다 연행을 하는데 우리는 안 잡힐라고 차 바닥 안으로 들어갔어요, 안으로. 어차피 이래 죽으나 저래 죽으나 감옥 갈 거니까 들어가자 그래갖구 그 안으로 겨들어갔는데 나를 잡은 사람이 보니까 나중에 알았어요. 그 사람이 시동 걸다가 이상하니까 그렇게 해갖구 우릴 잡았는데, 내가 12명이 붙었더라구요. 그러니까 이렇게 이렇게 바퀴 안쪽에 있으니까 잡아야 되잖아. 딱 잡고 안 놓으니까 그래갖구 인제 잡구 있는데 인제 나두 버티는데 힘이 없죠. 우니까는. 예. 12명이. 그러니까 한 사람이 그러더라구. 다치니까. 너네들이 잘못한 거 아니니까 가자구 가자구. 우리는 노라고 노라구. 그렇게 굉장히 저기 다들 고생했어요. 다들 여기다 너갖구. 그래 그날 가보지도 못하고 연행됐어요.

－제2권, 263쪽. 차언년

그 와중에서 박혜숙(전방)은 앞니가 2개 부러지고, 김삼순(직포)은 광대뼈가 부서져 강남성심병원으로 후송됐다. 이날 무려 197명의 조합원이 남부경찰서로 연행되었다.

원풍노조 남부경찰서 지부

남부경찰서 안은 원풍모방 조합원들로 가득 찼다. 노동조합이 통째로 옮겨온 듯싶을 정도였다. 연행자 명단은 다음과 같다.

김종도, 김영희, 김명순, 신덕순, 노금순, 김예희, 김연화(직포), 차순임, 장순자, 이계순(정방), 임기연, 박선순, 조정례(직포), 허말례, 김정순(정사), 김미순(직포), 주복실, 박정님(정사), 김남남, 이선임(전방), 조순복(직포), 권영숙, 황명자, 구길모, 김춘숙(가공 수정), 박춘례, 박은희, 이희자(직포), 김경자, 이형애(직포), 송인숙, 이수복(가공) 심명심(직포), 최연자(방적), 김향자, 박한은(직포), 서삼문(직포), 박범순, 박현옥(직포), 이복숙(직포), 이순립(직포), 고애란, 이영자(가공), 성향단(품질관리), 권점옥(직포), 김미옥(전방), 나영금, 고정희(가공), 박정옥(염색), 권력선(직포), 소주재(직포), 김정순(가공), 장복순(직포) 신선옥(수정), 장복순(직포), 신선옥(수정), 최옥희(직포), 이미순(전방), 최연순(전방), 박순이(직포), 김인경, 신현숙(방적), 김경희, 정진옥, 이산숙, 이란희, 전명숙(가공), 박명숙(직포), 이화숙(직포), 이현숙(방적), 이정자(직포), 이복덕(직포), 위경자(가공), 김옥희(직포), 이순심(직포), 이규윤(연색), 박평자(직포), 김영희(가공), 김경숙(가공), 김미숙(가공), 양명금(가공), 김옥녀, 김명화(전방), 이종순(전방), 양태숙(가공), 김영자(전방), 최점순(전방), 주목순(방적), 이미남(방적), 한상란(전방), 전현순(방적), 최금자(직포), 박영숙(직포), 이숙자(정사), 정순옥(방적), 안해란(정사), 김미정(정사), 김아미(정사), 최정순(정사), 조복순(정사), 최종례(정사), 김순임(염색), 서종분(정사), 권명희(정사), 이현심(가공), 장현숙, 이옥희(직포), 홍춘자(방적), 조양자(가공), 박혜숙, 지명환, 백은숙(정사), 유명애(정사), 이오남(정사), 강순희(정사), 오인옥, 이영숙(방적), 김유영(직포), 이혜영, 박애자, 장인순, 서현순(방적), 장인순(방적), 구자경(방적), 조순옥, 김연정(전방), 박순애(정사), 주욕심(정사), 한순복(직포), 황선금

조합원들은 먼저 연행되어 온 박순애 부조합장과 조합원 박명신, 김순애가 듣기를 바라며 쉴 새 없이 노래를 불렀다. 조사를 할 수 없을 정도로 소란이 일자, 윤주선 경찰서장이 나타나 노래를 부르거나 구호를 외치는 조합원은 색출해서 엄벌에 취하겠다고 위협했다. 그때부터 조합원들은 곡명을 바꾸었다. 〈애국가〉였다. 1절이 끝나면 2절을 부르고, 2절이 끝나면 3절을 불렀다. 노래는 도무지 끝날 줄 몰랐다. 조합원들은 눈물을 줄줄 흘리면서 쉬지 않고 합창을 했다.

국가가 그들에게 무엇을 해주었던가. 도대체 언제 한 번 나라의 소중함을 느껴본 적이 있기라도 했던가. 그럼에도 태어나서 이제껏 단

한 번도 국가를 원망해본 적은 없었다. 내 나라니까, 당연히 사랑했고, 소중하게 가슴에 품고 살아왔다. 그러나 그런 내 나라가 겉으로는 산업전사라는 허울 좋은 딱지를 붙여놓고 오직 일만 하는 기계로 살라고, 생각 같은 건 하지 말고 오직 사장의 말만 따르라고, 아니 같은 인간이면서도 같은 노동자이면서도 남자들 밑에서 남자들의 반도 안 되는 저임금을 받으면서 죽어라 일만 하라고 하지 않았던가. 그래서 그렇게 했다. 가고 싶은 학교 못 가고, 입고 싶은 옷 못 입고, 먹고 싶은 밥 못 먹고……. 하지만 결국 이렇게 될 일이었다. 서러움에 눈물은 멈출 줄 몰랐다. 그래도 그들은 〈애국가〉를 부르고 또 불렀다.

> **김예희** 13일 날 모여가지고 또 출근한다고 했는데 횡단보도도 못 건너고 바로 파출소 앞에서 다 끌려갔지요. 그래서 남부경찰서에 가서 조사받고 거기 가서 우리 〈애국가〉 실컷 불렀던 거 같애. 그래서 지금도 우리는 〈애국가〉 4절까지 다 알아요. 우리 〈애국가〉를 엄청 불렀어요.
> **양태숙** 다른 노래 부르면 뭐라고 그러니까…….
> **김예희** 〈애국가〉를 엄청 많이 불렀어요. 서서 불르니까 그냥 〈애국가〉 불러가면서 울었어요.
> **양태숙** 울면서 불렀어요. 그때는 울면서 서럽기도 하고 악에 받치기도 하구.
>
> ─제1권, 557쪽

〈애국가〉를 부르는 데에야 경찰들도 어쩔 수 없었다. 만일 그것마저 막으면 그들이 자칫 비애국자라고 욕을 먹을까 겁을 냈는지도 모른다.
　조사가 시작된 건 오후에 들어서부터였다. 대의원, 해고자, 일반 조합원을 분류하여 조사가 시작되었다. 물러서는 조합원들은 거의 없었다. 당당하게 자기가 한 일을 다 말했다. 김숙자(전방)는 글씨를 원래 잘 쓰는 자기가 현수막과 머리띠를 다 만들었다고 우겼다. 평소 그다지 노동조합 일에 내놓고 앞장서지도 않은 그녀였지만, 결과는 구속이었다. 차언년은 나이가 어려 소년계에서 따로 조사를 받았다.

그날 저는 소년원 뒷방으루 데리고 갔어요. (웃음) 근데 지금 같으면 씨팔놈이라고 했을 거야. 어, 음란전화도 하구. 근데 거기서 가장 말을 많이 하는 게 방용석이가 시켰냐? 박순희가 시켰냐? 양승화가 시켰냐? 정선순이가 시켰냐? 이걸 아주 귀가 아프도록 해. 그담에 똑같은 걸 계속 쓰라구 그래. 하다 하다 안 되니까 지동진이를 불른 거야. 우리 이렇게 밑에 저기 영창 밑에 있잖아요, 철장 있는데, 그러니까 그 사람이 숙자 언니가 오, 지동진이 이러는 거여, (웃음) 너는 저기 안 했다구 하구 가라구. 가자구 자꾸 그러더라구. 그러니까 지동진이는 상관없잖아. 하다 하다 안 되니까 그 사람은 가더라구. 그래서 왜 그걸 샀냐. 응, 왜 그런 문구를 썼냐. 우리는 일을 하기 위해서다. 노동자들은 기꺼이 일 열심히 했는데 왜 우리를 이렇게 하냐. 그 얘기를 한 열 번도 더 썼어요. 열 번도, 똑같은 거를. [안 했다고 그러지?] 아니, 왜, 그때는 신념이 분명했어요. 왜 그러느냐면 다른 간부들은 다 바깥에 있었어요. 그래서 숙자 언니는 어땠는지 모르지만 나는 시간을 벌 수 있을 것이다, 간부들이 일할 수 있는 시간을 벌 수 있을 거다, 그래서 내가 들어가고 아니, 감옥을 간다는 생각은 사실은 못했어요. 진짜, 거기를 갈 거라는 거는 그냥 여기 있다가……

—제2권, 263~264쪽. 인용자 임의로 약간 정리

차언년 역시 구속이었다. 전 노동조합 지부장이었던 지동진이 어째서 경찰서에 와서 노동조합원들을 설득하려 했는지 그 이유에 대해서는 밝혀진 바가 없다. 어쨌거나 그런 곳에서 그런 식으로 그를 만난다는 건 유쾌한 경험은 아닌 게 분명했다. 경찰은 조합원들을 회유하기도 했다. 바뀐 기숙사 규칙을 지킬 사람은 회사로 돌아가고, 그걸 거부할 테면 회사에서 50만 원을 빌려줄 테니 그걸 받고 떠나라는 것이었다. 경찰서장은 "원풍이 영원한 직장이냐? 얼른 나가서 시집이나 가라"고 말하기도 했다. 조합원들은 조사를 받는 동안 회사에서 보내온 식사를 거부했다.

결국 10월 14일 오후 6시 30분경 조사를 마무리했다. 차언년과 김숙자는 구속, 이영순, 김금자, 유순덕, 김중순, 조귀숙, 노영순, 조영단, 김순애, 이경희, 이종분, 김성구 등 12명은 구류 20일씩, 나머지는 석방이었다.

공포의 대림동 거리

10월 13일 이후 회사는 각서를 쓰는 사람만 출근할 수 있게 했는데, 대다수 조합원들은 당연히 이를 거부했다. 그때부터 대림동 일대는 살벌한 무법 지대로 변했다. 회사의 사주를 받은 폭력배들이 둘씩 셋씩 짝을 지어 돌아다니며 원풍모방 노동자들만 보면 닥치는 대로 붙잡아다 협박과 폭력을 일삼았다.

10월 14일, 여성 조합원 이○○은 회사 정문 앞에서 사원 이덕희, 주두홍에게 양팔을 붙잡힌 채 강제로 승용차에 태워졌다. 그들은 이○○의 양쪽에 앉아 주두홍은 반항을 못하게 손을 붙잡고, 이덕희는 앞가습을 마구 주무르며 모욕을 가했다. 그러는 바람에 앞가슴에 멍이 들고 할퀸 상처까지 났다. 이○○이 놀라서 소리치며 반항하자 이덕희가 손수건으로 입을 막았다. 나중에 이○○이 내려달라고 하자 "이년을 본사에 넘길까, 남부서에 넘길까" 하더니 "이년 혼 좀 나야 한다"며 남부경찰서로 데려가 형사에게 넘겼다. 형사는 아무런 이유도 없이 본적과 주소, 이름 등을 쓰게 했는데, 이○○이 거부하자 "이년 못 돼먹은 년, 네 에미 애비가 그렇게 가르치더냐?" 하며 차마 입에 담지도 못할 욕설을 퍼부었다. 결국 이○○은 강제로 자술서를 쓴 뒤 겨우 풀려났다. 같은 날 오후 2시경 직포과 김주복은 회사 앞에서 20여 명의 폭력배들에게 붙잡혀 회사 안으로 끌려가 미용실에 감금된 채 무차별 폭행을 당했다. 머리나 허리를 쳐서 쓰러지면 구둣발로 목을 짓밟고 머리채를 쥐고 흔들었다. 김주복은 2시간여 그렇게 모진 폭행을 당한 뒤 억지로 내민 각서에 지장을 찍은 다음에야 겨우 풀려날 수 있었다.

회사는 기숙사가 노동조합 강화의 원동력이었다고 판단, 기숙사 운영 제도 자체를 송두리째 바꾸었다. 달라진 기숙사 규정은 다음과 같았다.

1. 기숙사 내에서는 기숙사 관리 규칙을 준수하며 사감의 명령에 복종한다.
2. 불법노조활동에 관계되는 어떠한 행위도 하지 않는다.
3. 노조 및 신협 기타 대외에서의 전달 사항 및 홍보물 제작 및 배포를 하지 않는다.
4. 특정인, 타인에게 중상모략, 공갈, 협박적인 행위를 하지 않는다.
5. 상습적인 불평불만의 언동을 하거나 선동적인 행위를 하지 않는다.

6. 기숙사생의 외출은 주 1회 일요일 08:00부터 20:00까지로 한다.

7. 기숙사생은 사감의 지시에 순응하며 다음 사항은 사감이 행한다.

   가) 기숙사 호실 배정 및 인원 조정에 관한 문제

   나) 각실 실장 임명 및 기타 임무 부여

   다) 정기 및 필요시 내무검사, 호실 내 전 품목 검사

8. 기타 세부 사항은 기숙사 관리 규칙을 준수한다

9. 기숙사 자치 규정은 82. 10. 1자로 인정하지 않는다.

끊이지 않는 불법연행과 폭력

10월 16일, 회사는 대표이사 정운직 명의로 호소문을 발표했다. 거기에서 "모방가족 모두는 한솥밥을 먹어 온 동료요, 형제"였다. 따라서 형제 간의 다툼이란 일시적인 것에 지나지 않으며, 잘못이 있다면 깨우쳐 주고 올바른 길로 인도하는 것이 참다운 형제의 도리라고 말했다. 그리하여 "비가 온 뒤 땅이 굳어지듯, 회사는 오늘의 이 시련을 우리 원풍의 새로운 비약을 다짐하는 계기가 되도록 최선을 다할 것이며, 즐겁고 명랑한 근무 분위기 조성에도 노력할 것"이라고 밝혔다. 그리고 이튿날인 10월 17일 국제그룹 회장 양정모는 "회사는 살려야 한다. 그러나 도산 세력의 뿌리는 뽑아야 한다. 지금까지 출근하지 않은 사람은 모두 해고시키고 사람을 빨리 뽑아서 공장을 돌려라" 하고 지시했다. 이때부터 사태는 더욱 험악해졌다.

• 10월 17일 아침 7시 30분경, 전방 김종복과 김종도 집에 형사들이 각각 2명씩 찾아와 수배된 간부들의 소재와 회사에 출근하지

않는 이유를 묻고 돌아갔다.

- 10월 17일 오전 6시, 8시 등 수차례에 걸쳐 전방보전 김영희의 집에 형사들이 찾아와 앨범에서 상집간부 방순영 등과 찍은 사진 10여 장을 뽑아갔으며, 수첩에 적힌 약속을 모두 적어갔다.
- 같은 날, 직포과 이현순과 김순녀도 남부경찰서로 연행되어 수배간부들의 연락처를 대라는 협박을 받았다.
- 같은 날 새벽, 전방 심현옥의 집에도 형사 여러 명이 찾아와 조합장의 소재와 출근을 하지 않은 이유를 캐묻고 방을 수색하여 니코스 카잔차키스의 『자유냐 죽음이냐』, 김태엽의 『투쟁과 증언』 등 책 두 권을 압수해서 가져갔다. 물론 압수수색 영장은 없었다.
- 10월 18일, 아침 7시 30분경 회사로 출근하려는 임태송, 김예희, 나영금, 이순임, 김도철 등 5명이 남부경찰서로 연행되어 조사를 받은 다음 오후 1시경 풀려났다.
- 같은 날, 가공과 박점순과 조양자는 강남성심병원 앞에서 형사들에게 붙잡혀 파출서에 끌려들어가 회사 관리자인 주우춘, 김용회, 이덕희에게 넘겨졌다. 이들은 각서를 강요받다가 남부경찰서를 경유하여 풀려났다.
- 같은 날, 오전 11시경 노조사무실을 강탈했던 폭력배 양병욱, 김준호, 김덕수, 서순교, 김영선, 이봉진, 최경남, 유병복, 진용래, 이건용, 박찬호 등 40여 명이 형사와 함께 영등포 산선에 찾아와 노조 회계를 찾다가 돌아갔으며, 이들의 이런 행위는 19일과 26일에도 계속되었다.
- 그날 밤 11시, 심명심은 형사들이 갑자기 들이닥쳐 남부경찰서로 끌려갔다. 가자마자 간부 노금순과 함께 다니는 것을 보았다

면서 마구 때리기 시작했다. 주먹으로 따귀를 때리고 구둣발로도 얼굴을 때렸다. 벽에 대놓고 짓누르는가 하면 소파에 눕혀 놓고 앞가슴을 발로 찼다. 정신없이 때리면서 오직 노금순의 행방을 추궁했다. 형사들은 노금순이 노조기금을 나눠주다가 3000만 원은 나눠주고 자기네들이 1500만 원은 가지고 다니면서 생활비로 쓰거나 방을 구해 놓고 쓰고 다닌다고 나쁜 년들이라고 욕을 퍼부었다. 그러다가도 정선순이는 깜찍하고 이옥순이는 예쁘며 심현숙이는 몸매가 잘 빠졌다며 저희들끼리 시시덕거리기도 했다. 그러다가 다시 심명심에게 공작금 6만 원을 받았다며 빨갱이에 물든 년들은 빨갱이처럼 다루어야 한다면서 저년들은 지하실에 데려가 발가벗겨놓고 비틀어놓아야 한다고 겁을 주었다. 두 발을 머리 위에 얹어놓고 구둣발로 따귀를 정신없이 때렸다. 세 시간여에 걸친 구타로 심명심은 완전히 혼수상태에 빠져버릴 정도가 되었다.

- 10월 19일에는 새벽 2시에 전방 김오순이, 오후에는 강순복과 김주복이 남부경찰서로 연행되었다.

- 같은 날, 정방 김명순은 밤 10시 30분경 연행되었다가 다음날 풀려났다. 경찰은 조사 과정에서 수배중인 간부들의 거처를 대라며 무릎을 꿇게 하고 구둣발로 머리와 가슴을 차고 짓밟으면서 지하실로 끌고 가 발가벗겨 놓고 비틀어버리겠다는 등 협박을 가했다. "쌍년들, 빨갱이한테 6만 원을 받았으니 너희도 빨갱이다"[40]라며 소름끼치는 공갈도 서슴지 않았다. 심지어 서일문 형사는 "회사에 출근하지 않으려면 술집이나 가서 접대부나 해라" 하는 등 치욕적인 정신적 고문을 가했다. 조사를 담당했던 형사들은 형사2반 소속 서일문, 이인수, 김옥봉이었다.

- 오후 3시경, 강남고속버스터미널에서 출근투쟁 준비모임을 하던 김종도, 곽혜숙, 김영희, 박현자, 강순복, 권명자, 문축생, 이복자 등 9명은 남부경찰서로 연행되어 조사를 받고 오후 8시 30분경에야 풀려났다. 이복자의 경우, "이 쌍년, 말 안 하면 지하실로 끌고 가 총으로 쏴서 죽여버린다"는 등의 협박을 받았다.

- 10월 26일, 야당 국회의원과 교회, 사회단체 등에 원풍 사건을 알리는 유인물을 배포하고 돌아오던 임재수 전 총무가 밤늦게 연행되어 노동부 관악지방사무소로 이첩, 조사를 받고 다음날 풀려났다.

- 10월 27일, 산선에 숨어 있던 상집간부 임선호와 손선례가 "2명만 자수하라"는 인명진 목사의 권유에 따라 인명진 목사의 차를 타고 출두하여 조사를 받고 다음 날 풀려났다.

이렇듯 경찰과 회사의 불법적인 연행은 곳과 때를 가리지 않고 자행되었는데, 9월 27일 이후 연행되어 조사를 받은 원풍모방 노동조합 조합원들의 수는 300여 명에 이르렀다. 경찰이 이렇듯 자취방 등을 함부로 뒤지고 협박을 가하기 때문에 많은 조합원들은 아예 짐을 싸들고 거리를 배회하기도 했다.

10월 27일 오전 7시 30분경, 조합원 130여 명이 회사 앞에 모여 출근을 하려고 하자 경찰은 오토바이를 타고 다니며 해산을 강요했고, 회사의 사주를 받은 폭력배들도 무차별 구타를 가하며 출근을 방해했다. 결국 제3차 출근투쟁도 무위로 끝나고 말았다.

한편, 많은 수는 아니지만 조합원들이 회사 측의 협박을 못 이겨 각서를 쓰고 출근을 시작했다. 그 사실을 알게 된 조합원들은 실망감을 금치 못했다. 대의원 황영애(직포과)는 "나는 친구가 각서를 쓰고 출근했다는 소리를 듣는 순간 눈물이 나고 가슴이 답답하여 어찌할 바를 몰랐다. 정말 미칠 것만 같았다. 배신감에 분노가 치밀어올랐다. 이제 와서 굴복하다니! 나는 지더라도 떳떳하게 지자고 결심했다"고 증언했다.

관제언론의 횡포

폭력은 자본과 공권력으로부터만 나오는 게 아니었다. 더욱 치사하고 야비한 정신적 폭력은 사회의 목탁임을 자처하는 언론으로부터 가해졌다. 사건 발생부터 원풍모방 사태를 도산계와 비도산계의 내부 갈등으로 호도하던 언론은 정작 집단해고와 출근투쟁 때 벌어진 엄청난 폭력사태, 그리고 행정력을 동원한 사표 강요와 납치 행위 등에 대해서는 입도 벙긋하지 않았다. 그러다가 정부의 지시가 떨어진 듯 10월 20일을 전후해서는 또다시 융단폭격을 재개했다.

- 〈중앙일보〉 존폐위기에 놓인 원풍모방/ 일부 도산계 노조원 농성, 태업 잇달아/ 근로자 절반 무단결근/ 대화통로 막혀
- 〈한국일보〉 도산 위기 맞은 원풍모방/ 타협 없는 강경 악순환/ 누구 잘잘못보다 회사 구해야
- 〈서울신문〉 원풍분규 22일째, 가동률 20%에 그쳐/ 일부 과격 노조근로자들 집단행동 무단결근
- 〈매일경제〉 일부 근로자들 결근 22일째/ 도산계 근로자들, 출근 방해하려다 해산
- 〈경향신문〉 도산계 과격투쟁/ 16일째 조업방해/ 도산계 집단태업/ 가동률 겨우 20%

방송도 마찬가지여서 KBS와 MBC는 비슷한 논조로 원풍모방 사태를 보도했다. 조합원들은 이런 보도를 보고 한편으로 분노에 치를 떨었으며 다른 한편으로 북받치는 서러움에 눈물을 쏟았다. 그들은 정부와 회사, 그리고 언론으로부터 철저히 내쳐지는 존재로 낙인이 찍혀버린 것이었다. 조합원들에게 무엇보다 큰 고통은 외로움이었다. 폭력은 지나가면 상처가 아물게 마련이고, 또 때로는 오히려 투쟁의지를 북돋는 구실까지 한다. 그러나 세상 천지에 누구 하나 자신들에게 진심으로 마음을 열어주고 도움의 손길을 뻗어주는 이가 없다는 생각은 두고두고 이들을 아프게 한다. 돌아보면 온통 망망대해, 그들은 작디작은 섬에 홀로 내버려진 존재였다.

당시 부조합장이던 양승화는 당시의 심정을 이렇게 증언한다.

그런데 언론에서 와가지고 어떤 식으로 하면 인터뷰 좀 하재 얘기 좀 하재요. 그걸 또 어떻게 믿어요? 〈동아일보〉에서 왔대요. 못 믿잖아요. 아니, 우리가 한 대로 안 나오니까. 보도가 안 되니까 니네들 못 믿는다 얘기 못한다. 이러면 또 소장도 오고 거기 지방사무소 소장도 오고 그다음에 정보과장도 와요. 와서 얘기 좀 하자고. 그런데 어떤 놈도 믿을 놈 없고 어떤 놈도 우리의 얘기를 할 놈이 없어. 그러니까 소통을 할 놈이 없어 그게 답답한 거구. 그다음에 인제 안에서 싸우면서 적어도 우리가 4박 5일 동안 이렇게 싸우면 밖에서 누가 좀 받쳐주겠지. 말하자면 원풍이 마지막 보루의 싸움을 하고 있다라는데 적어도 학생이라든지 주변 사람 이런 사람들이 정말 싸움을 좀 밖에서 해주면 우린 또 안에서 힘이 날 거 아니에요? 우린 그걸 기다렸는데 그거 안 되데요. 끝까지. 그래서 우리 꼬맹이 차언년이가 이 나라 민주인사들 다 어디 갔냐고, 어떻게 우리가 이렇게 다해서 죽어가는데 사람 하나가, 우리랑 함께할 수 있는 사람 하나가 없냐고, 이렇게 외칠 정도로……

-제1권, 136쪽

달라진 산선

9·27 사태 이후 영등포 산선은 원풍모방 노동자들에게 더 이상 과거와 같은 보금자리가 아니었다. 갈 곳이 없어진 조합원들이 찾아가도 반겨주기는커녕 마치 처음 본 사람처럼 낯선 눈총을 보내기 일쑤였다.

박혜숙 마지막 날 끌려 나와서 이제 저 같은 경우는 산업선교에서 오래도록 활동을 했기 때문에 조합원들을 다 그쪽으로 가게 했어요. 기숙사가 폐쇄되어 못 들어가니까. 내 마음속엔 항상 그런 게 있었지요. 정말 노동자들이 의식화돼 가지구 노동자들이 주체적으로 하기도 해야 되지만, 민주화되는 과정 속에서 주변에서 지원해주는 학생이라든가 지식인이라든가 어떤 결속력을 갖고 움직이는 부분들이 끝까지 있을 거라고 생각을 했는데, 산업선교로 갔을 때, 노동조합 못지않게 저 같은 경우는 오래도록 교회 활동을 하면서 소그룹 활동을 하면서 목회자 분들이나 실무자 분들을 우리 조합원들하고 똑같은 어떤 동질감을 갖고 대했어요. 근데 인제 거기 들어가서 있으면서, 특히 인명진 목사님 그분이 그 시기에 변화된 모습들 그걸 보면서 저 같은 경우는 굉장히 충격을 먹었어요. 아, 그래도 그 어려운 시기에 나름대로는 성직자로서 참 표본에 가까운, 내가 바라본 목회자 분 중에서 참 훌륭한 분이었었는데 라는 생각을 갖고, 사건이 딱 눈앞에서 벌어져가지고 이렇게 된 상황에서 오도 가도 못 하는 노동자들한테 보여주는 그 행태, 그게 인제 제일 중요한 기억 남는 거는, 우리가 필요한 거를 얘기하거나 이러면은 묻지 말라고 하구, 너네들은 활동하지 마라, 가만히 있어라, 움직이면 더 복잡해지고 간부들도 지금 도망다니고 있는데 복잡해지니까 움직이지 말아라. 이렇게 구체적으로 얘기한 부분, 지금 기억나는 부분들은 함부로 움직이지 말고 어떤 행동도 하지 말아라, 그러면서 그 당시에 인 목사님이 감기, 독감에 걸렸다고 모포를 이렇게 둘러쓰고서, 그때가 인제 시월달이면 추웠어도 그렇게 추웠겠어요, 솔직히? 그렇게 왔다 갔다 했던 기억이 지금도 선명하게 기억이 나.

김남일 왜 그랬을까? 두려워서 그랬을까?

박혜숙 그거 아니었을까요? 두려움이 제일 컸지 않았을까.

<small>—제2권, 129쪽. 인용자 임의로 일부 정리</small>

두려움에 대해서 비판할 수는 없는 일이다. 이성도 없는 가공할 폭력 앞에서 인간은 누구라도 약해지기 마련이니까. 그건 원풍모방 노동조합 간부들의 경우도 마찬가지였다. 그들 역시 때로 두려워서 앞에 서야 할 때 서지 못했을 것이다. 그러나 다른 어떤 사람도 아닌, 영등포 산선의 인명진 목사와 실무자들이 9·27사태 이후 냉담한 태도를 보이기 시작했다는 사실은 박혜숙의 말마따나 원풍모방 노동조합 조합원들에게 큰 충격이었다. 그것은 공권력과 언론으로부터 그들에게 가해진 물리적 정신적 폭력과 공갈, 협박의 수준이 어느 정도였는지 역설적으로 짐작케 해주기도 한다. 산선의 목회자나 실무자들은 1970년대부터 누구보다 열심히 노동운동을 지원해준 사람들이었다. 그 바

람에 누구보다 험한 고난의 길을 겪어왔다. 그런데 아마 1981년 12월 보안사가 주동이 되어 원풍모방에 가하는 폭력을 가장 가까이서 지켜보면서, 이젠 힘들다는 생각을 했을지 모른다.

인명진 목사는 9월 27일 기독교회관에서 열린 대책회의에서 "원풍은 이제 모든 일을 자율적으로 처리할 수 있을 만큼 성숙되었다고 믿는다. 우리가 할 수 있는 일은 춥고 배고프고 아픈 사람들이 찾아올 때 먹여주고 불 때주고 치료해주는 일"이라고 하면서 원풍모방 사태에 일정하게 선을 긋겠다는 뜻의 발언을 했다. 이에 대해 박순희 전 부지부장은 "영등포 산선의 10년은 민주적이고 올바른 노조를 만들기 위해 함께 고통을 치른 시간들이다. 이제 산선은 원풍과 함께 살아도 살고 죽어도 죽는다는 희생을 각오해야 한다. 지금까지 민주세력이라 자부해온 사람들의 참여가 필요하다. 살인적인 폭력이 눈앞에 닥쳤는데 원풍 노동자들이 주체적으로 잘할 것이다 하는 것은 말이 안 된다"는 내용으로 말했다. 인명진 목사는 "어디서 그따위 태도를 보이느냐? 원풍에 대해 가장 가슴 아픈 것은 나다. 박순애, 이옥순 등을 내가 키웠다"라며 화를 냈다.

인명진 목사의 이런 태도는 계속 이어졌다. 11월 12일에는 원풍모방 조합원들이 기도회를 앞두고 산선에서 유인물과 현수막을 만들려 했으나 못하게 해서 할 수 없이 모두 취침한 후 새벽 1시경 졸면서 겨우 만들어 붙였다. 다음 날 인명진 목사가 보고서는 당장 떼어내라고 호통을 쳤고, 결국 떼어내고 말았다. 11월 27일에는 간부들이 다 연행되고 구속된 후 유인물을 만들려 하니, "아무것도 하지 말라. 무조건 가만히 있으면 된다"고 했다. 할 수 없이 또 몰래 숨어서 유인물을 만들어야 했다. 물론 거기에는 원풍모방 노동자들이 잘못한 부분도 있을 수 있겠지만, 매우 안타까운 일이 아닐 수 없었다.

당시 산선 쪽의 입장을 이런 식으로 추측해볼 수 있다. 즉, 군사정권은 1980년 5월 이후 민주노조에 대한 탄압을 일층 강화한다. 이에 콘트롤데이터와 원풍모방마저 흔들릴 정도로 민주노조운동은 큰 타격을 입는다. 특히 1982년 3월 부산 미문화원 방화사건 이후 한국교회사회선교협의회(KCAO)는 미국을 비난하는 성명을 발표한다. 이에 대해 정권은 이 성명이 반미적이고 용공적인 '도산'이 배후에서 조종하여 나온 것이라고 비난하며 대대적인 왜곡보도를 전개한다. 인명진 목사와 신철영, 송진섭 등 실무진들은 정권의 이런 탄압을 '선교 100년사상 가장 불행한 봄'으로 기록할 정도로 폭압적이라고 받아들인다. 일례로, 산선 옆 아파트에 사는 아이들까지 교회에 가까이 오는 것조차 무서워했으며, "그곳엔 공산당(나쁜 사람들)이 있는 곳"이라고 말할 정도였다.[41] 감옥을 수시로 들락거리면서도 정권의 탄압을 잘 견뎌냈던 그들도 이런 상황 앞에서는 꽤 당혹스러웠을 것이다.

이와 같이 4~5차례에 걸친 전 매스컴에 의한 산업선교회에 대한 공격과 매도, 경찰, 노동청에서의 감시와 탄압, 회사에서의 축출(해고), 블랙리스트에 의한 산업선교회 회원의 다른 회사 취업 금지, 산업선교회와 연대한 민주노조의 파괴로 인한 UIM의 조직 기반 상실 등으로 이제 산업선교회는 아무것도 남은 것이 없었다. 즉 1982년 CDK, 원풍노조 파괴를 기점으로 70년대 YDP-UIM의 활동은 대단원의 막을 내리게 된 것이며, 처음부터 다시 시작해야 할 입장에 놓이게 된 것이다.(인명진, 「정부의 YDP-UIM 공격」)[42]

이것은 결코 '수사(修辭)'가 아니다. 산선은 아이들이 다시 산선에 가까이 놀러올 수 있도록, 노동자들이 당산동에 올 수 있도록, 뒤를 받쳐준 교단이 안심하도록 해야 한다고 결정한다. 실제로 대한예수교장로회 총회는 1970년대 후반부터 산선이 용공시비에 휘말리고 '과격한 노동운동'을 하는 것에 반대하여 산선 자체를 폐쇄하려는 움직임도 보였다. 이는 산선에 적지 않은 압력으로 작용했을 것이다.[43] 따라서 원풍노조가 이미 깨진 상태에서 산선을 근거지로 삼아 새로운 투쟁을 한다는 것은 받아들이기 힘들었다. 그리고 향후 산선 활동은 교회 본연의 임무를 좀 더 강화하는 바탕에서 새롭게 출발할 필요가 있다고 판단한다. 여기에 신철영, 송진섭 등 실무자들이 1980년대의 노동운동은 경제주의나 조합주의의 한계를 벗어나 정치투쟁도 과감히 감당하며 나아가야 한다고, 따라서 교회의 젊은 층들이 이런 산업선교 운동의 변화를 새롭게 이끌어가야 한다고 판단한 것도 일정하게 영향을 미친다.[44] 사실 그 무렵은 학생운동 출신들이 공장으로 대거 들어가기 시작하는 때이기도 했다. 실무진들은 원풍모방처럼 조직화된 노동자들을 더 이상 과거와 같은 방식으로 지도할 수는 없다고 판단한다.

> 70년대의 양심세력은 대부분 기독교적인 사회정의와 양심에 입각하여 사심 없이 노동자들을 지원할 수 있었을 뿐이지 결코 노동운동을 지도할 수 있는 차원까지 나아가지 못했다. 노동운동을 지도할 수 있으려면 과학적 운동론으로 무장하고 대중운동의 경험으로 단련된 운동가들이어야 한다.[45]

산선은 원풍모방 노동조합을 1970년대 민주노동운동의 중심세력으로 키우는 데 중요한 역할을 했다. 이 점에 대해서는 아무도 부정할 수 없을 것이다. 그런데 1980년 이후 달라진 정치적 지형도 속에서 과거와 같은 목회자 중심의 산업선교운동은 더 이상 유효하지 않았다.

원풍모방이 보여주듯, 최선의 결과물이 조합주의, 경제주의로 입증되었다. 따라서 정치적 목표를 분명히 설정하는 형태의 새로운 노동운동을 해나가기 위해서는 산선도 변화해야 했다. 목회자 대신 사회과학으로 무장한 젊은 실무자들이 운동의 전면에 나서야 하는 것이다. 말하자면 이런 논리적 틀이 특히 9·27 사태 이후 영등포 산선이 원풍모방 노동자에게 보인 태도를 일부 설명한다는 해석이 가능하다. 매우 민감한 문제이지만, 이에 대해 산선 쪽에서 명문화된 반응을 보인 것은 없다. 다만 당시 실무자 중 한 사람이었던 신철영이 자신이 활동하던 시기 영등포 산업선교의 10년을 회고하면서, "이 기간 동안 가장 가슴 아픈 일은 원풍모방 노동자들과 관계가 벌어진 것이다. 지금 생각하면 더 잘 해결할 수 있는 방안이 있었는데, 그때는 그것을 몰랐다. 너무 지혜가 모자랐던 때문"[46]이라고 후회하는 말이 인상적이다.

조합원에 대한 성분 분석과 탄압

9·27 사태가 단순한 노사분규 차원을 넘어선다는 것은 분명해졌다. 정권의 차원에서는 원풍을 깨느냐 못 깨느냐 하는 것이 학생운동과 더불어 정권에 가장 큰 위협이 되는 노동운동의 예봉을 꺾는 데 관건이라고 판단했을 것이다. 그리하여 일찍부터 회사, 노동부, 경찰, 구청, 안기부, 보안사 등이 총동원되어 관계기관 대책회의를 꾸려왔으며, 사태 발생 이후에는 더욱 필사적으로 노동조합을 무력화시키기 위해 온갖 잔인한 폭력을 서슴지 않았다.

이에 대해 원풍모방 조합원들은 참으로 치열하게 저항했다. 일일이 헤아리기도 힘들 만큼 많은 조합원들이 경찰과 회사 측 폭력배들로부

[표23] 원풍모방 노동조합 조합원 성분 분석표 (단위:명)

구분	총계	여자	남자
총계	869	636	233
극렬	119	114	5
주동	200	175	25
동조	323	323	-
방관	227	30	203

터 폭행을 당했고, 연행, 납치, 감금, 구류, 구속도 끊이지 않았다. 이 때문에 1982년 9월, 10월의 대림동은 불법이 판치는, 아니 아예 법이라는 개념 자체가 상실된 무법지대가 되어 버렸다. 그럼에도 원풍은 여전히 살아서 꿈틀거렸다.

정권으로서는 이를 용납할 수 없었다. 그들은 마지막 목 조르기를 시도했다. 그것은 "각서를 거부하는 조합원은 모두 사표를 내게 하라"는 지침으로 현실화되었다. 노동부가 앞장섰다. 그들은 조합원을 A, B, C, D 네 등급으로 나눈 이른바 '성분 분석표'를 작성하여 이를 경찰과 회사에 전달했다.

어떤 기준을 적용했는지는 몰라도, 이에 따르면, 여성 조합원 636 명 중 방관자는 30명으로 전체의 5퍼센트도 되지 않는 반면, 남성 조합원 중 방관자는 203명으로 남자 전체의 약 75퍼센트에 이른다. 이 점만을 놓고 볼 때 이들의 분석은 나름대로 '설득력'을 지니는 것도 사실이다. 하지만 생존권을 놓고 처절한 투쟁을 벌인 노동자들을, 다른 부서도 아니고 사회적 약자일 수밖에 없는 노동자의 권익을 보호하기 위해 존재한다는 노동부라는 정부 부처가 이런 식으로 구분한다는 것은 그 발상 자체가 너무 터무니없고 황당한 일이었다.

어쨌든 이 성분 분석표에 따라 경찰과 회사의 발길은 빨라졌다. 그들은 A급(극렬)은 구속, B급(주동)은 해고 및 구류 처분, C급(동조)은 각서 및 사표, D급(방관)은 출근을 보장하는 식으로 처리 방침을 정했다. 전체 조합원 869명 중 회사에 나가서 일할 수 있게 된 인원이 227명 인데, 그중 여자는 겨우 30명에 지나지 않았다. 이에 따라 또다시 조합원들에 대한 대대적인 탄압이 개시되었다. 경찰은 다음과 같은 '전언통신문'을 보내 원풍모방 사태를 총력을 기울여 수습할 것을 각 지역 경찰서장에게 지시했다.⁴⁷⁾

전 언 통 신 문

1982. 10. 30
정 : 2052.1 –
수신 : 경찰서장
협조 : 정보과장
제목 : 원풍모방 정상화를 위한 특별지시 추가

- 10월 29일 시작된 원풍모방 정상화를 위한 특별지시는 사회 안정을 위한 중요사안이므로 단순한 노사관계라는 관념을 떠나 국가적 차원에서 관계기관이 총력 협조하여 소기의 상과가 자양될 수 있도록 슬기롭게 대처해 줄 것을 재강조하며
- 특히 순화과정에서 폭언 강압 등 불손한 행위로 야기되는 제반 문제점을 감안하여
- 구청장, 서장, 노동부, 사무소, 장동 관내 기관장이 직접 방문순화를 원칙으로 하되

- 사전 대상자의 가족관계, 가정형편, 가내 애로사항 등을 파악한 후
- 가족 또는 친지 중 대상 근로자에게 영향력을 행사할 수 있는 자를 대상으로 사전 파악된 자료에 의거 가정 애경사가 있으면 우선 축하를 해주고 어려운 사정이 있으면 같이 걱정을 하면서
- 자연스럽게 원풍모방 노사분규 사태도 설명하고 있으되 혼사뿐 아니라 자손들의 장래까지 영향이 미치고 지나친 대사용주 투쟁으로 회사가 문을 닫게 될 경우는 본인뿐 아니라 가족들의 생계에까지 곤란을 주는 등의 문제점을 소상히 설명하고 조기 결혼 유도.
- 자녀가 퇴사할 경우 가족들의 생계유지가 곤란한 가정은 생보자로 책정 또는 취업이 가능한 가족의 직장 알선 보장.
- 가족 중 환자가 있을 시는 치료 주선 등의 방법으로 순화 대상자 부모들이 자율적으로 살게 하여 자녀의 출근 또는 퇴사 후 보호 귀향 귀가 조치할 것.

＊보고 요령
- 순화 결과는 10. 29. 18:00 다음 양식에 의거 1차 보고하고 11. 1.부터는 매일 15:00 기준 1일 보고할 것이며 순화 결과는 구청, 노동부, 지방사무소와 사전 협조하여 계속해 착오 없도록 할 것.
  -순화 과정에서 추이 동향
  -순화대상자 부모 및 연고자의 동향
  -순화와 관련한 종교계 등 외부세력의 반응 및 동향 등을 수집

보고할 것

* 결과 보고 양식

순화대상	소재파악	순화결과	순화실적
	확인, 파악 중, 가족난자	계속순화	계)출근/퇴사

전 언 통 신 문

정 2052.1

수신 : 경찰서장

참조 : 정보과장

제목 : 원풍모방 정상화를 위한 특별지시

* 원풍모방 근로자의 조속한 직장복귀의 퇴사 근로자의 조기 귀향
  조치를 원풍모방의 정상가동을 최단 시일 내에 추천코자 하니
* 각 서장은 별첨 순화 대상자 명단을 검토 관내에 거주하는 근로
  자의 부모 또는 연고자를 설득하여

• A급은 전원대동 귀가 보호토록 조치하고
• B급은 대상 근로자를 회사에 출근토록 하거나 아니면 퇴사 후
  대동 귀가 보호하는 등 양자택일의 방법은 최단시일 내 실시토
  록 할 것이며

- 보호자란에 기록이 없는 자는 주소지로 확인 보호자나 연고자를 파악 보고 할 것
- 본건은 사회 안정을 위한 중요 사안으로 가히 유관기관 산하에도 지시가 전달되어 각 구청장 주관으로 실시하니 경찰, 노동부, 지방사무소, 안기부, 보안사 지역 담당 등과 총력 협조하여 본건 수행에 차질이 없도록 할 것이다.
- *대상자(연고자)에 대한 소재를 파악 10. 29. 13:00한 전송 보고하고 10. 30.부터 별도 지시가 일을 때까지 대상자 부모 및 연고자에 대한 순화 조치

이상과 같은 전언통신문에도 나타나듯이 원풍모방 사태는 "단순한 노사관계라는 관념을 떠나 국가적 차원에서" 다루어졌다. 그리하여 조합원들을 이미 나눈 등급별로 별도 조치하되, 가족을 동원하는 것은 물론이고 심지어 대상자의 결혼 문제까지 챙기라는 참으로 어처구니 없는 노력까지 기울였다.

반인륜적 사표 강요와 귀향 작전

남부경찰서는 10월 23일 정선순, 양승화, 이옥순, 방순영, 최영숙, 정영래, 문선자, 노순영, 심현숙, 손선례, 노금순, 최금숙, 임선호 등 원풍노조 간부 13명을 전국에 지명수배했다. 이들의 얼굴이 실린 전단은 이날부터 전국 주요 장소에 부착되었고, 이들이 자수를 하거나

검거될 때마다 얼굴 위에는 도장이 찍혔다. 당국의 탄압은 여기에 그치지 않았다. 더욱 교활한 방식도 사용되었으니, 가령 사표를 받아내기 위해 무엇보다 가족들을 집중적으로 '공략'하는 일 따위가 그것이었다. 그리고 그 공략법에는 협박, 공갈, 설득, 회유 등이 다 들어갔다.

이영자(가공) 성남경찰서 정보과장이 날마다 찾아와서 출근하도록 압박.

최영자(전방) 10월 30일 남부경찰서로 연행. 고향인 당진에서 경찰서장, 군수(라고 자칭), 면장, 농협조합장과 부친까지 동원하여 사표를 강요하는 한편, 부녀에게 "우리 밥줄이 떨어지면 너희들이 책임져라"고 협박. 이에 대해 "사표 내는 날이 내가 죽는 날이다. 차라리 내 죽은 시체와 맞바꾸라"고 울면서 이야기하니 미쳤다고 비웃음. 또 부모님한테 조합장이 돈 1000만 원을 갖고 도망쳤고, "산선은 외국에서 원조를 받아 선량한 근로자를 잘해주는 척하면서 이용해 먹는다"고 비난을 늘어놓았다.

박영희(전방) 면 직원인 외사촌이 시골에서 올라와 "면에서 3만 원을 주면서, 군수와 면장이 비상회의를 열어 6·25 이야기와 YH사건 등을 들추면서 무슨 일이 있어도 데리고 내려오라고 했다"며 귀향을 종용.

김영희(직포) 부모가 상경하여, 경북 구미 군수와 면장, 경찰이 날마다 찾아와 불안감을 조성하고 교통비까지 주면서 데려오라고 했다며 귀향을 종용. 임금인상을 80퍼센트로 무리하게 요구했다고 허위로 이야기함. "초등학교밖에 안 나온 니가 성주 군수를 들썩들썩하게 만들었다"는 이야기를 들음.

이옥희(직포) 시골 오빠가 "제발 집안 식구 좀 살 수 있게 해달라"고

하소연하여 결국 귀향.

김명화, 김옥선(전방) 제주도에서 부친과 면장이 와 설득하여 귀향. 친척이기도 한 면장은 왕복 비행기값과 숙박비까지 부담.

이규윤(전방) 오빠가 서울에 와서 출근을 하든지 내려가자고 야단을 쳐 싸우고 자취방을 나옴.

고애란(정사) 시골집으로 제주도 도지사와 군수, 경찰서장, 면장 등이 계속 찾아와 회사에 사표를 쓰도록 종용하고 시골로 내려오면 취직도 시켜주겠다고 회유하며 교통비로 10만 3000원을 지급.

신금옥(직포) 오빠가 너 때문에 사업을 못하겠다며 두들겨 패서 온몸이 피투성이가 되어 할 수 없이 사표 제출.

이경희(정방) 11월 3일 남부경찰서에서 20일간 구류를 살고 석방되자 전북 도지사와 군수와 삼촌이 대기하고 있던 승용차에 태워 귀향.

최애순(정사) 어머니와 오빠가 전남 광주 경찰서장, 면장, 노동부 직원 등의 등쌀에 못 살겠다고 상경했는데, 오빠들은 따귀를 때리고 엄마는 단식까지 하며 귀향을 종용. 주동자들이 투쟁기금을 빼내어 쓰고 있는데 너희들은 이용당하는 거라고 회유.

박은미(전방) 아버지가 이북 출신인데 계속 출근을 하지 않으면 아버지가 시켜서 그런 줄 알겠다고 엄포. 통장 반장이 아버지를 반공법으로 집어넣겠다고 협박과 공갈을 해서 할 수 없이 출근을 함.

한영이(정사) 정보계장과 동장이 찾아와서 들볶았다. 그러자 공직 생활 15년째라는 집주인마저 나서서 개인의 이익 추구보다는 나라를 먼저 생각해야 하지 않느냐고 설득. 형사가 매일 찾아와 동네에서 청과물 가게를 하는 오빠를 다그쳤고, 구청장은 툭하면 데모나 한다면서 나중에 결혼을 해서 남편에게 "쌀밥 좀 먹게 해달라"고 데모를 할 거냐, 일본하고 우리를 비교하며 우리는 노동자들이 부지런히 일만 하면 된다고 말도 안 되는 소리를 늘어놓았다. 어쩔 수 없이 사표를 썼지만, 그건 어디까지나 강제 사표일 뿐이었다.

임선호(직포) 갈 데가 없어서 순희 언니 아는 집에 가 있기도 했어요. 손선례하고 산업선교회에 들어갔는데 경찰이 매일 찾아와서 십자가 뒤에 숨어 있기도 했다. 인명진 목사가 "2명만 자수를 해라" 해서 인명진 목사랑 차 타고 가서 했는데 엄청 후회했다. 나중에 방용석 지부장이 자수가 아니고 임의동행이라고 했다.

박갑진(전방보전) 목동에서 처와 어린 남매를 데리고 살았는데, 동장과 파출소장이 번갈아 또는 함께 수시로 찾아와 회사에 각서를 쓰고 들어가든지 아니면 사표를 낼 것을 종용하며 협박과 회유로 괴롭혔다. 심지어 건달도 같이 와서 "당신이 뭔데 남의 동네에 와서 시끄럽게 구냐"며 협박을 가하기도 했다. 결국 다른 동네로 이사갈 수밖에 없었다.

이밖에 이혜영(정사)은 화성군 면장과 경찰이, 양명금(가공)은 노량진 경찰서장과 동장이, 정진옥(전방)은 충남 논산경찰서장이, 최명숙(전방보전)은 전북 이리경찰서 정보과장과 면장이, 박순자(정사)는 전북 고부 면장이, 양승화(정사)는 서울 북가좌동 파출소장과 노동부 소장이, 노금순(전방)은 충남 공주 군수, 경찰서장, 면장, 농협조합장이, 윤숙(전방)은 충남 홍성 경찰서장과 과장이, 손선례(정방)는 전북 고창 지서장과 면장이, 김명순(정방)은 전북 고창의 면장과 경찰이 찾아와 귀향을 종용했다.

김정숙(소모)은 목포경찰서에 끌려가 사표 제출을 강요받는가 하면 심지어 산에서 땔나무조차 할 수 없게 압력을 가했다. 장순자의 경우는 새 집을 짓는데도 빨갱이한테 공작금을 받아서 짓는 거라며 협박을 가했다. 정영례(가공)는 오빠하고 면사무소 직원이 올라와 고향으로 데려갔다. 그런데 고향이 전라북도 군산 앞바다의 비안도라는 섬이어서, 부두를 봉쇄하니 도저히 탈출할 수가 없었다. 그래서 그녀는 매일같이 부두 방파제에 나와 앉아서 〈바다가 육지라면〉이라는 노래를 부르며 쓰린 가슴을 달래야 했다. 정정자(가공)는 형사들이 찾아와 빨갱이 물이 들었다며 가족들을 협박했으며, 다방에 가 있어도 쫓아와 감시를 할 정도였다. 라영금(직포)은 서대문경찰서 형사가 늘 나와서 감시했는데, 원풍 모임이 있던 어느 날은 형사 3명이 지프차에 태워서 하루 종일 이리저리 돌리는 바람에 팔자에 없는 나들이까지 하게 되었다.

핵심 간부들의 경우에도 마찬가지였다. 수배 중인 이옥순 총무는 서울 오빠 집에 전북 정주 시장과 경찰이 올라왔고 경찰은 아예 상주하며 설득 작업을 벌였다. 정선순 조합장은 어머니와 면장이 상경해서 "내 딸이 없어진 지 한 달이 지났는데 시체라도 찾아내라"고 울면서 하소연했으며, 군수와 경찰서장이 집에 찾아와 딸의 소재를 알려달라고 들볶았다. 역시 수배 중인 최금숙(상집간부)은 전남 함평에서 아버지가 상경하여 "경찰들이 못 살게 굴어 올라오긴 했지만, 만나도 데려가지 않겠다. 나는 광주사태를 목격했고 함평고구마사건도 잘 알고 있다. 내 딸 같고 조카 같은 사람들이 소신껏 일해 주기를 바란다"며 오히려 조합원들을 격려했다.

이런 식의 작업은 전국적으로 전개되어, 약 400여 명의 조합원들이 사표를 내고 귀향하도록 시달림을 받았다. 이를 볼 때 정권이 원풍모방 노동조합을 깨기 위해 얼마나 치밀하고 전방위적 작전을 수립했는지 짐작할 수 있다. 그러나 무엇보다 이는 인륜을 앞세워 노동자들의 투쟁의지를 꺾어보려는 참으로 야만적인 처사로 노동운동사에 영원히 기억될 것이다.

경찰한테 연락이 가가지고요. 그때부터는 경찰이 상주를 하는
거예요, 우리 집에 나를 감시를 하기 위해서. 원풍에 다시 못 나가
게. 그리고 아버지 엄마 다 병나서 쓰러지시고. 난리났죠. 아버지
가 인제 동네 일 보시면서 빨갱이라고 하니까 얼마나 놀랬겠어요.
불순세력이라고 막 하니까. 작은오빠하고 막내 여동생이 경찰 시
험을 봤는데 심사 과정에서 신원조회에 떨어졌다고. [누가, 누가
심사?] 저희 작은오빠하고 막내 여동생이 그때 경찰, 그때는 순경
이지요, 시험을 봐가지고 신원조회를 했는데 저 때문에 떨어졌대
요. 제가 인제 원풍 불순세력이라고 해서, 그래서 제가 인제 마음
이 많이 아팠었지요, 제가. 그 후로 부모님께서 속병을 앓으셔서가지
고 몇 년 후에 돌아가시고 지병으로 얻어가지고 둘이 다 한 해에
돌아가셨어요. 제가 가슴 아픈 게, 제일 가슴 아픈 게, 그렇게 가슴
아픈 제 본의 아닌, 타의에 의해서 그렇게 돼가지고. 제가 또 신문
에 최고 주동자로 나온 바람에 중동에 가셨던 외삼춘이 그거를 보
셨더라구. 그래가지구 저는 일반 평조합원인데 제가 어떻게 주동
자로 몰려가지고 거기 써졌다 인제. 보구 신문을 가져와 저를 보여
주더라구요. 싸우디를 갔다가 오셔가지구 노량진에 갔더니 그 신
문을 저를 보여주더라구. 그런 가슴아픈 일이 있었구.

간부들의 구속

도곡동 주공아파트에 숨어 지내던 간부들은 마음의 고통이 이만저
만이 아니었다. 투쟁 계획을 세우고 대책을 논의하고 열심히 한다고

하지만, 정작 일이 터지고 나면 들려오는 소식들이 간부들에게는 마치 대못처럼 가슴에 와 박히곤 했다. 차라리 현장에 나가서 직접 몸을 부딪치면서 싸우는 게 마음이 편할 것 같았다.

'정의로운 패배는 비겁한 승리보다 낫다.'

이것이 간부들이 공통으로 지녔던 생각이었다. 그래서 조합원들이 무수히 깨지고 끌려가고 할 때에도 그런 고통이 결국 승리를 가져오게 할 것이라 믿었다. 그러나 현실은 그렇지 않았다. 수배 중이라는 물리적 조건도 그들을 힘들게 만들었다. 이웃집 눈치를 살피는 것도 한두 번이지, 나중에는 속 시원히 싸우다가 '장렬하게' 최후를 맞이하는 게 낫겠다는 청산론적 생각도 갖게 마련이었다.

> "싸워야 합니다. 지금이라도 조합 집행부 전원이 인권위원회나 명동성당에서 단식농성이라도 해야 합니다. 이왕 깨지는 것, 이왕 감옥 가는 거 소리라도 지르고 동료들에게 작은 힘이라도 되어야 지요."
>
> "그건 자멸입니다. 남는 게 무엇이지요? 더 좋은 투쟁 방법을 생각해 봅시다."
>
> "지금 이 상황에서 더 좋은 투쟁 방법이 어디 있어요? 지금도 늦은 겁니다. 더 늦기 전에 가장 과감히 싸워야 해요."
>
> "그런 맹종이 어디 있어요? 조합원들의 대다수가 아직 버티고 있는데……" [48]

어쨌든 좀 더 버티면서 사회를 향해 강력한 여론전을 벌여나가는 게 최선이라는 데 어렵사리 합의를 해나갔다. 그리하여 11월 14일 서교동 교회에서 기도회를 갖는 것으로 새로운 싸움을 시작하기로 결의했다. 아울러 그때 책임을 지고 앞장서서 싸우다가 불가피할 경우 구속

9·27 사태 이후 해고된 조합원들이 구속된 간부들의 조속한 석방을 위한 기도 모임을 하고 있다

을 당할 사람으로 최영숙과 심현숙이 결정되었다.

　그런데 엉뚱한 데서 일이 터졌다. 11월 14일 기도회에서 구속을 각오하고 싸움을 이끌기로 한 심현숙이 구속되기 전 어머니한테 인사라도 한다고 나섰다가 잠복 중인 형사들에게 붙잡히고 만 것이었다. 결국 11월 12일 형사대가 출동하여 도곡동 아파트를 덮쳤다. 기도회를 위해 유인물을 작성한다 현수막을 만든다 부산하던 아파트에서 간부들은 11명 모두 체포당하고 말았다. 그들은 통한의 실수를 저지른 것이었다. 간부로서, 현장에서 갖가지 고통을 받아가며 악착같이 싸우고 있는 조합원들에게 그들은 희망 대신 절망을 안겨주고 말았다. 어떤 변명을 하더라도, 어쨌든 주어진 책임을 다하지 못한 것은 명백한 사실이었다. 연행자 중 방용석, 박순희, 정선순, 이옥순, 양승화 등 5명은 구속되고, 최영숙, 노금순, 정영래, 문선자, 최금숙 등 5명은 20일간의 구류를 받았다. 김금자는 조사를 받고 11월 15일 풀려났다.

　이미 구속되어 감옥에 가 있던 동지들에게도 간부들의 체포와 구속은 크나큰 고통이었다. 그들은 간부들이 건재하다면 싸움은 어떻게든 이어지리라 믿었던 것이다.

우리는 우리가 들어오면 그래도 진짜 핵심부인 간부들이 다 남았으니까 노동조합이 살고 다 돌아가고 우리를 할 것이다. 이거는 한 사람도 아니고 뭐냐 (웃음) 몽땅 들어온 거야. 아, 되게 화나더라구.

－제2권, 266쪽. 차언년

근데 그래서 통방도 전 안 했어요. 얄미워가지고. 다른 사람들은 얼쩍껄쩍하는데 저는 너무 속상한 거예요. 나는 그것도 진짜 저거 해가지구 들어오지 말라는 의미에서 했더니 다 줄줄이 다 들어온 거예요. 각 방에 인제 하나씩 들어와 갖구 얘기하는데 난 쳐다두 안 보구 그랬더니, 김숙자 저거는 회사에서두 쌀쌀맞더니 거기 들어와서두 쌀쌀맞다구 (웃음) 그리구 재판받으러 나올 때두 쳐다보면 눈물이 날 거 같애갖구 (울음) 그래서 친구들 안 쳐다볼려고 했는데 다른 사람들 (휴지로 눈물 닦어.) (웃음) 그때는 보면 제가 무너질 거 같애요, 막. 그래갖구 안 쳐다봤지요. 진짜 솔직히 무서웠어요, 전.

－제2권, 97쪽. 김숙자

이로써 원풍모방 노동조합은 싸움의 마지막 동력을 상실했다. 인정하든 안 하든, 그것은 곧 민주노조로서 원풍노조가 실질적으로는 역사의 뒤안길로 사라진다는 뜻이었다.

민주노조 설립 이후 원풍모방의 임금 및 노동조건 수준

아래 [표 24]는 1982년 회사가 노무비 과다로 경영 악화가 불가피했다고 밝힌 자료에 들어 있던 내용이다. 물론 노무비가 경영 악화의 주된 원인인 것처럼 말하는 것은 어불성설이다. 회사는 제조원가 중 노무비 점유율이 27.3퍼센트로, 업계 평균 15퍼센트에 비해 훨씬 높아 결국 경영 악화를 초래했다고 주장한다. 따라서 자가 가공비 중 인건비가 외주 가공비보다 높은 실상이라고 하여 작업 물량을 외주로 빼돌리는 데 주력했다.

[표24] 공정별 자가 및 외주 제조원가 비교

구분	단위	자가 가공비	외주 가공비	자가/외주 단가
방적(인건비)	pound	1,610원(969원)	731원	220%
제직(인건비)	yds	926원(645원)	483원	191%
가공(인건비)	yds	651원(317원)	230원	283%

[표 25] 역시 1982년 9·27 사태 당시 회사가 자신들의 만행을 호도하기 위해 뿌린 자료에 들어있는 내용이다. 다른 회사와 비교해서 자기들이 이만큼 잘해주었는데 무엇이 불만이냐 하는 식으로 내세운 자료이다. (회사의 경영 부진에 대해서는 본문 중 설명을 참고) 여기서는 이것이 오히려 원풍모방 노동조합이 민주화된 이래 노동자들의 임금이나 기타 노동조건이 어떻게 개선되었는지 보여주는 좋은 사례로 소개한다.

[표25] 원풍모방과 다른 모방업체 임금 및 노동조건 비교

	근로기준법	원풍	모방업계		
		모방공장	D모방	T모방	J모방
정년		58세(정년퇴직자 자녀 우선 채용)/ 사무직: 55세	남: 55세 여: 45세	남: 55세 여: 45세	남: 55세 여: 40세
휴일		구정 3일/ 추석 3일/ 하기 특별휴가 3일	구정 무/ 추석 1일/ 하기특별 휴가 무	구정 1일/ 추석 2일/ 하기 휴가 무	구정 2일/ 추석 2일
승급		매년 7호봉(70원)씩 2회 이상	근무 성적에 따라 수시	근무 성적에 따라 수시	년 1회
휴업수당	평균임금의 60/100 지불	통상임금의 80/100 이상	통상임금의 60/100 이상	통상임금의 60/100 이상	평균임금의 60/100
상여금		통상임금의 400% 이상 지급하되 4/4분기 지급	통상임금의 년 300%	통상임금으로 추석 및 12월말 구분 지급한다(80년 경우 250% 지급)	연간 기별 업적 성과에 따라 지급
퇴직금	만 1년에 30일분	4년 이상 1/2월분 가산/ 5년 이상 1월분 가산/ 7년 이상 2월분 가산/ 10년 이상 3월분 가산/ 15년 이상 5월분 가산	1년~10년까지 1년에 1월분/ 10년 이상: 1년에 2월분	1년에 1월분	5급 사원 퇴직금 규정(근로기준법)
재해보상	장애 정도에 따른 평균임금	휴업보상: 평균임금 지급/ 장애보상: 산재보험금의 3배 별도 지급/ 유족 보상: 별도지급	평균조항: 무 (근기법)	근로기준법	근로기준법
장학금		4기분의 등록금 전액	무	경조금조로 입학시 보조금 지급 전문대, 고, 중 35,000원, 25,000원	2명 이내, 5년 이상 근속 사원 성적 제한: 50/100
가족수당		2,000원	3,000원	무	무

'여공'들이 다닌 학교

소설가 신경숙은 구로공단에 있는 동남전기에 다니다가 노조가 주관하는 산업체 특별학급 학생 선발 시험에 응시한다. 15명 모집에 응시자는 무려 160명으로, 회사에 다닌 경력과 시험성적이 선발의 기준이다. 신경숙은 노조 지부장에게 잘 보인 결과 외사촌과 함께 합격하여 영등포여고에 설치된 야간 특별학급에 다니게 된다.

교복을 맞추던 날, 외사촌은 몹시 흥분해서 신경숙에게 이렇게 말한다.

"입학식을 마치고 우리 집에 갔다 오자, 교복 입고."

이렇게 해서 1979년 3월 신경숙은 17살 나이로 다시 학생이 된다. 이를 위해 그녀는 노조가 주도한 잔업거부에 동참하지 않았고, 결국 노조를 탈퇴하고 만다.[49]

신경숙이 다닌 산업체 야간특별학급은 「교육법」 제103조의 4항과 107조 4항 규정에 따라 설립된 것이다. 제107조 4항은 "①산업체에 근무하는 청소년에 대한 고등학교 과정의 교육을 위하여 산업체에 인접한 고등학교에 야간제의 특별학급을 둘 수 있다. ②대통령령으로 정하는 산업체는 그가 고용하는 청소년에 대한 교육을 위하여 고등학교를 설치·경영할 수 있다. ③제1항 및 제2항의 규정에 의한 특별학급 또는 고등학교의 설치기준·교육과정·입학방법에 관하여 필요한 사항은 대통령령으로 정한다."고 되어 있었다. 관련 대통령령은 1977년 제정된 「산업체의근로청소년의교육을위한특별학급등의설치기준령」

이었다. 물론 법률을 제정하는 모든 과정에 당시 박정희 대통령이 가난하지만 나라를 위해 열심히 일하는 산업역군, 특히 근로청소년들에게 보여준 '각별하고 따뜻한' 애정과 관심이 절대적인 계기로 작용한다.

산업체 부설학교는 1000명 이상의 종업원을 고용하고 있는 산업체에서 중고등학교를 부설하여 정규 중고등학교와 같은 형태로 운영했다. 1977년 발족 당시 5개 학교 7천여 명이었는데, 1980년에는 42개 학교 3만 명으로 확대되었다. 1977년 처음 설립된 학교는 한일여실고(경남 마산), 대농부설 실업고교(충북 청주), 충남방직부설 중학교 및 실업고교(충남 천안), 청구목재부설 여자중학교(전북 군산) 등이었다. 서울의 경방과 방림방적도 1978년도부터 학교를 개설했다.

[표26] 야간특별학급 및 산업체부설학교의 연도별 취학 현황[50]

	연도	야간특별학급			부설학교			합계		
		학교	학급	학생	학교	학급	학생	학교	학급	학생
중학교	77	9	15	868	3	21	1,243	12	36	2,111
	78	25	49	2,506	13	71	3,490	38	120	5,996
	79	33	87	4,496	15	107	5,744	48	194	10,240
	80	37	108	5,009	19	125	6,223	56	233	11,232
고등학교	77	16	40	2,429	2	105	5,965	18	145	8,394
	78	34	121	6,768	10	150	8,451	44	271	15,219
	79	49	264	15,639	16	272	16,094	65	536	31,733
	80	62	380	21,633	23	396	22,847	85	776	44,480
계	77	25	55	3,297	5	126	7,208	30	181	10,505
	78	59	170	9,274	23	221	11,941	82	391	21,215
	79	82	351	20,135	31	379	21,838	113	730	41,973
	80	99	488	26,642	42	521	29,070	141	1,009	55,712

윤형원, 「야간특별학급 및 산업체 부설학교의 제도 및 운영 개선방안에 관한 연구」, 『교육발전논총』, 1981. 9쪽.

야간특별학급은 산업체 인근 기존 학교에 특별학급을 설치하고 이들을 수용하여 정규 야간학교와 같은 형태로 학급을 운영하는 것으로,

종업원 100명 이상 1000명 미만의 사업체를 대상으로 했다. 야간특별학급은 1977년 발족 당시 25개 학교에 55개 학급 3000여 명에서 1980년 약 100개 학교 500개 학급 2만 7000여 명으로 증가했다. 1977년 처음 설립된 특별학급은 서울의 경우 대방여중, 영등포여상, 영등포공고 등 15개 학급이었다. 이밖에 경기 14학급, 경남 10학급, 경북 8학급, 부산 5학급, 전남 3학급, 충북, 강원 각 1학급 등이었다.

이 제도는 향학열에 불타는 노동자들, 특히 여성 노동자들에게 커다란 환영을 받는다. 교복을 다시 입는다는 것만으로도 그들은 무척 흥분할 수밖에 없었다.

산업체부설학교를 세우거나 특별학급을 운영하는 사업체의 90퍼센트 이상은 섬유나 봉제 계통이며, 재학생의 90퍼센트 이상이 여성이었다. 회사는 대부분 학비를 전액 부담하는 것을 비롯해서 교과서 대금, 봄·가을 소풍 경비, 수학여행 경비, 비품 등을 무료로 제공했다.

회사는 왜 자기 돈을 들여가며 산업체부설학교를 세우거나 특별학급을 운영했을까.

앞서 언급한 대농부설 학교의 박영일 사장은 "박 대통령께서 산업체 근로자가 배우고자 하면 누구나 배울 수 있도록 하라"는 방침에 따라 설립했다고 동기를 밝혔다. 그는 대농이 국내 제1의 면방업체이긴 하지만, 결코 회사 살림과 형편이 넉넉하게 남아돌아가서 그런 것은 아니라고 덧붙였다. 이 같은 발언은 권위주의 정권 주도의 경제 발전 전략에 포섭된 일개 사업체로서는 정권의 시책을 따를 수밖에 없다는 뜻으로 파악할 수 있다.

이를 객관적으로 표현하면, 1)산업역군으로서 긍지와 사기 진작, 2)생산기술의 향상 도모 및 산업별, 기능별 소요 인력의 효과적인 양성, 3)산학 연계 체제를 확대하여 교육의 범국민적 참여 활동을 통한 국민

총화 체제의 구축 등이다. 더 솔직히 말한다면, 장기근속 유도, 기업홍보(기업 이미지 강화), 근무시 성실 및 타의 모범, 졸업 후에도 현장 책임자로서 역할 수행 등 기업생산성 향상의 기능을 들 수 있다. 그러나 가장 중요한 것은 생산성 향상이나 기업 홍보보다도 퇴사율 억제 및 노동력 확보의 기능이었고, 실제로 회사는 여기에 더 많은 비중을 두고 있었다. 섬유산업의 경우, 해가 갈수록 조기 퇴사율이 뚜렷하게 높아지는 상황에서 이들만큼은 최소한 재학 기간인 3년만이라도 회사에 머물기를 바랐던 것이다.[51]

어쨌거나 산업체 부설학교나 야간특별학급의 학생들은 정규 학력을 인정받아 졸업장도 받고, 나중에 상급학교에 진학할 기회도 주어졌다.

산업화 시기 특히 대부분의 여성 노동자들은 배움의 기회를 포기할 수밖에 없었는데, 이들에게 뒤늦게 주어진 교육의 기회는 일반적으로 교육법상 '각종학교'가 담당했다. 각종학교란 우리 교육의 기간학제를 이루는 6·3·3·4제의 계통 밖에서 학교교육과 유사한 교육을 실시하는 교육기관을 말한다. 특히 1960년대부터 1980년대까지 여성 노동자들에게 상당한 교육의 기회를 제공했다. 산업체 특별학교와 전수학교, 방송통신고등학교(1974년 설립) 등이 여기에 속했다.

그러나 각종학교로도 배우고자 하는 노동자들을 다 포괄하지 못했다. 그 부분은 주로 직업훈련원법에 의한 사내훈련, 부녀 및 새마을교실 등으로 유지되어 왔다.[52] 원풍모방 노동자들 역시 주로 정규 학력이 인정되지 않는 '새마을청소년학교'에 다녔다. 이들은 교복을 입고 학교에 오갔지만, 졸업장을 받기 위해서는 별도로 검정고시를 통과해야 했다. 따라서 상당수는 중도에서 학업을 그만두었다.

- 김오순(정방): 신길동 새마을학교 중학 과정 다님.

- 김중순(정사): 영등포 한림학원(검정고시 학원).
- 라영금(직포): 삼성고등공민학교 다니다가 중퇴.
- 박순애(직포): 한강재건실업학교.
- 박혜숙(정방): 영등포 한림학원 숙녀반에 1년 정도 다님.
- 이필남(염색): 영등포 한림학원.
- 한상영(가공): 한강재건실업학교 2학년까지 다님.
- 황선금(정방): 영등포 한림학원.

영등포역 맞은쪽에 있던 한림학원은 본래 검정고시 학원이었지만 특이하게도 숙녀반과 교양반을 설치해 운영했다. 국어, 영어, 한문, 교양, 음악 등을 가르친 숙녀반의 경우 학생의 대부분은 원풍모방을 비롯한 영등포 관내 여러 공장에서 온 여성 노동자들이었다. 교과목을 통해서도 알 수 있지만, 그런 정도의 수업만으로는 검정고시를 제대로 대비하기가 어려울 터였다. 그런데도 교실은 늘 학생들로 꽉 찼고, 그런 숙녀반이 몇 개나 운영되었다. 한림학원을 다녔던 노동자들은 훗날 스스로, 그곳이 말하자면 배움에 대한 여성 노동자들의 '욕망'을 정확히 짚어내고 그것을 상업적으로 흡수한 공간이었다고 정리한다. 일을 끝낸 노동자들에게는 작업복을 벗고 책 몇 권을 옆구리에 낀 채 학원으로 간다는 것 자체가 무척 의미 있는 행위였다. 그것은 '허위의식'임이 분명했지만, 당시 대다수 '노동자 학생'들에게 선택의 폭은 거의 없었다. 한림학원은 그런 노동자들로 인해서 상당한 호황을 누렸다. 선생들은 특정한 교과과정에 구애받지 않았다. 한 시간 내내 영화 이야기를 들려주거나 팝송(혹은 가곡)을 가르쳐주는 경우도 있었다.

상당수의 원풍모방 노동조합 조합원들은 학교에 대해서 말할 때 다른 부분에 대해 말할 때와 차이가 나는 모습을 보였다. 자기가 다닌 학교 이름을 정확히 대지 못하는 경우도 있었다.

원풍노조가 1970년대 민주노조로서 모든 면에서 다른 노동조합에 뒤처지지 않는 모습을 보였지만, 조합원들의 학업 문제에 관한 한 그다지 좋은 평가를 받기 어렵다는 의견이 존재한다. 예컨대 소설가 신경숙의 경우로 알 수 있듯이, 구로공단의 동남전기는 야간특별학급을 운영했다. 원풍모방은 회사 내에 산업체부설학교를 설립하는 것은 어렵다고 치더라도, 야간특별학급을 운영할 정도의 능력은 있는 회사였다. 그렇다면 1977년 이후 노동조합에서도 적극적으로 야간특별학급 설치를 요구했어야 하지 않을까. 전방과의 최금숙 같은 경우 노동조합을 알게 된 후 학업을 포기했다고 밝히는데, 노동조합과 학업이 양립될 수는 없었을까.

YH무역의 경우 1977년 6월 7일 노동조합이 중심이 되어 사내 교육실에 녹지중학교를 설립하여 운영했다. 하루에 고작 2시간 수업을 하는 야학에 불과했지만, 고 김경숙을 비롯하여 많은 노동자들의 가슴을 설레게 만들었다.[53]

물론 검정고시용 공부를 포함하여 여러 가지 문제점들이 드러났지만, 노동조합 스스로 녹지중학교가 노동조합의 조직 확대에도 커다란 역할을 했다고 평가한다. 녹지중학교는 YH무역이 문을 닫은 이후에도 꽤 오랫동안 야학 형태로 지속되었다.[54]

그런데 이 문제에 관해, 상당수 원풍모방 노동조합 노동자들, 특히 간부진들의 생각은 분명하게 다르다. 부조합장까지 지낸 양승화는 당시 산업체 부설학교의 존재가 갖는 의미에 대해서 부정적이다. 산업체 부설학교는 회사에 종속되어 있었기 때문에, 학생들은 자기들을 학교에 보내준 회사에 대해서 '고마운 회사'라는 인식을 갖게 된다는 것. 그게 어째서 나쁜가. 양승화는 그렇게 학교에 가는 동료 노동자들이 결국 노동조합에서 멀어질 수밖에 없었다는 점을 강조한다. 사실 산업체 학생들은 퇴근하면 학교에 가고 학교에 갔다 오면 잠을 자야 하니까 노동조합에서 운영하는 여러 교육 프로그램에 참가하는 게 힘들 수밖에 없었다.

여러 경로로 확인할 수 있듯이, 원풍모방 노동자들은 상당수가 노동조합을 접한 뒤 그동안 갖고 있던 의식을 완전히 바꾼다. 학교에 대한 생각도 마찬가지였다. 그들은 이미 파울로 프레이리의 『페다고지』까지 읽은, 말하자면 당대 최고의 '선진 노동자'들이었다. 그들에게는 제도권 학교에 힘들게 다니는 것보다 노동조합을 통해 새로운 삶의 가치관을 익히고 실천해나가는 게 훨씬 중요했다. 말하자면, "다니던 학교도 때려치우던 판"이었다. 그들에게 제도권 학교와 노조는 양립하기 어려웠던 게 사실이다. 모든 원풍모방 노동자들이 그렇게 생각했다고는 말하기 어렵다. 그러나 당시 상당수의 원풍모방 노동자들이 노동조합을 생활과 사유의 가장 중심에 두었던 것 또한 사실이다. 이를 두고 의식화가 과도한 나머지 사고가 경직되었다고 비판할 수 있을까. 그것은 주어진 현실을 무비판적으로 수용하고 편의대로 해석하는 태도에 지나지 않는다. 많은 원풍모방 조합원들은 노동자들에게 시혜를 베푸는 식의 제도교육이 갖고 있던 한계를 정확히 인식했을 뿐이다.

박정희 정권의 수출 정책을 기안했던 오원철의 의식을 들여다보자.

1960년대 여성 근로자는 참으로 자랑스럽다. 이들 어린 여공들의 피땀 어린 노력으로 우리나라 경제는 발전하기 시작했다. 제1차 산업혁명의 전사였던 것이다. 하마터면 파산할 뻔했던 국가위기에서 여공들이 나라를 구했다. 그리고 국민에게는 희망과 자신과 용기를 주었다.[55]

'어른'의 입장에서 '어린' '여성 근로자'를 내려다보는 시선이 고스란히 드러난다. 신병현은 이런 대조에서 궁극적으로 "글쓴이의 남성중심주의적이고 가부장적인 군사주의 및 국가주의로 계열화된 입장이 드러난다"[56]고 지적한다. 산업체 학교의 설치도 이런 이데올로기로부터 자유롭지 못하다. 나이 어린 여공들이 온갖 희생을 무릅쓰고 경제발전을 위해 헌신하는 모습을 시찰한 박정희 대통령은 눈시울을 붉혔을 것이다. 그 즉시, 그는 곁에 있는 관료들에게 명령한다.

"이 어린 여공들에게 배움의 기회를 줄 수 있는 특단의 조치를 강구해보시오."

산업체 부설학교는 '수출전선의 이름 없는 영웅들'에게 분명히 놀라운 기회였다. 그러나 그 기회를 잡는 순간, 싫든 좋든 체제가 강요하는 이데올로기 속에 편입될 수밖에 없었다.

원풍노조의 경우, 학교보다 노조를 우선시했다고 해서 그들을 무조건 비판할 자유는 없다. 그들은 국가(더 정확히는 독재정권)의 '호명'을 거부했다. 호명되는 순간, 어쩔 수 없이 국가가 요구하는 담론을 수용할 수밖에 없다고 판단했기 때문이다. 사실, 조합원들이 산업체 학급에 적극 동참한 (또는 조합원들의 정규학교 학력 자체가 높았던) 회사의 경우 노동조합 활동 또한 상대적으로 강력하지 못했다. 다른 민주노조의 경우에도 이는 어느 정도 사실로 확인된다. 입사 조건 자체가 고등학교 졸업이었던 전자업체 콘트롤데이타의 경우가 대표적이다. 방용석 지부장이 연행되었을 때 지원투쟁에 나섰던 한 여성 노동자는 원풍모방과 콘트롤데이타를 이렇게 비교한다.

우리 사업장도 모두 놀라서 달려갔다. 언니(박순희−인용자)는 신석증으로 병원에 입원한 상태에서 링거를 꽂은 채 노동조합 사무실에서 진두지휘를 했다. 황야를 달려가는 여전사! 언니 모습은 황야를 달려가는 여전사였다. 끄덕도 않고 조합원들과 상집간부와 토론하고 전략을 내는 모습이 무서울 정도였다. 우리는 그때 다른 노동자들로부터 조금은 야유가 섞인 고급노동자라는 소리를 듣는 편이어서 그런 모습은 생경하고 무섭기조차 했다. 그런 언니를 따라 일사분란하게 움직이는 조합원들과 상집간부들! 언니는 전사이면서 타고난 지도자였다.[57)]

　　많은 원풍 조합원들은 산업체 부설학교를 포기하는 대신 비바람 부는 야전의 새마을학교나 '노동조합학교'를 선택했다. 따라서 그들이 여전히 '전사'라는 호칭을 부여받았더라도, 그것은 어디까지나 그들의 자주적 선택의 결과였다. 당대적 상황에서 상당수 원풍 노동자들은 노조와 학교가 양립하기 힘들었다고 판단했다.

　　장남수의 경우 46살이 되던 2006년 4월 중학교 졸업자격 검정고시, 8월 고등학교 졸업자격 검정고시를 통과할 때까지 정규 학력이라고 내세울 수 있던 것은 초등학교 졸업장이 전부였다. 장남수는 1980년에 해고되었지만, 30년이 지난 2010년에도 원풍모방 노동조합은 여전히 그녀의 삶에서 무시 못할 비중을 차지하고 있다.

원풍모방의 남성 노동자

원풍모방의 남녀 노동자 비율은 대체로 15 대 85 정도였다. 이는 노동집약적 경공업인 섬유산업의 일반적인 상황과 크게 다르지 않았다.

원풍의 남성 노동자들은 여성 노동자에 비해서 상대적으로 학력이 높았다. 남성 노동자들은 대개 고등학교를 졸업했고, 특히 공업고등학교 출신들이 많았다. 그중에서도 지리적 조건이 반영되었을 텐데 공장과 가까운 서울공고 출신은 일정한 인맥을 형성할 정도로 비중이 높았다. 그래서 남성 노동자들은 현장 근무를 하더라도 단순 생산직이 대부분인 여성 노동자들과 달리 기술을 인정받아 상대적으로 유리한 위치에 있었다. 월급도 당연히 높았다. 여성 노동자들의 평균 2배 정도로 추산할 수 있다. 물론 다른 면방 사업장의 경우 상대적 차이는 더욱 심했다. 예를 들어 1979년 섬유노조의 조사에 따르면, 고작 여성의 4.4퍼센트가 7만 원 이상의 임금을 받는 데 비해 남성은 100퍼센트 전부 7만 원 이상을 받았다.[58]

남성 노동자들은 원풍모방 노동조합운동사에서 어떤 역할을 했을까.

일반적으로 여성 노동자는 결혼 후 이직하기 때문에 '파트타임 프롤레타리아'로 존재한다는 분석이 있다. 즉, 일시적으로 공장노동자로 편입되지만, 결혼 등을 이유로 다른 계급으로 이동하거나 빠져나간다는 뜻이다. 물론 이런 현상을 무시할 수는 없다. 1970년대 민주노조 중에서도 가장 조직력이 강했다는 원풍 노조의 경우에도 특히 9·27 이후 노동운동을 지속하는 이들보다 결혼을 해서 급속히 현장에서 빠져나가는 조합원들이 상당수였다. 조합일지를 보면, 9·27사태 이후 그 해 연말까지 이순옥, 조순진, 임기연, 유순덕, 조수재, 양태숙, 김성구, 박영순, 정순옥 등이 벌써 결혼했다. 1983년 1월 14일 모임에서는 앞으로의 자세를 두고 토론이 전개되었는데, 결혼 문제는 상집간부들에게도 벌써 매우 중요한 현안이었다.

- 이영순, 임선호: 구속자가 나올 때까지는 결혼할 생각이 없다.
- 임태송: 결혼해도 후배를 잊지 않을 것이다. 물론 나는 당분간 직장을 갖고 생활할 것이다.
- 황영애: 결혼을 하고서도 일할 수 있다고 생각한다.
- 김영희(A): 결혼해서는 힘들다.

결혼을 당장 하고 안 하고가 문제가 아니라 결혼이라는 것 자체가 여성 노동자들에게 얼마나 큰 조건으로 작용하는지를 보여주는 것이다. 그러나 이 때문에 여성 노동자들이 중심이 된 1970년대 민주노조 운동에 대해서 경공업 노동운동의 근본적 한계라는 식으로 단정하고 비판하는 것은 무리가 있다. 김원은 여성 노동자에 대해 조합주의-경제주의적 한계를 전제하는 논자들로 김금수, 이목희, 양승조 등을 거론한다.[59] 하지만 원풍모방 노동조합사를 살펴보면 이런 전제에 대해 의문을 품게 된다. 즉, 남성 노동자들에게는 과연 정치투쟁의 임무가 자동적으로 주어지는 것일까. 아니, 남성 노동자들은 조합주의적이라도 될 만큼 노동조합 활동에 대해 적극적인가.

1970년대 남성 노동자들은 현장 담임까지 노동조합에 가입했지만 대부분 노조 활동에 적극적이지는 않았다. 여성 노동자들은 이런 현상을 자연스럽게 생각했다. 그때만 해도 남성 노동자들은 직장을 생명으로 알던 시기였고, 여성들은 스스로 시집가면 그만인 자기들이 나서서 하는 게 당연하다고 생각하기도 했다.⁶⁰⁾ 1982년 9.27사태는 남성 조합원들의 반조직 행태를 여실히 증명한다. 상당수 남성 노동자들은 회사 편에 붙어서 노골적으로 노동조합을 탄압하는 데 앞장섰다. 즉, 구사대 역할을 자임했던 것이다. 물론 남성 조합원들 중에는 합수사로부터 모진 탄압을 받는가 하면 끝까지 여성 노동자들의 민주노조 사수투쟁에 동참한 이들도 적지 않다. 박칠성, 임재수, 이제호, 이규현, 김도철, 임충호 등이 대표적이다. 그렇지만 그 비율은 상대적으로 미미했다. 물론 비단 수적인 비율만 문제였던 것은 아니다.

안두순(공무과)은 여성 조합원들이 단식할 때 남자들은 밥을 먹었다고 증언했다. 그래서 나중에 여성 조합원들이 쓰러지면 업고 뛸 수 있었다고.

임충호는 9·27사태 때 하루인가 이틀 농성에 같이 참여했다. 정선순 조합장이 납치되는 순간을 목격했다. 식당 앞, 정사과 정문 앞에 철조망이 굉장히 높았는데 그걸 뛰어넘어서 조합장이 어디 가는지 확인하려고 했는데 그만 붙잡혔다. 한참 실랑이를 했지만 닭장차에 잡혀가지는 않았다. 그 후 만날 회사 정문에 와서 있었다. 쉼터라고 휴게소 구멍가게가 있었는데 주로 거기에 있었다. 그러다가 추석날 쓰러지는 여성 조합원들을 병원으로 업어 나르게 된다.

우리 조합원들이 못 먹고 막 그랬으니까 힘이 하나도 없잖아요. 짐짝 던지듯이 병실 앞에, 언덕받이에다 막 굴려놓고. 또 어떤 사람들은 쓰레기하치장에 갖다 버려놓고. 난 그래서 쓰레기하치장까지는 못 가고 바깥에 나와서 남자 조합원 사람들이 몇 명 있었어요. 걔네들 업구서 한독병원에서 성심병원에서 누가의원에서 업고 뛴 거야. 애들 의식이 없었으니까. 업고 뛰고 뛰면서 정말 얼마나 울었는지 모르죠. 지금도 (잠시 숨을 참고) 눈물이 날려고 그러는데…… 불쌍했죠. 그때는 솔직히 내가 당하는 게 낫지 그 정도로, 차라리 내가 당할 건데 이런……. (말을 잇지 못한다)

'남성 노동자들이 왜 구사대를 많이 했을까' 하는 질문에 임충호는 '상식적인' 대답을 들려준다.

　　먹고사는 가장으로 생계 때문에 어쩔 수 없이 사측에 들어가지 않았느냐. 계속 회유를 했고. 너 저기 하든 사표 써라. 이런 식으로 종용을 했고 그랬기 때문에. 그리고 원풍이라는 직장이라는 게 쉽게 버릴 수 있는 직장이 아니에요. 정말 한 번 들어가면, 원풍이라는 직장의 매력에 한 번 빠지면 딴 직장 생활 못할 정도로 그렇게 분위기도 참 좋았어요. 그러니 막상 쫓겨날 수도 있다 생각하니깐 그랬었던 거 같아요.

제5부

법외노조 활동과
명예회복 투쟁
(1983~2010)

제1장 | 고난의 장외투쟁

제2장 | 한국노동자복지협의회 창설

제3장 | 급변하는 노동운동의 현실

제4장 | 원풍노조의 명예회복 투쟁

제**1**장 고난의 장외투쟁

차가운 거리

  회사에서 쫓겨난 원풍모방 노동조합 조합원들에게 1982년의 겨울 바람은 몹시 매서웠다. 조합은 처절하게 깨졌다. 간부 8명이 구속되고, 55명이 구류 처분을 받았으며, 농성 과정에서 병원에 입원한 사람만 200여 명, 해고당한 조합원은 500명 이상이었다. 마지막 민주노조로서 원풍노조를 초토화시키는 데에는 회사가 고용한 폭력배들은 물론이고 중앙정보부, 보안사, 검찰, 경찰, 노동부 등 국가권력이 총동원되었다. 노조는 11월 14일자 「노동운동 말살정책을 중지하라!」는 성명서를 통해 9·27사태가 "자율적인 노동운동에 대한 탄압일 뿐만 아니라 5·17 이후 계속되어온 모든 민주화운동을 굴복시키려는 최악의 정치적 탄압"임을 밝히고, "민주적인 노동조합이 폭력에 의해 파괴된다고 해도 정의로운 싸움을 포기하지는 않을 것"이라는 각오도 천명했다. 이에 따라 원풍모방 조합원들은 자신들이 "억울하게 당하고 있는 진실이 국민 모두에게 알려질 때 민주의식이 더욱 높아져 이 땅에 민주주의가 앞당겨질 것"이라고 확신하며, 끈질긴 투쟁을 이어나갔다.

11월 24일 조합원 신덕순, 황영애, 김영희 등 7명은 신협을 탈퇴하기 위해 회사를 찾아갔다. 그러나 회사 측은 이들에게 예치금을 돌려주기는커녕 오히려 폭력배를 동원하여 머리채를 잡고 욕을 하며 폭행을 가했다. 이들이 이 사실을 남부경찰서에 고발하자, 폭행을 가한 경비원 나동수에게는 구류 3일을, 폭행을 당한 신덕순에게는 구류 5일의 처분을 내렸다. 실로 어이없는 일이었지만, 1982년 겨울, 법은 오직 가진 자의 편이었다.

이런 탄압에도 조합원들은 산선에 모여 간부들의 구속에 따른 대책을 논의하고, 무엇보다 진상을 알리는 홍보 작업에 매진하기로 결정했다. 그리하여 12월 5일부터 양분옥, 장남수, 황선금, 김금자, 김미숙, 박혜숙, 이순옥 등 조합원들은 광주 한빛교회, 전주 중부교회, 부산 영락교회, 서울 새문안교회, 대전 제일감리교회, 군산 동부교회, 그리고 울산, 대구 등 전국을 돌아다니며 탄압의 실상을 알렸다. 조합원들은 그런 일을 통해 민주노조의 중요성을 새삼 깨달아가기도 했다.

한편, 회사 측에서는 노동조합 총회를 열고 조합장에 정수부, 부조합장에 강정순, 김덕수, 총무에 유천종 등 상집간부 15명을 선출했고, 신협 이사장에 박영수, 부이사장에 최경남 등 12명의 이사를 뽑았다. 노조 대의원 42명 중 여자는 9명이고 남자가 무려 33명이었다. 이것만 봐도 회사 주도로 급조된 어용노조의 성격을 쉽게 짐작할 수 있었다. 어용노조가 들어선 이후 정수부 등 간부진들이 한 일은 조합원들이 모금하여 지학순 주교에게 맡긴 돈을 되찾기 위해 뻔질나게 원주를 찾아가서 지학순 주교를 괴롭히는 일이었다. 그들은 모금할 때 도저히 안할 수 없는 살벌한 분위기였기 때문에 강제로 할 수밖에 없었으며, 연약한 여성 노동자가 아버지 같은 그리고 상사인 담임의 뺨을 때릴 정도라면 분위기가 어땠는지 가히 짐작이 갈 거라며 가공과 김성구와 담임 김성우의 싸움까지 거론했다.

지학순 주교는 이들의 작태 뒤에 '기관'이 있는 게 틀림없다고 화를 내고 모금해 맡긴 돈은 본래 취지대로 다 써버려서 하나도 없다고 말했다. 그런데 그 모금액은 이미 공식적으로는 노동조합의 소유가 아니었다. 원풍노조는 1981년 8월 25일 임시 대의원대회의 결의에 따라 11월 10일 특별기금 중 9000만 원을 조합원 전원에게 근무 기간별로 구분하여 임금액의 최고 100퍼센트까지 생활비로 지급했다. 특별기금을 지급받은 조합원들은 자율적으로, 지급받은 금액의 일부 또는 전액을 모아 (약 5000만 원) 한국 노동자들을 위한 사업에 사용될 수 있도록 처리할 것을 조건으로 서명날인 문서와 함께 집행부에 위임했다. 집행부는 위임받은 모금액 전부를 종교단체에 헌납하기로 결의하고, 이를 조합원에게 알려서 찬성하지 않은 조합원에게는 1982년 1월 18일까지 전액 반환한 다음, 나머지 금액 전액을 노동자와 노동운동에 써줄 것을 조건으로 지학순 주교에게 헌금한 것이었다.[1] 따라서 어용노조 집행부가 돌려달라고 할 근거는 전혀 없었다.

왜곡보도의 절정

12월 19일에는 MBC 〈9시 뉴스센터〉에서 '원풍모방 극렬노사분규'라는 기획보도를 통해 다시 한 번 조합원들의 가슴에 대못을 박았다.

첫 번째, '나는 이렇게 의식화 교육을 받았다'라는 제목 하에, 얼굴과 이름을 밝히지 않은 한 여성 조합원의 입을 통해, 도시산업선교회가 촛불의식, 세족식 등을 통하여 순한 양과 같은 여성 노동자들을 의식화하여 그릇된 영웅심을 불어넣어 흉기도 서슴지 않고 사용하는 극렬투쟁으로 이끈다고 보도했다. 카메라는 9월 29일 '극렬 노사분규의 흔적'이라며 극렬 조합원들이 쪽가위, 칼, 갈고리 등 이런 흉기를 사용하여 회사 측 간부와 노동자 가족들을 위협했으며, 또한 유리창을 깨어 자해행위를 한 다음 경찰에 맞았다고 허위선전을 했다고 보도했다. 증언자는 "배우지 못한 사람이 법을 알게 되면 우월감을 갖게 된다. 도산은 근로자에게 법을 가르쳐 그릇된 영웅심을 심어주었고, 대학을 나온 사람들과 대결할 때에 근로자는 무식하니까 뭉치는 힘으로 대결하는 것만이 무기라고 가르치면서 무리한 투쟁을 요구했다"고 말했다.

두 번째, '비밀결사조직은?'이라는 제하의 보도에서는, 〈공장의 불빛〉이라는 녹음테이프를 배경음악으로 사용하여 도산계 극렬분자들이 하부조직을 통해 순진한 노동자를 선동한다고 했다. "노동조합은 핵심간부들이 도산계 일색이며 그 밑에는 8~10명으로 이루어지는 하부조직이 있는데 그 수는 38개, 238명에 이르며, 이들은 최말단 행동대원으로 파업과 태업을 앞장서서 행하는 행동대원이다. 특히 탈춤반은 도산계 극렬분자들의 지시에 따라 근로자들을 선동하는 데 앞장서고 있다. 이들은 결혼 등 사생활까지도 간섭하는 냉혹성을 지닌다"고 보도했다. 아울러 도산계 극렬분자들은 "많이 많이 좀 더 많이 배기가스, 유해색소 등을 많이 만들어 내서 세상을 해치자"는 부정적인 노래들을 불러가며 투쟁을 했으며 수시로 식당에서 발을 구르며 농성을 했다고 보도했다.

마지막으로 '도산의 목표는 무엇인가'라는 제하의 보도에서는 도산의 이론적 배경은 해방신학인데, 이에 대해 총신대대학원 교수 신성종 박사의 진술을 인용했다. 그는 "민중신학의 사회관은 성경이나 전통적 기독교와는 정반대로 문제가 사회구조악에 있다고 본다. 그리하여 이 구조악을 제거할 때 참된 인간이 된다고 거꾸로 이야기한다. 그러니까 쉽게 말해 자본주의 체제를 완전히 제거시켜야 한다는 것. 그래서 사회주의적인 사회를 일으켜야 한다는 것. 이것은 성경 어디에도 나오지 않는 주장"이라고 말했다.

이에 대해 산선은 1982년 11월 일반 국민들이 '도산'에 대해 올바르게 이해할 수 있도록 다음과 같은 내용의 팸플릿을 만들어 대대적인 홍보 작업에 나서기도 했다.[2]

1. 도산이란 무엇인가

언론에서 사용하는 도산이라는 말은 산업선교 회원은 물론이고 민주적 노동조합, 가톨릭노동청년회, 크리스천아카데미에서 노동교육을 받은 근로자 등 민주적인 노동조합운동을 하려는 사람들이나, 노동법에 비추어서 자신들의 정당한 권리를 주장하는 노동자와 그들의 아픔에 동참하는 성직자, 지식인들 모두가 포함되어 있다. YH, 서통, 콘트롤데이터 등에서는 산업선교회 회원들이 없거나 활동이 없었는데도 언론은 무조건 '도산' 운운했다. 그 결과, 도산은 이제 한국의 노동사회가 민주적으로 발전되기를 희망하는 사람을 지칭하는 대명사가 되었다.

2. 해방신학은 도시산업선교회의 신학이고 위험하고 용공적인가

언론은 "해방신학은 성경을 마르크스주의로 해석하여 폭력적인 방법으로 자본주의 체제를 타파하고 사회주의 혁명을 이룩하기 위하여 기독교를 수단으로 이용하고 있는데, 도시산업선교회는 이 해방신학을 바탕으로 하고 있다"고 선전한다. 심지어 독일의 몰트만 교수[3] 같은 세계적인 신학자까지 공산주의 이론으로 성서를 해

석하는 공산 계열로 몰고 있다. 기독교 선교 활동의 중심적 과제가 가난하고 눌린 이웃을 사랑하고 인간의 해방을 말한다고 해서, 그리고 바람직한 내일의 사회를 만들기 위해서 힘쓴다고 해서, 이것이 해방신학이고 계급투쟁적이고 혁명적이고 용공적이라고 비난하고 공격하는 것은 무식하고 악의적이며 무책임한 행위이다. 도시산업선교회를 책임지고 있는 성직자들은 "근로자들이 인간적인 대우를 받도록 하는 것이야말로 사랑이며 가장 훌륭한 반공이라고 믿고, 고난당하는 이웃인 근로자를 돕는 것이 착한 사마리아 사람이 할 일이며. 공산주의자들이 외치는 '노동자, 농민을 위해' 라는 구호를 이기려면 우리는 지금보다 더 노동자, 농민을 위해 헌신하고 사랑해야 한다"고 고백한다.

3. 도산계 근로자들은 항상 극단적인 것을 요구하는가

언론은 도산계 근로자들의 참된 목적이 단순히 자기들의 처우 개선에 있지 않고, "1단계로 정치체제를 무너뜨리고, 2단계로 자본주의 체제를 부정하며, 3단계로 사회주의 사회를 이룩한다"는 데 있다고 보도하는데, 이는 전혀 사실이 아니다. 1982년 콘트롤데이터가 49퍼센트, 원풍이 60퍼센트의 임금인상을 요구한 것을 예로 들어 마치 두 회사 노동조합이 터무니없는 요구를 하는 것처럼 보도하는데, 실상은 해마다 한국노총이 발표하는 근로자 최저 생계비를 기준으로 하면 이 요구액은 회사와 노조가 대화와 타협을 통해 적정선으로 타협하게 되는 것이 상례이다. 만일 이런 요구가 무리라고 한다면 한국노총의 통계부터 책임을 물어야 한다.

4. 도산이 침투하면 도산한다는 말의 진상은 무엇인가

몇 년 전부터 "도산이 침투하면 도산한다"는 말이 산업선교를 공격하는 데 상투어가 되었다. 그러나 그간 수백 개 회사가 무너졌지만 산업선교 활동이 문제가 된 곳은 구체적으로 주식회사 대협, YH무역, 반도상사, 콘트롤데이터 등 4개 회사에 불과하며, 실제로 이들 회사가 폐업한 이유는 산업선교와 전혀 관계가 없다. 대협은 신제품 개발, 기술혁신 등 적극적인 경영 정책을 세우지 않아서, YH는 은행 부채를 얻어 다른 회사를 인수하는 무리한 경영으로, 반도상사는 노조가 없는 지방 공장을 키우고 부평 공장을 계속 축소시켜 오다가 1980년 말 합수사가 노조간부들을 조사하는 틈에 일방적으로 공장 폐쇄를 단행한 것이고, 콘트롤데이터의 경우 미국 본사의 경영 전략에 따라 이미 철수가 예정되어 있었던 것이다.

산선은 이런 식으로 구체적으로 대응하는 한편, 특히 산업선교 활동이 성서적인 바탕 위에서 이루어지는 선교 활동임을 적극 밝히는 데 주력했다.

마지막 탈출

어쨌든 더 이상 영등포 산선을 근거지로 삼는 일은 불가능해졌다. 산선 측이든 원풍노조 측이든 서로 얼굴을 마주하는 것 자체가 고통이었기 때문이다. 12월 10일 5명의 간부들이 구류를 살고 나온 직후 인명진 목사는 최영숙, 노금순, 김금자, 황선금, 박혜숙, 양분옥, 임재수 등 간부들을 총무실로 불러 "더 이상 여기에 원풍 사람들을 있게 할 수 없다. 여기는 자선단체가 아니고 예산도 없다. 지금까지 원풍을 위하여 산업선교 돈을 1000만 원도 더 썼다. 실무자들 월급 줄 돈도 없다. 계속 밥 먹여주고 재워줄 수 없으니 이제 정리를 했으면 좋겠다"고 말했다. 이에 대해 김금자가 "어떻게 노동자만 당할 수 있어요? 목사님이나 이런 사람들도 노동자와 함께해야지" 하고 말하자, 인명진 목사는 "내가 지금까지 감옥 갔다 온 것만 해도 됐지, 내가 또 감옥에 가야속이 시원하겠냐?"고 반문했다.

어디 나갈 데도 없는 조합원들은 정말이지 고역이었다. 화장실 가는 데에도 눈치가 보일 정도였다. 그리하여 1983년 1월 19일 100여 명의 조합원들이 모여 총회를 개최하고 산선에서 철수하기로 결의했다. 구속자들의 뒷바라지를 할 임원을 선출하기는 했지만, 이는 노동조합을 되찾는 일을 사실상 포기한다는 뜻이기도 했다.

조합원들은 〈늙은 군인의 노래〉를 개사한 노래를 불렀다.

나 태어나 원풍모방 노동자 되어
민주노조 세운 지 어언 십여 년
내 젊음 다 바쳐서 땀흘려 일했지만
9월의 마지막 밤에 매맞고 끌려났네
아 억울하다 짓밟힌 생존권
민주노조 어디 갔나 감옥 속에 갇혀 있나

조합원들은 한층 숙연해지고 침통해진 분위기 속에서 「무자비한 폭력에 항의하는 우리의 피맺힌 절규는 영원히 계속될 것이다!」라는 제목의 '성명서'를 발표했다. 이 성명서에서는 1982년 12월 16일 회사 측의 일방적 사주로 구성된 노동조합이 원인 무효임을 선언하고, "어둠이 깊어지면 새벽이 가까워옴을 믿으며, 우리의 생존권 수호와 이

9·27 사태 이후 해고된 조합원들이 영등포 산선 집단 거주 해산식에서 뒤풀이 하는 모습

땅의 진정한 민주주의를 실현하는 하나의 씨앗"이 될 것을 다짐했다.

이어 조합원들은 탈춤반과 즉석에서 봉산 8목중 춤을 함께 추었다. 대사 하나 없이 춤사위로만 이루어진 춤이었는데,[4] 그럼에도 끝내 강당은 통곡에 잠겨버리고 말았다. 무슨 말이 더 필요할까. 세상에서 가장 외로운 그들은 손가락만 대도 울음보가 터질 판이었다. 조합원들은 기운을 내서 손을 맞잡았다. 그리고 노래를 부르기 시작했다. 김준태의 시 「이 세상에서 사라지는 것은 하나도 없다」에 이미영이 곡을 붙인 노래 〈부서지지 않으리〉였다.

사라진다는 것 부서진다는 것
구멍이 뚫리거나 쭈그러진다는 것
그것은 단지 우리에게서 다른 모양으로 보일 뿐
그것은 깊은 바닷속 물고기처럼

지느러미 하나라도 잃지 않고
이 세상 구석구석 살아가며
끝없이 파란 불꽃을 퉁긴다
사라진다는 것 부서진다는 것
그것은 단지 우리에게서 다른 모양으로 보일 뿐

조합원들은 몸으로 알고 있었다. 그들이 세상에서 버림받고 끝내 사라진다 해도, 그것은 소멸이 아니었다. 하나의 밀알이 땅에 떨어져 썩지 않으면 싹이 트지 않고 나락도 맺지 못할 것이니, 때로 누군가 사라지지 않으면 세상은 오늘보다 나은 내일을 맞이할 수 없을 것이리라.

전태일, 김경숙, 그리고 5월 광주의 저 무수한 밀알들처럼!

손은하 목사(당시 전도사)는 그날의 광경을 이렇게 전한다.

"83년 초로 기억해요. 우리 산선에 사무실을 두고 싸우던 원풍모방이 설인데도 고향에도 가지 못하고 해체식을 했어요. 그때 원풍이 억울하게 당하고 서럽게 싸워온 과정을 탈춤으로 공연했는데 산선 전체가 울음바다가 되었죠." [5]

공장이여, 안녕

한겨울 추위 속에 조합원들은 뿔뿔이 흩어졌다. 정사과의 이혜영은 짐을 빼러 기숙사에 들어갔던 날을 이렇게 기억한다.

이혜영 산업선교에서 일단 있다가 거기서 불화가 일면서 다 흩어져라. 이렇게 해갖구 각자 고향으로 간 사람 있고 시집간 사람 있고 다 개인이 흩어졌어요. 우리는 마지막에 퇴직금 안 타가면 국고로 넘어간다, 뭐 이렇게 해갖구 퇴직금 가서 타고 기숙사 짐을 빼야 되는데, 아 나 그때 생각하면 눈물 날라고 그래, (중략) 인제 기숙사를 딱 들어갔는데 먼지가 복도에 쫙 끼었는데 문을 열었는데, 내 짐만 달랑 남아갖고 먼지가 수북하게 쌓여 있더라구요. 캐비넷은 열려 있고 짐들을 급하게 빼가구. 누구 누구 캐비넷이란 거는 다 알잖아요, 아유, 다 고향으로 가고 거기서 망연자실하게 서 있었는데, 내 짐이 그렇게 초라하게 느껴지더라구요. 그래갖고 그때 그 삼발이찬가 그거 바퀴 세 개 달린 거 그거 불러갖고 대기시켜 놓고, 짐을 혼자 낑낑대고 끌어내면서 그 탈춤반 차언년이가 자기 그 탈춤반들 입는 옷을 좀 갖다 달라고 그러더라구요. 사감한테 들키면 혼나니까. 거기 현장에 들어갔던 사람들은 1층에다 몰아넣고, 기숙사 2층, 3층은 폐쇄를 시켰더라구요. 그래 1층에 다 모여 있더라구. 그래서 그 방에 들어가서 차언년이 짐 몰래 빼다가 내 것처럼 다 싣고, 그리고 기숙사를 내려오는데 하······.(한숨)

김남일 울었어요?

이혜영 (울면서) 눈물 나더라구, 그때는. 다시는 정들었었는데. 하. (울음) (중략) 그 길이 되게, 그 길이 왜 그렇게······ (중략) 예, 제일 늦게 뺐어요. 그때 막 난리쳐가지고. 딴 사람들은 다 가고, 고향으로. 그러니까 한 13명 되는 사람이 다 뿔뿔이 흩어지고, 인제 마지막에 내가 짐을 빼러 들어간 거야.

방용석 기숙사 방에 너 하나만 남은 거야?

이혜영 예. 마지막에 먼지가 자욱하게 이렇게 서려갖고 내 짐을 누가 대충 싸 났더라구요. 캐비넷 옷 같은 거 다 끄내가지고. (중략)

그래갖구 그 길을 내려오는데 (울음) 아휴, 인제 이 길을 못 저기하나, 앞으로 살아갈 일이 막막하더라구. 나가서 어떻게 살아가야 되나……

-제1권, 141~143쪽

미우나 고우나 정들었던 공장이었다. 이혜영은 유난히 몸이 약했다. 몸무게가 35킬로그램을 넘지 못했을 정도였다. 그런 몸으로 고향에서 모방 공장을 다녔다. 일을 제대로 못해서 1년 만에 나왔고, 아는 이의 소개로 노무과장에게 2만 원을 주고 원풍모방에 입사했다. 원풍모방은 먼저 다니던 공장과 너무나 달랐다. 노조사무실이 옆에 있어서 수시로 들락거렸다. 거기서 어려서 못 본 책들을 빌려보는 재미에 푹 빠졌다. 일하면서 노래를 즐겨 불렀다. 최무룡의 〈꿈은 사라지고〉가 18번이었다. 나뭇잎이 푸르던 날에 젊은 꿈은 사라지고……. 작업복이 자랑스러웠다. 대학생 배지가 부럽지 않았다. 회사 안에는 앵두나무도 많았다. 점심시간에 등나무 그늘에 누우면 그렇게 기분이 좋을 수 없었다. 그늘 안에 함께 있는 동료들이 그냥 고마웠다. 밑도 끝도 없이. 아니, 이유를 알고 있었다. 다른 이들을 위해 자신을 희생한 이들, 공순이. 노동자. 세상을 건설하는 사람. 역사를 새로 쓰는 민주노조! 인생이 그렇게 새로운 모습으로 시작되었는데……

입사할 때 콩콩 뛰는 가슴으로 걸어 오르던 길을, 이혜영은 눈물을 흘리며 막막한 가슴으로 걸어 내려온다.

1983년 1월, 한 여성 노동자의 인생은 그렇게 또 한고비를 넘었다.

블랙리스트의 족쇄

조합원들은 각자 살 길을 찾아서 공단 거리를 헤매기 시작했다. 그러나 예상했던 대로 또 다른 시련이 닥쳐왔다. 원풍모방 출신임을 밝히고서는 아예 입사 자체가 불가능했지만, 들어간 뒤에도 원풍모방에 다녔다는 사실이 드러나면 여지없이 쫓겨나게 마련이었다. 이른바 블랙리스트가 서울 공단지역은 물론이고 거의 전국에 걸쳐 조직적으로 배포되었던 것이다. 1978년 동일방직 사건 때 섬유노조 위원장이던 김영태가 작성하여 전국에 돌린 이래, 블랙리스트는 민주노조 해고노동자, 산선과 JOC 활동가, 위장취업자 등을 대상으로 만들어져서 궁극적으로 노동운동을 탄압하는 데 매우 강력한 무기로 활용되었다.

이혜영은 짐을 고향 집에 가져다 놓고 서울로 다시 올라와 정사과 친구와 함께 광명시에 방을 얻어서 자취 생활을 시작했다. 취직을 하겠다고 구로공단 어느 전자회사에 3명이 함께 찾아갔는데, 서류 조사도 하지 않고 실기 시험을 보게 했다. 그러더니 잠시 후 갑자기 회사 문을 닫아라 말아라 난리가 났다. 원풍모방 출신이라는 사실이 폭로되었던 것이다. 그때 공단 일대에 원풍모방 사람이 떴다고 비상이 걸릴 정도였다. 결국 고향인 수원으로 내려갔는데 거기서도 취업이 쉽지 않았다.

처음에 내려가서도 인저 큰 데는 못 들어가니까 지하실에 그 삼성전자가 있어서 전자 부품이 되게 많았어요. 그 지하실마다. 그때 마침 전자회사들이 붐이어서 [하청] 하청. 하청이죠, 최하청이지. 그래 고기에 들어갔는데도 어떻게 노동부에서 알고 계속 전화가 오는 거야. 그러니까 못 대니는 거예요. 큰 회사도 못 대니고 조그만 회사도 조금 들어갔다 그냥 나오고 조금 들어갔다 그냥 나오고.
그러니까 부모들은 욕을 바가지로 하고 난리가 났죠.

—제1권, 145쪽

　　신덕순(직포)은 충남의 직물공장에 출근했다가 경찰의 추적으로 발각되어 해고당했다. 동생은 대한모방 1차 시험을 통과했으나 언니가 원풍모방에 다녔다는 이유로 취업이 거절되었다. 이영자(소모)는 수원 제일모직에 출근한 지 사흘 만에 원풍모방 출신임이 밝혀져 해고당했다. 이경님(가공과 수정부)은 농심라면에 출근한 지 28일 만인 1월 26일 원풍모방에 다닌 사실을 이력서에 기재하지 않았다는 이유로 임금까지 계산해주면서 해고시켰다. 김옥희와 조희순도 마찬가지 방법으로 해고당했다.

　　임태송(정방)은 10월 8일 제1차 출근투쟁 때 해고되었는데, 퇴직금과 다른 돈을 합쳐 200만 원으로 신길동에 방을 얻고 조그만 봉제공장에 입사했다. 현장의 분위기는 원풍모방과 전혀 달라, 상식 밖의 일들이 노골적으로 자행되었다. 월급도 적고, 먹는 것도 형편없고, 인권이고 뭐고 찾을 수가 없었다. 그러다가 종업원이 100명 이상이 되는 제법 큰 태양섬유에 들어갔는데 어느 날 사장이 불러서 자기네와 더 이상 일을 할 수 없다며 해고시켰다. 그 당시에는 블랙리스트 때문에 쫓겨나게 된 것인지도 몰랐다. 나중에 종업원이 100명 이하인 공장에 들어가니 큰 문제가 없었다.

　　박혜숙(전방) 역시 종업원이 100명 이상 되는 회사에는 발을 디딜 수가 없었다. 그래서 노량진 장승배기에서 떡과 김밥을 받아다가 관악산에서 등산객을 상대로 파는 행상을 하기도 했다. 몇 년 세월이 흘러 그녀는 영진섬유라는 종업원이 100명 조금 못 되는 회사에 들어갔다. 하지만 검사나 실밥 뜯는 일만 시키는데, 작업조건이 너무 열악했다. 잔업을 시킬 때 일방적으로 문을 걸어 잠글 정도였고, 마음대로 퇴사도 못하게 했다. 작업시간도 12시간, 16시간 대중이 없었다. 박혜숙은 집안에 일이 있어서 하루인가 이틀 결근을 했는데, 봉급은 8일치인가를 삭감했다. 그래서 도저히 그대로 있을 수 없어서 과장을 찾아가 얘기했더니 회사 방침이라고 할 뿐이었다. 박혜숙이 노동부에 고발하겠다고 하니까, 다음 날 "알고 봤더니 당신은 A급 도산이구만" 하고 돈 봉투를 주면서 해고를 통지했다. 화가 난 박혜숙은 돈 봉투를 내던지고 다음 날에도 출근을 했다. 처음에는 부서 이동을 시켜 남자들이나 하는 힘든 일을 시켜 진을 빼게 했다. 매일같이 출근해서 무거운 천 뭉치를 옮기는 일을 한 며칠 했는데, 나중에는 박혜숙이 출근하기 30분쯤 전에 아예 회사 문을 닫아 버렸다. 그때부터 열흘쯤 출근투쟁을 했지만, 결국 포기하고 말았다.

김인경은 한우모직에서, 신현옥은 동남전기에서, 장형숙은 대성모방에서 각각 원풍모방 출신이라는 이유로 해고당했다. 라영금(직포)은 창동에 있는 조그만 공장에 들어가 재단 보조 일을 하다가 해고당한다.

김영희(직포)의 경우 고향인 경상북도 성주에 내려갔다가 얼마 후 직물공장에 다니는 동생 밥을 해주러 경산에 갔다. 그 후 작은 공장에 다니게 되었는데, 아무리 작은 공장이라도 정보과 형사가 따라다녔다. 그래서 귀중한 자료들을 다 태웠다. 그중에는 오랫동안 써온 일기장도 있었다. 결국 동생도 해고당했다. 그녀는 동생이 "이 가시나야, 니 내 목 졸라 죽일라카나" 하고 대들어서 마음에 큰 상처를 입었다.

한상영(가공)은 공단에서 써주는 데가 없어서 시골에 내려갔는데, 취직을 하려고 주민등록등본을 떼러 가도 면사무소 직원이 거부하면서 경찰에 연락할 정도였다. 경찰은 한상영이 결혼한 후에도 끈질기게 따라와서 가정 파괴를 할 셈이냐고 크게 싸웠다. 김영희(가공)는 블랙리스트 때문에 할 수 없이 힘든 미싱을 배워 영세 작업장에 다녔는데, 나중에 시골(정읍)에 내려가니 마을 사람들이 "저년은 중신도 서지 마" 하고 수군거렸다.

허말례(전방)는 부모님에게 끌려가다시피 하여 시골에 내려갔는데 1년 동안 광주에 나오지를 못했다. 지서에서 전담 방위를 1명 두어서 버스만 타면 방위가 쫓아와서 "누님, 내려오십시오" 하는 것이었다. 도망치듯 해서 나와 전남 일신방직에 서류를 내면서 원풍모방에 다닌 것을 썼더니 들어가보지도 못했다. 그 후 어떻게 하여 전남대학교 행정실에서 두 달간 근무했다. 어느 날 밥을 먹는데 행정실장이 봉투 하나 주면서 "학교에서 근무하는 건 안 된다"고 해서 쫓겨났다.

양태숙(가공)은 부면장이 아버지를 닦달하여 사표를 쓰고 말았는데, 집안의 강요로 서둘러 12월에 결혼하게 되어 동료들에게 죄지은 느낌마저 들었다. 결혼식 날 수십 명의 동료들이 청바지 차림으로 찾아왔지만, 축의금을 제대로 낼 수 있는 사람은 거의 없었다. 덕분에 신부 양태숙은 오빠한테 야단을 맞았다.

블랙리스트는 5·18 이후 약 1000여 명에 대해 작성되어 전국 각 사업장 등에 배포되었다. 1983년 6월 10일 어용노조 퇴진을 요구하며 농성 중이던 성남의 고려피혁 노동자들은 노무관리 담당자의 책상에서 블랙리스트를 대량 발견했다. 다섯 묶음으로 된 서류철에는 총 763명의 이름과 생년월일, 해고일자, 사진 등이 44장의 필사본으로 정리되어 있었다. 6월 28일 인천 세창물산에서 발견된 블랙리스트는 「노사분규 관련 노총회관 점거 농성자 명단」이라는 제목 하에 98명의 명단이 적혀 있었다. 1987년 8월 20일 경동산업에서도 블랙리스트 실물이 발견되었는데, 원풍모방 조합원들을 포함해 총 925명의 명단

9 · 27 1주년 모임에 참석한 노조간부들—관악산에서

이 컴퓨터로 처리되어 있었다. 주요 사업장은 원풍, 동일, 남영나이론, 태평섬유, 원미섬유, 이천전기, 신일산업, 서통, 한국오디오전자, 경신공업, 콘트롤데이타, 해태제과 등이었는데, 원풍모방이 압도적으로 많았다. 리스트에는 회사별 코드가 붙어 있었다. 원풍은 당연히 코드 넘버 1이었다. 이 블랙리스트 서류에는 위장취업자들의 명단도 별도로 정리되어 있는, 그때까지 발견된 자료 중에서 가장 방대하고 정밀한 내용을 담고 있었다.[6]

이렇게 해서 블랙리스트가 크게 문제로 제기되자 재야운동권에서는 1984년 1월 10일 '민주노동자 블랙리스트 문제 대책위원회'(위원장 문익환 목사)까지 결성하여 조직적인 대응에 나서야 했다. 이에 대해 정한주 노동부 장관은 노사분규를 주도한 노동자가 다른 사업장에 개입하는 것을 기업주들이 기피하는 데서 오는 오해라며 마치 블랙리스트가 존재하지도 않는 것처럼 발뺌했다. 그러나 블랙리스트는 기업,

노동부, 정보기관 등 3자가 중심이 되어 만든 다음, 실제로 각 사업장, 노동부 근로감독관실, 정보기관(안기부, 경찰 등)에 비치하는 것으로 알려졌다.[7] 물론 어용노조도 이를 작성하는 데 한몫을 한다.

어쨌든 블랙리스트는 원풍모방 해고노동자들의 어려운 생계 문제마저 원천적으로 봉쇄하여 노동운동에서 손을 떼게 만들고자 한 야비한 노동통제 수단의 하나였다.

법정투쟁

원풍모방 조합원들에 대한 재판은 1983년 2월부터 시작되었다.

2월 5일 차언년과 김숙자에 대한 첫 공판이 열렸는데, 변호사의 증인 채택이 거절당한 채 당일로 미성년자인 차언년은 단기 1년 6월 장기 2년의 구형을, 김숙자는 2년의 구형을 받았다. 2월 12일에 선고 재판이 열릴 예정이었으나 연기되어 2월 15일에 문래동 법정에서 각기 10월의 징역을 선고받았다. 두 사람은 곧바로 항소했다. 박순애, 이제호(불구속) 부조합장도 2월 5일 재판을 받을 예정이었는데, 차후 구속된 방용석, 박순희, 정선순, 양승화, 이옥순 등과 같은 사건이라는 이유로 병합 심리를 요구했지만 거부되어 2월 12일부터 별도 재판을 받았다. 방용석, 박순희, 정선순, 양승화, 이옥순 등에 대한 재판은 3월 26일부터 모두 16회에 걸쳐 진행되었다.

재판 때마다 많은 조합원들과 '원풍모방 노동조합 문제를 위한 대책위원회'의 이우정 위원장을 비롯해 많은 사람들이 깊은 관심을 갖고 방청했다. 2월 26일 재판 때는 검찰 측 증인으로 회사의 생산부장 전창배와 폭력을 주도한 양병욱이 참석했다. 회사는 이들을 보호(?)하기 위해서 주우춘, 최하영, 김용회, 박영수, 김덕수 등 50여 명을 조직적으로 동원하기도 했다. 4월 30일 정선순의 재판 때에는 재판이 시작되기도 전에 이들이 재판정을 다 차지하여 분노한 조합원들과 난투극을 벌이기도 했다. 결국 그날 재판은 그들이 모두 퇴정한 뒤에야 시작될 수 있었다.

검사 김승년은 4월 3일 구형 논고문에서 다음과 같은 점을 강조했다.

피고인들이 해고자 복직, 단체협약 체결 등을 구실로 시위를 함으로써 YH사건에서 10·26 이후의 혼란기에 편승, 사북사태 등이 사회 전반에 끼친 영향 등을 고려할 때, 본건과 같은 반국가적 행위는 절대로 용납될 수 없을 뿐 아니라 지금도 휴전선을 사이에 두고 대치하고 있는 우리의 안보적 상황에 비추어 보아 본건은 그 시위 자체의 차원에서만 평가되어서는 결코 아니 될 것으로 생각됩니다. 역사적으로 볼 때 월남전에서 이른바 자유와 민주라는 공허한 이상론에 빠져 반 티우의 선봉에서 시위를 주도하던 월남의 소위 민주지도자 잔반첸의 비극적인 운명을 보아도 알 수 있을 것입니다. 그도 공산주의자 앞에서는 자유와 진리를 항변할 수 없었던 것입니다. 주지하는 바와 같이 북괴 김일성은 남조선의 청년과 학생 등을 공산혁명의 가교적 역할을 감당할 혁명계층이라고 지칭하고 있습니다. 그 이유는 피고인 등과 같은 젊은 근로자들이 국가 발전에 관한 소명 의식의 부족 등 공허한 이상론에 빠져 있기 때문입니다. 국가 안정과 사회질서 유지의 필요성이 그 어느 때보다 절실히 요구되는 이 시점에서 피고인들의 시위는 사회적 불안을 조성할 위험이 현저한 것이므로, 냉엄한 법 질서에 따라 엄한 처벌을 받아 마땅하다고 생각합니다. 더구나 피고인 등은 민주노조, 주체성, 부정부패 및 비리 등을 운운, 마치 사회 전체가 부패한 것처럼 현실을 오도하는 등 본건에 대하여 전혀 뉘우치는 바가 없으므로 다음과 같이 선고하여 주시기 바랍니다.

피고인 방용석, 정선순, 이옥순에 대하여 각 징역 3년, 양승화에 대하여는 징역 2년을 구형합니다.

반공이데올로기로 시종하고 자유와 민주주의가 공허한 이상론에 불과하다는 궤변에 의거하여 중형을 내린 이와 같은 논고에 대해, 이돈명, 홍성우, 황인철 변호사는 "이 사건에서 도대체 누가 가해자이고 누가 피해자인가" 반문하며, 폭력을 자행하여 문제를 유발시킨 가해자는 버젓이 대로를 활보하고 가공할 폭력의 희생자인 정선순 조합장을 비롯해 피고인들은 "의식 있고 각성된 노동자는 이 나라의 산업사회에 발붙이도록 용납할 수 없다는, 군국 일제 치하나 나치 독일에서나 있음직한 노동정책"의 희생자라고 항변했다.

양병욱은 1983년 4월 30일 변호인 증인 신문에서 다음과 같은 식으로 자신이 저지른 일에 대해 발뺌하거나 호도했다.

문 증인은 1982. 9. 27. 13:00경 증인을 비롯하여 김준호, 김덕수, 위동련 등 남자 조합원, 강정순 등 여자 조합원 도합 약 40여 명이 불시에 노동조합 사무실을 점거하여 조합장 정선순을 제외한 모든 조합간부 조합원들을 밖으로 내쫓고 위 정선순을 그 이튿날 05:30경까지 그곳에 감금한 사실이 있는가요.
답 감금한 것이 아니고 대화를 하기 위하여 같이 있었습니다.
문 증인이 위 조합 사무실을 점거할 때 조합 사무실 밖에서는 본사 사원 등 약 100여 명이 조합 사무실을 둘러싸고 조합원들이 사무실로 들어오지 못하도록 실력으로 제지하고 있었던 것이 사실이지요.

답 그때의 분위기로 보아 대강 알 수 있었으나 밖에 나갔다 온 사람들도 이야기하지 않아 밖의 상황은 알지 못하였습니다.

문 증인들이 사무실 점거, 조합장 감금 행위를 한 것은 누구의 지시에 의한 것이었는가요.

답 지시를 받은 사실이 없습니다.

문 그때그때의 상황에 따라 외부에서 지시 전화가 온 것은 누구로부터 온 것인가요.

답 지시 전화는 없었으며 공원 박영수와의 통화 내용은 "더 이상 대화해도 소용없으니 끝내라"라는 내용이었습니다.

문 증인은 정선순 조합장을 감금하고 그에게 온갖 욕설과 폭언, 협박을 하여 조합장직 사퇴서를 쓰도록 요구하였다는데 사실인가요.

답 공갈, 협박은 하지 않았으며 단체협약, 임금인상 등 처리 못한 것 책임지고 사표 쓰라고 하였습니다.

문 증인은 정선순 조합장을 9. 28. 새벽까지 잠을 재우지 않은 것은 물론이고 소변도 사무실 바닥에 플라스틱 통을 놓아 주어 거기에 보게 하며 세멘 바닥에 무릎을 꿇리어 놓고 돌아가며 사표 강요를 하였지요.

답 무릎을 꿇린 일 없으며 의자를 주니 그곳이 편하다고 앉아 있었습니다.

문 증인은 증인 입으로 정선순 조합장에게 "쌍년" "개 같은 년" "옷을 싹 벗겨서 세워 놓기 전에 사표를 써라" 따위의 언동을 하였다는데 사실인가요.

답 욕설을 한 사실은 없습니다.

문 9. 28. 새벽에 정선순 조합장을 업어다가 정문 밖에서 누구에게 인계하였는가요.

답 모릅니다.

양병욱의 진술 중에서 유일한 진실은 다음과 같았다.

문 결국 정선순 조합장과 그 집행부가 조합원들의 절대다수의 지지를 받고 있기 때문에 규약에 정한 적법절차를 통해서는 그들을 물러나게 할 수 없다고 판단했기 때문에 이번과 같이 폭력을 행사할 수밖에 없었다는 건가요.

답 네.

양병욱 이외에 회사 측 다른 증인들도 거의 이런 식으로 자신들의 잘못을 부인하거나 호도하는 데 급급했다.

최후진술

차언년 대의원은 2월 5일의 최후진술에서 "우리한테 사회 불안을 야기시켰다고 검사님은 말하는데 바로 검사님 같은 분이 사회 불안을 야기시키고 있는 것입니다. 우리는 노동 현장과 민주적이고 자율적인 노동조합을 요구할 뿐"이며, "노동조합을 파괴하는 역할을 하여온 노동부는 당연히 없어져야 합니다"라고 주장했다.

김숙자 대의원은 "우리가 마지막 십자가를 지고 다시는 이런 일로 고통당하는 노동자들이 없기를 바란다"고 진술했다.

몸이 아파서 불구속 상태에서 재판을 받은 이제호 부조합장은 노동자들은 다만 "정의가 통하는 사회"를 바라는 것이라고 말했다.

박순애 부조합장은 "폭력으로 노동조합을 점거하고 조합장을 장시간 감금한 상황에서 최선의 방법이라고는 당하는 것밖에 없었습니다. 정말 그 비참함은 팔레스타인 난민 학살사건과 다를 바가 없었으며, 죽지 않은 것만 다를 뿐이라고 생각합니다. 어떻게 인간이 인간을 쓰레기장에 내다버리는 일을 할 수 있습니까? 정부 당국은 이렇게 당하기만 한 저희들만을 구속시켰습니다. 힘 없는 자들만이 당하는 거꾸로 된 현실이 어떻게 복지사회이며 정의사회라고 말할 수 있겠습니까?" 하고 반문하고, "공부 많이 한 사람들일수록 옳고 그른 것을 잘 판단하는 줄 알았는데 그렇지가 않은 것 같습니다. 돈 많은 사장의 목숨이 귀한 만큼 가난한 우리 노동자들의 목숨도 귀중한 것입니다"라며 잘못된 현실을 신랄하게 비판했다.

이옥순 총무는 "폭력 앞에 폭력으로 맞서지 아니하고 비폭력으로 당하기만 한 채 또 이 자리에 서게 되는 비극을 한탄합니다. 정말이지 이 나라가 염려되지 않을 수 없습니다. 수 년 동안 기계 앞에 서서 허기진 배를 움켜쥐고 일에 찌든 우리는 기계가 아니었기에 인간답게 살아보려고 애썼으며 인간이었기에 고귀한 생각을 할 수 있었습니다. 사장이 부도를 내고 도망갔을 때 우리들은 힘을 합쳐서 기업을 정상적으로 키웠습니다. 그리고 열악한 노동조건 속에서도 하나하나를 개선해 가면서 10여 년을 묵묵히 일해왔는데, 하루아침에 해고라니 이건 또 웬 말이며, 어제 해고하고 오늘 '3자 개입'이라니 이건 또 웬 말입니까? 코에 걸면 코걸이, 귀에 걸면 귀걸이가 이 나라의 법이란 말입니까? 모든 법은 약자를 대변하고 공정해야 합니다. 그러기에 노동자를 괴롭히고 노동운동을 제약하는 노동악법은 반드시 철폐되어야 합니다"라고 발언했다.

양승화 부조합장은 "노동자들의 아픔을 모든 사람이 함께 나누어 가지는 그런 사회가 되기를 기원하면서 너무나 현 사회와 똑같기 때문에 최후진술로 대신"한다면서 다음과 같은 성서 구절을 읊었다.

야훼여! 살려달라고 울부짖는 이 소리, 언제 들어주시렵니까? 호소하는 이 억울한 일, 언제 풀어주시렵니까? 어인 일로 이렇듯 이 애매한 일을 당하게 하시고, 이 고생살이를 못 본 체하십니까? 보이느니 약탈과 억압뿐이요, 터지느니 시비와 말다툼뿐입니다. 법은 땅에 떨어지고 정의는 끝내 무너졌습니다. 못된 자들이 착한 사람을 등쳐먹는 세상, 정의가 짓밟히는 세상이 되었습니다.

-「하박국」1장 1절~4절

정선순 조합장은 "증인으로 나왔던, 폭력에 앞장선 양병욱 씨는 가난하기 때문에 자그마한 돈 몇 푼에 유혹을 받고 폭력을 했겠지만, 그는 언젠가는 또다시 회사에 이용당한 것을 후회하게 될 것이라고 믿습니다"라고 말했다. 양병욱은 폭력 사태 이후 일당이 500원 인상되는 특혜를 받았는데, 나중에 결국 해고당하고 만다.

박순희 전 부지부장은 한국모방 시절 노동조합이 회사를 살리고 신협 등을 통해 조합원들로 하여금 근로 의욕을 갖게 한 결과 1979년 원풍모방이 16억 원의 순이익을 올린 일을 상기시키면서, "어찌 하여 노동자들은 말만 잘해도 도산, 글씨만 잘 써도 도산, 친구가 많아도 도산, 현장에서 모범적으로 일만 잘해도 도산으로 몰아붙인단 말입니까? 노동부는 권력의 꼭두각시가 될 수 있을지 몰라도 우리는 그 누구의 꼭두각시가 될 수는 없습니다. 어찌하여 이 나라 노동자들은 이렇게 바보, 등신, 천치만 모여 있는 것으로 몰아붙인단 말입니까?" 하고 울분을 토했다. 이에 판사의 제지를 받았으나, 씩씩하게 최후진술을 해나갔고, 마지막에 가서는 "구치소 내에서 유독 우리에게만 적용하고 있는 차별적 대우를 철회하지 않을 경우 오늘 이 시간 이후부터 관에서 지급하는 모든 것을 거부할 것임을 선언"했다.

방용석 전 지부장은 "자율적이고 민주적으로 10년 동안 운영되어 온 원풍모방 노동조합 파괴는 그 참상이 바로 이 나라 정치적인 구조와, 정치를 어떻게 끌고 가고 있는가를 명백하게 증명한 사건"이라고 전제한 뒤, "민주노동운동의 정착이라는 것은 그 국가의 민주주의 여부를 가름하는 척도라고 생각합니다. 그런데 지금 가해자가 아닌 피해자를 잡아다 세워놓고 재판을 하는 세상이 어찌 거꾸로 된 세상이 아니라고 하겠습니까? 원풍모방 노동조합 파괴! 이 사태는 노동쟁의가 아닙니다. 회사에 의해 노조의 정상적인 운영을 침해당한 폭력입니다. 그렇기 때문에 우리는 피해자입니다"라고 주장했다. 나아가 "원풍모방 노동조합을 때려잡는 이러한 작태는 국가와 민족을 위한 것도 아니고 법과 질서를 유지하기 위한 것이 아니라 현 정권의 권력을 유지하기 위한 것이라고 확신합니다. 이렇게 허약한 정부 밑에서 한 사람의 백성으로서 살아가는 것이 얼마나 가슴 아픈 일인가를 생각하게 됩니다" 하고 말하며, 재판 결과가 어떻게 나오든 자신은 죄가 없다, 왜냐하면 법이 잘못 되었기 때문이라고 당당하게 밝혔다. 그는 히틀러 정권 당시 재판관을 지냈던 사람이 히틀러 정권이 무너지고 난 다음에 전범재판소에서 종신징역형을 선고받은 일을 상기시키다가 판사의 제지를 받기도 했다.

1심 재판에서는 노동쟁의조정법상 '제3자 개입' 혐의가 논란이 되기도 했다.

'제3자 개입금지' 조항은 1980년 노동법 개정 때 신설한 조항으로, 당시 노동조합법 12조 2항 및 노동쟁의조정법 13조 2항은 "직접 근로관계를 맺고 있는 근로자나 당해 노동조합 또는 법령에 의해 정당한 권한을 가진 자를 제외하고는 누구든지 노동조합의 설립·가입·탈퇴 및 사용자와의 단체교섭에 관해 관계 당사자를 조종·선동·방해하거나 기타 이에 영향을 미칠 목적으로 개입하지 못한다"고 규정하고, 이를 어길 경우 3년 이하의 징역이나 500만 원 이하의 벌금에 처하도록 했다. 이는 사실상 노동조합을 사회적 지원으로부터 고립 분산시켜 무력화하고 탄압하려는 대표적인 악법 조항이었다. 노동자들이 헌법에 의하여 보장된 노동삼권을 적절히 행사할 수 있기 위해서는 노동 문제 전문가나 학자 혹은 법률가 등 제3자의 조언이나 조력을 받아야 할 필요가 있는데도, 위 규정이 이를 제한하고 있어 위헌이라는 주장도 제기될 수밖에 없었다.[8] 게다가 원풍모방의 경우, 특히 박순애와 이옥순은 해고당한 다음 날 자기 회사에 제3자로서 개입했다고 기소되어 실소를 자아내게 할 정도였다.

1심 재판 결과는 [표 27]과 같다.

[표27] 원풍모방 노동조합 구속자 제1심 재판 결과

이름	구속일자	적용 법조항	구형	선고
차언년	82.10.15	집시법 위반	단기 1년 6월 장기 2년	징역 10월
김숙자	상동	상동	2년	징역 10월
박순애	82.10.7	노동쟁의조정법 위반	2년	징역 1년
이제호	상동	상동	1년	징역 10월
방용석	82.11.17	상동	3년	징역 1년 6월
박순희	상동	상동	3년	징역 1년 6월
정선순	82.11.16	집시법	3년	징역 1년 6월
양승화	상동	상동	2년	징역 1년
이옥순	상동	집시법, 노동쟁의 조정법 위반	3년	징역 1년 6월

교도소 안팎의 투쟁

구속된 노조간부들은 세 차례에 걸쳐 단식투쟁을 했다.

제1차는 2월 17일부터 5일간으로, 책과 편지에 대한 규제 완화 등을 요구했다. 제2차는 4월 30일부터 5월 16일까지 16일간으로, 노동운동 말살정책 중지와 원풍노조 정상화 촉구, 양정모와 폭력배 처벌, 구치소 내 차별 대우 철폐 등을 내걸었다. 제3차는 7월 7일부터 7월 15일까지로, 2차 때의 요구 사항에 공정한 재판, 국제그룹 상품불매운동 전개 등을 내세웠다.

차언년은 1차 단식 때 다른 간부들이 단식에 들어갔다는 사실을 뒤늦게 알고는 무조건 단식을 시작했다. 그러자 교도소장이 단식을 하는 이유를 묻는다. 차언년은 다음과 같이 대답한다.

> 그때 요구조건이 뭐였어? (웃음) 그래 내가 두 가지를 걸었지. 첫째, 우리 지부장님을 만나게 해달라. 둘째, 대통령 만나게 해달라. (폭소) 아니, 뭐를 알아야지.
>
> —제2권, 268쪽

차언년은 나이는 비록 어리지만 5월 3일 항소심에서 최후진술을 하다가 여러 차례 제지를 받았고, 마침내 정리에 의해 강제로 끌려 나갈 만큼 당찬 투쟁을 벌였다.

> 판사님, 밤낮으로 우리나라 경제를 위하여 청춘을 다 바쳐 일했건만 그 대가가 감옥이란 말입니까? (판사 제지) '공장 일을 내 일처럼'이란 표어 밑에서 일한 노동자는 해고와 감옥이란 훈장을 붙

여주고 산업훈장을 타는 사람은 따로 있습니다. 민주적인 노동조합을 파괴하는 것은 민주주의 나라라고 할 수 없습니다.(판사 제지) 해고는 인정할 수 없습니다. 억울합니다.(교도관에 의해 강제로 끌려나가다)

다음 날, 차언년은 "1982년 9월 27일 현장에서 일을 하고 있는데 낮 13시경 회사 측 간부와 현장에서 같이 일을 하고 있는 남성 조합원이 노동조합 문을 못질하고 우리들을 들어가지 못하게 하는 것을 보고 분노를 아니 느낄 수 없었습니다. 9월 27일부터 추석날 새벽 4시 45분까지 농성을 했으나 아무런 해결을 보지 못했습니다. 노동부가 정말 노동자를 위한 기관이라면 해결할 수 있는 방법을 찾아주어야 도리라고 생각합니다. 그런데 노동부는 회사 측 앞잡이 노릇을 하니 이 어떻게 된 일입니까? 6년 10개월 동안 열심히 일한 대가가 해고라는 것은 상상조차 할 수 없는 일입니다. (중략) 우리나라 경제를 위해 출근하는 시민들과 차단시킨 것은 잘못했다고 생각하고 반성하고 있습니다"라는 내용의 그 진의(?)가 의심되는 반성문을 쓴다.

특히 2차 단식투쟁 때는 상황이 심각했다.

단식을, 단식을 세 번을 했는데 첫 번째 단식은 나도 몰랐어. 그 다음에 두 번째 단식이 있었어. 그때는 내가 (**)을 했어. 단식을 했는데 이게 최종적으로 나한테 걸린 거야. 나한테만. 내가 단식을 하면 방안에 있는 식기고 뭐고 싹 밖에 복도에다 내버리고 복도에서 안으로 또 집어넣으면 들어가서 밖으로 내버리고 이러구서 단식을, 그러니까 싹 안 먹는 거야. 하루에 딱 물 한 양재기만, 냉수 한 양재기만 먹구 했는데, 내가 혈압이 점점점 떨어지고 몸이 그렇게 되니까 진짜루 큰일난 거야, 이게. 교도관들도 큰일 났다고 생각하고 가족들도 큰일났다고 생각하는 거야. 그래서 죽겠다 이렇게 나오는 거야. 그랬더니 가족들이 종로 5가에서 막 농성도 하고 그랬었어요. 심각해지니까 나중에 의사를 이제 들이댄 거야. (중략) 그러니까 무서워갖구 의사가 도망가구, 그렇게 하구 단식을 한 게 16일이야. 그러니까 나중에 최종적으로 안 되니까 지학순 주교가 법무부 장관을 만나고 이래가지고 인제 오신 거야. 박형규 목사도 왔었지, (**) 변호사도 왔었지, 나중에 지학순 주교 나중에 발칵 뒤집혀가지고 인제 그래가지고 헐 수 없어 가지고 단식을 풀었으니까 그때가 아마 그 얘기가 아닌가 싶어.

－제2권, 270쪽, 방용석

단식이 장기화되자 가족들은 애가 탔다. 이에 조합원들과 대책위원회 위원들이 5월 12일 기독교회관에서 가족들과 함께 성명을 발표하고 아래와 같은 현수막을 써서 내건 다음 40여 명이 동조 단식에 돌입했다.

"원풍노조를 정상화하라!"

"양심범 차별대우를 철폐하라!"

"8명의 구속자를 석방하라!"

여기에는 함석헌을 비롯하여 고영근, 이해동, 문익환, 조화순, 오충일, 김동완, 권호경, 박창빈, 성해용, 인명진, 김춘영, 정명기, 안광수 목사 등과 이문영 교수, 한명희, 정인숙, 최순영 등 노동운동가들, 그리고 EYC 회원들이 참여했다. 단식농성의 열기가 고조되고 더 크게 확산될 기미를 보이자, 경찰은 5월 14일 새벽 5시 30분경 병력 100여 명을 동원하여 농성 장소에 난입하여 강제로 단식투쟁을 해산시켰다.

이후 지학순 주교, 함세웅 신부, 박형규, 김준영, 김소영, 인명진 목사 등이 구속자들을 특별면회하여 결국 5월 16일 단식을 중단하게 된다.

'원풍모방 노동조합 문제를 위한 대책위원회'는 이후에도 당국의 원풍모방 노동조합 탄압에 항의하는 기도회를 5월 25일 홍제동 성당에서 1500여 명이 참석한 가운데 개최하는 등 구속자들의 석방과 노동조합 정상화를 위해 많은 애를 썼다. 물론 원풍모방 조합원들은 비록 뿔뿔이 흩어졌어도 재판 때나 농성 때 긴밀하게 연락을 취해 가능한 인원들이 참석하여 구속자들의 용기를 북돋워주는 일을 게을리하지 않았다.

구속 간부들은 1983년 8월 12일 광복절 형집행정지(특사)로 모두 석방된다. 차언년은 만기출소를 하루 앞두고 특사의 '은전'을 받고 석방되는 셈이었다. 이날 전국 교도소와 구치소에서 풀려난 사람은 공안사범만 해도 134명에 이르렀다.

영등포 산선과의 결별

감옥에서 나온 노조간부들에게 다시 한 번 힘든 순간이 찾아왔다. 익숙한 적과의 싸움이 아니라서 더욱 난감했다. 그들은 이미 산선의 태도가 어떻다는 것을 알고 있었다. 산업시찰을 다녀오면 취직을 알선하겠다, 원풍을 더 이상 조직화하지 말고 교인 수준에서 개별적인 관계를 맺으면 좋겠다 하는 등등의 이야기가 인명진 목사의 입에서 나왔다. 나아가 박순희 부지부장은 JOC 활동가이니까 더 이상 산선에는 오지 않았으면 좋겠다는 말까지 나왔다는 것도 알고 있었다. 그렇더라도 당장 기댈 언덕이 없었다. 노동조합은 1983년 9월 4일 산선에서 조합원 총회를 열어 다음과 같은 사항을 결의했다.

- 원풍모방 노동조합의 정통성을 주장하며 법외노조 활동을 계속한다.
- 노동조합 업무 진행을 위하여 상근자 1명을 두고 조합비를 매월 갹출한다.
- 매월 첫째 주 일요일 오후 2시를 조합원 전체 정기 모임일로 한다.

'법외노조'라는 게 낯설기는 하지만, 이로써 다시금 힘을 내어 민주노조로서 원풍노조의 정통성을 확보하는 길고 지난한 싸움이 시작되는 셈이었다. 마침 9·27 사태 1주년이 다가오기 때문에 노동조합은 기념행사를 외부에 자신들의 건재를 알리고 내부적으로도 결속을 다질 기회로 삼자고 결정했다.

9월 18일, 일요일 예배를 마친 방용석, 정선순, 양승화, 최영숙, 황선금 등 간부들은 크리스천아카데미 신인령 간사와 사랑방에서 모임을 갖고 9·27 사태 1주년 행사에 대해 논의를 하고 있었다. 이때 한명희(콘트롤데이타)가 와서 인명진 목사가 화가 많이 났으니 빨리 3층 교회당으로 오라고 말했다. 3층 교회에서는 산업선교회의 명칭 변경 등 몇 가지 중요 사항에 대한 대한예수교장로회 총회의 움직임을 세례교인들에게 보고하던 중이었다. 원풍모방 노조간부들은 행사 논의를 일단 중지하고 서둘러 올라갔다. 잠시 후 인명진 목사가 나타났다. 그러더니 올라간 간부 네 사람을 향해 다짜고짜 호통을 치는 것이었다. 결국 간부들은 나오는 수밖에 없었다.

원풍노조는 9·27 사태 1주년을 오전에는 자체 평가, 오후에는 강의, 저녁에는 원풍의 역사를 이야기하는 등 1주일간 산선 지하실 방에서 하기로 결정했다. 그 사이에 노조간부들은 인명진 목사와 이야기를 해보기로 했는데, 9월 29일 오후 3시경에야 비로소 대화를 시작할 수 있었다.

인명진 개인적으로 그런 것이지 원풍에 아무런 감정이 없다. 원풍에서 감정을 집단화시킨 것이다.

원풍 개인이 그랬다면 개인이 나가라고 그래야지 왜 원풍을 나가라고 하는가. 그리고 여기는 원풍 사무실이 아니라고 하지 않았는가. 그렇게 말해 놓고는 어떻게 원풍에 감정이 없다고 할 수 있는가.

인명진 원풍이 무조건 잘못했다고 하면 이제까지 일은 없었던 걸로 하겠다. 원풍이 산선에 세든 것 아니지 않느냐. 그렇기 때문에 산업선교 프로그램에 따라야 한다. 한 기관에 두 조직이 있을 수 없다. 또 그것을 용납할 수 없다. 원풍 조직이 따로 여기를 쓰려면 임대료를 내야 한다. 무조건 지원해줄 수 없다.

신철영 인 목사님한테 원풍 나가라고 한 것에 대해 취소하지 말고 계속 밀고 나가라고 이야기한 사람이다. 나도 원풍이 나가야 된다고 생각한다. 왜냐하면 다른 많은 해고자들이 밖에서 고생하는데, 원풍도 나가서 고생해봐야 된다고 생각한다. 원풍이 나가더라도 쫓아냈다 쫓겨났다 말하지 말고 서로의 발전을 위하여 나간 것으로 이야기 좀 해주었으면 좋겠다.

송진섭 원풍은 이제 스스로 딛고 일어설 때가 되었다고 생각한다. 영등포 산선에서는 더 이상 원풍 사람들을 지도할 능력이 없다. 원풍은 우리로부터 더 이상 배울 것도 없다고 생각한다.

차언년 우리는 불을 지르고 죽기 위해 싸우는 게 아니고 생존권을 찾기 위해 싸우는 것이다. 원풍을 위해 감옥까지 가겠다는 사람이 어떻게 그릇된 지도노선을 따라서라는 호소문을 냈으며 자신을 위해 피신까지 했느냐?

송진섭 모든 간부들이 어디서 있는지도 모르고 싸울 생각이 없는 것 같아 나도 피신을 했다.

차언년 감옥 갈 생각을 한 사람이 간부들을 찾아보지도 않고 그릇된 지도노선을 따르지 말라고 말할 수 있느냐?

송진섭 그 문제에 대해선 미안하게 생각한다.

차언년 제가 이야기 듣기로는 잘못했다고 사과까지 했다는데 산선에서 나가라고 해요?

인명진 차언년, 니가 목사 되어서 그렇게 해라. 나는 그렇게 못하니까 니가 그렇게 해라.

노금순 (무어라 말을 하려는데)

인명진 너는 여기 다니지도 않으면서 말하느냐? 여기서는 그렇게 못하니까 가톨릭 가서 해라. 나는 원풍을 위하여 해줄 만큼 해주고 지금까지 원풍을 키워왔다.

박혜숙 어떻게 목사님이 그렇게 말씀하실 수 있느냐? 물론 산선에서 우리를 위해 많은 노력과 힘써 준 것은 사실이다. 그렇지만 그것은 내가 얼마만큼 해줬다고 말할 부분이 아니다. 산업선교가 우리에게 도움을 주었듯이 원풍 역시도 산업선교를 위해 많은 노력을 했기에 그것을 그런 식으로 논할 부분은 아닌 것 같다.

더 이상 대화는 무의미했다. 노동조합과 산선은 서로의 입장이 어떻게 다른지 정확히 파악할 수 있었다. 노동조합은 산선과 다투는 게 외부에 알려지면 정부나 제3자들만 좋아할 거라는 데 의견을 모았다.

손은하 전도사는 1983년 1월 9일 사퇴한 명노선의 후임으로 부임한다. 그날 영등포 산선의 노동교회는 성문밖교회로 이름을 바꾸었다. 이근복 목사(당시는 전도사)는 1984년 5월 20일 인명진 목사가 사임하고[9] 그 후임 총무로 부임한다. 그는 그 무렵의 분위기를 이렇게 전한다.

1980년 무렵으로 정권을 잡은 전두환 군사정권의 산업선교에 대한 왜곡보도는 효과가 컸습니다. 일반인은 물론 교회 지도자들까지도 곱지 않은 눈길로 영등포 산업선교회를 주시하였고, 무엇보다 큰 타격은 노동자들이 영산을 무서워하게 된 것이었습니다. 원풍모방 노조 등 영산의 주축을 이루던 현장노동자 조직이 권력에 의해 와해되고 노동자들이 당산동 근처에 오기조차 꺼리는 상황은 정말 위기상황이었습니다. 그때 강화한 것이 성문밖교회의 예배와 성경공부, 그리고 여러 가지 다양한 프로그램이었습니다. 어떤 권력도 방해할 수 없는 예배는 새 힘을 주었으며, **온건한** 활동은 미래를 키우는 토대가 되었습니다.[10]

이런 진술은 당시의 사정을 좀 더 명확하게 해준다. 그때부터 영등포 산선은 한때 1000여 명이 넘던 회원 수가 100여 명으로 줄어들었지만, 무엇보다도 노동자들의 신앙에 초점을 맞추어 '온건하게' 활동을 해나갔다는 점이 큰 차이점이었다. 〈크리스찬신문〉(1985년 3월 30일자)은 성문밖교회의 변화에 대하여 "근로자들의 신앙과 올바른 생활 지도를 위한 성경공부와 성경학교, 그리고 근로자의 집을 수시로 심방하거나 교회로 불러서 신앙과 생활 문제들을 상담하는 목회상담, 이밖에 근로자들의 신앙심의 활기를 불어넣기 위한 부흥회가 있다"고 소개하고 있다. 산선은 이 무렵 이미 '산업선교'에서 실질적으로 벗어나 과거의 '산업전도' 형태로 선교 방식을 바꾸었다고 해도 과언이 아니다.

방용석 지부장은 원풍노조의 당시 입장을 이렇게 정리한다.[11]

감정도 있었지만 감정의 문제는 아니었고 입장의 차이입니다. 영등포 산업선교회의 입장의 변화가 생긴 것입니다. 우리는 노동조합을 더 강화하고 조합원들의 역량을 키우기 위해 산업선교회가 필요한 것이지요. 산업선교회를 왜 다녔느냐? 노동조합을 강화하기 위한 것이다. 그런데 산업선교회는 산업선교회를 더 잘 키우기 위해서 노동조합원이 필요했던 겁니다. 그런데 노동조합이 이미 깨져 나온 상태니 '더 이상 이 노동조합은 필요하지 않다. 노동자만 필요하다.' 이런 느낌이 있습니다. 노동자까지 필요없다 그 얘기는 아니었을 겁니다. 그래서 우리는 83년 9월 27일 토론을 통해 이렇게 정리한 겁니다. '우리는 노동조합을 계속한다. 사업장 내 노동조합이 아니라 법외노동조합을 계속한다. 원풍회사를 상대로 국가를 상대로 싸울 수 있을 때까지 계속 싸운다' 하는 것이 원풍노조의 결정 사항이었고 따라서 영등포 산업선교회에서 원풍노동조합은 나간다. 이렇게 한 것이지요. 그래서 당시 영등포 산업선교회 회원이었던 많은 사람들 중 이옥순 씨[12] 등 두세 사람을 빼고는 다 탈퇴하고 나온 것이지요. 그리고 밖에서 활동을 한 겁니다. 물론 회사는 못 나갔지만 계속하여 전두환 정권의 잘못을 비판하면서 시위하고 연대투쟁하고 하면서 활동한 것입니다. 따라서 영등포산선과의 문제는 감정의 문제가 아니라 입장의 문제였다고 하는 것을 분명히 알 필요가 있다는 것입니다. 이 같은 결정은 인명진 목사, 이근복, 손은하, 신철영, 송진섭 씨 등이 함께한 자리에서 결정된 것입니다.

10월 4일, 원풍모방 노동조합은 영등포 산선과 맺어온 관계를 공식 적으로 청산한다고 선언했다.

제2장 한국노동자복지협의회 창설

『원풍회보』 발간

말이 법외노조였지, 실상은 오갈 데도 없이 다시 맵찬 겨울바람 속
으로 들어간다는 뜻이었다. 당장, 한 달에 한 번 정기모임을 어디에서
갖는가도 큰 고민이었다. 간부 모임이나 부서별 모임은 간부들 집을
돌아가며 겨우겨우 꾸려갈 수 있었는데, 문제는 조합원 정기모임이었
다. 어떤 때는 할 수 없이 관악산을 찾기도 했다. 이렇듯 열악한 조건
속에서도 노동조합을 되찾겠다는 원풍노조 조합원들의 의지는 꺾이
지 않았다. 월례 모임 때에는 대개 70여 명의 조합원들이 모여 노동운
동의 전반적 상황을 점검하고, 정치·경제 등 주제별 강의를 실시했다.

한편, 귀향을 하거나 취직을 했어도 멀리 있어서 얼굴 한 번 비치기
도 쉽지 않은 조합원들을 위하여 정기적으로 소식을 전할 매체의 필요
성이 대두되자, 논의 끝에 동일방직 해고노동자들이 다달이 『동지회
보』를 내는 것처럼 월간 소식지를 발간하기로 결정했다. 『원풍회보』는
이렇게 해서 1983년 11월 창간호를 선보이게 된다. 창간호는 『원풍소
식』13)이라는 이름으로 발행했다. 거기에는 '우리의 주장', 정선순 조합

직포과 부서 모임

장의 '인사말', 9·27 사태에 대한 이영순의 회상기, 장남수의 시, 사건
일지, 그리고 다른 민주노조의 활동소식 등이 실렸다. 물론 원풍모방
조합원들의 근황을 알리는 것도 중요한 일이어서, 예컨대 창간호에는
윤춘원, 김두숙, 이영자, 노영순, 박순자, 송미순 등의 결혼 소식이 소개
되고 있다. 제2호부터는 외부 소식의 비중이 점점 커지기 시작하는바,
이제 원풍모방 조합원들이 새로운 노동운동의 흐름에도 적극적으로 동
참하기 시작했다는 뜻이었다. 매호 원풍노조 약사(略史)와 탈춤반의 탈
춤이나 촌극 대본이 실렸다. 생계를 위해 다른 공장에 취직한 조합원들
의 수기, 일기, 편지 등도 본명 혹은 가명으로 게재되기 시작한다.

취직한 조합원들은 원풍모방에 있을 때와 비교할 수 없을 정도로 큰
고통을 겪는다.

작업반장의 고함소리는 오늘도 변함없다. "작업량 달성해야 퇴

근이다!" 미싱 돌아가는 소리, 시다들의 망치 소리는 높아만 간다.
〈나는 세계로 수출하는 상품을 만들고 있다〉 칠판에 크게 쓰여진
공장장의 글씨가 눈앞에 아른거리며 온몸이 뻐근해온다. 길게 허
리를 펴고 보니, 창밖엔 짙은 어둠이 깔려 있다. 금력과 권력의 잔
인한 폭력에 밟히고 찢긴 아픈 상처를 부둥켜 안고 찾은 제2의 작
업장은 수출 가죽잠바! 100원짜리 빵 한 개와 요구르트가 시다판
위에 던져진다. 오늘은 몇 시까지 잔업일까? 철야일까? 하루 13시
간에서 16시간. 바쁠 땐 무조건 철야. 출근은 일찍, 퇴근은 불확실
한 이 공장에 출근한 지도 벌써 4개월이 지난 날이다. 한 동료가
"작업 명령에 불복종했다"는 이유로 온몸에 시퍼렇게 멍들도록 공
장장에게 두들겨 맞았다. 울기만 하는 어린 미싱사에게 "얘, 언제
또 이런 일을 당할지 모르니 그냥 넘기면 안 돼" 하며 항의할 것을
권면하자, "언니, 그만둘래요. 인간적으로 불쌍해서 용서할래요.
이곳을 떠나면 그만이지, 뭐." 신발짝으로 두들겨 맞고서도 인간
적으로 불쌍하니 용서란다. 그런데 다음 날 또 다른 미싱사가 그
자에게 이유도 없이 뺨을 맞았다. 나는 82년 9월 27일의 사태를
연상하며 온몸에 소름이 끼쳤다.

−황선금, 「현장이야기」, 제2호

1983년 5월 22일 일요일

새벽 6시 30분에 집에서 나가 10시 30분쯤 집에 돌아오는 생활
의 연속에서 모처럼 쉬는 휴일을 맞아 시내엘 나가보니 웬일이니!
사람들 옷차람이 너무 얇어! 대낮에 밖에 나와봤어야지. 내 옷차림
이 너무 더워 땀이 다 났다.

−니콜라스, 「일기」, 제2호

1983년 8월 1일

무척 우울한 하루였다. 오후 4시경 눈이 아프고 온몸이 찌뿌둥해 오는데 갑자기 "손가락이 짤렸대!" 비명 소리가 들리며 모두 작업하다 말고 모두 창가로 몰려간다. 회사 운동장엔 어느 남자가 자가용에 실리고 있었다. "누구니?" "얼마나 다쳤다나?" "왜 다쳤다니?" 질문들을 해댔고, "○○아저씨래. 둘째손가락이 짤렸나 봐." ○○이 어느새 알고 왔는지 대답한다. "어떡하니?" 모두 울 듯 한 표정들이다. 일할 생각들도 잊은 채 멍하니 서 있는데 시선이 따갑게 와닿아 반사적으로 고개를 돌리자 거긴 직장이 팔짱을 낀 채 쏘아보고 서 있다. 그제서야 다들 자리로 돌아가 기계를 돌리기 시작했다. 두렵고 침울한 표정들로……. 그 아저씨의 가족은 몇 명일까? 앞으로는 어떻게 살아갈까? 걱정된다. 손가락이 4개나 짤려 손을 감추는 게 습관화된 남자도 있었다. 그는 이제 스물네 살에 홀어머니를 모시고 산다고 했는데…….

－김혜숙, 「일기」, 제4호

84년 ○월 ○일

아침부터 비가 내린다.

오늘은 내가 봉제공장에 들어온 지 꼭 1년 되는 날이다. 미싱사 되기는 참으로 고달팠다. 시다 생활 1년 동안 출근 시간부터 퇴근 시간까지 고개를 땅에 박고 다리미질을 하다보면 어깨가 아프다 못해 쥐가 나서 움직여지지도 않고 고개를 들면 앞이 안 보인다. 남들이 보기엔 앉아서 하는 일이 편하게 보일지 모르지만 오히려 더 힘든 것 같다. 추운 겨울에는 차디찬 풀을 만지면서 일을 하려면 손이 곱아 손가락을 다리미에 녹여가며 일을 하고 퇴근 후에는 뒷마무리를 하고 나면 혼자 남아 정류장으로 걸어갈 땐 서글프기 짝이 없다.

출근 시간 때면 콩나물시루 차 안에서 "내 가방" "내 가방" 하는 비명 소리와 이리저리 밀려 김칫국물이 새어 나와 주위에서 얼굴 찌푸리는 모습을 대하면 나는 죄인이 되어 고개가 쭐아든다. 12시간 이상 일을 하고 텅 빈 자취방에 오면 그대로 쓰러지기 1년. 비로소 미싱다이에 올랐다. 미싱다이에만 앉으면 모든 고통이 사라지는 줄 알았는데 또 여기서도 경력이 낮은 자는 미싱사 취급도 하지 않고 업신여긴다. 오늘도 공장을 기웃거리며 시다 생활을 시작할 사람들이 있으리라. 나만이라도 새로 들어와 미싱을 배우는 동료에게 설움을 주지 않도록 따뜻이 대해야겠다.

－황영애, 「봉제공장의 하루」, 제7호

지각했다는 이유로 남자 동료 한 사람이 두들겨 맞았다. 그저께는 철야를 하고 어제는 11시까지 잔업을 하고 들어가 아침에 깜빡 늦잠이 들어 20분 늦게 들어온 죄(?)로 사장은 "이 개새끼, 이따위 정신 상태로 무슨 일을 하겠어?" 대뜸 플라스틱 파이프를 집어들더니 사정없이 두들겨 패는 것이 아닌가? (중략) 내가 다니는 공장은 종업원 30여 명가량의 조그만 봉제공장으로 사장은 기독교인이다. 매주 목요일 아침마다 1시간씩 예배를 본다. 예배 볼 때 사장 모습은 억지로 경건을 가장하고 폼을 잡는데 우습지도 않지만 어쩔 수 없이 우리는 울며 겨자 먹기로 무릎을 꿇고 임하는 수밖에 없다. 그런 거룩한 크리스천(?)이 매일 계속되는 잔업과 철야에 지친 종업원이 지각 좀 했기로서니 그렇게 폭행을 할 수가 있을까? (중략) 몇몇의 동료는 이때부터 예배를 보지 않았다. 점점 예배 보는 사람이 줄어들었다. 사장은 쫓아다니면서 "예배드리자"고 목요일 아침만 되면 성화를 해댔고 그래도 안 되니까 예배수당을 주겠단다. 그러나 예배수당이라니 너무 웃기는 거다. 종교의 자유가 있는 나라에서 자기 공장 종업원에게 예배를 강요하고 그것이 안 되니까 수당을 지급한다니. 문득 옛날 어느 시대에 천국 티켓을 팔았다는 말이 생각났다.

—박현순, 「예배수당 지급하는 사장의 횡포」, 제13호

(전략) 탈의실은 지하에 있는데 비가 오면 출입구가 한강이라 물을 퍼내야 되고 파리, 빈대, 쥐 등이 들끓어 불결하기 짝이 없다. 어떤 때는 쥐가 우리들의 도시락을 먹기도 하는데, 한두 번이 아니라 여러 번 거듭되자 동료들의 불평이 늘어 사무실에서 쥐덫을 놓고 고양이를 탈의실에 데려다 놓았는데 노린내와 털 때문에 골치가 지끈거린다. 그나마 넓기라도 했으면 좋으련만 방 한 칸 정도 되는 곳을 10여 명이 쓰고 있으니 출퇴근 때의 혼잡이란 이루 말할 수 없다.

—지영희, 「절이 싫다고 중이 떠나는가?」, 제20호

『원풍회보』에 실린 글 중에서 가장 인상적인 것 중 하나는 「그때의 폭력배들, 지금은?」(제10호)이다. 글이 실릴 무렵, 회사는 이전설과 폐업설에 휩싸이고 있었는데, 9·27 사태 당시 잔인한 폭력을 행사한 폭력배들의 '근황'도 그다지 화려하지 않아 보인다.

양병욱 82년 9·27 사태 때 조합장 얼굴에 칼을 들이대고 협박하며 폭력에 앞장섰던 장본인. 지금은 폭력을 주도한 동료들에게까

지도 고립된 채 서로 눈치보며 말도 못하고 외로운 나날을 보내며 후회하고 있다고 한다.

김준호 9·27 사태 당시 조합장을 노동조합에서 끌어내어 승용차에 싣고 화곡동에다 버렸고 KBS TV 화면에 얼굴을 내밀고는 회사가 있어야 노동조합도 있다며 노동조합을 우리 손으로 지키고 회사도 살리겠다던 그 충심은 인정되지 않고, 회사의 눈총에 견디지 못해 사퇴하고 난 뒤 가리봉동에다 치킨집을 차렸는데 아직도 정신을 차리지 못해…….(하략)

사실 이런 보고는 그들에게 폭력을 당한 원풍모방 조합원들에게도 썩 흐뭇한 일만은 아닐 터. 조합원들은 그들이 미우면서도 또한 그들도 인간이기에 고뇌가 없지 않을 것이라며 씁쓸한 마음에 젖기도 한다.

엊그제 양병욱 등 7명이 해고됐잖아요. 그 사실을 확인해보려고 우리가 끌려나 거리를 헤맬 때 회사에 들어가서 현재까지 일하고 있는 친구에게 연락을 취해 물었더니 인정을 하면서 "죄 받았나 봐" 라는 거예요. 순간 기분이 참 묘했어요. 그 친구도 잘못했다는 자조가 깔려 있고, 기를 써보아도 마음이 안 편했던 거예요. 가슴이 아프더군요. 그러나 우리는 긍지감이 있고 떳떳하잖아요. 고생된다 하더라도 이것이 얼마나 소중한지 모르겠어요.

-제12호

『원풍회보』는 충실한 내용으로 노동자들에게 뿐만 아니라 재야단체, 학생운동권, 그리고 노동문학을 실천하는 문학인들에게까지 중요한 자료로서 읽혔다. 노동자들의 글쓰기 교재로도 사용되었으며, 훗날

수정부 가공과 모임

많은 문학 연구자들과 사회과학 연구자들도 『원풍회보』를 자신들의
연구에 필수적인 자료로 선택하기도 한다. 다음은 노동자들이 1985년
무렵 노동현장에서 나오는 여러 종류의 회보를 살펴본 뒤 평가를 위해
모인 좌담에서 나눈 이야기이다.

  사회(김민섭, 기계공) 『원풍회보』는 요즈음 나오는 다른 책자들과 내
  용에 상당히 차이가 있는 것 같지 않습니까?
  장영숙(28세, 연마공) 원풍은 70년대 노동조합 활동을 통해 싸워 본
  경험이 많고 또한 이러한 경험을 바탕으로 민주적인 노동운동을
  막는 노동정책에 관해서는 누구보다 분명하고 올바르게 지적할 수
  있죠. 그런데 요즈음 몇 군데 사업장에서 만들어내는 소식지는 각
  사업장 내의 문제를 개선하면서 동시에 현장 동료들의 공감대를
  형성해야 하기 때문에 노동정책에 대한 것보다는 대중성이 있는

내용을 많이 싣고 있어요. 그러니까 약간의 차이가 생길 수도 있겠
지요.[14)]

『원풍회보』는 23호까지 나오고 중단된다. 그 대신 원풍노조는 지난
시절의 역사를 정리하여 노동조합운동사를 발간하기로 결정했다. 나
중에 그 결과가 『민주노조 10년』으로 정리된다.

유화국면과 공개운동의 활성화

1983년 9월 30일 저녁 7시, 서울 성북구 돈암동 소재 상지회관으
로 긴장된 모습의 젊은이들이 속속 모여들었다. 얼마 후 경찰이 출동
해 상지회관을 철통같이 봉쇄하고 지나가는 젊은이들을 속속 연행했
으나 이미 회관 안에는 40~50명의 청년들이 집결한 후였다. 그들은
열띤 분위기 속에서 전두환 정권의 그 어떤 탄압에도 굴복하지 않고 민
주화를 위해 싸워나갈 것을 결의하고 의장에 오랫동안 노동현장에서
몸담고 있었던 김근태를 만장일치로 선임했다. 민주화운동의 역사에
빛나는 민주화운동청년연합(이하 민청련)은 이렇게 탄생했다.[15)] 이들은
'결성 선언문'에서 당시의 상황을 '외세와 이에 편승하는 소수의 폭력
적 권력집단에 의하여 강제되고 있는 민족분단 상황'으로 규정하고, 민
족통일의 대과업을 성취하기 위한 참된 민주정치의 확립, 부정부패·
특권경제의 청산, 민족자립경제의 확립, 창조적인 교육·문화체계의
형성, 냉전체제 해소와 핵전쟁 방지를 위하여 싸울 것을 선언했다.

5·17 비상계엄 이후 신군부의 서슬 푸른 탄압에 말 한 마디 제대로
하지 못했던 민주화운동권이 이제 민청련의 출범으로 바야흐로 공개

적인 민주화 투쟁의 기치를 내걸게 된 것이다. 민청련은 인사동에 사무실을 차리고 기관지 〈민주화의 길〉을 발간했다. 민청련은 이를 통해 각 현장의 활동가들에게 운동의 이론과 당면 지침을 공개적으로 전달할 수 있었다.

이후 전두환 정권은 일련의 자유화 조치를 실시하는데, 제적학생의 복교와 해직교수의 복직을 허용하고 정치인들에 대한 해금 조치를 단행했다. 경찰이 학원에서 철수한 것도 큰 변화였다. 이러한 유화국면은 신군부의 진정한 의미의 정치적 방향 선회와는 전혀 상관없으며, "1980년의 위기를 넘긴 지배계급이 체제의 재정비와 권력을 안정화시킨 뒤 중산층의 정치적 경제적 불만을 체제 안으로 모아내어 지배체제를 보다 안정시키려는 목적"[16]으로 취해진 것이었다. 한마디로 그동안 강압 통치로 인해 이탈했던 민심의 이반 현상을 무마하고 집권을 공고히 하려는 술책이었다. 구체적으로는 11월로 예정된 교황의 한국 방문, 그리고 이미 유치한 1986년 아시안게임, 1988년 올림픽 등을 성공적으로 치러내기 위한 목적과 다가올 제12대 총선(1985년 2월 12일)에서 정치적으로 유리한 고지를 선점하려는 의도도 있었다. 기존의 강압적 통치 방식만으로는 1983년 한 해에만 300명이 넘는 구속학생들이 나온 학생운동의 기세를 누그러뜨릴 수 없다는, 그리하여 무엇인가 새로운 통치 실험도 필요하다는 의도도 개재되어 있는 게 분명했다.

하지만 정권의 이런 의도는 여지없이 빗나갔다. 그동안 억눌려 있던 민주화운동 진영은 이를 기회로 대대적이고 전면적인 부활의 몸부림을 취하게 되는 바, 민청련의 출범으로 이러한 움직임은 더욱 급물살을 타게 된다. 이른바 '재야'의 민주화투쟁이 본격적으로 자리를 잡기 시작하는 것도 이때부터였다.

노동운동의 새로운 흐름

1983년 말부터 조성되기 시작한 유화국면은 실은 중간 계층에 대한 정치적 개방이 중심이었고, 노동조합 지도자들이나 해고노동자들에 대한 조치는 전혀 실시되지 않았다. 오히려 야학연합회 사건 수사의 재개, 공단지역 주민 실태조사와 블랙리스트 강화 등 노동운동에 대한 탄압은 강화되었다. 이는 학생운동가들이 노동운동에 참여할 것을 우려해 취한 조치들이었다.[17] 그러나 정권의 이런 기도와 상관없이 학생운동권 출신들은 이미 노동 현장에 깊숙이 뿌리를 내리고 있었다. 서울과 수도권만 따져도 그 수가 무려 수천 명에 이르렀다는 분석도 있을 만큼 학생운동권의 노동운동 투신은 가히 하나의 유행처럼 확산되었다.

이들이 공장을 자신들의 새로운 현장으로 선택한 이유는 무엇일까.

무엇보다 1980년 5월 광주항쟁의 패배를 경험한 학생운동권이 자신들의 한계를 절감하고 새로운 각오로 이론무장을 한 데서 이유를 찾을 수 있을 것이다. 그들은 변혁운동의 이론적 지주로서 자연스럽게 마르크스주의를 선택하며 이에 따라 변혁의 주된 동력을 노동자계급으로 설정한다. 즉, 1970년대와 같은 소수 양심적인 지식인이나 교회가 주도하던 운동 방식의 한계를 인식하고, 노동자계급을 중심으로 한 변혁운동에 초점을 맞추기 시작한 것이다.

유신 체제와 전두환 정권의 비인간적 탄압을 실감하고 있던 학생운동권은 이미 이런 사회변혁의 이론들을 스스럼없이 받아들이는 단계에 와 있었던 것이다. 1982년 이념서적 시판을 허용한 조치 이후, 이사야 벌린의 『칼 마르크스─그의 생애, 그의 시대』 출간을 시작으로 마르크스주의와 관련한 서적들이 봇물 터지듯 출판되었고, 급기야

『자본』이나 『국가와 혁명』 같은 '원전' 들까지도 공공연히 시중에 나돌았다. 그들에게 더 이상 사상적 금기는 의미가 없었다. 따라서 그들이 학교를 버리고 공장으로 들어가는 것은 변혁운동에 헌신하려는 그들로서는 어쩌면 자연스러운 귀결이기도 했다. 실제로 공단 지역에는 한 집 건너 한 집일 정도로 이른바 '학출' 이 들어가 있었고, 그들은 우선 소그룹을 조직하여 노동자들을 각성시키는 데 힘을 쏟았다. 마치 혁명 전 차르 치하 러시아를 옮겨 놓은 듯 들뜬 분위기였다.

> 1970년대 민주화운동가들이 국가권력을 민주화하여 서구식 자유민주주의를 실현하기만 하면 제반 문제들이 해결되리라는 신념을 가졌다면, 새로운 세대들은 자유민주주의 체제 자체에 대한 불신으로 출발했습니다. 오래 전 러시아혁명 전후의 격정적인 상태에서 쓰인 사회주의 이론서를 접한 그들은 국가를 지배계급의 폭력적인 착취 수단으로 보고, 이를 민중의 권력으로 대체해야 한다는 혁명사상에 심취했습니다. 또 혁명의 주도세력이 노동자라는 인식이 보급되면서 학생운동은 노동운동의 전 단계라는 인식까지 생겨날 정도였습니다.[18]

물론 개인적인 차원에서 결단을 내리는 일은 무척 힘들었다. 학생운동과 달리 노동운동에 뛰어든다는 것은 '혁명'을 선택한다는 선언과 마찬가지였기 때문이다.

> 그땐 이미 상당히 학생운동의 정도가 심화되면서 82년만 되어도 '이게 혁명의 길인가 보다. 혁명의 길인가 보다. 이건 한 번 가면 돌이킬 수 없는 그런 길인데 이 길로 가야 하나? 데모 한 번만

치는 그런 낭만적인 것이 아니고, 이 길로 가면 운동가가 되고 혁명가가 되는 일인데……' 이런 생각이 많이 있으면서 상당히 갈등을 많이 했죠.[19]

이런 번민과 갈등을 무수히 겪은 다음 현장에 뛰어든 이들 학생운동권 출신들의 헌신성은 놀라웠다. 그들은 이른바 '존재의 전이'를 최대의 목표로 삼고, 학생으로서 지녔던 모든 생활 습관을 가능한 한 빠른 시일 안에 지워버리고 진정한 현장 노동자로서 다시 태어나길 간절히 원했다. 익숙하지 않은 노동에 지친 몸을 이끌고 퇴근하면 다시 노동자들을 학습시키는 일에 많은 시간을 할애했다.

학력을 속이거나 남의 주민등록증을 위조해 가명으로 취업한 후로는 24시간 모든 것을 노동운동에 바쳤습니다. 밤 9시나 10시에 작업이 끝나면 그때부터 노동자들을 모아 밤을 새우다시피 사회과학 학습을 시키고 다시 아침에 일을 나갔습니다. 추석이나 설날 연휴 때도 집에 가지 않고 현장노동자 혹은 활동가끼리 수련회를 가졌고 자기비판과 상호비판 시간을 통해 활동에 소극적이거나 성과를 얻지 못하는 자신의 잘못을 눈물로 씻어냈습니다. 이들은 자신을 지도해줄 선배도, 체계적인 투쟁을 선도해줄 전위조직도 갖고 있지 않았습니다. 사소한 현장 싸움으로 정체가 드러나 해고가 된 뒤에는 라면이나 순대로 허기를 때우면서도, 매일 아침 싸움으로 옷이 다 찢기고 온몸이 멍들고 경찰서에 끌려가면서도 줄기차게 출근투쟁을 벌였습니다. 혁명적 열정으로 가득 찬 그들을 기다리는 경찰과 구사대의 폭력, 그리고 차가운 감옥은 두려움의 대상이 될 수 없었습니다.[20]

그러나 그들의 열정이 강하면 강할수록 거꾸로 변혁이론에 현실을 억지로 끼워 맞추는 식의 문제점들이 속출하기도 했다. 하루빨리 성과를 얻어내야 한다는 조급성도 큰 문제였다. 하지만 무엇보다 큰 문제는 노동자들과 다른 그들의 존재 그 자체에 있었다. 즉, 그들은 어떤 경우에도 노동자로서 살지 않으면 안 되는 숙명적 노동자는 아니었던 것이다.

이미 밝힌 바 있듯이, 전봉준의 고향 고부 출신의 박순애는 7남매 중 둘째로 보리밥도 부족해서 '독새기풀'까지 먹고 자랐다. 그러다가 어린 나이에 서울로 올라와 노동자가 된다.

국민학교 6학년 졸업하고 바로 서울로 올라와서 지금 국제그룹 있는 데 거기가 미원 보세공장이라고 있는데 거길 다녔어요. 그러니까 열다섯 살 때. 거기서는 쉐타에다 수놓는 거 있었는데, 거기는 하는 대로 먹기 때문에 한 장 노면 얼마짜리 얼마짜리가 이렇게 있기 땜에 언니하고 같이 거길 다니면서 밤 10시까지 막 일했어요. 하나라도 더 벌려고. 그러면 인자 경비가 나가라고 할 때까지 그렇게 일하고, 또 거기서부터 걸어서 저 이태원까지 차비 아낄려고. 그 미루꾸라고 해서 지금 카라멜 같은 거, 그때 당시 5원이면 그거 하나 샀거든요. 긍까 언니하고 걸어가면서 그걸 하나씩 먹으면서 거기를 용산에서 거기까지 걸어다녔어요. 거기선 열다섯 살 먹었기 때문에 꼬마야 꼬마야 별명이 맨날 꼬마야로 통했고, 그럼 거기 책임자 아줌마나 이런 사람들이 제가 작아서 그랬는지 저를 많이 이뻐해주고, 자기네가 심심할 때 쉐타에다 수놓으면 한 장이라도 나한테 올려서 이렇게 조금 더 받게 해주고, 또 저녁 7시쯤 되면 삼립빵, 크림빵하고 보름달빵, 크림빵은 백 원이고 보름달빵은 백오십 원짜린데, 크림빵을 세 개를 주든가 아니면 보름달빵을 두 개 주든가, 이렇게 간식 저녁 7시에는 그렇게 줘서 무지하게 맛있게 많이 먹고, 일하는 중에 어떤 같이하고 있는 사람이 여기 한국모방에 인자 모집한다고 그래가지고 여길 인자 일단 와본 거예요, 한국모방 입사를. 72년도에 그러니까. 그때 당시에 왔을 때는 한국모방엘 왜 왔냐면, 한국이라는 이름이 붙어서, 이름이 커서 그래서 왔던 거 같애요. 그래가지고.

-제1권, 281쪽, 인용자 정리

박순애가 한국모방에 입사한 것이 1972년. 그녀 역시 위장취업자였다. 그러나 그녀는 중졸 학력이 없어서 '권명숙'이라는 남의 이름으로 입사한 것이다. 그리고 정확히 10년 후, 그녀는 해고당하고 감옥에 가게 된다. 석방된 뒤에도 그녀는 노동자였다. 그리고 '결국' 노동자(운수노동자)와 결혼한다.

어쨌든 학생운동 출신 노동자와 숙명적 노동자의 이런 차이는 향후 우리 노동운동의 전개 과정에서 큰 차이로 나타나게 된다.

원풍의 집[21)]

민청련의 결성은 노동운동가들에게 큰 자극이 되었다. 어떤 희생을 당하더라도 반드시 민주노조를 되찾겠다는 의지를 거듭 다지며, 특히 1970년대부터 어려운 길을 함께 걸어온 동일방직, YH무역, 청계피복, 고려피혁, 반도상사, 서통, 콘트롤데이터 등과도 활발하게 연대할 수 있는 길을 모색했다.

원풍노조는 1982년 강제해산될 당시 남아 있던 4000여만 원의 조합비를 종잣돈으로 하는 특별기금을 관리하기 위해 30명 안팎의 조합원들로 재정위원회를 구성하여 운영 중이었다. 재정위원들은 단독으로 거처를 마련한다는 의견에 합의했다. 그리하여 마침내 1984년 1월 신길동에 집을 구할 수 있었다. 신길동 삼호연립 101호. 신축 연립주택으로 당시로서는 제법 고급스러운 느낌을 주는 공간이었다. 인근은 달동네였기 때문에 큰길가 언덕에 바짝 붙어 있는 삼호연립은 마치 빌딩처럼 보일 정도였다. 조합원들은 마치 노동조합을 되찾은 것처럼 기뻐했다. 이제 모임을 갖기 위해 여기저기 헤매고 돌아다니지 않아도 된 게 무엇보다 좋았다. 길을 가다가 힘이 들면 언제든지 내 집이 거기 있다는 생각에 절로 힘이 나기도 했다. 실물을 보고서야 새삼 민주노조가 얼마나 중요한지 깨닫는 조합원들도 적지 않았다. 왜냐하면 어용노조라면 조합장이나 지부장이 조합비를 유용하여 몰래 제 집은 마련해도 미래를 위해 이런 계획을 세워둘 턱이 없었기 때문이다.

1972년 노동조합 민주화투쟁을 통해 1973년 새로 들어선 집행부가 넘겨받은 장부는 마이너스였다. 그러나 1982년 9·27 사태 이후 남은 적립금은 1억 5000여만 원이었다. 이 돈이면 당시 조합원들 전체에게 3개월치 임금을 지급할 수 있는 거액이었다.

원풍노조는 해마다 임금인상이 끝나면 전 조합원이 그해 인상액의 1주일분을 파업기금으로 적립했고, 상여금이 나오면 특별조합비를 모았다. 이렇게 모아진 파업기금은 파업 이외의 용도로는 일체 사용이 금지되었다. 넉넉한 조합원은 아무도 없었지만 전 조합원이 기꺼이 파업기금을 자진 납부했고, 조합 집행부는 단 한 푼의 조합비도 헛되게 쓰지 않고 아껴 기금으로 넘겼다. 노조에서 설립한 신용금고는 3년 만에 5억 원의 수신고를 기록했다. 노조에 대한 절대적인 신뢰 없이는 불가능한 일이었다. 또한 노조가 자립적인 재정 기반을 확보하는 것을, 장기적으로 안정성을 유지하면서 자주적인 활동을 해나가는 데 필수적인 요건으로 여겼던 원풍 노조의 사례는 오늘날에도 충분히 되짚어볼 만한 부분이다.[22]

앞날에 대비했다고는 하지만, 아무도 이런 상황이 오리라고는 예상하지 못했다. 그러나 노동조합을 믿고 기꺼이 피 같은 돈을 기금에 보탠 조합원들 덕분에 원풍은 마침내 차디찬 겨울 한복판에서도 자랑스러운 또 하나의 '공동체'를 일궈낼 수 있었던 것이다. 32평에 방 3칸. 게다가 지하실도 있어 '원풍의 집'은 여러 용도로 사용될 수 있었다. 즉, 사무실이자 숙소, 휴게실, 모임방, 창고, 상담실 등등. 오갈 데 없는 해고자들에게는 특히나 소중한 공간이었다. 당시 운동권 사무실은 경찰의 상시적인 감시망을 피할 수 없었다. 어떤 때에는 영장도 없이 침입해 사무실을 온통 뒤지기도 하고 때로 서류와 책들을 마음대로 훔쳐가기도 했다. 그렇지만 원풍의 집은 주택가에 있는 일반 주택이라 경찰이 주변에서 감시는 해도, 집안에 마음대로 들어와서 뒤지거나 하기는 어려웠다. 노동조합은 바로 이런 점을 노려 일부러 주택을 구입한 것이었다.

민청련을 비롯해서 여러 운동단체들은 밤샘회의나 MT장소로 이곳을 자주 이용했다. 마침 그때는 유화국면을 맞이하여 노동운동권에서도 새롭게 힘을 결집하기 위해 분주히 움직이던 때였다. 따라서 원풍의 집은 입주식을 갖기도 전에 많은 운동권 인사들의 모임 장소로 사용되기 시작했다. 그 결과, 2005년 민통련 창립 20주년 행사에서는 "귀 단체는 지난 1985년 나라의 민주화와 민족의 통일을 위해 창립된 민통련 활동 과정에서 여러 어려움을 무릅쓰고 물심양면으로 함께해 주었습니다. 신길동 101호 노협 사무실은 민통련 회원들의 소중한 보금자리가 되어주었습니다"라는 내용의 감사패를 받기도 한다.

한국노동자복지협의회 출범

1980년대의 노동운동은 과거와 다른 새로운 모습으로 재조직되지 않으면 안 되었다. 그 새로움이란 단위 사업장 혹은 기업별 노동조합을 넘어선 연대 틀이었고, 그것을 통해 노동자들의 정치적 의식을 한 단계 높이 끌어올리는 것이었다. 마침 민청련이 결성됨으로써, 원풍모방, 동일방직, 청계피복, 콘트롤데이타, YH무역, 반도상사, 서통, 고려피혁, 동남전기 등 이전에 민주노조운동을 주도했던 세력들이 하나로 결집하여, 무엇보다 노동운동의 통일적 발판을 구축한다는 데 자연스럽게 의견이 모아졌다. 해고자에서 '해' 자를 빼고 '고자모임'이라고 불렸던 이 기상천외한 이름의 모임[23)]에는 원풍모방의 방용석, 박순희를 비롯하여 동일방직의 이총각, YH무역의 최순영, 콘트롤데이타의 이영순, 청계피복의 민종덕, 양승조, 그리고 한일도루코의 김문수 등이 적극적으로 참여했다. 이들은 변두리 중국음식점, 관악산 등지를 돌며 모임을 가졌다. 이들은 민청련 결성 이후 반합법 재야운동의 노동운동 부문을 담당하는 단체가 필요하다는 인식을 같이했다. 이 과정에서 이미 1981년에 지학순, 박형규, 이우정, 김승훈, 함세웅, 이창복 등 종교 지도자들이 나서서 만들었지만 실제 이렇다 할 활동상은 없었던 한국기독교노동자복지협의회를 '한국노동자복지협의회'로 변경하여 단체를 결성하자는 제안이 받아들여졌다. 이때 '복지'라는 말이 충분히 예상되는 외부의 탄압을 그나마 어느 정도 상쇄시켜 줄 수 있다고 판단했다.

그리하여 1984년 1월 6일 한국노동자복지협의회(이하 한국노협)를 결성하고 사무실을 신길동 원풍의 집에 두기로 결정했다. 그러나 당시의 탄압 상황을 고려해 결성 사실을 곧바로 공표하지 않고, 3월 10일 노동절을 맞아 2000여 노동자, 학생, 시민이 참여한 가운데 홍제동 성당에서 창립선언대회를 개최했다. 실로 감격스러운 일이었다.

노동운동의 새로운 출발을 위한 선언

역사발전의 원동력이며 국민경제의 주인공으로 생산의 최일선에서 쉬지 않고 땀 흘려 왔던 우리들은 인간다운 삶을 쟁취하기 위하여 피나는 싸움을 계속하여 왔다. 그러나 정치권력과 독점재벌 및 외세의 결탁은 저임금, 저곡가, 중과세의 반민중적 경제정책을 날이 갈수록 강화시킴으로써, 노동자는 최소한 인간 생활조차 불가능한 실정이다. 임금은 최저생계비에 훨씬 미달되고, 노동시간은 세계에서 가장 길며, 산업재해와 직업병으로 육신이 파괴되는 노동자는 급격히 늘어나고 있다. 그나마 일자리를 찾지 못하여 전전하고 있는 실업자가 넘치는데도 자동화가 공공연한 자랑거리로 되고 있다.

민주적 노동조합을 폭력으로 남김없이 파괴한 채 새로이 노동조합을 결성하고자 해도 정치권력은 악법과 폭력으로 철저히 봉쇄하고, 정당한 권리를 주장하는 노동자는 가차 없이 해고하고, 끊임없이 감시, 추적하여 생존권을 박탈하고 있다. 노동자들의 참혹한 생활에 동참하려는 청년학생들과 지식인을 좌경시하고 관제언론을 총동원하여 거짓이론과 구호를 선전함으로써 노동자를 노예정신으로 길들이고 있다.

이제 우리들은 노동자의 생존 자체를 압살하는 오늘의 현실을 더 이상 보고만 있을 수 없어 새로운 형태의 노동운동을 전개함으로써 이 땅의 800만 노동자를 옹호 대변하기 위하여 '한국노동자복지협의회'의 결성을 엄숙히 선언한다. 우리들은 유신독재의 어두운 시대에 민주노동조합을 지키려고 몸부림치다 권력의 잔인한 탄압에 의해 희생된 당사자로서, 비조직적이고 고립분산적인 한계를 극복하고 노동운동의 주체성, 통일성, 연대성을 드높이고자 한다.

우리들의 앞날은 멀고도 험난할 것이지만, 생존의 권리를 위해 투쟁하다 사라진 이름 없는 숱한 선열들의 무한한 헌신성과 강철 같은 신념을 본받아 지칠 줄 모르는 투쟁을 계속할 것이다.

800만 노동자여! 민생! 민주! 민족통일의 빛나는 승리를 향하여 이 땅의 모든 양심세력과 굳게 뭉쳐 끝까지 나아가자!

이 '성명서'에도 나타나듯이 이들은 노동운동의 주체성, 통일성, 연대성을 기치로 내걸었다.[24]

주체성이란 "지식인 학생이나 기타 민주·민권운동 세력과의 연대 및 공동행동을 거부하는 배타성"이 아니었다. 그것은 "모든 비노동자적인 태도·논리·운동의 경향을 거부하는 것이며, 노동자다운 사고·과학적인 운동방식·올바른 논리에 입각하여 운동을 전개하는 것"을 뜻했다. 특히 자본으로부터 물질적 이념적으로 자주성을 확보하는 게 중요하며(343쪽), 아울러 "기업 내부에 한정된 경제운동을 지양하고 정치운동을 결합시켜야 할 것이며 현장 안과 밖에서 지식인, 민주세력과의 공동투쟁을 전개함으로써 동지적 신뢰감 속에서 연대감을 드높이는 가운데 노동운동의 참다운 주체 형성, 주체적 역량의 증대에 기여해야 할 것"(344쪽)이었다. 통일성이란 "기업 내부에 폐쇄되어 있는 기업별 노동조합의 테두리를 넘어 전체 노동자들의 공통의 요구를 중심으로 지역별, 산업별, 전국적 통일 행동을 취한다는 것"을 의미하며, "기업 내의 상시 고용자만이 아니라 임시적 영세 하청기업의 노동자, 실업자까지를 포괄하는 모든 하층계급의 결집과 조직화를 통하여 확보되는 것."(344쪽)이었다. 마지막으로 연대성은 "민주화운동 세력(학생, 지식인, 재야), 농민, 도시빈민과의 공동 행동의 조직화"를 의미하지만 "무원칙한 '급진적 정치운동에의 참여'와는 구별"되는 것이었다. 예컨대 노동법 개정운동은 이 연대성 구현에 하나의 계기가 될 터였다.(345~346쪽)

한국노협은 상담과 교육, 문화 사업은 물론이고, 자체 기관지를 발간하고 각종 현장투쟁을 지원하는 것을 구체적인 사업 목표로 삼았다. 이 모든 활동의 결과물은 궁극적으로 한국노총을 대체하는 강력한 민주노조들의 결집체가 될 터였다.

원풍모방의 방용석이 초대 위원장으로 추대되었고, 콘트롤데이타 출신의 이영순이 사무국장을 맡았다. 운영위원회는 이들 이외에 박순희, 정선순(원풍모방), 민종덕, 양승조(청계피복), 이총각(동일방직), 조금분(반도상사), 최순영(YH무역), 김문수(한일도루코), 남상헌(고려피혁), 조경수(동남전기), 유동우 등으로 구성되었다.

원풍 해고자들의 1년

한국노협의 출범은 억압된 분위기 속에서 진로를 찾지 못하던 노동운동 진영에 일정한 활로를 열어주었다. 무엇보다 단위 사업장에 갇혀 있던 노동조합운동을 공공연한 반독재투쟁으로 확산시킨 것도 한국노협이 창립 그 자체로 갖는 의의 중 하나였다. 때마침 한국노협 결성에 일익을 담당한 청계피복노조가 학생운동과 결합하여 과감한 가두투쟁을 벌인 것도 신선한 자극이었다. 이제 노동운동은 1970년대의 그것과 확실히 구별되는 내용과 형식을 하나하나 채워나갈 수 있었다.

이에 따라 많은 원풍모방 조합원들도 새삼 희망을 되찾을 수 있게 되었다. 소식지를 발간하는가 하면, 한국노협의 실무 작업에 적극 뛰어들기도 했다. 그렇지만 이런 표면적인 활력과 달리 해고된 원풍 조합원들은 상당수가 9·27 사태의 충격으로 인한 깊은 상실감으로부터 쉽게 헤어나오지 못한 게 사실이었다. 원풍모방 노동조합이라는 한 깃발 아래 간직했던 귀속감이 어느 민주노조보다 강했던 만큼 상실감은 그만큼 더 클 수밖에 없었다. 그러면서도 그들은 여전히 '현장'을 지키기 위해 고군분투해야 했다. 운동이든 생존이든 녹록한 것은 아무것도 없었기 때문이다.

그들이 하루하루를 어떻게 보냈을까. 어떻게 견뎌내고 어떻게 싸우고 어떻게 좌절했을까. 노동운동의 주류, 혹은 자칭 노동운동의 새로운 지도세력들이 새로운 '판'을 짜기 위해 동분서주하던 무렵인 1984년, 도대체 원풍모방 노동조합 조합원들은 어디서 어떻게 살며 싸우고 있었는지 그들의 일지를 통해 살펴보는 것도 나름대로 의미가 있을 것이다.

3월 3일 박순애, 공장장에게 폭행당함. 현재 다니고 있는 쌍마 패션(독산동 남부시장 내) 공장장 박준근에게 폭행을 당하여 얼굴에 상처가 나고 웃옷이 찢기고 온몸이 결리다고 함. 3월 2일 과다한 작업량을 정해놓고 달성하지 못했다고 하여 퇴근을 중지시키고 잔업을 시켜 작업을 하던 중 공장장이 근무 태도가 좋지 않다고 집합시켜 놓고 지적, 그런 다음에도 사무실로 따로 불러 지적하기에, 강제 연장근로를 시키는 것은 잘못이라고 이야기하고 생리휴가 월차 휴가를 지급하지 않는 것은 근로기준법 위반이라고 말하자, 그렇게 법을 잘 아는 사람은 법을 잘 지키는 데로 나가라 함. 이에 들어올 때는 당신들 마음대로 했지만, 나갈 때는 내 마음대로 나갈 거라고 완강히 맞서자 내일부터 정시에 퇴근시켜 줄 테니 공장장 책상 앞으로 출근하여 앉아 있으라고 함. 3월 3일 출근하여 작업을 하자 공장장은 일을 못 하게 하고 강제로 사무실로 끌고 가려다 안 가려고 버티자 폭행을 한 것임.

박순애는 회사에서 쫓겨나고 감옥까지 갔다 와서도 폭행을 당한다. 도대체 원풍모방 조합원들이 무엇을 얼마나 잘못했기에 이 사회로부터 이토록 함부로 취급을 당한단 말인가. 그래도 그들의 발걸음은 다시 일터로 향한다.

- 3월 5일 박순애, 현장에서 일하려고 하면 공장장실로 끌고 가기를 세 차례. 나중엔 현장의 기사들을 시켜 끌어내도록 함.
- 3월 9일 박순애 해고. 해고 사유: 명령불복종, 이력서 허위 기재.
- 3월 12일 장형숙, 대영섬유로부터 기숙사 퇴사 요구. 기숙사 전원 노동절 출근 거부. 정선순(대아전자), 노동절에 출근을 안 했

다고 사표 요구. 정선순이 노동절에 대해 설명하며 회사 잘못을 이야기하자 사과. 그 후 모든 것을 정선순이 주동하였다 하여 감시가 심해짐. *박순애, 출근했다가 다시 끌려 나감. 생계에 지장 없도록 해고비를 줄 테니 출근하지 말라고 회유함.

- 3월 13일 장형숙 신원조회. 회사에서 "구로경찰서에 가서 장형숙 신원조회 해봤다. 원풍 다녔다는 것이 나왔다. 우리는 원풍 다녔던 사람하고는 일할 수 없다. 블랙리스트에 올라있는 사람이다. 좌경화된 사람이 대영에 들어와 뿌리가 퍼졌다"고 말함.

- 3월 21일 장형숙, 회사의 근로조건 위반 사항과 탄압 행위에 대한 진정서 노동부에 발송.

- 3월 22일 박혜숙, 4일 결근, 10일치 임금공제. 체불임금과 강제근로에 대한 고발장 노동부에 발송.

- 4월 1일 조합원 모임 관악산. 55명 참석. 장형숙 근무처 대영섬유 노동자 6명 동참.

- 4월 8일 청계노조 복구대회에 조합원 20여 명 참석.

- 4월 10일 박혜숙, 일요일에 출근하지 않았다는 이유로 해고 통보. 이해할 만한 해고 이유와 해고장을 달라고 하자 "구두로 얼마든지 통보할 수 있으며 해고 이유는 없다. 다만 필요 없으니 출근하지 말라"고 함. 근로감독관이 영진섬유로 조사 나옴.

- 4월 12일 박혜숙, 출근투쟁. 근로감독관을 찾아가서 항의. "알고 보니 A급 도산이다. 이 회사 망하게 하려고 들어왔냐"며 정문에서 밀어냄.

- 4월 25일 한국노동자복지협의회 개관식.

- 4월 30일 이영순 조합원 해고당함. 영신상사(신길동). 이유는 하루 결근과 최근 연장근로를 하지 않았다는 것.

- 5월 1일 이영순, 정당한 해고 이유와 해고장을 요구하며 출근 항의.
- 5월 11일 직포준비 이경자, 주민등록번호 기재 75415번. 형사와 함께 동사무소로 찾아가 왜 특기번호가 있는지 확인하자 원풍산업 직포과 전경공(?)이라 기록되어 있었다 함.
- 6월 8일 천호동 한국빠이롯드에서 지명환 해고. 이유: 이력서 허위 기재. 지명환은 지난 4월 노조 후생부장으로 선출됨.[25]
- 6월 15일 박순애, 양분옥, 최영숙, 박혜숙 5월 26일자 〈중앙일보〉에 도산 해고 노동자 복직 길 열어주라는 노동부 장관의 발언 내용을 가지고 노동부 장관 면담 요청을 하였으나 노동부 정문에서 출입을 저지당함.
- 6월 19일 박순애, 양분옥, 최영숙, 박혜숙 오전 11시 노동부 다시 찾아감. "다른 사람은 주민등록 제시하고 곧바로 2층으로 가는데 왜 우리는 인터폰을 들고 지난번에 왔던 원풍 아가씨 4명이 왔다고 하면서 막았다. 왜 선별해서 들여보내느냐"고 항의하자 경비들이 몰려들어 못 들어가게 막음. 노동부 직원 30여 명이 나와 현장은 아수라장이 됨. 결국 정문 밖으로 끌려 나옴. 장관비서가 나와 장관은 절대 만날 수 없으며 억울한 일이 있으면 편지로 구체적으로 적어 보내라고 함.
- 6월 16일~17일 조합원 교육(24명 참석) 현장에서의 어려움 호소. 회의와 갈등, 왜 사는가, 무의미한 생활. 그래도 만나면 힘을 얻고 감.

다음은 참가자가 각자 한마디 남긴 말이다.

박순애 터놓고 얘기할 수 있었던 것이 마음 뿌듯하다. 우리의 현실이 더 비참하고 어렵지만 이 비참함을 우리가 타개해나가지 않으면 더 비참해질 것.

최금숙 개인적으로 흩어져 있다 보니 무질서한 생활 속에서 지냈다. 강사님은 확고한 신념이 있으니 우리보다 갈등이 덜 할 것이다. 주체성을 가지고 살아가기 너무 힘들다.

양승화 옛날 교육하던 것이 그리웠다. 많은 사람 참석하지 않아 아쉬웠으나 우리끼리 아픈 마음 함께 나눌 수 있어서 좋았다.

황영애 현장에서 당하는 것을 여기서 구체적으로 해결할 수 없지만 서로 얘기하며 지내니 속이 확 풀리는 것 같다. 오랜만에 잠자리를 함께할 수 있어서 좋았다. 서로 격려해가며 살아갔으면 좋겠다.

박혜숙 모두 어려움 겪고 있는 것 사실인 것 같다. 극복해내기 어려울 정도로 갈등이 심한데 이러한 모임을 통해서 서로 다짐하고 새로운 다짐을 해나갈 수 있을 것 같다. 모임을 통하여 극복해나갔으면 하고 바란다.

라영금 몸 아프고 하니 왜 사나, 고민. 그러나 이곳에 와서 모임을 하고 가면 또다시 힘이 생긴다. 새롭게 현장에서 일하겠다.

황선금 좀 더 많은 친구들 같이 했으면 하는 아쉬움. 충분한 시간을 내서 좀 더 마음을 터놓고 진지하게 할 수 있었으면 하는 아쉬움. 갈수록 마음이 가난해진다. 전에 아무 옷이나 입어도 아무런 신경이 쓰이지 않았는데 마음이 허약해지니까 이러고 다니면 너무 추하고 지저분하게 보이지 않을까 생각. 아마 지금 내게 여유 있다면 옷이라도 해 입었을 것 같다. 이 기회가 마음을 편하게 정리할 수 있는 기회가 될 것 같다.

장순자 모두 물질적으로 어려움 있는 것 같다. 많은 사람 참석 못한 것 아쉽다.

박현순 어저께는 너무 피곤하여 졸았다. 괜히 왔다는 생각. 아침에 강의 들을 때는 같이 듣지 못한 친구들 아쉽다. 아직 내가 계속 해야 되나 물질적 고통. 마음의 갈등 등 고민을 정리하지 못했다.

김예희 여기 올 때는 강제로 끌려왔다. 모든 것 싫고 돈이나 많이 벌고 싶은 생각뿐. 모임을 해도 앞으로 열심히 해야겠다는 생각은 안 들고, 일단 마음을 정리해야겠다는 생각뿐이다.

김오순 전에 교육 받을 때 다른 회사 가면 모두 조합장 감이라고 했는데 오히려 노동조합 안 했던 사람보다 더 못하는 것 같다. 1박 모임을 하면서 노래라도 할 수 있으니 좋았다. 이런 모임 자주 있었으면 한다.

임태송 인간이기 때문에 한없는 갈등. 고민이 있는 것 같다. 실컷 울기라도 하면 시원할 텐데 그럼에도 우리가 해야 할 일이기 때문에 계속해야 되지 않을까 생각한다.

차언년 다른 사람들에 비해서 행복하다고 할 수 있다. 승화 언니가 윗집에 있으니 투정이라도 하는데, 그래도 갈등은 심하다. 왜 사나 생각. 아무리 생각해도 왜 사는지 모르겠다.

최영숙 현장에서 표현할 수 없는 어려움과 고통 속에서 지내는데…… 열심히 살겠다.

• 6월 26일 최금숙 강동경찰서 연행. 오전 8시 3분에 연행되어 오후 4시경 훈방. 동기는 지명환이 작성한 호소문을 근무시간 전에 미리 회사에 출근하여 지명환은 정문 밖에서 최금숙은 현장 내에서 배포하던 중 회사 사원이 경찰에게 인계하여 연행했음. 강동경찰서에서 조사에 불응하자 남부경찰서에 신원조회를 의

뢰, 신원조회에 9·27 폭력사태가 있으면서 연행되기 전까지의 기록을 상세히 정리해주었다고 함.

- 6월 27일 최금숙 해고. 이력서 허위 기재, 사내 기강 문란. 아침에 출근하자 정문에서 경비가 막아서며 못 들어가게 함. 얼마 후 징계위원회를 소집했으나 회의실로 오라고 하는 것을 거부하며 계속 출근하려 하자 강제로 회의실로 끌고 감.

- 6월 30일 지명환 구류 3일 받음.

- 7월 6일 국무위원 정한주(노동부 장관)의 해임건의안을 고영구(민한당 국회의원)를 통해 접수.

- 7월 12일 최금숙, 지명환 해고에 대한 부당성 항의. 고흥명 빠이롯드 회장에게 해고 철회에 대한 공문 발송.

- 7월 18일 한국빠이롯드에서 해고당한 지명환과 최금숙 노동부 지방노동위원회에 부당노동행위 구제신청서를 제출. 지명환은 10여 년 동안 어용노동조합을 해왔던 회사에 불복. 4월 7일 10년차 대의원대회에서 회사의 앞잡이로 등장했던 구동회를 물리치고 조합원들이 지지하는 문흥수를 위원장으로 선출시켰으나 회사에서는 대의원들을 술집으로 데려가 술을 사주고 고급요리집으로 데려가 5·15 임시대회에서 문흥수 위원장을 불신임하도록 하는 예행연습까지 시켰으며, 노동조합 집행부가 회사의 의도대로 구성되지 않자 간부들을 부서이동시키는 등 부당노동행위를 하였고, 후생부장인 지명환이 원풍에 다닌 것을 이력서에 기재하지 않은 것을 해고 사유가 되지 않음을 주장.

- 8월 5일 64명 야유회.

- 8월 13일 지명환, 최금숙 오후 2시에 지방노동위원회에 출석하여 최종 심의를 함. 회사 측에서는 사장 대신 상무가 참석했고,

노동위에서는 이력서 허위 기재는 해고 사유가 될 수 없고 입사할 때 기능공으로 채용한 것도 아니고 섬유업계와 빠이롯드는 경력의 아무런 관계가 없음을 회사 측에서 시인.

- 8월 17일 지명환, 최금숙 구제신청에 대한 기각 통보. 이력서 허위 기재는 근로자로서 신의성실 행사를 다하지 않은 것으로서 당해 사업장의 규정에 의해 처리할 수 있는 사항이며 5.15 임시대회에서 행한 문흥수 위원장에 대한 불신임 결의가 회사에 의한 지배 개입에 의한 것이면 합법적 절차에 따라 시정하여야 할 문제이며, 최금숙의 경우 유인물을 조합원에게 배포한 것은 지명환의 개인적 요청에 의한 행동으로 판단되며 두 사람에 대한 해고조치는 기업 내 질서유지와 경영권 침해 방지를 목적으로 한 사업장의 관계 규정 또는 관행에 의한 징계조치일 뿐 부당노동 행위로 볼 수 없다.

- 8월 28일 지명환, 최금숙 재심 요청.

- 9월 2일 조합원 모임. 원풍의 향후 방향/ 2주년 준비/ 산업선교와의 화해 문제.

- 9월 3일 이옥순, '이우제책사' 현장에서 반장과 동료들에게 끌려남.

- 9월 19일 지명환, 차언년 청계노조 합법성 쟁취대회에 참석했다가 연행. 고가도로에서 뛰어내리는 청계 여성 조합원을 받아주다가 전경대원에게 밀려 육교로 내려가는 도중에 서로 떨어져 경찰차에 실려 머리와 따귀 등 발로 차이는 구타를 당했다. "저 쌍년들 뼈를 갈아 마셔야 된다"며 중부경찰서 대기실로 끌고 갔으나 동대문 관할이라고 동대문경찰서에서 조사를 받았다. 차언년은 조사 중 원풍에 다녔다는 이유를 들어 재조사를 해야 한

다는 등 사건과 필요치 않은 소리를 하다가 이틀 만에 집에 돌려 보냄. 지명환은 동대문파출소를 거쳐 연행되었는데, 파출소장은 지명환이 공공기물을 파괴하는 것을 목격했다고 터무니없는 조서를 꾸며 25일 구류 처분을 내렸다.

• 9월 28일 9·27 사태 2주년을 맞이하여 "노동자 탄압정책 규탄한다"는 유인물을 2인씩 조를 짜서 삼립빵 쪽, 신길동, 독산동 일대에 배포.

• 10월 13일 1박 2일 탈춤반 수련회 겸 총회. 박순애, 회장으로 임명.

• 11월 6일 방용석 위원장 남부서로 연행. 노동조합을 결성하려다 금속노조연맹에서 농성 중인 협진전자와 유니전을 격려차 찾아가다 연행된 것.

• 11월 7일 중부경찰서 앞에서 '한국노동자복지협의회 방용석 위원장을 즉각 석방하라'는 구호 외치다. 경찰서장이 나와 대치. 나중에 5명을 선정하여 면회.

• 11월 8일 방용석 위원장 면회를 요청했으나 전경들이 두들겨 패고 대기실로 끌고 갔음. 이에 화가 난 노동자와 민청련 회원 등 50여 명이 경찰서로 밀고 들어가자 두들겨 팸. 경찰서장이 직접 지휘하며 폭력 지시. 이에 구호를 외치고 현수막을 펼치고 농성 항의. 끌려간 6명은 방용석 위원장과 함께 나오겠다고 버티다가 밤 12시쯤 전경들을 시켜 한 사람씩 문래동, 고척동 등지에 내려 놓음. 정선순 조합장은 신원을 알 수 없는 사람에게 많이 맞았다고 함.

• 11월 9일 방용석 위원장 면회. 한 쪽 고막이 터졌다 함. 경찰에게 맞아서. 수사계장이 함께 병원에 다녀오는 길이라 함. 오후에

민민협과 노협 운영위원들이 찾아가 항의. 잘못 시인.

- 11월 18일 방용석위원장 석방.
- 11월 24일 이리 김덕순 구류 17일 받고 이리경찰서에 유치. 원 광대에 가서 노동조합 탄압사례를 발표했다는 이유.
- 11월 29일 김덕순, 계속 단식으로 사태 심각. 창인동 천주교회 에서 사태 진상보고대회. 경찰이 최루탄을 터뜨림.
- 11월 30일 이리경찰서에 면회 가서 단식을 끝내도록 권유.
- 12월 1일 박종만 택시기사 분신자살 사건. 회원들이 영안실로 찾아갔으나 경찰이 최루탄을 쏘며 강제 해산. 60여 명 연행.
- 12월 4일 서대문경찰서 연행자 모두 구류 10~29일 처분.
- 12월 23일 상집회의.

이렇게 볼 때 1980년대 노동운동사에서 마치 공백기나 빈 괄호처럼 처리되고 있는 어떤 한 해도 결코 '비어 있는 시간'이 아님을 분명히 알 수 있을 것이다. 노동운동사가 노동(자)의 역사라면 거기에 비어 있는 시간이란 없다.

한국노동자복지협의회의 활동과 균열

한국노동자복지협의회는 1984년 4월 8일 청계피복노동조합 복구대회를 지원하고, 하반기에는 '노동법 개정 촉구 인천대회'를 시작으로 원주, 대구, 광주 등을 순회하며 지역집회를 개최하고 가두시위를 벌이는 등 특히 노동법 개정운동을 왕성하게 전개했다. 이에 천주교 정의평화위원회 등에서도 노동법 개정에 관한 전단을 배포하고 서명운동을 전개했다. 한편, 4월부터 기관지 『민주노동』을 발간하고 특히 선전 및 교육 활동에 주력했다. 물론 사업장에 직접 들어가서 교육 활동을 전개하거나 할 상황이 아니기 때문에, 신길동 사무실로 찾아오는 사람들을 주 대상으로 삼았다. 해고노동자들을 위한 상담 활동도 꾸준히 전개했다. 한국노동자복지협의회는 이처럼 1980년대의 환경 속에서 말 그대로 새로운 노동운동의 출발을 알리는 조직체였다. 무엇보다 그 주축 활동가들이 자신들의 과거 운동을 스스로 반성하고 단위 사업장 차원을 벗어나 제도권 바깥에 반합법적 노동운동의 구심점을 구축하려고 했다는 점에서 의의가 있었다.

1985년 2월에는 지역조직으로는 처음 인천노동자복지협의회(인천노협)가 출범했다. 1983년도 통계에 따르면, 인천은 제조업 노동자 구성 비율이 전국 평균 5.4퍼센트는 물론이고, 서울(5.3%), 부산(10.1%), 대구(8.7%) 등 여타 대도시에 비해서도 훨씬 큰 생산도시로서 성격을 지니고 있었다. 그것은 1970년대 이후 수출산업공단 4, 5, 6단지, 기계공단, 지방공단 등 대규모 공업단지가 꾸준히 확장되어온 데 따르는 자연스러운 결과였다. 업종별로는 전자와 자동차를 포함한 조립금속 업체가 184개로 전체의 30퍼센트, 이어서 섬유 봉제가 101개 업소로 20퍼센트를 차지한다. 또한 생산직 노동자와 사무직 노동자의 비율은 85대 15로 전형적인 생산도시의 면모를 보인다. 특히 남녀 노동자 비율이 2대 1이며, 특히 25세에서 40세까지의 젊은 남성 노동자가 전체 노동자의 40퍼센트에 달하는 것은 노동운동에 관한 한 인천이 지닌 폭발성을 가히 짐작케 해준다고 하겠다.[26] 한국노협이 지역 조직으로는 제일 먼저 인천을 주목한 이유도 이런 배경 때문이었다.

실제로도 인천노동자복지협의회는 만도, 대흥, 한독, 남일, 콜트악기 등 67개 신규 노조의 조직 결성을 지원하는 성과를 보인다. 한국노협은 각종 노동운동에도 부지런히 지원투쟁을 나갔다. 1985년 상반기 활동을 일지로 살펴보면 다음과 같다.

- 1월 14일 대우자동차 송경평, 이용선, 이우제책 이옥순, 한일스 텐레스 서기화, 쌍마 조분순 등 해고노동자 10명이 해고노동자 전원 복직, 노동삼권 보장, 블랙리스트 철폐 등을 요구하며 민한당사 점거 농성에 들어가다. 이를 지원하러 민청련 등과 함께 갔으나 경찰 제지로 해산.
- 1월 21일 민한당사 점거투쟁 지원을 나간 양승화는 최영숙과 함께 경찰에게 심한 구타를 당하고 서대문경찰서에서 구류를 산다.(1월 31일 석방)
- 1월 24일 정선순, 황선금 각기 청량리경찰서와 성북경찰서에서 구류 3일을 살고 석방.
- 2월 7일, 한국노동자복지협의회 인천지역지부 발족식에 방용석, 양승화, 정선순, 황선금 등 참가.
- 2월 14일 구속된 대우어패럴 간부들 3명에 대한 재판. 원풍 조합원들 방청.
- 3월 10일 홍제동 성당에서 한국노협 주최로 노동절 행사. 방용석 위원장 기념사에 이어 지학순 주교의 격려사, 백기완 선생의 축사 등.
- 3월 17일 성원제강 농성에 격려차 갔던 김문수, 설난영, 조분순, 박애숙 등 구로경찰서로 연행.(나중에 구류 처분)
- 4월 10일 한국노협 주최로 노동자 탄압정책 규탄대회를 인천 부평1동 성당에서 개최하려 했으나 오후 5시부터 경찰 수천여 명이 봉쇄해 무산. 부평역에서 시위.

- 5월 25일 한국노협 임시총회 개최. 34명 참석. 위원장에 방용석, 부위원장에 남상현, 박순희, 이총각, 민종덕, 이영순, 회계감사에 조금분, 정선순을 선출하고, 인천, 강북, 구로 영등포 지역 중앙위원들도 선출.
- 6월 8일 한일스텐레스 농성투쟁에 격려차 갔던 방용석 위원장 복부 및 얼굴을 심하게 맞아 광대뼈가 깨지면서 병원에 입원(6주 진단). 계훈제 선생 역시 심하게 맞고 실신. 정선순도 경찰에게 집단 폭행을 당하고 "빨갱이 같은 년"이라는 욕을 얻어먹음.
- 6월 11일 인천 대림통상 정문에서 부당해고 철회투쟁을 벌이던 인천노협 양승조 위원장을 비롯하여 8명이 심하게 구타당하고 구류 처분.

한국노협은 이런 식으로 외부 지원투쟁에 적극적으로 가담하면서 겉으로는 활발한 활동을 유지하는 것처럼 보였다. 그러나 사실 한국노협은 창립한 지 얼마 지나지 않아서부터 내부 핵심 구성원들 간에 이미 균열이 벌어지고 있었다.

1985년 5월 31일 한국노협 사무실에서 열린 『민주노동』특별 좌담 「85년 상반기 노동운동을 어떻게 볼 것인가」에는 방용석, 김근태, 이영순, 민종덕, 이용선(대우자동차 해고노동자), 김현섭(해고노동자), 이창복 등이 참여했다. 이 좌담에서 특히 방용석과 민종덕의 발언은 미묘한 입장 차이를 드러낸다. 민종덕은 연대투쟁과 정치투쟁의 중요성을 강조하는 반면, 방용석은 현실적인 입장에서 노동자들의 주체적 운동과 노동조합을 민주적으로 강화할 필요성을 강조한다.

민종덕 저는 아직도 이 시점을 부분적인 유화국면으로 보고 모든 역량을 총집결하여 확보해낼 것은 최대한으로 확보해내야 한다고 생각합니다. 주체적인 역량을 확장해내는 것, 전면적인 탄압을 가해 올 때를 대비한 힘의 축적을 위한 노력이 절실하다는 것입니다.

방용석 지금 민 위원장이 총집결이라고 말했는데 그런 말 말고 뭐 다른 용어 없을까요? (웃음) 어떻게 무조건 다 모으냐 말이오. 노동운동에 있어서는 그렇게 되지도 않고 그런 식으로 되어서도 안 된다고 생각해요.[28]

제**3**장 급변하는 노동운동의 현실

구로동맹파업과 서울노동운동연합

학생운동 출신들은 공장을 자신들의 현장으로 정하고 아울러 노동운동에서 새로운 역할을 자임하고 나섰다. 그것은 단위 노동조합에 국한되었던 노동운동의 지평을 넓히는 동시에 노동운동이 정치적 이슈를 과감히 끌어안는 방향으로 전개되었다.

1985년 6월 구로공단에서 일어난 이른바 구로동맹파업이 그 대표적인 사례였다. 6월 22일 대우어패럴노조의 지도부 3명이 구속되는 것을 계기로 효성물산, 가리봉전자, 선일섬유, 부흥사 등 다른 작업장의 노동조합이 대우어패럴과 연대를 선언하고 곧바로 동맹파업에 돌입했다. 이들은 대우어패럴에 대한 탄압이 곧 자신들에 대한 탄압이라고 간주하고, 지난 시절 민주노조들이 각개격파당한 경험을 되풀이하지 않기 위해서 적극적으로 연대투쟁을 전개한다는 데 쉽게 의견을 모았던 것이다. 이에 다른 민주화운동 단체와 학생들이 적극 가세하면서 공단 곳곳에서 격렬한 대규모 가두시위가 벌어졌다. 파업은 오래 가지 못했다. 6월 24일부터 29일까지 일주일간 벌어진 파업으로 노동자

36명을 포함해 43명이 구속되고 700여 명이 강제해고를 당했다.

구로동맹파업은 우리 노동운동사에서 몇 가지 중요한 의미를 지닌다. 무엇보다 한국전쟁 이후 최초의 동맹파업이라는 점. 그것은 파업 주동자들이 개별 사업장의 노동 문제가 단지 거기서 끝나는 게 아니라 다른 사업장에도 언제든지 똑같이 되풀이될 수 있다는 현실을 분명하게 인식했기 때문에 가능했다. 그들은 구속자 석방을 포함해 노동악법 철폐, 노동부 장관 퇴진, 노동삼권 보장 등을 구호로 외쳤다. 이는 개별 자본가를 넘어서서 독재정권을 투쟁의 대상으로 설정한 것으로, 비록 초보적인 단계이지만 노동운동에서 정치투쟁의 중요성이 본격적으로 부각되는 계기로 작용한다. 아울러 이 파업에 학생운동 출신들이 대거 참여했다는 데에 각별한 의미를 부여하기도 한다. 즉, 파업을 주도한 노동조합들은 대체로 설립된 지 1년밖에 안 된 신설노조가 대부분이지만, 그 설립 과정에서부터 학출들이 적극적으로 관여한 게 사실이기 때문이다.

그렇지만 구로동맹파업이 지니는 한계 역시 분명했다. 무엇보다 위기의식에 급급한 나머지 투쟁 방식에서 조급성을 드러냈고 향후 투쟁에 대한 명확한 대책을 마련해두지 못했다는 점을 들 수 있다. 그 결과, 많은 현장 간부와 열성 조합원들이 구속, 구류, 수배, 해고되어 사업장에서 완전히 분리되었으며, 그중 일부만이 재조직되고 대부분의 노동자들은 뿔뿔이 흩어지고 만다.

서울노동운동연합(서노련)은 구로동맹파업을 통해 비합법적 반공개적 대중정치조직의 중요성을 인식한 이들에 의해 결성되어, 한국노동운동 사상 가장 급진적이고 격렬한 것으로 평가되는 일련의 대중투쟁들을 주도해나간다. 서노련의 등장에는 한국노협의 설립에 동참했던 김문수, 민종덕 등이 적극적으로 개입한다. 이밖에 구로지역 해고노동자들로 구성된 구로지역 노조민주화추진위원회, 구로동맹파업 당사자인 연투그룹, 경인지역·노동운동가들이 결성한 노동운동 탄압저지 투쟁위원회 등이 가세한다. 위원장에는 민종덕, 부위원장에는 원풍노조 출신의 이옥순, 지도위원에 김문수가 임명되었다. "대우어패럴을 중심으로 한 6월 노동자 연대투쟁은 우리 노동자들이 각성하여 단결될 때 얼마나 큰 힘을 발휘할 수 있는지를 실천적으로 확인하는 중요한 계기가 되었으며, 어떠한 합법적인 민주노조도 용납되지 않는 현재의 탄압 상황 아래서는 새로운 형태의 대중조직을 건설하지 않고서는 노동운동의 궁극적인 목표를 실현할 수 없다는 사실을 철저히 깨닫게 하였다"는 '창립선언문'을 통해서도 알 수 있듯이, 서노련은 기왕의 노동운동의 틀을 완전히 벗어던진다. 즉, 정치투쟁을 전면에 내세우고, 노동조합 대신 새로운 형태의 대중정치조직을 노동운동의 핵심으로 삼고자 했다. 이후 서노련은 "노동자들의 정치적 각성을 위한 〈노동자신문〉을 발간해 구로공단 주변 노동자 주거지역에 배포하고 임금인상 투쟁과 노동조합 결성 지원활동, 그리고 노동운동 탄압에 항의하고 정치적 민주화를 요구하는 집회와 시위(1986년 3월의 가리봉동 모세미용실 점거 시위, 4월의 전태일기념관 농성, 5월 구로공단 일대 노동절 시위 등)를 전개했다." 1986년 2월에는 인천에서도 서노련과 노선을 같이하는 '인천지역 노동자연맹'(인노련)이 결성됐다.[29]

　이들의 투쟁은 노동조합이 있는 사업장이 아니라 주로 거리와 공단에서 전개된다. 아울러 이들은 "인간답게 살고 싶다"를 구호로 내걸었다. 1986년 인천 5·3사태 때에는 신민당의 직선제 개헌 주장을 일축하고 민족민중민주헌법(삼민헌법) 쟁취를 내세웠고, "인천을 해방구로 만들자" "속지 말자 신민당 몰아내자 양키놈"이라고 외쳤다. 서노련의 한계는 오히려 이로써 명백해진다. 당시 일반 노동자들은 이들의 주장을 이해하기도 납득하기도 어려웠다. 게다가 창립 직후부터 내부에서 운동의 방향성을 놓고 치열한 논쟁이 끊이지 않았는데, 나중에는 공공연히 사회주의를 주창하는 등 그야말로 현실과는 완전히 괴리된 논쟁을 위한 논쟁이 거듭되었다. 이들의 주장을 제대로 이해할 수 있는 노동자들은 많지 않았다. 나아가 거듭되는 가두투쟁으로 소속원이던 노동자들도 지쳐 떨어질 수밖에 없었다.

서노련의 이런 활동들은 당국의 엄청난 탄압을 불러일으켰다. 김문수 등 핵심인물들은 체포되어 엄청난 고문을 받았다. 이로써 선도투쟁, 정치투쟁, 대중투쟁, 가두투쟁 등을 내세웠던 서노련은 더 이상 버티지 못하고 와해되고 만다. 그 와중에서 전태일의 어머니 이소선이 받은 충격도 엄청났다. 전태일기념사업회가 들어선 쌍문동 집은 서노련 문제로 큰소리가 끊이지 않았다. 경제주의자, 조합주의자, 개량주의자, 전태일을 팔아먹으며 노동운동 발전을 가로막고 있다 - 이런 식으로 서로의 가슴에 상처를 주는 말이 오갔다. 이소선은 할 말이 없었다.[30]

"노동자 속에 노동조합이 있어야지, 몇몇 운동가끼리 모여 어떻게 노동운동을 하느냐. 서노련을 탈퇴하고, 노동자 속에 들어가 노동조합을 튼튼히 꾸려 그 힘으로 노동운동도 하고 정치운동도 해야 옳지 않느냐. 나한테 조합주의다, 경제주의다, 욕을 해도 좋다. 하지만 노동자가 따라갈 수 없는 노동운동이 말이 되느냐. 나는 노동조합 하면서도 독재랑 싸웠다. 내가 백날 고민해도 답은 마찬가지다."(218쪽)

청계피복노조는 곧 해산되고 사무실도 폐쇄되고 만다. 이런 한계에도 불구하고 서노련은 소그룹운동을 지역운동으로 결집하고 향후 노동자계급의 독자적인 정치세력화의 단초를 이루었다는 점에서는 긍정적인 평가를 받기도 한다.

한국노협의 역할과 한계

한국노협은 청계피복노조와 김문수 등이 서노련으로 빠져나간 데더하여 유동우가 한국기독교노동자총연맹을 꾸리기 위해, 그리고 이영순과 최순영 등이 여성노동자회를 꾸리기 위해 탈퇴함으로써, 최초출범 당시의 운영위원들은 1년여 만에 거의 빠져나가는 결과가 되었다. 이후 한국노협은 남아 있는 활동가들을 중심으로 창립 취지에 어울리며 자신들이 감당할 수 있는 활동들을 벌여나갔다. 즉, 노동자들에 대한 상담 사업과 교육 사업, 그리고 각종 홍보 사업 등이 그것이었다.

> 이 조직은 현 노동조합법의 틀이나 정치적 여건, 운동의 주체적
> 역량 등을 고려할 때 현장의 기업별 노동조합을 그 하부조직으로
> 하여 광범한 노동대중을 직접적으로 조직할 수 있는 입장에 있지
> 는 않지만 그보다는 현장에서 소모임을 구성, 운영하고 조합을 결
> 성하는 등 꾸준히 현장 활동을 벌이고 있는 활동가들에게 활동 방
> 향을 제시하고 그 방법론을 지원할 뿐만 아니라 제한된 경험과 정
> 보를 교류할 수 있는 틀을 제공해 줌으로써 전체운동의 통일성을
> 확보할 수 있는 지도부, 현장 활동가들의 조직적 구심체로서 그 존
> 재 의의를 찾을 수 있을 것이다.[31]

사실 1984년 말부터 한국노협은 그 조직의 이름을 지탱해나가는 것만도 쉽지 않은 형편이었다. 1984년 12월 말 인천 답동성당에서 열린총회에서는 일부 활동가들이 정치투쟁과 노학연대를 강력히 주장하였고, 이런 평가를 받아들인 방용석 위원장은 사표를 제출했다. 통일적인 운동 방침의 부재, 정치투쟁에 대한 이견, 지식인 출신과 현장 출

신 노동자들 간의 마찰, 내부 운영의 보수성 등도 두루 문제로 제기되었다.[32] 이에 따라 한국노협은 박태연, 김지선, 전희식, 김교일, 박남수 등으로 비상대책위원회를 꾸려 내부 갈등을 서둘러 수습하려 했으나 대안을 마련하지 못한 채 비상대책위원회를 해체하고 말았다. 그결과 방용석 위원장이 다시 복귀했지만, 구로동맹파업과 서노련 사태를 경과하는 동안 한국노협은 뚜렷하게 그 세가 약화될 수밖에 없었다. 이는 특히 "당시 우리나라 노동운동을 내용적으로 사실상 주도하고 있던 학생 출신 현장운동가들의 소영웅주의적 맹동적 성향이 강했던 잘못된 노선들에 대하여 자주적으로 대처하지 못했기 때문"[33]이라는 분석도 존재한다.

『민주노동』은 1986년의 노동운동을 회고하면서 다음과 같이 입장을 정리한다.(요약 정리)[34]

1. 노동운동은 대중운동이다.

노동운동은 노동대중이 자신의 권리와 이상을 실현시키기 위하여 자발적이고 창조적으로 투쟁해나가는 대중운동이다. 그런데 86년의 경우 노동대중을 선전선동의 대상으로단 이해하는 경우가 많았다. 대중은 올바르게 지도되어야 한다. 1987년의 노동운동은 첫째, 대중에게 스스로 판단할 시간적 여유를 주어야 한다. 둘째, 노동대중의 자기 투신 과정이 있어야 한다. 투쟁에서 방관자가 되지 않기 위해서는 반드시 자기 투신의 행위가 있어야 한다. 셋째, 운동의 정당함을 대중의 마음속에 심어주어야 한다.

2. 노동운동은 조직운동이다.

1986년의 노동운동은 지역 조직의 전망 속에서 단위 사업장의 범위를 벗어나서 진행된 점은 긍정적이다. 그러나 1986년에 노동조합이 결성된 예는 몇 안 된다. 이는 정권의 탄압에도 이유가 있겠지만, 현장의 대중조직에 대한 입장이 불명확하거나 아예 그를 무시하는 활동가들의 비조직적 운동관에도 문제가 있었다. 조직은 운동을 양적 질적으로 발전시켜야 하며, 운동은 조직의 강화로 수렴되어야 한다. 이를 위해 첫째, 민주노조를 건설하자. 둘째, 노동운동 단체 간의 협의, 공동투쟁, 나아가 통합의 방안을 모색하고 실천해야 한다. 셋째, 민주노조를 산별로 조직하려는 노력이 지역 차원에서라도 시작되어야 한다.

3. 정치투쟁과 경제투쟁은 통일되어야 한다.

1986년 노동운동의 성과 중 하나는 정치투쟁의 필요성이 광범하게 선전되었다는 점이다. 그러나 경제투쟁을 '경제주의'로 이해하는 단순한 사고에서 대중투쟁이 방기되어 조급한 관념적인 투쟁이 빈번했다는 점은 반성해야 한다. 첫째, 정치투쟁을 이유로 현장의 경제투쟁을 방기하지 말자. 둘째, 무분별한 정치적 구호의 남발로 스스로를 고립시키고 대중운동의 열기를 가로막아서는 안 된다. 선도적 투쟁은 노동대중에게 방향을 제시하는 계획적이고 실천적인 투쟁이지 주관적 판단이나 무책임한 발언을 하는 것이어서는 안 된다. 셋째, 경제투쟁으로 결집된 힘은 정치투쟁의 발판이 될 수 있도록 활동가들을 단련시키자.

4. 통일과 연대의 원칙을 수립해야 한다.

1986년의 경우에는 노동운동 내부에 너무나 심각한 분열상이 존재했으며 공개적으로 나타나기도 했다. 그 결과로 많은 활동가들이 좌절했고, 정권의 탄압은 더욱 용이했으며, 온갖 사이비 노동운동 이론이 난무했던 것이다. 거듭 말하지만 노동자의 힘은 단결에 있다. 연대는 쉽지 않은 일이지만, 꼭 필요하다. 이를 위해서는 주체와 주체 간에 공통된 인식이 전제되어야 한다. 나아가 연대의 결과에 대해 현실적인 차원에서 예측을 해야 한다. 소수의 노동자가 거리로 뛰어나가야만 노동운동의 발전이라고 생각하는 도식적 틀에서 벗어나야 한다.

한노련 결성과 그 이후

1987년 7~8월 노동자대투쟁은 한국노동운동사에서 가장 빛나는 사건이었다.

3개월간 파업 건수는 3255건에 참가자 수는 무려 122만 명이었다. 그 이전 10년(1977년~1986년) 간에 비해서도 파업은 2배, 참가자는 5배에 이를 정도였다. 이를 계기로 노동조합도 폭발적으로 증가해서, 1989년에는 노동자대투쟁 이전보다 무려 5141개가 늘어난 7883개로 한국노동운동 사상 최정점을 기록했다.

이렇듯 크게 달라진 환경에서, 한국노협의 중심 세력은 노동운동의 한 부분으로서 겸허하게 복무할 것을 결의한 후 1989년 1월 15일 한국민주노동자연합(한노련)을 새롭게 구성한다.

학생운동권 출신들이 실무진으로 새롭게 가세한 것도 이 무렵이었다. 한노련은 신생 노동조합들과 갖가지 대중조직을 지원하고 지도할 수 있는 전문 역량 강화와 민주정부 수립을 위한 정치투쟁을 전개할 것을 목표로 삼고 활동을 전개했다.

[표28] 연도별 노동조합 수, 조합원 수, 조직률[35)]

	노조 수(개)	조합원 수(명)	조직률(%)
1970	3,500	473,259	12.6
1975	4,091	750,235	15.8
1980	2,635	948,134	14.7
1985	2,551	1,004,398	12.4
1986	2,675	1,035,890	12.3
1987.6	2,742	1,050,201	11.7
1987	4,103	1,267,457	13.8
1988	6,164	1,707,456	17.8
1989	7,883	1,932,415	18.6
1990	7,698	1,886,884	17.2
1991	7,656	1,803,408	15.9
1992	7,527	1,734,598	15.0
1993	7,147	1,667,373	14.2
1994	7,025	1,659,011	13.5
1995	6,606	1,614,800	12.7
1996	6,424	1,598,558	12.2

　한국노협과 한노련은 특히 현장 조직을 구체적으로 강화하는 작업에 자신들의 풍부한 경험을 한껏 발휘하고자 애를 썼다. 기관지 『민주노동』을 월 3000부씩 38회 발행한 것도 그런 작업의 일환이었다. 『민주노동』에서는 노동조합의 조직력 강화를 위해 실무교육의 일환으로 '노동교실' 난을 구성하는 데 심혈을 기울였다. '노동교실', '노동경제', '노동조합 실무교실', '노동조합 교양교실', '노동조합 상담교실', '노동조합 역사교실', '노동판례' 등등의 이름으로 실렸던 '노동교실'은 대체로 교양 부분과 노동법 관련 부분, 노동조합 운영과 관련한 실무 지침, 조직력 강화를 위한 제언 등으로 나뉘어 매호 빠지지 않고 알찬 정보를 제공했다.

　한노련은 또한 현대중공업, 대우조선 등 대기업 사업장을 포함하여 연평균 100여 회의 노동조합 간부 교육 실시, 100여 개 사업장의 노동조합 결성 지원, 그리고 일반 노동자들이 요구해 오는 부당해고, 체불임금, 퇴직금, 산업재해 등의 문제를 일상적으로 상담해주는 등 두드러지지는 않지만 꼭 필요한 사업들을 꾸준히 벌여나갔다. 이를 위해 한노련은 성수동 일대를 대상으로 하는 동부노련(위원장 지명환, 원풍모방), 구로동 일대를 대상으로 하는 남부노련(위원장 조경수, 동남전기), 그리고 인천노련(위원장 최연봉, 동일방직) 등 지부를 운영했다.

이제 민주적 노동운동의 모든 역량은 한국노총의 독점적 지배를 깨부수고 새로운 전국 조직을 건설하는 데 모아져야 했다. 물론 그 과정에 우여곡절이 없을 리 없었고, 때로 극심한 조직 분열이 표면화되기도 했지만, 이것은 한국노동운동사에서 전혀 새로운 이정표를 세우는 절체절명의 과제였다. 그 과정 역시 무수한 노동자들의 피와 땀으로 점철되었다.

[표29] 1987년 노동자대투쟁 이후 구속 노동자 수 추이[36] (단위: 명)

	1987	1988	1989	1990	1991	1992	1993	1994	1995	합계
구속자 수	362	80	611	492	515	275	46	161	170	2712

그리하여 마침내 1995년 11월 11일 전국민주노동조합총연맹(민주노총)이 출범한다. 연세대에서 열린 창립 대의원대회에는 866개 노동조합과 41만여 명의 조합원을 대표한 366명의 대의원이 참석하여, 초대 위원장으로 권영길, 수석 부위원장 양규헌, 사무총장 권용목을 선출한다. 이튿날 열린 노동자대회에는 7만여 명의 노동자가 참가하여 민주노총에 거는 기대가 얼마나 큰지 보여준다.

민주노총이 성립하기까지의 지난한 과정을 표로 그려보면 [표 30]과 같다.

[표30] 민주노총 출범에 이르기까지[37]

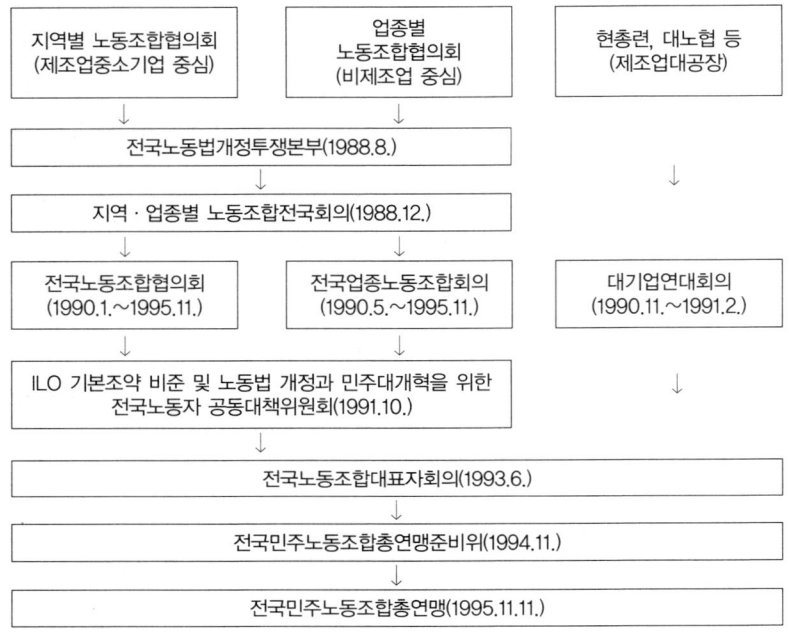

민주노총이 건설된 후 한노련은 역사적 소임을 다했다고 판단, 1997년 3월 스스로 발전적 해소의 길을 선택한 후 녹색환경운동 단체로 거듭난다.

변화하는 노동운동과 원풍모방 조합원들

급속히 변화하는 노동운동의 흐름 속에서 원풍모방 노동조합 조합원들은 구체적으로 어떤 역할을 했을까. 가장 중심적인 역할은 당연히 한국노동자복지협의회와 한국민주노동자연합의 결성과 그 활동에서 찾을 수 있을 것이다. 그러나 이미 대다수 평조합원들은 생존을 위해 새로운 직장에서 일을 하거나 결혼을 해서 새로운 노동운동의 흐름에 적극 뛰어들 형편이 아니었다. 그렇더라도 비록 원풍의 이름을 내걸지 않았더라도 적지 않은 원풍 식구들이 달라진 흐름 속에서 나름대로 자기 역할을 찾고 또 실천하는 데 주저하지 않았다.

박순희는 1983년 감옥에서 나온 후 곧바로 짐을 꾸려 천주교 전주교구에서 준비 중이던 이리 노동사목 건설에 힘을 보태기 시작했다. 박순희가 내려가자마자 이리경찰서에서는 서울에서 '왕빨갱이'가 왔다며 총비상이 걸렸다. 초대 전라북도 가톨릭노동사목으로 취임한 박순희는 JOC 조직활동가인 이철순(마리아, 전 대동화학 노동조합)이 창인동 성당 정문 바로 옆 수위실로 사용하던 조그만 문간방, 이른바 '마리아의 별장'으로 통하던 '노동자의 집'에 머무르면서 노동운동을 본격적으로 전개한다. 그리하여 6년여간 후레아패션의 어용노조를 민주노조로 바꾸는 일을 비롯하여 태창메리야스 노동조합 사수투쟁, 블랙리스트 철폐투쟁, 백양섬유 노동조합 민주화투쟁 등 현장지원 활동을 전개했다.

양승화는 1988년 안양에서 노동회관을 개설하고 차언년과 함께 부지런히 일을 했다. 안양에서는 1987년 노동자대투쟁 이후 공개적인 노동단체가 활발하게 설립되는데, 1988년에만도 안양민주화운동청년연합, 노동교육연구실, 안양노동자회, 군포노동자의 집 등이 속속 들어서 노동조합 활동을 지원, 지도하는 역할을 공개적으로 담당하는 한편, 정파 간 경쟁도 표면화되기 시작했다.[38] 노동회관도 그런 공개 노동단체 중 하나였다. 당시 안양에는 7~8월 노동자대투쟁 이후 결성된 노동조합들이 많았지만, 대부분은 제대로 자리를 잡지 못한 어정쩡한 상태에 있었다. 양승화와 차언년은 그런 노동조합들을 상대로 교육과 상담 사업을 전개했다. 물론 새롭게 노동조합을 결성하는 일에도 자신들의 경험을 전수해주었다. 차언년은 특히 탈춤과 풍물을 지도하는 문화사업에도 힘을 쏟았다.

> 초창기에는 그냥 풍물만 중심으로 탈춤 중심으로 하다가 나중에는 인제 노동조합 만드는 거, 단체협약 하는 거, 이런 걸들 간섭하면서 회사에서 못 들어오게 하구, 못 들어오게 하면 힘이 나는 거예요. 뒤루두 뚫고 들어가서 해야 된다는 거. 그거 때문에 쫌 힘이 났는데, 해가 바뀌면 바뀔수록 현장 감각은 떨어지더라구요. 그래서 그 노동조합도 많이 생기고, 쪼끔 단체협약 만들어내면 거의 우리가 요구했던 거, 그 담에 교육했던 거, 이런 것들은 많이 좋아졌지요. 그래서 인제 저는 원풍에서 배운 거는 다 못 썼다는 생각을 늘 했어요. 그래두 신나게 했어요.

－제2권, 298쪽

두 사람은 1993년까지 그 일을 계속했다.

이옥순은 서노련 창설에 주도적으로 참여했고, 부위원장을 시작으로 나중에는 위원장까지 지낸다. 그 때문에 3년간이나 수배 생활을 해야 했다. 그러나 이옥순은 조직의 대표이면서도 노선 갈등 때문에 끊임없이 가슴앓이를 했다. 예를 들어 누가 조직의 이념이 무어냐고 물으면 습관적으로 민중·민족·민주라는 3민 이념을 내세웠다. 하지만 그런 이념은 그야말로 관념적이어서 이옥순 스스로 가슴으로 받아들이지는 못하는 생경한 구호에 불과했다. 지식인 조직원들의 이해할 수 없는 논리도 이옥순을 힘들게 만들었다. 예컨대 그들은 군부독재 청산을 요구하는 민주인사들의 주장까지 부르주아적이라고 비판했다. 이에 대해 이옥순은 현재의 민주화운동이 계급적 기초에 서 있지 못하다

는 그들의 태도는 계급 이기주의, 아니 독선과 아집에 지나지 않는다
고 다시 비판했다.

> 골방에 앉아서 이 계급, 저 계급을 비난하고 부천서 성고문사건
> 에 항의하는 여성단체, 재야단체 회원들의 시위를 '할일 없는 유
> 한마담들의 생색내기'라고 매도나 하고 있는, 정말 적들이 알았으
> 면 좋아라고 박수 칠 그런 태도가 점차 확대되어 갔다.[39]

그렇더라도 이옥순은 자기에게 맡겨진 임무를 결코 피하지 않았다.
원풍모방 민주노조의 마지막 조합장이던 정선순은 1985년 재야운
동의 구심체로서 민주통일민중운동연합(민통련)이 결성되자 노동운동
을 지원하는 사회부 파트에 간사로 파견된다. 그러다가 1989년 한국민
주노동자연합이 새롭게 결성되자 다시 돌아와 초대 위원장을 맡는다.

제**4**장 원풍노조의 명예회복 투쟁

원풍노조 조합원들의 원풍 밖 인생 역정

원풍모방 노동조합이 공식적으로 깨진 1982년 9·27 사태 이후 조합원들이 어떤 생활을 꾸려가는지 그 삶의 동선을 제대로 좇아가는 것은 만만한 작업이 아니다. 그러나 그들의 원풍모방 밖의 삶을 무시한다면 원풍노조의 의의도 그만큼 반감될 게 틀림없다. 그들이 원풍모방을 떠난 이후에 오히려 원풍노조와 함께하던 시절을 객관적으로 바라보게 되겠기 때문이다.

몇 사람의 인생 역정을 따라가보자. 개인의 사생활에 관한 부분 때문에 부득이 익명으로 처리한다.

A는 원풍모방을 떠난 후 부산에 내려가 관광 가이드 일을 했다. 그러다가 눈에 콩깍지가 씌워 '썩을 놈의 인간' 하고 결혼한다. 조건을 내걸었다. 바람을 피워도 상관없고 돈을 안 벌어 와도 괘념치 않을 테니 제발 때리지만 말아라. 어린 시절 아버지한테 무지막지하게 맞고 산 경험이 그런 조건을 내걸게 만들었는데, 남편은 끝내 주먹을 휘둘렀다. 그 후 이혼을 했고, 지금은 때밀이로 열심히 살아가고 있다. 쉬

지 않고 몸을 움직이는 일이라 노동 강도가 엄청나지만, A는 자기 힘으로 떳떳하게 벌어서 먹고산다는 자부심에 힘든 줄도 모르겠다고 말한다.

B는 원풍모방 이후 다른 공장에 다니지 않았다. 결혼 후 슈퍼 일에 매달리느라 원풍모방에는 신경을 쓸 여유가 없었다. 그러다가 다 늙은 나이지만 용기를 내서 야간 중학교 과정을 밟는다. 영어 공부도 하는데, "어휴, 연결이 안 돼요" 하며 손사래를 친다. 그렇게 말하는 B의 표정은 밝다.

C는 9·27 사태 이후 청주로 내려가 1년간 가정부 생활을 한다. 월급은 8원이었다. 그 후 논산에서 양복 안감을 만드는 공장에 취직했다가 결혼을 한다. 조치원에서 순댓국집을 개업했는데, 원풍모방 덕을 톡톡히 본다. 어느 날 지역에서 활동하는 이들이 손님으로 와서 "사랑도 명예도 이름도 남김없이" 노래를 부르기에 자신이 원풍모방 출신임을 밝히게 된다. 그 후 지역의 활동가들이 줄지어서 누님, 누님 하면서 식당을 찾아온다. 어느새 C는 지역 운동권 사람들에게 유지가 되었다. 나중에 활동가들은 C에게 표창장도 수여한다.

D는 8·15 특사로 나온 뒤 독산동 쌍마패션에서 일을 한다. 나중에는 다시 오성모직에 들어가 5년간 근무한다. 그 후 전주에서 보험설계사 일을 시작했다. 요즘 언론을 보면 노동조합운동이 보도되는 것 자체가 부럽다고 말한다. "우리 때는 꽉 막혔거든." 다만 요즘에는 옛날처럼 중심을 잡아줄 재야의 큰 어른들이 없어서 안타깝다는 생각도 든다.

E는 1980년에 해고되고 1982년에 결혼을 했다. 그 바람에 원풍노조가 깨지던 당시에도 소식을 몰랐다. 그게 미안하기 짝이 없다. 현재 도시가스 검침원으로 일한다.

F는 해고 이후 식당에서도 일을 했고, 영세 작업장에서도 일을 했

다. 1984년에는 시골로 내려가 1985년에 결혼했다. 1996년에 가든식당을 열었는데 한창 잘 되던 판에 조류독감이 번져 큰 손해를 입었다. 그래도 지금 먹고사는 것은 지장이 없다. 하지만 인생은 먹고사는 것 이상의 문제들이 주렁주렁한 것. F는 답답한 속을 어떻게든 풀고 싶어 한다.

G는 1984년에 중매로 결혼했다. 시집 식구들은 하나같이 '여당'이었다. 그래서 한동안 입을 다물고 살았다. 그러나 다행히 아이만큼은 자신을 이해해주는 것은 물론이고 세상에 대해서도 잘못된 일이 있으면 분개할 줄 아는 아이로 성장해 그게 고맙다.

H는 1988년 결혼하지만, 그것이 곧 지옥 같은 생활의 시작이었다. 남편은 술고래였고 아무 때나 폭력을 휘둘렀다. 그때마다 원풍이 생각났다. 10년만 버티자고 생각하며 매를 맞았다. 남편은 제 동생에게 "니 형수는 빨갱이야"라고 말했다. 결국 매를 더 맞으면 죽을 것 같아서 가출했는데, 남편은 교통사고로 죽고 말았다. 생계를 위해 미싱 일도 했고 집에서는 구슬 꿰기 같은 부업도 했다. 잠시도 쉬지 않고 일해야 겨우 먹고살 수 있었기 때문이다. 언젠가 조그만 회사에 들어갔는데 공장장이 사원들의 어깨를 만진다든가 하는 식으로 성추행도 스스럼없이 저질렀다. 원풍모방에서라면 상상도 할 수 없는 일이었다.

I는 1985년에 결혼했다. 장성으로 가서 신접살이를 했는데, 그 후 양봉을 하는 남편을 따라다녔다. 아카시아 꽃만 피면 서울로 올라오기 때문에 원풍 식구들도 만날 수 있었다. 남편은 주책맞게도 원풍 모임에 함께 따라다니는 것을 좋아했다. 현재는 자격증을 따서 초등학교 급식조리사로 일하고 있다.

J는 해고 이후 작은 공장들을 전전했다. 인형공장도 다녔고 전자부품 회사에도 다녔다. 그러다가 대학병원에서 청소 일을 시작했는데,

우연한 기회에 노동조합을 결성하게 되었고 지부장으로 추대되어 6년째 지부장 일을 맡고 있다.

노조 만들고 나서는 너무 신이 났어요. 왜냐하면 생기는 게 너무 많아가지구. 왜냐면 일요일 날 토요일 날 일한 거 있잖아요. 이것도 다 받아내야잖아요. 그 3년 거. 그거 받아냈지, 3년치 그거 받으니까 한 앞에 80만 원씩. 아줌마들이 눈이 이만해지잖아요. 그러지, 갑자기 보나스 생겼지. 막 연차 주지. 어, 막 돈이 달달이 돈이 들어오는 거야. 그런개로 사람들이 너무 신나는 거구, 저희가 처음에 노조 만든 이유 또 한 가지가 있어요. 국민연금하고 의료보험 있잖아요. 이거를 원래 반반 부담해야 되는데, 우리가 다 낸 거예요. 그거를 어떻게 알았냐면 옛날에 애들 학교 가르치다 보니까 영세민들 의료보험 쪼금 내는 사람들 막 국가에서 해줘요, 면제. 그리구 면제받을라고 의료보험 떼러 갔는데 내 월급에는 만 얼마를 뗐는데 거기 가서 보니까 육천 원만 낸 거예요. 그래서 그때부터 우리 아줌마들이 서러움을 너무 많이 많이 당해놔갖구 단결이 우리는 나와라 그러면 백 프로 다 나와, 아줌마들이. 더 빨리 나와. (웃음) 너무 빨리 나와서 문제야. (웃음) 나오라구 그러면 인제 옛날 생각이 나요. 우리가 모이라구 그러면 잘 모였잖아요. 지금도 우리 식구들도 제가 옛날이야기를 참 많이 해요. 옛날에 우리 원풍모방 얘기를. 애길 참 많이 해주면 사람들이 아 그러냐고 그래서 얘기하는 게로 항상 신임도가 항상 있어서 계속하라는데 머리 아파서 고만허구 인계할 사람 (웃음) 아냐, 인계받아야 되는데.

―제2권, 150쪽. 인용자 임의로 정리

K는 해고 후 결혼했는데, 시어머니가 뒷조사를 해서 마찰이 많았다. 원풍에서 전화 오는 것조차 싫어하셨다. 원풍모방을 쳐다보면 무너질 것 같아서 일부러 쳐다보지 않았다. 재활용센터에서 일한다.

L은 1983년에 결혼했다. 시어머니는 원풍모방에 다닌 경력을 들어 반대가 심했고, 이후에도 갈등이 심했다. 9년 만에 겨우 분가했다. 동네에서 통장도 했고 바르게살기운동협의회 회장도 했다. 남편은 KT 노동자인데도 선거 때 MB를 찍었다. 현재 시립 어린이집에서 조리사로 일한다.

M은 원풍모방을 빼면 내 인생은 없다고 말한다. 시골에 있을 때 멍석 깔고 누워 별을 보며 친구와 함께 왜 사느냐고, 무엇 때문에 사느냐고 이야기를 한 적이 있는데, 원풍모방에 와서 그 해답을 얻은 느낌이 들었다. 사람이 어떻게 살아야 사람이냐는 질문에 답을 준 게 원풍 이다.

N은 1934년생이다. 해고 후 인천의 3D 업체에서 일했다. 보루바꾸(박스) 만드는 일을 12년 7개월 했다. 퇴직금이라고 840만 원을 겨우 받았지만 큰아들을 장가 보내는 데 다 썼다. 작은아들은 장애인이기 때문에 수당이 나온다. 47만 원. 지금은 그 돈으로 생활한다. 수유리에서 2000만 원짜리 전세방에서 산다. 그게 가진 재산의 전부다.

O는 해직 이후 100여 명 이상 되는 공장에는 아예 취직이 불가능했다. 3차 신경통이 도져 무척 고생했다. 영진섬유에 입사했지만 회사가 너무 열악했다. 그에 비하면 원풍모방은 천국이었다는 생각을 했다. 나중에 노동조합을 만들어야겠다고 생각해서 움직이다가 해고당했다. 30살 이후부터는 파출부를 4~5년간 했고, 우유배달도 그만큼 했다. 서점, 공장, 탁아소 등도 한 1년간씩 전전했고, 2000년 뒤늦게 결혼했다.

원풍노조 조합원들의 복직투쟁

종업원 3만 8800명에 연간 매출액 1조 8000억 원을 자랑하던 국제그룹(회장 양정모)은 1985년 2월 무려 1조 원의 부채를 지고 도산한다. 그때 국제그룹은 용산에 사옥을 나라에서 제일 아름답게 짓는다고 짓고 있었는데, 양정모 회장은 그 건물에 발 한 번 들여놓지 못한 채 속수무책으로 그룹이 해체되는 과정을 지켜보아야 했다. 당시 이필선 제일은행장은 국제그룹이 그간 사주 가족 중심의 비능률적인 경영체제를 고집하면서 만성적자에 시달려왔는데, 1982년부터는 사옥 건설에 600억 원을 투입, 자금난을 가중시켰다고 밝혔다. 특히 고리 단자회사 자금에 지나치게 의존하여 부채는 눈덩이처럼 불어났다는 것이다.

전면적인 경영 부실로 그룹 해체의 비극을 맞게 된 국제상사 그룹의 경우도 이러한 누적된 부실이 곪아터진 케이스로 볼 수 있다. 주력업종인 신발 수출의 퇴조와 해외 건설의 타격, 족벌 경영체제에 따른 관리 부재 등 복합적인 요인이 있으나 그것이 하루아침에 빚어진 것이 아니라면 대세를 감지, 기민하게 대처하지 못한 것은 역시 무모한 확장의 결과로 볼 수밖에 없다.[40]

국제그룹은 지난 82년부터 시작한 600억 원 규모의 신사옥 건설과 호주 알루미늄 제련소의 과다한 투자 등 무리한 확장과 주력업종인 신발 수출 부진 등으로 인해 자금난이 겹쳐 완매채 단기고리의 제2금융권 자금을 과다하게 써왔다. 또 지난해 연말에는 부도 위기에 직면, 제일은행을 비롯해 거래 시중은행들로부터 긴급지원자금(구제금융)을 받아 응급 수혈을 받기도 했다. 그러나 부채가 은행, 단자를 합쳐 1조 원에 달해 그 어려움이 워낙 심각하고 멀지 않아 회사가 파산할 것이라는 종업원들의 동요까지 겹쳐 현재 건설 중인 해외 공사에 막대한 지장을 초래할 것이 우려돼왔다.[41]

원풍산업만 보더라도, 실제 회사의 만성적인 적자가 엄청난 영업외 비용(사채이자) 지출에 있었는데, 회사는 1982년 원풍모방이 업계의 불황과 제조원가 중 과도한 노무비가 부실의 원인이라고 주장했다. 이는 사실과 전혀 다르다. 원풍산업은 타이어 제조 판매, 복지류 제조 판매(모방), 화공약품 수입 판매 등이 주력 업종인데, 그중 모방이 전체 판매고에서 차지하는 비중은 27.3퍼센트에 불과하다. 반면 타이어는 44.3퍼센트로 가장 큰 비중을 차지한다. 1982년의 경우 타이어 부문 판매 실적은 전년도의 66퍼센트에 불과하며, 특히 해외 수출 부문의 경우 44.6퍼센트에 불과해 원풍산업의 적자는 타이어 부문의 절대적 부진에서 비롯되었음이 분명했다. 아울러 원풍산업은 국제그룹 내 관계회사에 대한 무배당 무수익의 투자자산과 대여금을 무려 123억 원이나 보유하고 있었다. 이는 원풍산업의 결산상 적자가 비정상적인 것임을 입증한다. 이를 위해 회사채를 무려 190억 원이나 발행하여 금융비용(영업외 비용)의 과도한 지출로 결산적자를 시현할 수밖에 없었던 것이다. 재무재표에는 나오지 않지만, 공인회계사의 감사보고서에 따르면, 원풍산업은 국제그룹 내의 국제상사, 국제기계 등에 대하여 약 500억 원 정도의 지급보증을 했는데, 이에 따른 막대한 지급보증료 부담이 불가피했다. 그럼에도 원풍산업은 1982년도 12월 말 현재 자기자본이 214억 원(납입 자본금 70억 원에 비해 3배), 비율로는 32.8퍼센트였다. 즉, 국내 대기업의 평균 자기자본 비율이 18퍼센트 정도인 데 비해 우량기업이라는 사실을 알 수 있다. 그러므로 1982년 모방공장에서 일어난 노사분규 때문에 원풍산업이 막대한 적자를 보았다는 주장은 전혀 타당성이 없는 일방적 주장이다. 실제 1982년도 모방공장의 복지 생산 실적은 97억 6500만 원, 판매실적 107억 5000만 원, 영업이익 9억 8500만 원이었다.

국제그룹의 파산은 기본적으로 부실과 방만한 경영에 기인하며, 정치권력과의 유착관계가 파탄난 데 따라 그룹 해체가 급속히 진행된 것이었다.

국제그룹 해체 이후 원풍모방은 1987년 우성건설의 손으로 넘어가고 이름도 우성산업 모직공장으로 바뀌고 공장도 청주로 이전된다. 우성건설은 대림동 공장 부지에 아파트를 지어 분양한다. 우성건설의 원풍모방 인수는 32세의 젊은 경영인 최승진 사장의 부친 최주호가 한국모방의 설립자였기 때문에 묘한 인연이라 하겠지만, 재계에서는 뜻밖의 일로 여겼다. "아파트나 지어 파는 업체가 생산 공장을 어떻게 운영할 것이며 그만한 재력이 있느냐"며 고개를 갸우뚱거렸던 것이다. 최승진 사장은 원풍산업의 타이어 부문은 성장산업이고, 모방도 시설을 현대화하고 생산성을 높이면 가능성이 있다고 말했다.

1987년 8월 원풍노조는 우성산업에 해고노동자 복직을 요구하는 공문을 발송하면서 본격적인 복직투쟁을 전개한다. 이에 대해 우성산업은 모직공장 공장장 명의로 공문을 보내, 자신들이 원풍산업을 인수한 것은 정부의 시책에 따른 것으로 과거에 대해서는 논의할 입장이 못 된다고 밝혔다. 원풍노조는 우성이 원풍산업을 인수한 것은 "공매처분에 의한 물건 인수가 아니라 원풍산업주식회사란 법인체를 인수한 것이므로 채권, 채무 문제뿐만 아니라 해고노동자들을 포함한 모든 인력 문제에 대한 책임이 포함되어 있다"고 반박했다. 아울러 제일은행 등 채권은행들은 금융 관계를 제외한 인력 문제 등에 대해서는 관여할 권한이 없다고 주장했다.

민주화운동으로서의 원풍모방 노동조합운동

원풍노조는 1988년 1월 노동조합의 전체 역사를 정리하여 『민주노조 10년』이라는 책자를 발간했다. 출간 주체는 '원풍모방 해고노동자 복직투쟁위원회'였다. 9·27사태로 회사로부터 쫓겨난 지 5년이 넘게 시간이 흘렀지만 아들은 여전히 복직에 대한 희망을 버리지 않고 있었던 것이다. 그것은 단순히 다니던 직장에 다시 들어간다는 뜻을 넘어서서 고통과 탄압 속에서도 자신들의 청춘을 송두리째 바쳐 이룩한 민주노조를 되찾고 억울하게 해고된 자신들의 명예도 회복하겠다는 간절한 열망의 표시였다.

원풍 식구들은 이렇게 우성산업을 상대로 복직투쟁을 전개하는 한편, 자신들의 명예를 궁극적으로 회복하는 길은 곧 완전한 민주주의의 정착에 달려 있다고 보고 1990년대에 들어서도 투쟁의 고삐를 늦추지 않았다. 구체적으로 그들은 법률적·제도적 투쟁을 통해 원풍이라는 이름이 민주화투쟁 과정에 공식적으로 편입될 수 있는 길이 있다고 판단했다. 그리하여 문민정부 출범 이후 민주화운동에 관한 명예회복 움직임에 적극적으로 동참했다.

2000년 1월 12일 법률 제6123호로 「민주화운동관련자 명예회복 및 보상 등에 관한 법률」(약칭 민주화운동 특별법)이 제정되었다. 이 법에서 말하는 '민주화운동'이란 1964년 3월 24일(대일 굴욕외교 반대 데모) 이후 자유민주적 기본질서를 문란하게 하고 헌법에 보장된 국민의 기본권을 침해한 권위주의적 통치에 항거하여 민주헌정질서의 확립에 기여하고 국민의 자유와 권리를 회복·신장시킨 활동을 말한다. '민주화운동 관련자'에는 민주화운동과 관련하여 사망 또는 행방불명된 자, 상이를 입은 자, 대통령령이 정하는 질병을 앓거나 그 후유증으로 사망한 자, 유죄판결·해직 또는 학사징계를 받은 자 등을 포함한다. 대상자에게는 명예회복 증서와 함께 보상금이나 혹은 의료 지원금, 생활 지원금을 지급할 수 있게 되어 있었다. '민주화운동 관련자 명예회복 및 보상심의위원회'는 2000년 8월에 출범했다.

이에 따라 원풍노조는 명예회복 및 보상 신청을 시도하면서 원풍노조의 활동이 민주화운동인 이유를 다음과 같이 정리했다.

1. 1970년대 노동운동과 민주화운동의 관계

박정희 독재정권에 대한 국민의 대중적인 저항운동은 1970년 11월 13일 평화시장에서 가난한 노동자 전태일의 분신을 계기로 시작된 것이다. 1971년 10월 유신체제와 긴급조치 발동으로 노동운동의 손과 발을 묶어놓은 것이다. 당시 노동운동은 독재정권의 어용조직으로서 노동운동을 탄압하는 한국노총과 탄압을 받아온 민주노조운동으로 구분되어 있었다. 독재자와 한국노총은 민주노동운동 세력을 반정부세력이나 도산세력으로 규정하여 독재정권과 손잡고 가혹한 탄압을 자행한 것이다. 그 기간은 전태일의 죽음 이후 1987년 7월 노동항쟁 시기까지 계속된 것이다. 당시 도산세력이라 함은 독재자 박정희 정권에 저항하는 종교인, 지식인, 노동자, 대학생들을 지칭한 것이고 그들의 운동을 민주화운동이라 말했고 독재자는 반정부 또는 반국가 행동으로 몰아 불이익을 가한 것이다. 그러기 때문에 노동 문제가 그 운동의 중심이 된 것이고 그 조직으로는 청계피복노조, 원풍모방노조, 동일방직노조, 콘트롤데이타노조, YH무역노조, 반도상사노조 등 이른바 1970년대 민주노조들이고 박정희에 이은 1980년 전두환 독재자의 등장으로 민주노조운동이 파괴되는 가혹한 탄압을 받았다. 중앙정보부에 의해 홍지영이 제작한 "산업선교 무엇을 노리나" 등의 대량 배포는 노동운동 탄압의 절정을 이루기 시작하였고 급기야 정부는 외부세력 실태조사를 실시하기도 하였다.

2. 원풍모방 노동조합에 대한 정부의 탄압

"국가보위에 관한 특별조치법" 제정으로 노동자들의 기본권을 묶어놓은 상황에서 한국노총의 어용조직에 변화가 일기 시작한 것은 동일방직과 원풍모방(당시 한국모방) 노조의 집행부 교체이며 청계피복노조, YH무역노조와 콘트롤데이타, 반도상사 등의 신규 조직 결성이었다. 1972년 8월 원풍노조는 집행부가 교체된 직후 "국가보위에 관한 특별조치법" 제정 이후 첫 번째로 2명이 구속되고 집행부 전원을 불구속 입건하였으며 회사는 수십 명의 간부를 해고 조치하는 탄압을 시작함으로써 1972년 9월 3일 노동조합은 급기야 총파업을 감행하고 명동성당 본당에서 600여 명의 조합원이 심야농성하는 사태로까지 확산되기도 하였다. 정부는 원풍모방노조가 1970년대 민주노조 중 조직원이 가장 많은 조직으로 여타 조직에 적지 않은 영향을 주었다고 판단하여 수차에 걸쳐 파괴를 시도하다가 1980년 전두환 정권 등장 이후 1979년 11월 명동 YWCA 강당에서 거행된 통일주체국민회의(일명 위장결혼식 사건)에 참석한 조합원 8명을 구류 처분하고, 노동계 정화 조치를 계기로 1982년 10월까지 구속 8명, 구류 28명, 합수사 해고 14명, 순화교육 4명, 출근자를 연행한 후 559명을 해고시킴으로써, 70년대 민주노조의 상징을 없애버린 것이다. 원풍노조는 1980년 5·18 광주항쟁 이후 조합원들에게 480여만 원의 성금을 모금하여 윤공희 대주교에게 전달하기도 하였다. 전두환 정권은 원풍노조를 파괴하는 과정에서 검찰과 경찰은 물론 도지사, 시장, 군수, 면장, 이장, 심지어 초등학교 담임선생 그리고 공무원 가족들까지 동원하여 철저한 가택연금을 실시하였으며, 블랙리스트를 작성 배포하여 취업까지 봉쇄하였다. 당시 이 사건과 관련하여 지학순 주교, 김승훈 신부, 김상근 목사 등으로 대책위원회를 구성, 정부의 탄압에 항의하기도 하였다.

3. 한국노동자복지협의회의 탄압

1984년 3월 10일 전두환 정권에 의해 노동현장을 빼앗기고 블랙리스트에 의해 취업의 기회를 얻지 못한 노동자들과 민주화운동의 내용이 노동운동이 되어야 한다고 생각하는 학생운동 출신들이 모여 법외 단체인 "한국노동자복지협의회"라는 노동단체를 출범시키고 노동법 개정운동을 시작으로 부당한 노동정책에 항의하기 시작하였다. 그 과정에서 불법유인물 제작 배포와 집회와시위에관한법률 위반 등으로 많은 회원이 구속되거나 구류 처분을 받았으며, 1984년 11월 9일 서부경찰서에서 구류를 살던 기간에 경찰관(이용호 순경)에게 오른쪽 고막이 파열되는 폭행을 당하기도 하였다.

이는 결국 1970년대부터 1980년대 초반까지 노동자들에게 가해진 국가권력의 횡포는 「민주화운동관련자 명예회복 및 보상 등에 관한 법률」이 규정하고 있는 것처럼 "자유민주적 기본질서를 문란하게 하고 헌법에 보장된 국민의 기본권을 침해한 권위주의적 통치"의 전형이라는 견해였다. 아울러 노동자들의 사용자에 대한 투쟁은 반민주적인 법제와 독재권력 유지 및 사용자의 이윤추구를 보장하기 위한 국가권력의 비호에 대항한 것으로서 「민주화운동관련자 명예회복 및 보상 등에 관한 법률」 시행령이 규정한 바 "사용자나 기타의 자에 의하여 행하여진 폭력 등에 항거함으로써 결과적으로 국가권력의 통치에 항거"한 것으로 간주되었다.[42] 원풍노조는 2000년 10월 21일 21명의 조합원에 대한 제1차 민주화운동 명예회복 및 보상신청서를 제출하는 것을 시작으로, 본격적인 명예회복 및 보상 신청 작업에 돌입했다.

지루한 심사 끝에 원풍노조는 2001년 4월 민주화운동으로 인정받고 명예회복에 성공한다. 이어 2001년 11월에는 정선순 외 24명이 처음으로 민주화운동 관련자 명예회복을 인정받는다. 이어 2002년 11월에는 박칠성 외 32명이 제2차 민주화운동 관련자로 인정받는다. 이후 2010년 7월까지 민주화운동 명예회복 신청자 총 157명 중 민주화운동 명예회복 인정자는 156명이고, 생활 지원금을 받은 조합원은 97명, 기초생활 지원금이 기각된 조합원은 28명이다.

직포과 출신 황영애는 명예회복 증서를 받고 나서 가족이 다 함께 눈물을 터뜨렸다. 그것은 그동안 겪은 고통의 세월에 대한 기쁨의 눈물이었다. 친하던 이웃들조차 "저 집 딸네미 빨갱이라며?" 하면서 손가락질하던 시절을 이제는 자랑스럽게 돌아볼 수 있게 되었다. 황영애는 "남들은 살아가는 기준을 학교에서 정하지만, 나는 원풍노조에서 살아가는 가치를 알게 되었다"고 말한다.

마지막 복직투쟁

원풍노조는 2004년 10월 '민주화운동 관련자 명예회복 및 보상 심의위원회'에 복직 희망 신청서를 제출하여 (주)우성모직에 복직권고안 안내문을 보냈다는 답변을 듣는다. 이에 노동조합은 2005년 3월 (주)우성모직에 원풍노조 해고노동자 복직요구 내용증명을 발송하지만, 2005년 3월 (주)우성모직 김성배 대표이사로부터 원풍노조 해고노동자 김금자 외 복직요구를 수용할 수 없다는 통보를 받는다. 이에 원풍노조는 2005년 4월 14일 청주에 내려가 복직을 촉구하는 규탄대회를 개최하기에 이른다. 이날 대회에는 1970년대 민주노조운동을 함께 벌였던 다른 사업장의 동료들도 다수 참석했다. 〈한겨레신문〉은 「우리들의 봄을 다시 돌려주세요」라는 제목으로 이날의 규탄대회를 다음과 같이 보도했다.

청주 우성모직 앞 복직 촉구 규탄대회

"빼앗긴 들에도 봄은 오는 법인데, 우리들의 봄은 아직 머네요. 하지만 포기할 수 없지요." 1980년대 초 민주화운동 과정에서 부당해고된 원풍모방 노동자들이 20여 년 만에 다시 뭉쳤다. 박순희(58) 원풍모방 해고노동자 공동대표 등 노동자 50여 명과 민주노총 충북본부는 14일 오후 1시 충북 청주시 송절동 우성모직 앞에서 '원풍모방 해고자 원직 복직 쟁취 결의대회'를 열었다. 1980년대 초 국가보위 비상대책위의 '노동계 정화조치'로 억울하게 쫓겨난 지 20여 년 만에 자신들을 내친 회사 앞에 모인 것이다.

서울시 영등포구 대림동 국제그룹 원풍모방 공장에서 쫓겨났지만 그동안 회사가 우성으로 넘어가고 본사도 청주로 옮겨 이곳에서 행사를 했다. 옷감을 짜던 20대의 생기발랄한 모습은 간데없고 주름진 얼굴의 40~50대 아줌마들로 변했지만 20여 년 전 목이 터져라 불렀던 '임을 위한 행진곡'이 시작되고, 귀에 익은 구호가 나오자 이내 눈에서 불이 튀었다.

박 대표는 "정부가 원풍모방 해고 노동자들을 민주화 관련 해직 노동자로 인정하고 복직 권고와 불이익 해소 조처를 통보했는데도 회사가 받아들이지 않고 있다"며 "정부와 회사는 부당 해고에 대해 사죄하고 복직 등 명예회복 조처를 마련하라"고 요구했다. (중략) 해고 노동자 김순애(45)씨가 읽은 결의문에서 "당시 정부와 회사는 600여 명의 노동자를 해고한 뒤 '원풍모방 블랙리스트'를 돌려 취업을 막고, 결혼한 시댁까지 찾아와 사생활을 침해하는 등 노동자들은 20여 년 동안 말로 할 수 없는 고통을 당했다"며 "피해 노동자를 모으고 동일방직 등 다른 해고 노동자들과 힘을 모아 투쟁하겠다"고 밝혔다.

원풍모방은 1982년 559명이 한꺼번에 해고되는 등 80~82년 노동계 정화조치로 600여 명이 해고됐다. 2001년 27명의 해고 노동자들이 낸 민주화운동 명예회복과 보상신청이 받아들여져 지난해 12월 29일 민주화 보상심의위가 우성모직에 27명의 복직 권고안을 냈으나 회사가 받아들이지 않고 있다. 이에 대해 우성모직은 "부도에 따른 법정관리, 경기부진과 인원감축 등 회사가 어려운 상황이지만 4월 안으로 다시 대표단을 만나 대안을 찾겠다"는 뜻을 대표단에게 전달했다.

-청주/오윤주 기자

원풍노조는 2005년 8월 '원풍모방 해고노동자 복직투쟁대책위원회' 명의로 국무총리에게 '청원서'를 제출한다. 청원서에 함께 붙인 요구 사항은 다음과 같았다.

1. 정부는 우성모직으로부터 원풍모방에서 부당해고된 전원을 즉각 원직·복직시키도록 조치하여 주십시오.
1 정부는 1980년 5·18 광주항쟁으로 노동조합 간부를 수배하고 정화, 해고하였으며, 12월 계엄사 합동수사본부에서 강제로 퇴직시키고 순화교육(삼청교육)과 귀향 조치한 14명에게 정부 차원의 보상을 실시하고 원직에 복직되도록 조치하여 주십시오.
1. 정부는 민주화운동을 하다가 군사정권으로부터 해고된 원풍모방 해고노동자 전원을 원직·복직과 불이익 해소를 위한 조치를 정부 차원에서 대책을 수립하고 그동안 블랙리스트에 의하여 취업을 하지 못한 정신적·물질적인 보상이 이루어지도록 조치하여 주시기 바랍니다.

2006년 3월 31일에는 '진실·화해를위한과거사정리위원회'에 원풍모방 노동조합 탄압에 관한 진상을 규명해줄 것을 요구하는 신청서를 제출했다.

한국견방, 한국모방, 원풍모방, 국제그룹—1953년 설립 이후 회사를 소유하거나 운영해온 자본가들의 인생 역정을 기억할 때, 부정, 부패, 탈세, 횡령, 도주, 사기, 증뢰, 편법, 결탁, 과욕 따위의 낱말들이 먼저 떠오르는 건 슬픈 일이다.

원풍모방의 조합원들은 해고 후에도 꾸준히 일을 했다. 때밀이, 동네 슈퍼 운영, 순댓국집 운영, 문방구점 운영, 미싱사, 보험설계사, 역술인, 초등학교 급식조리사, 대학병원 청소부, 간병인, 재활용센터 선별공, 시립어린이집 조리사, 도시가스 검침원, 체형관리사, 주차 정산원 등 그들은 대부분 특별히 빛나는 자리에 있지 못했지만, 노동자로 일한다는 사실에 자부심을 느꼈다. 그 사실은 아마 오늘도 달라지지 않았으리라.

노동은 그들의 전부다.

명예회복된 원풍노조 조합원들

민주화운동 명예회복 신청자 157명 중 민주화운동 명예회복 인정자는 156명이다.

1 구길모	27 김순애	53 박상옥	79 안윤옥	105 이옥순	131 정정순
2 권기숙	28 김영희	54 박순애	80 양분옥	106 이은숙	132 정정순
3 권점옥	29 김영희	55 박순이	81 양승화	107 이점순	133 정정자
4 권현순	30 김예희	56 박순자	82 양태숙	108 이제호	134 정진옥
5 기성순	31 김오순	57 박순희	83 유길용	109 이종순	135 정혜경
6 김경숙	32 김옥선	58 박신숙	84 유명애	110 이향숙	136 조수재
7 김광분	33 김옥희	59 박연님	85 윤종순	111 이현숙	137 조시단
8 김금자	34 김윤옥	60 박영순	86 윤춘원	112 이혜영	138 주삼례
9 김금희	35 김인경	61 박영희	87 이경님	113 이화숙	139 지명환
10 김도철	36 김점순	62 박은희	88 이규현	114 임기연	140 차언년
11 김동진	37 김정숙	63 박점순	89 이미숙	115 임선호	141 최금숙
12 김두숙	38 김정순	64 박춘례	90 이선순	116 임은순	142 최명숙
13 김두옥	39 김정순	65 박칠성	91 이선임	117 임인자	143 최문순
14 김명숙	40 김종성	66 박한순	92 이숙자	118 임재수	144 최애순
15 김명순	41 김중순	67 박현순	93 이순립	119 임충호	145 최옥희
16 김명화	42 김태운	68 박현옥	94 이순옥	120 임태송	146 최종례
17 김명화	43 김하수	69 박혜숙	95 이순옥	121 장남수	147 최칠순
18 김명희	44 김하자	70 방순영	96 이영남	122 장복순	148 추덕귀
19 김미숙	45 김향자	71 방용석	97 이영섭	123 장석숙	149 한상분
20 김미정	46 김현숙	72 선희숙	98 이영숙	124 장순자	150 한상영
21 김보애	47 나영금	73 손선례	99 이영순	125 장정숙	151 한순주
22 김삼순	48 노금순	74 신선옥	100 이영자	126 장형숙	152 허만관
23 김숙자	49 문선자	75 신필섭	101 이영자	127 정선순	153 허말례
24 김숙자	50 박갑진	76 신현옥	102 이영자	128 정선임	154 홍옥선
25 김순란	51 박명신	77 심현숙	103 이영자	129 정영례	155 황선금
26 김순례	52 박복현	78 안두순	104 이오남	130 정영자	156 황영애

원풍, 아름다웠던 우리 젊은 날
-추억의 사진첩을 펼치며

장남수

빛바랜 몇 장의 사진을 본다.

빨강, 분홍, 흰색의 코스모스가 소담하게 무리 지어 피어난 작은 뜨락에 키 큰 해바라기가 울타리처럼 빙 둘러 피어있다. 코스모스 꽃 무지 한가운데에 해바라기의 허리쯤 되는 앳된 처녀가 살짝 웃고 있다. 하얀 남방 깃이 나비처럼 날개를 펼쳐 그녀의 가녀린 목을 감싸고 있다. 해바라기 뒤로 두 동의 공장 건물이 보인다. 공장 입구에 열려 있는 커다란 문 안에서 기계는 돌고 있었을 것이다. 사진 뒤에는 '영선계 옆에서'라고 쓰여 있고 사진의 주인공은 스무 살 시절의 박순애, 순애 언니였다.

다른 사진도 있다. 작업복을 입은 이옥순, 김봉순, 박순애, 노동조합의 '미스 강' 언니 등등. 그중 세 사람은 청 모자를 썼고 두 사람은 흰 모자를 쓰고 있다. 사복을 입고 가운데 앉아 있는 사람은 영등포 산선의 실무자였던 정강자 선생인 것 같다. 순애 언니는 아기까지 안고 있다. 아기 엄마인 듯한 여성도 보이고. '78년 10월 1일 체육대회'라고 적혀 있다.

그때 원풍노조의 체육대회나 행사 때는 외부 사람들도 많이 왔었다. 영등포 산선의 다른 회사에 다니는 회원들뿐 아니라 친구들이나 가족들이 놀러오기도 했다. 체육대회는 큰 잔치였고 희한한 복색이나 장기로 웃기는 사람들도 많았다.

식당 옆 영산홍더미 옆에서 찍은 사진에는 노조사무실의 미스 홍도 보인다. 하얀 얼굴로 언제나 웃고 있던 미스 홍, 지금은 어디서 잘 살고 있는지…….

염색과 운동장 옆에는 발목을 덮는 작은 키의 샐비어가 총총히 피어 있다.

다른 사진─봄이면 삘기를 뽑던 파란 잔디의 기숙사 언덕에 하얀 블라우스에 밤색 멜빵 치마를 입고 '알프스의 소녀'처럼 앉아 있는 자그만 처녀, 내게 이런 시절이 있었던가?

그래, 원풍모방 공장 안은 기계와 형광등과 실 꾸러미들 사이로 선풍기가 힘겹게 돌아가고 있었지만 공장 밖은 군데군데 꽃이 피었고 우리 청춘도 꽃처럼 피고 싶었던 시절이다.

기숙사 언덕에 봄이 오면 제일 먼저 영산홍이 피었다. 영산홍 붉은 빛이 절정에 달할 즈음이면 기숙사 뒷산 언덕에서 아카시아 향기가 창을 넘어 들어왔다. 더러는 강당에 앉아 아카시아 잎을 따며 이마에 알밤을 먹이는 풍경도 보였다. 계절이 한껏 무르익는 5월의 기숙사 언덕은 넝쿨장미가 만발했다. 장미와 영산홍과 아카시아와 함께, 터질듯 익어가는 계절 속에 20대의 청춘들도 그렇게 영글고 무르익어갔다.

"5월에 넝쿨장미가 예뻤고 운동장의 등나무 그늘이 참 좋았어."

김향자의 기억에 각인된 풍경이다. 책도 많이 읽고 서정이 풍부한 그녀의 기억은 그렇게 이름처럼 향기롭다.

원풍모방 공장의 경비실을 지나면 왼쪽으로 길게 등나무 아래 벤치가 있었다. 식당에 갈 때도, 현장에 들어갈 때도, 노동조합 사무실을 갈 때도, 늘 지나다니는 등나무벤치, 그 벤치에 등을 기대고 앉으면 상큼한 라일락 향기가 스며들었다. 그곳은 기숙사생과 자취생이 만나기로 정하는 약속 장소이기도 했고 노동조합 간부들이 지나가다 조합원들과 주저앉아 담소를 나누는 장소이기도 했다. 1979년도쯤인가, 등나무 벤치에 앉아 있다가 방용석 지부장과 이승옥 공장장을 만나 함께 일상 이야기를 나누었던 기억이 아련히 떠오른다.

등나무 푸른 잎이 낙엽이 되고 벤치에 하얗게 눈이 쌓이면 식당을 오가는 길에 눈뭉치가 날아다녔다. 꽤 넓었던(?) 공장 운동장이 하얗게 눈이 덮인 날, 작업복을 입은 채 눈밭에 엎드려 장난치는 사진 한 컷, 순애 언니의 팔에는 줄 두 개짜리 완장이 있고 봉순 언니는 작업복 위에 추리닝을 걸쳤다. 나는 작업복이 아닌데 왜 운동장에서 언니들과 만나 눈밭을 뒹굴고 있는지, 눈에 취해 땡땡이를 쳤나? 사진은 설명 없이 그저 눈처럼 환하게 웃고 있을 뿐이다.

기숙사 강당에서 색동한복을 입고 아동처럼 신나게 윷을 던지는 사진도 나온다. 1980년 구정 명절인 것 같다. 색색의 한복과 사복이 뒤섞인 차림들의 원풍 식구들이 곳곳에서 담소하는 장면도 함께 담겨 있다. 명절이 되어도 귀향하지 않는 사람들이 많았고 노동조합에서는 늘 떡과 다과를 준비해 잔치를 열었다. 덕분에 노조간부들은 명절에도 자의 반 타의 반으로 귀향 못하는 경우들도 있었지만, 단언하건대, 그 누구도 불평은커녕 즐기며 행복해했다.

신나게 던지던 윷놀이 판은 접었는가, 7명이 옹기종기 둘러앉아 있다. 신인령 선생님이 명절 잔치에 오셨구나, 6명의 눈과 귀가 신인경 선생님을 향해 열린 채 무언가에 열중해 있다. 원풍노조와 관계있던 분들은 이렇게 기숙사에도 드나들 수 있었다. 그래서 우리는 더욱 행복했었다.

김금자 언니는 "대의원 되어서 교육 다닐 때가 좋았다"고 회상하면서 "부서 야유회나 그룹별로 놀러 다니던 포도밭도 좋았고 살짝살짝 몰래 데이트하던 것도 좋았다"고 덧붙였다. 활동적이고 시원시원한 금자 언니가 야유회나 포도밭은 이해가 되는데 몰래몰래 데이트를 했다니, 음전해 보이거나 호방해 보이거나 모두 '제 할 짓'은 다 하고 살았나보다.

등산을 좋아하는 양분옥 언니는 "원풍 다닐 때 대한적십자사에서 실시한 등반대회에서 3등상 받은 때"를 행복하게 회상했다. 미모도 출중한 분옥 언니가 젊은 날 산뜻하게 등산복을 차려입으면 참 멋있었을 것이다. 그러고 보면 등산 다니는 사람들도 꽤 있었던 것 같다. 3교대 근무라 토요일 2시에 퇴근하면 월요일 2시에 출근하면 되니까 1박 2일, 조금 무리하면 2박 3일의 정도의 산악회 활동도 가능했던 것이다. 기숙사에 있을 때 우리 방의 한 친구도 토요일이면 등산복 입고 목에 살짝 손수건도 두르고 배낭을 메고 나서곤 했었다.

아마 원풍모방 조합원들이 회상하는 그 시대 큰 즐거움에서 거의 공통적으로 떠올리는 기억은 금자 언니도 말했던 '포도밭'일 것이다. 방식구들끼리, 그룹별로, 친한 친구들끼리, 당연한 행사처럼 포도 먹으러 다녔다. 그때 시흥이나 안산 쪽에 포도밭이 많았고 일정액을 내면 그 자리에서 직접 따서 먹고 싶은 만큼 먹을 수 있었는데 돈을 냈으니 본전 빼느라고 혀가 새파랗게 되도록 포도를 먹었다. 원두막에 앉아 노래도 부르고 달콤한 포도 맛에 취하고 취했었다.

그러나 원풍노조 조합원들은 또, 정말 행복했던 순간을 연애나, 꽃밭이나, 포도송이를 따던 때보다 함께 교육받을 때라고 회상하는 경우도 많다. 교육은 눈꺼풀에 얹힌 거친 각막을 벗겨내고 환하게 세상을 열어주는 것 같았고 함께 촛불을 들고 내가 어디서 태어나 어떻게 자라 이 자리에 있는지를 드러내며 나와 비슷한 동료들과 손잡게 하였다. ('촛불집회'는 그때 우리가 원조 아니었나?) 학교에 다닐 나이에 공장에서 일했기에 해소하지 못한 지적 욕구가 잠재해 있었기 때문일 것이다.

노동조합은 거의 매주 어떤 형태로든 교육 프로그램이 가동되었고 우리는 보무도 당당히, 몹시도 뿌듯하고 벅찬 심정으로 교육장으로 향했었다.

교육이 좋았던 또 다른 이유는 야외에 위치한 수도원 같은 곳에서 진행되었기 때문에 잠시 공장을 벗어나서 새소리에 눈뜨는 아침이 참 좋기도 했던 것이다. 임마누엘 수도원, 프란체스코 수도원 같은 곳에서 휴식 시간에 나무 등걸에 기대어 노래 부르고 사진 찍으며 얼마나 행복했던지.

교육과는 다르게 핍박과 투쟁이 함께하는 현장에도 쫓아다니며 행복했던 것 같다. 구속자와 고통받는 사람들을 위한 기도회가 열리던 기독교회관의 목요집회도 원풍 노동자들이 많이 쫓아 다녔다. 함석헌, 계훈제 선생님 같은 어른들 속에서 뒷자리에 웅크리고 앉아 민주화운동에 함께한다는 자부심과 비장한 희열을 느꼈던 것 같다.

재판 방청도 꽤 다녔다. 상집간부 언니들을 따라 양성우 시인의 재판에 갔던 기억, 그래서 『겨울공화국』이란 시를 외우고 다니기도 했다.

아무도 알아주지 않는 노동자들이지만 고통받는 사람들의 해방을 위해 우리도 한 가닥 참여한다는 자부심이 있었다. 때때로 위험을 동반했고 현장은 늘 분노를 동반했지만 인간의 귀함을 일깨우고 존중을 키우게도 했다.

노동자로서의 자긍심과 희열을 느끼게 한 순간들도 많이 있다. 노동절 행사에서 노조간부들의 당당하고 큰 모습을 보면 손바닥이 터지도록 박수가 절로 우러났고 목이 터져라 솟구쳐지던 외침들.

영등포 산선이 작고 낡은 아파트에서 '노동교회'란 이름으로 소박하게 모이던 때 귀갓 길에 원풍모방 앞 대림동건널목의 영화제과에서 먹던 '넙적 빵', 깔깔거리고 떠들며 노동자인 자신이 당당해지던 순간들.
그대로 한 컷 담아두고픈 아름다운 날의 기억이다.

이 글을 쓰는 중에 아침 일찍 순애 언니한테서 전화가 왔다.
"남수야, 그 사진의 꼬마가 성일이야, (방용석 지부장님 아들) 그리고
옆에는 애 엄마가 아니라 해태제과의 이숙자잖아."
"아 그렇구나, 언니, 맞아 성일이네."
"그리고 남수야, 우리 과천에 있는 영보수녀원에서 교육 많이 했잖
아, 그 옆에 저수지도 있었고 수녀원 옆 밭에 취나물이 많았어. 나는
그때 취나물을 처음 알았는데 그걸로 식당에서 나물 무쳐줬는데 쓰고
맛이 없었어."
역시 순애 언니의 총기는 녹슬지 않았다. 그 말 들으니 생각난다. 영
보수녀원 옆의 밭 언덕, 복숭아나무 몇 그루가 있었고 우리는 그 나무
에 기대어 노래를 불렀다. 그때 불렀던 노래들……. 그중 한 자락이 가
만히 되살아난다.

넘쳐 넘쳐 흘러가는
볼가 강물 위에
스텐카라친 배 위에서
노랫소리 들린다.

30년의 세월이 녹아 든 사진은 누렇게 바래 있다. 그러나 우리 청춘
의 날들에 꾸었던 꿈의 색깔은 그 빛깔 그대로 영롱하다. 이제는 매해
만날 때면 얼굴에 주름 하나 더 늘어 있고, 염색한 머릿결 사이로 감
추어지지 않는 흰 머리카락이 가냘프게 날리는 게 보이지만 함께했던

꿈의 기억들에 행복하다. 부끄럽지 않은 기억들은 좋은 추억이 된다. 좋은 추억은 삶을 풍요롭게 한다. 올해도 우리는 또 기념촬영을 할 것이다. 밝게, 예쁘게, 최대한 웃을 것이다. 모두가 빛나는 추억의 사진첩을 위해.

원풍과 맺은 인연

[인연1] 조지송 목사 대담

"가던 길 가라!"

때: 2010년 7월 22일
곳: 경기도 판교 신도시 조지송 목사 자택
함께한 이: 정선순, 황선금, 장남수(기록)

원풍 목사님께서 원풍모방 노동조합, 그리고 원풍 사람들과 맺게 된 인연의 줄기를 한번 거슬러 가주세요.

조지송 원풍은, 내가 64년에(31세쯤) 영등포에 갔어. 그때는 나 자신도 현장에는 생소한 상태에서 맨 처음 한 일이 영등포 지역 교회를 방문하면서 이 지역에 노동자가 누가 있나? 라는 것부터 조사하기 시작했어. 노동자들을 만나야 하는데 길거리에서 "나하고 얘기합시다." 할 수 없으니. 영등포 지역 교회 목사님들께 소개받는 형태를 취한 거지. 그렇게 그 교회들에 가서 예배 보고 "영등포 지역 노동자들은 예배 끝나면 남으라" 해서 남영, 경방, 해태 등 공장에 있는 크리스천 노동자와 만나기 시작했어. 그중에 한국모방 김갑준(노조 부녀부장 역임)이 있었는데 띠 3개짜리 간부라 현장을 통솔하기가 용이했기 때문에 (띠 3개면 하늘 같은 존재지) 당시 어용노조도 회사도 다 좋아했던 노동자였지.

그렇게 만나다 한국모방 쪽 사람들을 좁혀보니 20~30명인데 그중에 박영혜도 있었어. 열여덟 살가량의 앳된 노동자였지. 회사 근처의 교회를 (대림교회였던가?) 빌려서 기다리면서 한국모방 노동자들 만났고. 한국모방 노동자들이 활발했어. 교양 문제, 건강 문제, 성서 이야기를 주로 하게 되었지. 그런데 성서 이야기가 해석이 달라, "우리 목사님 하고 다르다. 어느 신학교 나오셨어요?"라고 질문하는 사람들도 있었어. 이상한 목사님이다, 교회에 나가라고도 안 하고, 안식일 안 지켜도 된다. 안식일 지킬 수 없는 조건이거든.

그러다 한 단계 올라가니까 크리스천만 가지고는 안 되겠다. 공장에는 크리스천만 사는 게 아니니까. 아닌 사람도 만나야겠다. 한국모방에서 이미 나를 잘 아는 사람을 통해서 공장의 신망받는 사람들이 점심시간에 모이기도 했어. 좋은 음악 스피커에 틀어주기도 했고. 박영혜는 클래식 감상반도 만들게 되었지. 크리스천 → 비크리스천 → 취미 → 흥미 → 공부로 발전한 거야. 욕구를 채워주는 방식의 모임을 진행한 것이지. 한국모방 노동자들의 적극성은 김갑준 등 주도적인 인물들이 신뢰를 받는 사람들이었기 때문에 그랬던 것 같아. 리더는 똑똑한 사람 만나야 된다. 그래야 회사도 좋게 생각해. 노동자들이 말 잘 듣는 사람 되니까. 모임의 내용은 내가 안을 내는 것보다 자기들이 내서 말하는 게 더 효과적이더라고. 현장 얘기를 하면 졸지를 않아. 12시간씩 일하고 나왔는데. 다 끝난 후 조장, 반장 이야기만 나오면 흥분해. 현장 이야기로 바뀌었지. 생산현장, 월급 등 자기 이야기 하다 보니까 저절로 깨달아진 거야. 산업선교회를 어떻게 해야 한다는 것을 노동자들이 내게 가르쳤어. 내가 일하려면 바뀔 수밖에 없었던 거지.

원풍 '원풍' 하면 특별히 기억나는 사람은 누구세요?

조지송 박순희, 지동진, 방용석, 정상범이 많이 생각나. 70년대 초반에 활동하던 김갑준도 생각나고. 당시 노동 문제를 이야기하기 시작하면서 지역에서의 모임 폐쇄하고, 반대하는 경우들도 있었거든. 당산동 장소로 별도 모임을 꾸렸지. 열심히 교회만 죽으라고 다니던 사람들은 섭섭해하기도 했어. 지금까지도 섭섭해하는 사람들이 있어. 내용은 노동 문제, 평신도 문제, 경제 등이었어. 교회만 다니던 사람들은 산업선교가 이상해졌다고 말하기도 했지만. 또 교회 다니던 사람이나 안 다닌 사람이나 노동 문제에 목말라했던 사람들이 많았어.

원풍 특별히 원풍에서는 누가 그랬나요?

조지송 원풍에 입사하기 전 박순희가 그때 JOC 활동하고 있었는데 노동 문제에 목말라했어. 그때만 해도 정상범이나 방용석은 참여를 안 했는데. 어느 날 영등포 산업선교에서 노동 문제 교육을 하게 되었는데 방용석도 참여하게 되는데 (당시 순복음교회 나갔던 것 같은데?) 일반 교육 하는 데는 보수적 신앙 가진 사람은 오히려 걸림돌이 될 수 있는데, 그런데 교육장에 방용석이 신, 구약 성경을 턱 끼고 나타났어. (폭소) 그래서 내가 그때 생각하기를 야, 이 사람 교육하려면 힘들겠구나, 라는 생각을 했어. (조지송 목사님과의 인터뷰 후 방용석 지부장에게 확인해보니 "성경책만 끼고 간 게 아니라 찬송가도 들고 갔고, 들어서자마자 바로 딱 앉아서 기도부터 했다"고 증언.)

원풍 조삼년과 송옥순 이런 분들이 먼저 JOC 활동을 '무궁화그룹'인가라는 이름으로 하고 있었던 것 같은데요?

조지송 그게 있었는데 나는 관계하지는 않았고 JOC 신부님들과는 잘 알고 있었어요. 마음으로는 같은 운동을 하는 사람이다, 라는 공감을 가지고 있었지. 그때 산업선교회 활동가들이 왜 지동진을 세웠는가? 라는 것도. 가톨릭 사람들이 지동진을 지지했어. 노동 문제 하려면 가톨릭 멤버들과 함께 해야 한다는 생각 때문이었어. 그때도 산업선교회 팀들이 틀면 안 될 정도였거든. 김갑준이 틀면 김갑준 이야기 듣지 사장 얘기 안 들을 정도였거든. 교육을 했는데 강사들은 최고였어. 신학이면 일급신학자, 경제면 경제 분야 최고 전문교수로 고급 강의 진행했지. 어느 대학에서도 그런 강의 듣기 어려울 정도로 내용 있는 강의가 진행되었지. 내용 있는 강의라는 얘기는 그만큼 성장에 도움이 된다는 얘기고 당시 한 300여 명 그렇게 교육했지.

원풍 그럼 박순희 부지부장은 원풍모방 입사 전부터 목사님을 알고 계셨나요? 그전부터 지동진 씨 등과도 알고 있었던 것 같은데…….

조지송 그랬지, 그렇게 쭉 모임을 하다 보니 원풍노조가 이게 정상이 아니구나, 라고 깨닫게 된 거지. 노동 문제를 집중적으로 얘기하다보니 언제부터인지는 잘 기억나지 않지만 그룹 모임을 하게 되었어. 별도의 과정으로 회사별로, 회사에서도 각 부서별로 모이게 된 거지. 한국모방 문제를 말하게 되고 이거 바꿔야 된다, 이렇게 된 거지. 그런데 노조를 뒤집어엎는 데는 김갑준이가 반드시 협조를 해줘야 된다, 이런 거야.

원풍 영향력이 컸구나!

조지송 대단히 컸지. 내가 무슨 이야기 끝에 김갑준에게 말했지. 정영오 가지고는 안 되니까 협조할 수 없다고 말해라 그랬는데 정말 김갑준이가 "이제 협조할 수 없다"고 통보를 했어. 김갑준이 선언한 거지. 나는 그러면 큰 싸움 날 줄 알았는데 이상하게도 바로 정영오가 포기하는 거야.

원풍 도전적이었네요.

조지송 그런데 그 사람 표정이 도전적인 사람이 아냐, 진지했지. 진지하게 안 되겠으니 내놔라 이런 거야. 신기한 건 하나도 힘을 못 쓰고 그냥 물러난 거야. 나는 지금도 이해가 안 돼. 그 사람이 성격이 원래 그런 건지……. 김갑준이 협조 못하겠다고 하니 바로 내려놓은 거야. 다른 사람은 어떻게 봤는지 모르겠지만 내가 보기에는 그랬어. 그래가지고 원풍노조를 개혁하는데 힘을 쏟았지. 그런데 내가 마음에 안 드는 것이 가톨릭과 협력하지 않으면, 산업선교 사람 세우면 마찰이 생길 수 있다 해서 가톨릭 사람 세운 건데 이게 삐딱해진 거야. 정상범은 칼날처럼 강직한 사람이었는데 왜 그렇게 바뀌었는지 나도 잘 모르겠어. 정상범은 산업선교회 사람은 아니었지만 산업선교 사람이나 마찬가지였어. 김갑준과도 친했고 산업선교 와서 교육도 받았고. 산업선교 사람이 아니라 할 수도 없고 산업선교 사람이라 할 수도 없는 정상범과, 가톨릭 사람은 아니었지만 가톨릭 사람의 지지를 받는 지동진이 노동조합을 맡게 된 건데 이게 나중에 삐딱해져버린 거야. 진짜 노동운동을 철학적으로 사상적으로 아는 사람들로 선명하게 했어야 했는데 세우고 보니까 한참 나가다가 보니 엉망이 되었지. 풀이나 깎고 잔디 깎으며 고생하던 사람이 갑자기 자가용 타고 다니고 천만 원씩 결제하는 거야. 그러더니 이상해졌어. 어쨌든 그 일로 내분이 생기고 거기서부터 방용석이 나타나기 시작했어.

원풍 성경책 들고 나타났다가 노조 총무로 등장했네요.
조지송 그랬지, 이미지가 상당히 단호하고 강렬하잖아. 사람들이 호감을 가졌지. 오랜 변화 과정을 거쳐 방용석이 노조 총무 맡으면서 단호하고 강력했어.

원풍 좀 건너뛰어 다른 기억을 여쭙겠습니다. 박영혜 씨가 산업선교 신협에 근무하게 된 건 어떤 과정이 있었는지요?

조지송 원풍 퇴직금받기 운동이 시작되었어. 그전에는 안 주면 못 받는 건데. 박영혜(원풍모방 신협 책임자)가 그룹 모임('다람쥐회'―박영혜가 지점장) 하다 회사 그만두고 퇴직금 못 받게 되면서 박영혜가 신임하는 사람들이 모여 퇴직금받기투쟁위원회를 발족했지. 박영혜가 나서니 일이 되더라고. 박영혜에게 사람들이 돈을 맡겨 신협이 운영될 정도로 신뢰를 받았거든. 열댓 명이 정문에서 농성하는데 쫓겨나도 회사로 다시 가서 또 싸우고 했어. 정문에서 수위들에게 쫓겨 내쳐지면서도……. "산업선교회가 무슨 마약을 주느냐"라는 이야기도 나왔어. 도무지 해산이 안 되니까 나한테 연락이 왔어. 퇴직금 줄 거니까 해산하게 해달라고 나한테 요청하는 거야. 돈도 준비되어 있었어. 커다란 냉장고에 가득 채워서 보여주더라고. 그리고는 "내일부터 조 목사가 다 해" 하고 돈을 산업선교회관으로 다 싣고 가서 보관하고 직원 넷이 앉아 테이블을 놓고 앉아 퇴직금을 지불하기 시작한 거야. 그 당시에 범진사(보안사)에서도 나를 찾아왔는데 두 시간 나하고 얘기 나누고는 "목사님 열심히 하십시오" 하고 갔어.

원풍 그렇게 함께하셨던 원풍노조가 깨진 후 회한이 있으실 것 같아요.

조지송 원풍은 싸움을 잘했기 때문에 당했다, 깨지고 죽었다, 그건 잘했기 때문에. 동일, YH 다 한 발짝 떨어져서 봤는데 원풍은 그 노동자들이 다 나하고 관련 있는 사람들이었는데……. 너무 참담하게 당했어. 나는 78년 병을 얻어 치료 중이었는데 도무지 더 이상 할 수 없는 상황이었지. 쉬어야 한다고 말한 상태야. 그만둬야겠다 생각하고 인명진 목사를 후임으로 하기 위해 호주로 보냈지. 쉬게 하려고. 2년 동안

만 쉬고 와라. 그런데 인명진 목사는 안 들어오려고 했는데 내가 손을 떼야 하는 입장이라 반대했어. 잠깐이라도 나와서 맡아 일해야 한다. 그렇게 인명진 목사에게 넘겨주게 되었지. 80년 전두환 나온 후 그룹 활동하던 70여 명의 회원이 연행되었어. 나도 서대문으로 연행되었지. 그룹 활동이 와해되기 시작했어.

원풍 그때 전두환이 들어서고 대일화학 수련회를 임마누엘 수도원에서 하던 중에 기관원이 와서 인명진 목사를 연행했어요. 그 후 인명진 목사가 징역 살고 나오신 후 산업선교회관 현관에 탁구대가 놓여 있고 층마다 오락기가 있는 거예요. 그래서 우리 생각에 우리는 노동운동은 그런 오락기와 맞지 않는데 왜 그런 걸 들여놓는지 질문하니 노동운동을 안 하는 것처럼 하기 위해 주일에는 교회 나오고 취미 활동과 놀이하는 위주로 꾸미는 거라고 설명 들은 적 있어요.

조지송 순수(?)한 '교회'로 돌아가려 한 거야. 그때 교회는 교회대로 산업선교 문 닫아야 된다, 실무자 전원 해고하고 교회로 해라, 이러면서 결의를 하기 위해 영락교회에서 총회하는데 장로회 신학생 수십 명이 몰려와서 항의했어. "산업선교회 없애면 안 된다." 총회에서는 산업선교회 없애려 하고 나는 이미 영락교회에서 잘린 상태로 일하고 그룹은 축소되고, 인명진 목사는 매우 피로해 있었고. 나는 그때 세계산업선교 간부들이 모이는 모임이 있었는데, 호주에서, 나는 사업원조기금 심사위원으로 있었는데 한 달가량 다녀왔다. 원풍이 심각해진 상태인데 산선이 원풍의 싸움을 더 이상 감당하기가 어려웠어. 나는 원풍일로 이야기해 본적이 없지만 신철영, 송진섭, 명노선, 인명진 등이 끌고나갈 때인데, 원풍이 산선보다 앞서 나가기 때문에 지도력을 행사하기가 어려웠을 거라고 생각해. 그 이후 한 마디도 원풍 이야기를 나누어본 적이 없어.

원풍 인명진 목사는 평소에 "원풍이 깨지면 산업선교회도 깨진다"는 말씀 많이 하셨는데…….

조지송 그 말은 오히려 정보부에서 더 많이 했을 거야. 정보부에서, 원풍을 깨면 산업선교 깨진다. 원풍을 잡아라 했을 것이고. 그러나 중정이나 박정희보다 교회가 관의 압력을 극복하지 못하고 오히려 나를 압박했어. 그래서 내가 산업선교회 간판을 내려야 된다라고 말했어. 그래서 교회회관 올리고 키웠는데, 나중에 후회하는 것이 괜히 교회를 만들었구나. 교회 만들어두니 교회로 돌아가려 하는구나 라는 회한이 컸어. 결국 산업선교 훈련 받은 사람들이 전부 나가서 교회 만드는 거야. 그럼 그때 어떻게 했어야 되는가? 그때 산업선교회가 죽었어야 돼. 그랬으면 제대로 살 텐데……. 원풍하고 산업선교회 발단도 교회 때문에 생긴 거야. (내가) 교회 안 만들었으면 안 그랬을 텐데. 죽어야 할 때 죽어야 하는데 죽어야 할 사람이 살아 있으면 안 돼. 성경에 분명히 있거든. '네가 죽어서 살리라' 예수님이 왜 죽었어? 죽을 길 밖에 다른 길이 없었기 때문에 그런 거야. 죽어서 살아난 거지.

얼마 전 산업선교 회관 보수하는 데 2억이 든다네. 리모델링하는데……. 그렇게 쌈빡하게 해놓으면 더 잘될 것 같은 거야, 그런데 사회운동은 그게 아닌 거지. 사회는 급변하는데 가장 변하기 힘든 콘크리트 속에 들어간 거야. 사회운동은 그렇게 하면 안 되는데, 영등포 회관이 산업선교 회관으로서는 세계최고야. 세계운동에도 이렇게 잘 지은 회관이 없어. 내가 실수한 거야. 산업선교 활동 자체가 훌륭한 교회인데 허수아비 교회 만든 거지. 콘크리트로 집 지으면서 문제 발생한 거야. 노동자들한테 두 가지 큰 실수한 것이 교회 지은 것, 회관 올린 것이야. 사회사상 운동적으로 틀린 것이지. 산업선교 운동 기준이 뭐다, 뭐다 다 있는데 회관 짓는 건 맨 나중에 하는 것으로 나와 있는데.

원풍 산선과 원풍이 깨진 근본 원인은 무엇일까요?

조지송 교회 때문이야. 다른 목사들도 "교회하는 척이라도 해라." 했는데 내가 그 말에 빠졌어. 한쪽은 교회 지키려고, 한쪽은 노조 지키려고 충돌이 발생한 거야. 교회는 이미 구원을 상실했는데 그걸 붙잡고 따라가보려고 애썼어. 가장 가슴 아팠던 일이 원풍과 산선 일이야. 누구 잘못이라기보다 내가 잘못의 씨앗을 뿌린 사람인거지.

원풍 원풍 조합원들에게 꼭 하시고 싶은 한 말씀 해주시지요.

조지송 과거에도 걸어온 대로, 앞으로도 걸어가라. 계속 사회적 사명 알고 걸어가라. 보다 나은 세상 위해. 밥 먹고 애 키우지만 말고 할 수 있는 것 찾아서 하면서 맥을 살리기 바란다는 말 하고 싶고. 나는 노동자들 만나면서 교회 나가라는 말 안했어. 산업선교회 하면서 진짜 예수 많이 만났거든, 진심으로. 나 보고 노동자들처럼 하라면 나는 못해. 정보부에서 나 잡아놓고 고문하고 하지 말라 하면 나는 안했을 것 같아. 그런데 노동자들은 다 견뎌내더라.

무슨 일을 하더라도 자기가 가진 힘 100퍼센트 발휘해야 해. 산업선교회 할 때 초인적 역량들 발휘했어. 산업선교 했던 사람들이 특별해서가 아니라 100퍼센트 투자했기 때문이야. 좀 아쉬운 것은 산업선교회 때의 생각을 지속적으로 가지도록 작업하는 뭔가가 있었다면 그 숫자가 얼마나 많은 일을 했겠는가. 조직 전문가가 있었어야 하는데 그게 아쉬워. 역사는 사건 하나가 발생하면 그것이 없어지지 않아. 20년 후에 찾아오는 사람 있어. 원풍은 그 역사적 사실만 남겨도 할 일 하는 것이야. 가던 길 그냥 걸어가.

"원풍노조는 민주노동운동의 씨앗을 뿌린 것"

때: 2010년 7월 29일
곳: 신길동 원풍의 집
함께한 이: 김남일, 정선순, 장남수(기록)

원풍노조가 어용노조에서 민주노조로 변화해가던 70년대 초반 이창복 선생은 JOC(가톨릭노동청년회) 전국회장을 맡고 계셨다. 그때부터 시작된 원풍노조와의 인연은 원풍이 깨지던 1982년 9·27때 대책위원으로, 1984년 한국노협의 이사장으로 지금까지 긴 줄기를 이어오고 계신다. 이창복 선생과 원풍노조와의 인연을 담아본다.

선생님이 원풍노조와 인연을 갖게 된 계기는 무엇이었는지요?

70년대 초 나는 JOC 전국회장을 맡고 있었는데 JOC 회원이었던 원풍노조의 송옥순(루시아)이 '성모회' 라는 조직을 만들어서 활동하고 있었어요. 루시아를 통해 회사(원풍모방)가 탄압하고 있고 조건이 열악하다는 것에 대해 보고를 받았어요. 남부 연합회 회장이던 박아녜스(박순희)가 와서 그 내용을 공유하고 참여하게도 되지요. JOC와 원풍노조와의 관계는 송루시아로부터 관계되었고 조직적으로 연결된 것은 박아녜스가 원풍노조 부지부장이 되면서 자연스레 관계 맺게 되지요. 송루시아가 말하기를 휴가가 없고 야근수당은 제대로 안 주고 감시를 통해 어려움을 주는 등 노동조건이 열악하다는 것입니다. 박아녜스가 공식적 활동 통해 관심을 갖기 시작했지요. 그때 남부 연합회 도요안 신부가 지도신부였어요. 노동 문제에 관심을 가진 분이었지요. 거기서 산선 노동자들과 함께 교육받기도 하고 활동하면서 자연히 원풍문제에 대해 산선과 JOC가 함께할 계기가 마련되었어요. 서로 힘닿는 대로 돕자는 암묵적 동의가 된 거예요.

명동성당 농성 때 역할 하셨지요?

서울교구에 김○○ 신부님이 계셨는데 추기경님 대행 역할을 대행하던 부주교였지요. 이분이 하루는 나한테 전화해서 원풍 문제 왜 개입하느냐? 그러지 마라. 그러나 우리는 그동안 교육이나 상담을 해왔던 노동자들의 문제에 관심 안 가질 수 없다 라고 했더니 불쾌해했어요. 평신도가 신부 말 안 듣는다고. 그런 가운데 명동성당에서는 밥도 안 주고 물도 끊고 그랬지요. 명동성당은 사실상 노동자들을 내쫓다시피 한 거예요. 명동농성 때 조지송 목사님이 중요한 리더 역할을 하셨는데, 명동성당으로서는 갑자기 닥치니 준비 안 된 상태였다는 이유가 하나 있었고. 개신교 목사님이 주도한단 말이야. 조지송 목사님…….
그거 못 견디지.

그럼 쫓겨난 원인이 조지송 목사님 탓도 있네요. (웃음)

김○○ 신부, 신학적으로는 노동자들 이해하지만 상황 닥치니 안 되는 모양이더라고. 나도 왔다 갔다 하는데 김 신부가 내게 막 화를 냈어요. "왜 끌고 왔느냐?"고. 그러다 결국 신문에도 나고 했는데 교회가 받아들이지 못하고 내쫓는 모습을 보이게 됩니다. 그 이후에도 돈보스코 센터에서 노동자들 교육은 계속 진행되었어요.

교육은 어떤 식으로 이뤄졌습니까?

노동자 인권 의식을 높이는 내용이 많았지요. 사람은 다 하나님 모상 따라 지어진 귀중한 존재다 라는 것, 노동은 사랑의 표현이다. 노동을 통해 수입을 얻고 가족을 부양하지 않느냐. 노동은 창조 활동이다. 창조 활동이라는 것은 노동을 통해 하나님의 창조 산업에 참여한다. 따라서 매우 신성한 것이다. 노동을 통해 인격과 능력 계발의 계기가 이루어진다. 이런 내용이 기조를 이루었어요.

또 교회 입장에서 노동의 신성성 등을 교육하고 근로기준법도 교육하다 보니, 당시에 노동법이 전부 한문으로 되어 있어서 JOC에서 노동수첩을 전부 한글로 만들어서 소지하고 다니게 했어요. 몇만 부 만들어서 뿌렸지요. 노동자들이 가지고 다니다가 현장에서 관리자하고 부딪치면 수첩 들이대며 여기 이렇게 되어 있지 않느냐고 했지요. 알아야 대항하니까. 노동자의 인권은 그 가족과 성원의 인격과 능력 계발 정도가 되어야 한다고 규정되어 있는 것을 가르쳤어요. 활동은 스스로 알아서 하게 했지요. 나는 JOC 회장 취임해서 "공장 안에 교회 세우자"라는 주제로 모든 교육 때마다 실시했어요. 이때까지 교회에 모여서 회합했는데 이제는 교회에 모이지 말고 직장에서 회합하라는 의미였어요. 3년 동안 의식화 교육 하다 보니 사람들이 많이 달라지더군요.

그때 500여 개 JOC 조직 섹션이 있었어요. 3팀 이상일 때 하나의 섹션이 구성되는데 한 팀에 7~8명 정도로 회합을 했어요. 1주일간 현장에서 일하면서 느꼈던 일들을 토론했어요. 전국적으로는 1500개 팀이 매주 교회를 공장 안에 세우자는 슬로건을 강조했어요. 일 년쯤 하니 의식이 변화하더군요.

그러다가 73년 4월에 원풍 문제를 주교회의에 보고 하게 되지요. 평신도단체 대표가 주교회의에 가서 보고하는 것이 처음이었어요. 이런 사회적인 문제를 가지고 제기하는 게 처음이니까. 주교님들이 관심을 가졌어요. 노동자들 문제의 실상을 확인한 겁니다. 주교님들이 부끄럽게 생각하기 시작했어요. 김수환, 지학순, 정진석 이런 분들이 사회 문제 관심을 갖게 된 거죠. 이분들이 동성고 동기들이기도 해서, 호흡 맞춰 끌어가던 중이었는데 세 분이 관심을 가지게 되니까. 바티칸에까지 보고하게 되고. JOC 활동비도 좀 지원되고 그랬어요.

몇 년도이던가, 부산의 태광산업 노동조합도 만드는데 JOC 여자 회장이 노조 위원장을 맡게 되지요. 그때 김영태가 섬유노조 위원장일 때인데 김영태가 이 친구를 쫓아내요. 그러나 계속하여 성수, 화양동, 신탄진 등에서 JOC 회원들이 활동을 시작하면서 좋은 사례들로 소개되기도 했어요. 이렇게 하니까 김○○ 주교가 불러 야단치더라고요. "네가 JOC를 망쳤다"라면서…….

82년도에 원풍노조가 쫓겨나올 때는 기금이 있었는데 이걸 어떻게 하면 가장 잘 보관할 수 있을까 저하고 의논하다가 지학순 주교께 맡기는 게 제일 안전하겠다 라고 말했고 그래서 맡겨두었어요. 그런데 노동조합을 탈취한 사람들 쪽에서 몰려와서 돈 내놓아라 하고 압박하는데 주교님 안 계시다 했더니 며칠 후 또 왔어. 주교님께 말씀드렸더니, "그래, 만나지 뭐" 하시면서 들어오라고 했어요. 그때 몸이 안 좋으셔서 수지침 꽂고 계시다가 맞이하게 된 겁니다. 병 치료하고 계시는 분의 모습을 보니 좀 어려운지 분위기가 조금 가라앉았어요. 주교님은 "처음에 나한테 맡긴 사람이 오면 주겠다. 아니면 같이 와라" 하셨고, 그래서 못 찾아갔지요.

그거 줬으면 이 집도 없을 뻔 했네.(웃음) 기금도 지켜주셨고, 늘 함께해주셨네요.
지동진 지부장 때 회사가 부도날 상황에서 노조가 한시적으로 회사 경영을 맡았는데 지부장의 문제가 발생했지요. 그러나 노사가 합의해서 경영을 했다는 샘플로서 중요했고 노사가 공히 회사 운영하는 사례를 도출한 의미가 큽니다. 방 지부장은 교육 때 만났는데 처음부터 욕심도 없었고 뭘 잘해보자는 거였으니 마음 잘 맞았어요.

특히 원풍이 깨진 후에 한국노협 만든 건 중요했어요. 한국노총의 폭력에 맞서는 것으로서의 기초를 다지는 의미가 있어요. 그때 집회 많이 했습니다. 모일 장소가 없었는데도 성당을 잘 안 내주는데, 김승훈 신부님이 역할 많이 하셨어요. 홍제동 성당에서 창립총회 하는데 성당이 빽빽하게 들어차서 무너질 지경이었어요. 김승훈 신부님이 성당을 늘 열어주셨고 김승훈 신부님이 가는 곳마다 따라다니면서 집회를 했어요. 집회를 통해 많은 노동자들이 몰려들어 스트레스, 분노 다 털고 다시 의기투합하며 노동자들의 출로를 고민하게 되는 것입니다. 내가 이런 이야기를 하기는 뭣하지만 민주노총의 정신적 토대가 그때가 아닌가 라는 생각을 해요. 씨앗을 뿌린 역할을 했다고 보고 싶어요.

원풍 노동자들이 한국 노동운동의 중요한 역할을 했어요. 조직적이고 체계적으로 활동했고. 산선, JOC 함께 나도 활동했는데 부수적이지만 아름다웠던 모습이었다고 생각해요. 원풍은 노동조합운동을 통해서 괄목할 만한 지도자를 많이 배출한 것도 중요하고 큰 몫을 했다고 생각해요.

자랑스러운 어머니들

권순우 이필남의 아들

  퇴근을 하고 지친 발걸음으로 아파트 1층 현관에 들어서면 엘리베이터가 몇 층에 있는지를 보게 된다. 1층에서 나를 기다려주면 참 좋으련만 야속하게도 엘리베이터는 항상 나보다 먼저 집에 들어갔을 이의 층에 서 있다. 그 층에서 내려오는 엘리베이터는 왜 그리 더디 오던지.

  하루는 어머니와 함께 엘리베이터를 타고 집에 왔다. 집에 도착해 엘리베이터에서 내리려는데 어머니가 갑자기 1층 버튼을 누르셨다. 나는 어머니께 1층에 뭐 두고온 것이 있느냐 물었다. 어머니는 엘리베이터를 1층에 내려 보내려고 누른다고 하셨다. 평소 집에 올 때 엘리베이터가 1층에 있으면 참 편했다고 하시며 말이다.

  누군가 우리 이후 집에 오는 사람은 1층에서 기다리고 있는 엘리베이터가 누군가의 배려에 의한 것임을 모를 것이다. 우연히 1층에 있는 엘리베이터를 타고 운이 좋다며 편하게 집으로 올라갈 것이다. 내가 1층으로 엘리베이터를 내려놓는다고 해서 칭찬을 받는 것도 누군가 나를 위해 1층으로 엘리베이터를 내려놓지도 않을 것인데. 굳이 내가 그럴 필요는 없다고 느낀다. 하지만 어머니는 그저 사소한 일상 속에서 남과 더불어 행복하게 사는 법을 실천하며 사신다. 엘리베이터에서 내리면서 1층 버튼을 누르는 그 사소함조차도.

  어머니는 젊은 시절 원풍모방에 다니셨다고 한다. 많은 언니, 동생들과 함께 일하고 함께 기숙사에서 생활을 하셨다. 그때 회사에서는 주말에 직원들의 외출 횟수를 제한했다. 휴일에 지나치게 외출을 하면 평일 업무 효율성이 떨어질 수 있다는 이유였다. 젊은 여성들이 많았기에 치기에 일어날 수 있는 사고에 대비하려는 의도도 있었다. 이유야 어찌됐든 지금으로선 상상할 수 없는 억압이 아닐 수 없다.

외출 횟수가 제한되다보니 직원들은 불편했다. 자유롭게 외출을 하고 싶은 나이기도 했거니와 칫솔하나 사러 가려고 해도 횟수 제한에 걸려 이러지도 저러지도 못하는 상황이었다. 어머니에게 잠깐 밖에 나갔다 오려고 해도 외출 횟수가 아까워 밖에서 방황하는 동생들의 모습은 불합리해 보였다. 어머니는 노조의 일원으로 외출 제한을 없애줄 것을 요구했다고 한다. 회사 측이 우려하는 외출로 인한 풍기문란은 조합이 책임지기로 했다. 충분한 설명과 노조의 자율 규제로 외출 제한은 없어졌다. 외출 제한이 없어지자 직원들은 오히려 밖에 나가 있는 시간이 줄었다. 언제든지 밖에 나갈 수 있으니 굳이 밖에서 방황할 필요가 없던 것이다.

가끔 당시를 함께 했던 이모들을 만나면 어머니는 엄격한 언니였다고 한다. 세수를 할 때 수도꼭지를 잠그지 않는다고 혼내는 군기 반장이었다고 한다. 지금의 나로서는 상상하기 힘들다. 함께 일하는 직장에서 물을 많이 쓰던 말던 간섭할 문제는 아니라고 생각한다. 하지만 당시 노동조합이 타지에 나와 함께 살아가는 젊은 여성들의 공간, 가족의 공간이었기에 절약이라는 미덕도 함께 공유할 수 있었던 것이다.

사소한 사례들이지만 내게는 당시의 노동운동의 참모습을 느끼게 한다. 노동자가 원하는 것을 사측에 제시하고 합리적인 방향으로 의사 결정을 이끌어 내는 모습에 존경심이 느껴진다. 이런 사소함들이 쌓여 당시 원풍모방의 노사 관계는 꽤나 원만했다고 들었다. 노동조합이 스스로 합리적인 대안을 찾고 책임감 있게 행동했으며 회사 측 역시 노동조합의 의견을 적극적으로 받아들였다고 들었다. 어머니 이야기 속에 노동운동은 막연하게 상상하는 노동자의 권리와 자유, 민주주의라는 거대 담론의 문제가 아니라 더불어 살아가는 문제요, 인간답게 사는 문제다. 노동조합에 대한 정권의 히스테릭한 반응과 이에 동조한 사측의 배신과 탄압이 있기 전까지는 말이다.

어머니는 용공이라는 말이 굉장히 싫었다고 하셨다. 용공이 정확히 모르는 어린 노동자를 구속하고 협박했던 야만적인 현실. 그들에게 투쟁은 정치나 사상의 문제가 아닌 가족같은 언니를 괴롭히는 이에 대한 저항이요, 가족을 떠나 외롭게 살아가는 동생들을 챙기는 언니들의 몸짓은 아니었나 하는 생각이 든다. 현재 어머니는 과거 이야기속의 어머니와 크게 다르지 않다. 함께 살아가는 삶 속에서 서로를 이롭게 하는 방향으로 적극적으로 행동하는 모습은 지금도 그대로다.

나는 더불어 사는 지혜를 실천하며 사시는 현재의 어머니가 자랑스럽다. 그리고 지금과 다르지 않았을 정의로운 과거의 어머니도 자랑스럽다. 억압의 시대를 살아오면서 폭력과 협박에도 굴하지 않고 더불어 잘살기를 바라며 투쟁했던 어머니들이 자랑스럽다. 그리고 그들이 만들어낸 자유와 민주 속에 내가 살아가고 있음을 감사드린다.

진실·화해를 위한
과거사정리위원회의 결정

결 정 통 지 서

사 건 번 호	라-2960 청계피복노조, 라-2961 반도상사노조, 라-2962 동일방직노조, 라-2963 콘트롤데이타노조, 라-2964 서통노조, 라-2965 한일도루코노조, 라-2966 무궁화메리야스노조, 라-2967 원풍모방노조, 라-3897 태창메리야스노조, 라-8621 남화전자노조 등 병합사건
사 건 명	청계피복노조 등에 대한 노동기본권 등 인권침해사건

결정통지 대상자	■ 신청인 □ 조사대상자 □ 참고인 □ 기타( )	
	성 명	주 소
	황 선 금	서울 영등포구 도림1동 32-31 101호 (사)녹생환경운동

결정내용	□ 조사개시결정 ■ 진실규명결정 □ 각하결정 □ 진실규명불능결정

결정이유	청계피복노조 등에 대한 노동기본권 등 인권침해사건은 1970년 대부터 1980년대까지 중앙정보부(국가안전기획부), 경찰, 노동청(노동부) 등의 국가기관이 노동조합의 설립과 활동, 특히 선거 등에 개입하고, 더욱이 1980년 신군부가 사회정화를 명분으로 노동조합 정화조치를 실시하여 노동조합 간부를 대상으로 불법구금을 자행하면서 회사 사직과 노조간부 사퇴를 강요하고 나아가 삼청교육대나 순화교육대에 입소시키는 등의 방법으로 노동조합을 와해시킨 사건들이다. 또한 1978년 경 이들 사업장에서 사직하거나 해고된 노동자들을 대상으로 노동계에서 최초로 작성된 명단이 그 후 1980년대에 경찰과 노동부, 중앙정보부 등에서 확대 재생산되어 이른바 블랙리스트의 형태로 관련기관과 사업장에 배포됨으로써 이들의 재취업을 가로막아 생존권을 위협한 것도 확인되었다.

결국, 국가는 위법한 공권력을 행사하여 신청인들을 포함한 노동자들의 노동기본권, 직업선택의 자유, 신체의 자유 등을 침해하였고, 이는 중대한 인권침해에 해당한다.

우리 위원회는 이상과 같이 2010. 6. 30. 제139차 전원위원회에서 진실규명이 되었음을 결정한다.

진실 · 화해를 위한 과거사정리 기본법 제28조의 규정에 의하여 위와 같이 결정되었음을 통지합니다.

2010년 9월 28일

진실 · 화해를위한과거사정리위원회

※ 통지받은 내용에 이의가 있는 경우 **통지를 받은 날부터 60일 이내**에 위원회에 서면으로 **이의신청**을 할 수 있습니다.

※ 문의할 곳   담당자 : 노승현   전화 : 02-3406-2749

사건 : 원풍모방 노조탄압사건(라-2967)

1. 1980년 신군부의 노동조합 정화조치에 따른 인권침해

2. 927 사건전후 위법한 공권력의 행사

3. 블랙리스트에 의한 인권침해

신청인 박순희, 박순애, 박칠성, 황영애, 김도철, 정선순, 김순애, 이영자, 장남수, 황선금, 임재수, 이영자, 임선호, 권점옥, 이혜영

결정일 2010.06.30

주문 이 사건에 관하여 다음과 같이 진실이 규명되었으므로 '진실규명'으로 한다.

신청인 진술

1970년 초 노조민주화 과정에서 노동청과 남부경찰서로부터 노조활동에 대한 간섭과 탄압을 받았고, 1979년 3월 크리스찬아카데미 사건 직후 박순희 부지부장과 5개 사업장 노조 간부들이 중정에 연행되어 조사를 받음.

1980년 5월 18일 직후 '김대중내란음모사건'과 관련 7월부터 방용석 지부장과 박순희 부지부장이 수배되었고, 노동조합 정화조치 이후 1980년 12월 8일 합수부 수사관들에 의해 노조 간부 및 조합원 48명이 보안사 서빙고분실로 불법 연행되어 감금된 채 강제사직, 노조 탈퇴를 강요받았으며, 임재수 등 노조 간부 4명은 삼청교육대에 강제 입소됨.

1982년 9월 27일 남부경찰서 및 노동부의 비호 아래 회사 측 남자직원 40여 명이 노조사무실에 난입하여 정선순 조합장을 감금하는 사건이 발생하였고 이에 항의하여 전체 조합원이 철야농성을 하게 됨.

이후 안기부, 검찰, 경찰 등으로 구성된 관계기관 대책회의를 통해 경찰과 남자직원을 투입시켜 농성을 강제로 해산환 뒤, 조합원들을 강제해고하고 귀향시키는 등 부당한 공권력의 행사로 인해 정당한 노동조합 활동이 탄압받고, 강제연행 및 폭행, 블랙리스트 등 심각한 인권침해를 당하였다며 진실규명을 신청함.

결론

이 사건들은 1970년대부터 1980년대까지 중앙정보부(안전기획부), 경찰, 노동청(노동부) 등의 국가기관이 노동조합의 설립과 활동, 특히 선거 등에 개입하고, 더욱이 1980년 신군부가 사회정화를 명분으로 노동조합 정화조치를 실시하여 노동조합 간부를 대상으로 불법구금을 자행하면서 회사 사직과 노조간부 사퇴를 강요하고 나아가 삼청교육대나 순화교육대에 입소시키는 등의 방법으로 노동조합을 와해시킨 사건들이다.

또한 1978년경 이들 사업장에서 사직하거나 해고된 노동자들을 대상으로 노동계에서 최초로 작성된 명단이 그 후 1980년대에 경찰과 노동부, 중앙정보부 등에서 확대재생산되어 이른바 블랙리스트의 형태로 관련기관과 사업장에 배포됨으로써 이들의 재취업을 가로막아 생존권을 위협한 것도 확인되었다.

결국, 국가는 위법한 공권력을 행사하여 신청인들을 포함한 노동자들의 노동기본권, 직업선택의 자유, 신체의 자유 등을 침해하였고, 이는 중대한 인권침해에 해당한다.

권고사항

위 사건에 관하여 진실이 규명되었으므로 기본법 제4장에 따라 국가가 행할 조치를 다음과 같이 권고한다.

국가는 위법한 공권력의 행사로 인하여 신청인들과 관련 노동조합 및 조합원들의 노동기본권, 조합원들의 직업선택의 자유와 신체의 자유를 침해한 것에 대해서 신청인 등 피해자들에게 사과하고, 이 사건의 신청인들을 비롯한 피해자들의 명예를 회복시키는 등 적절한 조치를 취할 필요가 있다.

주석

1부 주

1) 김낙중, 『한국노동운동사 - 해방후 편』, 청사, 1982. 178쪽.

2) 〈경향신문〉 1960년 7월 3일자.

3) 김낙중, 앞의 책. 218쪽.

4) 오원철, 『한국형 경제건설』 제1권, 기아경제연구소, 2002
   년. 인터넷 사이트 http://www.ceoi.org/warrior(main).htm
   참고.

5) 김낙중, 앞의 책. 183쪽.

6) 김낙중, 앞의 책. 144~155쪽 참고.

7) 박현채, 「해방후 한국 노동쟁의의 원인과 대책」, 『한국노동
   문제의 구조』, 광민사, 1978.

8) 처음에는 한글로 '킹그텍스'라고 표기했다. 〈경향신문〉
   1961년 10월 16일자 광고 참고. "모사의 선택은 질기고 가
   볍고 따스한 백양표, 복지는 킹그텍스 KING TEX - 한국견
   방주식회사"

9) 〈경향신문〉 1963년 4월 29일자.

10) 박찬일, 「60년대 한국의 공업화와 실질임금수준」, 『한국
    노동문제의 구조』, 광민사, 1978. 290쪽.

11) 위의 논문 참고.

12) 이옥지, 『한국여성노동자운동사』 제1권, 한울아카데미,
    2001. 91쪽에서 재인용.

13) 김낙중, 앞의 책. 294쪽.

14) 영등포산업선교회 40년사 기획위원회, 『영등포산업선교
    회 40년사』, 대한예수교장로회 영등포산업선교회, 1998.
    53쪽.

15) 이원보, 『한국노동운동사 100년의 기록』, 한국노동사회연
    구소, 2005. 187~192쪽.

16) 이원보, 『한국노동운동사』 제5권(경제개발기의 노동운동:
    1961~1987), 지식마당, 2004. 144~145쪽.

17) 위의 책, 110쪽.

18) 현장에서 간부진은 줄을 친 완장을 찬다. 한 개는 지도공, 두 개는 부반장, 세 개는 반장.

19) 다이크로뮴산(dichromic acid)이라고도 하며 강한 산화제이다.

20) 크롬은 고체상으로 존재하는 금속으로, 형태에 따라 다양한 화합물로 존재한다. 이 중 3
가 크롬은 자연에서 생산되고 6가 크롬과 금속크롬은 주로 산업공정에서 발생된다. 특
히 6가 크롬은 발암성(폐암, 호흡기계 암) 물질로, 국제암연구기관(IARC)에 의해
Group 1(발암성물질)으로 분류되어 있다. 주로 크롬철광석의 정련이나 크롬산염 안료
의 생산, 크롬도금 작업공정에서 발생되며, 흡입에 의한 노출로 호흡기계 암이 발생될
수 있다. 급성 또는 만성으로 노출되면 천식 및 기타 호흡기계 기능 저하(만성기관지염)
가 나타난다. 특히 도금작업자에서는 비중격천공을 유발시킨다.

21) 이에 대해 훗날 노동조합 지부장이 된 방용석 역시 염색과의 작업환경이 암과 직접적인
연관 관계가 있다고 보지는 않는다고 증언했다. 그러나 줄리아 로버츠가 주연으로 나오
는 영화 〈에린 브로코비치〉에서 보듯 6가 크롬 문제는 매우 심각한 사항이다. 세월은 흘
렀지만, 좀 더 정확하게 사실 규명을 할 필요가 있다.

22) 지역지부에 의무적으로 납부하는 조합비. 분회에서 거둔 조합비의 반이다. 예를 들어
1966년 6월에는 조합비 총액이 6만 630원이어서 서울지역지부에 그 절반인 3만 315원
을 납부했다.

23) 이원보, 『한국노동운동사』 제5권(경제개발기의 노동운동 1961~1987), 지식마당,
2004. 94쪽.

24) 박순희 외, 『선한 싸움꾼 박순희 아녜스』, 삶이보이는창, 2007. 84쪽.

25) 당시에는 5월 1일 메이데이가 아니라 대한노총이 설립한 3월 10일을 '근로자의 날'이라
는 명칭으로 기념했다. 그러나 원풍은 이날을 '노동절'이라는 이름으로 부르며 기념식
을 치르기 시작했다.

26) 2001년 별세한 그에 대한 평가는 후한 편이다. '현금왕'임에도 불구하고 매우 검소한 생
활을 했으며, 해성문화재단과 해성학원을 설립하는 등 교육사업에도 애정을 많이 쏟았
다고 한다. 해주군 출생으로 알려지기도 했으나 정확한 출생지는 서흥군 신막읍이다. 한
양대 출판부, 『향인지』, 1973. 참고.

27) 2003년 별세. 그는 유연장학재단 이사장, 서울대 총동문회장 등을 역임했다.

28) 이원보, 앞의 책. 257~260쪽 참고. 아울러 〈매일경제신문〉 1969년 9월 10일자 참고. 면
방의 이런 형태의 중앙교섭은 1971년 말 발효된 국가보위법에 따라 중단되고, 1976년
에는 방협 측이 일방적으로 중앙노사협의회를 파기했다. 이원보, 「면방 집단교섭의 현

장」, 『노동사회』, 1997년 7월호. 126~127쪽 참고.

29) 〈경향신문〉 1970년 12월 7일자.

30) 장남수, 『빼앗긴 일터』, 창작과비평사, 1984. 24~25쪽.

31) 한국노동자복지협의회, 『YH노동조합사』, 형성사, 1984. 102~104쪽.

32) 1982년 9·27사태 이후 회사는 기숙사 규정을 완전히 바꾸었다. 이는 더 이상 기숙사가 민주적 노동조합운동의 온상이 되는 것을 방치하지 않겠다는 의지의 표현이었다.(4부 참고)

33) 이옥순, 『나 이제 주인되어』, 녹두, 1990. 73~74쪽.

34) 일본어로 かぶ-しき. 추렴. 즉, 여러 사람이 돈이나 물건을 얼마씩 나누어 내는 일.

35) 이옥순, 앞의 책. 123쪽.

2부 주

1) 전철환, 「수출 외자 주도 개발의 발전론적 평가」, 『한국경제의 전개과정』, 돌베개, 1981. 189~191쪽.

2) 이원보, 『한국노동운동사』 제5권(경제개발기의 노동운동: 1961~1987), 지식마당, 2004. 제2장 참고.

3) 〈매일경제신문〉 1972년 3월 30일자. 기획기사 「원가절감-한국모방」.

4) 영등포산업선교회 40년사 기획위원회, 『영등포산업선교회 40년사』, 대한예수교장로회 영등포산업선교회, 1998. 55쪽.

5) 공식적으로 이름이 바뀌는 것은 1971년 예장 총회 이후. 앞의 책. 111쪽.

6) 앞의 책. 107~110쪽.

7) 조지송, 「산업선교의 새로운 방향」, 『활천』 제364호, 기독교대한성결교회 활천사, 1972.

8) 앞의 책. 121쪽.

9) 박영혜, 「신협운동과 영등포산업선교회」, 영등포산업선교회 40년사 기획위원회, 앞의 책. 460쪽. 이하 박영혜에 관한 기술은 거의 다 이 글을 참고했기 때문에 쪽수를 따로 밝히지 않음.

10) '가톨릭노동청년회', 즉 지오쎄(JOC)란 불어로 'Jeunesse Ouvriere Chretienne'의 약자다. 1925년 벨기에 조셉 까르뎅 추기경이 노동을 통한 일상의 복음을 꾀하며 발족. 한

국에서는 1958년 11월 까르덴 추기경의 방한을 계기로 발족하여 1968년 강화도 심도물산 사건과 1970년 전태일 사건 이후 인권, 노동 문제에 적극 개입하기 시작했다.

11) 청계피복, 방림방적, 원풍모방(한국모방), 서통의류, 동일방직 등을 대상으로 한 한 조사 결과에 따르면, 1970년대 섬유와 의류 산업의 경우, 여성노동자의 비율은 평균 90프로를 상회했다. 전순옥, 『끝나지 않은 시다의 노래』, 한겨레신문사, 2004. 158쪽.

12) 인명진, 「70년대 영산전략」, 『영등포산업선교회 40년사』, 1998. 139~141쪽.

13) 김영일, 「한국기독교의 사회참여」, 『유신체제와 민주화운동』, 춘추사, 1984. 67~72쪽.

14) George E. Ogle. 미국인 목사. 한국명 오명걸. 미국 듀크대 신학대를 졸업하고 1954년부터 한국에서 미 연합감리교 선교사로 활동. 1960년부터 인천 도시산업선교회를 이끌면서 노동자들의 권익 보호를 위해 애썼다. 1974년 10월 서울에서 열린 목요기도회에서 인혁당 재건위 사건이 고문에 의해 조작됐다는 사실을 폭로해 중앙정보부에 끌려가 고초를 받고 그해 12월 강제 추방됐다. 인혁당 사건 등을 소재로 『20세기 한국의 이야기』(How Long, O Lord-Stories of Twentieth Century Korea)라는 역사소설을 출간하기도 했다. 2002년 방한하여 한국인권문제연구소가 수여하는 제5회 한국인권상을 수상했다.

15) 미국인. 본명 마이크 브랜스필드(Mike Bransfield). JOC 지도신부로 당시 늘 정보부의 감시를 받았다. 제임스 시노트, 『현장증언 1975년 4월 9일』, 빛두레, 2004. 163쪽.

16) 한국가톨릭노동청년회50년의기록출판위원회, 『한국가톨릭노동청년회 50년의 기록』, 민주화운동기념사업회, 64쪽.

17) 앞의 책. 20~21쪽.

18) 이원보, 앞의 책. 409쪽.

19) 이태호, 「1970년대 노동운동의 궤적」, 한승헌 외, 『유신체제와 민주화운동』, 춘추사, 1984. 192쪽.

20) 미국인. 본명 Jack Trisolini. 1959년 돈보스코 신학대학 졸업 후 영어교사로 한국에 왔다가 프랑스에서 석사 과정과 사제 서품을 받은 후 1968년 재입국. 도림동 찬주교회 보좌, 주임 신부. JOC 지도신부. 서울대교구 노동사목위원회 위원장 역임. 저서 『생명의 샘 정녕 당신께 있고』(2000), 『아버지의 뜻이 하늘에서와 같이』(2001), 『늘 우리와 함께 계시는 하느님』(2006) 등. 1999년 고려대로부터 제1회 노동문화상 수상.

21) JOC 조직은 팀-섹션-교구연합회-전국협의회-국제협의회로 구성된다. 팀은 다시 양성팀-활동팀-투사팀의 순서를 거친다.

22) 조셉 까르뎅 신부가 주장한 JOC의 생활반성의 방법론은 관찰, 판단, 실천의 3단계로 이

루어진다. 이를 위해 JOC는 회원들로 하여금 수첩을 사용하여 메모하는 습관을 갖도록 권한다. 황상근, 『벽돌 없는 학교』, 성바오로출판사, 1989. 102~106쪽 참고.

23) 영등포산업선교회 40년사 기획위원회, 앞의 책. 155쪽.

24) 이소선은 도요안 신부를 대림동 돈보스코 회관으로 찾아오는데, 이때 박순희와 정양숙, 윤순녀, 정인숙 등이 같이 있었다. 정인숙은 이소선의 설명에 감동을 받고 1971년 5월부터 청계피복노조 부녀부장 직을 맡아 본격적으로 활동을 개시한다. 한국가톨릭노동청년회50년의기록출판위원회, 앞의 책. 105쪽.

25) 정장연, 「한국 경제의 저임금체제론」, 『한국경제의 현단계』, 사계절, 1985. 284쪽.

26) 한국노총, 『사업보고서』, 1972. 전순옥, 앞의 책. 232쪽에서 재인용.

27) 役付工. 관리직 노동자를 가리키는 일본어. 일제시대에는 공장(工場), 공원장(工員長), 공원부장(工員副長) 등 보통공원보다 기술적으로 우위에 있는 간부 노동자를 역부공이라 하였다. 安秉直, 「日本窒素における朝鮮人勞動者階級の成長に關する硏究」, 『朝鮮史硏究會論文集』(朝鮮史硏究會 편), 1988년 3월호(통권 25호) 177쪽 참고. 한국모방 현장에서는 '기능공' 혹은 '지도공' 등을 일컫는 말로 쓰임.

28) 이원보, 앞의 책. 12쪽 참고.

29) 오픈 샵(open shop)은 기업의 종업원이 그 회사에 결성되어 있는 노동조합에 대한 가입 여부를 자유의사로 결정할 수 있는 제도. 한국에서는 공무원을 제외한 모든 근로자에게 오픈숍을 적용하고 있다.(노동조합법 8조) 나아가 유니온 샵(union shop)은 사용자가 종업원을 고용할 때는 자유이나, 일단 채용이 되면 반드시 노동조합에 가입해야 하며 조합으로부터 제명·탈퇴한 자는 회사가 해고해야만 한다는 것을 정한 노동협약상의 조항.

30) 이태호, 앞의 글, 한승헌 외, 앞의 책. 201쪽.

31) 이원보, 앞의 책. 330쪽.

32) 전순옥, 앞의 책. 75쪽.

33) 기념사에서는 10월유신이 구국의 영단임을 밝히고 있다. 이는 당대의 현실 속에서 아직 독자적 정세 판단과 자기전망을 확보하지 못한 신생 노조의 한계라고 하겠다.

34) 〈서울경제신문〉 1973년 6월 19일자.

35) 유진경, 「중화학공업과 정부주도 경제의 문제」, 『한국경제의 현단계』, 사계절, 1985. 237~238쪽.

36) 임가공은 일정한 값을 받고 물품을 가공하는 일을 말한다. 따라서 임직, 임방, 임염은 일정한 값을 받고 직포, 방적, 염색 등을 해주는 일을 말한다.

37) 이원보, 앞의 책. 460쪽.

38) 김정화, 「1960년대 여성노동: 식모와 버스안내양을 중심으로」, 『민족운동과 노동』, 선인, 2009. 337~339쪽.

39) 이태호, 『노동현장의 진실』, 금문당, 1986. 136쪽.

40) 이태호, 『불꽃이여 이 어둠을 밝혀라』, 돌베개, 1984. 72쪽.

41) 졸고, 『안병무평전』, 사계절, 2007. 195쪽 참고.

42) 한국역사연구회 현대사연구반, 『한국현대사 3』, 풀빛, 1991. 99쪽.

43) 박동철, 「5·16정권과 1960년대 자본축적과정」, 『한국자본주의 분석』, 일빛, 1991. 69쪽.

44) 표응삼은 섬유노조에 몸을 담고 있었지만 1970년대 민주노조 발전에 적지 않게 기여했다. 최순영, 박순희 등 주요 노동조합 간부들을 크리스천아카데미에 연결시킨 것도 그의 역할이었다.

45) 전국민주노동조합총연맹 한국노동사회연구소, 『노동조합의 경영참가』(연구보고서), 1996. 1. 10.

46) 〈매일경제신문〉 1974년 2월 19일자.

47) 한국모방노조는 9월 9일 이른바 '8·15사건 규탄 항일시위 및 궐기대회'에 조합원 130명이 참가한다.

48) 〈동아일보〉는 1975년 1월 13일자 1면 톱기사에서 원풍산업이 낙찰 대금 중 3억 원을 현금으로 불입하고 나머지 26억 7500만 원은 7년 거치 8년 분할 상환하기로 제일은행과 사전합의 아래 인수가 이루어진 것이라고 밝히며, 이는 대금 상환기간이 15년이라는 국내 초유의 장기대출로 여기에 은행이 저리 대환의 혜택까지 부여했다는 점에서 막대한 특혜조치라고 지적했다. 이에 대해 김용환 재무부장관은 이 같은 결정이 경제장관회의에서 협의된 사항이며, 이는 "한국모방 근로자 1500명의 고용 문제와 노사분규가 시끄럽기 때문에 은행 관리보다는 원풍이 인수해서 운영하는 쪽이 낫겠다는 판단이 섰기 때문"(〈동아일보〉 1975년 1월 14일자)이라고 해명했다.

3부 주

1) 임재수, 「기억하고 싶은 박부」, 『선한 싸움꾼 박순희 아녜스』, 삶이보이는창, 2007. 40~41쪽. 임재수는 노조 총무부장을 지내다가 1980년 삼청교육대에 끌려가 호된 고통을 당하게 된다.

2) 공식적인 명칭 변경은 1975년 2월 18일 임시 대의원대회에서 이루어진다.

3) 이 사건은 1976년 2월 27일자로 판결이 확정되었는데, 방 지부장은 징역 8월 집행유예 2년을 선고받는다. 판결 이유에 따르면, 1974년 12월 9일 10시부터 12시 사이에 한국모방 사장실에서 당시 비서실장 하상진에게 "동인이 동회사 노조의 비리사실을 조사하여 동회사 사장인 김완수에게 보고한 데 불만을 품고, 제보자를 밝히지 않으면 죽여 버리겠다고 고함을 치면서 동인의 멱살을 잡고 동소에 있던 사각의자를 동인을 향하여 던지는 등 하여 동인을 폭행한 것"이었다. 다만 공소사실 중 1974년 9월 23일 한국모방 노조사무실에서 지동진을 폭행했다는 부분에 대해서는 지동진이 처벌을 원하지 않는다는 의사를 표시하여 공소 기각으로 처리된다. 방용석 지부장은 이에 고등법원에 항소했고, 1978년 3월 10일자로 항소심 판결을 받게 되는바, 폭행 및 공갈 혐의로 내려진 원심판결 중 유죄 부분을 파기하고 벌금형(50,000원)을 내렸다. 공소사실 중 공갈 부분은 무죄를 선고했다.

4) 이옥순, 앞의 책. 49쪽. 인용문 중 치즈(cheese)란 목관 또는 지관 등에 실을 원통형이나 원추형으로 감은 것을 말한다.

5) 1975년 제조업 시간당 임금은 우리나라가 0.35달러인 데 비해 싱가포르가 0.62달러, 일본이 3.16달러, 서독이 3.94달러, 미국이 4.81달러였다. 이옥지, 앞의 책. 134쪽.

6) 〈매일경제신문〉 1976년 4월 20일자.

7) 이원보, 앞의 책. 416~418쪽.

8) 유경순, 「쟁점으로 보는 1970~86년 노동운동사」, 『노동자, 자기 역사를 말하다』, 서해문집. 239쪽.

9) 이원보, 앞의 책. 410쪽.

10) 영등포산업선교회40년사기획위원회, 앞의 책. 135~136쪽.

11) 이옥순, 앞의 책. 80쪽.

12) "빵, 자유, 평화(Bread, Freedom, Peace)". 1949년 12월 설립된 국제자유노련(ICFTU)의 조직헌장 상의 목표. ICFTU는 반공노선을 고수하는 노조들이 중심이 되어 세계노동조합연합회(WFTU)의 대응조직으로 건설한 국제연맹체로서 자본주의 체제를 근본적으로 문제삼지는 않는다.

13) 프랑소와 고 지음, 장신훈 옮김, 『바웬사-폴란드 자유 노조의 지도자』, 예조각, 1981.

14) 김원, 『여공 1970-그녀들의 反역사』, 이매진, 2006. 417쪽.

15) 이원보, 앞의 책. 287쪽.

16) 위의 글.

17) 이태호, 『불꽃이여 이 어둠을 밝혀라』, 돌베개, 1984. 35쪽.

18) 〈동아일보〉 1976년 12월 23일자.

19) 전태일기념관건립위원회 편, 『어느 청년노동자의 삶과 죽음』, 돌베개, 1983. 184쪽.

20) 장남수, 『빼앗긴 일터』, 창작과비평사, 1984. 55쪽.

21) 김금수, 「한국 노동문제의 구조적 특성」, 임종철, 배무기, 『한국의 노동경제』, 문학과지성사, 1980. 188쪽.

22) 이수자, 「한국 경제구조와 여성노동」, 『한국의 사회구성1』, 화다, 1985. 277쪽.

23) 앞의 글, 301쪽. 김원 역시 같은 주장을 편다. 김원, 앞의 책. 283쪽.

24) 영등포산업선교회40년사기획위원회, 앞의 책. 179~180쪽.

25) 예를 들어 1850년대에서 1870년대에 이르는 기간 영국에서 평화적인 방식으로 체제를 변혁한다는 오웬의 이념은 실제 현실에서 정반대의 결과를 낳았다. 즉, 협동조합운동은 소득의 획득에 매몰된 나머지 사회의 변혁이라는 이념은 기껏해야 정관(定款)의 한 항목에 지나지 않는 상태로 떨어져버리고 말았다. 헬무트 쉬나이더 외, 『노동의 역사』, 한길사, 1982. 312쪽.

26) 영등포산업선교회40년사기획위원회, 앞의 책. 180~181쪽.

27) 박현채, 「한국 노동운동의 현황과 당면과제」, 『한국 노동문제의 구조』, 광민사, 1978. 378~379쪽.

28) 동일방직복직투쟁위원회, 『동일방직노동조합운동사』, 돌베개, 1985. 참고.

29) 장남수, 앞의 책. 65~66쪽.

30) 장남수는 6월 17일 단기 10월 장기 1년의 징역형을 선고받고 항소했다. 9월 16일 항소심 선고공판에서는 단기 10월, 장기 1년의 징역, 집행유예 2년을 선고받고 같은 날 오후 구치소 문을 나섰다.

31) 원풍모방노조는 1977년과 1979년 대의원대회를 위해 만든 「사업보고」 문건에서 미국 노동운동가 오거스트 스파이스의 최후진술을 속표지 중 한 면에서 소개하고 있다.

32) 장남수, 앞의 책. 116~117쪽.

33) 영등포산업선교회40년사기획위원회, 앞의 책. 194쪽.

34) 박수정, 『숨겨진 한국여성의 역사』, 아름다운사람들, 2004. 157쪽.

35) 『YH노동조합사』(형성사, 1984)에서는 YH 노조 탈춤반이 1978년 2월 교선부장 이성숙을 주축으로 17명이 모여 처음 연습을 시작했다고 말한다. 그러면서 그 동기가 1977년 말 원풍 노조 행사에 참석하여 원풍 조합원들의 탈춤을 구경했던 조합원들 중 YH도 1978년 5월 24일 노조 창립일 때 공연을 해보자 해서 시작된 것처럼 기술한다.

(121~122쪽) 원풍이 먼저 탈춤반을 꾸렸다는 것 이외에는 모두 오류인 것으로 보인다.

36) 임진택, 『민중연희의 창조』, 창작과비평사, 1990. 137쪽. 우리나라 탈춤 부흥운동의 산 증인 혹은 민족극 운동의 대표주자 격인 그조차 직접 공연을 보지 못했을 만큼 노동자 들의 탈춤공연은 드문 형편이었다.

37) 장남수, 앞의 책. 156쪽.

38) 이하 졸고. 「실록 민주화운동─ 민족적 형식에 민중적 내용을 담아라」, 〈경향신문〉 2003 년 11월 10일자. 참고. 별도로 생략과 인용에 대한 표시를 하지 않음.

39) 김춘미, 『한국음악학의 사회사적 구조』, 시공사, 1999. 21쪽.

40) 이영미의 증언. 2010년 5월 20일. 이영미는 민족극연구회 이름으로 원풍이 공연한 탈 춤 대본들을 모아 책으로 묶어냈다. 민족극연구회 편, 『민족극 대본선 제3권 노동연극 편』, 풀빛, 1991.

41) 1979년 12월 19일 오전 7시 55분경 동작동 동광기업 제1공장(모방)에서 의문의 화재가 발생해서 내부 2000여 평을 모두 태우고 2시간 만에 진화되었다. 공장에는 130여 명의 여공들이 일을 하고 있었으나 재빨리 피해 인명피해는 없었다. 이 불로 모사 원료 10만 파운드 등 3억여 원의 피해 발생.

42) 2009년 10월 18일 서울에서 열린 원풍모방 기념식 참석자들을 대상으로 한 설문 조사. 전체 참석자는 100명이 넘었으나 응답자는 항목에 따라 다르지만 약 70명 정도이다.

43) 원풍 노동자들은 실제로는 평균 학력이 이 조사보다 더 낮았을 것이라고 말한다. 아마 자신의 낮은 학력을 드러내고 싶지 않아서 한 단계 정도 올려 대답한 사람도 적지 않았 을 거라는 해석이다. 실제 이 조사를 할 때 옆자리에 동료들이 붙어 앉아 있었기 때문에 그랬을 가능성도 없지 않다.

4부 주

1) 〈동아일보〉 1979년 8월 25일자.

2) 이옥지, 『한국여성노동자운동사』 제1권, 한울아카데미, 2001. 215~218쪽.

3) 〈매일경제신문〉 1980년 5월 10일자.

4) 신경숙의 장편소설 『외딴 방』(문학동네, 1995)의 주인공은 시골에서 올라와 직업훈련원 을 거쳐서 동남전기 종업원으로 근무하며 야간에 영등포여고에 설치된 산업체 특별학급

에 다닌다.

5) 김언호, 「소외학교」, 『월간 대화』, 1977년 10월호. 264쪽.

6) 졸고, 「서울의 봄, 그리고 벽시의 시대(1)」, 〈문화일보〉 2003년 8월 6일자. 약간 수정.

7) 이하 표와 동원탄좌 상황은 안재성, 『타오르는 광산』 돌베개, 1988. 참고.

8) 이경만, 「광산촌(하)」, 『월간 대화』, 1977년 10월호. 246쪽.

9) 이옥순, 『나 이제 주인되어』, 녹두, 1990. 110~111쪽.

10) 박세길, 『다시 쓰는 한국현대사 3』, 돌베개, 1999.

11) 심재철, 『우리는 내일로 간다』, 문예당, 1977.

12) 역사학연구소, 『노동자, 자기 역사를 말하다』, 서해문집, 2005.

13) 장남수, 앞의 책. 173쪽.

14) 장남수, 앞의 책. 173쪽.

15) 〈한겨레신문〉, 2010년 5월 24일자.

16) 정향자, 「연꽃 웃음이 되어」, 『선한 싸움꾼 박순희 아녜스』, 삶이보이는창, 2007. 80쪽.
박순희와 마찬가지로 JOC 출신인 정향자는 당시 전남제사 노조 지부장이었다.

17) 박수정, 「세상이라는 그물을 짜는 사람, 정향자」, 『숨겨진 한국여성의 역사』, 아름다운
사람들, 2004. 270쪽.

18) 이원보, 앞의 책. 651쪽.

19) 2009년 2월 원풍 조합원 모임에서 발표.

20) 장남수, 앞의 책. 189쪽.

21) 이원보, 앞의 책에는 원풍 30명을 포함하여 68명으로 기록되어 있다. 그러나 원풍에서
실제 연행되어 조사를 받은 사람은 모두 48명이었다.

22) 박영기, 「한국 노동운동의 현황과 개선방향」, 김수곤, 『노사관계 정책과제와 방향 : 현행
제도 개선을 중심으로』, KDI, 1983.

23) 이원보, 앞의 책. 601~603쪽.

24) 박수정, 앞의 책. 167~168쪽. 당시 신문에는 "불순세력 때문에 무고한 시민들이 다쳤
다. 국민들이 도와야 한다"는 내용의 기사가 났다.

25) 박수정, 앞의 책. 168쪽.

26) 이옥순, 앞의 책. 122~133쪽.

27) 이옥순은 9월 18일 밤 기숙사에서 실장들끼리 모여 수요일인 9월 22일에 실행하기로 결
정했다고 쓰고 있다. 그러나 『민주노조 10년사』와 경찰 조사에는 8월 26일로 나와 있다.
8월 26일이 맞다.

28) 민족극연구회, 『민족극 대본선 3- 노동연극 편』, 풀빛, 1991.

29) 김상복, 「6 · 25전쟁기의 노동운동(2)- 조선방직 노동자 파업투쟁과 그 부활의 역사」, 『노동자의 힘』 제10호(2002년 7월), 39~41쪽.

30) 이옥지, 『한국여성노동자운동사』 제1권, 한울아카데미, 2001. 402쪽.

31) 이옥순, 앞의 책. 139쪽.

32) 정창기, 「70년대 민주노동조합운동의 역동성」, 서울대 사회학과 석사과정. 1996.

33) 주한미군사령관 위컴은 1980년 8월 8일 "한국민의 국민성은 들쥐와 같아서 누가 지도자가 되든 따라갈 것이다. 민주주의는 한국민에게 적합하지 않다"고 한국민을 비하하는 발언을 했다는 사실도 이 무렵 알려졌다. 워커 주한미국대사는 한국 대학생들을 "버릇없는 망나니"라고 불렀다.

34) 김성구의 자술서에는 이야기를 더 하려고 붙잡다가 손이 가 닿았는데, 그때 김성우가 폭행을 시작했다는 식으로 기술되어 있다. 김성우는 방용석 지부장보다 나이가 위로 김성구에게는 '아버지뻘'이라 한다.

35) 새마을운동은 처음 농촌 근대화운동으로 시작되었지만, 유신 이후에는 체제를 유지하기 위한 수단으로 변질되었다. 이는 유신 선포 이후 농수산부 대신 청와대가 직접 새마을교육을 담당한 사실로 증명된다. 전재호, 『반동적 근대주의자 박정희』, 책세상, 2000. 83쪽. 최장집은 유신 시절 공장내 새마을분임조와 같은 비노조 조직들이 실제로는 노동조합의 활동을 중성화시키거나 노조 자체를 파괴시킬 수 있는 '역(逆)노조 조직'의 역할을 할 수 있었다고 진단한다. 최장집, 『한국의 노동운동과 국가』, 나남출판, 1997. 213쪽.

36) 2009년 2월 원풍노조 조합원 모임에서 한 발언.

37) 장남수, 앞의 책. 220쪽.

38) 이옥순, 앞의 책. 166쪽.

39) 1983년부터 나돌기 시작한 비합법 문건 「한국노동운동의 방향 정립을 위하여」(작자 미상)에는 "10월 7일 항의 기도회가 영등포 산선에서 열렸는데, 경찰은 기도회장을 이중 삼중으로 포위하여 기도회는 무산되었다. 참석하려던 수천의 학생들은 영등포시장 일대를 돌다 항의시위를 벌였다. 그러나 당사자인 조합원들은 구경만 하였다"고 적혀 있다. 이는 사실과 전혀 다른 악의에 찬 왜곡이다.

40) 이들이 말하는 6만 원은 9 · 27 이후 노조가 폭력배가 노조를 장악하는 경우와 같은 만일의 사태에 대비, 상집회의 결의를 통해, 신협에 예치된 조합비 4000만 원을 인출하여 조합원에게 돌려주기로 한 금액이다. 10월 13일 지급 현장인 산업선교회관에는 안기부 직원도 나와 신경을 곤두세운 채 지켜봤다.

41) 영등포산업선교회40년사기획위원회, 『영등포산업선교회 40년사』, 대한예수교장로회 영등포산업선교회, 1998. 207쪽.

42) 앞의 책. 208쪽. UIM은 도시산업선교회, CDK는 콘트롤데이터, YDP는 영등포의 약자.

43) 권진관, 「집단적 배움의 과정으로서의 사회운동: 1970년대 산업선교를 중심으로」, 『1960~70년대 한국노동자의 계급문화와 정체성』, 한울아카데미, 2006. 96~97쪽. 특히 주 21) 참고.

44) 신철영은 1981년 "선진 독점자본으로부터 민족적 이익을 옹호하고 국내 매판자본과 그 정권으로부터 민중을 해방시키기 위해 그 모순의 직접적 피해자인 노동자를 조직화하는 데 초점을 맞추고, 어용 한국노총을 대신하는 전국적 노동조합을 조직한다는 반합법 운동체로서 전국민주노동자연맹을 결성"하는 일에 적극 동참한다. 이 때문에 구속되어 징역 2년형(집행유예 4년)을 선고받는다. 편집부, 『공안사건기록』, 세계, 1986. 참고. 전국민주노동자연맹은 노동운동이 중심이고 학생운동은 보조집단 혹은 문제제기집단으로 기능해야 한다고 판단했다.

45) 송정남, 「지역노동운동의 모색」, 『실천문학』 계간 창간호, 실천문학사, 1985. 344쪽.

46) 영등포산업선교회40년사기획위원회, 앞의 책. 487쪽.

47) 이 전언통신문은 남부경찰서 정보과 담당자들이 상부기관인 경찰청에 보고한 내용 중 일부로, '진실화해를위한과거사정리위원회'에서 수집하여 정리한 20권의 자료(각권 약 500쪽 분량)를 2010년 원풍노조원들이 직접 열람하여 필사한 것임. 전언통신문이란 상급 기관에서 하급 기관에 공적인 일을 알리는 내용을 적은 글. 전화통신문으로 순화.

48) 이옥순, 앞의 책. 171쪽.

49) 신경숙, 『외딴방 1』, 문학동네, 1995. 참고.

50) 윤형원, 「야간특별학급 및 산업체 부설학교의 제도 및 운영 개선방안에 관한 연구」, 『교육발전논총』, 1981. 9쪽.

51) 고형일, 「산업체 부설 특별학급의 기능과 의미—목련여고(가칭)를 중심으로」, 『지역개발연구』, 1989. 참고.

52) 윤형원, 앞의 글, 4쪽.

53) 박영희, 『김경숙』, 민주화운동기념사업회, 2003. 126~127쪽.

54) 한국노동자복지협의회 편, 『YH노동조합사』, 형성사, 1984. 115~119쪽.

55) 오원철, 「여공 여러분 고맙습니다. 여러분이 나라를 구했습니다」, 『월간조선』, 1999년 11월호. 신병현, 「70년대 지배적인 담론구성체들과 노동자들의 글쓰기」, 『산업노동연구』, 제12권 제1호, 2006. 재인용.

주석 **779**

56) 신병현, 앞의 글, 202쪽.

57) 유옥순, 「영원한 여전사」, 『선한 싸움꾼 박순희 아네스』, 삶이보이는창, 2007. 59쪽.

58) 이옥지, 『한국여성노동자운동사』 제1권, 한울아카데미, 2001. 135쪽.

59) 김원, 「'민중'의 경험과 기억」, 앞의 책. 527쪽. 파트타임 프롤레타리아에 대해서는 김
    준, 앞의 글, 566쪽.

60) 이옥지, 앞의 책. 597쪽.

5부 주

1) 〈원풍회보〉 제2호 수록 1984년 1월 1일자 「성명서」

2) 영등포산업선교회40년사기획위원회, 앞의 책. 220~227쪽. 인용자 임의로 정리.

3) Jurgen Moltmann(1926~). 독일의 진보적 신학자. 튀빙겐대학 교수 역임. 70년대 한국
   신학계에 큰 영향을 미쳤음. 『희망의 신학』, 『십자가에 달리신 하나님』, 『나를 따르라』 등.

4) 장남수의 『빼앗긴 일터』(230~231쪽)에는 이날 「참새가 죽어도 짹소리는 한다는데」라는
   제목으로 대사가 있는 춤을 춘 것으로 나온다. 이는 사실과 다르다. 「참새가 죽어도 짹소
   리는 한다는데」는 1982년 11월 28일 조합원들을 위문하기 위해 춘 춤이다.

5) 방현석, 『아름다운 저항』, 일하는 사람들의 작은책, 1999. 50쪽.

6) 전국민주노동조합총연맹, 『1970~2000 민주노조 투쟁과 탄압의 역사』, 현장에서미래를,
   2001. 105~106쪽. 511~560쪽.

7) 한국기독교사회문제연구원, 『한국사회의 노동통제』, 민중사, 1987. 51~53쪽. 1988년
   10월 14일자 〈동아일보〉 보도에 따르면, 국회에서 최영근 성남경찰서장이 답변을 통해
   안기부, 보안부대, 노동부 출장소, 시청 복지계, 경기도경 등과 함께 블랙리스트를 작성
   해온 사실을 시인하기도 했다.

8) 고 노무현 대통령은 대우조선에 다니던 이석규가 거리시위 중 최루탄에 맞아 사망하자 사
   인 규명에 나섰다가 '제3자 개입 금지'를 위반한 혐의로 구속되어 변호사 업무 정치 처분
   을 받은 바 있다.

9) 인명진 목사는 1972년부터 1984년까지 약 13년 동안 영등포 산업선교회에서 일해왔다.
   그 후 호주에서 2년간 머무른 뒤 1986년 새로이 교회를 개척하는 바, 그 교회는 "당시 한
   창 유행하던 민중교회가 아니라 보통 일반인을 대상으로 한 교회로서 어떻게 이 교회가

민중교회들을 지원하며 민중선교에 참여할 수 있겠는가 하는 것을 과제로 설정"한 갈릴리교회였다. 교인이 될 대상은 민중운동, 학생운동, 인권운동 등에 참여했다가 현장에서 물러난 신자들, 그래도 아직 사회선교에 관심을 갖고 있는 신자들로, 인명진 목사는 그들을 '민중선교, 사회선교의 예비군'이라고 불렀다. 인명진, 「사회선교를 실천하는 계약공동체」, 『기독교와 한국사회4 - 사회봉사의 현장에서』, 숭실대학교 기독교사회연구소, 1993.

10) 영등포산업선교회40년사기획위원회, 앞의 책. 516~517쪽. 볼드체는 인용자.

11) 2009년 2월 21~22일 서울 대방동 여성플라자에서 가졌던 원풍 노조원 모임에서 한 발언.

12) 이옥순은 이로 인해 원풍 조합원들과 관계가 서먹서먹해지고 마음의 갈등을 크게 느낀다. 공공연히 적대감을 보인 조합원들도 있었다. 한번은 너무 괴로워서 유서를 쓰기까지 했다고 한다. 이옥순, 앞의 책. 208~210쪽.

13) 제3호부터는 〈원풍회보〉라는 이름으로 발행했다. 〈원풍동지〉라는 이름으로도 발행.

14) 서평 좌담 「노동현실과 노동언론」, 『실천문학』 계간 창간호, 1985. 371쪽.

15) 〈경향신문〉 2004년 4월 11일자, "실록민주화운동: 민청련 출범".

16) 역사학연구소, 앞의 책. 257쪽.

17) 앞의 책. 449쪽. 주 46) 참고.

18) 안재성, 『한국노동운동사2』, 삶이보이는창, 117~118쪽.

19) 강덕영, 1961년 생. 학생운동과 노동운동. 구속 2회. 『1980년대 민주화운동 참여자의 경험과 기억』(김귀옥, 윤충로 지음), 민주화운동기념사업회, 2007. 128쪽.

20) 안재성, 앞의 책. 119쪽.

21) 당시는 그냥 '신길동'이라고들 불렀다. 공식적으로는 '한국노동자복지협의회' 사무실. '원풍의집'은 원풍 조합원들 사이에서 통용된 이름.

22) 방현석, 앞의 책. 95쪽.

23) 김기선, 「87년 노동자대투쟁의 씨를 뿌린 아름다운 연대 한국노동자복지협의회」, 『희망세상』(민주화운동기념사업회), 2008년 7월호.

24) 송정남, 「지역노동운동의 모색」, 『실천문학』 계간 창간호. 1985. 343~347쪽.

25) 지명환, 최금숙이 (주)빠이롯트에서 블랙리스트로 인해 해고당한 사건에 대해서는 이옥지, 앞의 책. 570쪽 참고. 회사 측은 특히 지명환에게 "대한민국 어디에서도 취직을 못하는 650명 명단 중 13번째"라고 말했다.

26) 인천기독교민중교육연구소, 『87노동자대투쟁-7, 8월 인천지역사례』, 풀빛, 1987. 21~23쪽.

27) 전국민주노동조합총연맹, 『민주노조 투쟁과 탄압의 역사』, 현장에서 미래를, 2001. 548 쪽. 이 명단은 조직표 형태로 1987년 8월 20일 경동산업에서 발견된 블랙리스트 서류철 에서 포함되어 있었다.

28) 〈민주노동〉 제11호. 11쪽.

29) 〈경향신문〉 2004년 6월 27일자, "실록 민주화운동: 서노련 사건"

30) 오도엽, 『지겹도록 고마운 사람들아』, 후마니타스, 2008. 219쪽. 이하 같은 책의 쪽수.

31) 송정남, 앞의 글, 351쪽.

32) 이원보, 앞의 책. 694쪽.

33) 〈민주노동〉 제32호, 최규엽, 「80년대 노동조합운동 평가를 중심으로」

34) 〈민주노동〉 제20호, 「노동운동의 발전을 위하여!– 86년 노동운동 평가」

35) 김유선, 『노동조합운동의 현황과 과제』, 한국노동연구원 내부자료 98~06, 1998. 9. 13쪽.

36) 김유선, 앞의 글. 6쪽.

37) 김유선, 앞의 글. 18쪽.

38) 이시정, 『안양지역 노동운동사』, 민주화운동기념사업회, 2007. 284쪽.

39) 이옥순, 앞의 책. 294쪽.

40) 〈동아일보〉 1985년 2월 22일자.

41) 〈매일경제신문〉 1985년 2월 21일자.

42) 이원보, 「민주화운동 관련자 명예회복 및 보상 신청의 정당성」, 『민주노조 투쟁과 탄압 의 역사』(전국민주노동조합총연맹), 현장에서미래를, 2001. 참고.

부록

『원풍모방 노동운동사』 기획 좌담회 1
우리가 걸어온 30년

『원풍모방 노동운동사』 기획 좌담회 2
딸들이 말하는 '엄마 이야기'

원풍모방 노동조합 약사

참고서지 목록

우리가 걸어온 30년

『원풍모방 노동운동사』 기획 좌담회 1

때 | 2010년 7월 24일 토요일

곳 | 서울 영등포구 신길동 '원풍의 집'

함께한 이 | 방용석, 박순희, 김금자, 박순애, 양분옥, 황선금, 양승화, 정선순, 장남수

한국모방 노동조합 민주화 투쟁

정선순(사회) 원풍노조가 민주노조로서의 위상과 지향을 지니며 활동한 날로부터 40여 년의 세월이 흘렀습니다. 좀 늦은 감이 있으나 좌담회 형식으로라도 우리의 활동을 되새겨보는 것이 적지 않은 의미가 있다고 생각합니다. 오늘 이 자리는 지난날들을 되짚어보면서 서로의 감상을 나누어보는 회고담 형태로 진행하려고 합니다. 먼저 방용석 지부장님께서 한국모방 시절 노동조합 초기 활동부터 말씀해주시지요.

방용석 사람은 과거의 행복을 회상하기 마련입니다. 지금 이 시간 우리도 원풍노조의 활동이 우리 삶에 무엇을 남겼을까 생각해보게 됩니다. 우리 모두가 평가를 염두에 두고 노동운동을 하지는 않았지요. 혹자는 우리의 운동을 '조합주의' 니 '경제주의' 니 말하기도 하는데요, 실은 당시의 상황을 극복하기 위한 운동이었고 저항이었고 대립이었을 뿐입니다.

이런 전제에서 우리의 1970년대 상황을 되짚어보지요. 우선 1970

년대 민주노조운동을 한마디로 얘기해보면 '전태일 정신계승'이라고 할 수 있을 것입니다. 왜 청계피복 정신계승이 아니고 전태일 정신계승이라고 하는가? 전태일이 한 말, 한 일은 무엇인가? "기계가 아니다"라는 것이지요. 그 후 동일방직은 "똥을 먹고 살 수 없다", YH무역은 "배고파 못 살겠다", 원풍모방은 "노동운동 말살정책 중지하라" 그럼 민주노조의 전초전이 되었던 1987년 7~8월 대투쟁은 뭐라고 했는가? "근로조건 개선, 노동조합 결성, 흩어지면 죽는다, 흔들려도 죽는다"였지요. 생존권 구호입니다. 한마디로 노동운동은 인간선언으로 함축된다고 생각합니다.

현재의 노동운동은 우리 사회의 작은 권력으로 자리하기도 합니다. 1970년대와는 어떤 차이가 있을까요? 박정희 개발독재시대는 물가가 1년에 30퍼센트씩 올라가고 강압적으로 농촌경제를 파탄시키면서 도시 노동자의 저임금 정책을 통해 사업주에게 이익을 안기는 구조였지요. 외국 자본에 특혜를 주었고, 국가보위법, 유신헌법, 긴급조치를 무기로 국민을 지배하던 암흑의 시대였어요. 어쩌면 해방 이후 이승만 때보다 더 혹독한 탄압의 시대라고 할 수 있어요. 이런 상황에서 원풍노조는 동일, 반도, YH, 콘트롤데이타, 청계, 동광 등과 함께 민주노조로 탄생한 것입니다. '빨갱이' '도산세력'으로 매도되면서 민주노조 사수를 위한 저항투쟁을 해왔어요. 유신시대 노동운동에 대해 혹자는 "지금은 노동조합을 유지하고 있는 것만으로도 노동운동에 크게 기여하는 것"이라고 말하기도 했던 시대였습니다.

그런 가운데 원풍노조는 신규 노조결성으로 시작한 것이 아니라 동일방직노조와 함께 어용노조를 민주화시켜냈다는 점에서 또 다른 의미도 지닌다고 할 수 있습니다. 신규 노동조합 결성은 소수가 비밀리에 조직을 결성해낼 수 있지만, 어용노조 민주화는 조직원 대다수의 지지를 얻어 공개적으로 움직여야 하기 때문에 당연히 방해공작과 탄압에 쉽게 노출되고 조합원 대다수의 동의를 얻어야 하는 어려움이 있습니다. 이것은 한국노총의 종속성과 반대되는 저항운동이며 대립적 조직운동의 의의를 지닌다고도 자평할 수 있습니다. 그 원동력이 무모하리만치 과감한 투쟁을 전개한 조합원들의 힘인 것은 말할 것도 없지요.

원풍노조의 민주노조 투쟁은 퇴직금받기 투쟁 → 노조 정상화 → 노조 탄압 저지 → 국가보위법 위반 1호 구속과 중앙정보부 연행사건 → 1973년 6월 회사 부도 발생과 수습대책위원회 활동 등으로 전개되었습니다. 회사의 부도 발생이라는, 회사와 노조의 총체적 위기 국면에서 수습대책위원회 활동을 짚어보면 ①부도덕한 기업과 정부에 책임이 있음을 분명히 밝히고, ②회사 재건을 위한 조합원의 의지를 확인하고 운영권을 인수했으며, ③정상화를 위한 대정부교섭에서 일정한 성과를 거두었고, ④조건적 경매 처분에서 성과를 보며, ⑤노동조합 내부의 조직력을 강화하는 계기로 작용했습니다. 이를 통해 임시적이지만 회사의 주인이 된 경험도 하였지요. 물론 지동진 사건으로 인한 아픔도 존재합니다. 빗나간 노사 공동경영체제 시도였으나 회사 정상화를 위한 의지와 대안 제시로 노동조합 주장의 정당성을 확보하기도 함으로써 회사나 정부가 받아들일 수밖에 없는 결과를 만든 것입니다.

1975년 2월 한국모방에서 원풍모방으로 바뀌었고 새로운 경영진이 들어서고 힘겨루기가 시작되었습니다. 두 번의 지부장 구속 사태가 발생하였지만 노동조합의 강력한 대응에 밀려 회사의 의도는 실패합니다. 1977년부터 노사 관계가 정상화되고 생산 실적도 향상되었으며 대등한 노사 관계가 형성되었습니다. 이때부터 노동조합은 교육, 문화, 조직 등 다양한 방법의 운동을 통해 '민주주의의 학교'로서의 역할에 집중하게 되었지요. 그러나 김영태가 섬유노조 위원장을 맡으면서 정부와 김영태가 양쪽에서 탄압을 강화했고 동일방직 노조가 첫 번째 파괴 대상이 됩니다. 그리고 YH무역노조가 무너진 후에 김영태는 한국노총 위원장이 되었고 박정희 정권이 무너질 때까지 탄압은 계속되었던 것입니다. 그리고 바로 군부가 움직이기 시작하면서 5월 17일 계엄확대가 발표되었고, 광주항쟁이 벌어졌고 내용을 알게 된 원풍노조는 상집회의를 통해 광주희생자들을 위한 모금운동을 해 470만 원을 박순희 부지부장이 들고 내려가 광주의 윤공희 주교께 전달했던 일이 있습니다. 지금 생각하면 어떻게 그럴 수 있었는지, 참으로 겁 없이 덤빈 용기였어요.(웃음)

박순희 무식하면 용감하다니까.(웃음)

방용석 또 하나 이야기하자면 1979년 박정희 정권이 무너지자 우리는 새로운 희망과 가능성을 꿈꾸었습니다. 민주화의 봄이 속히 오기를 기대하며 분주하게 움직이기 시작했어요. 1979년 12월 YWCA에서 열린 통일주체국민대회에는 원풍노조에서 간부들의 조직적 인솔 하에 100여 명의 조합원들이 참석하였다가 8명이 끌려가 곤욕을 치루기도 했고요. 또한 한국노총을 쇄신하는 것이 당면한 일차적 목표였기에 1980년 5월 13일, 도둑이 제 발 저린 식으로 한국노총에서 급조하여 개최한 노동기본권쟁취 궐기대회장을 점거하여 노동삼권 보장과 어용노조간부 퇴진, 구속자 석방을 요구하며 농성을 시작했어요. 그러나 파업을 하고 참석할 수 있는 것이 아니었기 때문에 원풍 등 3교대 근무를 하는 노동자들이 교대하는 형태로 농성을 이어가야 했기에 시간이 흐를수록 농성 숫자가 점점 줄어들어드는 등 상황이 좋지 않아 결국 노조간부들과 한국노총 실무진이었던 천영세, 조춘구, 김금수 씨

등과 협의를 거쳐 잠정적으로 농성을 중단하기로 결정하였던 것입니다. 당시 여의도 한국노총회관 농성 중에 대학생들에게 연대를 제안하거나 제안받은 적은 없었어요. 출근 때문에 농성자 숫자가 줄어드는 공간을 채우기 위해 학생들이 한 차례 다녀간 적은 있지만 그때도 학생들이 너무 많이 몰려와 주객이 전도되는 현상이 생겨 학생들을 나가게 했던 적은 있었어요. 노동자들이 학생들의 연대투쟁을 거절했고 결국 서울역에서 해산한 학생들의 집회 해산이 노동자들의 영향을 받은 것이라는 이야기가 있는데 이것은 터무니없다는 억측입니다. 서울역으로 행진하는 대학생들이 한국노총회관 밖에서 함성을 지르며 손을 흔들었던 것을 연대제안이라고 본 것인지는 모르겠지만, 당시 학생들의 결정에 영향을 줄 수 있는 집단이나 지도력은 존재하지 않았습니다.

'민주노조'가 꽃피던 시절

정선순 바로 이어서 박순희 부지부장님이 민주노조가 정착되던 때의 교육과 조직 활동에 대해 말씀해주시지요.

박순희 1975년도에서 1980년도까지는 노동조합이 민주노조의 꽃을 피우던 시기로 조직과 교육에 몰두했던 때입니다. 집행부의 리더십도 훌륭했고 조합원들이 헌신성도 밑바탕이 되었지만, 어쨌든 대의원, 간부의 역할이 지대했던 때이고요. 원풍노조만큼 24시간을 현장조직과 교육에 심혈을 기울여 정열적으로 한 노동조합도 많지 않다고 자부합니다. 30년이 지나다 보니 세세한 것들은 많이 잊어버리기도 했고. 내 청춘 다 바쳐서 숨 가쁘게 달려왔는데 결과가 뭔가 싶은 생각이 들기도 하지만, 어쨌든 최선을 다해 살았던 열정적인 시절이었습니다.

원풍노조는 입사 3개월부터 훈련생 교육을 했고, 1년 되면 노동조합론 등 초보자 기본교육과 소모임(노동조합의 작은 노동조합)을 통한 다지기 등을 통해 조합정신과 사회의식을 발전시켜나갔지요. 대의원은 1박 2일 교육을 통해 사명감 인식, 활동가들의 인간관계를 학습했고. 이밖에도 활동가 양성교육과 소모임 중 활동가 위주로 중견간부 교육, 전체 조합원 교육도 실시했습니다. 전체 조합원 교육은 대중교육 방법으로 강의나 의식 있는 영화 상영 등으로 조합원 행동 통일을 꾀했습니다. 대의원들은 매주 목요일 작업복도 벗지 않고 노동조합에 모여 1주일간의 현장문제 토론—이때는 상근자들도 함께했지요. 또한 전직 대의원 모임도 했고, 퇴직 조합원 만남의 날도 시도했었어요. 1978년부터는 퇴직 조합원의 모임도 꾸렸는데, 이 경우는 살아가는 삶의 이야기를 나누고 원풍에서의 정신을 잃지 않는 사회인으로 살아가도록 끈을 놓지 않기 위한 것이지요. '풀뿌리 민주주의'의 기초적인 활동을 했다고 생각합니다.

파견교육도 시행했는데 크리스천아카데미, 산업선교회, JOC 교육 등이지요. 내부교육 과정을 거친 후 노동조합 교육전문기관을 최대한 활용하였고 후속으로 기별모임을 구성했어요. 아카데미 교육 기별로 후속교육 모임인 목요토론회나 여성간부교육에 참석하는 등등으로. 타 교육기관을 이용할 때도 개인의 의식화를 위해서이기도 하지만 조합원을 대신해서 갔다는 사명감을 항상 지니게 했고요. 다른 기관 노동교육을 통해 타 사업장 노동자들도 많이 만났고 서로의 사업장 이야기를 나누며 격려하고 지원하고 했어요.

임금인상 투쟁이나 단체협약 갱신 과정도 '교육의 장'으로 활용했지요. 이를테면 단체협약 회의장에 조합원들을 참석시켜 빙 둘러앉아 진행 과정을 지켜보게 하고 조합원들이 좀 더 내용을 인지하게 하기 위해 체결 시간을 끌기도 했어요. 노동절 행사나 체육대회 등의 행사를 통한 단결력 강화와 자긍심 고취를 해나가는 것도 당연했고요. 회사와 노동조합의 관계에서 노동조합이 주도권을 지님으로써 조합원들의 자긍심을 고취시키려고 애를 썼어요. 대의원대회는 조합원들이 방청하게 했고, 문화 활동으로 탈춤반을 적극 지원했지요. 기숙사에서는 교양강좌를 열었고 기숙사 자치회를 구성하여 사감의 불필요한 권한 행사를 축소시켰어요.

특히 원풍노조는 타 사업장에 문제만 생기면 지원을 위해 집단으로 달려갔어요. 저도 부지부장 하는 동안 타 사업장 문제가 생겨도 밤을 꼬빡 새웠지요. 원풍이 상대적으로 여력이 있었기에 가능한 일이기도 했지만 더 어려운 노동자들의 현장에 참여해야 한다는 것이 기본원칙이기도 했어요. 그때는 '연대'라는 말이 없었어, '연대'인지 '민주'인지 뭔지 모르고 그냥 했어요. (웃음)

원풍노조 활동가들, '위장취업'을 꿈꾸기도

정선순 교육이나 조직 활동은 이런 정도로 하고 복지에 대해서 되짚어볼까요.

박순희 원풍은 협동조합 운동을 했어요. 신용협동조합을 만들어 노동조합이 운영하면서 퇴직금 한도 내에서 무담보 대출을 해주었는데, '이찌와리'라 불리던, 1할의 이자를 떼는 사채가 유행하던 때 아주 인기가 좋았지. 신용협동조합을 운영하면서 저축률도 높이게 되었고. 또 우리가 생산자 활동만 열심히 했지 소비는 또 빼앗기는 거다 해서 소비 문제에도 관심을 가졌고 공동구매조합(1979년)을 만들었어요. 이윤을 남기지 않고 복지 차원에서 매입가격으로 판매를 했기 때문에 조합원들은 30퍼센트 정도의 이익을 얻을 수 있었어요. 그러니까 신용협동조합, 공동구매조합, 목욕탕 등 복지로 비용을 줄일 수 있었기 때문에 30퍼센트 가량의 임금인상 효과를 만든 거죠. 노동조합과 협동조합은 한 몸에 있는 두 팔과 같은 것이니까요. 단체협약을 통해 회사 안에 목욕탕, 이발소, 미용실을 두고, 상근자들의 임금을 회사가 지불했지만 인력고용 결정은 노동조합이 하는 거였어요. 그러니 회사도 환장하는 거지, 내가 생각해도 속 뒤집히는 거야 회사로서는. 1979년도에는 단체협약 내용에 장학기금을 설치하여 6000만 원을 적립했어요. 당시 상여금은 400퍼센트였으니 이직률은 거의 전무했지요. 그 몇 년 전에는 '한국모방이 대한모방 양성소'라고 했는데 이때는 '대한모방이 원풍모방 양성소'가 되어버린 거예요.

이렇게 원풍노조가 탄탄해지자 소모임 하던 친구들 중에는 "이제 원풍은 안심이다, 더 어려운 타 사업장으로 들어가야 한다"며 타 사업장 파견(노동자 '위장취업'으로 기록될 뻔)을 구상한 경우도 있었어요.

정선순 그때, 교육 교재는 어떤 것들을 사용했는지요?

박순희 우선 '단체협약'이나, '취업규칙'이 현장에 다 걸려 있었어요. 미용실에도 걸려 있었지. 그것 가지고도 교육했어요. 그리고 '노동조합론'이나 시사 문제 등을 그때그때 교육했고. 고충 문제 처리를 논의하는 과정도 교육이었어요. 그때 우리는 무슨 맑스, 레닌 같은 것으로 한 것은 아니고 부서마다 취업규칙과 단체협약 걸어놓고 그것부터 교육했었고 내부의 조합원들 고충 문제, 시사 문제 이런 것들은 주로 내가 했고 이론적인 것은 주로 방 지부장이 했어요.

조합원들이 노무과 들어가는 것을 꺼려해서 당당히 들어가게 하는 것. 월급봉투 계산 잘 안 되어도 창피하다고 안 가는데 노무과로 따지러 가게 하는 것. 그것을 어려워하면 부서 사람이나 소모임 팀이 함께 가도록 했고, 가다 보니 용기가 생기고 힘이 생기고 지혜도 생겼지요.

외부 강사들이 와서 교육도 많이 했어요. 그룹장, 회계, 서기 모임 따로 했는데 신인령, 한명숙, 장상환, 김세균 이런 분들이 원풍 교육을 많이 했지, 교육 후 느낌은 항상 토론했고. 그래서 그때 원풍만 이렇게 좋아지면 안 된다. 다른 회사에도 들어가서 활동해야 한다는 이야기도 나온 거예요. 원풍노조가 다른 회사 유인물도 뿌려주고 매일 돌아다니는 게 쉬운 일이 아닌데 그런 걸 한 것은 수많은 교육을 통해서 가능했던 거지요.

그뿐 아니라 노조간부의 자세에 대해서도 많이 이야기했어요. 한국노총을 비롯하여 산별노조들의 횡포는 현장노동자들에게 제2의 착취 고리이듯, 노조간부들이 변질하면 안 되기에 늘 교육했지요. 노동조합 상근간부들이 조합원들의 권익이나 인권에는 관심이 없고 자기들 자리 지키기 위하여 독재체제를 옹호하고 유령노조나 관제어용노조를 유지시키며 노동귀족으로 행세하는 경우들이 거의 대부분이었으니까요. 산별노조의 상근자들은 현장에 복귀하지 않고 정년퇴직하는 경우가 많았으며 이는 노사 결탁 고리가 되었기 때문에 노동자들은 노조상근 간부들을 권력으로 느끼는 경우가 많았지요. 특히 노동조합 활동은 남성 중심의 특별한 사람들이 하는 것으로 잘못 인식되기도 했어요.

원풍노조에서는 이런 잘못된 인식들을 실천으로 바로 보여주어야 한다는 논의도 하게 되고 그러한 본보기의 하나로 상집회의 결의를 통해 1979년 4월 대의원대회에서 박순희 부지부장을 직포과 C반에 원직복귀하는 것으로 결정하고 회사에 통보하니, 회사나 남부경찰서 정보과에서는 이상하다는 반응으로 온갖 추측을 하기도 했어요. 집행부에 갈등이 생긴 것이 아닌가? 조직이 분열되었나? 등의 추측이었고 회사 공장장은 어떻게 부지부장이 현장엘 갈 수 있는가? 기숙사 사감으로 갈 것을 지부장에게 은근히 제안했다가 혼쭐이 나기도 했지요. 노동조합에 상근 부지부장의 역할이 필요하니 상근 부지부장에 한상분 씨를 선출하고 나는 비상근 부지부장으로 현장에 복귀하니 조합원들이 매일 기계 옆으로 몰려들었어요. 상근하다 다시 현장에 가니 조합원들이 오히려 노동조합에 대한 관심도 높아지고, 조합원이면 누구든지 노동조합의 주인으로 운영과 집행을 할 수 있다는 자신감과 더불어 민주적이고 자주적인 의식이 높아진 계기로 작용하기도 했지요. 당시 원풍노조의 간부들은 모두 그런 자세를 지니려고 애썼어요.

박순애 실제로 방용석 지부장님이 노동조합 운영의 전술과 전략 등 기획 면에서 탁월한 리더였다면, 박순희 부지부장님은 현장을 구석구석 훑으며 조합원 한 사람, 한 사람을 챙기는 조직 관리의 큰 줄기였다고 생각해요.

황선금 저는 대한모방에서 원풍모방으로 와보니 '노동자가 누구인가' 라는 교육을 하는 거예요. 대한모방에서는 총무과 직원들이 참석해서 한문을 가르쳐주는 등 교양교육을 가끔 했는데 그것을 회사가 한 것으로 고맙게 생각했거든요. 대한모방에서 노동조합은 퇴직할 때 노동조합 도장을 받아야 해서 퇴직할 때 한 번 도장 받으러나 가는 곳이었어요. 원풍에 오니까 신인령 선생님이 '노동자란 누구인가?' 라는 교육을 하는데 매우 감동받았어요. 비로소 내가 누구인가를 돌아보게 되었어요. 그리고 원풍의 복지 기준이 평등에 기초한 것이었다는 것을 활동을 통해 깨닫게 한 거였어요. 예를 들어 남자·여자 호봉 좁히기, 사무직과 현장직의 차이 좁히기, 학력 차 좁히기, 이런 것들이 그 당시에는 잘 몰랐는데 나중에 생각하니 평등과 존엄의 의미를 일깨우는 것이더라고요.

박순애 그런데 취업규칙보다 단체협약이 상위인데 왜 현장에는 두 개 다 걸어놨어요?

박순희 취업규칙을 알아야 대응 논리도 나오니까 같이 걸어둔 거지. 그리고 선금이가 말한 대로 평등하게 맞춰가려니까 호봉 문제 때문에 갈등도 존재했어. 상집간부도 비율로, 상집간부 구성 등에서도 남녀 차별 없이 하려고 했지.

일동 그런데 간부들은 장기집권했던 것 같아, 한 번 올라가면 안 내려와. (웃음)

노동조합은 얼마나 민주적이었는지?

장남수 노동조합이 꽃피던 민주노조 시기의 활동에 대해 몇 가지 토론을 해보고 싶습니다. 회의의 중요성이 매우 크고 회의는 민주적 훈련의 기초이며 소통과 합의의 과정이기도 한데 회의는 민주적이었는지, 특히 상집회의의 과정은 민주적이었는지? 간부 선출의 방식은 바람직했는지, 왜 이런 질문을 하는가 하면 원풍이 민주노조를 10년이나 잘 운영한 곳이고 수많은 교육과 회의를 한 곳인데 저를 포함하여 원풍 조합원들이 회의를 잘 하는 것은 아니라는 생각이 들어서, 특히 상집간부가 아니었던 저는 회의의 절차나 과정들이 어떠했는지 궁금해서요. 또한 상집간부의 선출은 어떤 기준으로 이루어진 것인지 궁금해요. 때로는 어떻게 저 사람이 상집간부가 될 수 있었을까 의아해지는 경우들도 있었거든요. 제가 듣고 느낀 것은 원풍은 방 지부장님이 가지고 계시는 리더로서의 내용이 너무 크니까, 다른 간부들이 아예 의견을 낼 엄두를 못 낸 것 아닌가 하는 생각이 있어요. 아무리 의견 내봐야 지부장님 생각을 못 따라갈 거니까 그냥 침묵하는 경우가 많지 않았을까, 그것이 좀 굳어진 측면이 있지 않을까라는 생각이 들어요. 그래서 상집간부 했던 분들도 그렇고 회의를 잘 못하고 교육 프로그램을 많이 했는데도 불구하고 저도 그렇지만 원풍 간부들이 창의적인 의견을 만들어내거나 그것을 이루기 위해 기획하는 그런 게 좀 안 되는 것 아닌가, 원풍 간부들이 지닌 헌신성과 열정 등 뛰어난 자질들이 있음에도 불구하고 제가 다른 사업장 사람들과 굳이 세밀하게 분석해보거나 한 건 아니지만 원풍이 이 점에서는 좀 안 되는 것 같은 느낌이 있어서요. 그래서 능력 있는 리더를 둔 게 잘못되었냐? 그런 이야기는 아니고 회의의 절차나 과정들을 한번 되짚어 생각해보자는 거예요.

정선순 사실 원풍 간부들이 말을 잘 안했지만 방법적으로 굉장히 어려운 과정(훈련)은 거쳤다고 생각해요. 훌륭한 지도부가 빨리 의견을 내놓았으면 좋겠다는 생각을 많이 하긴 했는데 회의에서 간부들의 의견이 나오게 하기 위해 17시간을 회의한 적도 있거든요. 빨리 내놓지 않고 생각해서 말하게 하려고 했어요.

방용석 이렇게 거꾸로 생각해보면 어떨까요? 지금 1970년대 이야기를 하는 것이니까 방용석 집행부 때 말고 이문희, 이무술 집행부 때 상집회의는 어떻게 달랐는가를 이야기해보면?

박순애 저는 간부이기는 했지만 당시 가장 막내인 경우이기도 했고 워낙 기라성 같은 간부들이 있어 우리가 감히 안을 제시하기 어려운 상황이었던 것 같아요. 누가 안을 내놓아도 지부장님을 따라가지 못하니까요. 그래서 민주노조를 10년이나 했는데도 다른 사업장 친구들과 토론하면서 보면 적극성이 좀 떨어지는 것 같아요. 지부장님이나 순희 언니한테 너무 많이 기대고 있었던 상태거든요. 이무술 조합장 때도 민주적이긴 했지만, 자기 안이 없으니 그러기도 했겠지만, 그래서 다수결 결정을 할 수밖에 없었을 거예요. 이무술, 정선순 때는 탄압이 너무 강해서 조직도 튼튼하지 않은 상황에서 회사는 계속 진을 빼는 상황이라 차라리 어떤 결판이 났으면 좋겠다. 진이 너무 빠졌고 이길 수 있는 싸움이 아니라고 생각했어요. 조합원들은 불만이 많았지요. 리더가 탁월했냐면 그것도 아닌 상황이어서 더 답답했어요. 그러나 한편 똑똑한 리더가 안목도 있고 잘 끌고 가면 좋은데 그 리더가 틀어지면 다 틀어지니 그것도 문제지요.

양승화 이런 점이 있다고 봐요. 다른 사업장은 개개인이 똑똑한데 원풍은 전체를 비슷하게 맞추려는 노력을 했죠. 너무 튀면 누르고 부족하면 끌어올리고 비슷하게 만드는 작업. 토론하는 것 할 줄 몰라서가 아니라 혼자 똑똑한 걸 쳐주지 않았던 분위기였다고 봐요.

정선순 운영이 민주적인 것은 분명한데 개인의 의견을 말하기 어려웠던 건 분명해요.

박순애 "지부장님 의견이 틀렸어요"라는 말을 하기는 어려웠던 것 같애.

방용석 조직 운영에 제일 중요한 것이 무엇인가를 생각해볼 필요가 있어요. 민주적 결정 과정도 물론 중요하지만, 그게 제일 중요한 게 아니라 전체 내부의 신뢰가 어느 정도냐에 따라 어떤 결정을 내리느냐, 어떻게 집행해나가느냐에 승패가 달려 있다고 생각해요. 원풍은 수많은 역경이 있었음에도 불구하고 집행부와 조합원 간의 신뢰가 어그러진 적은 없어요. 다만 한 번 지동진 때 신뢰에 금이 갔지만 바로 대책을 세워 회복해냈어요. 결정된 내용에 조합원들이 따르느냐 아니냐는 신뢰의 문제라고 생각하기 때문에 크게 문제는 없었다고 봐요. 집행부에 대한 신뢰가 언제 깨졌는가, 금이 간 경우는 이문희 집행부 때 노동계 정화 조치 상황이고 당시 광주사태의 피해가 너무 컸고 다른 엄두를 낼 수 없는 때였어요. 계엄령 해제 때까지 시간을 벌자는 생각이었고 내가 밖에서 그런 의견을 전했는데도 자기 성과 때문에 강행해서 어렵게 만들었어요. 정국이 변하자 회사의 태도가 돌변했고 계엄사가 진두지휘하는 상황에서 이문희 직무대리는 제때에 단체협약 체결을 이루지 못하죠. 계엄사 출두한 것도 조직 내부의 협의를 거치지 않고 너무 무기력하게 연행되면서 계엄사에 빌미를 제공한 측면이 있어요. 또 하나는 이무술 집행부가 박순희 부지부장 얘기대로 약간의 타협적 방식으로 운영을 해야겠다는 마음을 먹고 한 것인데 노조간부들이나 조합원들과 논의되거나 이해된 것이 아니고 혼자 생각으로 밀고 갔기 때문에 조직의 갈등적 요인으로 작용하면서 신뢰를 금 가게 한 것이지요.

박순애 방용석 지부장이나 박순희 부지부장 등 간부들에 대해서 100 퍼센트 신뢰를 하고 있었던 것은 확실해요. 특히 절대로 지부장님이 회사와 기관에 타협할 사람이 아니라는 생각은 확실히 지녔고요. 간부의 자질이 어떠해야 되는지, 회의를 어떻게 더 민주적으로 운영했어야 하는지 생각해볼 필요가 있지만 그 점은 분명했어요. 한편 가만히 생각해보면 토론을 너무 잘해도 진보와 보수가 싸워 깨지더라.

간부 선출의 방식

황선금 간부 선출의 문제는 집행부가 탄탄할 때는 여러 가지 방식으로 운용할 수 있지만 집행부가 허약했던 1980년 이후에도 그런 방식으로 한 것이 옳았는지 의문이 들어요. 반조직 가능성 있는 사람들 뽑았던 것은 왜 그랬는지?

방용석 상집간부 구성을 자기 사람 중심으로 해서는 안 되지요. 내가 지부장일 때는 산업선교 활동 열심히 하는 사람을 뽑지 않아 불만인 경우는 있었는데 이유는 산선 사람은 많은데, 산선에 안 다니는 사람을 대표하는 사람을 뽑을 필요가 있었기 때문에 그랬던 것이죠.

박순희 조직부장 이필남의 경우 "눈이 날카롭다"고 하여 자기가 쌍꺼풀 수술 하려고 한 적도 있어. (웃음) 조합원들에게 친밀한 분위기를 주어 편하게 이야기를 나눌 수 있어야 한다고. 상집간부회의 같은 경우도 너무 일방적으로 진행한 것 아니냐, 독선적인 것 아니냐, 뭐 여러 가지 이야기 듣죠. 그러나 지도부 몇 명이 주입해서 끌어간 것은 아니에요. 사는 게 인간관계 아니겠어요? 사람이 아무리 똑똑해도 인간관계가 무너지면 안 된다는 관점에서 활동을 했고 중요한 안건이 있을 경우는 상집간부들에게 미리 알려주고 고민해서 참석하게 했어요. 24시간 활동하면서. 똑똑한 사람보다는 현장에서 뒤처지고 혼자 있는 사람 만나서 이야기 나누고, 목욕탕에서 같이 목욕하면서 이야기하고. 그렇게 여러 방식의 종합판으로 나온 거지, 왜 사람을 안 키우나? 라는 이야기는 또 하나의 비방이라고 생각해요.

황선금 상집간부는 무조건 신뢰했어요. 그런데 반면에 그것 때문에 권위적인 간부도 있는데 표현할 수 없기도 했거든요. 현장에서 간부를 쉽게 가까이 할 수 있는 분위기는 아니었어요.

박순희 그러면 간부들이 권력이라고도 봤나요?

황선금 권력을 행사한다고 본 건 아닌데, 권력적인 분위기였다고 생각했어요. 어려웠어요.

방용석 영등포 산선의 교육은 '저항성' 에 중요성을 두었지만 노동조합은 조직 운영이 중요하기 때문에 협력성을 강조할 수밖에 없어요. 조화를 필요로 한 것이죠. 강력한 사람도 필요하고 협력자도 필요했기 때문에 다양한 관점에서 선출했어요.

민주노조 탄압과 노동조합의 대응

정선순 노동조합의 운영에 관련된 토론이 이 정도로 하고 1981년 이후로 넘어가볼까요?

양승화 좀 전에 상집간부 이야기가 많이 나왔는데 1981년 새해가 되면서 이무술 직무대행 체제 시작되었는데 상집간부 인선이 적절치 않았어요. 11명의 간부가 반조직 행위에 동조했거든요. 1981년에는 이문희 씨는 밖에서 새로운 집행부를 구성하는데 있어 본인 측근을 상집위원으로 선임할 것을 이무술 직무대행에게 압력을 가하기도 했지요.

당시 현장 상황은 기숙사 사감은 공수부대 출신으로 교체되고 살벌한 가운데 TQC 교육, 타이어와 통합 강요. 노동쟁의 신청을 회사가 하면서 노동조합과 싸움을 유도하는 등 점점 탄압이 노골화되던 때였어요. 조합원들과 간부들은 이제 싸워야 한다고 각오하고 있는데 이무술조합장은 싸움을 피하고 타협하자는 상황이었어요.

1982년 3월 임원보선에서 이무술 조합장은 장재우를 상집간부로 추천했지만, 대의원들이 문제 제기를 하며 인준을 거부하자 노동절을 며칠 앞둔 상태에서 사표를 제출했어요. 이는 결국 균열이 생기기 시작했다고 볼 수 있습니다. 그해 3월 노동절을 앞두고 행사를 치러야하기 때문에 긴급히 회의를 소집하여 정선순 집행부를 구성했어요.

한편 회사는 결원이 생겨도 인원을 보충하지 않고 자꾸 사람을 돌리며 압박하는 상황이었고 의도적으로 5월 3일 쟁의발생 신고를 했고 노동조합 사무원 출근과 관련하여 경비들과의 싸움도 발생해서 그때 홍옥선은 많이 맞아서 아직도 허리가 좋지 않다고 해요. 김예희, 지명환 등이 구류 처분을 받는가 하면, 박광숙 폭행 사건에 이어 김성구 폭행 사건으로 박순애, 이옥순 노조간부와 조합원 다수가 인사위원회 출두 요구를 받았고 담임들이 집단으로 "정선순 집행부로는 안 된다 내 놔라"라고 압박을 해왔어요.

노동조합은 교육을 진행하며 '싸움을 하겠다'는 각오로 조직 다지기에 들어갔어요. '원풍노조의 당면과제'에 대한 주제로 교육도 많이 했어요. 이제 갈 때까지 갔다 추석 명절 지나고 마지막 싸움을 준비하고 있었는데, 9·27 조합장 감금사건이 터진 거예요. 회사가 국가권력을 등에 업고 구사대를 앞세워서 노동조합을 파괴하려는 것이 현실로 나타난 거지요.

이제는 마지막 싸움을 해야 한다는 생각은 조합원이나 간부들도 같은 생각이었으니 이심전심으로 말 안 해도 어떻게 해야 하는지는 조합원들이 알았을 거예요. 다만 그 방향을 어떻게 잡아갈 것인지 그것이 지도부가 할 일이었다고 생각됩니다. 회사에서 밥을 주지 않았으니 자연스럽게 단식으로 이어졌어요. 아마 식당을 폐쇄하지 않고 배식을 하였더라면 오히려 혼란이 왔을 수도 있어요. 왜냐하면 식당을 오고가는 길목에서 구사대와 많이 부딪쳤을 것이고 또한 회사에서 조합원들을 좀 더 일찍 끌어내지 않았겠는가, 이런 생각도 해봅니다. 우선 조합원들이 단식을 하면서 오히려 회사와 제대로 된 싸움을, 이를테면 의사표현을 하고 있다고 생각했을 수도 있어서 싸움의 분위기를 더욱 고취시킬 수도 있었거든요. 첫날은 그런대로 밥도 굶고 잘 견디었지만 배고파서 힘들어하는 조합원들도 많았어요. 통닭이 눈앞에 어른거린다는 조합원도 있었으니……

그러나 모두들 노동조합을 지켜야 한다는 각오 그리고 여기에서 밀리면 끝장이라는 것을 알았다고 봐요. 구사대들이 노동조합을 장악을 하고 있고 안기부, 경찰, 노동부, 회사, 언론 모두가 하나가 되어서 움직이는 것을 느끼고 있는 상황이었으니 그래서 끝가지 싸워서 노동조합을 되찾아야 된다는 일념이 있었지요. 부모들이 찾아오고 끌려나가면 다시 도망쳐서 농성장으로 돌아오는 조합원들이 있었으니 그 살벌한 분위기에서 정말 어떤 사명감 같은 것이 없었다면 농성장을 빠져나갔을 것입니다.

구사대들이 "이제호 부조합장이 맡으면 협력할 수 있다."고 말했는데 그랬으면 어떻게 되었을까 생각도 해보았어요.

그리고 정사과 현장이 처음에는 농성장으로 적합했는데 구사대들이 조합원들을 끌어내기 시작을 하면서 주변이 너무 허술하고 창문이 너무 많고 이러다가는 다 끌려나가겠다는 생각이 들었어요. 전방에 있는 기계 또는 지하 환기통으로 들어가는 것이 좋겠다는 생각을 하고 600명이나 되는 조합원들을 어떤 식으로 움직이게 하는 것이 좋은지 고심을 하다가 끌려나오고야 말았는데 그때 전방 지하 환기통으로 들어가서 싸웠으면 승산이 있지 않았을까 하는 아쉬움도 있어요.

방용석 거기 들어갔으면 다 죽었을 거여. 정부는 5·17 이후 노동조합은 존속시키지 않을 방침이 결정된 것이고 국가권력이 총동원된 상태인데 갈등이 심화되지 않았을 때라면 담임들이 좀 덜 했겠지. 9·27 때 파업농성을 하지 않은 것은 진압명분을 주지 않으려는 것이지요.

양승화 전체 700명 중 570명이 해고를 당했으니 여자들은 구사대 몇명 빼고는 조합원들이 거의 농성에 참여했다고 봐요. 노동조합에 미온적이었던 조합원들도 농성장을 이탈하지 않고 끝까지 함께했어요. 끌려나던 마지막 날은 손발이 뒤틀리고, 어지럽고, 쓰러지는 조합원들도 많았지만 같이 소리 지르고, 버티는 것이 서로에게 힘이 되었지요. 마지막에 끌려나가지 않으려고 관사(실 꾸러미)를 던지고 버팅기다가 이러다가는 하나둘씩 모두 끌려나가고 말겠다. 그럴 바엔 밖에 나가서 우리를 알리자 하는 맘으로 운동장으로 한꺼번에 뛰었어요. 그리고 소리를 질렀지요. '사람 살려' 처절하게 외치는데 어디에도 우리에 소리를 들어주는 곳이 없더라고요. 참 암담했어요. 구사대에 의하여 끌려난 것이 자존심 상하고 우리 조합원들이 발가벗겨진 것 같은 자부심이 무너지는 그런 치욕적인 생각이 들었어요. 그때 정말 하느님은 있는 것인가 정의가 이기는 것이 맞기는 한 건가 하는 생각이 들면서 절망했어요.

지금도 생각해보면 조합원들이 끝까지 지도부를 믿고 따라주었는데 지도부가 대안이 부족해서 이기는 싸움을 못한 것 같아서 조합원들에게 미안하고 아쉽지요.

민주화운동 명예회복을 신청하는 과정에서 그동안 한 번도 얼굴 안 보이다가 28년 만에 나타난 사람들에 대해 투덜대기도 했는데 방용석 지부장님이 '82년, 마지막 싸움 때, 그때 생각만 해라. 그때 함께한 그 마음이 중요한 것이다" 라고 했는데 맞는 말이라고 생각합니다. 이번에 책출판을 준비하면서 지나간 일들을 다시 한 번 챙겨보면서 눈물 나도록 고마웠다는 생각을 다시 한 번 하게 되었습니다. 4박 5일 동안 끝까지 함께해준 조합원들 지금은 연락이 되지 않는 분들도 있지만 언제 어디에서 만나던 기쁨으로 얼싸 안을 수 있을 것 같습니다.

그러나 지금도 반조직에 섰던 이들에게는 여전히 마음이 가지 않습니다. 남들은 28년이나 지난 일인데 뭘 그러냐고 하지만 아픈 기억까지 지울 수야 있겠습니까.

정선순 제가 집행부를 맡으면서 참 많은 탄압 과정을 겪었지요. 그래서 간부들도 조합원들도 노동조합에 관한 믿음이 있었으면서도 전에 늘 이기는 싸움을 해오신 방용석 지부장님이 다시 회사에 들어오게 되면 이모든 탄압은 다 해결될 것 같은 생각을 했습니다.

방용석 내가 무슨 슈퍼맨인가요, 이무술 집행부가 조합비 배분 등은 잘 한 일이예요. 문제는 원풍을 끌어가는 데 있어서 계엄령 때는 어쩔 수 없다 해도 해제된 뒤에는 반전의 기회를 만들어 노동조합을 강화해가야 하는데 회피하였고, 회사와 기관에 틈을 보인 거예요. 온건적 입장을 견제하려고 장재우 등을 간부로 세우려고 한 거죠. 이제는 싸움을 준비한다는 입장에서 투사적 성격의 젊은 층으로 간부들 구성했는데 이무술은 그게 아니다 하여 온건한 간부로 바꾸려 했고 그게 대의원대회에서 부결되니까 노동절을 불과 며칠 앞두고 사표를 던진 거예요. 노동절 행사가 관건인데 서로 다른 입장으로 정리를 한 거죠. 정선순, 이옥순 등 간부들은 노동절 때문에 빨리 대책 마련을 해야 한다 해서 새로 집행부를 구성한 것이지요. 결국 이무술은 갈등과 분열의 단초를 제공한 겁니다.

정선순 80년을 무기력하게 보내면서 조합원들의 가슴에 응어리가 있었는데 반전의 행동을 했더라면 9·27 때 그렇게 되지 않았을 텐데……

박순희 리더 그룹이 기회 포착을 못했어. 조직력 아무리 있어도 리더가 끌어내지 못하면 무용지물인거지.

황선금 저는 80년 12월이 더 암담했어요. 간부들은 줄줄이 엮여 들어가 해고되는데 아무것도 할 수 없는 상황이었잖아요.

방용석 노동조합을 깰 때는 3단계를 거칩니다. 법적으로 깨거나, 반조직행위를 동원해 깨거나, 폭력으로 깨거나 하는 건데 폭력이 예측 가능했고 대비했어야 하는데 못한 거예요. 그것은 이문희, 이무술과 같이하는 세력 때문이기도 하고, 상집간부 구성이 현장과 소통이 잘 되었는가, 라는 문제도 있는데, 역할을 할 사람이 없었어요. 남성 조합원들과 담임과의 소통이 잘 안 되는 상태가 된 거죠.

정선순 당시 현장 돌면서 보니 이무술 씨 사퇴와 관련하여 조합원들 간에도 의견이 분분했었어요. 이런 상황은 당시 조합원들 간 틈이 생기는 결과를 낳게 된 것이지요.

방용석 남자들은 상황이 안 좋으니까 직장에 대한 위기의식도 있었을 겁니다. 회사도 그런 심리를 교묘히 부추기는 상태였고.

양승화 당시 남성 조합원들은 여자가 조합장을 하면서 힘이 약화된 것처럼 분위기를 몰기도 했고, 이문희 씨는 밖에서 계속 일부 담임들을 부추기면서 마치 현 집행부가 유연성이 없어서 노사 관계가 원만하지 않은 것처럼 비판을 했습니다.

방용석 80년 계엄령하에서 탄압 이후 집행부가 온건주의로 일을 했으면 조합원들이 노동조합을 포기하고 말았을 거예요. 이무술 씨가 세우려고 하는 장재우를 거부하는(남성 간부를) 조직에 대한 불만이죠. 그러나 장재우 문제는 조합원들이 보기에도 동의가 안 되는 거였는데 남자들이 "장재우를 거부하니까 이무술 사표 낸 거다"라고 한 거예요. 그러나 만약 장재우 등을 간부로 앉히면서 이무술 방식으로 갔으면 차라리 조합원들이 사표 내던지고 포기했을지도 몰라요.

박순애 이무술은 대의원대회 때 투쟁성이 강한 젊은 층들이 삼분의 이가 물갈이가 되면서 자기가 밀은 사람이 부결된 것은 자신을 불신임한 것이라 생각한 거죠.

원풍노조, 끝난 후의 아쉬움

양분옥 두고두고 아쉬운 것은 첫째, 신필섭과 해고당하면서 조직적, 개인적 저항 전혀 못한 것. 매우 중요한 사항인데도 즉 노조의 상집간부와 대의원을 해고시킨 것은 단체협약을 위반한 것이고 노조에 활동에 대한 탄압이라고 봐요. 그런데 이무술 조합장은 강력히 대응하지 않고 그냥 받아들였어요. 이때 싸웠어야 되는 것 아닌가. 두 번째는 새로 구성된 간부들(생각이 다른 경우)과도 한 번쯤 토론을 해봤으면 어땠을까 하는 점이예요.

정선순 그 사건으로 상집위원들은 결의문을 채택하고 싸울 준비를 했는데 이무술 조합장은 너무 여력이 안 된다는 것이었어요. 그 사건으로 간부들은 철야농성은 하면서 대응을 했지만 이무술 조합장은 간부들의 의견과 관계없이 김승훈 신부님과 동대문경찰서에 출두하여 조사를 받은 후 온건한 방향으로 전환하면서 싸움에 기회를 놓쳐 버린 결과가 되었지요. 새로 구성된 간부들(이무술 조합장이 임명한)과의 대화도 시도했지만 잘 안 되더라고요.

황선금 양분옥(상집간부)과 신필섭(대의원) 해고 사건은 노동조합에서 강력하게 대처했어야 옳았다고 봅니다. 왜냐면 단체협약을 위반한 회사 측의 행위는 근본적으로는 노조 활동을 약화시키려는 계획된 의도라고 볼 수 있기 때문이지요.

영등포 산선과의 관계

김금자 9·27 사태가 터진 후 기숙사에 있던 조합원들은 끌려나와서 갈 곳이 없고, 병원에서 치료받고 나온 경우도 어찌 할 수가 없는 상황에서 영등포 산선으로 가라고 할 수밖에 없었어요. 영등포 산선은 방도 많았고 원풍은 갈 곳이 없으니까. 처음에는 산선의 실무자들이 잘 대해줬는데 어느 날 부터 타자기, 등사기 다 못쓰게 하고 분위기가 이상해졌어요. 간부들도 구속된 후였는데 하루는 저를 불러서 "다 나가라" (구속된 후) 하기에 "거처 마련해줘라. 갈 데가 없다"고 버텼는데 조지송 목사가 불러서 같은 이야기를 했어요. 실무자들의 태도가 냉정하게 변하고, 이유는 이야기하지 않고. 결국 원풍회의에서 나갈 수밖에 없지 않는가 결론 내리고 자취하는 집으로 합류하기도 하고 시골로 내려가기도 하면서 한두 명씩 거처를 옮기게 되었어요. 그래서 그해 겨울이 유난히 추웠어요.

영등포 산선과 원풍노조는 상생의 관계였는데 원풍이 파괴되는 순간 영등포 산선의 태도는 180도 변했어요. 배신감은 있지만 억울할 것은 별로 없어요. 산선회관을 원풍노조가 활용한 것이지 침거를 목표로 한 것은 아니니까. 인명진 목사가 "영등포 산선 안에 두 개의 조직은 존재할 수 없다"고 말했고 쓰려면 임대료 내라, 그것은 원풍노조 깨졌으니 더 이상 집단행동 하지 마라, 그 부담이 산선에 온다는 것입니다. 원풍 입장에서는 그 당시에 받아들이기 어려운 상황이었지요. 결국 상생의 관계는 깨진 것이고 신뢰의 관계가 무너진 것입니다. 인명진 목사가 애초에 애정이 없었던 것은 아니고 식어버린 거지요. 원풍이 스스로 우리는 나간다, 조합비를 내서 운영한다는 결정은 언젠가는 해야 하는데 잘한 것입니다. 다만 솔직하게 정치상황, 교회 상황 등을 설명하고 동의를 구했다면, 협의하에 결정했다면 그동안 고맙습니다, 라고 인사하고 나왔을 텐데 감정적 발언으로 그 과정을 거치지 못한 것이 아쉽지요. 지금 영등포 산선보다는 원풍이 더 떳떳하고 아름답지 않습니까.

양승화 산선 정리하고 교회만 했다면 '그럴 수도 있겠지' 했을 텐데 인명진 목사도 한나라당, 송진섭도 한나라당 편이 되었으니 할 말이 없어요.

방용석 어느 누구도 남을 위해 죽으려고 살아가는 사람이 있겠어요. 안중근과 이준 열사 위대한 것은 남을 위해 살았기 때문이지요, 그렇게 위대한 사람, 이 지구상에서 쉽게 볼 수 있는 것은 아니거든요.

황선금 영등포 산선에서 오고 갈 데 없는 노동자들 특히 그 단체 회원들의 쉴 곳을 제공하지 않으려고 문을 잠그는 등의 행동은 배신감뿐만이 아니었어요. 당시 우리 조합원들은 국가로부터도 해고당하고, 가족으로부터도 인정받지 못하고, 가난한 자에 편에 선다는 종교단체인 산선까지 이러는구나 싶어서 사회로부터 배제되는 느낌이었어요. 또한 산선에 다른 사업장의 노동자들과 대립 구도를 형성하게 하여 노동자들 간에 분열을 조장하는 산선 실무자들의 행위는 크나큰 실망을 안겨주었고, 안타까움이 더했다고 봅니다.

방용석 '방을 비워라' 는 말은 받아들일 수 있겠지만 활동하지 말라는 것을 따를 수 없기 때문이지요. 인명진 목사가 "박순애, 최영숙 산업시찰 응하면 취업시켜 준다"고도 제안했는데 내가 어떻게 받아들일 수 있겠어요.

정선순 모르는 사람이라도 그렇게 대하기는 어려운데 10년 이상의 관계를 그렇게 결별했으니 마음 아픈 일이지요. 나는 변절과 배신이 따로 있겠습니까. 방지부장님 말씀대로 우리가 떳떳하게 서 있으니 이제 넘어서기로 하지요.

명예회복과 관련 민주화운동 인정 경위보고 (황선금)

황선금 민주화운동 명예회복 신청은 570명 해고자 중 157명이 신청하였고 156명이 인정된 상태입니다. 원풍노조 활동은 국가의 탄압에 의해 노동조합이 와해되고 강제해직 되었음을 국가가 인정한 것이며, 원풍노조 민주노동운동이 민주화운동으로 인정된 것의 의미를 지닙니다.

양분옥 한 가지 아쉬운 것은 민주화운동 관련자 명예회복 신청을

160명밖에 못한 게 아쉬워요. 우리가 더 많은 사람들을 찾아서 명예회복을 할 수 있도록 했으면 좋았을 하는 생각이듭니다.

황선금 물론 그 당시 고생했던 많은 조합원들이 명예회복을 했으면 좋았겠지요. 그러나 민주화운동 명예회복 신청과 관련하여 일하면서 확인한 것은 조합원 스스로가 연락 관계를 끊은 경우가 많았다고 생각돼요. 그 이유는 몇십 년이 흘러갔지만 아직도 피해의식이 강하게 남아 있기 때문이라고 생각돼요. 실제로 명예회복을 신청한 사람 중에서도 아이들에게 피해가 갈까 봐 고민을 많이 하다가 접수를 하게 되었다고 털어놓은 조합원들이 있었어요. 그리고 많은 사람들이 가족들에게 특히 남편에게 원풍에 다녔다는 이야기를 숨기고 살고 있기도 했고요. 원풍 연락처는 알려고 하면 얼마든지 알 수 있었다고 전 생각해요. 그동안 방지부장님 활동이 언론에 많이 공개되었기 때문에 본인의 의지에 따라 연락은 가능했다고 생각합니다. 앞으로는 더 많은 연락이 있을 거라고 생각합니다.

법외노조 활동

정선순 구속되었던 간부들이 석방된 후 1983년 9월 4일 영등포 산선에서 조합원 총회를 가진 후 원풍노조의 정당성을 지니며 '법외노조'로 활동할 것을 결의하게 되었습니다. 노동조합 업무 진행을 위해 상근자를 1명 두기로 하고 매월 회비를 갹출하기로 했지요. 매월 첫째 주 일요일 오후 2시에 조합원 정기모임도 개최하기로 했어요. 그달 9월 27일 1주년 모임은 관악산에서 했고 11월에는 『원풍회보』 1호를

발간했어요. 『원풍회보』는 이후 23호까지 발간하게 됩니다. 원풍노조
는 회의를 통해 이제 각 지역의 공장으로 들어가 새롭게 노동운동을
전개하고 민주노동조합을 확산해간다는 방침을 정한 후 현장으로 들
어가기 시작했고 간부들은 지원을 했어요. 블랙리스트에 의해 가는 곳
마다 신원이 드러나 해고되는 조합원들이 속출하면서 대응투쟁을 지
원했습니다. 1984년 초 남아 있던 조합비로 신길동에 연립을 구하여
원풍노조 모임 집으로 사용하게 되면서 조합원들의 만남이 용이해졌
고 한국노동자복지협의회가 결성되어 사무실을 같이 쓰게 되면서 더
욱 활발한 활동을 할 수 있었지요. 모두 느끼시는 것이지만 이 집이 없
었다면 원풍 모임은 훨씬 지속하기 어려웠을 거라 생각됩니다. 그렇게
한노련과 녹색환경운동의 맥락과도 함께하며 해마다 모임을 지속해
왔고 오늘까지 오게 된 것입니다.

방용석 우리가 법외노조를 표방하며 구조를 지속해온 것은 1970년
대 민주노조와 함께하려는 의도가 내재된 것이고 그것이 한노련으로
연결되었다고 볼 수 있습니다. 그러나 준비가 잘 되어 있지 않은 상태
에서 민청련이 결성되는 조직 분위기에 휩쓸려 급하게 결성되어 조직
이 갖추어야 할 제 조건을 갖추지 못하므로 역할에 한계가 있었던 것
입니다. 민주화운동 명예회복 신청은 570명 해고자 중 158명이 신청
하였고 156명이 인정된 상태입니다. 원풍노조 활동은 국가의 탄압에
의해 노동조합이 와해되고 강제해직되었음을 국가가 인정한 것이며
원풍노조민주화투쟁이 민주화운동으로 인정된 것의 의미를 지닙니다.

원풍, 앞으로 무엇을 할 것인가?

박순희 30주년 행사 후 모임을 어떤 방식으로 할 것인가? 원풍은 그래도 집이 있고 많은 숫자의 사람이 있지요. 올해 출판을 겸한 행사가 끝나고도 조합원들과 계속 1년에 한 번은 만날 것 아닌가요? 이 집도 계속 여기 있어야 할 것인지도 함께 논의하면 좋겠네요.

황선금 엊그제 조지송 목사님을 뵈었을 때 "가던 길 계속 가라"는 말씀을 하시더군요. 그동안 가치 있게 활동해온 삶을 계속 걸어야 한다라고 말씀하셨는데, 어떻게든 같이 공유하면서 논의 속에서 살아가면 의미 있지 않을까 하는 생각해요. 살아온 것처럼.

방용석 원풍이 다른 조직과 다른 점은 재정과 숫자가 좀 있으니 뭐든 활동을 해야겠지. 책 내고, 명예회복 관련 문제도 정리되고 하면 내년부터는 숫자가 좀 줄어들 가능성이 있지만 그래도 매년 50명 이상의 숫자가 모일 거라고 봐요. 그리고 남편이나 아이들도 함께할 수 있는 좋은 프로그램이 기획된다면 더 많이 모일 수 있겠지요. 1970년대 몇 개의 사업장 중에서 원풍노조가 이 사회에 어떻게 모범이 되는가? 라는 것은 중요하고도 의미 있다고 생각해요. 누구라도 편하게 함께할 수 있는 평범해도 가치 있는 활동으로 말입니다.

장남수 원풍은 다른 곳과 달리 이 집을 준비해둔 덕에 모임이 지속될 수 있었겠다는 생각이 들고 참 다행이라고 생각돼요. 아이들 인터뷰하면서 느낀 것은 아이들이 엄마들의 지난 활동을 매우 귀하게 보고 있다는 거예요. 학교에서 공부하면서 현대사에서 원풍이나 노동운동 내용이 나올 때마다 매우 뿌듯하고 자랑스러웠다는 이야기를 하고, 엄마들의 이야기를 기록하여 자료로 남기는 것이 중요하다는 이야기를 많이 했어요. 아이들끼리 친밀감과 공감대가 쉽게 형성되는 것도 볼 수 있었고요. 그러니까 '엄마들이 함께했다' 라는 것에서 오는 친밀감이 큰데 이 친밀감은 막연히 엄마들이 아는 사람이라는 것 때문이 아니라 바탕에 가치가 깔려 있어서 매우 귀중하게 생각되더라고요. '아이들이 함께하는 뭔가가 없을까?' 하는 생각 많이 들었어요. 저는 예전부터 아이들 모임 필요하지 않을까 라는 생각했는데…….

황선금 아이들이 엄마들의 시대와 지금 어떻게 달라졌는가? 라고 물으니 달라진 게 없다고 보는 거예요. 집에만 앉아 있어서는 안 되겠다라는 생각이 들더라고요. 많은 자료 남기고 많이 증언하고 그래야 한다고 아이들이 주문하는데…….

장남수 원풍 조합원들 자녀는 아이들도 '원풍' 이더라고요.(웃음)

정선순 긴 세월의 이야기를 이렇게 하루 만에 어찌 다 돌아볼 수 있을까 걱정했는데 안한 것보다는 훨씬 좋은 것 같습니다. 지난 이야기를 나누는 것은 단순히 회고하자는 것이 아니고 그 바탕에서 소중한 것, 반성할 것을 찾아보고 성찰적 계승을 하자는 의미이겠지요. 오늘 좌담을 통해, 못다 이룬 꿈이라도 그 꿈은 참 아름다웠다는 생각이 듭니다. 그리고 또한 그 꿈은 여전히 우리들의 핏줄을 타고 뿌리 내리고 있다는 생각도 들었고요. 장시간 많은 이야기로 좋은 시간 만들어 주신 것 감사드립니다.

딸들이 말하는 '엄마 이야기'

『원풍모방 노동운동사』 기획 좌담회 2

때 | 2010년 8월
곳 | 서울 영등포구 신길동 '원풍의 집'
함께한 이 | 김금자의 딸 이민지(25세, 성공회대 4학년)
　　　　　 양승화의 딸 김가영(23세, 홍익대 3학년)
　　　　　 장남수의 딸 민혜인(20세, 성균관대 1학년)

　30여 년 전 원풍노조를 구성했던 처녀들은 지금 그 나이 또래의 자녀들을 두고 있다. 엄마의 삶을 보고 자라면서 가끔은 원풍모임에도 참석했던 아이들이다. 원풍 조합원들처럼, 방용석 지부장을 '지부장님'이라고 호칭하며 자란 아이들. 수많은 '원풍 이모'들을 두고 있고 '원풍'이라는 글자만 봐도 마음이 움직이는 딸들과 함께 엄마 이야기를 해보기로 했다.

　엄마를 기억하고 엄마의 삶을 생각해보는 이야기 마당은 중간 중간 눈물을 흘리기도 하고, 깔깔거리는 웃음 마당이 되기도 했다. 한 번쯤 함께한 기억들도 있었지만 특별히 같이 해본 적이 없는 만남이었다. 하지만 이들은 '특별한 공감'으로 금방 친밀해졌고 어느새 자매들처럼 소곤거리고 있었다. 원풍의 자녀들, 이들도 '원풍' 사람이었다.

어린 시절 엄마는 어땠어?

민지 어렸을 때부터 부모님이 맞벌이를 하셔서 외할머니와 함께 지냈어요. 엄마는 일하시느라 항상 늦게 오셨는데 오실 때까지 기다리다 잤어요. 할머니가 어린 아이 둘을 키우다 보니 규제가 힘드셨고 언니와 늘 싸웠어요. 엄마가 집에 오시면 하는 일이 저희 혼내는 일이었어요. 하하. 허리가 아프셨던 4년 빼고는 제가 스물세 살 때까지 일하셨고, 제 기억 속의 엄마는 항상 일을 하셨던 것 같아요. 집 근처에서 일하실 때는 매일 가게 앞에서 끝날 때까지 엄마 기다렸던 때가 많이 기억나요. 같이 있는 시간이 부족하다는 생각은 늘 했어요.

그런 것 빼고는 공부 못한다고 야단친 적 없고 그냥 "건강하게 하고 싶은 것 다 하고 살아라" 하셨어요. 잔병치레가 잦아서 엄마가 걱정이 많으시기도 했어요. 한 번은 친구들이랑 동네에 있는 폐차에서 놀다가 뼈까지 보일 정도로 손을 다쳤는데, 할머니가 대일밴드 붙여주신 걸 밤에 엄마가 와서 보시더니 놀라서 밤중에 응급실을 갔던 적도 있고요.

가영 어렸을 때 엄마가 시흥에서 레스토랑을 운영하셨는데 학교 갔다 오면 늘 안 계셨어요. 그래도 뭐 놀거나 딴 데로 새지 않고 책 읽는 습관을 들여서 학교 공부도 안 하고 책만 읽을 정도였어요. 제 기억에는 엄마를 기다리거나 하진 않았고 졸리면 그냥 자고……. 엄마 인생은 엄마 인생, 내 인생은 내 인생이니까. 하하. 가끔 엄마 레스토랑 가서 놀다 오기는 했는데 그렇다고 거기서 경양식을 먹은 것은 아니고요. 엄마가 해주신 제일 맛있었던 음식은 무국이었고.

혜인 엄마는 제 기억에 초등학교 때부터 일을 하셨던 것 같아요. 아침에 일찍 나가서 저녁 늦게 들어오시는 힘든 일을 하신 건 아니었어요. 아빠와 가게를 운영하시거나 시민단체에서 일하셨으니까, 학교 갔다 오면 엄마가 잠깐 와서 간식도 챙겨주고 가시기도 했고, 때로는 엄마 일하는 사무실에 가서 놀기도 했어요. 그래서 엄마가 없어서 외로웠던 적은 별로 없었어요. 아, 엄마가 갈비찜을 참 잘하셨는데 일 시작하시고 나서는 손 많이 가는 반찬은 자주 안 해주셔서 반찬 타령은 많이 했어요. 하하. 엄마가 갑상선 질환 때문에 고생하면서 많이 예민하셨는데 집이 어질러져 있는 것도 굉장히 싫어하시고 할 일을 제때 안 한다든지 풀어진 모습에 대해서는 많이 혼내셨어요. 그래도 억압적이거나 강압적으로 '너는 어리니까 엄마가 시키는 대로 해야 한다'는 건 없었어요. '네가 하고 싶은 대로 자유롭게 해라' 하셨어요. 학원도 다니기 싫으면 안 다녀도 되고 공부도 너 위해서 네가 스스로 하는 거지 엄마가 왜 강요하겠느냐, 라는 식이었어요.

가영 저도 자격증 따느라 컴퓨터 학원 1년 다닌 적 외에는 학원을 다닌 적이 별로 없어요.

민지 저는 중학교 때는 친구들이랑 놀고 싶어서 1년 정도 학원 다녔는데, 하하. 늘 제 선택을 존중해주셨어요. 플룻 배우고 싶다니까 바로 사주시기도 했는데 또 그만두고 싶다고 하면 "그래, 네가 하고 싶은 대로 해라" 하시고. 너무 자유로웠죠.

다른 친구들의 엄마와 비교해서 우리 엄마는?

혜인 엄마는 항상 책 읽는 모습으로 기억이 많이 남아 있어요. 한 달에 한두 번씩은 서점에 데리고 가서 엄마 책도 사고 제 책도 사고. 그

덕분에 저도 책을 많이 좋아하게 됐죠. 책이 가끔 장롱 속에서도 나왔지만.

엄마는 저한테 친구처럼 편하게 이런저런 얘기를 많이 해주셨어요. 어린애 취급 안 하고 보통 어른들이 아이들한테 잘 안 하는 얘기도 많이 해주셨고, 저도 집에 가면 학교에서 있었던 일들 조잘조잘 다 얘기했어요. 애들 얘기라고 흘려듣거나 하지 않으시고 제 얘기를 재밌게 잘 들어주셨어요. 정말 친구끼리 대화하듯이. 다른 친구들에 비해 엄마와의 친밀감이 남다르게 깊지 않나 싶어요.

민지 중학생 때 학생회장을 했는데, 보통 학생회장 부모님들이 학교에 신경도 많이 쓰고 자주 찾아가고 하는데 우리 엄마는 학교에 한 번도 안 찾아가니까 교무실에서 선생님들끼리 다른 학부모님과 비교하는 얘기를 들었는데 그때 참 속상했어요. (눈물)

회장 선거에 출마했던 다른 후보는 선거 전부터 학교에 기부도 많이 하고 이것저것 학교에서 일을 많이 했는데, 제가 당선되면서 선생님들이 아쉬운 마음을 드러내시니까 어린 마음에는 굉장히 속상하고 힘들었어요. 제가 스스로 '다른 부모님들은 학교에 기부도 하는데 나는 안 해서 좀 눈치 보인다'고 생각하거나 엄마가 기부해야 한다고 생각한 건 아닌데 선생님들이 수군거리면서 비교를 하는 게 속상했어요. 안 해준 게 속상한 게 아니라니까요.

가영 엄마가 뭔가를 강요한 적이 없었어요. "네 인생 네가 사는 거지. 뭘 선택하든 네 책임이야"라는 말을 하기도 하셨고. 고등학교 때 다른 친구들이 야자 끝나고 새벽까지 학원 다니는데 저는 집에 가서 잔다고 되게 부러워했어요. 다만 좋아하는 것만 열심히 하고 힘들면

대충대충 적당히 하고 넘어가는 버릇 때문에 꾸중 들은 적은 있어요.

엄마에 대한 아빠의 태도는 어땠을까?

민지 집안에 안 좋은 일이 있더라도 저희 앞에서는 그런 얘기 하신 적이 없어요. 엄마가 밖에서 활동도 많이 하시고 늦게 들어오실 때도 많은데 아빠도 충분히 이해하시고, 일단 가족 전체가 자유롭게 '방목' 하는 분위기에요.

혜인 아빠는 엄마를 항상 존중하시는 편이에요. 두 분 가치관이 워낙 비슷하시기도 하고 대부분 엄마 의견에 동의하세요. 집에서보다는 여행하면서 대화를 많이 하시고. 어릴 때 가족끼리 주말마다 여기저기 여행을 갔던 기억이 많아요. 차 안에서 엄마랑 아빠랑 이런저런 얘기 하시면 저는 뒤에서 듣기도 하고 경치 구경도 하고, 그런 게 참 좋았어요. 근데 중학교 때 아빠가 건설 쪽 일하시면서부터는 계속 떨어져서 지냈고 한 달에 한두 번 집에 오시니까 세 가족 사이에 대화할 시간이 많이 없어진 것 같아요. 아빠는 전혀 가부장적이거나 권위적이지 않으시고, 엄마랑 싸우실 때 보면 오히려 아빠가 제게 지원을 요청하시기도 해요. 하하.

남들한테는 역사지만 나한테는 남 일이 아니었어

가영 엄마가 운동하신 얘기를 날 잡고 해주신 적은 없지만, 다른 얘기하다가 엮어서 들은 적이 많아요. 한 번은 미역국 먹다 참기름이랑 간장을 같이 넣어 먹으면 맛있다고 주셔서 "엄마 이런 건 어떻게 알았어?" 하니까 "감옥 가서 알았지"라고 하셔서 깜짝 놀랐던 적도 있어요. 알고 보니 노동운동 하신 얘기더라구요. 그렇게 드문드문 들은 얘기가 많아요. 근현대사 공부하면 아무래도 다른 친구들보다 빨리 이해하고 더 관심이 갔어요. 엄마로 인해서. 남들한테는 역사인데 나한테는 남 일이 아니니까.

민지 어릴 때부터 녹색환경모임이나 캠프에 늘 따라다녔어요. 녹색환경모임의 맥이 원풍모임이었잖아요. 녹색환경모임의 배경을 통해 엄마 얘기도 들었어요. 아빠 이야기는 많이 들었는데 엄마의 운동 이야기는 엄마한테 직접 들은 적은 없는 것 같아요. 아빠 얘기만 듣다가 엄마 이야기 들으면서 '참 대단하다'는 생각이 들었어요. 엄마가 어떤 역할을 하셨는지, 언제 해고되셨는지 자세한 얘기는 잘 모르지만 정말 큰일을 하신 것 같아 뿌듯하고 자랑스러워요. 부모님의 영향을 받아서인지 저도 운동에 대해서는 긍정적이에요. 전공이 사회과학이다 보니 학교에서 노동운동 관련한 수업을 들을 기회가 있었는데 과제 때문에 읽은 책에 다 아는 인물들이 나오니까 너무 반갑고 대단해 보였어요. '나는 예쁜 옷 입고 공부하러 다닐 나이에 엄마는 노동운동을 하셨구나' 하는 생각도 들었고.

혜인 날을 잡아서 엄마가 언제 어떻게 원풍에 들어가고, 어떤 활동을 했고, 어떻게 해고되었는지 얘기하신 건 아니지만 일상에서 조금씩 자연스럽게 이야기를 해주셨어요. 부활절 사건 이야기는 수도 없이 들었고요. 초등학교 다닐 때는 녹색환경운동캠프도 몇 번 갔고, 방용석 지부장님도 어릴 때부터 자주 뵈면서 엄마가 노동운동을 했다는 사실은 굉장히 익숙하고 당연하게 느껴왔어요. 학교에서 근현대사 부분을 배우면서 우리 엄마도 이런 일을 했구나, 하고 새삼스럽게 자랑스럽다는 생각도 했고. 대학 와서 풍물동아리에 들었는데, 운동권 학생들로 시작된 동아리라 아직도 형식적으로나마 그런 활동들을 하곤 해요. 그게 저한테는 익숙한 내용인데 다른 친구들은 거부감을 느끼기도 하더라고요.

가영 예전에 〈이제는 말할 수 있다〉를 인터넷에서 토막으로, 또 다시보기를 통해 보고 조금이나마 엄마가 활동한 내용을 알 수 있었어요. 친구들한테 "우리 엄마 TV 탔어. 실물이 더 나아" 하고 자랑하기도 했는데. 하하. 『민주노조 10년』도 읽었고요. 엄마가 노조 부조합장이었다고 들었는데, 그런 얘기를 들으면서 '엄마 성격에 노동운동 안하는 게 이상하다'는 생각을 했어요.

–〈이제는 말할 수 있다〉 보고 민주가 인터넷에 글도 올렸어.

'노동자'라는 단어, 익숙하고 친숙해

민지 '노동자'라는 단어에 특별한 거부감은 없었어요. 저는 항상 들어왔으니까 익숙했고 당연하게 느껴졌는데 그렇지 않은 사람들은 노동운동에 대해 어떻게 생각할까, 궁금했어요.

엄마는 일을 놓은 적이 거의 없으셨거든요. 엄마가 식당 일을 10년정도 하셨는데 부끄럽다고 생각한 적은 없었어요. 엄마 손잡고 일 구하러 따라가기도 하고. 익숙해서 그런가? 근데 오히려 엄마가 학교에 내는 가정환경 조사서에 몇 번이나 엄마 직업을 주부라고 쓰라고 했어요. 저는 엄마가 놀러 다니시는 것도 아니고 일을 하신다는 게 부끄러울 이유가 없다고 생각해요. 그래서 나중에는 엄마한테 안 물어보고 제가 적절한 단어를 찾아서 쓰기도 했어요.

가영 저도 뭐 거부감은 없고, '프롤레타리아' 라는 말보다 짧아서 좋은데요? 책을 좋아해서 맑스 관련 책들도 읽었는데, 사람들이 빨갱이니 뭐니 얘기하면 저는 그래요. "빨갱이가 어디 있어. 6 · 25때 다 올라갔지. 2002년에 온 국민이 빨갱이였는데 왜 안 잡아갔냐"고요. 왜, 우리나라 레드컴플렉스 있다고 하잖아요. 빨갱이라고 손가락질하면 입 다물게 되는. 논리적으로 설득할 자신이 없으니까 빨갱이니 뭐니, 그런 단어로 입 막으려는 사람들 진짜 웃겨요. 레스토랑 하실 때는 엄마가 '사장님' 이었는데, 하하. 엄마가 지금 하시는 일(철학관)은 사람들이 선입견을 가지고 보는 경우가 많은데, 내가 입 아프니까 그냥 얘기 안 하고 말아요.

혜인 어릴 때부터 대우조선 노동자 분들을 만났고 자연스럽게 '노동자' 라는 단어도 거부감 없이 익숙했어요. 언젠가 한 번 '노동자' 와 '근로자' 라는 말에 의미 차이가 있다고 엄마가 말씀해주신 적이 있는데, 근로자라는 어휘는 '부지런할 근' 자를 써서 노동자들이 부지런히 순종적으로 일하기를 요구하는 사용자의 의도가 담겨 있고, 노동자라는 말에는 노동을 상품으로 사용자와 대등하게 계약하는 주체적 의미가 크다고.

민지 고등학교 때 엄마가 일하실 뻔했던 식당이 체인점이었는데 알고 보니 같이 학생회 활동하는 후배의 부모님이 운영하시는 식당이었던 거에요. 만약에 엄마가 거기서 일하셨으면 후배랑 관계가 좀 애매해지잖아요. 그래서 엄마가 그 식당에서 일을 안 하시게 됐다는 사실에 좀 안도했어요. (웃음)

엄마의 인생을 생각해보면?

민지 고등학교 때 10시까지 야자를 하고 집에 와보면 설거지거리가 쌓여 있는데 엄마는 하루 종일 일하고 오셔서 또 집안일을 해야 한다는 게……(울컥) 스무 살 때는 방학 동안 두 달 정도 일을 한 적이 있었는데 월급 때문에 엄마랑 트러블이 좀 있었어요. 너무 스트레스를 받아서 일 끝나고 바로 놀러가 버렸는데, 그때 문득 든 생각이, 나는 자전거도 타러가고 친구들이랑 놀러 다니면서 스트레스를 풀 수도 있지만 엄마는 힘든 일이 있어도 아침부터 밤까지 하루 종일 일하시니까 쉴 틈도 없잖아요. 엄마도 나름대로 속상하실 텐데. 그때 엄마 인생에 대해서 처음으로 진지하게 생각해봤는데 너무 늦게 깨달은 것 같아요.

가영 우선 엄마의 삶은 저랑은 너무 다르기 때문에 비교를 할 생각 자체를 못 해봤어요. 저는 학교 다니면서 보내주신 돈으로 기숙사 생활을 하는 것도 힘들었는데 엄마는 정말 어린 나이 때부터 일을 하시면서 스스로 생활하셨다는 게 참 대단하게 느껴져요. 집 나가 생활하면 특히 아플 때는 얼마나 서럽고 외로운데……. '아, 엄마는 나와 달라 범접할 수 없는 사람'이라는 생각이 들어요.

혜인 엄마가 쓰신 책, 『빼앗긴 일터』를 어릴 때는 무슨 얘긴지도 잘 모르고 대충 읽었다가 고등학교 때 처음부터 끝까지 쭉 읽어봤어요. 왜, 꼬부랑 할머니들이 애기였던 시절을 상상 못하는 것처럼 엄마도 나 같은 나이였을 때가 있었다는 걸 생각해보지 못했는데, 그 책을 읽으면서 엄마는 지금 내 나이에 공장에서 일하시고 노동운동도 하셨구나, 하는 새삼스런 깨달음이 있었어요. 그때부터 엄마 어린 시절이 궁금해져서 많이 물어보고 신기해하기도 하고, 그랬어요. 근데 저는 철이 없었던 게, 민지 언니는 엄마가 밤늦게 설거지 하는 걸 안타깝게 생각했다고도 하는데 저는 오히려 설거지도 안 해놓았다고 엄마한테 맨날 혼났어요. 하하. 요즘도 아침밥 먹고 학교 가면 친구들이랑 노느라 바빠 매일 밤늦게 들어오고 집에서 저녁밥을 먹은 기억이 별로 없는데, 엄마가 한 번 그러시더라구요. '네가 대학 들어가면 같이 영화도 보러 다니고 더 많은 얘기를 할 수 있을 거라고 생각했는데 오히려 고등학교 때보다 그럴 여유가 없어진 것 같다'고. 그 말을 듣고는 죄송한 마음도 들고, 엄마가 학교를 안 다니시고 집에만 계셨으면 정말 외로우셨을 것 같다는 생각도 들었어요. 엄마가 하고 싶은 공부를 계속하셔서 참 다행이기도 해요.

우리 사회 빠른 속도로 변화, 그러나 노동자 삶의 변화는 너무 느려

민지 엄마 세대가 운동을 하시고 20년이 훨씬 넘었는데 그에 비해 변화는 너무 느린 것 같아요. 아빠도 복직되시고 엄마도 민주화운동으로 인정받고 하셔서 많이 변화되었다고 생각했는데 쌍용사태 등을 보면 거꾸로 가는 건가, 싶을 정도에요. 우리 사회에서 노동자의 비중은 크지만 위치는 아직도 그대로인 것 같아요.

가영 노동자들 스스로도 의식 변화가 더딘 것 같아요. 신문에선가 봤는데, 대기업 사무직 노동자들이 노동조합 활동에 대해 굉장히 부적적인 생각을 가지고 있었어요. 자신의 권리가 어떻게 향상되어왔는지 인식하지 못하는 걸 보니까 참 답답하기도 하고. 80년 이후 출생자들은 민주화의 첫 수혜자인데 정작 당사자들은 민주화를 통해 얻은 수많은 것들을 모르잖아요. 선거 날은 그냥 놀러가는 날이고. 그래도 이번 지방선거 결과가 긍정적이었던 게, 젊은 층의 참여가 활발했다는 점이 아닐까 싶어요. 젊은 사람들이 자신들의 권리 의식을 깨달아야 한다고 생각해요. 작은 선거라도 참여하고, 점점 시야를 넓혀서 노동자 문제에도 관심을 가지고 참여하고. 결정적으로는 우리 스스로가 취직해봐야 왜 노조가 필요한지 제대로 알겠죠.

혜인 노동자들의 권리 요구가 당연시 된 것은 큰 변화라고 생각해요. 물론 아직도 여전히 일용직 노동자나 외국인 노동자들처럼 권리 주장도 어려운 경우가 많지만요. 어릴 때는 '엄마가 다 해버려서 나는 할 일이 없지 않냐' 라고 말하기도 했어요. (웃음) 사실 대학에 가면 운동권에도 참여해보고 다양한 활동을 해보고 싶었는데, 막상 가보니 요즘 학생들은 너무 의식이 없는 것 같아요. 70, 80년대 당연히 다 같이 거리에 나가 투쟁했다는 일이 어떻게 있을 수 있었나 싶을 정도로. 스스로 운동권이라는 학생들도 진지한 생각이나 고민 없이 구호만 외치고. 아직 바꾸어나가야 할 것이 많은데.

가영 사람들의 생각을 바꾸게 하는 게 가장 중요하다고 생각해요.

대중에게 다가갈 수 있는 콘텐츠를 개발하는 일도 필요할 것 같고. 우리 엄마들이 어떤 정신으로 어떻게 활동해서 우리가 이렇게 살아갈 수 있는지 잊어버리면 안 될 것 같아요. 증언이나 자료를 잘 남겨주시면 좋겠고, 강연 같은 활동도 필요하지 않을까요.

지금 엄마는?

민지 엄마는 요즘에 컴퓨터랑 기타를 배우고 계세요. 엄마의 삶 이야기를 함께 나눌 수 있어서 좋았어요, 그리고 엄마와 원풍의 이모님들께서 노동운동 하셨던 책을 만드는 것도 너무 좋아요. 엄마와 이모들의 이야기를 우리 세대가 꼭 알아야 돼요.

혜인 엄마가 중졸, 고졸 검정고시 합격하시고 정말 하고 싶으셨던 대학 공부도 계속하신다는 게 참 자랑스럽고 좋아요. 『빼앗긴 일터』에 보면 공부도 잘하셨던 엄마가 가난한 집에서 태어났다는 이유로 중학교도 못 가서 교복 입고 중학교 다니는 동네 친구들을 피해 다녔다는 얘기도 있는데……(눈물) 읽으면서 마음이 많이 아팠는데 결국 공부하시게 되어 너무 좋아요. 엄마도 행복해하시고. 엄마가 살아온 시대의 이야기들이 책으로 만들어져서 누구나 볼 수 있다고 생각하니 반갑고 기대돼요.

가영 근현대사 수업이 나에게는 남의 이야기가 아니었듯이 원풍의 이모들이 만들어내는 책은 더 생생한 근현대사 교재가 될 거라고 생각해요. 잘 만들어서 저희들에게 물려주세요. 이어받아 잘 살아갈게요.

부록3

원풍모방 노동조합 약사

1953년 8월 21일	김재현, 단사천, 최주호 등 3인의 대주주가 공동 출자한 자본금 500만 원으로 한국견방 설립. 시설 발주가 늦어 실제로는 1956년에 방적기 4828추를 설치하면서 본격적으로 소모방 업계에 진출.
1957년	철공부에 근무하던 노덕규가 중심이 되어 노동조합 결성을 시도했으나 실패.
1958년	양수장에 근무하던 한○○가 노동조합 결성 시도. 회사의 매수공작에 걸려 자진사퇴.
1961년 8월 24일	사장 김재현 사망. 최주호가 새로운 사장으로 취임.
1962년 3월 25일	직포공장에 화재 발생. 약 2억 원 이상의 큰 손해를 입음. 직포과와 가공과에 근무하는 노동자들 휴직 사태.
1963년 9월 28일	'전국섬유노동조합 서울지역본부 한국모방분회' 라는 이름으로 최초의 노동조합 결성. 분회장 손후기.

*이 해 초, 한국모방으로 개칭. |
| **1967년 5월 30일** | 섬유노조 규약에 의거, 지부 승격. 한국모방지부로 명칭 변경. 손후기 분회장, 조합비 부당사용 의혹이 제기되자 사퇴. 정영오 신임 지부장 직무대리로 선출. |
| **7월 24일** | 임금인상을 둘러싸고 최초의 노동쟁의 발생 신고. |
| **9월 25일** | 식당 옆에 처음으로 노조사무실 설치. 부지부장도 상근 개시.

*이 해에 12시간 2교대의 작업 방식을 8시간 3교대 방식으로 변경. |

1968년 6월 21일	제6차 대의원대회에서 정영오 지부장 직무대리, 신임 지부장으로 당선.
8월 30일	최초의 자연발생적 파업 '강금옥 사건' 발생. 강금옥, 이후 해고당함.
12월 30일	기숙사 증축 준공.
1968년 4월 29일	국세청, 법인세 특별조사.
1970년 8월 6일	국세청, 탈세 혐의로 한국모방을 포함한 단사천 소유의 4개 회사에 대해 세무사찰 착수.
9월 2일	사장 백태하, 부사장 윤원희, 백래진으로 경영진 교체.
9월 25일	국세청, 한국모방에 대해 거액의 원자재 시중 유출 혐의 포착, 조사 착수.
10월 21일	국세청, 한국모방을 고액 체납자로 공표. 1억여 원 세금 추징.
11월 10일	청와대 경호실 차장 출신의 연세개발 박용운, 한국모방 인수 후 경영진 교체. 박용운 회장, 이수복 사장, 서보영 부사장, 윤원희 부사장 취임.
1972년 1월 21일	섬유노조, 의무금을 장기간에 걸쳐 체납한 정영오 지부장에 대해 자격정지 처분.
11월 26일	양택식 서울시장, 시내 620개 수출업체 중 개인업체로 가장 수출실적이 우수한(10월 현재 목표 340만 달러를 100% 초과해 664만 달러 달성) 한국모방에 수출감사패 증정.
4월 18일	한국모방 퇴직금받기투쟁위원회 결성. 영등포 산선에서 본격적으로 지원 개시.
7월 2일	김갑준, 송옥순, 조삼년, 정상범, 홍말순 등 소모임 대표 65명, 영등포 산선에 모여 '한국모방 1200명 조합원 구제위원회' 결성.
7월 9일	'구제위원회'의 명칭을 '한국모방 노동조합 정상화 투

쟁위원회'로 개칭.

8월 9일 노동조합 정상화를 요구하는 총파업.

8월 17일 민주노조 출범. 신임 지부장 지동진. 회사 측, 대의원과 조합원들에 대한 부당 징계 개시.

9월 3일 명동성당 농성. 정상범 총무와 방용석 교선부장「국가보위에 관한 특별조치법」위반 혐의로 체포.「국가보위에 관한 특별조치법」발효 이후 최초의 구속 사례.

9월 7일 노동청, 한국모방을 노동조합법 제39조, 근로기준법 제7조 등 위반 혐의로 고발,「국가보위에 관한 특별조치법」발효 이후 역시 기업으로서는 처음으로 입건, 검찰에 송치되는 기록.

9월 15일 정상범 총무와 방용석 교선부장, 기소유예로 석방.

1973년 5월 4일 지동진 지부장, 김낙중 사건에 연루되어 중앙정보부로 연행, 조사받음.

6월 2일 회사 부도 발생.

6월 4일 노조간부와 현장 책임자, 회사 사원급을 망라하는 수습대책위원회 발족.

6월 19일 회사 측은 영등포 공장의 수탁업무 운영권을 수습대책위원회에 위임.

10월 17일 수습대책위원회, 현금 1300여만 원과 미수금 1500여만 원, 그리고 향후 3개월간의 작업량을 신임 경영진에게 넘겨주고 공식적으로 해체 선언.

12월 31일 백승빈 사장, 지동진 지부장 구타사건 발생.

1974년 2월 12일 회사 임시 주주총회에서 주식 190만 주 중 20%인 38만 주를 노조에 무상양도하고, 지동진 지부장을 회사의 전무이사로 선임, 2월 14일자로 발령을 내기로 결의.

2월 15일 노조, 임시 대의원대회를 열고 노사 공동경영 체제 참가

결의. 방용석 지부장 직무대리로 선출.

6월 11일 정기 대의원대회에서 방용석 직무대리, 신임 지부장으로 선출.

10월 8일 임시 대의원대회 소집. 노사 공동경영 체제 붕괴 선언.

12월 3일 지동진 공금횡령사건에 책임을 지고 방용석 지부장 외 상집간부 전원 사퇴. 임시 대의원대회에서 선거를 통해 다시 방용석 지부장 선출.

12월 27일 서울지방법원 영등포지원에서 경매 실시 결과, 원풍그룹 대표 이상순에게 29억 7500만 원으로 낙찰.

1975년 1월 18일 새 경영주인 원풍산업의 이상순 대표와 노동조합 방용석 지부장 사이에 노사 관계에 대한 합의서 체결.

2월 26일 방용석 지부장 남부경찰서에 구속. 노조 파괴 음모를 꾸미다가 들통이 나 퇴사 조치가 된 비서실장 하상진의 고발. 그리고 전무이사였던 지동진이 경리착오금 변상 문제로 사퇴하는 과정에서 방용석 지부장으로부터 폭행과 명예훼손 등을 당했다고 진정한 데 따른 구속.

3월 10일 노동절 기념식 후 조합원 1400명 영등포 구치소 항의 방문.

3월 25일 방용석 지부장 보석으로 석방.

4월 8일 지부장 구속사건으로 연기되었던 임시 대의원대회 개최. 방용석 지부장 단독 출마 후 만장일치로 재선출.

1976년 5월 31일 노량진 제2공장 직원들, 서울시가 조정한 대로 3월분 임금 소급 지급분을 달라며 퇴근 후 농성에 돌입.

11월 3일 노조, 회사 측과 노량진 제2공장 폐업에 따른 합의.

11월 10일 제2공장 봉제부 폐업.

11월 18일 방용석 지부장, 국가원수 모독 혐의로 연행.

11월 22일 노조 상집회의의 결의에 따라 노동계, 언론계, 학계, 종교계 등 사회 각계 인사 40여 명을 초청해 지부장 구속 문제를 놓고 간담회 개최.

11월 24일 방용석 지부장 석방.

1978년 1월 11일 신용협동조합 발기인대회 개최. 발기인은 방용석 지부장 외 14명.

1월 23일 방용석 지부장, 섬유노조 임시 전국대의원대회에서 김영태 위원장이 주도하는 규약 개정에 반대 의사 표명. 원풍모방을 비롯하여 반도상사, YH무역, 동일방직 인천지부 등은 강력히 반발하며 규약 채택 거부.

1월 25일 원풍모방 신용협동조합 창립총회. 이사장 방용석. 85명이 조합원으로 참가.

2월 1일 신협, 본격적으로 여수신 업무 실시.

3월 20일 원풍을 포함하여 서울 시내 여러 공장에서 모인 노동자들, 종로5가 기독교방송에 몰려가 언론이 동일방직 사건을 제대로 다루지 않는 데 대해 항의.

3월 26일 장남수, 부활절 예배 사건으로 구속.

7월 10일 광화문 네거리에서 곽시순, 김성구, 황선숙 등 3명의 조합원 시위 참가 혐의로 경찰에 연행.

7월 22일 서울지법 영등포지원에서 영등포 산선 인명진 목사 재판을 방청하던 직포과의 박순애 영등포경찰서에 연행.

8월 15일 해태제과 지원투쟁으로 조합원 2명 연행.

8월 22일 방림방적 임금체불사건으로 장희수, 김두숙, 전경숙 등 연행.

9월 22일 박영서(소모과), 기독교회관에서 열린 동일방직 인권기도회에 참가했다가 동대문경찰서에 연행. 무자비한 폭행으로 갈비뼈가 부러짐. 치료를 받고 10월 18일 퇴원.

1979년 1월 12일 90여 명의 양성공들, 노조사무실에 모여 회사 측 안에 의한 상여금의 수령을 거부하고 노사 간 단체협약 갱신

때 약속한 대로 지급하라며 농성.

1월	탈춤반 모집공고 후 구성. 2월부터 본격적인 연습 돌입.
3월 10일	노동절을 맞이하여 탈춤반 최초의 공연.
3월 23일	노조, 상집회의를 열어 조직분열 행위에 가담한 조합원들 제명 등 결의.
3월 27일	박순희 부지부장, 크리스천아카데미 사건에 연루된 혐의로 자진출두하는 형식으로 중앙정보부에서 조사를 받고 오후 11시 30분경 귀사.
5월 28일	상집회의의 결의에 따라 전국섬유노조 김영태 위원장을 서울민사지방법원에 고소.
6월 2일	탈춤반 정식으로 창립총회. 회장 김춘호.
7월 14일	방용석 지부장과 이규현 쟁의부장, 크리스천아카데미 사건 제2회 공판을 방청하고 돌아오는 길에 서대문경찰서 소속 사복형사들에게 강제로 연행. 밤 10시경 석방.
7월 15일	탈춤반, 산선에서 처음으로 외부 초청 공연.
8월 15일	오송환(직포), 김수영(정방), 해태제과 8시간 노동시간 촉구 유인물을 배포하다 남부경찰서에 연행.
8월 17일	YH사건 이후 구성된 외부세력 침투실태 특별조사단, 노조사무실 방문조사 시도.
8월 29일	공동구매조합 개설.
8월 말	4월부터 25%의 주식을 인수하여 회사 경영에 참여해오던 국제상사그룹(회장 양정모), 원풍산업 완전 인수.
9월 11일	YH무역 김경숙 추도식 지원투쟁으로 조합원 30여 명 연행.
11월 24일	YWCA 위장결혼식 사건에 조합원 조직적으로 대거 참석. 10명 연행.
12월 23일	탈춤반 성탄절 기념 공연.

1980년 1월 11일	신민당사에서 열린 헌법 개정 공청회에 방용석 지부장 유일한 노동계 대표로 참석.
5월 13일	한국노총에서 열린 '노동기본권 확보 전국궐기대회'에 참가.
5월 14일	서울대 학생들의 시위 동참 요구를 거부하고 귀사.
6월 초	광주항쟁 희생자를 위한 성금 470여만 원을 모아 광주대교구 윤공희 주교에게 박순희 부지부장이 직접 전달.
7월 16일	방용석 지부장, 박순희 부지부장, 191명의 정화 대상자에 포함되어 수배.
10월 6일	노조, 상집회의를 열고 지부장 직무대리에 이문희 선출. 지부 간부 사퇴 요구 등에 대한 결의문 채택.
10월 16일	섬유노조 중앙집행위원회, 원풍모방 방용석 지부장과 박순희 부지부장에 대해 조합원 자격 제명 조치.
12월 8일	이문희 지부장 직무대리, 임재수 총무부장을 비롯하여 상집간부 대의원 핵심조합원 48명, 합수사로 연행되기 시작. 보안사(범진사)에 23일간 감금하고 14명 강제해직 후 강제귀향 조치. 이문희(부지부장), 한상분(부지부장), 임재수(총무부장), 이규현(쟁의부장), 이상배(신협 구매 담당), 이영자(부녀부장), 김두옥(조직부장), 윤춘원(조사통계부장), 구지회(회계감사), 이희우(회계감사), 김금자(회계감사), 김두숙(대의원), 장남수(대의원), 장석숙(조합원).
1981년 1월 6일	노조간부 등 4명 순화교육(삼청교육대) 처분. 이문희(부지부장), 이규현(쟁의부장), 임재수(총무부장), 이상배(신협 구매 담당). 상집회의에서 지부장 직무대리 이무술 선출.
1월 23일	노조간부 4명 삼청교육대에서 석방. 총무부장 임재수는 갈비뼈가 부러졌고, 머리가 깨진 상태.
1월 27일	회사, 1주일간 전 조합원을 대상으로 반공교육 실시.

2월 18일	연차 대의원대회를 앞당겨 개최. 조합장에 이무술, 부조합장에 정선순, 박순애, 정흥렬 등 선출.
2월 24일	회사 측과 단체협약. 이때 회사는 원풍모방 노동조합과 원풍타이어 노동조합의 통합을 요구.
4월 22일	방용석 전 지부장과 박순희 전 부지부장, 지학순 주교와 상의 후 중앙정보부의 후신 국가안전기획부(안기부)에 자진출두. 반공연맹과 보건사회부에 취직하라고 회유했으나 거절.
8월 26일	기숙사생 100여 명 관악산 산책 사건. 장병숙, 김복기, 이옥순, 박정숙 등 연행되거나 출두하여 조사받음.
9월 25일	노조, 상집회의를 열고 조합기금 중 특별기금 일부를 전 조합원에게 환급하기로 결정.
11월 1일	탈춤반, 영등포 산선 주최 가을 노동제 초청 공연. 조선방직쟁의 공연.
11월 10일	노조 특별기금 총액 8785만 9920원을 조합원들에게 환급. 그 후 조합원의 동의하에 특별기금을 별도로 모금. 특히 여성 조합원들이 적극적으로 동참하여 총액 4840만 8070원을 조성. 남성 조합원들은 고작 5%만 참여.
11월 20일	원풍산업 두 노조 통합대의원대회 개최. 공동위원장 선출.
12월 12일	노동청, 공동위원장 명의로 된 설립신고서 교부.
12월 24일	회사 측, 양분옥과 신필섭에게 해고통지서 발송. QC 운동 방해 혐의.
12월 28일	노조사무실에서 교대로 철야농성 돌입.
1982년 1월 5일	조합원 300여 명 '부당해고 철회'와 '상여금 지급' 등을 요구하며 농성.
1월 18일	남부경찰서, 이무술 조합장에 대한 출석요구서 발부. 배후조종 혐의로 방용석 전 지부장에 대한 수배령.

2월 11일	대의원 선거에서 총 56명의 대의원 중 36명 교체.
3월 6일	이무술 조합장 상집간부들 앞으로 사표 발송. 상집회의에서 사표 수리. 정선순 부조합장을 조합장 직무대리로 선출.
3월 15일	임시 대의원대회에서 조합장 정선순, 부조합장 박순애, 이제호, 양승화, 총무 이옥순 등 선출.
5월 12일	김용회 노무과장, 경비원과 사원 30여 명을 동원하여 노조에서 채용한 사무원 김인숙의 출입을 봉쇄하고 조합원들 폭행.
5월 17일	「원풍모방 노동조합 탄압을 즉각 중지하라!」는 유인물 10만 장을 만들어 배포하기 시작. 여론투쟁.
6월 18일	김예희, 인천행 전철 안에서 유인물을 돌리다가 동인천 경찰서로 연행. 차언년과 임태송은 남영역에서 공안원 4명에게 붙잡혀 경찰서로 송치.
6월 23일	이혜영, 이선순, 김성구, 전철에서 유인물을 나눠주다가 경찰에 연행. 구류 3일.
8월 20일	가공과 작업 현장에서 조합원 김성구, 담임 김성우 폭행 사건 발생.
9월 13일	회사, 김성구 본인도 참석하지 않은 상태에서 인사위원회를 열어 소속 상사인 담임 구타 혐의로 해고 조치.
9월 26일	박순애 부조합장, 이옥순 총무, 박혜숙, 김영희 조합원 4명 해고 통지.(징계 사유는 회사 상벌규정 제12조 위반 혐의)
9월 27일	구사대, 노조사무실을 봉쇄하고 정선순 조합장 감금, 고문. 9·27사태 발생. 정권과 회사가 결탁한 민주노조 파괴 공작.
9월 28일	구사대, 정선순 조합장을 자루에 넣어 화곡동 쓰레기장에 버림.

10월 1일	추석. 이날 새벽까지 농성투쟁. 9·27 사태로 조합원 80여 명 병원 입원, 200여 명 연행, 구류 처분 28명, 구속 8명, 불구속 1명, 해고 559명.
10월 7일	제1차 출근투쟁. 오후 6시 영등포 산선에서 열릴 기도회를 원천봉쇄. 원풍 조합원들, 대학생들과 함께 산발적인 시위. 참가자 134명 경찰에 연행되고 그중 4명 구속. 구속자는 여현호(서울대), 조성호(서울시립대), 김재열(장신대), 오진우(성균관대). 34명 즉심 처분. 남학생 14명 강제입영 처분. 조합원 6명 영등포경찰서에 연행되어, 김미숙과 김숙자는 20일, 김순례, 박칠성은 10일, 정승희는 7일의 구류 처분.
10월 8일	박순애 부조합장 구속. 박명신, 김순희 등 구류 29일.
10월 13일	제2차 출근투쟁. 구사대의 폭력으로 박혜숙은 앞니가 2개 부러지고, 김삼순은 광대뼈가 부서져 병원 후송. 이날 197명의 조합원 남부경찰서로 연행.
10월 14일	차언년, 김숙자 구속. 이영순, 김금자, 유순덕, 김중순, 조귀숙, 노영순, 조영단, 김순애, 이경희, 이종분, 김성구 등 12명 구류 20일. 이후 강제해직, 사퇴, 가족을 동원한 사퇴 압력 등 자행. 블랙리스트에 의한 취업 방해 공작 전개.
10월 23일	정선순, 양승화, 이옥순, 방순영, 최영숙, 정영래, 문선자, 노순영, 심현숙, 손선례, 노금순, 최금순, 임선호 등 원풍노조 간부 13명을 전국에 지명수배.
10월 27일	조합원 130여 명 제3차 출근투쟁.
11월 12일	노조간부들이 숨어있던 도곡동 아파트 습격당함. 노조간부 전원 체포. 방용석, 박순희, 정선순, 이옥순, 양승화 5명은 구속되고, 최영숙, 노금순, 정영래, 문선자, 최

금숙 5명은 20일간 구류.

12월 19일 MBC TV 〈9시 뉴스센터〉에서 기획보도 '원풍모방 극렬노사분규' 방영.

1983년 1월 19일 영등포 산선과 공식 결별.

2월 15일 차언년, 집회와 시위에 관한 법률 위반 혐의로 징역 10월(구형 단기 1년 6월, 장기 2년) 언도. 김숙자, 같은 혐의로 징역 10월 언도. 구속자들, 처우 개선 요구하며 2월 21일까지 제1차 단식투쟁.

3월 4일 부조합장 박순애 노동쟁의조정법(제3자 개입) 위반 혐의로 징역 1년 언도. 이제호 부조합장 징역 10월 언도.

8월 12일 구속자 8명, 10개월 복역 후 전원 특사로 석방.

9월 원풍모방 노동조합 해고노동자 복직투쟁위원회 법외노동조합 활동 시작.

1984년 1월 6일 한국노동자복지협의회(한국노협) 결성.

3월 10일 홍제동 성당에서 한국노협 창립선언대회. 방용석 초대 위원장.

1988년 1월 15일 원풍모방 해고노동자 복직투쟁위원회 명의로 원풍모방 노동조합운동사 『민주노조 10년』(풀빛) 발간.

1989년 1월 한국노협, 진보적인 노동운동의 한 부분으로서 겸허하게 복무할 것을 결의한 후 한국민주노동자연합(한노련)으로 재출범. 외곽 공개조직으로서 전국 사업장의 조직 관리와 실무역량 강화를 위한 지원 활동에 노력.

1997년 3월 한노련, 역사적 소임이 다했음을 깨닫고 발전적 해소.

1999년 10월 16일 녹색환경운동모임 발족.

2000년 10월 21일 제1차 민주화운동 명예회복 및 보상 신청 개시. 정선순 외 24명 신청서 제출.

2001년 4월 원풍노조, 민주화운동 명예회복 인정.

7월	박칠성 외 32명 제2차 민주화운동 명예회복 신청서 제출.
11월	정선순 외 24명, 민주화운동 관련자 명예회복으로 인정.
2002년 11월	박칠성 외 32명 제2차 민주화운동 관련자 명예회복 인정.
2004년 10월	민주화운동 관련자 명예회복 및 보상 심의위원회에 복직 희망 신청서 제출.
12월	민주화운동 관련자 명예회복 및 보상 심의위원회로부터 (주)우성모직에 보낸 복직권고안 안내문 수신.
2005년 3월 18일	(주)우성모직 김성배 대표이사로부터 김금자 외 복직요구 수용 거부 통보 수신.
4월 14일	해고노동자 복직을 촉구하는 규탄대회 개최. 200여 명 참가.
8월 10일	정부에서 우성모직에게 원풍해고자 복직에 힘써줄 것을 권고.
8월 29일	원풍노동조합 해고자 복직 및 국가책임에 관한 청원서, 정선순 조합장 외 57명의 이름으로 국무총리실에 제출.
2006년 3월 31일	진실·화해를위한과거사정리위원회에 원풍노동조합 탄압 진상규명 신청서 제출.
2007년 5월 8일	5월 광주 어머니상 수상.
12월 31일	제1차 생활지원금 수령. 민주화운동 명예회복 신청자 총 157명 중 민주화운동 명예회복 인정자는 156명이고 생활지원금을 받은 조합원은 97명, 기초생활 지원금이 기각된 조합원은 28명.
2008년 1월 28일	이명박 정부 인수위원회의 민주화운동 관련자 명예회복 및 보상 심의위원회 폐지 반대 긴급 기자회견.
2009년 11월 30일	민주화운동기념사업회 후원으로 『원풍모방노동조합운동사 육성채록집』 전 2권 발간.

부록 4

참고서지 목록

1. 1차 자료

- 원풍모방노동조합, 『원풍회보(1~23호 합본호)』, 1988.
- 원풍모방해고노동자복직투쟁위원회 엮음, 『민주노조 10년』, 풀빛, 1988.
- 원풍모방노동조합운동사발간위원회 엮음, 『원풍모방노동조합운동사 육성채록집』(전 2 권), 민주화운동기념사업회, 2009.

  ① 제1권: 제1부 정사과 편/ 제2부 염색과 정방과 편/ 제3부 직포과 편/ 제4부 수정가공 과 편.

  ② 제2권: 제5부 전방과 편/ 제6부 차언년 외 편/ 제7부 남자조합원 편/ 제8부 노동조합 상집간부 편.

- 원풍모방노동조합운동사자료발간위원회 엮음, 『원풍모방노동조합운동자료집』(전 11권), 민주화운동기념사업회, 2009.

  ① 제1권: 1. 한국모방 분회 초기자료(발신철)/ 2. 한국모방 분회 초기자료(수신철)/ 3. 한 국모방 퇴직금받기 투쟁/ 4. 한국모방 민주노조투쟁(인수인계)/ 5. 한국모방 노조 대의 원대회 회의록/ 6. 한국모방 부도사태 수습대책과 공매처분/ 7. 한국모방 수습대책위 일지/ 8. 한국모방 방용석 지부장 구속 및 재판기록/ 9. 한국모방 노사 단체교섭 내역

  ② 제2권: 1. 1973년(제11년차) 대의원대회 회의자료(한국모방지부)/ 2. 1974년(제12년 차) 대의원대회 회의자료(한국모방지부)/ 3. 1975년(제13년차) 대의원대회 회의자료 (원풍모방지부)/ 4. 1976년(제14년차) 대의원대회 회의자료(원풍모방지부)/ 5. 1977년 (제15년차) 대의원대회 회의자료(원풍모방지부)/ 6. 1978년(제16년차) 대의원대회 회 의자료(원풍모방지부)/ 7. 1979년(제17년차) 대의원대회 회의자료(원풍모방지부)/ 8. 1980년(제18년차) 대의원대회 회의자료(원풍모방지부)/ 9. 1981년(제19년차) 대의원 대회 회의자료(원풍모방지부)/ 10. 1982년(제20년차) 대의원대회 회의자료(원풍모방 지부)

  ③ 제3권: 1. 원풍모방노동조합 공문발신 1980~1982/ 2. 원풍모방노동조합 공문수신

1980~1982/ 3. 전국섬유노조 원풍모방지부 운영규약/ 4. 원풍모방노동조합 단체협
약/ 5. 원풍모방노동조합 기숙사 자치규정/ 6. 원풍모방노동조합 신협소식지/ 7. 기타
자료(조합원 김성구, 임봉심 외 고발자 정식재판 청구서 등)

④ 제4권: 1. 소그룹 활동일지와 명단 180~ / 2. 원풍모방노동조합 일지1(1980.7~
1981.5)/ 3. 원풍모방노동조합 일지2/ 4. 원풍모방노동조합 일지3/ 5. 원풍모방노동조
합 상집회의록/ 6. 원풍모방노동조합 교육일지/ 7. 원풍모방노동조합 탈춤반 대본

⑤ 제5권: 1. 원풍모방노동조합 관계기관대책회의/ 2. 원풍모방노동조합 탄압항의 유인
물/ 3. 원풍모방노동조합 9·27 폭력사태 관련 유인물 1982~/ 4. 원풍모방노동조합
9·27 폭력사태 외국단체/ 5. 원풍모방노동조합 9·27 폭력사태 유인물 1983~1984/
6. 원풍모방노동조합 구사대 관련 유인물/ 7. 원풍모방노동조합 언론왜곡보도

⑥ 제6권: 1. 방용석, 박순희 재판기록/ 2. 방용석 외 4인 재판기록

⑦ 제7권: 1. 정선순, 양승화, 이옥순 재판기록

⑧ 제8권: 1. 박순애, 김숙자, 차언년 재판기록

⑨ 제9권: 1. 노동조합 활동과 9·27 폭력사태 사건일지 1982년 8월~9월/ 2. 원풍모방노
동조합 간부 및 조합원 활동일지 1982년/ 3. 원풍모방노동조합 폭력사태 부당성 홍보
차 국회의원 면담자료/ 4. 원풍모방노동조합 9·27 사태 후 간부 대책회의 일지/ 5. 원
풍모방노동조합 1980년 12월 계엄합동수사본부 탄압증언집/ 6. 원풍모방노동조합
9·27 폭력사태 조합원 증언자료 1982년/ 7. 구속자와 조합원 편지

⑩ 제10권: 1. 영등포 도시산업선교회/ 2. 원풍회보 창간호~23호/ 3. 원풍모방노동조합
법외활동 회의일지/ 4. 원풍모방노동조합 법외활동 활동일지/ 5. 원풍모방노동조합
9·27 모임자료

⑪ 제11권: 1. 명예회복신청 증거자료집/ 2. 민주노동운동가 블랙리스트/ 3. 원직복직운
동 관련자료

- 『원풍모방노동조합 9·27사태 10주년행사(돈보스꼬 청소년센타 대강당) 자료집』, 1992.
9. 27.

- 『원풍모방노동조합 9·27사태 20주년행사(영등포공원 문화회관) 자료집 – 스스로 길이
되어간 사람들』, 2002. 10. 6.

- 『원풍모방노동조합 2009년 2월 1박 2일 모임(대방동 여성플라자) 자료집』, 2009. 2.
21~22.

- 『원풍모방노동조합 2009년 9·27 모임(대방동 여성플라자) 자료집』, 2009. 10. 18.

- 진실화해를위한과거사정리위원회 엮음, 『원풍모방노동조합동향보고서』

- '민주화운동관련자명예회복및보상등에관한법률'에 의한 명예회복신청 및 생활지원금 신청, 소송 등에 관한 자료들.
- 한국노동자복지협의회, 『민주노동』.

＊불어라 원풍아: 원풍모방 노동조합 다음 카페
＊민주화운동기념사업회 민주화운동아카이브

2. 참고 도서와 논문

- 강인순, 『한국여성노동자운동사』 제2권, 한울아카데미, 2001.
- 고형일, 「산업체 부설 특별학급의 기능과 의미: 목련여고(가칭)를 중심으로」, 『지역개발 연구』, 1989.
- 김관석 외, 「좌담: 왜 산업선교는 선교의 본령인가」, 『기독교사상』 1979년 11월호.
- 김귀옥, 윤충로, 『1980년대 민주화운동 참여자의 경험과 기억』, 민주화운동기념사업회, 2007.
- 김금수, 『한국노동문제의 상황과 인식』, 풀빛, 1986.
- 김낙중 외, 『한국경제의 현단계』, 사계절, 1985.
- 김낙중, 『한국노동운동사―해방후 편』, 청사, 1982.
- 김문수, 「어느 실천적 지식인의 자기반성」, 『현장』 제6권, 돌베개, 1984.
- 김병태 외, 『한국경제의 전개과정』, 돌베개, 1981.
- 김성환 외, 『1960년대』, 거름, 1984.
- 김수곤 엮음, 『노사관계 정책과제와 방향 : 현행제도 개선을 중심으로』, KDI, 1983.
- 김언호, 「소외학교」, 『월간 대화』, 1977년 10월호.
- 김용기, 박승옥 엮음, 『한국노동운동논쟁사』, 현장문학사, 1989.
- 김용복, 「산업선교의 신학적 배경과 근거」, 『기독교사상』 1979년 11월호.
- 김원, 『여공 1970년―그녀들의 反역사』, 이매진, 2006.
- 김유선, 「노동조합운동의 현황과 과제」, 한국노동연구원 내부자료 98~06, 1998. 9.
- 김윤환 외, 『한국노동문제의 구조』, 광민사, 1978.
- 김준 외, 『근대를 다시 읽는다』, 역사비평사, 2006.
- 김중렬, 『항일노동투쟁사』, 집현사, 1978.
- 김찬국, 「산업선교의 성서적 근거」, 『기독교사상』 1979년 11월호.
- 김춘미, 『한국음악학의 사회사적 구조』, 시공사, 1999.

- 김택현 외, 『민족운동과 노동』, 선인, 2009.
- 동일방직복직투쟁위원회, 『동일방직노동조합운동사』, 돌베개, 1985.
- 민족극연구회 엮음, 『민족극 대본선 3-노동연극 편』, 풀빛, 1991.
- 민주화운동기념사업회 엮음, 『그날 그들은 그곳에서: 다시 가본 민주화운동 역사의 현장』, 민주화운동기념사업회, 2008.
- 박덕제, 박기성, 『한국의 노동조합(1)』, 한국노동연구원, 1989.
- 박동철 외, 『한국자본주의 분석』, 일빛, 1991.
- 박민나, 『가시철망 위의 넝쿨장미』, 지식의날개(한국방송통신대학교출판부), 2004.
- 박세길, 『다시 쓰는 한국현대사 3』, 돌베개, 1999.
- 박수정, 『숨겨진 한국 여성의 역사』, 아름다운사람들, 2004.
- 박순희 외, 『선한 싸움꾼 박순희 아녜스』, 삶이보이는창, 2007.
- 박영희, 『김경숙』, 민주화운동기념사업회, 2003.
- 박현채 외, 『한국의 자본주의와 노동문제』, 돌베개, 1985.
- 박현채, 『민족경제론』, 한길사, 1978.
- 방현석, 『아름다운 저항』, 일하는 사람들의 작은책, 1999.
- 배지영, 「박순희 부지부장 가슴에 남은 사람-임재수: 입사 동기에서 30년 삶의 동지로」, 『노동사회』 2002년 1월호.
- 서관모, 『현대한국사회의 계급구성과 계급분화』, 한울, 1984.
- 석정남, 「노동자와 문화」, 『기독교사상』 1985년 2월호.
- 석정남, 『공장의 불빛』, 일월서각, 1984.
- 송정남, 「지역노동운동의 모색」, 『실천문학』 계간 창간호, 실천문학사, 1985년.
- 송효순, 『서울로 가는 길』, 형성사, 1982.
- 순점순, 『8시간 노동을 위하여: 해태제과 여성노동자들의 투쟁기록』, 풀빛, 1984.
- 시노트 지음, 김건옥, 이우경 옮김, 『현장증언 1975년 4월 9일』, 빛두레, 2004.
- 시미즈 세이토쿠(清水正德) 지음, 편집부 옮김, 『노동의 의미』, 한마당, 1983.
- 신경숙, 『외딴방』(1,2), 문학동네, 1995.
- 신병현, 「6,70년대 산업화 과정에서 노동자들의 사회적 정체성에 미친 주요 역사적 담론들: 근대화와 가부장적 가족주의 담론구성체를 중심으로」, 『산업노동연구』 제9권 제2호, 2003.
- 신병현, 「70년대 지배적인 담론구성체들과 노동자들의 글쓰기」, 『산업노동연구』 제12권 제1호, 2006.

- 신인령, 「여성운동과 노동여성」, 『기독교사상』 1978년 5월호.
- 심재철, 『우리는 내일로 간다』, 문예당, 1977.
- 안광수, 「운동현장에서 고통과 보람: 경수지역 산업선교 현장에서」, 『씨알의소리』 1978년 11월호.
- 안승천, 『한국노동자운동, 투쟁의 기록』, 박종철출판사, 2002.
- 안재성, 『타오르는 광산』, 돌베개, 1988.
- 안재성, 『한국노동운동사 2 • 해방 이후에서 1987년 대파업까지』, 삶이보이는창, 2008.
- 역사학연구소 엮음, 『노동자, 자기 역사를 말하다』, 서해문집, 2005.
- 영등포산업선교회40년사기획위원회, 『영등포산업선교회 40년사』, 대한예수교장로회 영등포산업선교회, 1998.
- 오도엽, 『지겹도록 고마운 사람들아』, 후마니타스, 2008.
- 오하나, 『학출』, 이매진, 2010.
- 유경순 엮음, 『같은 시대 다른 이야기』, 메이데이, 2007.
- 윤형원, 「야간특별학급 및 산업체 부설학교의 제도 및 운영 개선방안에 관한 연구」, 『교육발전논총』, 1981.
- 이수자 외, 『한국의 사회구성1』, 화다, 1985.
- 이시정, 『안양지역노동운동사』, 민주화운동기념사업회, 2007.
- 이영미, 『마당극 양식의 원리와 특성』, 시공사, 2001.
- 이옥순, 『나 이제 주인 되어』, 녹두, 1990.
- 이옥지, 『한국여성노동자운동사』 제1권, 한울아카데미, 2001.
- 이원보, 「1960~70년대 한국의 산별노조」, 『산별노조의 과거, 현재 그리고 미래』, 한국노동사회연구소, 1996.
- 이원보, 「면방 집단교섭의 현장」, 『노동사회』, 1997년 7월호.
- 이원보, 『한국노동운동사 100년의 기록』, 한국노동사회연구소, 2005.
- 이원보, 『한국노동운동사』 제5권(경제개발기의 노동운동: 1961~1987), 지식마당, 2004.
- 이종구 외, 『1960~70년대 한국노동자의 계급문화와 정체성』, 한울아카데미, 2006.
- 이태호 엮음, 『노동현장의 진실』, 금문당, 1986.
- 이태호, 『불꽃이여 이 어둠을 밝혀라』, 돌베개, 1984.
- 인명진, 「사회선교를 실천하는 계약공동체」, 『기독교와 한국사회4 - 사회봉사의 현장에서』, 숭실대학교 기독교사회연구소, 1993.

- 인명진, 「산업사회 복음전도의 의미」, 『기독교사상』 1983년 10월호.
- 인명진, 「크리스천 노동자들의 교회인식」, 『기독교사상』 1984년 9월호.
- 인천기독교민중교육연구소 엮음, 『87노동자대투쟁-7, 8월 인천지역사례』, 풀빛, 1987.
- 임종철, 배무기 엮음, 『한국의 노동경제』, 문학과지성사, 1980.
- 임진택, 『민중연희의 창조』, 창작과비평사, 1990.
- 장남수, 「아아 이젠 돌아가고 싶다: 어느 여성근로자의 일기초」, 『기독교사상』 1979년 11월호.
- 장남수, 『빼앗긴 일터』, 창작과비평사, 1984.
- 전국민주노동조합총연맹 편집부 엮음, 『1970~2000 민주노조 투쟁과 탄압의 역사』, 현장에서미래를, 2001.
- 전국민주노동조합총연맹 한국노동사회연구소, 『노동조합의 경영참가』(연구보고서), 1996. 1. 10.
- 전순옥, 『끝나지 않은 시다의 노래』, 한겨레신문사, 2004.
- 전재호, 『반동적 근대주의자 박정희』, 책세상, 2000.
- 전태일기념관건립위원회 엮음, 『어느 청년노동자의 삶과 죽음』, 돌베개, 1983.
- 전태일기념사업회 편, 『업종별 지역노조란 무엇인가』, 세계, 1988.
- 정선순, 「아아! 1982년 9월 30일」, 『현실과 전망1 : 80년대의 민중상황』, 풀빛, 1984.
- 정연순, 「1970년대 노동교육 사례연구 : 크리스천아카데미 산업사회 중간집단교육」, 서울대학교 대학원 교육학과 석사학위논문, 1998.
- 정영일 외, 『한국농업문제의 새로운 인식』, 돌베개, 1984.
- 정창기, 「70년대 민주노동조합운동의 역동성」, 서울대 사회학과 석사학위논문, 1996.
- 조승혁, 「도시산업선교 현황보고」, 『기독교사상』 1976년 5월호.
- 조승혁, 「산업선교의 조직현황 및 특성」, 『기독교사상』 1979년 11월호.
- 조지송, 「나도 일한다」, 『기독교사상』 1963년 3월호.
- 조지송, 「대담: 그리스도를 따라 일하며 선교하며」, 『기독교사상』 1979년 10월호.
- 조지송, 「산업선교는 이렇게 일해 왔다」, 『기독교사상』 1978년 6월호.
- 조지송, 「산업선교의 새로운 방향」, 『활천』 제364호, 기독교대한성결교회 활천사, 1972.
- 조화순, 「산업선교를 위한 교회의 과제」, 『기독교사상』 1976년 5월호.
- 조화순, 『낮추고 사는 즐거움』, 도솔, 2005.
- 청사 편집부 엮음, 『70년대 한국일지』, 청사, 1984.
- 최장집, 『한국의 노동운동과 국가』, 나남출판, 1997.

- 칼 마르크스 지음, 김태경 옮김, 『경제학–철학수고』, 이론과실천, 1987.
- 편집부 엮음, 『공안사건기록』, 세계, 1986.
- 편집실, 「산업선교에 관한 자료모음」, 『기독교사상』1979년 11월호.
- 하종강, 「그래도 말뚝은 부러지지 않는다」, 〈한겨레21〉, 2002년 11월 6일 제433호.
- 한국가톨릭노동청년회50년의기록출판위원회, 『한국가톨릭노동청년회 50년의 기록』, 민주화운동기념사업회, 2009.
- 한국교회사회선교협의회, 『한국교회사회선교협의회 15년의 활동과 역사』, 1986.
- 한국기독교교회협의회 인권위원회, 『1970년대 민주화운동』, 1987.
- 한국기독교교회협의회, 『노동현장과 증언』, 풀빛, 1984.
- 한국기독교사회문제연구원, 『기사연리포트(3)-7, 8월 노동자대투쟁』, 민중사, 1987.
- 한국기독교사회문제연구원, 『한국사회의 노동통제』, 민중사, 1987.
- 한국노동자복지협의회, 『YH노동조합사』, 형성사, 1984.
- 한국노동조합총연맹, 『한국노동자의식연구』, 1990.
- 한국노동조합총연맹, 『한국노동조합운동사』, 1979.
- 한국민주노동자연합 엮음, 『1970년대 이후 한국노동운동사』, 동녘, 1994.
- 한국사회사연구회 엮음, 『한국의 노동문제와 노동운동』, 문학과지성사, 1991.
- 한국산업사회연구회 엮음, 『오늘의 한국자본주의와 국가』, 한길사, 1988.
- 한국역사연구회현대사연구반, 『한국현대사3』, 풀빛, 1991.
- 한승헌 외, 『유신체제와 민주화운동』, 춘추사, 1984.
- 한완상, 「한국의 여리고와 산업선교」, 『기독교사상』1979년 11월호.
- 한정주, 『역사가 배신한 노동조합, 역사를 배신한 노동조합』, 노동자의책, 2004.
- 황상근, 『벽돌 없는 학교』, 성바오로출판사, 1989.

3. 잡지와 신문 기사(2000년 이후)

- 〈경향신문〉 2004년 3월 14일, "실록민주화운동: 원풍모방 노동자들"
- 〈경향신문〉 2004년 4월 11일, "실록민주화운동: 민청련 출범"
- 〈경향신문〉 2004년 6월 27일, "실록민주화운동: 서노련 사건"
- 〈경향신문〉 2007년 5월 8일, "80년 5월 '광주 돕기 모금운동' 펼친 원풍모방 노조"
- 〈경향신문〉 2008년 5월 16일, "환경운동으로 '그 정신' 대물림… 5·18광주민주화운동 28주년"
- 〈국민일보〉 2002년 1월 29일, "방용석 노동장관, 어제는 투사 오늘은 장관"

- 〈노컷뉴스〉 2007년 10월 29일, "[배한성의 아주 특별한 인터뷰] 40년 선한 싸움꾼, 노동운동가 박순희 씨"
- 〈동아일보〉 2002년 1월 29일, "[1 · 29 개각 화제의 인물] 고졸 노조위원장 출신 방용석 노동"
- 〈레이디경향〉 2008년 10월호, "여성지 최초 인터뷰 「괭이부리말 아이들」의 작가 김중미"
- 〈연합뉴스〉 2005년 4월 14일, "연합인터뷰: 박순희 원풍모방 해고노동자대표"
- 〈오마이뉴스〉 2002년 3월 26일, "장관님은 누구 편에 서 계신가요?"
- 〈이론과실천〉 2001년 10월호, "정권, 자본, 어용노총의 탄압을 뚫고 선 '70년대 민주노조운동'−원풍모방 노동조합과 박순희 당기위원"
- 〈조선일보〉 2004년 4월 17일, "의사당의 노동운동 드림팀"
- 〈조선일보〉 2005년 4월 18일, "23년 전 부당해고 되돌려야−원풍모방 복직 요구하는 박순희 씨"
- 〈한겨레21〉 2009년 12월 11일, 제789호, 특집 "업무방해죄를 방해하라"
- 〈한겨레신문〉 2010년 5월 24일, "[길을 찾아서] 계엄 상황서 1,700명 성금 모은 원풍노조 부지부장"
- 〈한겨레신문〉, 2005년 4월 14일, '20년 만에 다시 뭉친 원풍모방 해고노동자들"
- 〈한국경제신문〉 2002년 1월 29일, "[1 · 29 개각] (화제의 인물) '방용석 노동부장관' 고졸 출신"
- 〈한국일보〉 2002년 4월 4일, "[이슈와 현장/인터뷰] 방용석 노동부장관"